2018 南通年鉴

NANTONG YEARBOOK

（总第21卷）

南通市年鉴编纂委员会 编

方志出版社

图书在版编目（CIP）数据

南通年鉴. 2018 / 南通市年鉴编纂委员会编. -- 北京 : 方志出版社, 2018.9
ISBN 978-7-5144-3350-0

Ⅰ. ①南… Ⅱ. ①南… Ⅲ. ①南通－2018－年鉴 Ⅳ. ①Z525.33

中国版本图书馆CIP数据核字（2018）第227057号

南通年鉴（2018）

编　　者：南通市年鉴编纂委员会
责任编辑：梅中英

出 版 人：冀祥德
出 版 者：方志出版社
地址　北京市朝阳区潘家园东里 9 号（国家方志馆4层）
邮编　100021
网址　http://www.fzph.org
发　　行：方志出版社图书经销中心
电话（010）67110500
经　　销：各地新华书店
印　　刷：南京凯德印刷有限公司

开　　本：889×1194　　1/16
印　　张：25
字　　数：1017千字
版　　次：2018年9月第1版　　2018年9月第1次印刷
印　　数：0001～1000册

ISBN 978-7-5144-3350-0　　定价：200.00元

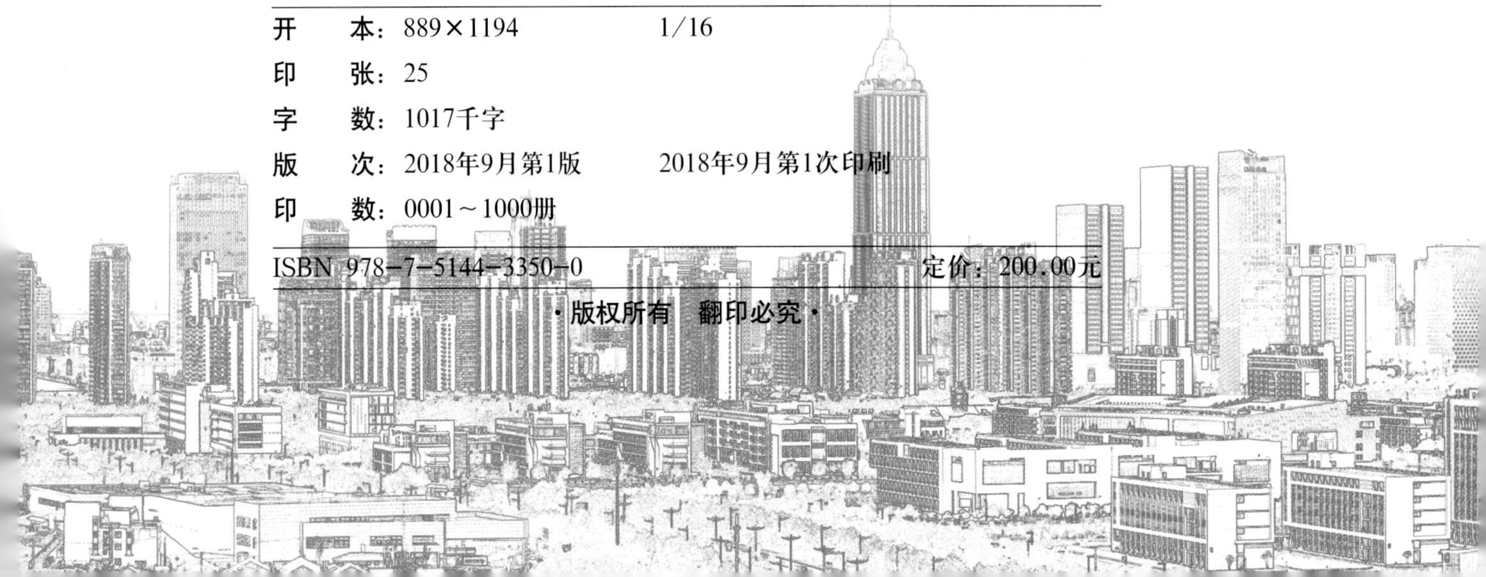

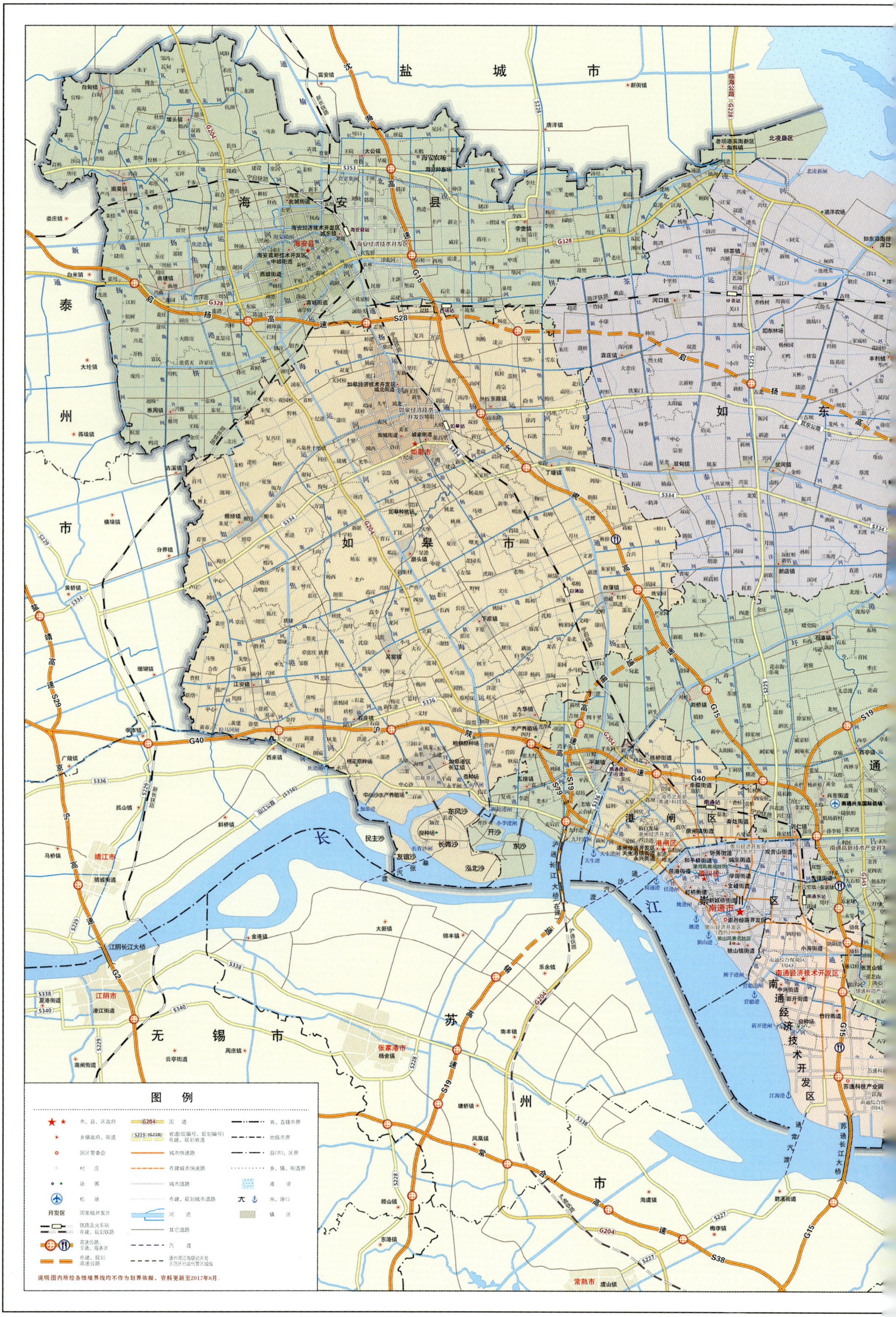

南通市国土资源局 南通市民政局 南通市城乡建设局 南通市规划局 南通市交通运输局 联合监制　　南通市测绘院有限公司 编制

南通市政区图

审图号：苏F(2017)7号

南通市国土资源局 南通市民政局 南通市城乡建设局 南通市规划局 南通市交通运输局 联合监制　　南通市测绘院有限公司 编制

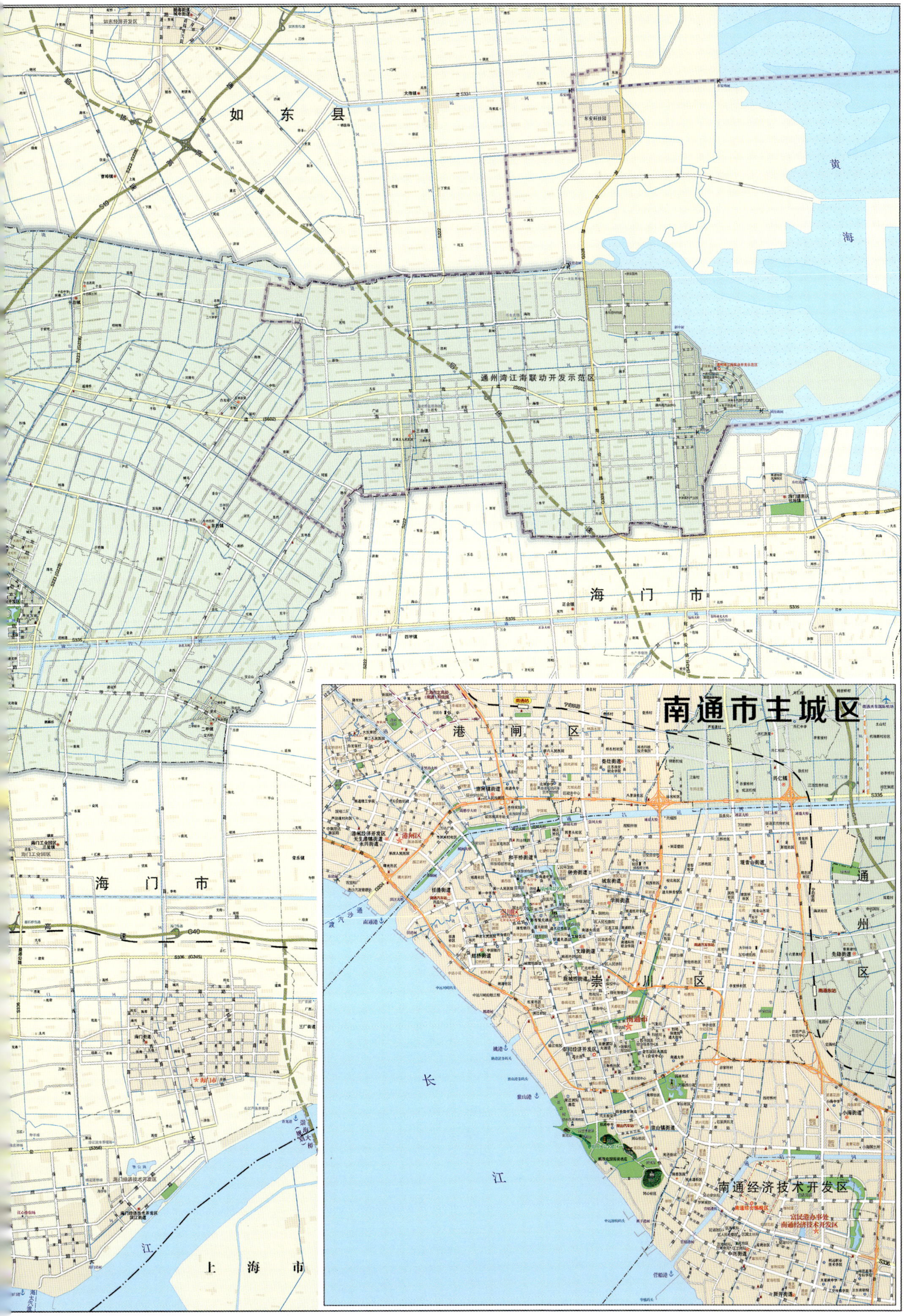

审图号：苏F(2017)6号

2017年度南通市获得的荣誉

- 蝉联全国文明城市“四连冠”
- 全国工业稳增长和转型升级成效明显市
- 第二批国家工业经济运行重点联系城市
- 2017中国新型智慧城市创新50强
- 第三批“城市双修”（生态修复、城市修补）试点城市
- 全国第二批城市设计试点城市

魅力新城（赵 春 摄）

- 城市总体规划编制改革全国试点城市
- 2017中国服务外包风采城市
- 2017年全国工贸行业企业安全生产标准化建设样板地区
- 全国未成年社区服刑人员心理、行为教育矫正项目试点单位
- 第二批中央财政支持开展居家和社区养老服务改革试点地区
- 首批国家中小企业知识产权战略推进工程试点城市

2017年度南通数字

● 辖区面积	8001平方千米
● 年末常住人口	730.5万人
● 年末户籍总人口	764.47万人
● 地区生产总值	7734.6亿元
其中：第一产业	382.69亿元
第二产业	3639.81亿元
第三产业	3712.14亿元
● 人均地区生产总值	105903元
● 规模以上工业总产值	15038.59亿元
● 固定资产投资额	4959.2亿元

园艺博览园鸟瞰（王经纬　摄）

社会消费品零售总额	2873.41亿元
进出口贸易总额	2360.18亿元
一般公共预算收入	590.6亿元
金融机构本外币存款金额	11718.16亿元
居民消费价格总指数	107.7
城镇居民人均可支配收入	42756元
农村居民人均可支配收入	20472元
港口货物吞吐量	23571.98万吨
地理海岸线长	284.57千米
空气质量优良率	72.9%

2月12日，省委、省政府举行2017年全省重大项目集中开工现场推进会。图为南通江海储能超级电容器项目开工现场。（丁晓春　摄）

3月27日，沪通长江大桥进入桥面板和槽型梁安装阶段。图为建设中的沪通长江大桥。

（许丛军　摄）

5 月 26 日，如东县协鑫环保热电有限公司领到环境保护部审核的排污许可证，是江苏省核发首张排污许可证。（市环保局供图）

6 月 11 日，2017 中国新型智慧城市创新 50 强在北京发布，南通市获“2017 中国新型智慧城市创新 50 强”。（市经济和信息化委供图）

8 月 15 日，南通市城市轨道交通建设指挥部和南通城市轨道交通有限公司挂牌成立。

（城市轨道公司供图）

10 月 2 日，一架顺丰航空波音 767-300 宽体机从南通机场飞往日本大阪，标志南通机场口岸首条国际全货机航线开通。（南通机场供图）

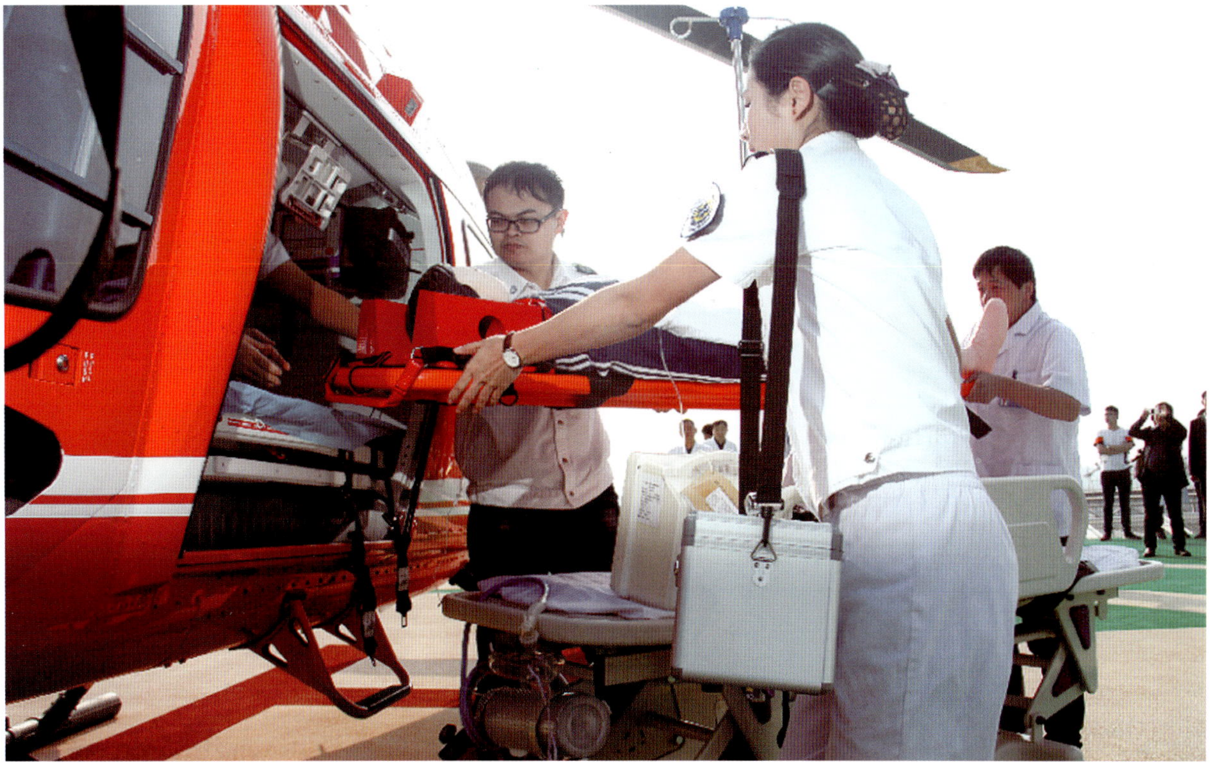

10 月 27 日，如皋港人民医院医护人员用担架将重症“病人”送上直升机，标志南通首个医院急救停机坪开通。（邱　宇　摄）

12 月 29 日，江苏华滋海工自主设计制造的世界最大船用 C 型液罐交付。（许丛军　摄）

南通四建集团承建的拉萨饭店获1988年度中国建筑工程最高奖项——“鲁班奖”，是南通市收获的第一个“鲁班奖”。（市政府新闻办供图）

南通二建集团承建的南通大学附属医院综合病房楼获2009年度“鲁班奖”。（冯泽钧　摄）

江苏江中集团承建的苏州文化艺术中心（苏州鸟巢）获 2010 年度“鲁班奖”。

（市政府新闻办供图）

南通二建集团承建的苏州环球财富广场获 2012 年度“鲁班奖”。（市政府新闻办供图）

南通二建集团承建的南京生物医药谷会展中心获 2017 年度“鲁班奖”。（南通二建集团供图）

南通二建集团承建的新疆高端人才大厦获 2017 年度“鲁班奖”。（南通二建集团供图）

苏中建设集团承建的新纪元广场（新疆财富中心）C座工程获2017年度“鲁班奖”。

（海安日报社供图）

南通二建集团承建的南京生物医药会展中心获2017年度“鲁班奖”。（启东日报社供图）

中国体育博物馆南通馆位于崇川区青年中路98号，2004年9月22日开馆，建筑面积1200平方米，藏品500件（套），是全国首家民营投资建设“国”字号体育博物馆。（姜泽林　摄）

中国审计博物馆位于崇川区濠北路518号，2008年4月2日开馆，建筑面积6113平方米，藏品90件（套），是世界上第一家国家级审计博物馆。（姜泽林　摄）

中国珠算博物馆位于崇川区濠北路58号，2004年12月6日开馆，占地2万平方米，建筑面积6000平方米，藏品14213件（套），是世界上最大珠算专题博物馆。（冯泽钧　摄）

中国南通气象博物馆位于崇川区园林路323号，2015年3月23日开馆，占地面积约1000平方米，是全国第二家、地市级首家气象行业博物馆。（海　文　摄）

南通博物苑位于崇川区濠南路19号,创办于1905年,建筑面积1.2万平方米,藏品44129件(套),是中国最早、中国古代苑囿与西方博物馆理念融合综合性公共博物馆。(冯泽钧　摄)

李昌钰刑侦科学博物馆位于如皋市圃园新路199号，2015年11月5日开馆，建筑面积3100平方米，藏品430件（套）。（范　越　摄）

濠河博物馆位于崇川区濠西路19号，2012年开馆，建筑面积1600平方米，集收藏濠河文物、研究城河文化等功能于一体，是中国唯一以护城河为内容的专题博物馆。（姜泽林　摄）

中华慈善博物馆位于崇川区虹桥路9号，2016年9月1日开馆，建筑面积2.49万平方米，藏品2900余件、图片8300余张，是国家级慈善专题博物馆。（海　文　摄）

园博园风光（狼山度假办供图）

濠河春天（蒋建民　摄）

恒大海上威尼斯海滨浴场（潘　杨　摄）

醉美南山湖（市政府新闻办供图）

3 月，市公交总公司 44 路线获评“全国五一巾帼标兵岗”称号。（梁新华　摄）

8 月 18 日，南通中专施捷获评“感动江苏教育人物——2017 最美职教教师”。（南通中专供图）

6 月，如东地税“爱心妈妈”群体登上“中国好人”榜。（管永霞　摄）

12 月 19 日，如皋市人民法院副院长、“全国优秀法官”顾雪红获评江苏省委宣传部“最美法治人物”。图为顾雪红在百日办案竞赛结束仪式上分析竞赛情况。（如皋法院供图）

9 月 23 日，今启公益协会举办“用心汇聚 将爱传递”爱心义卖活动。（顾建华　摄）

1 月 24 日，南通市举办“爱心年夜饭·和谐团圆年”大型捐赠活动。（市政府新闻办供图）

6 月 29 日，南通市红十字会开展“造血干细胞血样集中采集”爱心大行动。（陆 洋 摄）

7 月，南通援疆工作组发起“让阅读照亮边疆孩子的未来”爱心图书捐赠公益行动。（陈沈华 摄）

编辑说明

一、《南通年鉴》是中共南通市委、南通市人民政府主办，南通市年鉴编纂委员会组织编纂的大型资料性文献。创刊于1998年，本卷为第21卷，以年度为卷号。

二、《南通年鉴(2018)》坚持以马克思列宁主义、毛泽东思想、邓小平理论、“三个代表”重要思想、科学发展观和习近平新时代中国特色社会主义思想为指导。坚持辩证唯物主义和历史唯物主义的立场、观点、方法，系统记述2017年度南通自然、政治、经济、文化和社会等方面基本面貌和发展情况，旨在为社会各界和海内外人士了解南通提供基本信息、为宣传南通提供基本资料、为研究南通提供基本素材。

三、《南通年鉴(2018)》依据本行政区域经济社会发展特点，参照有关行业分类标准，按所记述的年度资料属性进行科学系统编排。全书前有卷首彩页，后有附录、索引，主体部分设25篇，分别为：市情概览、专记、年度纪事、政治、法治、公共管理、沿海开发、园区经济、制造业、建筑业、服务业、农业、开放型经济、城乡建设、生态环境、科学技术、教育、文化、体育、医疗卫生、社会保障、公共安全、军事、辖区概况、人物。结构分为类目、分目、副分目、条目等层次，以不同字体字号标识，其中条目统一用黑体字加【】表示。部分交叉和相关内容采用参见法。

四、本卷记述起讫时间原则上为2017年1月1日至2017年12月31日。为保持内容资料的完整性和连续性，根据记述需要，部分文字资料适当上溯或下延。部分专题图片选用了2017年之前或2018年资料。《南通市政区图》《南通市区图》截止时间为2017年12月。

五、本卷文字资料按市委办公室、市政府办公室下发的《南通年鉴(2018)》编纂实施方案和组

南通盆景园（冯泽钧　摄）

稿大纲要求，由市各部门、各县（市、区）政府及其他年鉴承编单位组织专人撰写，南通年鉴编辑部统筹编纂，经各部门和单位审核定稿，并进行保密审查。图片资料分别由市委宣传部、南通日报社、南通市摄影家协会及年鉴承编单位等供稿。统计资料由市统计局提供。为全面反映相关领域情况，南通年鉴编辑部采编和补充部分内容，并以“通鉴”署名。

六、本卷数字、计量单位等用法按图书出版规定执行并保持局部统一。面积单位除农业生产方面保留使用“亩”外，其余场合均用“公顷”“平方千米”等国际公制单位。一次文献中人称、数字、计量单位等用法保持原状。由于来源、口径等不同，数据使用时以市统计局提供的全市经济社会主要指标为准，统计部门未提供的以相关主管部门提供的为准。部分表格中数据因四舍五入等因素，总计和分项之间存在合理范围内的误差。

七、本卷附录中设有名词解释，对部分缩略语作详释。

八、为方便读者检索，本卷设有详细目录及图表目录，正文每页有书眉，卷尾有主题索引，读者可根据上述检索系统查阅相关资料。

九、本卷除出版纸质本外，同时在南通史志网（http://www.ntszw.gov.cn）刊载，封底设“史志通”微信公众号二维码，读者可扫二维码查阅，并加入中国知网（http://www.cnki.net）。

由于资料来源多样，个别文稿、图片作者及地址不详，请相关作者与编辑部联系，以便奉寄稿酬。地址：南通市世纪大道6号市行政中心15楼，邮编226018、电话0513-85215822、传真0513-85098928、邮箱ntnj0513@163.com。

《南通年鉴》2018卷总目录

目录

法 治

公共管理

沿海开发

园区经济

农 业

开放型经济

城乡建设

生态环境

科学技术

教　育

文　化

体　育

医疗卫生

社会保障

公共安全

军　事

辖区概况

人　物

附　录

图表目录

市情概览

责任编辑 陈 磊

综 述

【概况】 南通，位于中国东部海岸线与长江交汇处，长江入海口北翼，与上海市隔江相望，是江苏唯一同时拥有沿江沿海深水岸线城市。陆域面积8001平方千米，属长江三角洲冲积平原，处亚热带季风气候。是山水旅游城市，以“中国近代第一城”著称的历史文化名城。下辖海安、如东2县，如皋、启东、海门3市，崇川、港闸、通州3区及富民港办事处（南通经济技术开发区）。为全国14个进一步对外开放沿海城市之一，为全国有影响力“纺织之乡”“建筑之乡”“教育之乡”“体育之乡”“文博之乡”“长寿之乡”“平安之乡”“新侨之乡”，先后获全国文明城市、国家环保模范城市、国家卫生城市、国家园林城市、国家生态市、全国社会治安综合治理优秀城市、全国科技进步先进市、中国服务外包风采城市等荣誉。2017年，南通市常住人口730.5万人。实现地区生产总值7734.64亿元，三次产业结构为4.9∶47.1∶48，人均地区生产总值105903元。实现一般公共预算收入590.6亿元，居民人均可支配收入33011元。

（通 鉴）

地 理

【位置】 南通市地处长江三角洲东北部，集“黄金水道”“黄金海岸”于一身，素有“江海门户”之称。南临长江，经苏通大桥、崇启大桥两条跨江通道分别与苏州市、上海市跨江相连，东濒黄海，西北与盐城市接壤，西与泰州市为邻。地理坐标为北纬31°41′～32°42′，东经120°11′～121°54′。

【地貌】 南通三面环水，形似半岛。全境除长江边狼山一带为山丘地貌外，其余为平原，可分为狼山浅丘区、海安里下河低洼潟湖沉积平原区、北岸古沙咀区、通吕水脊海河相沉积平原区、南通古河汊水网平原区、南部新三角洲平原区、三余海积低平原区、沿海海积平原及海滩与盐场区。地势低平，地表起伏较微，高程2～6.5米，自西北向东南略有倾斜。平原辽阔，河、江、海贯通，水网密布是其显著特征。军山海拔108.5米，为全市最高点。

（通 鉴）

【气候】 南通属亚热带季风气候，受海洋性气候影响，四季分明。年平均气温16℃左右，年平均日照时数2000小时左右，年平均降水量1100毫米左右。2017年，全市年平均气温正常偏高，降水正常，日照正常，基本有利于工业、农业生产。

气温 2017年，全市年平均气温16.1～16.9℃，其中南通市区年平均气温16.8℃，各观测站比常年偏高1～1.4℃。全市年极端最高气温39.9℃（海安县），出现在7月23日，年极端最低气温-6.5℃（如皋市），出现在1月21日。全年无霜期236～266天。全年出现2次区域性寒潮过程。全年出现22～27个高温日，其中7月高温强度强、持续时间长，部分站点最高气温超历史极值。

降水 2017年，全市年降水总量930.8～1435.4毫米，南通市区年降水量1156毫米，与常年基本持平，启东市、海安县较常年偏少10%，其余各站较常年偏多10%～30%。日最大降水量156.1毫米，8月16日出现在海门市。全市暴雨日11天，比上年明显减少，区域性暴雨过程4次。由于梅雨形势不典型，主雨带偏南，当地系统性降水少，全市梅雨量20.9～121.6毫米，比常年偏少50%～90%。

日照 2017年，全市日照时数1935.6～1983.4小时，海安县较常年偏少10%，其余各站与常年基本持平。南通市区日照时数1983.4小时。

（武思维）

【水系】 南通境内地势平坦，河沟成网。水系大致以通扬运河、如泰运河为界，北部为淮河流域，面积2200余平方千米；南部属长江流域，面积5700余平方千米。主要骨干河道（一级河道）有焦港河、如海运河、九圩港河、如泰运河、通扬运河、新通扬运河、通吕运河、通启运河、新江海河、北凌河、栟茶运河等，总长742.34千米；二级河道105条，总长1760.58千米。另有众多三、四级河道。各级河道交织成网，相互沟通，经长期建设与整治，形成能引、能蓄、能控制、能调度、能通航利用河网水系。境内长江岸线

吕四渔港 （黄允斐 摄）

166千米，江面呈喇叭形向东南方向伸展，主流水深-10米，区域一般1500米宽，年径流量9800亿立方米，年际变化不大。境内形成"大、中、小河道纵横，江、海、河、沟相通，引、排、调、蓄功能齐全"内河网络，可分为里下河区、高沙土区、栟茶河两岸区、九圩港区、沿江圩区、江海垦区6个水网区。

（通 鉴）

资 源

【土壤】 南通市土壤分为4大类，9个亚类，21个土属，61个土种。4大土类为潮土、水稻土、盐土和棕色石灰土。潮土占耕地总面积86.86%，分布于江北岸古沙洲平原，成土年龄远的约5000年，近的只有一二百年。水稻土占耕地总面积9.43%，主要分布在海安里下河低洼潟湖沉积平原区和南通古河汊水网平原区。盐土占耕地总面积3.71%，主要分布在海安、如东、通州、海门、启东等县（市、区）堤岸内侧带状区域。棕色石灰土分布在市区南郊五山地带。另有达到围垦标准土地后备资源约23万公顷，主要分布在通州湾及以北区域。

【矿藏】 南通市境内发育有与侵入岩有关内生金属矿床。其中，铁储量3000万~4000万吨，属中型，矿品位在40%左右；锌、钼、铋、铜、铅、锡、金、钴、钨等金属，埋深300米以上。其他探明的矿产资源有煤、石油、沼气、江砂、地热等。

【湿地】 南通市湿地面积46万公顷。其中，近海湿地36万公顷，其余为河流和人工湿地。全市自然湿地保护率45%。有省级湿地自然保护区1个、省级湿地公园2个和自然湿地保护小区17个。

【海岸带】 南通市附近海域处于黄海南部，主体是大陆架，海岸带宽缓平坦，面积1.32万平方千米，是陆域面积1.65倍。从海安县与东台市交接的老坝港到启东市圆陀角，岸线长206千米，散布着全国四大渔港之一的吕四渔港、蛎岈山奇观等自然人文景观。

（通 鉴）

历史沿革与政区

【历史源流】 南通境内成陆最早的西北部为扬泰岗地外缘，5000余年前就有人类氏族部落，南通先民在这里繁衍生息。其余大部分区域为近2000年间海中沙洲逐步涨接而成。隋以前，今南通市区一带逐渐成洲，始称"壶豆洲"（后又称胡逗洲），洲上多流人，以煮盐为业。稍东有南布洲，东北方向有扶海洲，各大沙洲均为海陵（今泰州）属地。

【东晋南北朝】 东晋义熙七年（411），在今海安、如皋一带置宁海、如皋、临江、蒲涛4县，属南兖州（今扬州）。南朝宋泰始七年（471），析宁海县西部另立海安县，不久撤销，辖境复归宁海县，后并入海陵县。

【隋唐】 隋开皇三年（583），如皋县并入宁海县，后并入海陵县。唐景龙二年（708），析海陵县东镜复置海安县；开元十年（722），海安县复并海陵县。

【五代至元】 五代十国时期，今南通一带为割据政权南唐控制。南唐保大十年（952），升海陵县如皋场为如皋县。后周显德五年（958），设置静海军，后改通州，始筑州城，时领静海、海门2县。宋代，通州一度称崇州、崇川，隶属淮南东路。元至元十五年（1278），通州升为通州路；至元二十二年（1285），恢复为州，属扬州路，领静海、海门2县。

【明清】 明洪武元年（1368），废静海县，通州直管静海，领海门、崇明2县；洪武八年（1375），崇明改隶苏州府，通州仍领海门县。清雍正二年（1724），通州升直隶州，划扬州府的泰兴、泰州府的如皋2县归通州管辖；乾隆三十三年（1768），划通州19沙、崇明11沙和新涨10个沙，设海门直隶厅。

【中华民国】 中华民国元年（1912），1月海门废厅设县，5月通州改称南通县。民国17年（1928）3月1日，在崇明外沙设启东县，隶属江苏省。民国22年（1933），江苏省行政第七区专员公署设于南通城，下辖南通、如皋、海门、启东、崇明5县，次年改称江苏省南通区行政督察专员公署。民国25年（1936）6月，更名为江苏省第四区行政督察专员公署。民国30年（1941）3月，建立如西县。民国32年（1943），撤销泰北办事处，建紫石县。民国34年（1945）抗日战争胜利后，如皋西乡的如西县复名如皋县；如皋东乡的如皋县定名如东县。民国37年（1948）紫石县改称海安县。1949年1月，海门、启东全境解放；2月2日，南通全境解放；2月3日，南通市人民政府成立，驻建设路1号办公。

【中华人民共和国成立后】 1949 年10月，南通专区隶属苏北行政公署，下辖如东、南通、海门、启东、崇明5县和南通市。1950 年1月，海安、如皋2县由苏北泰州行政区划归南通行政区。5月，南通市改为苏北行政公署直辖市。1953年1月，重建江苏省，南通市改为省辖市，同时建有南通区（后改为“专区”“地区”）。其中，“市”管城区、郊区，“区”管各县。1958年11月，崇明县划归上海市。1983年3月，南通地区行政公署撤销，原行署所辖6县统一由南通市领导，实行市管县体制。1989年后，启东、如皋、南通、海门先后撤县建市（南通县改称通州市）。2009年4月，通州撤市建区。

（通　鉴）

【行政区划】 至2017年底，南通市区有崇川区、港闸区、通州区和富民港办事处（与南通经济技术开发区管委会合署办公），下辖海安县、如东县、启东市、如皋市、海门市。有镇65个、街道37个，村民委员会1304个、居民委员会619个，场圃5个。其中，崇川区有街道12个，港闸区有街道6个，富民港办事处有街道2个，通州区有镇12个、街道4个，海安县有镇9个、街道4个，如东县有镇12个、街道3个，启东市有镇12个，如皋市有镇11个、街道3个，海门市有镇9个、街道3个。

（李建华）

表1-1

2017年南通市行政区划一览表

区域名称	所辖街道、乡镇名称
崇川区	街道（12个）：钟秀街道、任港街道、文峰街道、城东街道、和平桥街道、新城桥街道、虹桥街道、学田街道、观音山街道、狼山镇街道、竹行街道、小海街道
港闸区	街道（6个）：永兴街道、唐闸镇街道、天生港镇街道、秦灶街道、陈桥街道、幸福街道
富民港办事处	街道（2个）：中兴街道、新开街道
通州区	镇（12个）：石港镇、三余镇、平潮镇、十总镇、二甲镇、五接镇、刘桥镇、兴仁镇、西亭镇、东社镇、川姜镇、张芝山镇 街道（4个）：金沙街道、金新街道、先锋街道、兴东街道
海安县	镇（9个）：角斜镇、李堡镇、大公镇、白甸镇、城东镇、雅周镇、南莫镇、墩头镇、曲塘镇 街道（4个）：中城街道、南城街道、西城街道、北城街道
如东县	镇（12个）：马塘镇、新店镇、长沙镇、曹埠镇、岔河镇、双甸镇、栟茶镇、袁庄镇、大豫镇、河口镇、洋口镇、丰利镇 街道（3个）：掘港街道、城中街道、直镇街道
启东市	镇（12个）：汇龙镇、吕四港镇、北新镇、惠萍镇、寅阳镇、东海镇、近海镇、南阳镇、海复镇、合作镇、王鲍镇、启隆镇
如皋市	镇（11个）：搬经镇、东陈镇、磨头镇、吴窑镇、丁堰镇、九华镇、长江镇、下原镇、白蒲镇、石庄镇、江安镇 街道（3个）：如城街道、城北街道、城南街道
海门市	镇（9个）：三星镇、临江镇、常乐镇、悦来镇、四甲镇、余东镇、正余镇、包场镇、海永镇 街道（3个）：海门街道、滨江街道、三厂街道

（李建华）

风景名胜

【概况】 南通市主城区主要有濠河、狼山两大风景区，新兴景点有城市绿谷、江海民俗生态文化博览园、洲际绿博园等。位于县（市、区）景区有海安县江淮文化园，如东县小洋口风景区，如皋市水绘园、如城内外城河风光带、花木盆景景观带，海门市江海风情园，启东市圆陀角风景区，通州区余西古镇、石港渔湾等，景点有海安县青墩遗址、苏中七战七捷纪念馆、韩国钧故居、广福禅寺，如皋市东方大寿星园，海门市蛎岈山、民俗博物馆、张謇纪念馆等。

【濠河风景名胜区】 濠河原为古护城河，距今有1000余年历史，是国内仅存的四条古护城河之一。后周显德五年（958）筑城即有河。濠河环绕南通老城区，形如葫芦。现全长10千米，水面4.62公顷，水面最宽处215米，最窄处近10米。夜游濠河是外地观光客必游项目。

景区内分布文物古迹和近代文教工商史迹、革命遗址等30余处。代表性景点有北濠河的光孝塔、天宁寺、北极阁、中国珠算博物馆等，西濠河的濠西书苑、盆景园等，南濠河的五公园、南通博物苑、文峰塔、文峰公园等，东濠河的濠东绿苑及蓝印花布博物馆等。2012年，濠河风景名胜区获评国家AAAAA级旅游景区。

【狼山风景名胜区】 狼山风景名胜区位于南通老城区南6千米的长江岸边，由狼山、军山、剑山、马鞍山、黄泥山5座山组成，亦称五山景区。狼山海拔104.8米，山形南缓北陡，因“白狼”传说而得名，又名“紫琅”山。狼山原在长江之中，北宋时与陆地涨接。自宋至清陆续兴建庙宇殿塔，总名广教寺。狼山为佛教中大势至菩萨道场，列全国佛教八小名山之首。

狼山风景名胜区主要景点有狼山紫琅禅院、支云塔、骆宾王墓、林溪精舍及军山气象台、剑山卧佛、马鞍山梅林春晓与沈寿墓、黄泥山龙爪岩与鉴真纪念塔等。2000年12月，狼山风景名胜区获评国家AAAA级旅游景区。获评2017最美中国生态自然旅游景区。

（通　鉴）

历史遗存

【概况】 南通历史文化源远流长，新石器时代青墩遗址是江淮东部原始文化的重要代表，江淮文化与吴越文化在这里相互交融。2017年底，南通市有全国重点文物保护单位10处，省级文物保护单位22处，市级文物保护单位59处。

【青墩遗址】 位于海安县南莫镇青墩村。四面环水，总面积7万余平方米。1977~1979年，该地出土大量陶、石、玉、骨角器及古尸骸骨、麋鹿、野猪等遗骨，及芡实等植物果实。经测定，距今5000余年。2006年，入选第六批全国重点文物保护单位。

【南通天宁寺】 位于崇川区中学堂街。始建于唐咸通四年（863），曾被奉为通州九大寺之首，有“一州伟观”之誉。现存建筑主要有光孝塔、山门、金刚殿、大雄之殿等，大雄之殿的包镶法瓜楞柱为全国少见。2006年，入选第六批全国重点文物保护单位。

【广教禅寺】 位于狼山。始建于唐，现存三大明清建筑群，历史悠久、规模宏大，格局完整，保存完好，是明、清两代继承和发扬唐、宋佛教文化的杰作。2013年，入选第七批全国重点文物保护单位。

【水绘园】 位于如皋古城东北隅。始建于明万历年间（1573~1620），为复社名士冒襄隐居之处。园内，水明楼为清中前期建筑群，建筑面积1860平方米，以水明楼为主，连接清代遗构雨香庵、隐玉斋，形成以楼带院的格局，列入《中国历代名园》。2001年，入选第五批全国重点文物保护单位。

【大生纱厂】 位于港闸区唐闸镇街道。建于清光绪二十一年（1895），创办人张謇。是中国近代民族工业发展史上具有代表性的企业，是南通产业工人的摇篮，在中国近代民族资本中具有令人瞩目的地位。2013年，入选第七批全国重点文物保护单位。

【如皋公立简易师范学堂旧址】 位于如皋高等师范学校校园内。创办于清光绪二十八年（1902），是全国较早创办的公立师范学堂，创办人为翰林院编修（民国时任江苏省议长）沙元炳。学堂旧址建筑、古碑、古木保存完好，建筑具有明清书院特色。2013年，入选第七批全国重点文物保护单位。

【南通博物苑】 位于崇川区濠南路19号。创建于清光绪三十一年（1905），创办人张謇。是中国人最早自办第一座公共博物馆，是国家首批一级博物馆，为濠河风景名胜区核心景点。1988年，入选第三批全国重点文物保护单位。

【通崇海泰总商会大楼】 位于崇川区桃坞路西侧。坐北朝南，为二层砖木结构，建筑面积4707平方米。建于民国9年（1920），由孙支厦设计建造，具有典型欧洲古典主义风格。2013年，入选第七批全国重点文物保护单位。

【张謇墓】 原名啬公墓，位于崇川区啬园内。是中国近代著名实业家、教育家张謇长眠之地，墓前竖有铜像、墓道、墓阙，阙楣刻“南通张先生之墓阙”。2001年，入选第五批全国重点文物保护单位，归入南通博物苑。

【韩公馆】 位于海安县宁海路58-8号。为“民族抗战之楷模”韩国钧故居，占地7500平方米，是一组晚清优秀建筑群。馆内设置韩国钧生平业绩展、韩国钧故居建筑艺术展、韩国钧作品展、青墩文化展和馆藏文物精品展5个固定展厅。2013年，入选第七批全国重点文物保护单位。

如皋公立简易师范学堂旧址　（姜泽林　摄）

国重点文物保护单位。

（通　鉴）

国民经济

【概况】 五代以前，南通最早产业为盐业和渔业。宋元时期大致出现“北农南盐”格局，明清时期逐渐出现“西粮东棉”格局，形成以棉花为主的农业和以土布为主的家庭手工业及盐业三大主体产业。20世纪初，清末状元张謇在南通地区创办纺织、航运等实业，带动沿海拓荒植棉，形成以工业为主导近代经济形态。中华人民共和国成立后，南通经济逐步恢复发展。改革开放初期，南通市区人均工业产值超1万元，人均国民收入超1000元，成为全国“明星城市”。1983年实行市管县体制后，南通市全力推进改革开放和现代化进程，经济总量和综合实力不断提升。2017年，南通市完成地区生产总值7734.64亿元，按可比价计算（下同），比上年增长7.8%，三次产业结构调整为4.9:47.1:48。实现一般公共预算收入590.6亿元，比上年同口径增长6%。完成固定资产投资4959.2亿元，比上年增长8.9%。完成社会消费品零售总额2873.41亿元，比上年增长9.1%。完成外贸进出口总额2360.18亿元，比上年增长15.9%。

【产业发展】 农业　2017年，南通市实现农林牧渔业总产值727.03亿元，比上年增长3.2%；粮食生产稳定，亩均单产419.3千克，总产量324万吨。新型农业经营主体快速发展，全年新增各类家庭农场499家，总数4447家，其中省级示范家庭农场90家，家庭农场经营面积占家庭承包经营耕地面积54%。新增设施农（渔）业10.3万亩。新建高标准农田67.7万亩，总面积占全市农田面积70%。“一村一品”示范村镇数、农产品出口额全省第一。

制造业　2017年，南通市实现规模以上工业增加值3318.4亿元，比上年增长7.8%。“3+3”重点产业较快增长，完成产值9095.3亿元，比上年增长9.8%，增幅高于全市平均水平1.3个百分点，产值占规模以上工业总产值60.4%。其中，电子信息、智能装备、新材料产业3大重点支柱产业产值分别比上年增长15.6%、15.1%和11.3%。“两新”产业较快发展。其中，高新技术产业产值7564.3亿元，比上年增长14.9%，占规模以上工业产值50.3%；6大新兴产业完成产值5083.6亿元，比上年增长11.7%，占规模以上工业产值33.8%。

服务业　2017年，南通市实现服务业增加值3712.1亿元，比上年增长9.4%，占地区生产总值比重48%，比上年提高0.2个百分点。生产性和新兴服务业发展较快，规模以上服务业中的交通运输仓储业、软件和信息技术服务业、租赁和商务服务业、互联网和相关服务业营业收入分别比上年增长32%、21.5%、15.7%和15.6%。全市7家省级服务业集聚区实现营业收入2500亿元、税收33亿元，分别比上年增长9%和10%。如皋软件外包产业园、南通天汾电动工具城2家集聚区获评省级生产性服务业集聚示范区。全年全市实现旅游总收入614.9亿元，比上年增长15.2%。

（陈　亮）

【民营经济】 2017年，南通市民营经济总体呈现稳中有进、稳中趋好发展态势。全年新增民营小规模纳税人4.35万户，新增一般纳税人13877户。全年新增个体工商户79346户，比上年增长19.2%，累计55.03万户，新登记个体工商户资金数额143.45亿元，年底累计资金数额424.14亿元；新增私营企业33103家，比上年增长30.9%，累计19.39万家，新增私营企业注册资本2289.6亿元，累计11269.7亿元。个体私营企业总数居全省第三。全市有规模以上民营工业企业3947家，占全市规模以上工业企业总数76.9%。全年规模以上民营工业实现增加值2231.52亿元，按可比价计算（下同），比上年增长8.4%，占全市规模以上工业67.2%，占全市地区生产总值28.9%；完成产值10333.48亿元，比上年增长9%；实现出口交货值778.5亿元，比上年下降2.8%。全市民营企业外贸实现进出口额170亿美元，占全市进出口额48.8%。民营企业一般贸易进出口额125.4亿美元，其中出口额99.5亿美元。民营经济入库税金597.69亿元，比上年增长2.8%，民营经济税收占国税、地税收入71.1%。全

表1-2　2017年南通市入围全省百强民营企业（集团）名录

序　号	在全省百强中名次	企业名称
1	10	中南控股集团有限公司
2	15	江苏南通二建集团有限公司
3	19	南通四建集团有限公司
4	22	中天科技集团
5	26	江苏南通三建集团股份有限公司
6	31	江苏省苏中建设集团股份有限公司
7	40	南通化工轻工股份有限公司
8	49	江苏文峰集团有限公司
9	55	通州建总集团有限公司
10	67	龙信建设集团有限公司
11	70	南通建工集团股份有限公司
12	79	南通新华建筑集团有限公司
13	81	江苏南通六建建设集团有限公司
14	86	南通华新建工集团有限公司

（方雪忠）

市完成固定资产民间投资3858.3亿元，比上年增长13.5%，占全社会固定资产投资77.8%。全年新增民营高新技术企业374家、上市民营企业3家、“新三板”挂牌民营企业14家，全市民营高新技术企业累计1045家，上市民营企业累计36家、报会企业5家，“新三板”挂牌企业84家。新增主营业务收入超10亿元民营工业企业37家，累计173家。跻身全省百强民营企业和全国500强民营企业分别为14家、13家。全年新增境外投资项目56个，境外投资项目中方协议额13.6亿美元。

（方雪忠）

【国有经济】 2017年，南通市368家地方国有企业完成主营业务收入448.79亿元，比上年增长31.93%；利润总额-4.92亿元，比上年下降196.86%，年末资产总额5517.31亿元，比上年增长9.15%。南通市人民政府国有资产监督管理委员会（简称“市国资委”）出资企业资产总额1630.74亿元，比上年增长8.85%；完成营业收入268.35亿元，实现利润13.19亿元，比上年分别增长37.49%、10.42%。国有资本保值增值率101.15%。至年底，市国资委履行国有资产出资人职责企业10家，包括产控集团、国投公司、置业集团、沿海集团、城建集团、保障房公司、大数据集团及大生集团、粮油集团、盐业公司3家生产型企业。

（丁珏明）

社会生活

【人口】 2017年底，南通市有常住人口730.5万人。其中，城镇人口482.35万人，比上年增长2.62%；城镇化率66.03%，比上年提高1.66个百分点。年末户籍人口764.47万人。全市人口出生率7.99‰，人口死亡率10.68‰，人口自然增长率-2.69‰。

南通市为多民族杂居地区，民族构成以汉族为主，汉族人口占常住人口99.7%以上。有少数民族52个，少数民族人口约占常住人口0.3%。常住人口1000人以上的少数民族有苗族、土家族、侗族、布依族、彝族、回族。2017年，西藏民族中学有初中班8个、高中班12个，学生759人。

【方言】 在语系分布上，南通地区处于吴语系和江淮语系交汇处。启东、海门及如东、海安少数临海地区，讲吴语系启海话；如皋与如东、海安绝大部分地区，讲江淮语系如海话；崇川、港闸和通州兴仁、石港、刘桥、平潮等地区，讲江淮语系南通话；通州二甲、余西等地区，讲“通东话”，其声、韵、调系统与吴语大相径庭，带有某些南通话特征。

【文化】 南通市地处吴越文化与江淮文化交汇之地，文化底蕴深厚，文化事业基础设施完善，大众文化普及，是全国文化先进市、国家历史文化名城。著名民间音乐、舞蹈、戏曲有吕四渔民号子、海门山歌、僮子戏、跳马伕、杖头木偶戏、海安花鼓、梅庵派古琴艺术、陆家锣鼓等。

【民俗】 南通民俗风情与周边地区有相似之处，启东、海门有吴地风俗特色，如皋、如东、海安地区风俗与扬州、泰州地区较为相近。南通成陆较迟，南通的先民多“流人”和外来移民，在长期较为封闭的环境中，南通地区时节、聚会、礼仪、生活、生产交易、五匠、游艺、婚丧喜庆等习俗因地域不同，呈现不同特色。

【宗教】 佛教、道教、伊斯兰教、天主教、基督教5大宗教在南通地区有所活动。2017年，南通市有各类宗教团体23个。

【特产名品】 至2017年底，南通市有四宜糕团、西亭脆饼、四海楼美食、白蒲黄酒、林梓潮糕、新中酿造、白蒲三香斋茶干7家“江苏老字号”；有白蒲黄酒、林梓潮糕、新中酿造、白蒲三香斋茶干、颐生酒业5家“中华老字号”。

【民间工艺】 南通是全国四大风筝产地之一，出产缀满口哨的板鹞风筝。如皋是全国最大盆景出口基地，如皋花木盆景是中国盆景七大流派之一。南通刺绣属于苏绣的一支，以沈绣为代表的仿真绣列入国家级非物质文化遗产目录，多次作为国礼赠送外国领导人。海门红木家具、南通蓝印花布等民间手工艺闻名全国。

【名菜名点】 “南通十佳名菜”为天下第一鲜、黄焖狼山鸡、清蒸刀鱼、白汁鮰鱼、淡菜皱纹肉、蛙式黄鱼、提汤羊肉、虾仁珊瑚、蟹粉鲜鱼皮、通式三鲜。“南通十佳家常菜”为野鸡丝、炒和菜、蛼子烧鸡冠菜、荷包扁豆烧蟹粉、金山藏玉斧、扣鸡、烩鱼、茄儿嵌斩肉、麻虾炖蛋、烩蛏干。“南通十佳古典菜”为清烩鲈鱼片、酥鲫鱼、盐焐鸡、海底松炖银肺、芙蓉蜇皮、灌蟹鱼圆、鸡粥菜心、烹子鱼、红烧鳗鱼、冰糖扒蹄。“南通十佳名点”为蟹黄养汤烧卖、金钱萝卜饼、芙蓉藿香饺、翡翠文蛤饼、林梓潮糕、通派火饺、缸爿和草鞋底、曹公面、米粉饼、青蒿团。

（通　鉴）

【居民收入】 2017年，南通市居民人均可支配收入33011元，比上年增长9.7%，增速列全省第三位，比上年提高0.6个百分点，高于全省平均水平0.5个百分点，高于全市经济增长速度。

城镇常住居民收入　2017年，南通市城镇常住居民人均可支配收入42756元，比上年增加3509元，增长8.9%。其中，工资性收入24670元，比上年增长8.4%；经营净收入7504元，比上年增长6.9%；财产净收入3861元，比上年增长18%；转移净收入6721元，比上年增长8.6%。

农村常住居民收入　2017年，南通市农村常住居民人均可支配收入20472元，比上年增加1731元，增长9.2%。其中，工资性收入11944元，比上年增长9.1%；经营净收入4501元，比上年增长9.6%；财产净收入570元，比上年增长17.5%；转移净收入3457元，比上年增长7.8%。

【居民生活消费】 2017年，南通市居民人均生活消费支出21317元，比上年增长7.5%，低于收入增幅2.2个百分点。

城镇常住居民消费　2017年，南

通市城镇常住居民人均生活消费支出26510元，比上年增长5.1%，低于收入增幅3.8个百分点。城镇常住居民八大类消费支出比上年均有不同程度增长。其中，食品烟酒类支出7450元，比上年增长3.1%；衣着类支出1944元，比上年增长1.6%；居住类支出6007元，比上年增长3.7%；生活用品及服务支出1533元，比上年增长4.4%；交通通信类支出3726元，比上年增长2.9%；教育文化娱乐消费支出3347元，比上年增长18.4%；医疗保健支出1729元，比上年增长5.7%；其他用品和服务支出774元，比上年增长5%。

农村常住居民消费　2017年，南通市农村常住居民人均生活消费支出14637元，比上年增长8.9%。其中，食品烟酒类支出4203元，比上年增长7.1%；衣着消费支出722元，比上年增长7.4%；居住类支出3066元，比上年增长7.5%；生活用品及服务支出814元，比上年增长5%；交通通信类支出2842元，比上年增长9.6%；教育文化娱乐消费支出1594元，比上年增长17.9%；医疗保健支出871元，比上年增长10.3%；其他用品及服务支出525元，比上年增长8.9%。

（王　颖）

【居民消费价格】 2017年，南通市区CPI（居民消费价格总水平）101.7，比上年上涨1.7%，涨幅比上年回落0.6个百分点，与全省平均水平持平。构成CPI八大类商品及服务价格同比“七涨一跌”。其中，其他用品和服务类涨幅上涨3.6%，衣着类上涨3.2%，生活用品及服务类上涨2.9%，教育文化和娱乐类上涨2.7%，居住类上涨2.6%，交通和通信类上涨1.8%，医疗保健类上涨0.5%，食品烟酒类下降0.1%。月环比指数看，分月同比指数“两头高、中间低，波幅小”。其中，1月同比指数102.6为全年最高，7月100.5为全年最低。1月，受元旦、春节因素影响，鲜活食品价格上涨；2~7月，鲜菜、猪肉、鲜蛋、家禽等鲜活食品价格明显下降，拉动CPI环比总涨幅明显回落；8~10月，受房租及部分中医药价格价格上涨影响，环比指数明显回升；11月，受鲜菜、淡水鱼等鲜活食品价格走低影响，价格总水平小幅回落；12月，受个人用品和个人服务项目价格上涨影响，价格总水平环比小幅回升。

【主副食品价格】 2017年，南通市食品烟酒类价格比上年下降0.1%。其中，食品价格下降1.1%，与上年上涨5.3%形成鲜明对比，对CPI总指数影响由上年0.9个百分点到2017年-0.2个百分点。鲜活食品类价格下降1.9%，涨幅比上年低9.6个百分点。粮食价格下降1.1%；食用油价格下降1.1%；

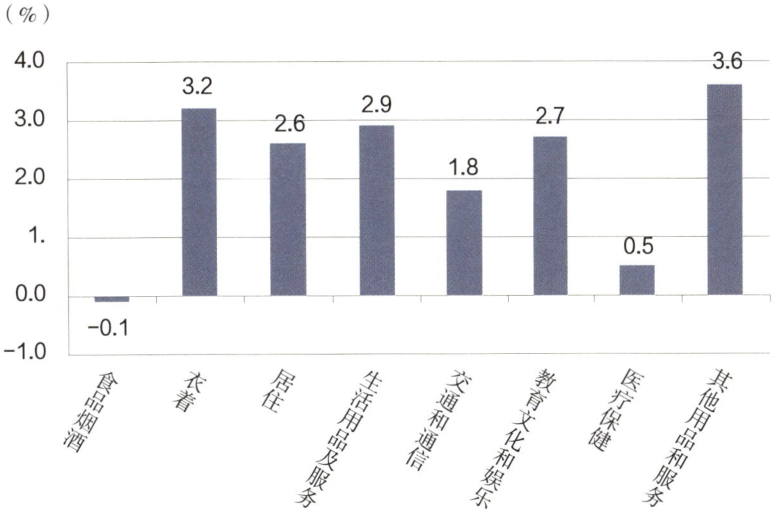

图1-1　2017年南通市区八大类商品及服务价格指数变动情况图

（市物价局　供图）

表1-3

2017年南通市区八大类商品及服务价格涨跌构成表

项目名称	上年同期=100	对总指数涨跌影响
食品烟酒	99.9	-0.04
衣着	103.2	0.26
居住	102.6	0.56
生活用品及服务	102.9	0.17
交通和通信	101.8	0.24
教育文化和娱乐	102.7	0.34
医疗保健	100.5	0.04
其他用品和服务	103.6	0.11

（市物价局）

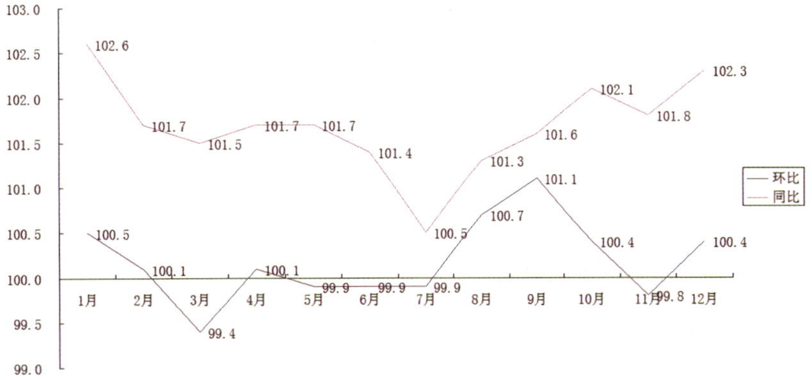

图1-2　2017年南通市区居民消费价格指数图　　（市物价局　供图）

猪肉价格下降5.3%；鲜菜价格下降6.9%，受气候、节假日等因素影响，各月之间价格涨跌幅波动较大；水产品价格上涨2.5%；蛋类价格下降4%。

【居住类价格】2017年，南通市居住类价格比上年上涨2.6%，涨幅比上年高1.6个百分点，成为影响CPI上涨最多大类。其中，租赁房房租、自有住房价格分别上涨3.2%和3.5%，住房保养维修及管理价格上涨0.8%，水、电、燃料价格上涨0.5%。

（顾爱萍）

表1-4

2017年南通市居民阶梯气价一览表

地 区	阶梯水平（立方米/年）			阶梯价格（元/立方米）		
	一 档	二 档	三 档	一 档	二 档	三 档
崇川区、港闸区、南通开发区	300及以下	300至600（含）	600以上	2.40	2.80	3.60
通州区	260及以下	260至480（含）	480以上	2.50	3.00	3.75
如皋市	300及以下	300至600（含）	600以上	2.40	2.88	3.60
海安县	300及以下	300至600（含）	600以上	2.40	2.88	3.60
如东县	300及以下	300至600（含）	600以上	2.50	3.00	3.75

注：海门市、启东市未使用“西气东输”管道天然气，暂未实行阶梯气价。

表1-5

2017年南通市区主要游览参观点门票价格一览表

项 目	收费标准	优惠措施
狼山景区、广教禅寺一票制	旺季（2、3、4、5、6、10月，含除夕至正月初七）70元/人·次，淡季（1、7、8、9、11、12月）50/人·次；年卡80元/人·年，亲情卡120元/家·年。	对6周岁（含6周岁）以下或身高1.4米（含1.4米）以下儿童实行免票；对6周岁（不含6周岁）~18周岁（含18周岁）未成年人、全日制大学本科及以下学历在校学生凭居民身份证或学生证等有效证件实行半票。 对现役军人、享受国家抚恤补助的优抚对象、残疾人、离休干部、65周岁（含）以上老人等群体凭有效证件免收门票。 对60周岁（含）~65周岁（不含）老人凭有效证件实行半票优惠。
园艺博览园	30元/人·次	
啬园	旺季（3、4、5、9、10、11月）20元/人·次，淡季（1、2、6、7、8、12月）15元/人·次。	
军山景区	旺季（3、4、5、6、9、10月，含正月初一至初七）30元/人·次，淡季（1、2、7、8、11、12月）20元/人·次。年卡：35元/人·年，亲情卡：50元/家·年。	
剑山景区	旺季30元/人·次（2、3、4、5、6、10月，含除夕至正月初七），淡季（1、7、8、9、11、12月）20元/人·次（1、7、8、9、11、12月）。年卡：35元/人·年，亲情卡：50元/家·年。	
城市绿谷	旺季（2、4、5、6、10、11月）30元/人·次，淡季（1、3、7、8、9、12月）20元/人·次。年卡：35元/人·年，亲情卡：50元/家·年。	
文峰公园动物园	旺季（2、3、4、5、9、10月）15元/人·次，淡季（1、6、7、8、11、12月）10元/人·次。	
狼山、园艺博览园、啬园联票	年卡：一年100元/人，二年150元/人，三年180元/人。 亲情卡：三口之家，一年200元/家，二年300元/家，三年360元/家；两口之家，一年140元/家，二年200元/家，三年260元/家。	

表1-6

2017年南通市区景点免费开放日一览表

景 点	免费开放日
啬园	5月19日、江海旅游节开幕日、9月11日、10月28日
园艺博览园	5月19日、江海旅游节开幕日、9月11日、10月28日
城市绿谷	2月14日、5月19日、江海旅游节开幕日、12月26日
剑山景区	5月19日、江海旅游节开幕日、11月22日
文峰公园动物园	5月19日
南通探险王国	5月19日、江海旅游节开幕日

（市物价局）

对接服务上海

总体规划

【概况】 2017年5月16日，江苏省人民政府批复《南通建设上海大都市北翼门户城市总体方案》，指出：南通滨江临海、紧邻上海，区域枢纽优势明显，产业发展基础良好，综合承载能力较强，对接服务上海具有良好现实基础和广阔空间。加快建设上海大都市北翼门户城市，是南通抢抓国家系列重大战略机遇关键举措，是策应上海建设卓越全球城市实际行动，有利于推动长江三角洲区域协同发展、融合发展，在实现江苏“两聚一高”和建设长江三角洲城市群中发挥更大作用。要充分发挥南通靠江靠海靠上海地域优势，积极参与上海大都市圈协同发展，全面推进交通互联互通、城市功能互补、产业协同配套、文化相通融合、生态共保共治，以江海组合港、航空港、信息港为支撑，以创新创业生态城、通州湾临港产业城、启东生命健康科技城为平台，以现代先进产业协同发展基地、文化旅游休闲度假基地、优质农副产品市场服务保障基地为重点，加快形成“三港三城三基地”全市域对接服务上海空间格局。

（通　鉴）

《省政府关于南通建设上海大都市北翼门户城市总体方案的批复》　（海　文　制图）

【跨区域规划协调机制构建】 2017年，南通市到上海学习考察区域协调发展情况，统筹整合崇明岛空间资源，共同建设东平—海永—启隆生态型城镇圈，推进长江口生态保护，构建跨区域规划协调机制及生态保护机制试点示范。完成《启东生命健康科技城概念规划》编制，完成概念规划中期成果编制。

（杜明东）

政策实施

【产学研合作】 2017年，南通市出台《全力对接服务上海行动方案》《南通市区引进技术转移机构管理办法（试行）》，对技术转移机构前3年运行给予南通市科技发展资金支持。全年与上海13所高校、12家研究所建立合作关系，新增产学研合作项目117个。新增大院大所2家（南通新微研究院、中科院上海技术物理研究所南通智能感知研究院）、南通技术转移中心3家（同济大学、上海理工大学、上海应用技术大学）。中科院上海技术物理研究所启东光电遥感中心获省科技厅省创新能力建设计划立项支持。

（汪兵兵）

【医疗合作】 2017年，南通市二级以上医院与上海名院全面合作，在南通联合举办高层次学术交流47次，上海名院名医在南通开设名医大讲堂28次。上海、南通两地联合申报国家及省级科研项目14项，引进新技术项目36项，其中省级9项。选派227名优秀业务骨干赴上海进修3个月以上，赴上海参加学术活动419人。52名上海名医为南通部分学科带头人当导师，邀请上海专家定期到南通义诊276人次、坐诊1651人次，上海专家到南通手术1791人次，教学查房853人次，受众1.05万人次。12月1日，南通市卫生和计划生育委员会（简称“市卫生计生委”）与上海仁济医院签署框架性合作协议。全年，南通与上海40家三级医疗机构实现联网结算，上海与南通互为报销3419人次。

（石红梅）

【旅游市场合作】 2017年，南通市旅游局（简称“市旅游局”）与上海春秋国际旅行社合作，在上海市中心人民广场附近设立南通旅游推广中心，推介南通旅游资源，销售南通旅游线路产品。全年接待上海游客759.68万人次，对接上海旅行社1000家。与上海14家旅行社签约，对输送住宿过夜游旅行社进行政策补助，全年输送到南通住宿过夜团队游客12万余人次。1月1日起，开通“上海北大门——南通旅游直通车”，每天发车，全年输送上海游客3万余人次，其中住宿过夜游客1.2万余人次。9月5日，服务上海南通旅游推介会暨2017南通江海国际旅游节新闻发布会在上海大剧院举行，上海市旅游业协会与南通市旅游局达成战略合作协议。把南通旅游产品展示作为上海旅游销售洽谈会一个重要板块，每个季度组织南通景区、企业参展，并与上海500家旅行社对接洽谈。

（孙蓠峰）

项目建设

【概况】 2017年，南通市在上海组织各类招商、推介、布展等活动870余场次，开工投资1亿元以上沪籍项目236个，计划投资额674.98亿元。新增沪通合作园区10个，累计沪通合作园区17个。全年，17个沪通合作平台实现固定投资23.17亿元，应税销售40.04亿元，新增注册企业170家。上海市北高新（南通）科技城项目集聚长江智谷科技园、挪宝新能源全球研发运营中心、大数据中心、中科院膜技术研究中心等30个生产性服务业项目，总投资150亿元。3月31日，上海电气集团风电产业链项目落户如东县，总投资80亿元。

（陈　亮）

【农业投资项目】 2017年，南通市引进沪通农业投资合作项目92个，投资总额32.5亿元，涉及生产加工、休闲观光。全市约8%粮油产品、25%畜禽产品、28%蔬菜瓜果销往上海市场，全年农产品在上海销售总额196亿元，开设各类农产品专卖店（点）近200家。4月26日，南通农业项目推介会在上海万豪虹桥大酒店举行。南通市人民政府分别与上海市农业委员会、上海市粮食局、上海市供销合作总社等单位签订战略合作协议3项、农业项目24项，涉及投资类、贸易类、技术合作类、休闲农业类，协议金额18.75亿元。9月1日，南通12家上海外延蔬菜生产基地入列上海蔬菜产地名录。

（查　勇　张晶晶）

重要活动

【人才接轨上海系列活动】 1月13日，南通发展环境与人才政策推介暨江海英才创业大赛上海专场活动在上海交通大学举行，启动人才工作全面接轨上海“月月有、家家到”系列活动。该活动由南通市委组织部牵头，每月由1个县（市、区）或开发园区在上海承办1场高层次招才引智专项活动。活动期间，各地分管领导组织人才、科技部门对驻上海重点高校、大院大所进行逐家走访对接，每个县（市、区）至少与1所驻上海“985”“211”高校签订全面合作协议，建立至少1个驻上海招才引智工作站。重点围绕“3+3+N”产业体系引进高层次人才和团队到南通创新创业，推动高科技成果到南通转移转化，全面提升与上海产业、科技和人才合作水平。对落户南通并入选“江海英才计划”项目，分别给予不低于200万元、150万元、100万元项目启动资金。3月10日，南通开发区在上海举行接轨上海顶尖人才专场活动，为南通全面接轨上海人才系列专题活动县（市、区）首场，推介投资环境和人才政策，签约高层次人才工作站、清洁能源装备制造、高储能薄膜电容等项目8个。全年市、县（市、区）联动，举办人才工作接轨上海“月月有、家家到”系列活动12场。组织企业到上海开展人才招聘500余家次，达成到南通就业意向3000余个。11月19日，江苏·上海人才交流合作洽谈会在上海举行，南通签约高层次项目8个。

【对接服务上海专家咨询会】 4月26日，市委、市政府在上海世博洲际酒店举行南通对接服务上海专家咨询会。北京、上海、江苏有关方面领导和专家及上海部分企业家，围绕《南通建设上海大都市北翼门户城市总体方案》修改完善，特别是对接服务上海路径和重点任务，建言献策。

【旅游推介会】 4月26日，南通市旅游推介会在上海大剧院举行，以“服务大上海建设北大门”为主题，着重推介4大主题10大经典旅游线路，魁北克艺术之城、乐百年健康旅游小镇、长寿慢城等项目现场签约。现场专设“指尖上的南通”“舌尖上的南通”2个展区。《新华日报》头版以《南通赴上海叫卖“江海风光”》为题进行报道。9月5日，服务上海南通旅游推介会暨

9月5日，服务上海南通旅游推介会暨2017南通江海国际旅游节新闻发布会在上海大剧院举行。图为南通特色产品展示。　（市旅游局　供图）

2017南通江海国际旅游节新闻发布会在上海大剧院举行，上海300余家旅行社和媒体参加，并与上海旅游协会签订战略合作协议，推介南通旅游资源。《新华日报》头版以《叫响江海牌打好上海牌 擦亮文明牌——追江赶海，南通特色风光更风光》为题，全面介绍南通旅游业项目建设、对接上海等方面成效。

【南通农产品（上海）展示展销活动】 4月26~29日，南通农产品（上海）展示展销活动在上海农业展览馆举办。南通市组织本地169家参展单位1666种名特优新农产品参展，吸引2.5万名上海市民参展，现场销售额560万元，达成购销协议24笔，总额2.46亿元。评选出最受上海市民青睐的南通农产品（品牌）10个、优秀参展单位30家。

【对接服务上海大会】 4月27日，南通对接服务上海大会在上海世博中心开幕。大会以“协同、服务、共享”为主题，推动南通“服务大上海、建设‘北大门’”，开启沪通合作新征程，为打造上海“1+6”大都市圈和长江三角洲世界级城市群增添新动能。江苏省委常委、常务副省长黄莉新，上海市副市长时光辉，中央汇金投资有限公司副董事长李剑阁，全国工商联副主席、上海市政协副主席王志雄，上海部分市辖区及相关部门、江苏有关方面负责人，多个国家和地区驻上海总领事、领事，以及2600余名中外嘉宾出席开幕式。南通市委书记陆志鹏作主旨演讲。南通市市长韩立明主持会议。上海市北高新集团有限公司董事长周群等4位企业家代表作交流发言。与会嘉宾观看专题片《风从海上来》。大会举行沪通合作项目签约仪式，现场签约对接服务项目32个，总投资522亿元。

【对接服务上海主题展】 4月27日，南通对接服务上海主题展在上海世博中心开展，展区面积2500平方米，以“服务大上海、建设北大门”为主题，设市情、载体、产业和融合4个板块，从历史到未来、从产品到技术，通过图片展板、实物模型、沙盘道具、多媒体视频相结合方式，立体式展示南通经济社会发展风貌以及上海、南通两地合作成果。

【对接服务上海科技创新恳谈会】 4月27日，南通对接服务上海科技创新恳谈会在上海科学会堂召开。会议由中共南通市委、南通市人民政府、上海市科学技术委员会主办，南通市科学技术局承办，会议主题为“对接上海科技创新资源，服务上海全球科创中心建设，推动南通创新驱动发展”。科技部、上海市、江苏省科技厅有关领导，在上海中科院分院、高校、科研院所专家学者和知名企业家为南通全面对接服务上海科技创新、深入实施创新驱动发展战略、加快建设具有区域影响力创新之都、推进科技创新与经济转型升级出谋划策。

【智能装备产业投资与发展恳谈会】 9月20日，2017南通智能装备产业投资与发展恳谈会在上海扬子江万丽大酒店举行。来自上海柴油机股份有限公司、固高科技有限公司、通用电气（中国）有限公司、北京发那科机电有限公司、西门子（中国）有限公司等上海90余家企业负责人应邀到会，与南通市相关部门及智能装备产业重点园区负责人、创新联盟部分重点企业负责人，就智能装备产业投资与发展进行恳谈。海安开发区与德国菲希尔集团测试仪器生产线、如皋市人民政府与上海福尚齿轮有限公司智能装备关键零部件、南通振康焊接与固高科技机器人高分辨率位置编码器等15个项目现场签约，项目总投资额40余亿元。

（通　鉴）

【公共文化交流合作】 9月26日，南通市与上海市群众艺术馆签订《上海南通两地公共文化交流合作协议》，建立常态化公共文化交流机制。11月，举办“风从海上来”上海优秀文化资源走进南通服务周，引进“青春追梦共筑未来”上海青年摄影联展南通巡展、讲座“芭蕾之美——如何欣赏芭蕾”、上海越剧院“经典折子戏专场”等7项活动。更俗剧院引进沪剧《挑山女人》、上海评弹艺术传习所评弹《林徽因》及大型多媒体原创沪剧《绿岛情歌》等演出。

（张　湞）

【对接服务上海调研协商】 2017年，市政协常委会议就“对接服务上海，全力打造上海大都市北翼门户城市”调研协商。组织政协委员赴各县（市、区）调研，赴上海及周边城市学习考察，加强实证分析和比较研究。11月16日，市政协召开十二届三次常委会议，政协常委、委员和民主党派成员从交通协同发展、新能源产业对接等方面建言，提出推进与上海城市融合发展、加快构建城市间便捷的轨道交通体系、深化产业合作研究、建立柔性引才机制等具体建议14条。老干部智库围绕“建设上海北大门”等课题开展专题调研，形成调研报告12篇，提出意见建议73条。

（曹勇军　贲道文）

※资料链接※

南通对接服务上海历程

1982年，以上海为中心的综合经济区成立，南通市为综合经济区成员单位之一。

1984年5月8日，南通港与上海港、宁波港、张家港组成港口经济联合体。

1996年2月17日，江苏省人民政府批准《南通市城市总体规划》方案，明确南通城市性质为上海北翼现代化港口、工业、贸易城市，城市形态为沿江带状组团式城市。

2003年6月23日，中共南通市委、南通市人民政府颁发《南通市接轨上海工作纲要》。之后历年制订落实年度接轨上海重点工作目标任务及责任分解方案。

2004年3月30日，南通市民营经济进上海招商引资首个大型活动——南通接轨上海恳谈会在上海举行。

2004年12月7日，南通市与上海市杨浦区结为友好市区。

2008年6月30日，苏通长江公路大桥建成通车。

2008年9月7日，国务院出台《关

于进一步推进长江三角洲地区改革开放和经济社会发展的指导意见》。

2010年5月，国务院批准实施《长江三角洲地区区域规划》。

2011年12月24日，崇启大桥建成通车。

2012年12月19日，上海至南通铁路南通至安亭段可行性研究报告获国家发展改革委批准。2014年3月1日，沪通铁路长江大桥开建。

2016年5月22日，国务院发文批复《长江三角洲城市群发展规划》。

2016年12月16日，上海市政府发布《崇明世界级生态岛发展“十三五”规划》，提出加强与海门市海永镇、启东市生态岛协同建设，构建长江口战略协同区。

2017年7月20日，《上海市崇明区总体规划暨土地利用总体规划（2016~2040）》发布，提出预留过江通道，与海门市海永镇、启东市启隆镇共建城镇圈。

2017年12月15日，国务院作出批复，原则同意《上海市城市总体规划（2017~2035年）》。该规划提出，优化城市空间格局，主动服务“一带一路”建设、长江经济带发展战略，主动融入长江三角洲地区区域协同发展，推动上海与周边城市协同发展，构建上海大都市圈，打造具有全球影响力的世界级城市群。在区域交通设施方面，推动南通机场支撑上海国际航空枢纽建设，加强上海港与南通港分工合作，强化与南通联系方向上国家铁路干线与高速公路通道布局，提升沪通区域综合运输走廊服务效率、能级和安全可靠性。

（通　鉴）

富民强企奔小康“走帮服”活动

活动部署

【概况】 2017年1月6日，南通市出台《关于开展富民强企奔小康“走帮服”活动的实施方案》，决定在全市开展富民强企奔小康“走帮服”活动（简称“‘走帮服’活动”），落实“三走访”（走访农户，帮助增收致富、服务民生改善；走访企业，帮助做大做强、服务转型升级；走访村居，帮助排忧解难、服务强基固本）。1月7日，全市“走帮服”活动动员会召开，启动“走帮服”活动。2月4日，市委、市政府召开全市机关作风建设大会，对“走帮服”活动进行再动员、再部署。2月17日，全市“走帮服”活动专题部署会召开。全年，市委常委会会议专题听取“走帮服”活动情况汇报6次，全市召开“走帮服”活动推进会4次。其中，第三、第四次推进会采取市、县、镇、村4级同步直播、大会随堂抽取单位发言形式，检验各地各部门真实工作情况。市“走帮服”活动领导小组先后开展调研指导活动15次，推动“走帮服”活动开展。在全省大走访活动成效年度汇总评比中，南通市“走帮服”活动各项指标均居全省前列。打通服务基层“最后一公里”，把“走帮服”活动实效列入机关部门作风建设绩效考核。6月13日，新华网以“南通开展‘走帮服’打通服务基层‘最后一公里’为题”报道南通相关做法。

活动开展

【“走帮服”活动建档】 2017年，南通市组成98个“走帮服”活动工作组，派驻到全市所有镇（街道），全面开展“走帮服”活动，按照“一村（居）一档、一企一策、一户一卡”[“一户一卡”，主要包括家庭现状、主观意愿、政策重点扶持方向、党员干部联系记录等；“一企一策”，主要包括企业生产经营、科技创新、和谐稳定、发展环境、发展思路等方面情况以及帮助企业制定的差异化发展规划、个性化扶持措施等；“一村一档”，主要包括村情档案、“两委”班子建设档案、民情与群众工作档案、村（居）委会及其他组织工作档案、基层党组织建设工作档案等]要求，做到一户不少、一家不漏。全年参与“走帮服”活动党员干部5.58万人，走访企业2.6万家、村（居）1900个、城乡居民266.24万户，家庭走访率87.62%，居全省第一，高出全省平均15.34个百分点。其中，市四套班子成员走访居民867户、企业309家，家庭走访率105%；6718名市级机关党员干部走访居民18.25万户、企业2871家、村居716个。依托“大走访数据信息系统”，全面采集“走帮服”活动数据，建立走访活动台账，录入“走访人信息表”“走访记录与问题处理信息表”，导入大走访信息管理平台，及时更新完善数据信息，做好平台系统运营和数据分析研究。推动走访回访常态化，重点关注骨干企业、困难群众，明确专人定向走访，全市1866家机关事业单位、4.9万余名干部与1900个村居、1.76万家重点企业、60余万户农户开展结对工作。

【宣传教育引导】 2017年，南通市在“走帮服”活动中，运用报纸、广播、电视等传统媒体，QQ、微博、微信等新媒体，宣传橱窗、宣传栏以及横幅、标语等社区宣传阵地，对省、市委决策部署贯彻落实、具有推广价值工作经验以及先进事迹、先进典型进行全面宣传报道。发挥“走帮服”活动四级联动、覆盖城乡平台优势，组建小分队、选聘小教员、开设小课堂、用好小媒体等“十小宣讲法”。11月20日，南通市印发《关于在“走帮服”活动中学习宣传党的十九大精神的实施意见》，在“走帮服”活动中全面推进党的十九大精神基层宣讲。至年底，南通市组织报送微信作品2110篇，录用628篇，报送量、录用量均居全省第一位，其中37篇稿件入围月度优秀稿件。在江苏大走访微信公众号历次月度考核中，南通均获第一。全市646篇“走帮服”活动心得感悟、经验材料获江苏大走访微信公众号刊登转载，其中入围月度优秀稿件44篇，占全省55%。在省委研究室等部门开展年度优秀稿件评选投票活动中，南通获评优秀稿件20篇，包揽年度“特别好稿奖”前六名。

活动督查

【概况】 2017年，南通市在“走帮服”活动中，市、县两级成立督导组36个，其中市级层面抽调26人成立4个督导组。根据“走帮服”活动阶段性重点，围绕党员领导干部走访覆盖率、机关党员干部走访覆盖率、企业和居民走

10月，市政府法制办开展“走帮服”普法下乡活动。（市政府法制办　供图）

访覆盖率、群众感受度和满意率、问题清单梳理和解决情况等重点内容，采取随机走访、重点抽查、查阅资料、情况反馈、第三方评估等方式，先后开展4轮全覆盖式集中督查。

【定期公示】 2017年，南通市在“走帮服”活动中，定期把每个工作组、每个单位排查梳理收集问题、意见在其挂钩负责镇（街道）、村（居）张榜公示，接受群众监督。7月17日起，通过《南通日报》等主流媒体分3批对103个部门走访覆盖情况、梳理和解决问题情况、帮难解困实例进行公布，对工作实绩不实、弄虚作假、群众意见较大的给予通报批评。

【第三方调查测评】 2017年，南通市委托国家统计局南通调查队就各地“走帮服”活动社会知晓率、走访覆盖率、问题解决率、群众满意率等关键指标进行独立调查2轮次，调查结果通报各县（市、区）委。9月底，在第二次独立调查中，采取计算机辅助电话调查方式，每个镇随机抽取居民60户、企业20家，在98个镇抽取居民5880户、企业1960家；对居民调查时间为工作日18~21时或者周末，企业调查样本在已走访企业数据库中随机抽取。调查结果显示，全市“走帮服”活动社会知晓率、走访覆盖率、问题解决率、群众满意率稳步提高，全市公众满意度分值85.2分。

活动成效

【概况】 2017年7月3日，南通市出台《关于在富民强企奔小康“走帮服”活动中认真做好各类问题梳理与化解工作的实施意见》，明确“走帮服”活动中各类问题梳理与处理工作流程。至年底，全市梳理“走帮服”问题诉求7.77万个，解决6.6万余个，问题解决率84.8%，列全省第一，高出全省平均办结率30.21个百分点，其中市四套班子成员解决问题127件。在全省大走访总排名中，南通“走帮服”活动综合绩效列全省第一。

【薄弱村（社区）精准帮扶】 2017年，南通市排出“三弱型”（支部软弱、经济薄弱、基础脆弱）基层组织185个，其中村148个、社区37个。实现县、镇领导挂钩联系薄弱村（社区）全覆盖，县镇机关部门结对帮扶全覆盖，派驻“第一书记”全覆盖。实施“一村（社区）一策”，重点解决班子整体战斗力不强，班子带富致富和服务能力不强，组织生活不规范、不严格，党员先进性作用发挥不充分，村级经济薄弱、矛盾纠纷较多和公共服务中心建设中存在问题。

【城乡困难群众精准帮扶】 2017年，南通市将全市4.4万余户家庭人均年收入7000元以下建档立卡低收入户作为帮扶重点，实施分类指导、“一户一策”。对有劳动能力、低收入家庭，通过技能扶持、就业扶持，确保每户有1人以上实现就业。对有创业愿望低收入家庭，协调工商、税务、金融部门为其提供良好服务，扶持其创业起步。实施“创业富民行动计划”，新增就业8.69万人，新增转移农村劳动力2.63万人；新增创业1.46万人，其中引领大学生创业1881人、比上年增长13.1%；扶持农民创业4921人，比上年增长14.8%。对212户家庭子女因贫难以完成学业困难家庭，协调社会力量建立长期助学计划，帮助其顺利完成学业，阻断贫困代际传递；对因病致贫、因残致贫低收入家庭，协调卫生、民政、社会保障等部门，为918户985人次办理大病救助、发放残疾补助。

【生态环境精准治污】 2017年，在“走帮服”活动中，南通市结合环境整治“263”专项行动、“三河三行业”专项整治，围绕工业污染、生活污染和农村养殖带来面源性污染等问题，排查梳理污染问题3776个，研究对策建议，形成治理清单，做好分级筛选、分层对接和跟踪督办，解决“走帮服”活动过程中相应行政区域内环境问题。全年全市解决污染问题3128个，问题解决率82.8%。

（谢　娟）

2017年南通市十大新闻

1.坚持新发展理念，推进“263”专项行动、“三河三行业”整治、“创建国家森林城市”，推动生态环境持续改善。3月8日，南通市召开全市创建国家森林城市动员大会。年内，建成中心城区高速生态一环、宁启铁路生态廊道，建成一批公园绿地、沿河沿路绿廊、城市特色景观路，推进狼山国家级森林公园、如东范公堤省级森林公园、启东圆陀角省级湿地公园等森林公园、湿地公园建设项目，启动五山及沿江地区生态修复和保护。“263”专项行动、“河长制”、河长治和“三河三行业”整治取得成效。7月12日，南通市被住房城乡建设部列为全国第三批“生态修复、城市修补”试点城市。

2.南通市中央创新区进入全面建设阶段，一批重大项目集中开工。4月1日，南通市中央创新区（简称“中央创新区”）首批4个基础设施建设项目集中开工。9月9日，市政府批复《南通市中央创新区控制性详细规划》。10月30日，医学综合体（一期）、南通大剧院、南通美术馆、创新初中、创新一小5个项目集中开工，标志中央创新区建设进入全面实施阶段。

3.南通加快接轨上海，建设上海“北大门”。4月27日，南通对接服务上海大会在上海世博中心举行。5月16日，省政府批复《南通建设上海大都市北翼门户城市总体方案》。南通主动参与上海“1+6”大都市圈协同发展，打造“三港三城三基地”全市域对接服务上海空间格局，加快建设上海大都市北翼门户城市。

4.首届通商大会在南通举办，“强毅力行、通达天下”通商精神发布。5月12日，南通确定“强毅力行、通达天下”为通商精神。5月22日，2017中国南通江海国际博览会暨首届通商大会在南通市体育会展中心开幕。

5.赛麟汽车、阿里巴巴江苏云计算数据中心等重特大项目相继落户、签约。5月26日，世界顶级汽车品牌赛麟（SALEEN）携手如皋市政府打造的如皋汽车文化馆开馆；赛麟汽车零部件、发动机项目一期23万平方米厂房建设启动。12月18日，总投资180亿元阿里巴巴江苏云计算数据中心项目签约落户南通。

6.南通深化“放管服”改革，推动“互联网+政务服务”，建设“不见面审批、零缺陷服务、精准化监管”品牌。6月7日，南通在全省率先出台“不见面审批”改革实施方案，明确改革4大类16项重点任务，确立“网上办、集中批、联合审、区域评、代办制、快递送、一号答、不见面审批”模式。市级1145项审批服务事项中，除69项因保密规定或法律要求不具备网上办理条件外，其余1076项实现“网上办”，占所有审批服务事项94%。

7.南通市入选全国城市总体规划编制改革试点城市。9月8日，南通入选全国城市总体规划编制改革试点城市。9月14日，南通市召开城市总体规划编制试点工作动员会，下发《南通市城市总体规划（2017~2035年）》编制试点工作方案，启动新一轮城市总体规划修编工作。

8.中国共产党第十九次全国代表大会召开，南通3名党代表赴北京参会。10月18~24日，中国共产党第十九次全国代表大会在北京召开。陆志鹏、陆卫东、李兰女（女）3名党代表赴北京出席会议。

9.南通实现全国文明城市“四连冠”，如皋市成为苏中苏北首个县级全国文明城市。11月14日，第五届全国文明城市名单和复查确认继续保留荣誉称号的往届全国文明城市名单公布，南通蝉联全国文明城市，成为全国为数不多的“四连冠”城市；如皋市获评第五届全国文明城市，成为苏中苏北首个县级全国文明城市。

10.南通轨道交通1号线开工。12月18日，市委、市政府在南通轨道交通1号线永兴路站举行南通城市轨道交通1号线一期工程开工仪式，标志南通跨入地铁时代。

（通　鉴）

2017年南通市大事记

1月

1日 《南通市基本照护保险实施细则》实施。

3日 南通市推行“一枚印章管到底”审批流程做法作为推进供给侧结构性改革方面典型经验，获国务院办公厅通报表扬。

5日 第二届南通国际动漫影视创新峰会暨南通动漫嘉年华在港闸区召开。

6日 市委全面深化改革领导小组第23次会议在市行政中心举行，审议讨论《南通市深化市管企业负责人酬薪制度改革实施意见》。

8日 亚太首席人才联合会南通分会挂牌成立。

9日 国家科学技术奖励大会召开，南通籍中国科学院高能物理研究所王贻芳为主要完成人的“大亚湾反应堆中微子实验发现的中微子振荡新模式”获国家自然奖一等奖。

12日 港闸区基层司法所、派出所、律师事务所“三所共建”工作经验在中央政法工作会议上向全国推广。

13日 通州湾示范区道达风电有限公司安装全球首台海上风机复合桶型基础及塔筒。

14日 南通市首家3D打印体验中心——南通理工学院3D打印体验中心对外开放。

17~18日 中央电视台社会与法频道《夕阳红》栏目组到南通纪实拍摄“照护保险南通样本”。

18日 南通市苏晓琳等10户家庭获评首届江苏省文明家庭。

同日 淘金合创电子商务江苏有限公司等8家企业入选2017~2018年度江苏省电子商务示范企业，南通市综合电子商务产业园等5家园区入选2017~2018年度江苏省电子商务示范基地（园区）。

19日 《市行政审批局关于重新批准机场大道工程项目建议书的批复》发布，机场大道工程总投资23亿元，南起江海大道，北至金通三大道，路线总长5438米，宽约70米，机场大道与江海大道为枢纽立交方案。

20日 中国共产党南通市第十二届纪律检查委员会第二次全体会议在市行政中心召开。

同日 市委书记陆志鹏，市委副书记、市政府市长韩立明会见华为公司副总裁杨凯瑞一行。市政府与华为公司云计算数据中心签署战略合作协议。华为云计算数据中心落户南通。

21日 世界最大跨径重载公铁两用钢拱桥——沪通长江大桥天生港航道桥合龙。

25日 国网南通供电公司通州湾供电服务中心揭牌成立，是全省国家级开发区首个专门供电服务中心。

同月 “如东大米”国家地理标志性商标通过工商总局商标局审批。

2月

6日 省十二届人大五次会议南通代表团举行全团会议。作为南通选出的省人大代表，江苏省委书记李强在南通代表团和省人大代表一起审议省政府工作报告，勉励南通发挥特色优势、抢抓战略机遇，推进产业、城市和人才同向发力，在全省“两聚一高”大局中多做贡献。

同日 南通市林森物流、大地物流被省交通运输厅确定为省级道路货运无车承运人试点企业，其中林森物流成为交通运输部备案省级道路货运无车承运人试点企业。

9日 如东县洋口国家中心渔港、启东市吕四中心渔港通过“全国文明渔港”复评。

13~16日 市政协十二届一次会议召开。

14~17日 市十五届人大一次会议召开。

23~24日 陕西省汉中市党政代表团到南通考察。双方签署《进一步加强扶贫协作的框架协议》。

25日 南通中远船务建造的“希望6号”起运开往英国，是中国船厂为国外石油公司完整建造第一座浮式生产储卸油平台。

27日 市委、市政府在市行政中心召开全市农村工作会议，推进农业供给侧结构性改革，促进农民增收，提高农村建设水平。

3月

3日 南通市召开第七次见义勇为表彰大会，追授陈群、授予段国华等19人“南通市见义勇为先进分子”称号。

同日 南通市首个商圈妇联在南大街商圈成立。第一届商圈妇联成员包括主城区大中型商场、金融服务、邮政通信等16家企业妇女精英。

8日 市委、市政府在市行政中心召开主题会议，动员部署创建国家森林城市。

9日 南通市科协第十次代表大会开幕。

10日 南通市第三部实体性地方法规——《南通市水利工程管理条例》立法项目启动。

15日 广西壮族自治区政协调研组到南通围绕“大力发展县域经济”开展专题调研。

17日 南通大学附属医院举行江苏省“十三五科教强卫工程”重点项目启动仪式暨省组织工程与神经损伤修复临床医学中心建设规划专家咨询会。

19日 市委、市政府在市行政中心召开全市中心城市建设工作会议，部署城建交通建设工作。

20日 启东市、海安县、通州区、崇川区获评新一批国家知识产权强县工程示范县（区）。南通市累计有5个国家知识产权强县工程示范县（区），数量在全国地级市中领先。

20~21日 江苏省委书记李强在南通市调研产业转型、沿海开发、生态保护、城市规划等情况。

23日 市委党建工作领导小组会议在市行政中心召开，讨论市委党建工作重要事项，部署全年全面从严治党任务。

同日 南通市4家单位和9名个人分别获第二届全国“敬老文明号”“敬老爱老助老模范人物”称号。

23~24日 2017年度全省人大科教文卫工作座谈会在南通召开。

27日 国际刑警组织中国国家中心局江苏联络处南通联络办公室揭牌。

31日 南通市遗体器官捐献者纪念墙在东华塔陵园落成。

同月 南通市知识产权服务业集聚区入选首批“江苏省科技服务业特色基地”。

4月

1日 中央创新区首批4个基础设施项目集中开工。

同日 南通接轨上海社科界座谈会在南通举行，来自上海、南京、南通三地专家学者，围绕合作、产业、人才等开展研讨。

同日 江苏新中酿造有限责任公司“乳腐生产供汽设备燃烧生物质技术改造工程”成为省“2017年拟扶持的老字号创新发展项目”。

6日 市饭店与餐饮业商会商学院成立。

7日 第三届长江经济带发展论坛暨长江经济带绿色发展学术研讨会在南通举行。

10~11日 解放日报社课题组到南通，就南通对接服务上海主题进行采访，详细了解南通对接上海战略部署、经验做法等情况。

12日 国土资源部调研组到南通调研光伏产业用地和不动产统一登记情况。

同日 通州区东社镇唐洪村、如皋市磨头镇新港村入选第五批江苏省农村电子商务示范村。

13日 市委人才工作领导小组（扩大）会议在市行政中心召开，会议听取全市人才工作情况汇报，审议《2017年全市人才工作要点》等文件和第十批“江海英才引进计划”资助方案等。

同日 全市高层次人才座谈会在市行政中心召开，部分中国工程院院士、国家“千人计划”专家、长江学者特聘教授、省“双创人才”、市“江海英才计划”引进人才等在南通创业高层次人才代表进行座谈。

14日 崇明至启东长江公路通道工程获第十四届中国土木工程詹天佑奖。

15日 市委、市政府在市行政中心召开全市制造业大会暨民营经济工作会议，会议要求加快建设制造业强市和民营经济强市，为建设上海“北大门”提供强有力支撑。

同日 长江三角洲生物医药高层论坛和科技沙龙活动在启东市举行。

15~16日 僧伽大师与佛教中国化研讨会在南通召开。

19日 市委全面深化改革领导小组第26次会议在市行政中心召开。

同日 装载1500吨液化品“顶级三富”号货轮靠泊洋口港5000吨级液化品码头，为该港液化品码头首次靠泊、接卸外国货轮。

20日 南通启动纪念中国人民解放军建军90周年、新四军成立80周年、粟裕诞辰110周年系列活动。

21日 《南通市人才发展促进条例》立法启动。

同日 携程信息技术（南通）有限公司、海门慧聚药业有限公司、东丽纤维研究所（中国）有限公司、卡特彼勒（通州）有限公司、安客诚全球信息服务（南通）有限公司、南通首屏信息技术有限公司6家企业获评“中国服务外包成长型企业”，南通国际服务外包产业园获评“中国服务外包产业集聚园区”。

同日 港闸区唐闸镇街道西洋桥社区成立“吴锦泉爱心阅读室”。

24日 国务院办公厅下发《关于对2016年落实有关重大政策措施真抓实干成效明显地方予以表扬激励的通报》，南通市及所属部分县（市）7项8个措施获奖励，在全国市（地、州、盟）中位居第一。

25日 国内埋设最深、水压最高、距离最长过江输电隧道——苏通GIL综合管廊工程勘探作业完成。

27日 市委全面深化改革领导小组第27次会议在市行政中心召开，研究并原则通过《关于加快推进全市“互联网+政务服务”的实施意见》。

28日 南通市不动产登记中心与中国人民财产保险股份有限公司南通市分公司签署合作协议，南通在全国首创的不动产统一登记责任保险制度进入实施阶段。

5月

2日 2017年南通市劳动模范和先进工作者命名大会在更俗剧院召开。

3日 南通市举行纪念中国共产主义青年团成立95周年大会暨“南通好青年百人榜”揭榜典礼。

4日 由中央文明办主办的4月“中国好人榜”发布仪式暨全国道德模范与身边好人（江苏南通）现场交流活动在更俗剧院举行，发布95名4月“中国好人”名单。

11日 启东中远海工黄剑国家级技能大师工作室通过省专家组评估。

12日 中央军委委员、国务委员兼国防部长常万全上将到海安“角斜红旗民兵团”视察调研，指导民兵及全民国防教育。

同日 南通（深圳）文化产业招商推介会暨合作项目签约仪式在深圳举行，重点推介南通·1895文化创意产业园、如东八鲜小镇、1895小镇、东洲湾科教文创园、南通左岸意库文创街区、开沙岛文化旅游度假区、通州花卉产业园、海安慧源文化广场——泛书房、如皋盆景旅游风情小镇、启东仙渔小镇、如皋水美周庄红色文化旅游村落11个项目。

16日 省政府批复《南通建设上海大都市北翼门户城市总体方案》。

同日 全市开发园区创新发展暨开放型经济工作会议在市行政中心召开。

同日 南通入选第二批国家工业经济运行重点联系城市。

17日 庆祝南通市慈善总会成立20周年座谈会暨南通“慈善之星”表彰会在中华慈善博物馆举行。

同日 南通举办“企业家面对面”第三期活动，围绕南通船舶海工产业转型升级发展进行讨论。

18日 宜家家居南通商场在港闸区黄海路开业。商场占地面积4.8万平方米，营业面积2.5万平方米。

19日 全国公安系统英雄模范立功集体表彰大会在北京举行。南通市公安系统3个集体和5名个人受表彰。

同日 中国建筑防水保温行业授予南通睿睿防水新技术开发有限公司“科技进步奖”“二十强企业”。

21日 世界通商总会在南通成立，通过通商总会章程，产生理事、副会长、执行会长。

同日 南通招商江海产业发展基金创立。

22日 2017中国南通江海国际博览会暨首届通商大会在市体育会展中心开幕。

同日 2017“一带一路”海内外企业对口合作恳谈会在南通举行。

同日 2017南通高端纺织博览会在市体育会展中心开幕，展览南通高端纺织产业在棉纺织、家纺、蚕丝绸、服装、化纤和色织、印染等优势板块领域近1000种纺织产品，参展企业近40家。

同日 “智能制造万里行·走进南通”暨南通制造业创新转型高峰论坛在市新区会议中心举行。

同日 全球侨团“百团联盟”在南通启动，46个国家和地区114个华社侨团会长参加。

同日 南通往返上海定制客运发班。

23日 2017台商转型升级峰会在南通开幕，主题为“创新引领 汇聚发展合力”。

24日 中组部党的干部工作读物基础工程系列丛书之一、全面反映驻村第一书记工作指导用书《怎样选派与当好驻村第一书记》在南通首发。

同日 江苏省台资企业电商服务示范基地在南通揭成立。

同日 2017江苏省海峡两岸（苏台）农业特色小镇科技交流研讨会在南通开幕，12个项目集中签约。

26日 如东协鑫环保热电有限公司排污许可通过环境保护部复核，为江苏省首家获新版排污许可证单位。

27日 南通籍两院院士顾晓松、王曦，东华大学南通籍教授朱美芳，中国科学院上海生命科学研究所研究员周嘉伟，南通籍科学家崔维成获首届“全国创新争先奖”。

28日 中央电视台新闻联播频道报道南通公安机关举行实战练兵演练情况。

6月

1日 市委、市政府在市行政中心召开全市推行“河长制”动员大会，加快推进全市水生态文明建设。

同日 全球最大天然液化气运输船“莫扎”号巨轮靠泊洋口港。

2日 全国妇联督导组到南通调研基层妇联组织改革和女性发挥作用等情况。

同日 市政府与江苏交通控股有限公司签订战略合作框架协议，在交通基础设施建设、绿色能源设施建设等方面深化合作。

4日 第十五届中南谷江苏省大学生课外学术科技作品竞赛暨“挑战杯”全国竞赛江苏省选拔赛决赛在南通举行。

同日 启东港首次接卸超大型LNG船。

5日 南通城市燃气地理信息系统建成。该系统能准确、及时地描述地下管线运行现状，反映燃气管网覆盖范围、所在区域、管线关系等信息，实现对燃气管网现状动态管理。

6日 市委、市政府在市行政中心召开全市深化行政审批制度改革暨“互联网+政务服务”工作会议。

6~7日 全省落实企业安全生产主体责任现场推进会在南通召开。

7日 第二届南通文化创意设计大赛启动。

同日 启东市现代农业产业园、江天生态农庄有限公司创业基地，海门市农村创业创新园区和通州区金羽农民创业园4家园区（基地）获评全国首批“全国农村创业创新园区（基地）”。

8日 如皋市入选全国首批40个党建标准化试点单位，全省唯一。

13日 海安县公共资源中心服务标准化项目入选国家级社会管理和公共服务综合标准化试点。

14日 全国公安机关网上督察创新发展“南通论坛”开幕，南通市公安警务督察支队探索运用大数据开展智能化网上执法督察和全方位队伍管理监督，在系统应用上为全国警务督察部门树立样板和标杆。

同日 沪通长江大桥一标段铁路层首跨混凝土预制槽型梁开始安装。

同日 南通投资最大、路径最长电缆隧道工程——南通东郊—沙家圩、姜灶220千伏线路改造工程开建。

17日 南通举行2017公开选调第四批优秀青年人才集中签约仪式，28名优秀青年人才签约落户南通。

同日 南通警方破获制售假冒飞利浦吸奶器集群案入选全国2016~2017年度知识产权保护十佳案例。

20日 江苏省科普教育基地（2016~2020年度）在市一院（健康管理中心）揭牌，全省首家。

同日 南通市区首台身份证自助申领机在市公安局港闸分局便民服务中心投入使用。

20~21日 民建江苏省委调研组就民建江苏省委“江苏省扬子江城市群发展战略”课题到南通调研。

21日 寺街西南营历史街区启动修建性详细规划编制前期调研。

同日 南通国有建设用地使用权挂牌出让首次通过摇号确定竞得人。

22日 南通大学首次为3名自主培养博士授予博士学位。自此，南通大学具备完整学位授权体系。

同日 南通地方海事系统第一台全景网络高清智能球机纳入电子巡航装备序列。

23日 2017国际排联沙滩排球世界巡回赛“一带一路”系列赛南通公开赛在滨江公园开赛，为南通首次举行国际沙滩排球赛事，美国、俄罗斯、加拿大、澳大利亚等17个国家24

6月26日，市民在市区首台身份证自助申领机上办理身份证业务。

（许丛军　摄）

支女子沙排队伍参赛。

同日 中国医疗自媒体联盟大会暨第四届中国医院形象传播论坛在南通召开。

同日 南通口岸检验检疫人员在入境国际航行船舶中截获有害生物斑翅根瘤象，为全国口岸首次截获。

26日 如皋市通过国家知识产权试点城市考核验收。

同日 市医师协会维权委员会成立。

27日 南通至泰国曼谷往返正班航班首航。

同日 南通首家市级广告产业园——南通市大生广告产业园揭牌。

同日 海门工业园区优质葡萄示范基地、海安县大公镇优质梨栽培示范基地入选2017年江苏省教育服务"三农"高水平示范基地。

27~28日 工商总局调研组到南通调研网络市场监管工作。

29日 中国侨联"亲情中华·文化讲堂"围绕实业救国、教育兴国、文化建设和慈善事业4个主题，宣讲"张謇故事"，为首次在南通开讲。

同日 《南通范氏诗文世家研究系列丛书》由南京大学出版社出版。

同日 南通首家老年人日间照料站嵌入式养老公益项目在崇川区城东街道北郭社区成立。

30日 南通大学举行文化部、教育部非遗传承人群传统印染技艺培训班结业典礼暨学员作品汇报展，为全国首家将国家级非遗项目及非遗传承人引入大学的院校。

同日 南通市海洋工程装备和高技术船舶产业知识产权联盟成立。

同日 南通市第一次全国可移动文物普查成果展在南通博物苑开展，展出文物、标本200余件（套）。

同日 "启东市综合服务旗舰店"开通运行，为南通首家"江苏政务服务网"县（市、区）旗舰店。

同月 轨道交通1号线一期工程勘察4个标段全面开工。

7月

1日 南通调整最低工资标准：崇川区、港闸区、南通开发区、通州区、海门市和启东市执行一类地区标准每月1890元，非全日制用工小时最低工资标准每小时17元；海安县、如东县和如皋市执行二类地区标准每月1720元，非全日制用工小时最低工资标准每小时15.5元。

同日 通州区城市居民最低生活保障标准与市区接轨，每人每月为640元。

同日 海启高速如东南枢纽（上跨通洋高速）主线桥箱梁安装完成。

3日 沪通长江大桥天生港专用航道桥边跨与跨横港沙简支钢桁梁桥对接完成，为沪通长江大桥第二次实现对接。

同日 全国滚动轴承标准化技术委员会滚动体分技术委员会在如皋江苏力星通用钢球股份有限公司成立。

4日 市委全面深化改革领导小组第28次会议在市行政中心召开，审议并原则通过《南通市总工会改革实施方案》《共青团南通市委改革实施方案》《南通市妇联改革实施方案》。

同日 市十五届人大常委会第三次会议完成《南通市水利工程管理条例（草案）》第一次审议。该条例为全省设区市首部水利工程综合管理方面地方法规。

同日 江苏省南通师范学校第二附属小学入选第二批全国中小学心理健康教育特色学校。

5日 南通市2名女足运动员参加中德青少年足球训练营，受到国家主席习近平和德国总理默克尔接见。

同日 由浙江华策影视、好莱坞知名特效团队约翰休斯公司与南通唐闸古镇文化旅游发展有限公司合作的南通华策休斯影视艺术创意园落户港闸区张謇国际影视基地。

同日 江苏海安保税物流中心（B型）通过省联合验收组验收。

6日 江苏省委副书记、代省长吴政隆到南通调研，了解南通沿江生态规划建设情况，视察沪通长江大桥施工现场、招商局重工（江苏）有限公司、上海市北高新（南通）科技城、南通博物苑。

同日 中国江苏大院大所合作对接会——高端纺织专题推介会在南通高新区举行。

同日 通大附中、越江中学初高中衔接教育研究基地揭牌。

同日 南通世纪大道东延工程（南通东快速路口至通州金浩公路）竣工通车。

同日 全省首例海水稻试验试种项目在通州湾示范区东港垦区启动。

8日 2017年度"濠滨夏夜"环西文化广场演出开幕。

10日 南通市文艺精品展演活动开幕，江苏大剧院首部原创自制现代京剧《青衣》在更俗剧院上演。

10~12日 全国人大调研组到南通调研经济形势。调研组高度评价南通经济运行成效，肯定南通发展思路和工作举措，并就如何破解经济发展难题给予指导。

12日 市委、市政府在市行政中心召开全市文明城市创建工作推进会，动员全市全力以赴迎接全国文明城市检查。

海安保税物流中心（B型） （姜 明 摄）

同日 市委全面深化改革领导小组第29次会议在市行政中心召开，研究市审计机关人财物管理改革试点工作。

同日 全国首个海上风电平台4G基站、首个离岸4G基站在如东县洋口港离岸30千米海域开通。

同日 南通入选全国第二批城市设计试点城市。

同日 南通入选全国第三批“城市双修”（生态修复、城市修补）试点城市。

同日 省政府办公厅通报第四届江苏省优秀年鉴名单。《南通年鉴（2016）》获综合优秀一等奖第一名，蝉联地方综合年鉴省级评比最高奖，同时获框架设计单项优秀奖。

同日 南通大学、南通科技职业学院获评“江苏省平安校园建设示范高校”，通州区、崇川区获评“江苏省平安校园建设示范县（市、区）”。

同日 2017第五届中国江苏创新创业大赛海外创新创业人才赛在南通举行，65个人才（团队）参与角逐。

13日 南通虹冈铸钢有限公司落户南通开发区，主要生产汽车车身冲压模具。

同日 2017年“赛迪百强榜——县域经济100强（2017）”发布，海门市列第22位、如皋市列第25位、启东市列第31位、如东县列第40位、海安县列第42位。

同日 全国渔业水上突发事件应急演练在如东县举行。

14日 长江南通水域船舶救援演练开展，该演练是长江水域首次扁平化、可视化、立体化消防指挥控制演练。

同日 南通建筑产业联盟成立，首届成员单位126个。

同日 “万名学子看南通”大学生暑期社会实践活动开始。该活动有课题调研、岗位见习和社会服务3项内容。清华大学、北京大学、复旦大学、南京大学等10所高校社会实践团队参加活动。

15日 南通直飞印度尼西亚巴厘岛航班首航。

17日 《新四军在江苏》图片展在南通开展。

17~18日 中共南通市委十二届四次全会在市行政中心召开。

18日 启东市王鲍镇庙桥村（庙桥山药）、海安县南莫镇邓庄村（食用菌）入选第七批全国“一村一品”示范村镇。

同日 南通大学“神经损伤与功能恢复”团队和南通航运职业技术学院“涉水工程基础冲刷远程实时监测技术”团队入选2017年度省高校优秀科技创新团队。

21日 南通发布《关于实施健康扶贫工程的若干意见》，明确将实行建档立卡低收入人口县域内住院“先诊疗后付费”政策，在县人民医院、中医院及中心卫生院设立“一站式”综合服务窗口。

21~23日 “砥砺奋进的五年·看江苏如何践行‘强富美高’——1+13省市党报全媒体环省行”大型新闻行动采访组到南通采访全市创新转型、项目建设、富民增收、建设上海“北大门”和扬子江城市群等方面发展成果和特色亮点。

22日 全国首家以滩涂为主题展馆——江苏滩涂馆在通州湾开馆。

24日 市委全面深化改革领导小组第30次会议在市行政中心召开。会议研究并原则通过关于调整市委全面深化改革领导小组组成人员及各专项改革小组成员、南通陆海统筹发展综合改革领导小组组成人员方案，听取各专项改革小组、陆海统筹改革办工作情况汇报，听取相关重点改革事项推进情况汇报。

同日 江苏捷捷微电子股份有限公司、南通巴兰仕机电有限公司、江苏爱朋医疗科技股份有限公司、江东金具设备有限公司、江苏万达特种轴承有限公司、江苏省如高高压电器有限公司获批省科技小巨人企业。

同日 高德地图联合交通运输部科学研究院、清华大学戴姆勒可持续交通研究中心等权威数据机构发布《2017年第二季度中国主要城市交通分析报告》。在全国百城拥堵排行榜中，南通排名第98位，高峰拥堵延时指数比一季度下降超过8%，比上年下降4%。

24~25日 省人大调研组到南通调研检察院司法体制改革情况。

26日 全省基层社会治理创新推进会在南通召开。江苏省委书记李强批示：“社会治理创新的重心在基层，根基也在基层”。会议表彰一批全省政法工作优秀创新成果，寄递行业安全监管南通模式获二等奖。会议以视频连线方式，从体系、平台、方式、手段、模式、机制6个方面，全面展示南通推进基层社会治理创新典型经验。

同日 全国价格认定档案管理工作会议在南通召开。南通价格认定档案管理经验在全国推广。

同日 南通完成首笔住房公积金异地转移业务办理。

27日 南通举办重点产业“企业家面对面”第四场活动，聚焦南通智能装备产业创新发展路径开展研讨。

同日 首届南通陆海统筹发展基金产业投资对接会召开，为基金与产业搭建深度对接平台。

28日 南通至柬埔寨航线开通。

29日 中天科技成功研制世界最大输送容量、中国第一根±525千伏交联聚乙烯绝缘柔性直流电缆系统。

31日 南通地区首份自驾车ATA单证册诞生，该册是一本国际通用海关通关文件，为世界海关组织为暂时进出境货物专门创设，被称为“货物通关护照”。

同月 海安鑫缘集团“鑫缘”商标获香港特别行政区政府知识产权署商标注册处批准为注册商标。

同月 通州区入选全省首批食品安全示范县（市、区）。

同月 如皋留学人员创业园入选省留学回国人员创新创业示范基地，全省5家。

8月

3日 海门市获评全国“四好农村路示范县”，全省县级市3家。

5日 众诚智库、经观政研院共同发布“2017年中国县域经济50强”榜单，海门市、启东市分列第17位、33位。

5~6日 省委常委、省纪委书记蒋卓庆到南通调研党风廉政建设和反腐败工作，着重了解工程建设领域廉政风险防控情况。

6日 龙湖山庄等8家企业通过

全国休闲农业与乡村旅游星级企业考评验收。

8日 南通发布《南通市2017年深入落实进一步改善医疗服务行动计划重点工作实施方案》，明确将全面落实城市大型医疗机构将不少于20%专家号源，向提供首诊和签约服务城乡基层医疗卫生机构优先开放。

9日 通州区开沙岛旅游度假区入选全国第一批运动休闲特色小镇试点项目。

10日 南通发布《市政府办公室关于推进医疗联合体建设的实施意见》，明确2017年开展医联体建设，初步形成医联体制度框架，建成5个市级专科联盟、14个县级医联体。

11日 海安县角斜镇获评全国优秀学习型乡镇。

同日 如东县入选第三批江苏省优秀管理城市。

12日 北上海经济发展高峰论坛在启东市举行。

同日 "中国梦·大美崇川"全国中国画名家作品邀请展在崇川美术馆开幕。

12~13日 中央综治办督察组督导检查南通严重精神障碍患者服务管理工作和"雪亮工程"建设情况。

14日 省政府调研组到南通调研建筑业改革发展。

15日 南通城市轨道交通建设指挥部、南通城市轨道交通有限公司挂牌成立。

同日 城市轨道交通建设领导小组第二次会议召开，听取讨论工可评审会专家意见落实建议、1号线一期工程市政迁改、标段划分方案等。

同日 省直单位全国人大代表到南通就"长江生态环境保护问题"开展专题调研。

17日 江苏省委书记李强到南通重点调研富民增收，考察如皋国际园艺城、如皋汽车文化馆，走访如皋市如城街道顾庄社区，听取南通对接服务上海、产业集群发展、生态保护、社会稳定等情况汇报。

同日 2017年南通江海英才创业周开幕，以"创业江海、智汇南通"为主题，表彰第三届江海杰出英才奖、留学回国人员成就奖、高技能人才成就奖获得者。17名中国科学院、中国工程院和美国科学院、瑞典皇家工程科学院院士，30余名知名高校领导及专家，40余名"千人计划"专家，50名创投风投专家以及16个国家和地区300余名各领域高端人才和知名企业负责人出席开幕式。

同日 中央创新区院士专家咨询会在市新区会议中心举行，14名院士及各领域知名专家学者，为中央创新区规划建设建言献策。

同日 2017南通大院大所合作对接恳谈会在市新区会议中心举行，国内60余家高校院所130余名专家，与南通180余家骨干企业负责人对接洽谈，26个项目现场签约。

同日 南通举办外国专家南通行活动，美国、英国、俄罗斯、新西兰、挪威等15个国家40名高端人才，为南通产业转型升级和企业科技创新建言献策。

同日 南通启动外国人管理服务系统，在全省率先实现外国人信息与出入境、驻外使领馆互联互通。

18日 2017中国南通国际智慧建筑论坛暨第四届智慧建筑（城市）国际创业大赛决赛在市新区会议中心举行。14支国际顶尖创新创业团队参加比赛。"基于无线传感网智能照明方案"项目获一等奖，"彼乎""Bloom Sky"2个项目获二等奖，"智慧方舟""纳米绿色建材""牧世复材树脂基复合材料"3个项目获三等奖。

19日 国医大师朱良春学术思想研讨会暨百年诞辰纪念活动在江苏省会议中心举行。

22日 如东县栟茶镇、如皋市搬经镇入选第二批中国特色小镇。

同日 南通市中天电力光缆有限公司、梦百合家居科技股份有限公司、南通高盟新材料有限公司、中天合金技术有限公司、双钱集团（江苏）轮胎有限公司5家企业入选2017年全国两化融合管理体系贯标试点企业。

同日 南通大学附属医院获批成为独立招收博士后科研工作站。

23日 海门市获评全国首批"四好农村路"示范县，全省3家。

同日 如皋市如城街道顾庄社区顾家庄、大明社区缪马庄、钱长村夏家庄入选全省特色田园乡村建设首批试点村。

第二批中国特色小镇——栟茶镇全貌。　（栟茶镇　供图）

同日 江苏优嘉植物保护有限公司和中远船务(启东)海洋工程有限公司入选国家首批绿色制造体系绿色工厂示范企业。

24日 全市生态环保重点工作视频督办会在市行政中心召开，对中央、省环保督察交办问题整改工作进行督办，并就加快推进河岸共治行动作具体部署。

同日 南通NB-IoT(基于蜂窝的窄带物联网)新一代物联网投入商用，标志着南通在建设华东地区重要信息港方面取得新突破。

29日 南通发布《南通市投贷联动风险补偿管理暂行办法》，该办法是省内首部投贷联动专项支持政策。

31日 市委全面深化改革领导小组第31次会议在市行政中心召开，研究并原则同意《南通市文化市场综合执法体制改革实施方案》。

同月 南通印发《通启运河综合整治方案》，到2020年，通启运河流域实现"水质改善、水系畅活、生态修复、景观优化、功能提升"总体目标。

9月

1~2日 省委常委、组织部部长郭文奇到南通调研，了解南通城市社区、农村基层党建以及科技人才等情况。

4日 以"砥砺奋进的五年·强富美高南通实践"为主题"1+9党报全媒体新闻行动"启动。

5日 南通举行首届"南通慈善奖"颁奖会暨全市基层慈善组织经验交流会，"磨刀老人"吴锦泉、市人大常委会原副主任徐超获评最具爱心慈善楷模，6名个人、12家单位、10个项目获奖。

同日 南通印发《如泰运河整治方案》，确定2017年16个方面28项重点整治内容。

5~14日 国家海洋督察组(第三组)到南通开展"陆、海、空"立体海洋督察。

6日 "法润江海"南通地税普法基地入选全国首批税收普法教育示范基地。

9日 南通召开庆祝第33个教师节大会，10名教育工作者获第14届园丁奖，10名教师获高校青年教学名师奖，10个"感动南通·教育人物(群体)"和10个提名奖获表彰。

10日 南通三建控股有限公司等9家企业入选2017中国企业500强。

11~15日 2017上海(苏南)投资促进周活动在上海及苏南地区举行，对接洽谈项目94个，总投资1772亿元。

12日 通州区东社镇、海门市三星镇入选第三批江苏省农村电子商务示范镇。

13日 锡通过江通道公路接线工程首片板梁实现架设。

14日 市委、市政府在市行政中心召开动员会，贯彻落实习近平总书记系列重要讲话精神和中央城镇化工作会议、中央城市工作会议精神，研究部署全市新一轮城市总体规划编制试点工作。

15日 市委全面深化改革领导小组第32次会议在市行政中心召开。会议研究并原则同意《南通市生态环境保护工作责任规定(试行)》《南通市生态环境损害赔偿制度改革试点方案》《南通市推行行政执法公示制度执法全过程记录制度重大执法决定法制审核制度试点工作方案》。

17日 狼山风景名胜区获评"2017最美中国生态自然旅游景区"。

17~21日 江苏省首届乡土人才传统技艺技能大赛在南通举办，近300人参赛。

17~26日 南通经贸代表团赴以色列、英国、德国开展系列活动，推动科技创新、产业转型、高端制造等方面合作，其间举办"2017中国南通(英国)创新合作恳谈会"。

18日 "张謇"杯2017中国国际家用纺织产品设计大赛颁奖典礼在海门市举行。南通19件作品获奖，其中金奖1件。

19日 全国纺织行业(家纺)质量提升动员推进大会在海门市举行。这是《中共中央国务院关于开展质量提升行动的指导意见》全文发布后，首个在质检总局和地方省级政府共同指导下开展质量提升行动的行业。

20日 南通落实江苏"1+3"功能区战略座谈会召开，邀请江苏、上海两地专家建言献策。

22~23日 2017年度国际组织工程与再生医学学会亚太地区年会在南通举行。30个国家和地区600余名教授及院士到会，共同探讨组织工程领域最新研究与进展。

24日 省十二届人大常委会第三十二次会议批准《南通市水利工程管理条例》，该条例自2018年3月1日起施行。

同日 第20届亚洲老将田径锦标赛在如皋奥体中心开幕，20个国家和地区近2000名选手参赛，其中年龄

9月20日，江苏省首届乡土人才传统技艺技能大赛在如皋举行。
(市人力资源社会保障局　供图)

最大参赛选手101岁。

25日 江苏省委书记李强到南通调研，要求南通积极谋划和推进现代海洋经济发展，挖掘内涵，创新思路，找准切入点，彰显沿海经济带建设特色优势，在全省“1+3”重点功能区战略中发挥重要作用。

26日 “企业家面对面”——南通新能源汽车产业发展研讨会在如皋市举行。

27日 在全省商标品牌战略三年行动计划推进会上，南通市政府和海安县政府获品牌江苏建设“金凤奖”；鑫缘茧丝绸集团股份有限公司、江苏林洋能源股份有限公司、龙信建设集团有限公司、江苏九鼎新材料股份有限公司、江苏金太阳纺织科技股份有限公司、江苏安惠生物科技有限公司、江苏景瑞农业科技发展有限公司7家企业获品牌江苏建设“金帆奖”。

29日 2017中国南通江海国际旅游节开幕，全方位展示南通在建设上海“北大门”文化旅游休闲度假基地和长江三角洲富有魅力的著名旅游目的地的最新成果。

同日 南通市第11届运动会暨第二届全民健身运动会在市体育运动学校新校区开幕。

同日 南通餐饮文化研究专业委员会揭牌成立，举办首届中国·南通饮食文化发展论坛，江海文化丛书《江海食脉》首发。

同日 2017南通江海美食节暨南通大众美食促销季启动。

同日 江苏中天科技软件技术有限公司、海门慧聚药业有限公司、南通车置宝信息技术有限公司获评“中国服务外包百家成长型企业”，南通车置宝信息技术有限公司同时获评“中国服务外包最具竞争力企业”。

30日 南通举行公祭烈士活动，缅怀革命先烈。

同日 2017艺术南通博览会在南通文化艺术展览中心开幕。

同月 海安大米、如东狼山鸡入选江苏十大人气地理标志品牌。

10月

9日 印度尼西亚金光集团与南通开发区、中央创新区和如东县政府分别签署产业合作项目协议。

南通市中央创新区效果图 （中央创新区 供图）

10日 南通举行《朱理治小丛书》和电视传记片《信念》座谈会。

12~13日 全国茧丝绸工作会议在海安县召开。

13~14日 全省城乡生活垃圾分类工作现场推进会在南通召开。

14日 第十届省园艺博览会组委会会议在南通召开。

同日 第九届反腐倡廉学术研讨会暨南通廉政研究中心成立十周年成果汇报会开幕。

同日 江苏省全国经济百强县首届党建论坛在如皋市举办。

15日 2017第八届环太湖国际公路自行车赛第五赛段南通—海门段在南通大学北门开赛，全程148千米，为环太湖赛事最长赛段，30个国家和地区24支车队144名运动员参赛。

17日 2017南通市公共文化服务展示月开幕式暨喜迎党的十九大“群星耀江海”全国群众文艺优秀作品展演在更俗剧院举行。

19日 南通机场新候机楼建设进入钢结构吊装施工阶段。

20日 南通市“阳光扶贫”监管系统运行。

同日 锡通过江通道公路接线工程XT-NT2标首片箱梁实现架设。

同日 全省编纂革命老区县发展史工作推进会在南通召开。

同日 南通市图书馆高店分馆在港闸区高店社区综合服务中心开馆。

22日 沪通长江大桥天生港专用航道桥主拱合龙。

同日 中天科技集团“全干式微型室内外两用光缆”“轻型抗老化蝶形光缆”“全介质干式阻水管道架空光缆”“增强型ADSS光缆”“电气化铁路接触网用棒形复合绝缘子”“LTE-M系统用漏泄同轴电缆”6项涉及通信、电力、轨道交通领域产品，通过省经济和信息化委组织鉴定。

23日 盐通铁路立项审批通过国家发展改革委批复。

26日 南通在市行政中心召开传达党的十九大精神大会。

同日 第十届中国（川姜）家纺画稿交易会在南通家纺城举行，62家单位参展，参加交易画稿1.8万幅。

27日 唐闸印象展览馆开馆。

同日 如皋市获2017中国人居环境奖综合奖，苏中苏北唯一。

28日 “龙源振华叁号”风电施工平台在南通开发区长江水域下水。该平台是全球最大海上风电施工平台，起重量和起升高度均居世界之首，有10余项创新技术。

同日 南通首家康复专科医院南通和佳康复医院开业。

同日 华东煤炭价格指数在如皋市上线发布。

30日 中央创新区医学综合体（一期）、南通大剧院、南通美术馆、创新初中、创新一小5个社会事业项目集中开工。

同日 南通首个“不动产登记便民服务点”在中国民生银行南通分行挂牌成立。

31日 南通建筑企业承建的9项工程获2016~2017年度第二批中国建设工程“鲁班奖”（国家优质工程），累计获“鲁班奖”100个。

同日 党的十九大重要文件出版物南通首发仪式在市新华书店举行。

11月

1日 第二届国际司法鉴识和教育研讨会在如皋市召开。20余个国家和地区168名专家参加会议。

2日 南通铁路地区总图规划通过审查，规划首次提出南通将努力建设全国性综合交通枢纽目标。

3日 南通市党政考察团赴陕西省汉中市考察。两地举行对口协作交流座谈会，签订教育、卫生扶贫协作框架协议。

同日 由中国自主设计建造的亚洲最大自航绞吸式挖泥船"天鲲号"在启东市下水。该船全长140米，宽27.8米，最大挖深35米，能以每小时6000立方米速度将海沙、海水混合物甚至深海岩石粉碎吸出并排放到最远15千米外海域，挖掘效率和输送能力均为亚洲第一。

7~8日 启东圆陀角风景区、如东小洋口风景区通过省级水利风景区验收。

8日 2017年全球新能源光伏技术创新论坛在启东市举行。

9日 第二届国际燃料电池汽车大会在如皋开发区汽车文化馆开幕。

12日 2017首届海外通商峰会暨"走进非洲"合作恳谈会在南非约翰内斯堡开幕。

13日 世界上第一座真正意义上公铁两用跨海大桥——平潭海峡公铁两用跨海大桥主体结构首个节段在如皋市江苏海通海洋工程装备有限公司装船。

14日 南通市蝉联全国文明城市"四连冠"。如皋市成为苏中苏北地区首个县级全国文明市。

16日 全市创新之都暨国家创新型城市建设大会在市行政中心召开，推动创新之都建设向纵深拓展，为决胜全面建成小康社会提供强大动力。

同日 市委、市政府在市行政中心召开全市创建国家森林城市推进会。

17日 市委书记、市人大常委会主任陆志鹏代表南通市参加全国精神文明建设表彰大会，受到中共中央总书记、国家主席、中央军委主席习近平接见。

同日 南通新一代信息技术产业展在南通产业技术研究院开展。展览期间，市政府分别与中科院自动化研究所、中科院上海技术物理研究所、中科院上海微系统所，华为、顺丰等重点企业，三大运营商及中国铁塔集团江苏有限公司等签订多项合作协议。

18日 2017南通新一代信息技术博览会开幕。开幕式上，南通直通上海信息互联通道启动。博览会期间，南通市召开2017南通人工智能产业发展人才峰会、2017南通5G通信发展峰会，举办中美绿色数据中心暨大数据产业发展高峰论坛、中国集成电路发展青年论坛、人工智能引领产业转型升级高峰论坛。

19日 《南通市生物医药产业发展规划》启动编制。

19~26日 南通经贸团赴台湾、香港开展经贸交流活动。

20日 南通市10部作品获省"五个一工程"奖，获奖总数居全省设区市首位。

20~21日 省人大调研组到南通，就《江苏省开发区条例》开展立法调研。

22日 南通市举行国际友城交流会，英国斯旺西市、日本丰桥市、德国托斯道夫市、韩国金堤市4个友城代表团及丰桥市市民团齐聚南通，共同庆祝南通与英国斯旺西市、日本丰桥市结好30周年，与德国托斯道夫市、韩国金堤市结好20周年。

同日 南通首个村级慈善医疗互助平台在通州区先锋街道花园村启动。

24日 2017第三届南通市健康长寿博览会在市体育馆开幕。

28日 2017南通（粤港澳大湾区）投资合作恳谈会在深圳会展中心举行。29个重大投资项目集中签约，总投资450亿元。

同日 由中国工程院医药卫生学部、南通大学等单位主办的2017健康与长寿峰会在南通市举行。

同日 南通市思想教育基地联盟成立。

29日 2017年长江三角洲地区合作与发展联席会议在南通召开。会议听取长江三角洲合作与发展工作报告和12个重点合作专题组交流发言，通过联席会议纪要。

30日 第二届清华控股（南通）中小企业发展论坛在南通举行，两个该基金投资项目落户南通，两个南通当地项目与基金签订投资合作协议。

同月 南通大学科技园、南通理工学院紫琅科技园、江苏工程职业技术学院大学生创业园、南通科技职业学院南通科院创业园、江苏商贸职业学院大学生创新创业园获评省大学生创新创业示范基地。

12月

1日 沪通长江大桥29号墩承台第二次混凝土浇筑和南主墩承台施工结束。该次连续浇筑混凝土2.78万立方米，创世界建桥史混凝土单次连续浇筑最大方量纪录。

2日 中国生物材料学会神经修

亚洲最大自航式绞吸挖泥船"天鲲号"　　（袁　竞　摄）

复材料分会在南通成立。分会会员有60名委员，分会秘书处设在南通大学。

3~4日 省委常委、组织部部长郭文奇到南通调研科技创新、人才发展以及农村、非公企业党建等情况。

6日 新华社江苏分社到南通调研经济社会发展情况。

同日 沪通长江大桥天生港专用航道桥进入吊杆张拉施工阶段。

同日 南通市成立生物医药产业联盟。

7日 省第二环境保护督察组向南通市委、市政府反馈环境保护督察意见。

同日 中国盆景作家国家大赛在如皋市举行，125名选手角逐首个“中国爵奖杯”。

8日 市委全面深化改革领导小组第35次会议在市行政中心召开。会议审议并原则通过《南通市科协系统深化改革实施方案》《南通市环保机构监测监察执法垂直管理制度改革实施方案》等改革文件。

同日 苏州—南通跨江联动合作开发第十次联席会议在南通召开。

10日 南通大生广告产业园通过省工商局认定，成为苏中地区首家省级广告产业园区。

12日 2017南通（北京）投资合作恳谈会在北京举行。会上，智能装备、电子信息、新能源、新材料、生物医药、现代物流等方面19个重点投资合作项目集中签约，投资总额约240亿元。

同日 南通市7家企业获评国家知识产权示范企业，获评企业数全省第一，20家企业获评国家知识产权优势企业。

12~13日 南通市通过河长制省级验收。

14日 新华报业传媒集团南通全媒体中心成立，交汇点南通频道同时开通。

同日 南通5个县（市）全部入选中国工业百强县。其中，海门市列第13位，启东市列第24位，海安县列第30位，如皋市列第38位，如东县列第41位。通州区列全国工业百强区第33位。

18日 南通城市轨道交通1号线开工仪式在永兴大道站（港闸区长泰路与普贤路交叉口东南侧）举行。

同日 总投资180亿元阿里巴巴江苏云计算数据中心项目在南通签约。签约仪式上，南通市政府与阿里巴巴中国有限公司签署合作协议，南通开发区管委会、海门市政府与阿里巴巴（中国）有限公司签署阿里巴巴江苏云计算数据中心项目投资协议。

同日 民进南通市委举行成立60周年庆祝大会。

同日 通州区、如东县成为国家级县域节水型社会达标县。

同日 如皋市长江镇长青社区、通州湾示范区建新村、通州区二甲镇坨墩村、如东县栟茶镇江安村、海安县南城街道夏岔社区入选省休闲观光农业示范村。

20日 “企业家面对面”南通新材料产业转型升级发展研讨会在市产业技术研究院举行。与会专家及南通新材料企业家共同为南通加速科技与资本融合、提升新材料产业发展水平出谋划策。

21日 市委法律顾问制度建立。首批聘任市委法律顾问5人、市委法律专家库成员8人。

22日 农工党南通市委成立60周年纪念大会举行。

同日 市服务外包公共服务平台上线运行。

25日 海门临江生物医药科技创业园有限公司、南通先知投资有限公司入选2017年度国家级科技企业孵化器名单。全市累计有国家级科技企业孵化器14个。

26日 南通大学教授成长春领衔课题“推动长江经济带发展重大战略研究”入选2017年度教育部哲学社会科学研究重大课题攻关项目。

27日 十二届市委全面深化改革领导小组第16次会议在市行政中心召开。会议审议并通过《关于进一步深化城市执法体制改革改进城市管理工作的实施方案》。

28日 中共南通市委十二届五次全会在市行政中心召开。

同日 沪通长江大桥28号主墩中塔柱合龙。

29日 启东市江苏华滋海洋工程有限公司自主设计制造的世界最大船用C型液罐交付使用。

同日 全省最大增量配售企业江苏通州湾配售电股份有限公司揭牌，标志着江苏省混合所有制投资运营电网具体实践进入实质性实施阶段。

同月 交通运输部和省政府联合印发《关于南通港通州湾港区总体规划（2017~2030年）的批复》（交规划函〔2017〕990号），原则同意《南通港通州湾港区总体规划（2017~2030年）》方案。

（通 鉴）

中共南通市委

综 述

2017年，中共南通市委坚持以习近平新时代中国特色社会主义思想为指导，深入贯彻党的十九大精神和习近平总书记视察江苏重要讲话精神，按照省、市党代会部署，围绕统筹推进“五位一体”总体布局和协调推进“四个全面”战略布局，做好稳增长、促改革、调结构、惠民生、优生态、防风险各项工作，全市经济社会发展和党的建设取得新成绩。全市实现地区生产总值7734.6亿元，在全国大中城市排名中居第18位，比上年前移3位，一般公共预算收入590.6亿元；完成固定资产投资4959.2亿元，比上年增长8.9%，社会消费品零售总额2873.4亿元，比上年增长9.1%，进出口贸易总额2360.2亿元，比上年增长15.9%。实施“5215”工业大企业培育计划，获国务院表彰为工业稳增长和转型升级成效明显市，全省唯一。推进创新之都建设，全社会研发投入占地区生产总值2.7%，国家创新型城市试点通过评估验收。全年召开14次市委全面深化改革领导小组会议，对7个方面33项重点改革任务进行研究部署，15项国家级、23项省级重点改革任务取得进展，“一支队伍管执法”改革入选国务院“放管服”改革丛书。《南通建设上海大都市北翼门户城市总体方案》获省政府批复。入选城市总体规划编制、“城市双修”、城市设计国家试点。城市轨道交通1号线开工，实施五山及沿江地区生态修复保护工程。实施新型城镇化试点6项，2个镇入选第二批全国特色镇，3个镇入选全省第二批扩权强镇试点镇。入选第二批中央财政支持开展居家和社区养老服务改革试点，13个县域医联体建成运行。完善富民增收“五大机制”，实施“五大行动计划”，落实50项政策措施，城乡居民人均可支配收入分别为42756元、20472元，分别比上年增长8.9%、9.2%，全市居民人均储蓄存款全省第一。开展富民强企奔小康“走帮服”活动，全市建档立卡低收入户脱贫率64.75%，省标以下低收入人口收入全部达标。做好中央和省环保督察交办事项整改，开展“三河三行业”整治，大气PM2.5平均浓度全省最低。实现全国文明城市“四连冠”，如皋成为全省长江以北首个县级全国文明城市。推进法治南通、平安南通建设，公众安全感保持全省前列。推进“两学一做”学习教育常态化、制度化，市委常委会全年研究党建工作54次，履行全面从严治党主体责任，推进“融合党建”，实现党的建设与经济社会发展互促并进。推进省委党建创新重点项目12个。实施基层党建“六大工程”，细化实施重点项目30个、具体任务100个。建立市、县联动巡察机制，用好“四种形态”，营造正气充盈政治生态。

重要决策

【全面从严治党深入推进】 1月6日，市委出台《关于深入推进全面从严治党推动党的建设迈上新台阶的意见》。该意见指出，要坚持“融合党建”导向，突出“分层分类推进、强化基层基础”重点，严格执行新形势下加强和规范党内政治生活、加强党内监督要求，切实做到思想建党和制度治党紧密结合，统筹推进和突出重点相互统一，改进作风和锤炼党性同步加强，严明纪律和严惩腐败同向发力。突出融合党建，做到目标融合制定，统筹谋划党的建设目标与中心工作目标，目标同时制定，任务同时分解，责任同时落实；工作融合推进，把党的建设贯穿中心工作和业务工作全过程，做到党的建设与中心工作和业务工作同频共振、相互促进；考核融合进行，把党的建设列为“四个全面”战略布局考核重要内容，进一步突出强化党建的鲜明导向。该意见对重点任务作出部署，要求突出理论武装引领，进一步加强思想建设；以夯实基层基础为重点，进一步加强组织建设；坚持从严从实，进一步加强作风建设；强化责任意识和纪律规矩意识，进一步加强反腐倡廉建设；突出抓常抓细抓长，进一步加强制度建设。该意见强调，要强化责任落实，将党建工作任务细化分解到位，认真落实“一岗双责”，严格履行管党责任，完成管党任务；要强化统筹协调，准确把握党的建设与中心工作的内在联系，坚持一手抓发展、一手抓党建；要强化督查考核，健全完善述评考机制，把县（市、区）抓党建工作情况纳入协调推进“四个全面”战略布局综合考核，把机关抓党建工作情况纳入机关作风综合绩效考评体系，把抓党建工作情况纳入各级党委（党组）领导班子和党委（党组）书记年度述职，作为领导干部选拔任用重要依据；要强化典型引领，全面推行基层党建工作品牌“书记项目”制度，鼓励基层从实际出发，大胆探索创新，挖掘、总结、提升和推广基层的创新创造，选树一批特色鲜明、示范作用突出党建典型，引领带动面上工作全面提升。

【“263”专项行动实施方案】 1月19日，市委、市政府印发《南通市“两减六治三提升”专项行动实施方案》，要求全市上下牢固树立和贯彻绿色发展理念，精准治污、科学治污、严格治污，更大力度推进生态环境保护，实现环境质量明显改善、主要污染物排放总量大幅减少、环境风险得到有效控制、环境矛盾得到有效化解、群众满意度明显提高的目标。该方案将完成“两减”（减少煤炭消费总量、减少落后化工产能）、“六治”（治理区域水环境、治理垃圾、治理黑臭水体、治理畜禽养殖污染、治理挥发性有机物污染、治理环境隐患）、“三提升”（提升生态保护水平、提升环境经济政策调控水平、提升环境执法监管水平）目标（简称“‘263’专项行动”），57项具体任务及时限、责任分解到相关部门，并就加强组织领导、强化推进落实、实施综合考评保障措施进行分工。

【富民增收“五大行动”计划】 3月9日，市委、市政府印发《南通市富民增收“五大行动”计划》。该计划指出，要坚持以人民为中心发展思想，按照以人为本富民优先、改革创新拓宽渠道、突出重点精准施策、强化保障托住底线基本原则，以释放创业富民潜力为重点，以夯实产业富民基础为根本，以拓宽农民增收渠道为要务，以激励高层次人才增收为带动，以保障困难群体增收脱贫为底线，全面落实国家、省及南通已出台的各项富民增收政策，多措并举激发各群体增收活力，推动富民增收与经济增长互促共进，创造全市人民美好生活，建成体现高水平要求、惠及全体人民小康社会。该计划对20项工作目标任务进行责任分解，并纳入对县（市、区）政府及市级机关相关部门综合考核。配套出台《南通市落实富民增收政策任务分解方案》，根据有关部门和单位职责，从创业富民政策、产业富民政策、农民增收政策、人才集聚政策、脱贫攻坚政策方面，细化分解具体任务50项。

【农业供给侧结构性改革】 3月17日，市委、市政府印发《关于大力推进农业供给侧结构性改革促进农民持续稳定增收的意见》。该意见指出，全市上下坚持不懈把解决好“三农”问题作为重中之重，坚持发展新理念，以推进农业供给侧结构性改革为主线，以促进农民增收为中心任务，加快农业结构调整步伐，深入推进农村改革创新，持续改善农村民生，推进农业增效、农民增收、农村增绿，为高水平全面建成小康社会奠定坚实基础。该意见对推进农业结构调整促进农业提质增效、推行绿色生产方式增强农业生态功能、强化科技创新驱动引领农业转型升级、加快发展新产业新业态拓宽农民增收渠道、持续改善创业就业环境提高农民就业能力、补齐农业农村发展短板改善农民生产生活条件、全面深化农村改革激发农业农村发展活力、加强组织领导推动农村政策落实到位8大类34项任务进行明确。

【问责工作机制规范】 5月12日，市委出台《关于贯彻执行〈中国共产党问责条例〉工作细则（试行）》并施行，共27条。该细则根据《中国共产党章程》《中国共产党问责条例》《中共江苏省委关于贯彻〈中国共产党问责条例〉实施办法》等党内法规，进一步规范和强化南通市党的问责工作，明确问责原则、问责对象、问责具体情形和问责方式，加强和改进南通市党的建设，推动全面从严治党迈上新台阶。2015年6月印发的《中共南通市委关于落实党风廉政建设党委主体责任监督问责暂行办法》同时废止。

【中央创新区建设推动】 5月16日，市委、市政府决定，成立南通市中央创新区建设工作领导小组。11月16日，全市创新之都暨国家创新型城市建设大会在市行政中心召开。12月15日，市委办公室、市政府办公室印发《建设国家创新型城市打造创新之都行动方案（2017~2020年）》，标志以中央创新区为核心创新之都建设加快推进，中央创新区打造成城市转型发展示范区、区域科技创新引领区、沪通创新资源合作承载区和南通未来新城市核心。

【五山及沿江地区生态修复】 2017年，南通市开展五山及沿江地区生态修复工作，推进狼山中心片区、军山片区、滨江片区、植物园片区、啬园片区、生态配套片区、狼山古镇片区七个片区工程，启动国家AAAAA级旅游景区和国家级森林公园创建，军山森林公园基本竣工，五山地区森林覆盖率明显提升，城市生态景观核初见成效，沿江生产生活生态布局进一步优化。3月11日，根据《关于设立江苏省南通狼山旅游度假区管理办公室的批复》（苏编〔2017〕7号），设立江苏省南通狼山旅游度假区管理办公室，正处级建制，挂狼山风景名胜区管理委员会牌子。3月15日，五山地区总体规划在南通城市博物馆对外公示。8月16日，市委、市政府专题听取并原则同意南通市区沿江生态修复项目南部概念性城市设计方案。8月23日，五山地区总体规划通过市规划委员会审核，五山地区分为七个整治片区，同时明确道路、水系、林网及景点四条红线。

【港口一体化改革】 2017年，市委贯彻落实习近平总书记关于长江经济带“共抓大保护、不搞大开发”、正确把握“五个关系”等重要战略思想，策应江苏港口一体化改革，以岸线优化整合为突破口，推进港口一体化发展，构建“一市一港一集团”新格局。1月26日，市委常委会、市党政专题会研究决定，加大沿江沿海港口资源整合力度，统筹推进港口集疏运体系建设，推进港口管理、经营、集疏运“三个一体化”，组建南通港集团有限公司，接受南通市港口发展管理委员会的领导和管理。围绕构建南通港“一港六区”发展格局，加快实施通海港区集装箱多式联运集散基地、横港沙散货码头改造工程，集中整治沿江非法码头；加快五山及沿江岸线整合，退出市区沿江段4.2千米岸线货运功能。7月20日，市委常委会专题研究和通过南通港口集团优化重组事项。11月3日，南通港口集团成为国投公司全资子公司。

【生态环境保护责任规定出台】 9月27日，市委、市政府出台《南通市生态环境保护工作责任规定（试行）》，要求市委和市政府及其有关部门、市中院和市检察院，依照有关法律法规、行政规章，履行生态环境保护工作责任；各县（市、区）党委和政府结合机构设置和相关工作分工的实际情况，对本级党委和政府及其有关部门、法院和检察院的生态环境保护工作责任作出相应规定；各类开发园区党政领导机构及其有关部门的生态环境保护工作责任，参照执行。该规定指出，要坚持绿色发展、环保优先、生态安全、公众参与、损害担责方针，按照依法依规、党政同责、一岗双责、归属明晰、权责一致、多方联动原则，建立管发展必须管环保、管生产必须管环保生态环境保护工作责任体系。该规定强调，党委和政府对本行政区域生态环境保护工作及环境质量负总责；生态环境保护工作坚持党政同责和一岗双责。该规定8章67条，自2017年9月27日起施行。

【党的十九大精神学习宣传贯彻】 10月24日，党的十九大胜利闭幕后，市委将学习宣传贯彻党的十九大精神作为首要政治任务，召开全市传达党的十九大精神大会、市委常委（扩大）会议，对学习宣传贯彻党的十九大精神进行部署。11月7日，市委发出《关于认真学习宣传贯彻党的十九大精神的通知》，要求全市上下各级党组织和广大党员，通过认真开展党的十九大精神的学习培训、精心组织党的十九大精神的宣传、集中开展党的十九大精神的宣讲活动，迅速兴起学习宣传贯彻党的十九大精神热潮；要深刻领会和准确把握党的十九大精神，把学习宣传贯彻的着力点聚焦到衷心拥戴习近平同志这个党中央的核心、全党的核心上，聚焦到贯彻落实习近平新时代中国特色社会主义思想上，聚焦到充分认识中国特色社会主义进入新时代、社会主要矛盾已经转化为人民日益增长的美好生活需要和不平衡不充分的发展之间的矛盾等重大论断上，聚焦到贯彻落实党的十九大作出的重大决策部署上，聚焦到落实新时代党的建设总要求上。11月14日，市委办公室发出《关于做好学习贯彻党的十九大精神宣讲工作的通知》，组建市委宣讲团。至年底，学习宣传贯彻党的十九大精神实现“三个全覆盖”，即干部培训全覆盖（开展市管干部党的十九大精神全员轮训，各地各部门分级分批对党员干部进行系统培训）、宣讲活动全覆盖（组织省委宣讲团到南通宣讲，组建市委宣讲团在全市开展集中宣讲125场，带动全市各级宣讲活动近2000场）、社会宣传全覆盖（市主流媒体采取多种形式推动党的十九大精神宣传“进企业、进农村、进机关、进校园、进社区、进军营、进网络”）。组织开展市级党政领导干部学习贯彻党的十九大精神“学习调研月”活动，细化9大类31个课题，科学谋划事关南通未来发展全局性、战略性、前瞻性问题，丰富提升建设“经济中心、交通枢纽、创新之都、花园城市”发展定位，优化完善推进产业、城市、交通转型升级发展路径，明确决胜高水平全面建成小康社会思路和举措。

【民主生活会制度完善】 11月28日，根据《中国共产党章程》和中央、省委有关文件精神，市委出台《南通市贯彻落实〈县以上党和国家机关党员领导干部民主生活会若干规定〉实施办法》。该办法适用对象为：南通市县以上党的各级委员会、纪律检查委员会的常务委员会委员，工作委员会委员，党组（党委）成员，以及县以上党和国家机关各部门（含人民团体）的党员领导干部。该办法指出，民主生活会是党内政治生活重要内容，是发扬党内民主、加强党内监督、依靠领导班子自身力量解决矛盾和问题重要方式。坚持和完善民主生活会制度，对于新形势下加强和规范党内政治生活，增强党自我净化、自我完善、自我革新、自我提高能力，实现党的正确领导，维护党的团结和集中统一，引导党员领导干部旗帜鲜明讲政治，牢固树立政治意识、大局意识、核心意识、看齐意识，自觉践行“三严三实”要求，始终做到忠诚干净担当，具有重要作用。党员领导干部应当以普通党员身份参加所在党支部（党小组）组织生活会，过好双重组织生活。该办法指出，民主生活会应当遵循“团结—批评—团结”的方针，贯彻整风精神，充分发扬民主，开展积极健康的思想斗争，增强党内政治生活的政治性、时代性、原则性、战斗性。民主生活会原则上每年召开1次，并提前10日报上级党组织审核。该办法要求国有企业党组织、事业单位党组织、乡镇党委等基层党组织领导干部民主生活会，参照本实施办法执行。该办法共10章34条，自2017年11月18日起施行。

重要会议

【市委十二届三次全会】 3月13日，中共南通市委十二届三次全会在市行政中心举行。全会票决确定陆志鹏、陆卫东、李兰女（女）、唐慧娟（女）、朱全中5人为南通市出席党的十九大代表候选人初步人选。市委委员、市委候补委员出席会议。

【市委十二届四次全会】 7月17～18日，中共南通市委十二届四次全会举行。会议分两个阶段进行：17日，在南通开发区举行全市重大项目集中开工竣工活动启动仪式，与会人员观摩各县（市、区）项目建设现场；18日，在市行政中心举行会议。市委常委会主持会议。会议点评上半年项目建设情况，部署下半年项目建设工作。全会审议并通过《中国共产党南通市第十二届委员会第四次全体会议决议》，审议并原则通过《关于推动基层党组织建设全面进步全面过硬的实施意见》《关于贯彻〈江苏省“十三五”时期基层基本公共服务功能配置标准（试行）〉的实施方案》《全市促进农民持续增收行动方案（2017～2020年）》。全会明确聚焦富民关键举措，要求完善富民增收“五大机制”。全会指出，要打造高素质镇（街道）、村（社区）党组织书记队伍，充分发挥镇（街道）、村（社区）党组织领导核心作用，坚持抓党建、抓富民、抓生态、抓稳定主要职责。全会对下半年工作提出要求。市委委员、市委候补委员出席会议。市纪委委员和有关方面负责同志列席会议。

【市委十二届五次全会】 12月28日，中共南通市委十二届五次全会在市行政中心举行。市委常委会主持会议。会议听取市委常委会工作报告。会议认为，全市上下以习近平新时代中国特色社会主义思想为指导，认真学习宣传贯彻党的十九大精神，全面落实省、市党代会决策部署，扎实做好改革发展稳定和党的建设各项工作，推进“两聚一高”新实践、建设“强富美高”新南通迈出坚实步伐。会议要求，深入学习贯彻党的十九大精神，筑牢在新时代奋斗前行思想之魂，把党的十九大精神落实到经济社会发展各方面，体现到做好南通各项工作之中。会议明确新时期南通发展的总体要求及下年度全市工作指导思想和主要目标。全会讨论通过关于市委常委会工作报告，审议通过《中共南通市委十二届五次全会决议》。会议向全年项目建设优秀单位授予流动红旗。市委委员、市委候补委员出席会议。市纪委委员和有关方面负责同志等列席会议。

【中共南通市委常委会会议】 2017年，中共南通第十二届委员会深入学习党的十九大精神，坚决贯彻《中共中央政治局关于加强和维护党中央集中统一领导的若干规定》精神，认真落实《中国共产党地方委员会工作条例》，全年召开市委常委会会议37次，研究议题168个。

（孙吉安）

组　织

【概况】 2017年，南通市委组织系统推进“两学一做”常态化制度化，开展党的十九大精神专题轮训，严格“三会一课”（定期召开支部党员大会、党支部委员会和党小组会，按时上好党课）探索实践和《党章知识选粹》被中组部推介；完成市、县、镇三级领导班子换届任务，加大青年干部培养选拔力度，开展领导班子集中调研和选人用人情况专项督查；实施“融合党建”书记项目，推进基层党建“六大工程”（组织覆盖工程、服务引领工程、队伍提升工程、先锋示范工程、关爱激励工程、基础保障工程）“五有一化”（有明确具体的责任清单、有示范引领的党员队伍、有特色鲜明的载体抓手、有功能适用的活动场所、有内容丰富的展示平台，推进基层党组织规范化建设）；创新实施“人才八条”［鼓励高层次人才（团队）到南通创业、鼓励企业引进“高精尖缺”人才、加大人才创业投融资扶持力度、鼓励江海英才企业进入资本市场、支持企业建设高水平创新平台、大力发展众创空间、积极推进创业创新、落实高层次创新创业人才特定待遇］，开展江海英才创业周、人工智能产业人才峰会、接轨上海“月月有、家家到”系列活动。至年底，全市有基层党组织24106个，其中党委659个、总支2381个、支部21066个；37个街道全部建立党的工作委员会；65个镇全部建立党的基层委员会；1359个建制村中，31个建立党委，1275个建立党总支；228个城市社区中，90个建立党委，92个建立党总支；573家公有制企业全部建立党组织；全市非公有制企业20450家，建立党组织18062家，覆盖率88.3%；社会组织中党组织建立覆盖率70.9%。

【党员发展与教育管理】 2017年，南通市有中国共产党党员463654人。女党员118553人，占党员总数25.57%。具有大专及以上学历党员179221人，占党员总数38.65%。35岁及以下党员88176人，占党员总数19.02%；36~45岁党员66140人，占党员总数14.26%；46~60岁党员122709人，占党员总数26.47%。工人（含工勤技能人员、营业员、服务员等，下同）党员36129人，农牧渔民党员165087人，企业专业技术人员、管理人员党员分别为30427人、26172人，事业单位管理人员、专业技术人员党员44781人，民办非企业管理人员、专业技术人员党员3281人，党政机关工作人员党员33109人，学生党员2832人，离退休党员102625人，其他职业党员19211人。新发展党员中，工人292人，农牧渔民590人，企业专业技术人员570人，企业管理人员551人，事业单位管理人员、专业技术人员593人，民办非企业管理人员、专业技术人员38人，党政机关工作人员420人，学生1504人，其他职业人员170人。建立支部“主题党日”制度，实施“三会一课”数量、质量、能量“三量齐升”行动，对流入党员推行“磁铁工作法”管理，对流出党员推行“风筝工作法”管理，加强对流动党员精细化管理，完成全市46万名党员信息采集和录入，推动全面从严治党向每个支部、每名党员覆盖。集中命名新一轮200个党建工作示范点、100名“四讲四有”党员标兵和50名优秀镇村党组织书记，启动实施“5211”（连续5年，从

8月29日，市委党史办开展“主题党日”活动，组织党员重温入党誓词。

（海　文　摄）

市、县两级党费中拿出2000万元，帮助基层党组织建立1000个党员书屋，关爱生活困难党员10000名）党内关爱帮扶工程。

【思想政治建设】 2017年，南通市推动“两学一做”学习教育常态化制度化。市委常委会围绕习近平总书记治国理政新理念新思想新战略、“7·26”重要讲话精神、党的十九大精神开展专题学习研讨；市委主要领导带头宣讲党的十九大精神和省、市党代会精神，市委常委进联系点和所在支部讲党课，示范推动“两学一做”抓在日常、严在经常；举办“旗帜鲜明讲政治”专题培训班、学习贯彻习近平总书记系列重要讲话精神读书班、党的十九大精神轮训班，实现1478名市管领导干部轮训全覆盖。

【干部培养选拔】 2017年，南通市制定青年干部培养方案，推行青年干部统筹选配、专项预审制度，在全市范围内统筹选拔县处级年轻干部，指导推动各地各部门选拔科级年轻干部，从基层单位公开遴选60名优秀年轻干部充实市级机关、企事业单位重要岗位。市、县联动选派100余名优秀年轻干部到国家部委、上海地区、经济园区、基层一线挂职锻炼。

【干部管理监督】 2017年，南通市组织1478名市管干部填报个人有关事项，对469名领导干部个人有关事项报告情况进行核查，因不如实填报被暂缓使用或受诫勉处理8人，批评教育15人。全年市、县两级开展提醒谈话933人次，函询131人，诫勉17人。全年调离岗位、改任非领导职务、免职、降职干部74人，其中处级干部6人、科级干部68人。

【领导班子集中换届】 2017年，南通市完成市级和8个县（市、区）人大、政府、政协换届。新一届县（市、区）党政领导班子成员平均年龄45.7岁，比换届前降低1.5岁。其中，40岁左右干部38人，占比接近30%，具有镇（街道）党政正职经历超过60%。

（姜镇锋）

12月1日，融合党建的品牌力量——南通市市级机关首届十佳党建服务品牌发布仪式。

（市委市级机关工委　供图）

【融合党建】 2017年，南通市探索党建与中心工作同规划、同部署、同落实、同考核“融合党建”新路径，推动各领域基层党建在服务发展中凝心聚力、在改革创新中整体提升。《服务项目争贡献·“融合式”党建促发展》入编全国机关党组织“两学一做”案例选编。

推行党建与现代农业发展、精准扶贫、农村基层人才培养融合和“支部+基地”“支部+协会”“支部+合作社”产业党建新模式。至年底，党员带动群众结成“党群致富共同体”2800余个，105个薄弱村党组织服务能力有效提升。

推行党建与便民惠民服务、社区网格化管理、文明社区创建融合。组建网格（邻里）党支部1633个，打造楼道党小组2855个，培育党员中心户5000余户；建立由街道党工委、社区党组织牵头，驻区单位党组织参加的社区党建工作联席会议制度，构建“大党建”格局。

在非有制公企业和社会组织推行党建与人才队伍建设、生产经营管理、文化建设、职工权益保护、诚信从业、履行社会责任融合。组建104个园区统筹型、14个商圈统筹型、1026个村企统筹型党组织；在项目引进、建设、生产时同步成立党组织，形成业务、党务齐头并进良好态势；在商会筹建过程中同步组建商会党组织。

开展富民强企奔小康“走帮服”活动，组织市级机关党员对接企业、基层和群众需求，梳理解决问题5084个。

【机关党建】 至2017年底，南通市市级机关有基层党组织603个，其中党委46个、党总支32个、支部525个；有党员11006人，其中2017年新发展党员78人。结合“两学一做”学习教育常态化、制度化要求，推动党的十九大精神进机关，启动百名书记上讲台、千场党课进支部、万名党员谈体会学习党的十九大精神“百千万”行动，召开“解读十九大”市级机关专场报告会，开展“学习十九大精神，创造新时代辉煌”演讲比赛、党建联系片联学联践等活动，在南开大学举办书记示范培训，机关直属党组织和县（市、区）机关工委95人参训。对410名机关基层支部书记在市委党校分两期集中全覆盖轮训。推进支部规范化建设，出台《全面开展市级机关基层党支部规范化建设的意见》，对603个机关党委（总支、支部）逐一上门检查、逐个问题反馈，加大整改推进力度。落实星级评比制度，构建机关窗口示范服务体系，创成85家三星级、47家四星级、20家五星级党员示范岗。开展机关优秀服务品牌创评活动，选出37个党建优秀服务品牌，市中院“阳光天平”、市公安局“警民e家”、市发展改革委“聚力谋远”、市政务中心“民生政务百姓之家”、市总工会“工会在身边”、市工商局“红盾护企”、市国土资源局“国土保姆”、市地税局“真诚地税”、市规划局“同心绘蓝图”和市交通运输

10月24日，《银发颂》——南通市老干部“双十佳”风采展示活动。

（市委老干部局 供图）

局“爱播一路”当选市级机关十佳党建服务品牌。市委市级机关工委获评“全省机关党建工作先进集体”。

（胡一峰）

【农村和城市社区党建】 2017年，南通市实施基层党组织“五有一化”（有明确具体的责任清单、有示范引领的党员队伍、有特色鲜明的载体抓手、有功能适用的活动场所、有内容丰富的展示平台，推进基层党组织建设规范化）建设。开展农村社区书记培训，实施村（社区）党组织及其书记“双星”（星级村党组织和明星村党组织书记）评定。集中整顿软弱后进村（社区）党组织185个，调整党组织书记58人，实现市领导挂钩、“第一书记”派驻、机关部门帮扶、大学生村干部选派“四个全覆盖”。

（姜镇锋）

【老干部服务管理】 2017年，南通市有离休干部3492人，平均年龄89.4岁。按单位性质分，行政1193人，事业973人，企业1326人；按职级分，享受地（市）级以上待遇147人，享受地（市）级两项待遇119人，享受县（处）级待遇1432人，享受科级以下待遇1794人；按参加革命时间分，红军时期1人，抗日战争前期118人，抗日战争后期454人，解放战争时期2919人。市直离退休干部党总支4个，离退休合编党支部121个，离休干部单建党支部23个，退休干部单建党支部8个，党小组19个。

老干部三项建设 2017年，南通市加强离退休干部政治建设、思想建设、党组织建设，在全市离退休干部党员中推进“两学一做”学习教育常态化、制度化。举办“畅谈十八大以来变化，展望十九大胜利召开”“建言十九大”主题活动，全市召开座谈会234个，收集意见建议2465条。举办党的十九大精神专场宣讲报告会、全国“两会”精神报告会。举办市直县处级退休干部学习贯彻党的十九大精神专题读书班1期，75人参加；市直离退休干部党支部书记培训班1期，152人参加。举办“常青大讲坛”1期。推进“一方隶属，多重管理”社区党建试点，举办全市离退休干部社区党建工作培训班，在全省社区离退休干部党建试点座谈会上交流发言。制订实施县（市、区）离退休干部党建考核细则，调整市直老干部工作和离退休干部党组织建设联系片（片长）。

老干部待遇落实与服务管理 2017年，南通市调整离休干部护理费、市直离退休干部管理工作经费标准；明确市直离退休干部党组织活动经费、离退休干部党组织书记工作补贴。开展“面对面，心连心”老干部大走访活动。举办“喜迎十九大·共圆中国梦”全市老干部书画作品展、“喜迎十九大·共抒江海情”老干部摄影作品展、市直老干部集邮展。开办“南通老干部”微信公众号，加入全国老干部工作系统微信公众号。举办“向党看齐”全市老干部工作者风采展示活动。中共南通市委老干部局（简称“市委老干部局”）获评“全省老干部工作先进集体”，获评“全省优秀老干部工作者”“全省先进老干部工作者”各3人。

活动开展 2017年，市委组织部、市委老干部局在全市选树“增添正能量，共建新南通”离退休干部主题实践活动先进集体10个和先进个人10人，举办《银发颂》老干部“双十佳”风采展示活动、事迹图片展，编印事迹汇编；与中共南京大学新闻传播学院委员会联合举办“我是共产党员——‘90’后与‘90后’的对话”主题采访，45名“90后”大学生党员采访20名90岁老党员，形成采访稿20篇。开展“增添正能量，献礼十九大”主题活动。组织老干部宣讲团下基层宣传形势政策213场。

（贲道文）

宣　传

【概况】 2017年，南通市宣传思想文化战线贯彻落实习近平总书记系列重要讲话和党的十九大精神，组织基层理论宣讲3000余场30万人次。重点打造“小院课堂”“板凳讲习所”等宣讲品牌阵地，《人民日报》等媒体报道南通创新举措。“三堂融合”打造思想文化建设新高地获2017年度全省宣传思想文化工作创新奖。做好“喜迎十九大”、项目建设、对接服务上海等主题宣传，全年在中央和省级主流媒体刊发报道1200余篇，15篇网络宣传和评论稿件全国推送。10部（件）作品获省精神文明建设“五个一工程”优秀作品奖，获奖总数位列全省设区市首位，中共南通市委宣传部（简称“市委宣传部”）蝉联省精神文明建设“五个一工程”组织工作奖。

【社会主义核心价值观培育和践行】 2017年，南通市连续第五年组织开展“我学习，我践行”社会主义核心价值观主题教育实践活动。组织申报、评审首批南通市社会主义核心价值观教育示范基地，命名11家。建成南通市思想教育基地联盟，由爱国主义教育基地、国防教育基地、改革创新基地、社会主义核心价值观教育示范基地、未成年人思想道德教育基地组成。《江海南通》获“喜迎十九大全景看江苏”摄影作品微视频类一等奖。创作以“社会主义核心价值观”为主题南通特色公益广告小品12类120个。发放《市民文明手册》20万册。开展“文明万象随手拍”系列有奖征集活动。获全省“喜迎十九大，幸福舞起来”系列广场舞大赛一、二等奖。

【马克思主义大众化教育】 2017年，南通市制订《2017年全市县以上党委中心组专题学习计划》《2017年全市政工专业人员教育培训工作计划》等文件。围绕学习宣传贯彻党的十九大精神、习近平总书记系列重要讲话精神和治国理政新理念新思想新战略，贯彻落实省、市党代会精神，组织市委中心组理论学习会17场。举办市管领导干部学习贯彻习近平总书记系列重要讲话精神读书班暨换届后县（市、区）党政班子成员专题培训班6期近1500人次。市委宣传部第五次蝉联全省基层党员冬训工作综合评选优秀组织奖，5个县（市、区）、16个镇（街道）、2个创新案例、4名先进个人获表彰，获奖总数位列全省第一。组建全国首家理论武装工作室（姚呈明理论武装工作室），推进“青年马克思主义者学院”建设。举办村居理论宣讲员岗位大练兵技能大比武暨全市第二届“百姓名嘴”风采展示活动。《光明日报》专题报道南通理论宣传工作，新华社江苏信息中心聚焦“理论宣传南通现象”。

【对外宣传与文化交流】 2017年，南通市制作《中国南通》《江海南通》城市形象片，《南通的朋友圈》形象片，《速写南通》文创本，《中国南通2017》外宣书籍等外宣作品。宣传片《风从海上来》热播。借助江苏卫视国际频道、加拿大国家电视台等媒体，投放形象片、宣传片。7月，“南通之窗”城市主题展在英国伦敦凤凰之家开展。《以“大外宣”格局拓展对外宣传新空间》在全省交流推广。“三不原则”推进外宣品制作与传播、“三高水准”推进对外交流相关做法，分别获国家级新闻传播理论期刊《对外传播》及省委外宣办信息专刊《江苏外宣通讯》详细推介。《“三三”工作法让对外宣传鲜活出彩》获评2017年度江苏对外宣传工作创新奖，南通借助省级平台拓展外宣空间相关做法获国务院新闻办推荐。

【新闻舆论宣传】 2017年，南通市直媒体（《南通日报》《江海晚报》、南通电视台、南通人民广播电台）开设“砥砺奋进的五年南通实践”专栏，回眸展示贯彻党的十八大精神和十八届三中、四中、五中、六中全会精神南通实践。党的十九大期间，市直媒体转载刊播相关稿件1200余篇，《人民日报》《光明日报》、中央电视台、《新华日报》等中央和省级主流媒体刊发（刊播）南通报道近120篇。开设“学习贯彻十九大精神”“学报告谈体会”“新时代新气象 新作为”等专栏。开设专题专栏，推进新闻传播创新、项目建设、对接服务上海、通商精神等主题宣传。开设“富民强企奔小康走帮服”“深化走转改践行走帮服党报记者社区行”“民情在线”等专题专栏，深入推进“走帮服”活动新闻宣传，刊播相关稿件800余篇。南通在省大走访微信平台用稿量列设区市第一。全市各级党委、政府举办发布会300余场，开设专栏解读民生政策20余次，围绕重点领域和民生热点发布解读800余篇。联合清华大学等院校举办新闻发言人专题培训班。全年在中央和省级主流媒体刊发报道1200余篇。与新华报业传媒集团等签订战略合作协议，新华报业传媒集团南通全媒体中心挂牌成立。

（高　尘）

2017年“江海大讲坛”（第108～117期）一览表

表4-1

期数	时间	主题	主讲人	主讲人职务（职称）
108	3月25日	从世界历史的角度分析中国面临的机遇与挑战	陈晓律	南京大学历史系教授
109	4月15日	我军武器装备建设与发展	陈军生	国防大学军事科技装备教研部教授
110	4月22日	新四军历史的研究	刘华苏	北京新四军历史研究会副会长
111	6月3日	搜寻万病之源，筑好免疫防线	陆俊骥	台北医学院医学士
112	6月17日	环境与健康	李　枫	复旦大学医学院健康教育教研室教授
113	7月22日	中国将去向何处：当前形势与未来发展	李　冉	复旦大学马克思主义学院教授
114	8月26日	文明转型与创新发展	徐　飞	中国科技大学教授
115	9月23日	唐宋文化与唐诗宋词	高　峰	南京师范大学教授
116	11月18日	文化自信与民族复兴	黄力之	中共上海市委党校马克思主义学院教授
117	12月17日	培养有社会责任感的孩子	蒋小宁	美国华盛顿州科克兰政府智慧城市GIS部门经理

（高　尘）

精神文明建设

【文明城市长效管理】2017年，南通市持续深化文明城市长效管理，出台《南通市市区文明城市长效管理工作问责办法（试行）》，集中开展居民小区专项整治、小广告专项治理等“六大专项整治行动”。在港闸区探索推进“疏、堵、清、管”小广告治理。南通以全省设区市第一名成绩再次获评“全国文明城市”，实现全国文明城市“四连冠”。如皋市获评第五届全国文明城市，苏中苏北县级市唯一。其他各县（市）继续保持省文明城市“满堂红”，并均被推荐为全国文明城市提名城市。在第五届文明村镇文明单位和第一届全国文明校园评选中，南通获奖总数居全省第三。

（黄　毅）

【先进典型宣传】2017年，南通市出台《2017年典型选推实施方案》，加强对全市各单位各部门典型选树宣传指导。崇川区常青乐龄养老院李楠楠、南通双莲纺织有限公司李兰女、海门新教育小学校长祝禧、南通边检站李加立、如皋市人民法院副院长顾雪红获评“江苏最美人物”。南通消防支队天生港中队、南通汽车客运东站分获全国、省学雷锋示范点。承办4月“中国好人榜”发布仪式暨全国道德模范与身边好人现场交流活动，扩大精神文明“南通现象”影响力。吴锦泉获全国道德模范提名奖，沈亚秋等4人获江苏省道德模范及提名奖。全年南通当选“中国好人”12人，列全省第一，全市累计当选中国好人119人（组）。开展第二届“文明百佳·德耀江海”暨第38次文明新风典型评选活动，评选出典型100人（组）。

（高　尘）

【诚信建设】2017年，南通市深入推进以诚信街区（市场）建设为龙头商务诚信“五创一建”活动，推动诚信街区、市场、企业、门店、电商创建活动。“红黑榜”发布实现常态化，全年发布红榜企业275家，自然人9人；黑榜企业495家，自然人34人。出台《南通市诚信邻里建设活动实施方案》，构建“八互”（互敬互爱、互联互通、互谅互让、互帮互助）新型邻里关系，推动“诚信沙龙”活动普及。在如东县试点推进诚信主题教育实践活动进校园，加强未成年人诚信教育。

10月15日，第八届“童声里的中国”少儿歌谣创作大赛颁奖仪式在通州区举行。（陈啸天　摄）

【志愿服务】2017年，南通市新增江海志愿者服务平台注册志愿者16万人，累计100余万人，占城镇常住人口比例超过20%；活跃志愿者人数63万人，服务总时长1900余万小时。平台发布有效志愿服务活动31185次，覆盖全市各地各领域。举办南通市第三届公益项目创投大赛，52个项目获立项支持，立项资金超过30万元。开展“志愿江海20年”系列典型推选活动及“志愿江海”年度评先评优，推荐各类典型360余个。完成江苏省第二届志愿者交流展示会参展，获奖志愿服务项目13个，位居全省前列。在省级志愿服务典型评比中，9名志愿者、2个志愿服务组织、2个社区获奖，总数居全省第一。

【未成年人思想道德建设】2017年，南通市深化文明礼仪养成教育，先后举办“成人仪式”“言谈之礼”“游览之礼”“待人之礼”全市性示范观摩活动4场，如东县“待人之礼”和海门市“餐饮之礼”示范观摩活动视频在江苏教育频道播出。开展仪式教育案例征集评选活动，南通4个案例、5个校长致辞入选全省优秀仪式教育案例。全市当选“江苏省百名美德少年”9人，海门市能仁小学陆佳宁当选“江苏省十大美德少年标兵”。举办第八届“童声里的中国——童心向党·幸福成长”成长歌谣创作颁奖典礼。开展全市“童真里的色彩”儿童画大赛、“成长的歌谣”优秀童谣童诗童歌征集评选等活动，FM91.8音乐频率《天籁童声为你读诗》栏目获江苏省优秀少儿栏目三等奖。利用南通市心理健康智能云平台，实现中小学校心理健康教育资源共建共享和心理咨询与服务网络化、智能化。组织开展“全城闹元宵，万人猜灯谜”“浅吟低唱，四月的纪念”“月朗海之门”“我是美德小标兵、我是文化小达人”等系列节日主题文化活动，推进优秀影片、精品艺术剧目进校园。

（黄　毅）

统　战

【概况】2017年，南通市构建党委统一领导、统战部牵头协调、有关方面各负其责的大统战工作格局。举办民主党派、民族宗教和非公有制经济人士学习贯彻中共十九大精神专场宣讲活动3场，300余名各界代表人士参加。开展统一战线“凝心聚力建小康”主题活动，组织民主党派、工商联形成调研报告10余篇并推动成果转化。推进“一党派一品牌”社会服务，开展名医义诊，举办医疗、卫生、法律、经济、教育等专家讲座近100场，赠送图书2万余册，捐款30万余元，惠及群众3000余人次。组织商会和企业参加"传承爱心，接力善行"主题募捐活动，捐款815.5万元。筹备首届通商大会，举行"强毅力行、通达天下"通商精神发布会，组织"千名通商故里行"活动，全年开展招商活动113次，洽谈项目33个，投资总额85.89亿元。市委统战部新增无党派、党外知识分子工作处。做好党外干部培养选拔，新增党外副厅职干部1人、正处职干部1人。

【党管统战】 2017年，南通市落实党委常委担（兼）任统战部部长要求。建立市委统战工作领导小组，明确23家成员单位职责分工、办公室工作细则等。健全基层统战工作协调机制，形成覆盖全市102个镇（街道）、1897个行政村（社区）近2000名专（兼）职统战干部工作网络。统战工作纳入南通市"四个全面"发展战略综合考核。

【民主党派、无党派人士】 2017年，南通市各民主党派开展"不忘初心、携手同行"主题活动，组织辅导讲座、报告会、座谈会等20余次，举办各类党外人士培训班、国情考察、观故居等活动10余期。制订政党协商计划，落实《民主党派市委直接向中共市委提出建议制度》。聘请党外人士担任党风监督员和特邀监察员。

【新的社会阶层人士统战】 2017年，南通市建立健全新的社会阶层人士（民营企业和外商投资企业管理技术人员，中介组织和社会组织从业人员，自由职业人员，新媒体从业人员）统战工作联席会议制度、联谊交友制度。召开新的社会阶层人士统战工作第一次联席会议，通过《市新的社会阶层人士统战工作联席会议工作规则》《联席会议成员单位工作职责》《联席会议办公室工作细则》。开展新的社会阶层人士"学讲话、谈体会、访企业、话发展"主题活动，在崇川区虹桥社区、蓝印花布博物馆、91家纺网总部、中天科技集团、"栾馨仁"服务站等建立社会实践基地。全市新的社会阶层人士统战工作经验先后在全省做会议交流3次，入围省新的社会阶层人士统战工作实践创新案例汇编2篇。

【非公有制经济人士统战】 2017年，南通市深化非公有制经济人士理想信念教育活动，举办第四期青年民营企业家培训班，45人参加。月星集团有限公司董事局主席丁佐宏等10位企业家获评"十大杰出通商"。开展"万企大走访大调研""百企帮百村"活动，总结报道"扶贫济困显身手，南通泉商争一流"经验。弘扬"通商"精神，开展36家民营企业文化示范点创建。创建"四好"（领导班子好、团结教育好、服务发展好、自律规范好）商会，推动商会党建。

【民族宗教统战】 2017年，南通市加强农村少数民族困难人群扶贫和城市少数民族流动经商人员服务管理。开展"宗教政策法规学习月"、星级宗教场所创建活动，联合举办"僧伽大师与佛教中国化研讨会"。违建寺观专项管理等经验在全省交流。12月6日，全市民族宗教工作会议召开，近200人参加。

【海（境）外统战】 2017年，南通市推动县（市、区）留学人员工作载体全覆盖。邀请海外"四有"（经济上有实力、政治上有地位、学术上有造诣、社会上有影响）人员参加首届通商大会100余人。首次举办南通市海外联谊会国情研修班，46人参加。组织5批48人次到香港、澳门参加香港南通同乡会、澳门商会、香港江苏总会等活动。连续第11年组织南通优秀中学生赴香港访问。邀请方铿、杨耀忠率40余人旅港乡亲访通团到南通考察。参加旅港社团相关活动17次、1140人次。

（尤　浩）

政　法

【概况】 2017年，南通市继续深入推进平安南通、法治南通和政法过硬队伍三大建设，政法工作三大核心指标公众安全感97.45%、法治建设满意度97.83%、政法队伍建设满意率92.13%，均居全省前三名。出台《政法机关服务保障项目建设和企业发展工作意见》等文件，推出组建海内外警侨联动服务中心、重大项目落地法律服务指引、非公企业八大刑事风险防控体系等服务发展举措，法治手段破解发展难题。全年未发生重大群体性事件、重大公共安全事件、个人极端事件、有影响负面舆情炒作事件。

【基层社会治理创新】 2017年，南通市被列为全省创新网格化社会治理机制试点地区。市级综治中心建成，县、镇、村三级综治（法治）中心"省一级"达标率分别为78%、76.2%、88.4%。基层治理"三所共建"（司法所、公安派出所、律师事务所）、寄递行业安全监管"南通模式"、涉企风险"两防"（对企业恶意欠薪、弃企逃债等问题，成立防拒不支付劳动报酬、社保欠费和防弃企逃债工作领导小组）机制、涉法涉诉信访处置智能化规范化等特色工作分别在中央政法工作会议、全国社会治安综合治理表彰大会等全国性会议上交流，市综治办获评全国社会治安综合治理先进集体，全省设区市唯一。7月26日，全省基层社会治理创新推进会在南通召开，首次使用视频连线形式，连线崇川区虹桥街道虹桥社区、港闸区陈桥街道综治中心、如皋市东陈镇山河社区、海安县社会矛盾纠纷调处中心、海门市仁济医院等10个南通基层社会治理创新典型经验现场点。

【公共安全维护】 2017年，南通市推进社会矛盾和安全隐患大排查大整治、出租屋整治等活动，全市刑事、侵财、网络通信诈骗案件发案数分别比上年下降13.8%、16.7%、24.8%，破案率分别比上年提升4.8%、3.6%、0.9%，27件命案全部破获，呈现"发案下降、破案上升、命案全破"良好趋势。加强特殊人群服务管理，社区服刑人员全部"零重犯"。全市交通消防事故数、死亡人数等稳中有降，文明指数列全省第一。

【治安防控】 （参见《公共安全·社会治安》）

【矛盾纠纷多元化解】 2017年，南通市整合人民法庭、综治办、信访办、司法所、派出所、律师（法律）服务所等职能部门资源，建立矛盾纠纷“一庭两办三所+N”［“一庭”即人民法庭，“两办”即综治办、信访办，“三所”即司法所、派出所、律师（法律）服务所，“N”即其他职能部门］多元化解新模式，深化人民调解、行政调解、司法调解“三调联动”，设立驻庭人民调解工作室，综合运用调解、仲裁、复议、诉讼等手段，创新“说事讲法评理会”化解机制，拓展医患、环保、交通事故、沿江沿海水域纠纷等专业调处平台，建立专业调处机构19大类176家，为不同类型的矛盾纠纷提供有针对性专业调处服务。

【执法司法办结】 2017年，南通市继续抓好执法司法办案，全市两级法院受理案件154293件，审执结128466件，分别比上年增长14.93%、16.28%；检察机关批捕2172人、起诉7529人，分别比上年增长9.4%、6.1%。

（彭红宇）

机构编制

【概况】 2017年，南通市巩固和扩大控编、减编成果，全市行政编制控制在省核定限额内，事业编制控制在2012年底总量内，行政、事业实有人员总量不超编。

【领导职数预审】 2017年，南通市执行《江苏省处级机构设置编制管理领导职数核定暂行办法》，做好全市处级领导职数动态管理，即时调整处级职数目录库，全年调整67个单位（部门）90个处级领导职数。承办全省领导职数预审工作座谈会，南通市领导职数预审经验在会议交流。制定《科级领导职数预审工作实施细则》，全年完成县（市、区）371个部门508名科级领导职数预审和调整。

【机构编制资源配置】 2017年，南通市通过激活冻结工勤编制、回收部分事业单位空编等方式，统筹123家市属事业单位1336名编制，用于满足南通市中央创新区等重点地域和安监、环保、食药监等重点领域改革发展需要。统筹5个县（市）及通州区900名事业编制，平衡区域教育资源。开展机关事业单位政府购买服务岗位人员清理规范工作，出台《南通市市本级机关事业单位政府购买服务岗位人员清理规范工作方案》《南通市市级机关事业单位购买服务岗位实施细则》，持续压减政府购买服务规模总量。

【事业单位登记管理】 2017年，南通市开展法人登记管理。全年市本级事业单位设立登记6项、变更登记78项、注销登记3项。试点建设事业单位监管与服务云平台，综合集成年度报告公示系统、信用等级评价系统等事业单位登记管理和监管服务工作涉及的信息系统，实现信用绩效、执法监督等各类信息数据有效归集、互联共享和综合运用。执行年度报告公示制度，405家市属事业单位法人年度报告全部通过南通信用网向社会公示，接受社会监督。采用“双随机”抽查形式，通过听取情况介绍、查阅资料台账、核实有关信息等方式，对南通市安全生产宣传教育中心、市房产交易中心等12家事业单位法人登记信息进行核查。与中国人民大学联办1期事业单位法定代表人培训班，参训人员55人。全市完成机关事业单位中文域名注册3800个，注册率103.3%。清理全市24家未挂标党政机关网站。

【事业单位功能布局优化】 2017年，南通市根据中央创新区建设需求，调整中央创新区推进办公室机构设置。保证轨道交通建设重点工程需要，不新增机构、调整市建设局所属2家事业单位职能和经费渠道，核增20名事业编制。服务风景区建设，设立狼山旅游度假区管理办公室，将原崇川区所属南通狼山风景名胜区相关机构、人员整体划转，理顺狼山景区管理体制；根据《南通市濠河风景名胜区条例》，重新核定濠河风景名胜区业务范围，优化设置内设机构。保障智慧城市建设和大数据产业发展，归并整合市本级8家信息机构智慧城市和数据信息管理职能，设立全省首家大数据管理局。

【事业单位信用等级评价】 2017年，南通市组建事业单位信用等级评价工作联席会议，形成由5大类17个评价指标组成的评价体系，出台《南通市事业单位信用等级评价办法（试行）》《南通市事业单位信用信息征集和使用管理暂行办法》等制度，组织对全市1925家事业单位业务活动、社会效能、诚信程度、人民群众评价程度以及社会公信度等情况进行全面综合评价，参评事业单位占法人登记总数56.1%。经过自查自评、分类评分、初定等级、反馈征询、结果公示5个程序，所有参评单位信用状况均达到A级。

【公益类事业单位体制机制创新】 2017年，南通市探索学前教育体制改革，调整管理权限，统筹推动市区学前教育一体化发展。服务教育事业发展需要，优化区域资源配置，推动市二中初、高中分离办学，调整设立“通州湾中学”“通州湾三余初级中学”，根据学生生源数，同步核定事业编制，做好岗位设置、人员分流。深化编制备案制试点，全面落实公立医院编制备案管理制度，全年核定10208名市直公立医院编制备案制人员，市属公立医院自主招录446名备案制管理人员。探索高职院校编制备案管理试点，扩大高校办学自主权。

【机构编制监督检查】 2017年，南通市完成两轮控编减编现场检查。完成启东市、市中院等单位主要领导机构编制责任审核并形成“三责联审”（由组织部门、编制部门、审计部门联合对党政领导干部开展用人责任审查、编制责任审核、经济责任审计）报告。全年对28个部门（单位）开展重大机构编制事项跟踪问效。开展机构编制政策法规学习培训，将机构编制法律法规纳入市委党校主体班教学内容，印发《机构编制政策法规干部读本》400套。做好“12310”举报热线的受理和处置工作。

（陈逸舟）

党　校

【概况】 2017年，中共南通市委党校

（简称“市委党校”）紧扣“喜迎党的十九大和深入学习宣传贯彻党的十九大精神”主题，深入贯彻落实习近平新时代中国特色社会主义思想，推进“两大建设”（新校区迁建和新修订70项管理制度），开展“三年行动计划”（转型发展攻坚年、形象全面提升年、一流党校建成年），推行“四名（明）”（年度名师、教学名课、科研名文、服务明星）评选，实施“五大工程”（教学精品课、科研聚焦、名师和高素质队伍、优质管理服务、党建引领）。选派教师参加市委党的十九大精神宣讲团8人，在全市范围开展理论宣讲100余场次。与上海社会科学院签署合作协议，共建上海社会科学院南通研究基地。组建党校系统课题组，发布课题19项，形成17万字专著《砥砺奋进·擘画上海“北大门”建设蓝图》。

【干部教育培训】 2017年，市委党校举办春、秋学期主体班8期，市管干部轮训班2批10期，公务员初任培训、科级公务员任职培训、选调生岗前培训等各类专题培训班12期，全年参训党员干部3345人次。承办国家行政学院、中联部和上海、陕西、安徽、辽宁、云南、新疆等地培训77班次，培训学员6610人次。

【理论研究】 2017年，市委党校教师在省级以上期刊发表研究文章78篇，其中在核心期刊发表14篇；新立项市（厅）级以上课题15项，其中省委党校调研课题1项、省社科精品应用工程2项、省社科基金项目2项，结题19项；出版《南通论坛》6期、《党校视点》12期。获全国行政学院第四届优秀科研成果三等奖1项，入选《光明日报》主办的2017中国智库治理及思想理论传播高峰论坛交流成果1项，获评省委党校优秀调研课题2项。

（吴昕宇）

南通市人大

综　述

【人大代表及组织机构】 2017年，南通市第十五届人民代表大会换届选出市人大代表565人。其中，工人、农民代表125人，占22.12%；专业技术人员代表141人，占24.96%；干部代表189人，占33.45%；企业负责人代表60人，占10.62%；归侨及其他方面代表43人，占7.61%；解放军驻南通部队代表7人，占1.24%。在当选代表中，中共党员代表384人，占67.96%，非中共党员（含民主党派和无党派爱国人士）代表181人，占32.04%；妇女代表180人，占31.86%；具有大专以上文化程度代表516人，占91.33%。市十四届人大代表连任市十五届人大代表172名，占30.44%。全市有全国人大代表8人、省人大代表80人。在南通省人大代表向省十二届人大五次会议提交议案（或建议）38件。南通市第十五届人民代表大会常务委员会（简称“市人大常委会”）由47人组成，有12个内设机构，分别为办公室、研究室、信访督办室、财政经济委员会、内务司法委员会、人事代表委员会、环境资源城乡建设委员会、农业和农村委员会、教科文卫委员会、外事民宗侨台委员会、法制工作委员会、预算工作委员会。

【市人大常委会工作概况】 2017年，南通市人大常委会围绕全市发展大局，履行宪法和法律赋予职责。全年召开常委会会议9次、主任会议17次，听取、审议“一府两院”（市政府、市中院、市检察院）专项工作报告25项，作出决议决定17个、审议意见8件，依法任免国家机关工作人员84人次。

重要会议

【市十五届人大一次会议】 2月14～17日，南通市第十五届人民代表大会第一次会议在更俗剧院召开。大会主席团常务主席陆志鹏、陈斌、庄中秋、曹斌、刘瑶、施建中、程静、周剑浩分别主持大会和主席团会议。会议审议通过市政府市长韩立明所作市政府工作报告、市人大常委会副主任陈斌所作市人大常委会工作报告、市中院代理院长曹忠明所作市中院工作报告、市检察院检察长俞昕水所作市检察院工作报告。审查和批准《南通市2016年国民经济和社会发展计划执行情况与2017年国民经济和社会发展计划草案的报告》，批准《南通市2017年国民经济和社会发展计划》；审查和批准《南通市2016年财政预算执行情况与2017年财政预算草案的报告》，批准《南通市2017年市级财政预算》。会议选举陆志鹏为市十五届人大常委会主任，庄中秋、孙建华、董正超、黄卫成、葛玉琴为副主任；选举韩立明为市政府市长，单晓鸣、王剑锋、赵闻斌、徐新民、陈旭、陆卫东、吴永宏为副市长；选举曹忠明为市中院院长；选举俞昕水为市检察院检察长，并报省检察院检察长提请省十二届人大常委会批准；选举王虎等43人为市十五届人大常委会委员。会议决定将《关于加快建设创新之都的议案》列为大会议案，交市政府办理。

【市人大常委会会议】 2017年是市人大常委会换届之年，市十四届人大常委会分别召开第三十九次和第四十次会议。市十五届人大常委会召开第一次至第九次会议。

市十四届人大常委会第三十九次会议　1月13日，市十四届人大常委会第三十九次会议在市行政中心召开。会议补选李强、顾万峰、冯军为省十二届人大代表。会议听取并审议通过《关于召开市第十五届人民代表大会第一次会议的决定》。会议审议《南通市2015年市级预算执行和其他财政收支审计中发现主要问题整改情况的报告》。会议审议通过市十四届人大常委会代表资格审查委员会组成人员名单。会议审议相关人事任免议案。

市十四届人大常委会第四十次会议　1月23日，市十四届人大常委会第四十次会议在市行政中心召开。会议听取并审议市人大常委会代表资格审查委员会关于南通市第十五届人民代表大会代表资格审查报告。会议审议通过市十五届人大一次会议有关建议事项说明。会议审议并原则通过《市人大常委会工作报告（草稿）》《市人大常委会2017年工作要点（草案）》。会议听取并审议通过《南通市城市建筑垃圾管理条例》，并报省人大常委会审议。会议审议相关人事任免议案。

市十五届人大常委会第一次会议　3月16日，市十五届人大常委会第一次会议在市行政中心召开。会议听取并审议通过《南通市人大常委会关于加强自身建设的实施意见（草案）》《市十五届人大常委会代表资格审查委员会组成人员名单（草案）》《市十五届人大常委会各工作委员会组成人员名单（草案）》。会议审议相关人事任免议案。

市十五届人大常委会第二次会议　5月31日，市十五届人大常委会第二次会议在市行政中心召开。会议听取并审议《关于金融支持实体经济发展情况的报告》《关于农村扶贫开发工作情况的报告》。会议听取并审议通过《关于我市县乡两级人大换届选举工作情况的报告》《南通市人民代表大会常务委员会关于对提请任命人员进行法律知识考试的办法（修订草案）》。会议审议相关人事任免议案。

市十五届人大常委会第三次会议　7月4日，市十五届人大常委会第三次会议在市行政中心召开。会议听取《中华人民共和国城乡规划法》法制讲座。会议听取并审议《关于贯彻实施〈中华人民共和国城乡规划法〉的报告》。会议听取并审议《南通市水利工程管理条例（草案）》。会议接受龚建宇辞去省十二届人大代表职务的请求，并报省十二届人大常委会备案。

市十五届人大常委会第四次会议　7月14日，市十五届人大常委会第四次会议在市行政中心召开。会议补选郭文奇为省十二届人大代表，选举结果报省十二届人大常委会。

市十五届人大常委会第五次会议　7月26日，市十五届人大常委会第五次会议在市行政中心召开。会议听取并审议《关于南通市2016年市级财政决算（草案）的报告》《关于南通市2016年市级预算执行和其他财政收支情况的审计工作报告》，审议《市政府关于南通市2017年国民经济和社会发展计划、市级财政预算上半年执行情况的报告》。会议批准2016年市级财政决算。

市十五届人大常委会第六次会议　9月1日，市十五届人大常委会第六次会议在市行政中心召开。会议听取并审议通过《关于全市公立医院综合改革情况的报告》。会议听取并审议通过《南通市水利工程管理条例》，报省十二届人大常委会审议。会议审议相关人事任免议案。

市十五届人大常委会第七次会议　10月31日，市十五届人大常委会第七次会议在市行政中心召开。会议听取并审议通过《关于南通市民族工作情况的报告》《关于全市法院执行工作情况的报告》。会议听取并审议《南通市人才发展促进条例（草案）》。会议审议相关人事任免议案。

市十五届人大常委会第八次会议　12月4日，市十五届人大常委会第八次会议在市行政中心召开。会议审议通过《关于召开南通市第十五届人民代表大会第二次会议的决定》。会议听取并审议通过《南通市人民代表大会常务委员会讨论、决定重大事项的规定》《关于南通市2017年市级财政预算调整方案的说明》《〈关于加快建设创新之都的议案〉办理情况的报告》《关于市十五届人大一次会议代表建议批评和意见办理情况的报告》。会议作出《关于批准南通市2017年市级财政预算调整方案的决议》《关于加快建设创新之都的决议》。会议对市十五届人大常委会任命的市中院、市检察院部分工作人员履职情况进行满意度测评。

市十五届人大常委会第九次会议　12月25日，市十五届人大常委会第九次会议在市行政中心召开。会议听取并审议《南通市2016年市级预算执行和其他财政收支审计中发现主要问题整改情况的报告》《江苏南通国家农业科技园区规划（草案）》，原则通过《江苏南通国家农业科技园区规划》。会议听取并审议《关于贯彻实施〈南通市濠河风景名胜区条例〉情况的报告》《南通市人才发展促进条例（草案）》，原则通过《南通市人才发展促进条例》，报省十二届人大常委会批准实施。会议听取并审议通过市十五届人大二次会议有关建议事项的说明、《关于市人大常委会工作报告（草稿）》《市人大常委会2018年工作要点（草案）》。会议听取并审议关于代表变动情况和补选代表资格审查的报告，通过市十五届人大一次会议代表优秀议案和建议表彰决定，通过2017年度市人大代表履职先进个人表彰决定。

人大立法

（参见《法治·地方立法》）

人大监督

【重大事项监督】 2017年，市人大常委会以界定重大事项范围为重点，完善讨论决定重大事项制度。根据市委实施方案，组织修订关于讨论决定重大事项规定，依据中央文件和相关法律对重大事项分类、范围和重点进行准确界定，明确重大事项提出主体、审议程序和违规情况处理办法。

【经济工作监督】 2017年，市人大常委会聚焦建设经济中心、交通枢纽、创新之都、花园城市和建设上海"北大门"等战略任务，加强跟踪监督重大项目建设。围绕优化项目资源集聚方式、加大产业链招商力度、提高集约化发展水平，组织180名市人大代表开展审查监督。聚焦调动和保护企业家积极性，组织对"5·23"南通企业家日工作开展情况"回头看"，帮助企业解决发展中困难和问题。聚焦金融创新，组织专题视察和会议审议，提出解决中小企业融资难、担保难对策措施，推动金融支持实体经济发展。

【民生事业监督】 2017年，市人大常委会聚焦南通"三农"工作重点、难点和痛点问题，专题审议农民增收致富和农村扶贫，形成专题调研报告并获全省人大系统优秀调研成果一等奖。加强规划法执法检查，围绕完善城市功能、优化建筑设计、强化衔接配套、减少实施弹性、加强批后监管、组织拆违控违6个方面进行深度调研和专题审议。突出破除"以药补医"、加快机制创新、完善分级诊疗、推进智慧卫生等重点，听取审议政府专项工作报告，推动三医联动、分级诊疗、医联体建设等创新举措落实。专题调研公共文化服务体系建设、不动产登记工作、公安辅警队伍建设、社保基金运行、职业教育发展、“菜篮子”工程、海绵城市建设、建筑业发展、特色镇建设及乡村旅游发展等，推动为民办实事落实。

【议案建议督办】 2017年，市十五届人大一次会议将《关于加快建设创新之都的议案》列为大会议案。市人大常委会组织专题视察，跟踪了解进度，作出相应决议，推动市委重大决策部署贯彻落实。跟踪落实10件年度重点督办建议。市十五届人大一次会议期间，代表提出建议、批评和意见365件，全部在规定时间内办理结束并书面答复代表，一次反馈满意或基本满意率99.73%。闭会期间交市政府办理5件建议全部办复。

【专项工作评议】 2017年，市人大常委会综合运用视察调研、审议测评等手段，对市财政局、人力资源社会保障局、国土资源局、环保局、卫生计生委等10个部门工作集中评议，促进为民施政、依法行政、高效勤政、廉洁从政。组建评议组4个、评议小组10个，发放调查问卷1801份；召开各类座谈会34个，收集各类意见建议228条。31个市人大代表小组全部参与评议活动，提出各类问题和建议263条。

人大任免

【任免概况】 2017年，市人大常委会坚持党的领导，依法行使人大人事任免权。全年任免市人大常委会工作人员7人，市政府组成人员46人，南通市中级人民法院、南通市人民检察院以及南通经济技术开发区人民法院、人民检察院工作人员14人，任命南通经济技术开发区人民法院人民陪审员17人，并对拟任命人员进行任前法律知识考试。跟踪监督市人大常委会任命人员履职情况，市人大常委会专题听取部分工作人员履职情况，进行评议测评。

【人员任免】 市十四届人大常委会第三十九次会议任命曹忠明为南通市中级人民法院副院长、审判委员会委员、审判员；任命谢晓军、陈雷为南通市人大常委会副秘书长；任命徐国祥为南通市文化广电新闻出版局局长，免去其南通市体育局局长职务；任命杨建为南通市体育局局长；免去陈亮南通市文化广电新闻出版局局长职务。

市十四届人大常委会第四十次会议任命王世瑞为南通市人大常委会教科文卫委员会主任，朱德炎为南通市人大常委会外事民宗侨台委员会主任，崔拥政为南通市人大常委会人事代表委员会副主任；免去谢晓军南通市人大常委会教科文卫委员会主任职务；免去范平南通市人大常委会外事民宗侨台委员会主任职务；免去李希南通市人大常委会法制工作委员会主任职务。

市十五届人大常委会第一次会议任命杨建忠为南通市人大常委会副秘书长，张松泉为南通市人大常委会环境资源城乡建设委员会主任，戴辉为南通市人大常委会农业和农村委员会主任，孙建国为南通市人大常委会法制工作委员会主任，徐永高为南通市人大常委会办公室副主任；免去张彦武南通市人大常委会副秘书长职务，免去孙建国南通市人大常委会环境资源城乡建设委员会主任职务，免去潘新南通市人大常委会农业和农村委员会主任职务；任命王晓斌为南通市人民政府秘书长，王筱融为南通市人民政府办公室主任，尹建勇为南通市发展和改革委员会主任，凌屹为南通市经济和信息化委员会主任，郭毅浩为南通市教育局局长，李吉平为南通市科学技术局局长，陈旭为南通市公安局局长，陈锋为南通市监察局局长，王国平为南通市民政局局长，缪平为南通市司法局局长，黄林华为南通市财政局局长，凌建华为南通市人力资源和社会保障局局长，孙立新为南通市环境保护局局长，马建明为南通市城乡建设局局长，刘宇红为南通市规划局局长，何峰为南通市城市管理局局长，刘洪为南通市住房保障和房产管理局局长，周建飞为南通市交通运输局局长，朱进华为南通市农业委员会主任，司视建为南通市水利局局长，邵怀德为南通市海洋与渔业局局长，李玲为南通市商务局局长，徐国祥为南通市文化广电新闻出版局局长，陈冬梅为南通市卫生和计划生育委员会主任，顾宗瑜为南通市审计局局长，杨建为南通市体育局局长，赵京平为南通市统计局局长，赵永南为南通市物价局局长，郤江森为南通市安全生产监督管理局局长，张兵为南通市食品药品监督管理局局长，瞿永国为南通市工商行政管理局局长，倪建明为南通市质量技术监督局局长，葛锦坤为南通市旅游局局长，张军为南通市粮食局局长，顾晓明为南通市信访局局长，朱桂华为南通市民防局局长，陆雪松为南通市人民政府国有资产监督管理委员会主任，钱志平为南通市机关事务管理局局长，马建清为南通市民族宗教事务局局长，王浦坚为南通市人民政府外事侨务办公室主任，殷蓓为南通市人民政府法制办公室主任，施学雷为南通市行政审批局局长；批准任命李平为海安县人民检察院检察长，孙亚为如皋市人民检察院检察长，王骅为如东县人民检察院检察长，钱国泉为海门市人民检察院检察长，陈新建为启东市人民检察院检察长，黄凯东为南通市通州区人民检察院检察长，邹建华为南通市崇川区人民检察院检察长，瞿忠为南通市港闸区人民检察院检察长。

市十五届人大常委会第二次会议任命杨海龙为南通市人民政府副市长；免去王晓斌南通市人民政府秘书长职务；任命倪小涛、张瑜为南通经济技术开发区人民法院副院长；任命王锦辉为南通经济技术开发区人民法院审判委员会委员、民事审判第一庭(行政审判庭)庭长，免去其南通经济技术开发区人民法院民事审判第一庭(行政审判庭)副庭长职务；免去徐锦平南通市中级人民法院审判委员会委员、审判员职务；免去曹翠萍南通市中级人民法院刑事审判第二庭副庭长、审判员职务；免去李惠萍南通市中级人民法院审判员职务；免去顾海浪南通市中级人民法院审判员职务；免去杨新祥南通市中级人民法院审判员职务；免去张勇南通市中级人民法院审判员职务；免去陈炎南通经济技术开发区人民法院副院长、审判委员会委员、审判员职务。

市十五届人大常委会第六次会议任命唐建泉为南通市人大常委会副秘书长、办公室主任，王思健为南通市人大常委会法制工作委员会副主任；免去陈雷南通市人大常委会副秘书长、办公室主任职务；免去王成南通市人大常委会法制工作委员会副主任职务；任命王凯为南通市经济和信息化委员会主任，王开亮为南通市城乡建设局局长；免去凌屹南通市经济和信息化委员会主任职务；免去马建明南通市城乡建设局局长职务；任命崔勇为南通市人民检察院副检察长。

市十五届人大常委会第七次会议任命陈俊为南通市人民政府秘书长；任命陈伟、黄静波、刘彩霞、高雁、陆炜炜、谷昔伟、郭相领、刘丽云、张祺炜为南通市中级人民法院审判员；任命李平为南通市人民检察院检察委员会委员、检察员；免去陶新琴南通市中级人民法院知识产权审判庭副庭长职务；免去丛红亚南通市中级人民法院审判委员会委员、审判员职务；免去洪伟、唐玉萍南通市中级人民法院审判员职务；免去任淑琴、陶晓峰南通市人民检察院检察委员会委员、检察员职务；免去曹海忠、丁栋生南通市人民检察院检察员职务；免去陈志泉南通经济技术开发区人民检察院检察委员会委员、检察员职务。

人大代表工作

【代表作用发挥】 2017年，市人大常委会推动人大代表履职与南通市富民强企奔小康“走帮服”活动和“万名代表小康行”主题实践活动相融合。对全国、省、市、县、镇五级人大代表进行分层分级履职培训53批次10462人次，总结推广各县（市、区）开展主题活动经验做法。以市人大代表小组为基本单元，开展专题学习调研、联系选区社区、帮助选民群众系列活动，督促解决民生难题100余个。发挥人大代表主体作用，组织人大代表参与立法调研、执法检查、专项评议、视察调研、列席人大有关会议350余人次。

【创新载体建设】 2017年，市人大常委会构建“一家一室一网”（代表之家、代表联络室、履职平台）代表履职保障新体系。全市64个镇、38个街道建立“代表之家”341个，实现“代表之家”硬件设施标准化、软件建设规范化。在社区内设立“人大代表联络室”795个，方便代表与群众互动联系。建设代表履职网络平台，开发启用“市人大代表履职平台”新系统，整合信息发布、业务培训、刷码签到、履职统计、建议办理、工作交流等功能。组织代表向选民报告履职情况，促进代表履职常态化。

（黄升晖）

附

南通市省人大代表在省十二届人大五次会议期间提交建议情况

2017年2月，在省十二届人大五次会议期间，南通代表团省人大代表提出《关于检测PM2.5成分的建议》《关于“完善城镇医疗基本保险单病种限价规定”的建议》《关于加大对江苏沿海地区科技创新扶持力度的建议》《关于大力提高江苏职业教育国际化水平，加快培养具有国际视野高技能人才的建议》等建议38件，建议内容涉及改革发展、创建文明城市、生态保护、民生改善等方面。代表所提建议全部由省人大常委会交相关政府部门研究办理，并在规定期限内把办理结果答复代表。

市十五届人大一次会议优秀议案和优秀建议

优秀议案（1件）

《关于加快建设创新之都的议案》（由张彦武等16名代表提出）

优秀建议（37件）

1.《关于统筹规划加快铁路物流建设的建议》（由王少峰代表提出）

2.《关于南通科学统筹谋划、精准错位对接全面融入上海的建议》（由夏卫军代表提出）

3.《关于将更多金融资源向县域和科技创新主体区倾斜位移的建议》（由潘世华代表提出）

4.《关于我市土地确权发证工作中存在的问题及其建议》（由朱秀英代表提出）

5.《关于如何提高南通“接轨上海”精准性的建议》（由卢锋代表提出）

6.《关于补充中小学专职卫生专业技术人员的建议》（由许卫兵代表提出）

7.《关于深入推进南通市开发园区创新驱动转型发展的建议》（由马金华代表提出）

8.《关于法治政府建设、推进治理能力现代化的建议》（由冒月建代表提出）

9.《关于支持乡镇发展精品观光农业的建议》（由张建军代表提出）

10.《关于从医疗需求侧入手，改善医生执业环境的建议》（由朱东兵代表提出）

11.《关于美化农村社区环境，进一步规范农村畜禽养殖的建议》（由汪正祥代表提出）

12.《关于加强“以案释法”工作，帮助企业提高依法治企水平的建议》（由严宾代表提出）

13.《关于进一步加强基层卫生人才队伍建设，促进城乡卫生服务水平均衡化的建议》（由缪卫宏代表提出）

14.《关于深度对接服务上海，加快打造上海“北大门”步伐的建议》（由钮健代表提出）

15.《关于加快推进沿江风光带建设的建议》（由成伟代表提出）

16.《关于推进崇海通道建设的建议》（由葛志娟代表提出）

17.《关于加强基层医卫人才队伍建设的建议》（由鲁亚飞代表提出）

18.《关于深度对接服务上海，全力争取将启东吕四港纳入上海国际航运中心和自贸区建设配套基地的建议》（由石光辉代表提出）

19.《关于加快实现医保支付方式转变，助推公立医院改革进程的建议》（由陆健泉代表提出）

20.《关于加快推进上海经南通启东北沿江高铁规划建设的建议》（由龚海燕代表提出）

21.《关于进一步提升我市小区物业管理水平的建议》（由季彩群代表

提出）

22.《关于加快对市区大企集团转型升级，提供政策扶持的建议》（由孙益源代表提出）

23.《关于加强基层中医药建设及人才培养的建议》（由王传兰代表提出）

24.《关于推动建立苏沪合作示范区的建议》（由瞿云峰代表提出）

25.《关于推进通州深度融入南通主城的建议》（由陈炎代表提出）

26.《关于促进南通建筑业在更高水平发展的建议》〔由陈斌（通州代表团）代表提出〕

27.《关于开展文明交通整治行动的建议》（由田桦代表提出）

28.《进一步加强和完善政府购买社会组织公共服务的建议》（由王鸣昊代表提出）

29.《关于完善分类指导、优化公安辅警队伍结构的建议》（由瞿刚代表提出）

30.《关于加强智慧菜场建设，把好食品安全关，方便市民生活的建议》（由姜林代表提出）

31.《关于举办"公民道德教育公益论坛"的建议》（由阚进遂代表提出）

32.《关于提升城市水系功能，整体推进城市水系建设的建议》（由陶晓东代表提出）

33.《关于建设南通科技馆新馆的建议》（由陆军代表提出）

34.《关于我市推进集成电路产业招商的建议》（由蒋才茂代表提出）

35.《关于重视和加强南通市区西北片区规划建设的建议》（由严崇明代表提出）

36.《关于南通地区企业屋面建设光伏电站的建议》（由王美才代表提出）

37.《关于接轨上海，交通先行的建议》（由曹苏宁代表提出）

（市人大办公室）

南通市政府

综　述

【概况】 2017年，南通市政府坚持稳中求进，深化供给侧结构性改革，量质并举抓好项目建设，在谈、签约、新开工50亿元以上重特大工业项目29个，实施"十大扩消费行动"，电子商务交易额比上年增长33%。强化创新驱动，通过国家创新型试点城市评估，高新技术产业产值居全省第二，高新技术企业突破1000家，新增省"双创"人才61人、团队7个；推进产业创新转型，"3+3"重点产业产值占规模以上工业比重60.4%，在全省率先建立大数据工作体系；支持企业创新创业，制定实施促进经济发展提质增效政策措施10项、"5215"（年销售超500亿元、200亿元、100亿元、50亿元）工业大企业培育计划。落实战略定位，《南通建设上海大都市北翼门户城市总体方案》获省政府批复实施，通州湾港区总体规划获批，陆海统筹发展基金实质性运作，境外投资额比上年增长12.5%。推动布局优化，成为住房城乡建设部城市总体规划编制改革和"城市双修"、城市设计试点，中央创新区建设全面启动，轨道交通1号线一期工程开工。推进高标准农田建设，"一村一品"示范村镇数、农产品出口额均列全省第一；完成农村土地承包经营权确权登记颁证，3个村庄入选省特色田园乡村首批试点。整改中央、省环保督察反馈问题，推进"263"专项行动和"三河三行业"整治，开展长江"共抓大保护"行动，PM2.5平均浓度降至每立方米40微克，全省最低。推进基层基本公共服务功能配置标准化，社会治理体系不断完善，财政民生支出占比77%。推动"两学一做"学习教育常态化、制度化，实施"不见面审批（服务）"改革，严格落实党风廉政建设"两个责任"。

【重要政策制定】 *政府性债务管理* 1月23日，市政府出台《关于进一步加强政府性债务管理的意见》，从严格实行限额管理、规范举债程序，加强债务预算管理、规范资金使用，加强债务基础管理、完善会计核算，创新项目融资机制、严控或有债务，建立风险预警机制、加强偿债管理，落实债务主体责任、强化监督问责6个方面，提出加强政府性债务管理18条措施。

市区出租汽车行业健康发展推进 2月28日，市政府出台《关于推进市区出租汽车行业健康发展的实施意见》，明确自4月1日起，按照优先发展公共交通、适度发展出租汽车基本思路，推动巡游出租汽车转型升级，规范网络预约出租汽车有序发展，通过巡游车、网约车错位发展和差异化经营，构建多样化、差异化出行服务体系，促进出租汽车行业健康发展，更好满足人民群众出行需求。

土壤污染防治 4月4日，市政府印发《南通市土壤污染防治工作方案》，提出10个方面44项工作任务，通过实施分类别、分用途、分阶段治理，严控新增污染，逐步减少存量，促进土壤资源永续利用。

海洋经济创新发展示范城市建设 5月16日，市政府印发《南通市建设海洋经济创新发展示范城市的实施方案（2016~2020年）》，明确在海洋高端装备产业和海洋生物产业两大重点领域推进海洋经济创新发展示范工作，重点抓好海洋产业科技创新能力、海洋企业创新主体地位、海洋产业技术协同创新、海洋产业孵化集聚创新等6方面，全面提升全市海洋经济创新和集聚发展水平，促进海洋经济整体提质增效。

一体化网上政务服务平台建设 5月28日，市政府出台《关于加快推进全市"互联网+政务服务"的实施意见》，提出依托"互联网+"创新政务服务模式，建设一体化网上政务服务平台，完善行政权力事项清单、便民服务事项清单、创业创新服务事项清单，健全配套服务标准体系、网上运行体系、信息共享体系、技术支撑体系和部门责任体系，加快形成覆盖全市、上下联动、部门协同、一网办理政务服务格局，确保2017年底网上办件量超过60%。

经济发展提质增效 6月21日，市政府出台《2017年促进经济发展提质增效若干政策措施》，明确从1月1日~12月31日，落实鼓励上重大产业项目、支持企业做强做优、加快上市企业培育、支持企业升级改造、加快创新

平台建设、鼓励引进高端人才、推进绿色低碳发展、加强品牌质量建设、创新金融服务支持实体经济等方面政策措施。

众创社区建设　6月26日，市政府印发《南通市推进众创社区建设行动方案》，提出以推进“3+3+N”产业发展为重点，规划建设相对独立于行政区划单元和产业园区，聚焦大众创业、万众创新，在一定范围内高效组合人才、技术、资本等创新创业要素，集成专业化众创空间、科技企业孵化器和加速器及科技服务机构等载体平台，建设创业功能、产业功能、文化功能和社区功能有机融合众创社区。

健康扶贫工程　7月21日，市政府出台《关于实施健康扶贫工程的若干意见》，以全市人均年收入低于7000元低收入人口为主要帮扶对象，提出实现基本医疗保险全覆盖、加大医疗救助力度、优先安排慈善人道救助、实行建档立卡低收入人口住院“先诊疗后付费”政策、开展家庭医生签约服务、对患病低收入人口实行分类救治、加强低收入残疾人医疗和康复工作7项重点任务。

河岸共治　8月1日，市政府印发《南通市河岸共治行动方案》，提出发挥各级“河长”“断面长”在治河、治水方面主导作用，重点实施“拆、封、建、转、清、畅、管、绿”八大工程，持续改善水环境质量，维护水生态安全。

生态环境损害赔偿制度改革试点　9月30日，市政府印发《南通市生态环境损害赔偿制度改革试点实施方案》，明确试点总体要求、主要内容、时间安排、保障措施，提出通过试点示范、案例实践，构建责任明确、途径畅通、技术规范、保障有力、赔偿到位、修复有效生态环境损害赔偿制度，形成环境有价、损害担责社会氛围，对环境污染和生态破坏者形成震慑，有效遏制环境污染和生态破坏行为。

市级国有融资平台公司市场化转型　10月21日，市政府出台《推进市级国有融资平台公司市场化转型的实施意见》，从推进融资平台公司实体化运作、分类处置存量政府性债务、以市场化方式承接政府投资项目、规范国有企业市场化融资行为、拓宽担保渠道实现平稳过渡、完善国有资产监督管理体系、加强市场化转型工作的组织实施等方面明确具体任务，提出推动市级（含市本级及区属市级）融资平台公司转型为自主经营、自负盈亏、自担风险、自我发展市场化运营国有企业。

“三行业”整治　11月22日，市政府印发《南通市“三行业”整治工作方案》，对不符合国家、省、市相关法律法规或政策性文件要求的化工、钢丝绳、印染企业，通过升级、转产、关停、搬迁等方式，从源头上解决污染问题。

特色田园乡村建设　12月27日，市政府印发《南通市特色田园乡村建设实施方案》，提出按照产业兴旺、生态宜居、乡风文明、治理有效、生活富裕要求，因地制宜整合升级现有农村建设发展项目，通过培育产业发展、保护生态环境、彰显乡村文明、增强乡村活力、创新城乡融合发展机制等举措，培育建设市级特色田园乡村。

【政府实事工程】　2017年初，市政府确定11个方面50项为民办实事项目，至年底，全部完成或超额完成。

1.全市新增省优质幼儿园15所，新建幼儿园18所。完成情况：全市新增省优质幼儿园25所，开工新建幼儿园18所。

2.全市新建、改扩建中小学14所。完成情况：落实到位。

3.全市提供就业岗位25万个以上，其中高校毕业生就业岗位8万个。完成情况：全市提供就业岗位30万个，其中高校毕业生就业岗位9.8万个。

4.支持1万名以上群众创业。完成情况：支持群众创业1.51万人。

5.建立南通籍毕业生信息数据库，加大定向招聘频次和广度，引进50名南通籍海外人才、南通籍2万名高校毕业生返乡就业创业。完成情况：建成南通籍毕业生信息数据库，引进南通籍海外人才54人、南通籍高校毕业生返乡就业创业2.19万人。

6.培训新型职业农民2万人。完成情况：培训新型职业农民3.16万人。

7.培育众创社区3家，新建10家市级众创空间，发放“通创币”500万元。完成情况：培育市级众创社区3家，新建市级以上众创空间11家，兑现“通创币”500万元。

8.对全市残疾人免费技能培训1000人次、推荐就业800人。完成情况：为全市1444名残疾人提供免费技能培训，推荐残疾人就业1199人。

9.全市建档立卡低收入人口脱贫率达55%以上，农村最低生活保障标准提高到不低于每月520元。完成情况：全市建档立卡低收入人口脱贫率64.75%，各县（市、区）农村最低生活保障标准均提高到不低于每月550元。

10.全市新建高标准农田45万亩；更新改造小型灌溉泵站190座，新建防渗渠道520千米，促进农业增效、农民增收。完成情况：全市新建高标准农田67.7万亩；更新改造小型灌溉泵站190座，新建防渗渠道520千米。

11.建设市级粮食烘干中心100个

9月11日，2017年南通市残疾人电子商务培训班开班。
（市人力资源社会保障局　供图）

以上，新增日烘干能力6000吨。完成情况：建成市级粮食烘干中心208个，新增日烘干能力1.55万吨。

12.开展健康扶贫工程，对全市建档立卡低收入人口由财政全额资助参加基本医疗保险，并全部纳入家庭医生签约服务范围；患病治疗的，在基本医疗保险（大病保险）支付后，给予不低于自付费用70%医疗救助；仍有困难的，再由疾病应急救助基金、慈善牵手助医、“健康扶贫”人道救助等实行救助。完成情况：健康扶贫工程落实到位；患病治疗的，在基本医疗保险（大病保险）支付后，给予不低于自付费用70%医疗救助，全年救助6336人，救助金额1256.9万元；仍有困难的，再由疾病应急救助基金、慈善牵手助医、“健康扶贫”人道救助等实行救助。

13.为全市中小学（含中等职业学校）、幼儿园在校生办理意外伤害补充保险。完成情况：落实到位。

14.在市区（崇川区、港闸区、南通开发区）建立民生自然灾害保险制度。完成情况：落实到位。

15.实现14周岁以下有康复价值残疾儿童康复训练全覆盖，新建50个残疾人之家。完成情况：全市14周岁以下有康复价值残疾儿童康复训练实现全覆盖，新建残疾人之家56个。

16.人均基本公共卫生服务经费最低标准提高到80元。完成情况：落实到位。

17.健全分级诊疗体系，深化市区医疗联合体、各县（市）医疗集团建设，建成5个市级专科医疗联盟，新增4所乡镇卫生院、120个村卫生室达到省级示范建设标准。完成情况：落实到位，其中建成运行县域医疗集团13个。

18.对全市适龄妇女实施乳腺癌、宫颈癌（含HPV筛查）免费筛查18万人。完成情况：对全市适龄妇女实施乳腺癌、宫颈癌（含HPV筛查）免费筛查19.1万人。

19.全市开展公益性应急救护培训10万人，在市区公共场所投放30个自动体外除颤器。完成情况：全市开展公益性应急救护培训11.9万人，在市区公共场所投放自动体外除颤器30个。

20.为全市92家敬老院配发500张护理型轮椅、1000台空调。完成情况：落实到位。

21.全市新增养老护理型床位1500张，培训养老护理员600名。完成情况：全市新增养老护理型床位1687张，培训养老护理员829人。

22.市区完成14个老小区整治（综合整治8个、单项整治6个）。完成情况：落实到位。

23.市区完成3个、启动6个“城中村”和危旧房改造项目（“城中村”项目3个、危旧房项目3个）。完成情况：落实到位。

24.市区淘汰35蒸吨及以下燃煤锅炉100台。完成情况：市区（含通州区）淘汰35蒸吨及以下燃煤锅炉460台。

25.对50家重点企业开展挥发性有机物污染整治。完成情况：落实到位。

26.全市完成2条（段）县级河道、33条（段）乡级河道疏浚整治。完成情况：落实到位。

27.市区完成13条（段）河道截污整治。完成情况：落实到位。

28.完善水质监测预警体系，增设一座水质预警自动监测站。完成情况：在芦泾港增设水质预警自动监测站。

29.全市新增生活垃圾日处理能力500吨，开工建设日处理能力600吨项目。完成情况：如皋上海电气生活垃圾焚烧发电厂日处理500吨续建项目投入试运行；启东天楹生活垃圾焚烧发电厂日处理600吨扩容项目开工建设。

30.完善市区大件垃圾收运处置体系，新增两处大件垃圾处置站，市区生活垃圾分类设施覆盖率30%。完成情况：完善市区大件垃圾收运处置体系，建成运行崇川区和港闸区两处垃圾处置站，市区生活垃圾分类设施覆盖率40%。

31.开工建设市区餐厨废弃物处置中心。完成情况：市区餐厨废弃物处置中心开工建设。

32.全面提升市区医废处置管理水平，新增年医废处理能力3300吨。完成情况：落实到位。

33.市区开展5幅工业退役场地污染治理。完成情况：市区完成原南通耀荣玻璃厂场地污染治理修复和原南通第三印染厂等4幅地块场地环境调查评估。

34.全市完成农村公路提档升级800千米、农桥改造275座。完成情况：全市完成农村公路提档升级910千米、农桥改造290座。

35.市区新辟公交线路4条、优化公交线路5条，增设20个公交站点。完成情况：市区新辟公交线路5条、优化公交线路12条，增设公交站点114个。

36.市区实施6处交通节点和3个小区周边交通“微循环”改造，疏缓部分区域拥堵问题。完成情况：落实到位。

37.对市区31条道路信号灯实施智能化改造，提高道路通行效率。完成情况：落实到位。

38.市区新建支路10条。完成情况：市区新建支路19条。

39.市区新建公共停车泊位1150个。完成情况：市区新建公共停车泊位1230个。

40.全市建成50个镇（街道）、1000个村（社区）综合性文化服务中心。完成情况：落实到位。

41.全市新增100所学校向社会开放体育设施，市区为群众开展免费体质监测5000人。完成情况：全市新增102所学校向社会开放体育设施，市区为群众提供免费体质监测5380人。

42.在市区设置30台数字阅读机。完成情况：落实到位。

43.市区完成10个易淹易涝路段改造。完成情况：落实到位。

44.市区增加公园绿地350公顷，开工建设5个市级重点公园、3条林荫路（景观路），建成20个小游园和玉兰谷（位于啬园东部）。完成情况：落实到位。

45.市区新增营业5家菜市场。完成情况：落实到位。

46.实施“菜篮子”市场放心工程，实现市区农贸市场快检实验室服务全覆盖，每家每天检测不少于30批次，即时公示检测结果，及时处置不合格产品；加强食品安全动态监测，市区全年对流通领域26大类食品抽检3300批次以上。完成情况：落实到位。

47.完善社会治安防控体系，全市

开展20个智能安防小区建设试点，市区新增、改造社会面治安监控270套。完成情况：落实到位。

48.为全市约120万只民用液化气钢瓶免费安装二维码标识。完成情况：为全市民用液化气钢瓶免费安装二维码标识167万只。

49.推进“互联网+政务服务”，建设“一网一门一端一号一码”政务服务体系，在省“一张网”建成的基础上，同步实现与企业、市民密切相关7个方面服务事项网上受理、办理和反馈。完成情况：推进“互联网+政务服务”，建成“一网一门一端一号一码”政务服务体系，与企业、市民密切相关37个方面、1145项服务事项实现网上受理、办理和反馈。

50.建成智慧南通公共服务平台，为市民提供智慧经济、智慧人文、智慧治理、智慧交通、智慧环保、智慧生活6大板块1000项以上惠民服务。完成情况：智慧南通公共服务平台项目建成“我的南通”Web网站和移动端APP，提供涵盖智慧经济、人文、治理、交通、环保、生活6大板块咨询服务。

【市政府领导分工】 2月19日、7月17日，市政府先后以通知等方式，调整部分市政府班子成员工作分工。

市委副书记、市政府市长韩立明主持市政府全面工作。统筹协调全市经济社会发展重大问题。主管国有资产管理、财政、审计、机构编制、监察、城乡规划、人民武装工作。

市委常委、市政府常务副市长单晓鸣负责市政府常务工作，协助市长协调全市经济社会发展重大问题。负责发展改革、沿江沿海开发保护、服务业、国土资源管理、交通运输、铁路建设、统计调查、陆海统筹基金、税务、金融、保险、应急管理、政务公开、机关事务管理、政务服务、行政审批、公共资源交易工作。分管经济体制改革、“五山”及沿江地区开发、处置和打击非法集资工作。协助分管国有资产管理、财政、审计、机构编制、监察、人民武装工作。分管市政府办公室（研究室）、发展改革委、服务业办、沿海办、金融办、国土资源局、交通运输局、统计局、机关事务管理局、铁路办、港口局、驻外办事处（联络处）、通州湾示范区、行政审批局（政务服务中心、公共资源交易中心）、狼山旅游度假区、南通海事局、国投公司、沿海开发集团、南通港集团、港口集团、南通农商行、南通机场。协助分管市监察局、财政局、审计局、国资委。协助联系市编办。联系市国税局、地税局、人民银行南通市中心支行、南通银监分局、驻通金融保险分支机构、驻通部队、国家统计局南通调查队。

市委常委、市政府副市长王剑锋赴国家部委挂职。

市政府副市长赵闻斌负责农业、农村、农民、农村改革发展以及水环境治理、扶贫和对口支援工作，统筹新农村建设工作，负责水利、海洋与渔业、粮食、供销工作和“菜篮子”工程。分管市农办、农委（林业局、农机局）、水利局、海洋渔业局、粮食局、供销总社、农发局。联系市工商联、残联。联系市气象局、沿江农科所。

市政府副市长徐新民负责政府法制、外事、对台工作、民政（老龄、双拥、征兵）、人力资源（人才）、社会保障、环境保护、物价、市场监管、质量监督、食品药品监督和安全等工作。分管市仲裁委工作。分管市台办、民政局、人力资源社会保障局、环保局、物价局、食药监局、工商局、质监局、外侨办（港澳办）、法制办。联系市侨联。联系盐务局（盐业公司）、烟草局、市仲裁委秘书处。

市政府副市长陈旭负责市公安局工作。负责司法、信访工作。协助分管城市管理、应急管理、处置和打击非法集资工作。分管市司法局、信访局，协助分管市城管局（城市管理行政执法局）。联系政法工作。联系南通市国家安全局、长航公安南通分局，联系武警支队、消防支队、边防支队。

市政府副市长陆卫东负责工业经济、信息化、民营经济和中小企业、科技、知识产权保护、对外开放、商务、口岸管理、开发园区建设、中央创新区建设、招商引资、安全生产等工作。分管市经济和信息化委（中小企业局）、科技局（知识产权局）、商务局（口岸委）、安监局、中央创新区管理办公室、大数据管理局、民发办、产控集团、置业集团、大生集团、产业技术研究院、贸促会、南通经济技术开发区、苏通科技产业园。联系南通高新区。联系南通海关、出入境检验检疫局、边防检查站、南通供电公司、南通通信行业管理办公室、电信南通分公司、移动南通分公司、联通南通分公司、铁塔南通分公司。联系市科协。

市政府副市长吴永宏负责城乡建设、城市管理、住房保障、民防、防震、城市投资、政府投资项目集中建设、城市轨道交通建设、经营性土地出让和管理及房地产市场秩序工作。协助分管城乡规划、交通运输、铁路建设、城市轨道交通建设、中央创新区开发建设工作。分管市建设局（建工局、园林局、地震局）、城管局（城市管理行政执法局）、房管局、民防局（人防办）、土地储备中心、公积金管理中心、城建集团、保障房建设公司。协助分管市规划局、交通局、铁路办、港口局、市级政府投资项目建设中心、城市轨道交通有限公司。协助分管南通机场。联系南通邮政管理局、南通邮政公司。

市政府党组成员朱晋负责社会建设、教育、文化、广播电视、新闻出版、卫生和计划生育、体育、旅游、民族宗教、档案、地方志工作。负责城市轨道交通建设。分管市教育局（教育督导室）、文化广电新闻出版局（文物局、版权局）、卫生计生委（爱卫办）、体育局、旅游局、民族宗教事务局、地方志办、档案局、广播电视台（广电集团）。分管市属高校，联系在通省属高校。联系市总工会、团市委、市妇联。联系市文联、社科联、红十字会。

（於　佳）

重要会议

【市政府全体（扩大）会议】 3月20日，市委副书记、市政府市长韩立明主持召开十五届市政府第一次全体（扩大）会议，从上级部署、群众期盼、政府责任、自身要求4个方面对做好全年工作提出要求。会议指出，要深入贯彻落实中央经济工作会议、全国人代会精神，按照省、市党代会确定“两聚一高”目标任务，深入推进“三去一降一补”，创新驱动做强实体经济，持之以恒抓好项目建设，一着不让促进富民增收，务实对接服务大上海，不折不扣抓好落地见效。扎实开展“263”专项行动，严格安全生产监管，切实维护社会稳定。

8月2日下午，市委副书记、市政府市长韩立明主持召开市政府全体（扩大）会议，总结上半年工作，分析经济社会发展面临的困难和挑战，部署下半年任务。会议指出，要深入贯彻习近平总书记系列重要讲话精神和治国理政新理念新思想新战略，认真落实省委、省政府决策部署，按照市委十二届四次全会要求，高度关注存在的八个方面问题，平衡好“稳”“进”关系。会议要求，着力落实稳增长各项举措、以项目建设推动“三大转型”、加快上海“北大门”建设、拓展改革开放广度和深度、抓好富民增收重点工作、加强生态环境保护和治理，提高干事创业的实战能力，以优异成绩迎接党的十九大胜利召开。

【市政府常务会议】 2017年，市政府召开20次常务会议，即十四届市政府第七十五次和第七十六次常务会议，十五届市政府第一次至第十八次常务会议。

十四届市政府第七十五次常务会议　1月4日，市委副书记、市政府市长韩立明主持召开十四届市政府第七十五次常务会议。会议讨论并原则同意《南通市“263”专项行动实施方案（送审稿）》《南通市“十三五”港口发展规划（送审稿）》《南通市“十三五”铁路发展规划（送审稿）》《南通市“十三五”国土资源利用和保护规划（送审稿）》《南通市“十三五”现代服务业发展规划（送审稿）》《南通市“十三五”卫生和计划生育事业发展规划（送审稿）》《南通市区域卫生规划（2016~2020）》《南通市“十三五”人才发展规划（送审稿）》《关于完善拥军政策增强军人荣誉感的实施意见（送审稿）》《南通市区违法建设治理工作行动方案（送审稿）》《南通市政府与华为软件技术有限公司云计算数据中心合作协议》。会议听取关于调整完善市区城建体制的情况汇报，原则同意市区城市建设和管养体制调整完善初步方案。

十四届市政府第七十六次常务会议　1月16日，市委副书记、市政府市长韩立明主持召开十四届市政府第七十六次常务会议。会议讨论《政府工作报告（讨论稿）》。会议讨论并原则同意《2017年为民办实事项目（讨论稿）》《关于南通市2016年国民经济和社会发展计划执行情况与2017年国民经济和社会发展计划草案的报告（讨论稿）》《南通市2016年财政预算执行情况和2017年财政预算草案报告（讨论稿）》《南通市人民政府关于市区限制燃放烟花爆竹的通告（讨论稿）》《关于在市区开展烟花爆竹禁限放工作的实施意见（讨论稿）》《关于推进市区出租汽车行业健康发展的实施意见（讨论稿）》《南通市市区网络预约出租汽车经营服务管理实施细则（暂行）（讨论稿）》。部署全市安全生产工作。

十五届市政府第一次常务会议　2月17日，市委副书记、市政府市长韩立明主持召开十五届市政府第一次常务会议。会议讨论并原则同意《南通市人民政府工作规则（送审稿）》《南通市人民政府常务会议议事决策规则（送审稿）》《南通市人民政府关于贯彻落实“三重一大”事项决策议事规则的实施细则（试行）（送审稿）》《今后五年政府工作奋斗目标任务分解表（送审稿）》《2017年全市经济社会发展主要预期目标任务分解表（送审稿）》《2017年市政府重点工作任务分解表（送审稿）》《2017年为民办实事项目任务分解表（送审稿）》《南通市富民增收五大行动计划（送审稿）》。会议明确市政府领导班子成员安全生产职责及市政府领导同志工作分工。

十五届市政府第二次常务会议　2月24日，市委副书记、市政府市长韩立明主持召开十五届市政府第二次常务会议。会议讨论并原则同意《2017年市政府规章制定计划（送审稿）》《南通市人民政府重大行政决策程序规定（送审稿）》《2017年市区城建计划（送审稿）》《2017年市本级财政性资金投资基本建设项目计划（送审稿）》《南通市两减六治三提升专项行动专项实施方案（送审稿）》《关于进一步深化城市执法体制改革改进城市管理工作的实施方案（送审稿）》《市本级财政支出审批管理办法（送审稿）》。会议听取市十五届人大一次会议代表议案建议和市政协十二届一次会议提案基本情况及相关办理建议汇报。会议听取2016年度市长质量奖评审工作情况汇报，原则同意市质量强市领导小组办公室组织评审出的获奖企业名单，将本届质量奖名称由“南通市市长质量奖”改为“南通市质量奖”。

十五届市政府第三次常务会议　4月15日，市委副书记、市政府市长韩立明主持召开十五届市政府第三次常务会议。会议（暨安委会会议）听取全市一季度安全生产工作情况汇报、2016年突出环境问题整治情况汇报，讨论并原则同意《2017年突出环境问题整治任务交办清单（送审稿）》《全市交通干线沿线环境综合整治工作方案（送审稿）》《关于进一步加快全市开发园区转型升级创新发展的实施意见（送审稿）》《关于加快推进全市“互联网+政务服务”的实施意见（送审稿）》《全面推行河长制的实施意见（送审稿）》。

十五届市政府第四次常务会议　5月12日，市委副书记、市政府市长韩立明主持召开十五届市政府第四次常务会议。会议学习《党政主要负责人履行推进法制建设第一责任人职责规定》《江苏省贯彻落实〈党政主要负责人履行推进法制建设第一责任人职责规定〉实施办法》，听取2016年省法治政府建设考评反馈问题整改情况汇报，研究2017年市政府领导集体学法计划。会议讨论并原则同意《南通市区沿江水域船舶治理工作方案（送审稿）》《南通市区沿江水域船舶治理奖补方案（送审稿）》《关于修改〈南通市市区征地补偿和被征地农民社会保障办法〉的决定（送审稿）》《南通市农业科学技术推广奖评定办法（送审稿）》《关于加快推进铁路建设的实施意见（送审稿）》。会议听取并原则同意关于“张謇杯”杰出企业家、南通“三名”年度人物、“十大杰出通商”和第三届“南通市海外创业风云人物”候选人评选情况的汇报及人选方案。会议听取全市生猪屠宰行业清理整顿工作情况汇报。

十五届市政府第五次常务会议　6月7日，市委副书记、市政府市长韩立明主持召开十五届市政府第五次常务会议。会议讨论并原则同意《加快推进全市“不见面审批（服务）”改革实施方案（送审稿）》《南通市水利工程管理条例（草案）（送审稿）》。会议听取中央环保督察反馈意见整改情况汇报，原则同意市环保局提出的相关工作建议。会议听取“菜篮子”工程建设情况汇报，讨论并原则同意《关于“十三五”期间统筹推进“菜篮子”工程建设的若干意见（送审稿）》。会议讨论并原则同意《2017年度南通市区城市建设工作考核办法（送审稿）》《南通市市区危房解危三年行动计划（2017~2019）（送审稿）》《关于加快发展体育产业促进体育消费的实施意见（送审稿）》《关于加快建筑业转型发展的实施意见（送审稿）》。会议研究并原则同意《2017年促进经济发展提质增效若干政策措施（送审稿）》。

十五届市政府第六次常务会议　6月23日，市委副书记、市政府市长韩立明主持召开十五届市政府第六次常务会议。会议讨论并原则同意《市级部门行政权力清单（送审稿）》《市级部门“不见面审批（服务）”清单（送审稿）》《关于在政府投资工程建设领域构建“1+4”阳光防范体系的实施意见（试行）（送审稿）》《南通市市本级政府投资项目管理暂行办法（送审稿）》《关于进一步加强建设工程招标投标监管的实施意见（送审稿）》《关于进一步加强政府公共工程集中代建工作的实施意见（送审稿）》《南通市公共资源交易平台管理实施细则（试行）（送审稿）》《南通市公共资源交易目录（送审稿）》《南通市哲学社会科学优秀成果奖励办法（送审稿）》。会议研究2017年全市城乡低保提标方案，原则同意市民政局提出的相关调整建议。会议研究并原则同意国有出资企业2016年绩效考核结果，讨论并原则同意《国有出资企业2017年度经营目标任务（送审稿）》。会议听取南通市审计机关人财物管理改革试点工作情况汇报。

十五届市政府第七次常务会议　7月11日，市委副书记、市政府市长韩立明主持召开十五届市政府第七次常务会议。会议讨论并原则同意《全市促进农民持续增收行动方案（2017~2020年）（送审稿）》《关于统筹推进城乡义务教育一体化促进优质均衡发展的实施意见（送审稿）》。《南通市互联网金融风险专项整治工作实施方案（送审稿）》《南通市加快建设知识产权强市工作方案（2017~2020年）（送审稿）》《南通市生态环境损害赔偿制度改革试点方案（送审稿）》《关于南通市旅游风情小镇创建工作的意见（送审稿）》《南通市社会救助制度和扶贫开发政策有效衔接实施意见（送审稿）》《关于实施健康扶贫工程的若干意见（送审稿）》。

十五届市政府第八次常务会议　7月20日，市委副书记、市政府市长韩立明主持召开十五届市政府第八次常务会议。会议讨论并原则同意《南通市土地利用总体规划（2006~2020年）调整方案（送审稿）》《推行行政执法公示制度执法全过程记录制度重大执法决定法制审核制度试点工作方案（送审稿）》《关于加强和改进新形势下民族宗教工作的实施意见（送审稿）》《关于南通市市级2016年财政决算（草案）的报告（送审稿）》《关于南通市市级2017年上半年财政预算执行情况的报告（送审稿）》《关于南通市2016年市级预算执行和其他财政收支情况的审计工作报告（送审稿）》。会议听取关于市级机关部分单位办公和业务用房调整方案的汇报，原则同意市机关事务管理局提出的调整建议。会议研究南通港口集团优化重组相关工作。会议集中学习《中华人民共和国国防交通法》。会议书面报告2017年50项为民办实事项目上半年督查情况。

十五届市政府第九次常务会议　8月7日，市委副书记、市政府市长韩立明主持召开十五届市政府第九次常务会议。会议讨论并原则同意《南通市国有企业职工家属区“三供一业”分离移交工作实施方案（送审稿）》《南通市文化市场综合执法体制改革实施方案（送审稿）》《南通市生态环境保护工作责任规定（试行）（送审稿）》《第四批市级非物质文化遗产项目名录（送审稿）》《关于完善机动车安全技术检验收费政策的方案（送审稿）》《南通市市属企业违规经营投资责任追究办法（送审稿）》。会议讨论并原则同意追加安排市级部分国有资产经营公司资本金。会议听取2017年度江苏省省长质量奖申报情况的汇报，原则同意市质量强市工作领导小组办公室提出的推荐申报名单。

十五届市政府第十次常务会议　8月25日，市委副书记、市政府市长韩立明主持召开十五届市政府第十次常务会议。会议集中学习江苏省委书记李强，省委副书记、省政府省长吴政隆在省委常委会上的讲话精神，听取全市社会矛盾和安全隐患大排查大整治专项行动进展情况汇报，要求各地、各部门按照省委、省政府部署要求，进一步聚焦重点关注领域，深入开展社会矛盾和安全隐患大排查大整治活动，为迎接党的十九大胜利召开营造安全稳定的社会环境。会议听取省委巡视组反馈环保政策法规执行不力问题整改情况和中央、省环保督察反馈问题整改情况的汇报，要求各地、各有关部门紧盯生态环境重点领域、关键问题和薄弱环节，全力以赴抓好整改工作，推动生态环境质量持续改善。会议讨论并原则同意《市区餐厨废弃物综合处置PPP项目实施方案（送审稿）》。会议明确由市教育局对十五届市政府第七次常务会议讨论通过的《关于统筹推进城乡义务教育一体化促进优质均衡发展的实施意见（送审稿）》作进一步修改完善。会议讨论并原则同意十四届园丁奖候选人名单。会议讨论并原则同意《市区融资担保风险分担试点管理办法（送审稿）》《南通市投贷联动风险补偿管理暂行办法（送审稿）》。会议听取大数据管理体系建设推进情况汇报，讨论并原则同意《市大数据规划发展委员会组建方案（送审稿）》《市大数据管理局机构组建与主要职责（送审稿）》《市大数据发展专家咨询委员会组建方案（草案）（送审稿）》。会议听取“南通慈善奖”评选工作汇报，原则同意评选结果。会议研究朱铭佰烈士评定问题，原则同意按程序报省审定。

十五届市政府第十一次常务会议　9月8日，市委副书记、市政府市长韩立明主持召开十五届市政府第十一次常务会议。会议讨论并原则同意《长江南通段水上过驳专项整治工作方案（送审稿）》《轨道交通项目征地拆迁资金结算方案（送审稿）》《南通市税收协同共治工作意见（送审稿）》《南通市人民政府重大行政决策事项清单（2017～2021年）（送审稿）》《南通市政府合同管理暂行办法（送审稿）》《关于深化统计管理体制改革提高统计数据真实性的实施方案（送审稿）》《关于进一步推进全市减煤工作方案（送审稿）》。会议听取国家食品安全示范城市创建工作情况汇报。会议讨论给予相关人员行政处分事宜。

十五届市政府第十二次常务会议　9月15日，市委副书记、市政府市长韩立明主持召开十五届市政府第十二次常务会议。会议听取全市防范化解政府性债务风险工作情况的汇报，讨论并原则同意《关于全市化解地方债务与风险管控的办法（送审稿）》《南通市政府性债务风险应急处置预案（送审稿）》《南通市区（不含通州区）化解地方债务优化债务结构实施方案（送审稿）》。会议讨论并原则同意《2017年度部分城建交通计划的调整方案（送审稿）》，听取关于轨道交通1号线一期工程初步设计概算和资本金比例等相关事项的报告。会议讨论并原则同意《2017年市本级政府投资项目计划调整方案（送审稿）》《深入推进全市放心消费创建工作实施方案（送审稿）》。会议听取2017年度全市军转安置工作汇报，讨论并原则同意《2017年度南通市区非相应安置正团职以下军队转业干部安置计划（送审稿）》。

十五届市政府第十三次常务会议　10月12日，市委副书记、市政府市长韩立明主持召开十五届市政府第十三次常务会议。会议讨论并原则同意《关于贯彻〈江苏省"十三五"时期基层基本公共服务功能配置标准（试行）〉的实施方案（送审稿）》《南通市工业企业资源利用绩效综合评价办法（送审稿）》《南通市"5215"工业大企业培育实施方案（送审稿）》《关于进一步加强耕地保护和落实占补平衡的实施意见（送审稿）》《关于实施全市中小餐饮食品安全规范提升工程的意见（送审稿）》《南通市人才发展促进条例（草案）（送审稿）》《关于推进市级国有融资平台公司市场化转型的实施意见（送审稿）》《市区房地产项目采用装配式建筑技术"不计容"政策操作实施方法（送审稿）》。会议听取规范性政策性文件清理结果汇报。会议学习《中华人民共和国统计法实施条例》《省政府办公厅关于认真贯彻〈中华人民共和国统计法实施条例〉的通知》，要求各地、各部门做好学习宣传和贯彻落实工作。

十五届市政府第十四次常务会议　10月24日，市委副书记、市政府市长韩立明主持召开十五届市政府第十四次常务会议。会议讨论并原则同意《关于加快推进全市种植业结构调整的指导意见（2018～2020）（送审稿）》《关于推进科技支农强农富农的实施意见（送审稿）》《深化落实长江流域（南通段）生态环境保护工作实施方案（送审稿）》《关于创建市级军民融合创新示范区的通知（送审稿）》《关于加快绿色金融发展支持我市生态文明建设的实施意见（送审稿）》《南通市职工生育保险办法（送审稿）》。会议听取全市扶贫协作和对口支援工作有关情况汇报。会议听取第二届南通仲裁委员会换届工作情况汇报，要求市各有关部门依法依规做好换届筹备和组织工作。

十五届市政府第十五次常务会议　11月7日，市委副书记、市政府市长韩立明主持召开十五届市政府第十五次常务会议。会议讨论并原则同意《关于贯彻落实〈南通市城市建筑垃圾管理条例〉的实施方案（送审稿）》《关于进一步深化城市执法体制改革改进城市管理工作的实施方案（送审稿）》《南通市"三行业"整治工作方案（送审稿）》《建设国家创新型城市打造"创新之都"行动方案（2017～2020年）（送审稿）》《关于促进全市开发园区改革创新发展的若干政策措施（送审稿）》《南通市市区房屋建筑拆除安全管理办法（送审稿）》《南通市市级承担行政职能事业单位改革实施方案（送审稿）》《南通市政务信息系统整合共享工作实施方案（送审稿）》。

十五届市政府第十六次常务会议　11月17日，市委副书记、市政府市长韩立明主持召开十五届市政府第十六次常务会议。会议讨论并原则同意《南通市环保机构监测监察执法垂直管理制度改革实施方案（送审稿）》《关于利用综合标准依法依规推动落后产能退出的实施意见（送审稿）》《南通市特色田园乡村建设实施方案（送审稿）》《南通市饮用水水源地安全保护工作方案（送审稿）》《关于南通市2017年市级财政预算调整方案的报告（送审稿）》《关于市财政扶持职业足球发展的若干政策（送审稿）》。会议听取关于调整完善市区财政管理体制的汇报，原则同意市财政局提出的建议方案。会议听取关于"南通市荣誉市民"评选工作的情况汇报。会议书面学习《国务院无证无照经营查处办法》。

十五届市政府第十七次常务会议　11月23日，市委副书记、市政府市长韩立明主持召开十五届市政府第十七次常务会议。会议传达省委副书记、省政府省长吴政隆在第二期省管干部学习贯彻党的十九大精神轮训班上的宣讲报告精神，研究部署全市政府系统学习贯彻党的十九大精神相关工作，要求全市政府系统各部门把全面学习贯彻党的十九大精神作为当前和今后一个时期的首要政治任务，紧盯年初确定的各项目标任务，扎实做好当前工作，确保完成全年目标任务。会议集中学习《中华人民共和国水污染防治法》《江苏省党政领导干部生态环境损害责任追究实施细则》，要求各地、各部门坚持把习近平新时代生态文明思想作为今后一段时期生态文明建设和生态环境保护的行动指南和根本遵循，解决环境突出问题。会议讨论给予相关人员行政处分事宜。

十五届市政府第十八次常务会议　12月15日，市委副书记、市政府市长韩立明主持召开十五届市政府第十八次常务会议。会议集中学习习近平总书记就查摆和纠正形式主义、官僚主义问题的重要指示精神，《中共中央政治局贯彻落实中央八项规定实施细则》《中共江苏省委关于贯彻落实〈中共中央政治局贯彻落实中央八项规定实施细则〉的具体办法》，要求各地、各部门深入领会习近平总书记重要指示和相关文件精神，驰而不息纠正"四风"问题。会议学习《中华人民共和国环境保护税法》。会议听取关于省环保督察反馈意见整改任务分解有关情况汇报。会议听取全市安全生产工作情况、海洋渔业安全生产工作情况汇报，讨论并原则同意《关于推进安全生产领域改革发展的实施意见（送审稿）》。会议讨论并原则同意《关于贯彻〈中共中央国务院中央军委关于深入推进人民防空改革发展若干问题的决定〉的实施意见（送审稿）》《南通市城镇人口密集区危险化学品生产企业搬迁改造方案（送审稿）》《南通市完善法律援助制度的实施办法（送审稿）》。

（於　佳）

政务服务

【概况】 2017年，纳入南通市政务服务中心管理部门总办件量1208.7万件。其中，现场受理428.39万件，网上申报受理778.24万件，邮寄受理2.07万件。年内，南通市建设政务服务"一张网"（纵横全覆盖、事项全口径、内容全方位、服务全渠道的网上政务服务平台），推进"不见面审批（服务）"改革，实现政务服务事项100%网上服务，94%网上办理，90%标注"不见面"，53个工程项目远程开标，助推"3550"改革落地，在全省首轮双创环境评价中列设区市第一名。《人民日报》、中央电视台等主流媒体集中报道南通市经验做法，200余批人员到南通考察学习。

【政务服务"一张网"】 2017年，南通市推动政务服务"一张网"建设，按照全省统一技术方案和业务规范，实现行政权力事项、办件信息库、法人信息库、电子证照库、物流信息等数据对接，推送接收各类数据440余万条。完善南通政务服务门户网站，"南通市综合服务旗舰店"上线运行。构建"一张网"主体框架，汇集发展改革委、城建、规划、国地税等56个部门6类依申请政务服务事项、16类便民事项，编制办事指南7898个，确保事项100%"应上尽上"。至年底，"南通市综合服务旗舰店"访问量突破1200万次，APP下载28万余次，注册17万余人，实名认证用户7.1万余个。

【政务服务综合标准化建设】 2017年，南通市全面推行三级政务服务标准化建设，加快形成全市政务服务标准化工作区域化、多级化格局。主要参与起草《政务服务大厅综合绩效考核规范》《政务服务大厅建设规范》2项江苏省地方标准发布实施，《政务服务中心服务投诉处置规范》1项国家标准编制完成。开展"创建标准示范片区"活动，评选季度优秀窗口（单位）56个次、优秀个人288人次。落实群众满意度测评机制，群众满意率99.7%。

【12345政府公共服务】 2017年，南通市12345公共服务平台由单一话务受理渠道拓展为"十位一体"（电话、微信、微博、门户网站、手机APP、短信、传真、信件、QQ、电子邮件）全媒体受理渠道，全年受理公众有效来电诉求近17.3万件，比上年上升5.49%，受理发布各类微信、微博、APP等网络诉求近1.2万件。加强省、市平台协作，率先完成与省12345公共服务系统数据对接，实现服务数据实时归集；探索市、县平台协作，推进服务网络延伸，以崇川区为试点启动三级网络建设，将区属街道、社区纳入办理系统。12345"五全"［为群众和企业提供"全天候（24小时）、全媒体（电话+网络）、全覆盖（行政服务+便民服务）、全方位（省、市、县）、全质效（质量+效能）"政府公共服务］新平台获评2017年度江苏政务服务改革创新成果。围绕服务平台升级，推进12345新场地建设，新场地面积由800平方米提升至2500平方米，座席由30个增加至107个。

【公共资源交易管理】 2017年，南通市公共资源交易整合向纵深推进，完成全市8个分中心挂牌运行，"一主八分"全市一体化公共资源交易体系基本建成。市本级公共资源交易累计完成各类交易项目数2060个（宗），比上年下降11.13%；交易金额462.68亿元，比上年增长46.59%；节约资金22.46亿元，比上年增长28.49%；增值资金37.65亿元，比上年下降39.59%。在全国开创"不见面交易"先河，远程开评标模式获评2017年度全国十佳公共资源交易科技创新成果，市公共资源交易中心获评全国十佳公共资源交易中心（市级）。

（黄杨凯）

"南通市综合服务旗舰店"主页。（市行政审批局　供图）

电子政务服务

【江苏首家大数据管理局成立】 2017年11月9日，南通市大数据管理局（简称"市大数据管理局"）成立，为省内首家，是市政府办公室管理事业单位，机构规格为相当正处级建制，挂

2017年南通市市级公共资源交易数据统计表

表4-2　　单位：个（宗）、百万元

月份	工程建设								政府采购		教育装备采购		土地使用权和矿业权出让		产权交易		医药采购		其他		交易项目总数	交易项目总金额	节约资金额	增值资金额
	房屋市政		交通		水利		港口																	
	项目数	交易额	项目数	交易额	项目数	交易额	项目数	交易额	项目数	交易额	项目数	交易额	项目数	交易额	项目数	交易额	项目数	交易额	项目数	交易额				
1月	44	733.00	7	25.66	2	53.83	3	125.34	52	94.11	1	0.16	7	99.30	13	74.91	0	0.00	3	6.61	132	1212.92	136.07	2.20
2月	29	1348.00	0	0.00	14	80.24	1	0.94	33	60.18	2	0.25	7	94.10	19	12.75	2	2.45	2	6.35	109	1605.26	236.08	0.59
3月	46	2102.00	3	34.27	4	9.41	0	0.00	39	28.20	1	0.29	17	218.80	42	12.39	3	2.97	4	14.77	159	2423.10	394.47	29.03
4月	58	1106.00	10	33.40	0	0.00	2	0.32	49	39.22	1	0.00	1	4.60	6	1.73	2	7.46	2	2.80	131	1195.61	58.55	0.00
5月	59	1202.00	9	30.97	6	4.96	0	0.00	34	39.72	1	0.06	11	195.70	35	13.31	2	4.15	3	7.16	160	1498.03	129.03	2.06
6月	76	1052.00	14	380.09	5	33.57	0	0.00	44	48.43	3	0.51	20	3368.30	17	3.82	3	5.45	5	24.52	187	4916.69	138.06	1023.04
7月	77	811.00	7	28.83	8	10.04	0	0.00	32	26.94	4	0.36	2	106.10	18	27.47	3	10.03	1	0.39	152	1021.16	54.32	0.02
8月	61	1868.00	6	52.69	16	87.90	2	100.55	61	50.04	4	1.08	12	1169.70	12	41.82	3	3.22	3	1.57	180	3376.57	192.69	23.49
9月	72	2571.00	12	77.67	11	81.81	4	131.35	52	44.48	3	1.20	17	2644.10	26	25.18	3	2.64	0	0.00	200	5579.43	212.60	695.16
10月	82	2337.00	8	271.74	5	34.91	3	90.25	61	106.29	3	0.52	24	8984.10	11	0.70	1	0.45	0	0.00	198	11825.96	449.13	878.80
11月	69	814.00	14	133.83	16	115.22	0	0.00	75	56.50	2	0.46	20	3461.80	10	72.60	5	5.97	0	0.00	211	4660.38	120.95	575.20
12月	63	1015.00	8	336.39	8	44.92	0	0.00	122	116.35	7	1.11	18	5372.50	9	58.33	6	8.00	0	0.00	241	6952.60	124.41	535.42
合计	736	16959.00	98	1405.54	95	556.81	15	448.75	654	710.46	32	6.08	156	25719.10	218	345.01	33	52.79	23	64.17	2060	46267.71	2246.36	3765.01

（黄杨凯）

“南通市信息中心”“南通市政府信息网络管理中心”牌子，经费渠道为全额拨款，内设办公室、数据标准与安全处、数据归集与应用处、电子政务处、网站管理处（预测分析处）5个机构。主要职责为：拟定全市大数据发展战略、规划和年度工作计划，报市大数据规划发展委员会同意后组织实施；研究制定全市大数据收集、管理、开放、应用、交易等标准规范和考核体系并贯彻执行；制定全市电子政务与智慧城市建设的总体规划和年度计划，牵头负责政府投入信息化项目的审核工作，负责全市政府信息化基础设施的建设、管理和运维工作，协调推进全市电子政务、智慧城市重点项目建设；制定全市政务信息资源共享管理办法并组织实施，制定全市政务信息资源共享目录，负责政府数据共享平台和开放平台的建设、运行和维护；负责政府门户网站的统筹规划、建设、管理、监督、考核等工作；牵头负责全市大数据安全保障体系建设；指导市级机关、各县（市、区）及开发园区电子政务与大数据建设；承担市大数据规划发展委员会办公室日常工作；完成市委、市政府交办的其他工作任务。11月18日，市大数据管理局组织芯片、人脸识别、图像识别、智能楼宇、先进通讯等行业国内外顶尖厂商在南通市新一代信息技术博览会参展，吸引阿里巴巴集团投资180亿元在南通建设云计算中心。

【电子政务云计算数据中心建设】 2017年10月，南通市电子政务外网云计算数据中心通过竣工验收，形成横跨接入和办公两大区域云计算平台，建成全市统一计算、存储、数据库、中间件等软硬件资源池。至年底，南通市电子政务外网云计算数据中心承载南通市地理信息系统、编制人事财政综合信息系统、行政审批信息系统、智慧社区平台、综合数据管理平台、“阳光扶贫”信息系统、审计管理系统等10余家部门近100台虚拟主机30余个信息系统应用。云平台虚拟资源包含CPU1800颗，实际使用率10%，包含内存9T，实际使用率55%，包含存储150T，实际使用率30%。

【“中国南通”政府网站】 2017年，“中国南通”政府网站获“2017年度中国政务网站领先奖”（全国地级市第14名），列全省政府网站评测第三名。结合热点话题，设计制作专题29个，被省政府网站录用14个。完善信息公开目录，发布主动公开信息1569条，各部门上传主动公开信息23269条。处理市长信箱信件4249件，部门信息信件3531件，在线咨询2716件，部门信

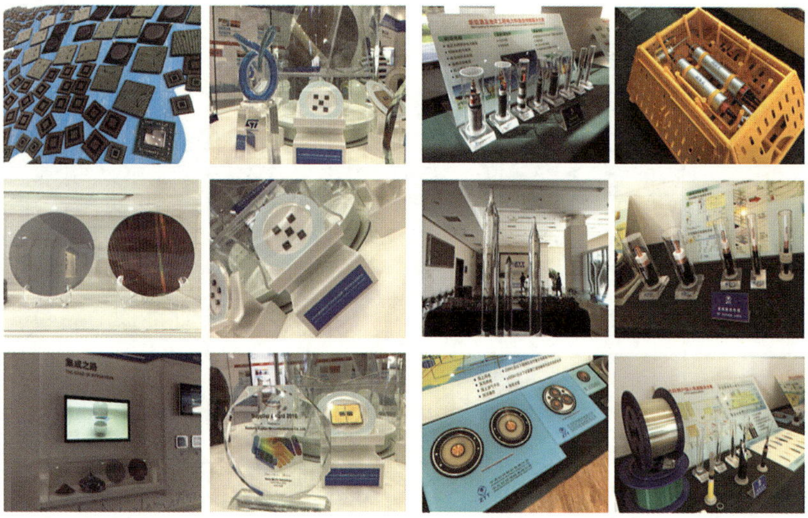

南通市新一代信息技术博览会部分展品。　　（市政府新闻办　供图）

件回复率均在95%以上。举办在线访谈17期，参与新闻发布会34期。

【政府门户网站管理】 2017年，南通市加强政府门户网站管理，细化网站普查流程，邀请第三方公司对县（市、区）和部门政府网站进行技术与人工检测。参与“全国政府网站信息报送系统”普查政府网站390家，其中永久下线321家，正常运行69家。《南通市政府网站集约化建设项目方案》通过专家论证并完成招标。

【电子政务建设】 2017年，市大数据管理局加强对大数据发展集团有限公司业务指导，协调指导人口、法人、宏观经济、空间地理、城市部件5大基础数据库建设、“城市云”计算中心建设、公共服务平台项目建设，协助大数据集团加快内部资源整合，发挥大数据建设平台作用。全年开展各类培训3次300余人次。

（吴　嘉）

行政管理体制改革

【行政权力清单管理】 2017年，南通市按照行政权力“三级四同”（省、市、县三级权力名称、类型、依据、编码相统一）要求，组织48家市级部门集中认领权力事项10大类6994项，衔接企业投资项目省级部门不再审批事项53项，落实国家级开发区全链赋权清单220项，同步建立清单动态调整和依清单追责机制。清理规范涉企收费，按照“能少则少、能减则减、能轻则轻”原则，市级保留行政事业性收费50项、经营服务性收费70项，行政审批中介服务收费事项55项。

【“不见面审批（服务）”改革】 2017年，南通市出台《加快推进全市“不见面审批（服务）”改革实施方案》，明确“不见面审批（服务）”改革4大类16项重点任务，确立“网上办、集中批、联合审、区域评、代办制、快递送、一号答、不见面审批”模式。市级1145项审批服务事项中，除69项因保密规定或法律要求不具备网上办理条件外，其余1076项实现“网上办”，占所有审批服务事项94%。市本级分两批公布45家市级部门和单位“不见面审批（服务）”事项630项和见一次面事项472项，同步编制办事指南，市、县两级“不见面审批（服务）”事项在政务服务网上标注率90%。县（市、区）“不见面审批（服务）”改革相关做法在全省推介。推行“不见面审图”，组建联合审图中心，上线运行省内领先数字化联合审图系统，开启“一窗受理、联合审图、集成服务、综合监管”审图新模式。崇川开发区试点开展“区域评估”投资建设项目，简化项目环评和能评审批实施相关做法被《新华日报》专版推介。推广投资项目“代办制”，在全市所有开发园区、镇（街道）普遍建立代办制度、组建代办队伍、公布代办清单、开展代办服务。各部门编制“不见面审批（服务）”标准，完成涉及1165项政务服务标准体系（4.0版本）。推行审批服务结果“快递送”，推动速递物流系统与江苏政务服务网无缝对接，打造“政务服务+物流快递”模式。推行政务服务咨询“一号通”，对接江苏“12345”在线服务平台，实现统一接听、按责转办、限时办结和统一督办、统一考核。

【“3550”改革】 2017年，南通市围绕“3550”改革目标，市、县两级出台《关于加快实现“3550”改革目标的实施细则》。在市场准入领域，落实“多证合一”“证照联办”，深化政银合作，推行企业名称自主申报、网上预约服务、网上受理办理，基本实现企业开办全程无纸化审批；在不动产登记领域，创新不动产交易、税收、登记体制机制，通过优化窗口设置、增设服务网点、办理结果互认、业务数据共享等改革措施，推动不动产登记全类型、全流程“一窗受理、集成服务”；在投资建设审批领域，发挥相对集中行政许可权改革体制优势，综合集成预审服务、联合审图、联合评估等创新举措。在2017年度全省简政放权创业创新环境评价中，南通市本级列全省13个设区市综合评价先进地区第一位，海安县、如皋市、如东县、海门市、启东市及通州区均进入全省96个县（市、区）排名前10位。

【综合行政执法体制改革】 2017年，南通市开展文化市场综合执法改革，将崇川区、港闸区、南通开发区和通州湾示范区原承担文化市场执法职能全部交由市文化广电新闻出版局所属综合执法机构承担，构建权责明确、监督有效、保障有力的文化市场执法管理体制，加快实现“同城一支队伍管执法”。深化城市管理领域综合执法改革，推动建设领域行政执法权全部向城市管理部门集中，实现城市管理领域执法职能整合归并和执法机构重心下移，彻底解决多头重复执法问题。全面推开县级层面跨部门跨行业综合执法改革，先行试点如皋市建立健全监管执法协调配合机制；海安县、如东县、海门市、启东市、通州区按照省政府批复改革试点方案，在全省率先形成县域"5~7支队伍管执法"工作格局。"南通市一支队伍管执法改革实践"被国务院办公厅收入"放管服"改革系列丛书。

【重点镇区行政体制改革】 2017年，南通市巩固提升首批经济发达镇和市级中心镇行政体制改革成果，构建"集中高效审批、分类监管服务、综合行政执法"基层政府治理架构。海安县曲塘镇、如东县洋口镇、通州区川姜镇被纳入第二批经济发达镇试点名单，全市省级经济发达镇总数5个，并列全省第二位。支持和鼓励省级以上开发园区创新体制机制，规范机构设置、编制使用和人员管理，统筹推进开发园区行政审批制度改革。

【行业体制改革】 2017年，南通市全面完成市级机关派驻纪检机构和市委巡察机构改革，整合组建19个综合派驻纪检组和6个巡察组，实现派驻纪检机构对市级党政机关及直属单位、国有企业全覆盖。制定市区规划体制调整方案，整合组建市规划局南通开发区分局、通州分局和通州湾示范区分局。做好群团、司法等重点行业行政体制改革。

【行政职能事业单位改革】 2017年，南通市承担国家级行政职能事业单位改革试点任务。市本级形成《市级承担行政职能事业单位改革实施方案》，明确市级6个部门37家事业单位改革具体路径。年内，市本级和如皋市、启东市完成改革工作。

【行政审批监管】 2017年，南通市顺应相对集中行政许可权改革后审管分离重大变革，按照"谁审批、谁负责，谁主管、谁监管"原则，所有涉改部门全部组建监管协调机构，明确机构职责和工作机制，压实业务主管部门监管责任，确保审批监管分离不脱节。全面推广"双随机"抽查工作机制，市、县两级政府部门建立落实随机抽查事项清单，市本级首批公布37家市级部门278项随机抽查事项，研发上线"双随机"抽查系统，建立完善检查对象名录库和执法检查人员名录库，逐个部门制定随机抽查细则，做到范围全纳入、内容全方位、程序全公开、抽查全覆盖。健全信用监管制度体系，建立覆盖全市公共信用信息系统，累计归集信用信息980万条，初步实现信用信息与行政许可、行政处罚和监管信息互联互通。完善跨区域联合惩戒和经营异常名录、失信黑名单等制度，逐步健全覆盖全社会各行业守信奖励、失信惩戒监管机制。

【改革试点】 *集成改革试点* 2017年，如皋市开展集成改革试点，按照"凡是南通有自主权、经过实践已经取得较好效果的改革，全部向如皋集成；凡是需要中央和省级层面批准、外地实践取得显著成效的改革，对上争取在如皋集成；凡是在如皋发展过程中企业和群众迫切需求的改革，全部形成具体方案在如皋集成"改革方向，形成如皋集成改革试点方案，为县域治理体系和治理能力现代化建设提供可复制可推广改革成果。

法人治理结构试点 2017年，南通市深化事业单位法人治理结构建设试点。全市新增幸福中学、鹤涛小学2家市级试点单位，建立健全《理事会议事规则》《理事会监督问责管理办法》《理事会、管理层、监事会运行规则》等制度。南通事业单位法人治理结构建设试点工作获国家事业单位登记管理局肯定。

（陈逸舟）

外事与港澳台侨事务

外　事

【概况】 2017年，南通市实施"外事惠民"工程，发挥外事侨务港澳资源优势。领事认证自办量位列全国地级市第一位，获评"全省因公出国管理工作先进奖"。

（肖　林）

【因公出国】 2017年，南通市人民政府外事侨务办公室（简称"市外侨办"）受理因公出国请示495批1369人次，审批因公出国团组461批1282人次，否决团组34批87人次。颁发因公护照821本，其中电子公务护照115本、电子公务普通护照706本；办理因公出国签证368批1151人次。办理外国人到中国邀请确认函（邀请函）1164批1989人次，向外交部领事司申报APEC商务旅行卡材料180份，获批旅行卡98张。重新修订《南通市人民政府外事侨务办公室APEC商务旅行卡管理办法》，开展第二批APEC商务旅行卡企业诚信等级评价，评选诚信单位12家。

（周瑾雯）

【因私签证】 2017年，市外侨办办理因私签证2036批3869人次。其中，赴日本因私签证1968批3761人次，占全年受理量97.2%，赴韩国因私签证32批52人次，占全年受理量1.34%，赴新加坡、澳大利亚、越南、美国等国家因私签证36批56人次，占全年受理量1.45%。

（周静谊）

【友城交往】 2017年，南通市获中国人民对外友好协会新批准友好城市2个，分别是瑞士希能维尔德市、澳大利亚本迪戈市。有意愿与南通市结好并交流城市（准友城）8个，分别是意大利锡耶纳市、荷兰格罗宁根市、荷兰德雷赫特城市联盟、日本札幌市、罗马尼亚都伯伊斯提市、塞尔维亚鲁马市、塞尔维亚贝尔格莱德市兹韦兹达区、纳米比亚温得和克市。至年底，南通市有友好城市22个，分别是英国斯旺西市，日本丰桥市、和泉市、羽咋市，美国泽西市、塔拉哈西市、奥克兰郡，德国托斯道夫市、施瓦岑贝克市，韩国金堤市、昌原市、巨济市，意大利奇维塔韦基亚市，加拿大里穆斯基市，纳米比亚贺劳纳非迪市、奥卡豪市，博茨瓦纳哈博罗内市，俄罗斯伊尔库茨克区、圣彼得堡市莫斯科区，毛里求斯瓦瓜-菲尼克斯市，巴西圣若泽黑河市，丹麦瓦埃拉市。年内，先后组织友好出访团组11批66人次，访问友城、友好交流城市12个，接待友城、友好交流城市团组10批96人次，推进与友城在航空、教育、科技创新、环保、青少年等领域交流。助力"一带一路"倡议，配合中联部和省外办接待西班牙多党青年干部考察团、柬埔寨商务部副部长代表团、阿富汗伊斯兰共和国商工部代表团。

（孙　赟）

【使领馆联络】 2017年，市外侨办先后接待哥伦比亚、瑞士、印度、纳米比亚、新加坡和智利6批49人次到访南通，其中大使1人、总领事5人；配合相关部门对厄瓜多尔总领馆、韩国总领馆、阿富汗和哈萨克斯坦驻华大使馆、美国驻华大使馆4批领馆人员到访南通进行核实和请示报备。赴上海出席领馆交流活动6次，重点与南非、波兰、阿联酋、斯里兰卡、新加坡、日本、泰国等国家密切沟通联络。邀请瑞士、哥伦比亚、荷兰、菲律宾、印度、比利时等10国11名使节参加南通对接服务上海大会。做好与泰国、智利、乌拉圭、新加坡、乌兹别克斯坦等驻上海领馆日常联络和信息沟通工作。

（葛卫明）

【领事认证】 2017年，市外侨办自办领事认证3223份，比上年增长8.1%；代办驻上海领事馆认证1160份，比上年下降9.7%；代办外交部领事司及驻华使馆领事认证311份，比上年增长8.7%。

【外事惠民】 2017年，市外侨办打造“出国来华诚信通”政务服务品牌。完善“诚信出国”“诚信来华”“出国来华直通车”体系，在全省率先建立出国成效评估机制、外国人来华评估机制和APEC卡企业诚信等级评价，为“诚信企业”节约2000余个工作日、1200份材料。新增西班牙和意大利因私签证代办服务，业务增至30个国家。年内办理行政服务事项13639件，所有权力事项纳入江苏政务服务网权力库，“不见面审批”率100%。采用领事认证电子签名和防伪二维码技术，减少80%数据录入。创建窗口微信公众号、APEC卡对外服务微信群。

（周瑾雯）

港澳事务

【概况】 2017年，南通市组织派遣赴港澳交流团组5批23人次，接待港澳到访人员3批73人。颁发因公赴港澳通行证174本，其中新证108本、旧证66本；颁发因公赴港澳签注262人次，其中赴香港签注217人次、赴澳门签注45人次。

【通港澳教育交流】 3月12～18日，南通组织港澳教育交流团，到香港、澳门进行为期7天访问交流。其间，交流团访问香港教育工作者联会、澳门中联办文化教育部和港澳部分学校，了解港澳基础教育情况，探讨开展通港澳三地教育常态化交流。7月5～10日，南通组织第11批南通市优秀中学生访问团到香港访问交流。其间，访问团拜访香港南通同乡会、香港保华集团领导层参加“通港姊妹学校缔结仪式”，与香港一次性缔结姊妹学校5所，参观香港立法会、香港保华集团以及香港天文馆、科技馆、地质公园等场馆，参加纪念香港回归20周年纪念活动。11月2～4日，香港天水围香岛中学70名师生代表到南通访问，与市二中共同举办首次“香港中学生走进南通”活动。其间，通港两地学生一起举行升旗仪式，进行课堂教学交流、校园文化参观、家庭居住体验及其他交流活动。

（葛卫明）

台湾事务

【概况】 2017年，南通市新批台资项目61个，增资项目8个，累计总投资15亿美元，注册台资6.3亿美元，其中总投资超1亿美元特大项目5个，对台事务各项指标在省内均位居前三位。南通市连续第六年获评台商投资“极力推荐城市”。

【经贸交流】 2017年，南通市派出64批316人次赴台湾开展经贸考察，197批331人次赴台湾开展商务活动。5名市领导带队赴台湾开展经贸交流。各县（市、区）、开发区主要负责人带队赴台湾开展经贸交流，促进一批项目签约，部分在谈项目落户。年内，南通市邀请台湾工业总会、电电公会、工商建研会、商业总会等工商团体45批955人次到南通考察，市主要领导接见或陪同考察，促成利科电子等重大项目签约落户。

【台资企业服务】 2017年，南通市组织台商座谈会4次，举办“台商高阶主管经营研习会”2次，协调处理涉台求助12件。协助台商台企发展电商业务对接大陆内需市场，推动“台商走电商”，将“服务台商台企转型升级”“吸

11月2～4日，南通市首次以友好姊妹学校作为交往平台，举办“香港中学生走进南通”活动。

（市外侨办　供图）

引台湾青年创业就业”结合，在南通市主城区创建成立“南通联盈创客园区”，引入台资电商服务企业，构建电子商务生态平台，帮助入驻台企、台湾青年销售产品。连续第16年保持南通台商在国台办“零投诉”纪录。5月24日，江苏省台资企业电子商务服务示范基地揭牌，全省3家。至年底，基地累计吸引台资项目22个，吸引注册资金超过1.8亿元。

【台商产业转型升级】 5月22～24日，南通市政府和全国台湾同胞投资企业联谊会联合主办“2017年台商产业转型升级峰会”，峰会主题为“创新引领·汇聚发展合力”。其间，举办“2017台商产业合作紫琅论坛”“南通台湾高校产学研项目合作恳谈会”“台商金融产业合作论坛”“江苏省台资企业电子服务示范基地揭牌”等系列活动，首次发布《大陆台商产业转型升级研究报告》，南通、台湾两地签订多项产学研合作项目协议。年内，斯密特森光电等台资企业申报省高新技术产品，顺帆家居等台资企业完成技术改造。南亚塑胶等7家台资企业入围大陆台资企业产品展销会。

【产学研合作】 4月21～27日，南通市组织市内高校和高档纺织等六大产业牵头职能部门负责人，赴台湾高校专题推介南通市“3+3”产业领域产学研合作。5月24日，“南通台湾高校产学研项目合作恳谈会”在南通举办，该活动获评国务院台湾事务办公室2017年度全国重点交流项目。南通开发区、台湾纳诺集团、南通科院签订《纳米绿色技术应用研究所共建协议》，南通服务六大产业政产学研协作基地联盟与台湾私立科技大学校院协进会签订《六大产业领域产学研合作备忘录》，南通6所院校与台湾9所高校签订17个《学术交流合作协议书》。南通、台湾两地高校在科技研发、成果转化等方面加强交流合作，全年南通市9所高职院校师生赴台湾研习133人次，台湾高校36名高层次人才到南通讲学合作。

【台商扶贫捐资】 1月，南通市台湾同胞投资企业协会组织部分台商到如东县、通州湾示范区、海安县、如皋市4个麻风病休养人员集中居住村进行慰问，为196名麻风病休养人员捐助资金6万元。9月19日，市台湾同胞投资企业协会与南通市老区扶贫基金会在南通大学举行第10次扶贫助学款发放仪式，为南通大学贫困学生捐款8万余元。

【人文交流】 2017年，南通市组织50批216人次赴台湾地区进行文化交流活动，接待胡志强、洪尧昆、管中闵、王屏生、陈宜民、杨朝祥等9名台湾知名人士。新北市五股区、泰山区、乌来区里长团，新北市中小学校长团等11个基层民众团组312人次到南通参观访问，在南通举办“南通通州·新北五股社区养老事业发展交流会”“江苏·新北家庭德育教育交流对话”等系列活动。

【对台宣传】 2017年，海峡两岸40余家主流媒体到南通采访。5月，台湾《旺报》8个专版推介报道台商产业转型升级峰会。在省台办、省外宣办联合举办的纪念苏台交流合作30周年“海峡两岸一家亲”征文大赛和微视频大赛中，南通市报送征文作品《双合村的守望》获特别奖，《叶落归根》《百岁台胞的七夕思念》（诗歌）获三等奖，微视频《在海一方》获十佳微视频优秀作品。

（严　峻）

侨　务

【概况】 2017年，南通籍海外侨胞约有10万人，主要分布在120余个国家和地区。侨胞在南通创办注册企业1860家，主要涉及家纺、服务、机电、房地产、能源投资、矿业开发、建筑承包等产业。

（肖　林）

【归侨侨眷服务】 2017年，南通市围绕“依法护侨、服务民生”，提升为归侨、侨眷服务水平。先后召开老归侨迎新年联谊会、迎中秋联谊会，开展困难归侨侨眷走访慰问活动。全年发放归侨慰问金、门诊补助费及重点侨眷大病救助款8万余元，救助困难归侨50余户，走访慰问归侨侨眷200余户。发挥“侨之家”服务体系作用，解决归侨侨眷实际困难。3月30日，“侨之家”健康管理中心在市三院承办2017年“走帮服”暖侨心送健康活动，为归侨侨眷免费体检、讲解健康保健知识，送上常备药品及药箱。继续开展“暖侨敬老行动”，为空巢归侨家庭提供生活服务、亲情陪伴等服务。做好侨政法规宣传，在崇川区濠东绿地推出侨法宣传栏，累计发放侨法宣传小手册300余册。服务园区侨务工作开展，推动省侨办在港闸开发区设立“华侨华人创新创业服务中心”。南通博物苑、南通江苏亚萍国际艺术馆成为江苏省首

江苏省首批中华文化海外交流基地——江苏亚萍国际艺术馆内景

（江苏亚萍集团　供图）

批中华文化海外交流基地。

（胡晓丽）

【侨务经济科技服务】 2017年，南通市承办“2017首届通商大会暨‘海外知名侨商南通行’”，启动“全球通商在线APP”，成立“全球侨团百团联盟”，在南非举办首届海外通商峰会。构建全球通商网络，指导日本南通同乡会、加拿大南通同乡会换届，推动成立俄罗斯西伯利亚南通同乡会、尼日利亚南通侨商联合会、开普敦江苏商会，南通世界通商总会海外商会、同乡会组织增至36个。南通世界通商总会微信公众平台全年发送各类信息1000余条，加深总会与分会之间沟通联络。通过推送《关注南通》电子刊物等方式，加强与海外侨团联系。通过海外华文媒体等外宣渠道宣传南通。

【侨界经贸文化交流活动】 2017“海外知名侨商南通行”活动　5月21~24日，南通市举办2017“海外知名侨商南通行”活动，邀请46个国家和地区300余名海外知名侨商、侨领、杰出通商代表参会。其间，举办2017“一带一路”海内外企业对口合作恳谈会、“全球侨团百团联盟”启动、“南通高端纺织博览会”等配套活动。

第三届“南通市海外创业风云人物”颁奖仪式　5月22日，南通市举办第三届“南通市海外创业风云人物”颁奖仪式，表彰为南通市开放型经济发展做出杰出贡献通商8人。

2017年海外华裔青少年“中国寻根之旅”夏令营南通营活动　7月20日，2017年海外华裔青少年“中国寻根之旅”夏令营南通营开营，来自美国、匈牙利等国家和地区42名青少年，在南通进行为期8天夏令营活动。

【首届海外通商峰会】 11月12日，首届海外通商峰会暨“走进非洲”经贸合作恳谈会在南非约翰内斯堡举办，600名国外政企高层、中国驻外使节、全球侨商精英以及非洲友城代表参加峰会开幕式。其间，举办走进非洲经贸合作恳谈会、南通市情及创业非洲20周年成果展等配套活动，扩大南通对外宣传。

【南通海内外警侨联动服务中心】 2017年，南通市海内外警侨联动服务中心为智利、马达加斯加、尼日利亚、塞尔维亚、阿联酋、北苏丹、纳米比亚、加拿大、日本、巴拿马、澳大利亚、新西兰、俄罗斯等17个国家海外分中心进行集中授牌，并颁发联络员证。至年底，南通市海内外警侨联动服务中心在24个国家设立分中心25家，发布安全防范信息2000余条，稳控处置风险隐患65件，侦破国外侵害南通籍人员权益案件20余起，有效保障海外侨胞生命财产安全和合法权益。南通海内外警侨联动服务中心协调各方侦破南通籍侨商王某夫妇在马达加斯加被害案，获2016~2017年度国际执法安全合作最有影响力案（事）例提名奖。

（张　艳）

友好往来

【到访】 2月16日，哥伦比亚总领事露丝·海伦娜一行5人访问南通。

2月27~28日，瑞士驻上海总领事霍力轩、希能维尔德市市长彼得·霍德尔一行17人访问南通。

2月27日~3月1日，柬埔寨商务部副部长金斯坦率团访问南通。

3月13日，名古屋银行董事长加藤千麿一行访问南通。

4月27日，邀请瑞士、哥伦比亚、荷兰、菲律宾、印度、比利时等10国11名使节参加“南通对接服务上海大会”。

5月16~17日，阿富汗伊斯兰共和国商工部部长拉萨率团访问南通。

7月18日，纳米比亚驻华大使伊莱亚·乔治·凯亚莫一行12人访问南通职业大学。

7月27~28日，新加坡驻上海总领事罗德伟一行6人访问南通。

8月23~25日，西班牙多党青年干部考察团访问南通。

9月25日，智利驻上海总领事孔查、智利中小企业家联合总会理事里维拉一行6人访问南通。

11月21~23日，英国斯旺西市、日本丰桥市、德国托斯道夫市、韩国金堤市市长率团访问南通并参加“国际友城交流会”。

（吴小佩　孙　赟）

【出访】 4月9~19日，市委副书记张兆江率团访问南非、纳米比亚、阿联酋。

6月7~16日，市委书记、市人大常委会主任陆志鹏率团访问美国、加拿大、日本。

8月4~11日，市委常委、政法委书记姜永华率团访问新加坡、印度尼西亚。

11月8~15日，市政府副市长徐新民率团访问南非、毛里求斯。

12月6~10日，市政协副主席马啸平率团访问塞尔维亚。

（孙　赟）

南通市政协

综　述

【政协委员及组织架构】 2017年，南通市有全国政协委员1人，省政协委员29人，市政协委员531人，分布在27个界别。年内增补市政协委员4人，撤销委员资格1人，因病去世1人。市政协有内设机构10个，分别为办公室、研究室、提案委员会、委员工作委员会、文史委员会、经济科技委员会、文教卫体委员会、城乡建设社会法制委员会、人口资源环境委员会、港澳台侨委员会（外事委员会）。

【市政协工作概况】 2017年，政协南通市委员会聚焦市委、市政府重大决策部署，履行政治协商、民主监督、参政议政职能，发挥协商民主重要渠道和专门协商机构作用。全年召开全体会议1次，常委会议4次，党组会议、主席会议10次，开展常委会议专题协商2次，主席会议专题协商、双月协商座谈会、重点工程建设专题协商会7次。全年发布《政协信息专报》35期。协助省政协到南通调研“加强创业就业培训、促进增收富民”“教育系统党风廉政建设”“江苏企业‘走出去’风险管控”“聚焦富民，持续提高城乡居民收入水平”“丝绸文化传承发展和农家书屋建设利用情况”“行政复议工作”等。年内举办“庆祝中国共产党第十九次全国代表大会胜利召开——

《旗帜》书画展”。

市政协十二届一次会议后，收到提案440件，立案416件，其中作为建议24件。选取5个方面47件事关全局提案作为重点提案，由市政府分管领导领办，主席会议成员督办。所立提案由94个部门（单位）承办，均在规定时限内办复完毕。其中，采纳并解决提案371件，占立案89.2%；列入计划解决提案33件，占立案7.9%；留作参考提案12件，占立案2.9%。收到委员对提案办理结果反馈意见416件。其中，表示满意或基本满意411件，占98.8%；不满意5件，通过承办部门二次办理，委员表示满意或基本满意。

重要会议

【市政协十二届一次会议】 2月13~16日，政协南通市第十二届委员会第一次会议召开。13日上午在更俗剧院开幕，市委书记陆志鹏出席会议并讲话，市十一届政协主席王德忠向大会作工作报告，市十一届政协副主席顾诺之向大会作提案工作情况报告。14日上午，市政协委员列席市十五届人大一次会议开幕式，听取市委副书记、市政府市长韩立明所作的政府工作报告。15日上午，围绕“营造创新环境，打造创新之都”“推进产业转型升级，建设经济中心”“突出互通互联，构建交通枢纽”“推进‘三城同创’，建设花园城市”“提高城乡居民收入，加快推进富民进程”5个专题召开建言献策会。16日上午，举行闭幕会，通过政协南通市第十二届委员会第一次会议决议和致市十一届政协全体委员的信。会议选举黄巍东为政协南通市第十二届委员会主席，陈宋义、尹建炉、顾诺之、吴旭、陈本高、金元、马啸平为副主席，朱进为秘书长，马秀华等95人为常务委员。省委组织部换届工作督导组成员全程督导。

【全市政协工作会议】 5月3日，市委召开全市政协工作会议。市委书记陆志鹏出席会议并讲话。市委副书记、市政府市长韩立明主持会议。市政协主席黄巍东出席会议并讲话。会前，市委常委会研究出台《中共南通市委员会关于加强和改进人民政协工作的意见》。

【政协常委会会议】 *市政协十二届一次常委会议*　2月21日，政协南通市第十二届委员会第一次常务会议在市行政中心举行。会议审议通过政协南通市第十二届委员会常务委员会关于设置专门委员会的决定，审议通过政协南通市第十二届委员会副秘书长名单，审议通过政协南通市第十二届委员会各专门委员会主任、副主任名单，审议通过《政协南通市委员会2017年工作要点》《政协南通市委员会委员履职服务与管理办法》。

市政协十二届二次常委会议　6月28日，政协南通市第十二届委员会第二次常务会议在市行政中心举行。会议审议通过《关于“集聚要素资源，构建区域创新生态系统”的建议案》，审议通过政协南通市第十二届委员会增补委员名单，审议通过政协南通市第十二届委员会常务委员会人事任命决定。听取市政协十二届一次常委会议征求意见整改落实情况汇报。

市政协十二届三次常委会议　11月16日，政协南通市第十二届委员会第三次常务会议在市行政中心举行。会议审议通过《关于“对接服务上海，全力打造上海大都市北翼门户城市”的建议案》；组织学习中共十九大精神，审议通过《南通市政协常委会关于学习贯彻中共十九大精神的决议》；审议通过《政协南通市委员会委员履职考核细则（试行）》。会议通过有关人事事项。

市政协十二届四次常委会议　12月20日，政协南通市第十二届委员会第四次常务会议在市行政中心举行。会议审议通过关于召开市政协十二届二次会议的决定；审议通过市政协十二届二次会议议程（草案）和市十二届政协常委会工作报告（草案）；审议通过市政协十二届一次会议后提案工作情况的报告（草案）；审议通过市十二届政协常委会工作报告和提案工作情况报告报告人的决定；审议通过市政协十二届二次会议秘书长、副秘书长名单；审议通过增补市政协委员名单。会议听取市政府关于办理市政协十二届一次会议后建议案、提案情况通报。会议表彰市政协十二届一次会议以来优秀提案、2017年度全市政协工作先进集体。

协商建言

【“创新之都”建设推动】 2017年，市政协常委会议将“集聚要素资源，构建区域创新生态系统”作为重点协商议题，分别召开专家学者、企业家、职能部门负责人座谈会7次，到部分县（市、区）考察调研，赴广东深圳、上海张江等国家自主创新示范区考察，从政策条件、生活成本等方面进行对比分析。6月28日，市政协召开十二届二次常委会议，提出打造“创新城区”、培育创新企业梯队、建设创新载体平台、建立联动服务机制等建议。7月4日，市委常委会专题听取市政协常委会议《关于“集聚要素资源，构建区域创新生态系统”的建议案》主要内容汇报，对建议案给予高度评价，要求有关方面采纳落实。关注中央创新区建设，召开协商座谈会2次，组织市各民主党派和有关界别委员听取情况通报，就科创、文创、医学和会展四大中心规划建设建言献策。主席会议专题视察园区提档升级、崇川区创新生态体系建设等工作。

【“交通枢纽”建设推动】 2017年，市政协主席会议围绕“加快城市轨道交通建设，完善交通枢纽格局”议题组织调研，邀请沿线辖区政府、相关部门和单位负责人及部分市政协委员、专家学者专题座谈，选择具有可比性城市学习考察。提出强化交通互联互通、保障市民交通出行、放大沿线资源效益、严格规范建设施工等7个方面建议。市委常委会议对政协调研报告进行专题讨论研究。新闻媒体就政协调研成果进行深度报道和解读，相关部门将意见建议转化为工作方案。围绕年度城建交通工程建设计划、五山地区规划设计等议题，召开建言献策会。

【“陆海统筹”发展推动】 2017年，市政协主席会议以“加快集聚战略产业，推进陆海统筹发展”为专题，结合沿海城市港口开发和临港产业发展经验做法，对通州湾示范区产业定位进行深度研究，建议通州湾示范区充分发挥江海联动、陆海统筹先导效应和“深水港口+广阔腹地”比较优势，抓好高端装备、新材料、新能源汽车和新能源以及现代物流产业，形成“3+1”产业体系。调研报告从要素配置、载体功能、开发机制、政策扶持等方面提出具体建议，对重点工作形成建议清单，为通州湾临港产业城建设提供参考。

10月20日，市政协到市建设局开展民主监督活动。（市建设局　供图）

民主监督

【专项督察】 2017年，市委、市政府推进“263”专项行动，成立“三河三行业”整治专项督察组，明确要求由市政协牵头，组织新老市政协委员、民主党派成员和党代表、人大代表、市民巡访团成员，组成小分队，深入一线开展自上而下点对点督察。市政协组织县（市、区）市政协委员异地交叉督察，各县（市、区）政协发动政协委员进行自下而上面对面督察。通过上下联动，对全市所有县（市、区）镇化工印染钢丝绳企业和相关河段进行多轮专项督察，提出意见建议151条，逐一向各县（市、区）和牵头部门通报反馈，并向市委常委会报告督察情况。

【专项评议】 2017年，市政协对与项目建设关联度较大的市国土资源局、环保局、工商局、质监局、食药监局、南通供电公司开展专项评议。40余名市政协委员和民主党派成员组成3个评议组，采取现场察看、座谈交流、问卷调查等方式，了解真实情况，将反映问题如实向相关部门（单位）通报，及时反馈整改情况，搭建被评议部门（单位）与服务对象沟通平台，促进被评议部门（单位）改进工作。

【部门监督视察】 2017年，市政协向12个政府部门委派民主监督小组，重点围绕贯彻市委、市政府重要决策部署和机关作风建设情况，选准议题和角度，开展经常性监督。市政协主席会议选择民生保障、社会事业等方面开展视察，相关专委会围绕高标准农田建设、大数据产业发展、垃圾分类处置、食品药品市场监管、旅游业与美丽乡村建设互动融合发展、名镇名村保护开发、基层社会治理、中小学体育改革、公共体育设施建设、“河长制”落实情况等组织市政协委员视察，推动有关问题解决。

政协委员工作

【党派团体作用发挥】 2017年，市政协加强与市各民主党派、工商联和有关人民团体联系，走访市各民主党派机关，上门听取意见。梳理汇总市各民主党派、工商联3方面意见建议28条，结合政协工作加以改进落实10条，其他18条意见报送市委办公室、市政府办公室，转交有关方面处理。定期召开联席会议等，加强民主党派、人民团体参加政协共同性事务协商。加强民主党派集体提案办理，组织民主党派参加政协视察调研和协商监督活动，鼓励和支持各民主党派建言献策。年内，各民主党派市委、市工商联提交大会发言材料5篇，提出提案34件。

【界别优势发挥】 2017年，市政协加强与港澳委员、特邀成员沟通联谊，赴香港、澳门、深圳走访看望，通报有关情况。密切与宗教界人士联系，组织民族宗教界委员视察宗教规范化管理场所。27个界别围绕市区公共文化场所建设、综合交通整治、农产品销售、房地产市场管理等专题进行视察。各界别结合政协重点调研课题和委员履职服务管理工作，组织委员协商讨论，反映界别意见建议。

【委员主体作用发挥】 2017年，市政协坚持服务与管理结合、激励与约束并重，发挥市政协常务委员表率作用和委员主体作用。创新委员服务管理机制，出台《委员履职服务与管理办法》，制定委员履职考核细则，为委员履职奠定制度基础。加强委员履职管理，为委员提供服务保障，在委员中选树先进典型。建立委员履职服务与管理平台，统筹安排委员参加政协活动，探索“菜单式”履职服务。开展“政协委员走帮服、献计出力比贡献”活动，组织“送医、送教、送科技、送文化”下基层。

（曹勇军）

附

南通市省政协委员在省政协十一届五次会议期间提交提案、建议情况

2017年2月5~9日，在省政协十一届五次会议期间，南通市29名省政协委员提交《推动通州湾综合能源基地建设》《推进通州湾集疏运体系建设》集体提案2件；黄巍东、尹建炉、钱锁梅、施学雷、石磊、薛驰、陈金屏等委员提交提案10件。提案内容涉及农田水利设施和乡村道路改造、推进“双随机”监管制度、加强先照后证事中事后监管联动、加大对重点集成电路封测企业政策扶持、发展公共托幼服务、加强学校“生命教育”课程研究、完善特殊工种职工提前退休政策等方面。

市政协十二届一次会议后优秀提案

1.《关于提高职校生职业素质和企业需求对接度的建议》（由民盟南通市委员会提出）

2.《关于打造南通更蓝的天、更清的水、更净的土的建议》（由民建南通市委员会提出）

3.《关于我市农业和农村基础设施建设现状与对策的建议》（由民进南通市委员会提出）

4.《关于构建南通低收入农户收入增长机制的建议》（由农工民主党南通市委员会提出）

5.《关于增绿清水、多层次精微化推进花园城市建设的建议》（由致公党南通市委员会提出）

6.《关于加快建设我市检验检测认证服务业集聚区的建议》（由九三学社南通市委员会提出）

7.《关于构建新型政商关系，促进民企健康发展的建议》（由市工商联提出）

8.《关于提高我市中小企业职工工资性收入的建议》（由市总工会提出）

9.《关于积极推进对垃圾分类处理的建议》（由市台联提出）

10.《关于开足创新驱动马力，加快经济转型发展的建议》（由科技、科协界提出）

11.《关于加强餐饮业外卖管理的建议》（由市政协文教卫体委员会提出）

12.《关于“统筹推进城市轨道交通建设”的建议》（由市政协城乡建设、社会法制委员会提出）

13.《关于加大我市湿地资源保护管理的建议》（由市政协人口资源环境委员会提出）

14.《关于加快粮食烘干能力建设的建议》（由吴建均委员提出）

15.《关于建设具有地方特色的生态园林的建议》（由崔宇青委员提出）

16.《关于提高我市机构养老水平的建议》（由季平委员提出）

17.《关于加强统筹，构建市区医疗双向转诊的就医格局的建议》（由俞汉林委员提出）

18.《关于进一步加强曹顶墓综合治理的建议》（由赵明远委员提出）

19.《关于组建市级代理记账协会、促进行业健康发展的建议》（由卢克虎委员提出）

20.《关于在我市开展家训家风主题教育活动的建议》（由梅叶志委员提出）

21.《关于企业兼并重组、产能调整优化的建议》（由王楠委员提出）

22.《关于完善南通城市交通路网的建议》（由余建华委员提出）

23.《关于整治保护开发通扬运河两岸的建议》（由张东华委员提出）

24.《关于“健康扶贫”的建议》（由张爱娟委员提出）

25.《关于鼓励引导南通籍大学生回乡创业的建议》（由徐爱民、王鹤远委员提出）

（曹勇军）

纪检监察

综　述

【概况】 2017年，南通市履行全面从严治党政治责任，深化党的纪律建设，推进监察体制改革，聚焦“六大纪律”（政治纪律、组织纪律、廉洁纪律、群众纪律、工作纪律、生活纪律），把握运用监督执纪“四种形态”（党内关系正常化，批评和自我批评要经常开展，让咬耳扯袖、红脸出汗成为常态；党纪轻处分和组织处理成为大多数；对严重违纪重处分、作出重大职务调整应当是少数；严重违纪涉嫌违法立案审查只能是极少数），严格监督执纪问责，以“零容忍”态度正风肃纪、惩治腐败，推动形成反腐败斗争压倒性态势。

【纪检监察体制改革】 2017年，南通市贯彻落实《党的纪律检查体制改革实施方案》，落实重点改革任务40项。推进派驻机构改革全覆盖，设立综合派驻纪检组19个，监督覆盖市级党和国家机关94家。实施《关于加强市纪委派驻机构建设的意见》等规范性文件，完善运行机制。推进监察体制改革试点，成立以市委书记为组长改革领导小组，纪检监察体制结合南通实际制定改革方案。

【纪检系统建设】 2017年，南通市强化纪检监察机关内部监督管理，注重监督制约，开展“打铁还需自身硬”专项行动，执行《江苏纪检监察干部“六条禁令”》。开展纪检系统领导干部近亲属从业情况、机关事业单位人员挂证取酬、请托说情专项治理。中共南通市纪律检查委员会（简称“市纪委”）组织开展廉政风险防控，落实风险防范措施242条，对海安县纪委、启东市纪委开展内部巡察。全年对纪检干部谈话函询13人，组织处理4人，立案7件。

纪律监督检查

【巡察】 2017年，南通市贯彻中央《中国共产党巡视工作条例》、省委《关于贯彻〈中国共产党巡视工作条例〉实施办法》，制定巡察规划，建立“一办六组”（1个巡察办，6个巡察组）专职巡察机构。完善《巡察工作规程》，构建巡察制度体系，结合常规巡察与专项巡察，建立市、县联动和交叉巡察机制，推动镇巡察全覆盖和村（居）巡察试点。建立跟踪整改督查机制，推动突出问题整改落实。全年市委巡察办组织3轮巡察，累计巡查43家单位、6个专项，发现问题638个，提出建议141条，移送问题线索105条，问责2个党组织和14名党员领导干部，形成巡察专报21份。各县（市、区）委巡察办巡察165家单位，发现2769个问题，提出680条建议，移送1389条问题线索，问责214名党员干部。11月，在中央巡视办到江苏调研座谈会上，南通市专题介绍巡察工作经验做法。

【行政监察】 2017年，南通市加强行政监察，优化政风行风，确保政令畅通。组建公共资源交易督查室，规范公共资源交易秩序。常态化监察行政权力网上运行，实时监督行政权力、政府公共服务平台、热线投诉平台、综合数据、公共信用、重大项目系统运行情况，预警处置问题155件。

【专项督查】 工程项目督查 2017年，南通市行政专项督查工程项目14个，现场督查招投标活动60次，发现各类问题23个，办理信访举报9件。开展市级“双百工程”（百项重点推进项目、百项重点竣工项目）重大项目督查、房地产市场专项督查、市级城市建设重大项目督查、为民办实事项目督查、“三在”（在岗、在行、在状态）日常督查等监督检查，发现问题196个，问责23人。

扶贫领域督查 2017年，南通市开展扶贫领域专项治理，建立健全市纪委与市委农办、市农委、市财政局、市审计局等职能部门协作沟通机制，借助信息化科技手段，推进“阳光扶贫”监管系统建设，推动精准脱贫。聚焦扶贫领域问题线索，加大农村基层不正之风和腐败问题查处力度，实施挂牌督办，立案查处485件786人，通报典型问题3批16起。

环境整治督查 2017年，南通市出台《关于开展两减六治三提升专项行动督导巡察的通知》《关于加强省环保督察组督察问题问责的通知》，组织开展“263”专项行动督导巡察，加强与环保部门对接，对241个突出环境问题整改情况开展监督检查，问责2个党组织和25名党员干部。

案件查办

【查案执纪】 2017年，南通市实践监督执纪“四种形态”，惩治极少数，管住大多数，巩固反腐败斗争压倒性态势。全市受理信访举报5872件，立案3357件，其中县处级干部31人，给予党纪政纪处分3088人，移送司法机关处理36人。市纪委查处龚建宇、贾二鸣、陆建平等人严重违纪违法案件，协作联动追回外逃人员2人。建立任前谈话、提醒谈话、警示谈话等制度。全市提醒谈话2554人次、诫勉谈话793人次、函询264人次，运用第一、第二、第三、第四种形态处理人次分别占60.8%、34.5%、1.7%、3%。

【案件监督管理】 2017年，南通市贯彻落实《中国共产党纪律检查机关监督执纪工作规则（试行）》《江苏省纪检机关贯彻执行〈中国共产党纪律检查机关监督执纪工作规则（试行）〉暂行办法》等，研究制订问题线索处置、立案前会商等制度17项。健全“六位一体”（来信、来访、网络、电话、短信、QQ）信访举报受理机制，实行全程电子化留痕管理，突出分类处置、登记备案、定期梳理等关键环节，加速消化存量问题线索，提升闭环管理水平。

10月14日，南通市第九届反腐倡廉·南通学术研讨会召开。
（市纪委 供图）

党风廉政建设

【全面从严治党“两个责任”落实】 2017年，南通市落实各级党组织全面从严治党主体责任，开展县（市、区）党委向市委、镇（街道、园区）党委向县（市、区）委述职，定期报告落实党风廉政建设责任制情况。细化“两个责任”（党委负主体责任，纪委负监督责任）清单，组织“一把手谈责任”在线访谈12期，出台《南通市落实党风廉政建设责任制督查考核办法》，建立“月度督查、季度通报、年度考评”机制，每季度点评“两个责任”落实情况，交办督办问题684个，督促抓好整改。将落实党风廉政建设责任制检查考核与“四个全面”考核有机结合，对15家单位组织重点检查考核，发现问题151条，提出意见63条。强化“一案双查”，实施党内问责261起，问责100个党组织、187名党员领导干部。

【党风廉政建设宣传教育】 2017年，南通市强化纪律教育，推进廉洁文化建设，构建风清气正政治生态。注重“网上纪委”建设，全新改版“江海清风”网站，开发运用手机客户端，发布信息6000余条。建立党规党纪每周一学、每月一测、每季一考制度，组织6批次162名拟提拔领导干部参加任前廉政知识测试。开展新一轮省、市廉政文化示范点、廉政教育示范基地创评活动，全市9家单位被授予省级示范点，52家单位获评市级第六批示范基地、第八批示范点。10月14日，市纪委和南通大学以“全面从严治党与中国特色反腐倡廉建设”为主题，举办第九届反腐倡廉·南通学术研讨会暨南通廉政研究中心成立十周年成果汇报会。

【源头预防腐败】 2017年，南通市坚持标本兼治、源头治理，发挥制度治本功效，构建“不能腐”制度体系。开展政府投资工程建设领域阳光防范体系建设，督促职能部门建立健全监管机制，强化集中代建、市县联动，提升源头治理成效。注重查案治本，全年形成分析报告8份，下发《监督意见书》5份，提出建议48条。创新监督形式，针对巡察发现共性问题，以“市委书记一封信”形式致信各级党委（党组）主要负责人，督促履行主体责任。《中国纪检监察报》以《南通瞄准“痛点”强化专责监督深挖违纪背后的问题》为题，推介南通市典型经验。

（季金波）

机关作风建设

【市级机关综合绩效考评】 机关廉政建设 2017年，南通市出台《关于规范市级机关基层党组织谈心谈话活动实施办法（试行）》，构建党组织书记、党组织班子成员、党员3级谈心谈话网络。强化监督执纪，年内党纪处分12名党员，开除党籍9人。培育机关廉政文化示范点，创成国家级示范点1家、市级示范点4家。适应纪检监察体制改革要求，强化机关纪委建设，出台《关于进一步加强市级机关党的纪律检查委员会建设的意见》，建立机关纪委40家，建成率87%，居全省首位。

万人评议机关活动 2017年，南通市级机关各部门强化机关工作“由基层评判、让人民满意”导向，健全“一月一评”、交办督办和绩效公示等制度，万人评议机关539条意见建议整改率92%，社会各界对机关作风建设满意率保持在94%以上。作风意见网络测评、政务服务满意度测评、微信公众号专项评议等评议法入选全国“机关党建信息化优秀案例”。

（胡一峰）

【“四风”问题整治】 2017年，南通市制定《南通市纪委党风政风监督类举报件办理工作规范（试行）》，组织开展常态化、高频率、全覆盖监督检查，开通“‘四风’监督一键通”手机举报平台，受理包括违规发放津补贴、违规收送礼品礼金、违规公款吃喝、违规配备使用公车等问题11类，加强跟踪督查督办。全市查处违反中央“八项规定”精神问题260件，问责350人，通报典型问题4批28起。发挥民心专列·政风行风热线作用，落实“一把手”上线、热线联络员、即时办理、整改问责、配合追踪采访连线5项制度，组织政风行风热线83期，诉求回应率100%，群众满意率95.82%。

【专项治理】 领导干部近亲属从业情况专项调查清理 2017年，南通市针对少数领导干部参与经济活动缺乏监督、个别党政领导干部或其子女亲属违规参与企业经营活动等问题，印发《关于开展领导干部近亲属从业情况专项调查清理的通知》，组织各地各部门开展调查，各县（市、区）、86个市级部门（单位）督促领导干部主动申报近亲属经商办企业及从业情况。

机关事业单位人员挂证取酬问题专项治理 2017年，南通市印发《关于开展机关事业单位人员挂证取酬问题专项治理的通知》，组织各县（市、区）纪委以及75个市级部门（单位）纪检组（纪委）开展在编在职人员自查自纠，签订《个人承诺书》。全市1372名党政机关、事业单位在职在编人员主动取消挂证或正在注销挂证，587人主动上缴挂证不当所得1068.78万元。

违规吃喝问题专项整治 2017年，南通市制订《违规吃喝问题专项整治“回头看”工作方案》，督促财政、审计、商务等部门开展公务接待情况专项检查，严肃查纠“三公”经费异常和超标准接待、超范围接待、虚列开支套取资金等问题。组织各县（市、区）开展工作日午间饮酒问题交叉互查，在全市通报曝光违规吃喝典型问题4起。

（季金波）

民主党派 工商联

民盟南通市委

【参政议政】 2017年，中国民主同盟南通市委员会（简称“民盟南通市委”）向市政协十二届一次会议提交集体提案6件，个人提案40余件。其中，1件集体提案被列入主席重点督办提案，并和3件个人提案获评市政协优秀提案。承担中共南通市委调研课题《南通市新型农业经营主体培育与发展对策》，按时结题并报送。提交民盟江苏省委2份调研报告被转化为省政协大会集体提案。完成民盟中央合作调研课题《提升博物馆发展质量坚定文化自信》，调研报告被民盟中央参政议政部采用，并以该报告为基础形成向国务院及相关部委建议信。采编报送各类社情民意信息170条，其中70条获省级以上部门采用。全年编印《南通民盟通讯》4期。年内，获民盟江苏省委表彰为信息工作先进集体。

【组织建设】 2017年，民盟南通市委发展盟员74人。至年底，盟员总数852人，平均年龄55.2岁，具有硕士以上学历146人，具有中高级职称781人，教育、文化、科技界别占78.2%。全年举办新盟员培训班1期，盟员参加各类

1月17日，民盟南通市委组织“迎新春·走基层·送祝福——文化暨卫生健康知识进社区”刘桥镇专场活动。

（民盟南通市委 供图）

学习培训170人次。新成立民盟南通航运职业技术学院支部、民盟南通市通州区支部。制定领导班子成员联系基层制度，完善基层组织测评体系。

【社会服务】 2017年，民盟南通市委建设“同盟同行”社会服务特色品牌。组织10名优秀教师骨干赴贵州省毕节市、甘肃省天祝县两地支教，继续与淮阴、泗阳等地开展教育帮扶交流。被民盟江苏省委表彰为农村教育烛光行动先进集体、助推泗阳县教师能力提升活动先进集体。春节前夕开展文化下乡大巡游活动，赴通州区刘桥镇、五接镇送春联、送福字800余幅。开展“送京剧暨传统文化进校园活动”，为城中小学200余名学生做京剧艺术辅导。组织民盟书画家赴通州湾示范区消防大队开展书画笔会，签署警民共建协议。组织民盟艺术家赴市消防支队特勤中队，开展“文化江海行、军民鱼水情”进军营慰问演出活动。

（刘　雷）

民建南通市委

【参政议政】 2017年，中国民主建国会南通市委员会（简称“民建南通市委”）向市政协十二届一次全会提交《打造南通更蓝的天、更清的水、更净的土的建议》等集体提案5件，个人提案40件。调研报告《关于我市中小企业信用担保行业调查报告》提交中共南通市委。协助民建江苏省委开展“扬子江城市群发展战略”调研活动。在相关媒体、刊物上刊登新闻宣传稿件300余篇，其中获中央级刊物采用44篇、省级刊物采用29篇。报送社情民意216篇，其中获民建江苏省委采用5篇、《团结报》采用10篇、人民政协网采用6篇、《民主党派之声》采用7篇。民建南通市委获评民建江苏省委新闻宣传工作三等奖、参政议政成果先进单位三等奖、“不忘合作初心，继续携手前进”主题征文活动优秀组织奖，1人获民建中央主题征文活动优秀作品奖，2人获民建江苏省委主题征文活动优秀征文奖。

【组织建设】 2017年，民建南通市委新发展会员50人。至年底，有在册会员720人，其中经济界497人、教育界66人。成立基层委员会4个，累计基层支部32个、小组2个。培训新会员70人。组建成立专委会15个，汇聚骨干会员216人。3名会员分别被任命为民建江苏省委青年委员会主任、参政议政委员会副主任、企业委员会副主任，另有14名会员被任命为省相关委员会委员。会员画家获第二届南通市美术作品大展国画、油画、水粉品类金奖1人、银奖3人。王忠获聘省民建书画院副院长，12名会员获聘省民建书画院画师。教育支部、南通开发区支部与民建常州院校支部开展对口交流研讨活动。民建四川省达州市通川区总支啤酒支部与民建南通市直一支部签订缔结友好支部协议书。崇川综合支部与民建陕西省汉中市直三支部结成友好支部。民建南通市委与民建上海市徐汇区委开展结对共建。民建南通市委获评民建江苏省委组织管理信息系统工作优秀集体。

【社会服务】 2017年，民建南通市委开展“同心共建助推经济服务社会”系列特色共建活动，与南通华荣集团结对共建，与南通晶城科创园共建国家级科技企业孵化器，与南通双逸创业园建成省级创业示范基地，与江苏金秋弹性织物有限公司共创企业管理现代化创新项目被收入《江苏省企业管理创新成果（2017年）》。倡导会员“饮水思源、回报社会”。南通大学支部与医卫专委会为如皋长寿养生园老人联合开展义诊活动。会员连续第八年捐资10名学生完成高中、大学学业，向如东县高级中学10名特困学生捐资助学款2万元；向南通开发区建设爱心基金捐赠12万余元；带领企业员工参加“重走张謇路，我为公益跑”活动，赴四川、重庆开展“公益出行·让爱回家”活动，慰问希望小学学生；开展社区公益法律咨询和富民强企奔小康“走帮服”活动，走访调研会员企业16次，协调解决企业发展难题8个；免费为创业者开展创业课程、沙龙、路演等活动近50场次，受众3500余人次；募集爱心公益基金，资助农村困难家庭和孤困儿童100余人；捐资10万元修通便民路；组织文艺晚会慰问养老院老人和员工4次、受众122人次。

（刘冬梅）

民进南通市委

【参政议政】 2017年，中国民主促进会南通市委员会（简称“民进南通市委”）在市人大、政协“两会”期间，提交集体提案6件、个人议案5件、个人提案60余件。其中，《我市农业和农村基础设施建设现状与对策建议》被列为市政协主席督办提案，获评2017年度市政协优秀提案。市政协专题建言献策会上，12篇发言稿入编发言文集。承办中共南通市委《构建我市特色小镇的路径研究》调研课题并按时结题。申报民进江苏省委调研课题《关于江苏沿海产业空间布局现状及对策研究》《关于江苏构建特色小镇的对策研究》等。成立民进南通、盐城、连云港参政议政合作联盟。协助民进江苏省委校园足球发展等调研组和民进连云港市委、上海市静安区委、福建省福州市委等在南通专题调研。8篇稿件入选省民进“江海论坛”。上报各类建议152条，获上级组织采用80条，获市领导批示信息2条。

【组织建设】 2017年，民进南通市委发展新会员40人，平均年龄42岁。其中，教育、文化、出版等界别24人，占60%；其他界别16人，占40%；具有高级职称17人，占42.5%。至年底，会员总数715人。其中，教育、文化、出版等界别会员518人，占72.4%；其他界别会员197人，占27.6%；具有高级职称284人，占39.7%；具有中级职称335人，占46.9%。举办新会员培训班、骨干会员培训班，组织会员参观民进一大会址和中共二大会址。年内，民进南通市委获评民进全省学习实践活动先进集体，1人获评民进全国学习实践活动先进个人，港闸区基层委员会、通州区支部、一附支部被民进江苏省委评为“坚持和发展中国特色社会主义学习实践活动先进集体”，2人获评“坚持和发展中国特色社会主义学习实践活动先进个人”。

【社会服务】2017年，民进南通市委组织教育专家赴四川省绵阳市平武县培训200余名藏羌地区中小学教师。继续实施南通、巴中教育牵手协议，邀请四川省巴中市部分中小学教师到南通交流，在南通田家炳中学、通师一附等学校接受全方位教育培训。按照民进中央"量力而行、尽力而为"指导精神，开展"2017南通民进微服务在行动"主题特色活动。"国盛教育奖励基金"增资120万元，奖励港闸区22名优秀中小学教师，奖励金额24万元。为海门市教师巫东升家庭捐赠7200元，资助如东县、港闸区、南通卫校3名贫困学生1.2万元。继续建设"励志教育校园文化行"社会服务品牌，会员"无臂书法家"王剑华先后到文山初中、南通市思德福国际等学校举办人生励志分享会，举办一日生活图片展、口书作品展。先后举办50余场"文化名家进校园"活动，邀请汤素兰、许诺晨、张剑彬等著名儿童文学作家进校园。举办童话剧校园巡演活动，走进40余所小学演出《豆丁的玩具王国》。举办"科技进校园"活动，在沿河桥小学首届科技节期间，送科普展板，捐赠价值1万余元科普图书。捐赠书籍2万余册，在通州区五甲小学等学校建立"童声书屋"。

（田　伟）

农工党南通市委

【参政议政】2017年，中国农工民主党南通市委员会（简称"农工党南通市委"）向市政协十二届一次会议提交《关于进一步加强住宅小区消防安全管理的建议》等集体提案4件，《关于构建南通低收入农户收入增长机制的建议》获评优秀提案。农工党南通市委参与执笔撰写农工党中央集体提案《发挥市场决定性作用，防止海工产业产能过剩》获评政协第十二届全国委员会优秀提案，该提案是全国政协十二届二次会议重点督办提案。全年完成各类调研课题23项，其中中共南通市委交办课题1项、农工党江苏省委招标课题5项（重点课题2项）、"大健康产业"联合调研征文8篇、市委会调研课题9项。在农工党江苏省委"大健康产业"联合调研征文活动暨第二届"农工论坛"上，调研报告获一等奖3篇、二等奖1篇、三等奖3篇，获奖数量居全省设区市第一位，农工党南通市委获最佳组织奖。报送各类信息120篇。其中，《体外诊断试剂不应纳入冷链（运输、贮存）管理》被中央统战部采用，《关于改革现行企业安全生产标准化创建模式的建议》等5篇被农工党中央采用，《关于将低剂量CT扫描纳入常规体检的建议》被江苏省政协采用。农工党南通市委获农工党江苏省委社情民意信息工作二等奖。

【组织建设】2017年，农工党南通市委加强基层支部建设。在农工党中央和江苏省委"开展坚持和发展中国特色社会主义学习实践活动"总结表彰大会上，通州区支部和机关支部获评农工党中央先进基层组织，南通大学附属医院总支、文教支部、第一人民医院支部、第三人民医院支部获评农工党江苏省委先进集体。金融支部和文教总支在全省基层组织建设工作经验交流会上作大会交流发言。年内，农工党南通市委发展新党员66人，平均年龄40岁。其中，硕士17人，博士3人；高级职称25人，占37.8%；医卫界22人，占33.3%；新阶层13人，占19.7%；教育界12人，占18.2%；文化界4人，占6.1%；政府机关2人，占3%；科技界2人，占3%；环保界1人，占1.5%；其他10人，占15.2%。至年底，党员总数688人，平均年龄56岁，博士15人，硕士73人，高级职称446人，占64.8%。女党员350人，占50.9%；医卫界447人，占65%；文教界123人，占17.9%；科技界18人，占2.6%；其他界别100人，占14.5%。年内，评选"最美农工党党员"20人。实施基层组织年度评优考核，3个支部获一等奖，4个支部获二等奖，5个支部获三等奖；评选出先进党务工作者32人。12月，举行农工党南通市委成立60周年纪念大会暨文艺演出。

【社会服务】2017年，农工党南通市委建设"健康服务同心行""中医同行"等社会服务重点品牌，全年开展赴社区、乡村、基层卫生院和敬老院大型健康咨询和义诊活动5次，服务4000余人次。连续第三年与南通卫生高等职业技术学校联合开展"爱驻晚霞·你我同行"志愿服务活动。书画艺术界党员举办"金鸡唱晓——2017农工党南通市委迎春艺术展"，参加"庆国庆，迎十九大"书画摄影作品展，累计展出作品70幅，吸引3000名群众参观。"前进爱心基金"设立后收到爱心捐款89人次4万余元，其中1万元捐赠给贵州省大方县四中10名优秀贫困生。成立"前进法律志愿者服务中心"，与虹桥

10月29日，农工党南通市委到虹南社区开展法律志愿服务。

（农工党南通市委　供图）

街道虹南社区携手设立法律志愿服务站，资深律师党员每月安排周末一天轮流在虹南社区驻点服务，免费提供法律咨询和法律援助，服务居民近100人次。

（吴　琳）

致公党南通市委

【参政议政】 2017年，中国致公党南通市委员会（简称“致公党南通市委”）向市政协十二届一次会议提交《关于发挥龙头企业带动作用，推动中小企业创新发展的建议》等集体提案4件、个人提案16件，集体提案《增绿清水、多层次精微化推进花园城市建设的建议》被列为市政协主席重点督办提案，集体提案《关于建立文明城市创建长效机制的建议》获评优秀提案。完成致公党江苏省委立项课题5项，完成中共南通市委重点课题《做大做强侨海联动 引才引智助推接轨上海》。《关于加快发展农村学前教育的建议》调研成果转化为全国政协集体提案，《关于推进高校创新创业教育改革的建议》等3篇调研成果转化为江苏省政协大会书面发言；向中共南通市委提交《关于亟待明确监管部门主体责任重拳整治擅自改变建筑主体和承重结构问题的建议》。11月，在致公党江苏省委首届“汇智论坛”上，致公党南通市委提交《城市生活垃圾分类处理的思考和建议》等2项课题研究成果分获一等奖、三等奖。全年报送各类社情民意信息127条，其中33条被上级组织采用。

【组织建设】 2017年，致公党南通市委发展新党员22人，平均年龄37.7岁，党员总数288人。启动“支部建设年”活动，按照“小型化、属地化、专业化”原则，调整基层支部，致公党江苏省南通第一中学支部等4个支部完成换届。4月，成立致公党南通理工学院支部。制订实施《致公党南通市委基层组织年度评优考核办法（试行）》，评选先进集体6个，先进个人68人。致公党江苏工程职业技术学院支部获评致公党中央“坚持和发展中国特色社会主义学习实践活动先进集体”，获评致公党中央“坚持和发展中国特色社会主义学习实践活动先进个人”1人；致公党江苏工程职业技术学院支部、南通卫生高等职业技术学校支部获评致公党江苏省委“2012~2017年度先进集体”，5名党员获评致公党江苏省委“2012~2017年度先进个人”。

【社会服务】 2017年，致公党南通市委立足“侨”“海”特色，推动“双发行动”（发掘履职人才、发挥各级组织和党员作用）和“致公·惠爱、惠商、惠侨”等品牌群建设。全年开展“服务培训类”项目95次，服务345人次，接受服务8044人次；开展公益慈善类捐赠活动24次，捐赠额19.26万元，受赠人数406人次。开展“精准扶贫”结对帮扶，为帮扶地区开展医师培训牵线搭桥。3月，组织40余名骨干党员赴上海中国留学生博物馆参观学习，开展侨海特色教育。4月，牵线促成南通理工学院与中天科技集团合作共建，在南通理工学院挂牌成立致公党全省首个“双发行动”高层次人才基地，中天科技集团首批11名高层次人才受聘为南通理工学院兼职教授。6月，组织南通大学、中天科技集团等用人单位参与致公党省委“引凤工程”，为南通大学引进“海归”博士1人；1名党员参加“引凤工程”创新创业大赛。9月，在致公党中央精准扶贫结对帮扶工作会议暨社会服务工作会议上，致公党南通市委代表地级市组织发言。根据“对口支援基层医疗队伍建设”帮扶目标和帮扶任务安排，为云南省漾濞县富恒乡联系落实南通市第二人民医院乡村医生培训点。推动与南通市侨联合作共建南通侨胞创新创业园。致公党南通市委获评中国致公党社会服务工作先进集体，获评中国致公党社会服务工作先进个人2人。

（陆玲玲）

九三学社南通市委

【参政议政】 2017年，九三学社南通市委员会（简称“九三学社南通市委”）向市政协十二届一次会议提交集体提案4份。其中，《关于加快我市检验检测认证服务业集聚区建设的建议》被列为市政协主席会议重点督办提案；《关于接轨上海大力发展休闲观光农业的建议》集体提案被作为市政协提案委重点督办提案。承担九三学社江苏省委招标课题4项，其中《关于加强我省创新创业服务能力的建议》被九三学社江苏省委作为重点课题调研报告提交中共江苏省委统战部。2篇调研报告入选第十届江苏九三论坛。完成中共南通市委《关于加强我市创新创业服务能力建设的建议》重点课题调研。全年上报各类社情民意信息115条，比上年增长56%。其中，中央统战部采用1条［《体外诊断试剂不应纳入“医疗器械冷链（运输、贮存）”管理》］，九三学社中央采用4条

11月8日，南通市第五个“九三学社专家工作站”在南通伊仕生物技术股份有限公司成立。

（九三学社南通市委　供图）

(《关于进一步规范县级粮食局机构撤并的建议》《建议尽快修订〈农产品质量安全法〉》《安全生产领域法规自由裁量权实施细则亟待完善》《关于逐步取消动物产品分销换证检疫监管的建议》),九三学社江苏省委采用44条。

【组织建设】 2017年,九三学社南通市委发展新社员33人,平均年龄36岁。其中,博士4人,硕士20人,高级职称11人。至年底,九三学社南通市委有基层委员会3个、支社23个,社员368人。11月8日,南通市第五个"九三学社专家工作站"在南通伊仕生物技术股份有限公司成立。12月28日,在文峰饭店举行市级组织成立60周年庆祝大会暨2017年度总结表彰会。会议印发《九三学社南通市级组织成立六十周年纪念册》,为60年社龄老主委殷若男题匾"德医双馨六十载,风雨同舟甲子年"。

【社会服务】 5月,南通市举办"创新,经济繁荣的新引擎"第四届九三学社科学讲坛;10月,举办"绿水青山 我们计量在行动"第五届九三科学讲坛生态友好新材料产业计量测试学术报告会。8月,组织社内10余名医疗专家到如东县洋口镇卫生院开展"健康服务进园区"义诊活动,接待就诊、咨询企业员工和当地群众100余人次。在伊士生物科技有限公司成立专家工作站。为如东县新型职业农民培训蔬菜新品种和关键技术。通州区九三学社专家工作站为南通智造链科技有限公司开展财税咨询服务,为景瑞农业科技发展有限公司提供规划、生产技术指导。组织市中医院专家到贵州省贵阳市花溪区中医院进行技术帮扶。第29届"国际科学与和平周"期间,在城东街道小石桥社区举办送科普进社区活动,为文亮小学捐赠图书1700余册。

(李小刚)

南通市工商联(南通市总商会)

5月21日,南通市通商总会成立。　　(市工商联　供图)

【概况】 2017年,南通市工商业联合会(南通市总商会)(简称"市工商联")推动成立南通市陶瓷商会、南通市福州商会等各类商会组织13家,指导饭店和餐饮业商会、家居业商会、南安商会、青年民营企业家商会完成换届。至年底,全市有各类商会组织349家,会员总数29335家,其中行业商会203家。指导县(市、区)工商联开展全国"五好"(领导班子好、会员发展好、商会建设好、作用发挥好、工作保障好)县级工商联确认工作,各县(市、区)工商联均通过"五好"县级工商联复评。开展以班子建设好、团结教育好、服务发展好、自律规范好为主要内容的"四好"商会建设,举办全市商会组织创建"四好"商会主题论坛。继续开展诚信经营"十百千万"创建活动,新增诚信商会组织24家,累计108家,完成3年创建100家诚信商会组织目标。"整合通商资源,举办首届通商大会"项目获评全国工商联2017年度"创新中国"工商联(商会)工作特别奖,列全国"地市级"工商联第六位。1月6日,市工商联第十三次会员代表大会召开,选举产生市工商联十三届执行委员会执委221人,其中非公有制经济代表人士182人,占执委总数82.4%。

【首届通商大会】 参见《服务业·会展业》

【商会党建】 2017年,南通市行业商会联合党委组织市直属各商会党组织开展"两学一做"学习教育活动。成立陶瓷商会、湖北商会、红木商会3家党支部。全年发展新党员7人,转入16人。至年底,建立市直属商会党支部26个,党员总数163人。市行业商会联合党委探索商会与非公有制企业党建融合发展,组织商会党组织书记参加市药品商会"为生命护航"主题党日和道德讲堂活动,组织4家非公有制企业党组织负责人参加全省非公有制企业党组织负责人培训班。

【代表人士队伍建设】 2017年,市工商联加强非公有制经济代表人士队伍建设,推荐3人为全国工商联十二次会员代表大会代表,其中1人当选全国工商联第十二届执委会执委。推荐44人为省工商联第十一次会员代表大会代表,其中28人当选省工商联第十一届执委会执委,1人当选副主席,3人当选副会长。5人获评第六届江苏省非公有制经济人士优秀中国特色社会主义事业建设者。

【理想信念教育实践活动】 2017年,市工商联开展以"守法诚信、坚定信心"为重点的非公有制经济人士理想信念教育实践活动,先后组织200名市直属常务执委、年轻一代企业家代表参加全国、全省年轻一代民营企业家理想信念报告会电视电话会议。南通市"商会联村,企业联户"精准扶贫做法在省工商联"百企帮百村"扶贫活动工作经验交流会上作经验交流。在全市"传承爱心·接力善行"主题

2月2日，“故乡情故乡行”全国通商新春座谈会在南通召开。
（市工商联　供图）

募集活动中，商会组织和民营企业捐款726.6万元，占捐款总数62.8%，南通泉州商会捐款145.7万元，位列第一，中南集团等6家民营企业捐款金额超过50万元。在市慈善总会成立20周年“慈善之星”表彰会上，20家单位获南通“慈善之星”爱心单位（1997~2017），其中民营企业12家，江苏文峰集团获唯一六星级“慈善之星”。

【参政议政与调查研究】 2017年，市工商联向市政协十二届一次会议提交《关于发挥我市民企在“一带一路”建设中生力军作用的建议》《关于构建新型政商关系，促进民企健康发展的建议》等5件集体提案。开展“发挥民营企业主力军作用·促进南通制造向南通智造转型的对策建议”等课题调研。开展规模以上民营企业统计调研，调研企业数和入围企业数均居全省第三位。开展千家执委企业大走访大调研活动，收集各类问题252件。开展第七次民营企业军民两用高新技术及产品研发生产情况专项调查，2家企业入选全国工商联军民两用高新技术产品目录，推荐5家企业参加省工商联军民融合深度发展培训班。开展降低实体经济企业成本政策落实情况调研，推进供给侧结构性改革，提升企业盈利能力。继续对50家企业开展劳动关系监测，推动民营企业构建和谐劳动关系。开展民营企业信息直报点调查，指导全市60家直报点企业完成“民营企业运行情况”等5次问卷调查。编纂出版《南通民营经济发展报告（2016~2017）》。

【商会经济活动】 2017年，市工商联组织召开“故乡情·故乡行”全国通商新春座谈会、全国南通商会第五次合作交流青海会议等商会经济活动。至年底，全市累计在全国建立各级异地商会组织40家。引导民营企业参与“一带一路”建设，组织企业参加在港上市企业座谈会暨境外上市企业发展培训会和2017全省外事服务暨海外商会工作培训班，组织企业参加由西班牙驻上海总领事馆主办的“西班牙投资新机遇”推介会、法国商务投资署组织的中国国际医疗器械博览会、广东省举办的中国加工贸易产品博览会等。

【企业服务】 2017年，市工商联完善政商企沟通平台，推动纳税人之家、纳税人维权中心、安全生产监督管理工作站、民营企业仲裁服务中心、劳动关系和谐之家建设。举办“深化税收改革·助力民营企业发展”座谈会，宣传解读相关税收政策。开展“法律三进”（进企业、进商会、进工商联机关）活动；举办法律大讲堂活动，开展企业劳动人事防控专题培训，130余家企业参加。组织12家商会和企业参加全国非公有制企业劳动争议预防调解培训班，组织4家企业参加全国境外安全保障工作座谈会。开展全市第三批民营企业文化建设示范单位评比活动，命名36家企业为全市民营企业文化建设示范单位，累计命名100家，实现5年建设100家全市民营企业文化建设示范单位目标。

（陆志祥）

群众团体

南通市总工会

【概况】 至2017年底，南通市总工会辖县（市）级工会5个，区级工会（含通州湾示范区和苏通园区）6个，产业（系统）工会14个、集团公司工会9个，直属基层工会95个，有市工人业余大学、市劳动人民文化宫、江苏省工人南通疗养院等6家直属事业单位。全市有基层工会2万家，比上年增长4.17%，涵盖法人单位5.18万个，比上年增长3.39%；有工会会员235.84万人，比上年增长3.85%，其中进城务工人员工会会员157万人，比上年增长4.67%。全市各类法人单位工会建会率和职工入会率动态均保持在90%以上。全年获市级以上荣誉23项，9项工作经验在全国、全省范围交流推广，上海市、辽宁省、内蒙古自治区等地工会到南通学习考察。市厂务公开协调小组办公室获评全国推动厂务公开民主管理工作先进单位，为全省设区市唯一；劳动关系发展态势监测点及分析研判工作综合考评列全国地级市第三位；困难职工帮扶专项资金使用情况考评列全省第一，工会经费审查工作获省规范化建设考核特等奖。

【基层工会规范化建设】 2017年，南通市依法推进各类企业、机关事业单位和“两新”（新经济组织、新社会组织）工会组建，加强开发区、工业园区、商圈楼宇重点区域和建筑项目、电子商务、服务外包等重点领域工会组建。全市新建基层工会802家，涵盖单位1637家，新增工会会员86709人。集中开展市区产业工会和基层工会换届，商圈工会、楼宇工会和建设项目工会建设经验在全省加强乡镇（街道）工会建设现场会上推介。实施工会基层组织建设特色品牌培育计划，评选特色创新工作范例7个。发挥党工共建优势，推进非公企业尤其是外资企业等重点领域党工共建。推进工会改革，出台《南通市总工会改革实施方案》。推进各级工会干部教育培训，举办各类工会干部培训56期6956人次。

【职工思想教育】 职工宣传教育　2017年，南通市召开市总工会系统学习中共十九大精神交流会，全市工会系统宣讲报告会，劳模、工匠贯彻党的十九大精神座谈会等活动。市总工会与市委宣传部、市记者协会联合开展第20届"五一新闻奖"评审活动，48件作品分获新闻记者组及工会干部组一、二、三等奖。在省总工会"寻找最美劳动者"网络照片故事评选活动中，4幅作品获奖，获奖数占全省五分之一。

先进典型选树　2017年，南通市评选全市年度文明职工标兵17人，1人入选第14届"江苏省十佳文明职工"，1人入选"全国职工职业道德建设标兵"候选人。评选命名市劳模和先进工作者300人，推荐申报全国及省"五一劳动奖章"68个。联合市级媒体跟踪报道劳模事迹33人，其中当选党的十九大代表1人、当选第十三届全国人大代表6人。

【职工活动】 劳动竞赛活动　2017年，南通市开展聚力创业建功"十三五"系列劳动竞赛，开展重点工程竞赛146项、劳动和技能竞赛260余场次。围绕产业转型，集中开展"三创"（创高技术、创高效益、创高速度）企业创新升级竞赛，参赛企业2118家，创新创效参赛班组18.29万个。围绕城市转型，开展"五比五赛"（比服务环境、赛整洁优美，比服务设施、赛安全便捷，比服务品质、赛仪态仪表，比服务水平、赛技术技能，比服务管理、赛常态长效）劳动竞赛。围绕城市交通转型，集中开展"六比一创"（比服务意识、比工程质量、比安全文明、比实施进度、比技术创新、比科学管理，创和谐团队）城建交通大会战立功竞赛，其中沪通铁路建设工程、宁启铁路二期建设工程2个项目入选省十大重点工程竞赛。开展职工技能提升活动，参与

9月29日，南通市第11届运动会暨第二届全民健身运动会开幕。（市体育局　供图）

职工62.8万人次，5.62万名职工实现职业资格晋级，131名职工被命名为市级以上创新能手。

技能比武活动　2017年，南通市开展教育、气象、通信、食品检验等十大行业25个工种职工职业技能大赛，帮助职工晋升职业资格1.2万人，授予优秀选手市"五一劳动奖章"26人。城镇排水行业废水处理、药学技能大赛获全省第一，中国天楹股份有限公司获全省"十大职工技能创新成果"。组织育婴员、家政服务员、养老护理员、茶艺师等各类职业技能培训2182人次，其中获相关职业资格2090人。启动劳模"三领三创"（领跑创新、领路创业、领先创优）工程，选树"十佳劳模创新工作室"，命名市级以上"劳模创新工作室"275个，获省级示范性称号8家。推动落实职工技术培训、练兵比武、技能晋级、工匠选树、待遇保障5项机制，入选"江苏大工匠"1人、"江苏工匠"9人。

职工文体活动　2017年，南通市举办"职工推荐优秀图书""网络读书征文""职工经典诵读大赛"等读书活动，其中"培育好家风——女职工在行动"读书征文活动获全国"书香三八"优秀组织奖和省读书活动优秀组织奖。开展全市首届"职工书屋"评选，选树市级"职工书屋"41家。承办市第11届运动会暨第二届全民健身运动会职工部比赛，27家单位596名运动员参赛。参加全省职工排舞比赛，获特等奖2项。连续第37年举办"濠滨夏夜"广场演出，组织活动64场，服务观众6.5万人次。组织书画、摄影、盆景、劳模事迹免费公益展览25期，公益演出12场，开设女职工美丽课堂100场，惠及观众近10万人次。组织下基层送电影108场、文艺演出113场、公益展览15场，辅导基层文艺骨干2000余人次。

【职工维权服务】 职工普法宣传　2017年，南通市开展"五一劳动法律宣传服务月"活动，设立法律咨询服务站（点）123处，举办劳动法律知识讲座56场，发放普法宣传材料3.17万份、法律维权读本2.22万册。开展"尊法守法·携手筑梦"服务农民工专项法治宣传等阳光法律服务活动120场次，面对面服务职工1.26万人次。举办职工劳动法律知识微信竞答活动，参与职工近1.2万名。举办"安康杯"竞赛，26个行业4526家企业3.8万个班组87.8万名职工参赛。

劳动法律监督　2017年，南通市制订《南通市工会劳动法律监督工作评价实施方案》，开展工会劳动法律监督"清风"行动，深入企业483家，纠正违法用工59人次，补发工资、补缴社保费43.35万元。开展防暑降温保障、女职工劳动保护、农民工欠薪等专项检查，发现并督促整改安全隐患1300余处，发出劳动法律监督意见书、整改建议书20份，提出指导意

见70条。出台《关于构建和谐劳动关系的实施意见》，全市集体合同和工资专项集体合同签约率分别为91%、89.4%。“全省率先启动工资集体协商星级企业创建活动”获全省厂务公开民主管理年度创新实践成果，工资集体协商工作在全省集体协商春季集中要约行动启动仪式上作经验交流。

劳动争议调处　2017年，南通市实行专家会诊、联动联调、“三庭合一”（工会劳动人事争议调解庭、人社部门劳动人事争议仲裁庭、人民法院劳动人事争议法庭）劳资纠纷调处机制，调处各类劳动争议200余起。接待职工信访182案次，涉及职工2300余人次。获省第二届劳动争议调解员岗位技能大赛第二名。推广海安县职工法律援助服务站规范化建设经验，入选全省工会基层法律维权工作十佳项目2个。

【职工保障服务】 2017年，南通市开展“精准帮扶·情暖江海”送温暖活动，慰问困难职工、困难劳模5971户，发放货值近1000万元。向1182名困难职工发放大病医疗救助金315万元，其中市区206名特困家庭职工103万元。开展金秋助学和劳模结对助学帮扶，向1634名困难职工和进城务工人员子女发放助学金331.5万元。常态化开展夏季安康“三送”（送清凉、送法规、送政策）活动，全市工会发放防暑降温用品价值近1500万元，惠及职工18万人次。配合开展“温暖多一度·情系农民工”送健康环省行活动，3万余名一线进城务工人员享受免费体检。2000余名一线职工参加市、县两级免费疗休养，符合申购经济适用房条件优秀进城务工人员家庭在南通安居76户，730名优秀进城务工人员获学历提升，建成户外劳动者爱心服务站133家、劳动保护片区服务站94家、爱心母婴室50家。职工普惠服务经验在全国工会“互联网+会员普惠制”培训班上交流发言。

（邱　滕）

共青团南通市委

【概况】 2017年，南通市新发展团员16333人。至年底，全市常住户籍人员中有团员34.1万人，团员总数占28周岁以下青年63.7%。全市建有基层团（工）委413个，团支部（总支）10624个，团干部9911人。其中，专职团干部98人，兼职团干部9813人。通过公益项目大赛、公益拍卖等活动筹集公益资金280余万元。开展希望工程助学活动，资助大中小学生2000人次200余万元。

【团组织建设】 2017年，南通市出台《共青团南通市委改革实施方案》，完成市、县、镇三级团组织换届，召开共青团南通市第十七次代表大会，团的代表大会、委员会、常委会中基层和一线代表比例分别为77.42%、63.64%、46.15%，高于75%、50%、25%改革目标。调整优化队伍结构，推动团干部多岗位锻炼，选派专职团干部赴基层、发达地区和西部地区挂职锻炼8人，选拔机关工作志愿者，形成多元化队伍结构。成立共青团改革、基层组织建设、青年创新创业、青年社会组织工作、青年马克思主义者学院、青年婚恋交友等专项工作组，形成“固定部门+专项工作组+临时项目组”工作结构。建立“开放式”监督体系，广泛调查普通青年、人大代表、政协委员、行风监督员等社会群体对当地共青团组织满意度。推进“1+3融合式”团建，建立“区域化团建联盟+青年组织孵化站、团代表工作室、青年之家”“一联盟、三平台”团建格局。加强南通籍学子在上海联系和服务，成立首个南通驻上海学子团工委。建立以“青年之声”为核心“网上共青团”工作体系，组建1.2万人服务团队，建立与青年“不掉线”联系。成立南通新媒体中心，打造“青春南通”微信、微博等新媒体平台，新媒体中心2支队伍成为省青少年新媒体发展联盟成员单位。组建4万余人网络文明志愿者队伍，开展舆论斗争和舆情引导，营造风清气正网络环境。推动“青年之家”建设，打造“青少年之家”90余家，创建全国级示范性综合服务平台2家、省级示范综合服务平台13家。

【“青马学院”建设】 2017年，南通市成立“南通市青年马克思主义者学院”（简称“青马学院”）。“青马学院”主要做法获《光明日报》《中国共青团》《中华儿女》《雷锋》等国家级主流媒体报道，“马克思主义‘视听’教室”获2017年江苏省青年创益项目大赛金奖。

线下活动　2017年，南通市在南通大学、开放大学、南通航院等高校举办“青马”专题讲座，举办基层团干部轮训班3期150人次，在浙江大学举办团干部理论研究班，参训300余名，近2万名高校团学干部参加。举办《习近平关于青少年和共青团工作论述摘编》各界学习座谈会。首个“青马”教育实践基地在苏中七战七捷纪念馆挂牌，在市检察院、市公安局、如皋市建立“青马”分校3所。招募并组建党的十九大精神青年宣讲团，赴基层单位宣讲107场。在“我的中国梦”主题教育实践活动中突出马克思主义宣传教育，在“青年之声”平台建设中设置“青马”栏目。

线上栏目建设　2017年，南通市推出“马克思主义·青年说”专题栏目，鼓励青年理论工作者、团干部和学生干部带头传播“好声音”，累计发布200余期。推出“马克思主义·对青年说”栏目，邀请领导干部、老党员、理论工作者等寄语青年成长。开发“马克思主义·读原著”栏目，组织专业播音员领读马克思主义原著，开通“团市委书记室带你读十九大报告”专题栏目。开发“青马学院”专题网站，推动“青马学院”入驻新媒体“快手”平台。

【文化交流与服务】 2017年，南通市开展“民族团结一家亲”南通·伊宁青少年手拉手夏令营活动，新疆伊宁县优秀共青团干部、少先队员15人到南通参加。开展“一带一路”沿线国家青年交流行动，举办南通—瑞典“2017国际青年公益音乐会”，150余名音乐爱好者参加，启动“爱笑的眼睛”青少年文化教育公益项目；举办“跨越时间的桥梁”中西文化交流音乐会，爱沙尼亚FA古乐团与南通民乐团同台演奏；举办“让世界重回东方——爱乐乐团青年音乐会”献礼党的十九大、南通市青年读书分享会、南通市青年美术作品展、“炫·青春”艺术巡回展演、南通

南通产业技术研究院　　（冯泽钧　摄）

市青少年公益书画大赛等文化交流活动90余场、6000余人次参加。

2017年，南通市举办公益项目负责人培训班、“公益下午茶”社会组织分享会、青年社会组织沙龙等培训交流活动36场2000余人次。通过《南通日报》等媒体发布南通共青团服务青年“十件实事”。承办全省阳光助残志愿服务社会组织骨干培训班，承接省级“青春自护·益起来”青少年自护教育项目试点。组织南通市青年商会会员到陕西省汉中市调研，资助贫困家庭学子5万余元，与汉中市青年企业家协会签订义卖捐赠框架协议，在留坝县成立孝德基金。7月6日，南通市承办江苏共青团社会联络年中工作会议，建立“1+9+N”青年社会组织管理服务体系，联系服务青年社会组织856个。

【青年创新创业服务】 人才招引服务　2017年，南通市举办“万名学子看南通”大学生暑期社会实践活动，清华大学、北京大学、复旦大学等10所重点高校社会实践团队到南通就10个重点课题进行调查研究，新建青年就业创业见习基地20个，征集见习岗位240余个，通过市、县联动覆盖大学生近1万人。承接省第15届“挑战杯”竞赛，主办大学生科技创新成果展，全省90余所高校近50个项目参展。举办南通市青年人才创新创业分享会，邀请创业精英、投资大咖、创业导师到南通与创新创业青年开展互动分享。开展沪通交流活动，与上海市静安区展开对接，在南通市北科技城建立青年创业孵化基地。与香港开展交流活动，促进香港、南通两地优质项目对接与合作。

创业者成长服务　2017年，南通市与中南谷合作，成立“中南谷青创基金”。探索投贷联动项目，与“凯璞庭资本”启动投贷联动扶持项目。启动“新生代企业家新动力”培养计划，通过能力提升、导师帮带等形式，培养政治上有方向、经营上有本事、责任上有担当、文化上有内涵新生代企业家。

服务体系完善　2017年，南通市搭建项目成长载体，举办“创青春”南通市青年创新创业大赛、南通市青年跨境电商创业大赛、南通市青年创业沙拉等活动10余场，参加省级大赛获奖项目10余个。常态化联系青年创业孵化基地，推动南通产业技术研究院、崇川科创园、创新公园、晶城科创园等10家青创基地项目转化，2家团属青创基地获评中国青年创业社区，1家入选国家级众创空间。开展创业启蒙教育，筹建南通市青年创业导师团，举办“青创大讲堂”4场。强化青年就业服务，举办返乡农民工专场招聘会、“圆梦青春职面人生”专场招聘会等青年专场招聘会，提供就业岗位信息3000余个。

（鲍　炜）

南通市妇联

【概况】 至2017年底，南通市有县（市、区）妇联9家，镇（街道）妇联102家，村（社区）妇联1899家，妇联干部8634人。建有市、县两级妇联团体会员26个，妇女儿童之家1890个。2017年，南通市妇女联合会（简称“市妇联”）获评全国维护妇女儿童权益先进集体、全国未成年人思想道德建设工作先进单位。《中国妇女报》《新华日报》等省级以上媒体先后15次宣传推介南通妇女工作。

【妇女组织建设】 2017年，南通市制订《南通市妇联改革实施方案》。出台《南通市各县（市）区、镇（街道）妇联兼职副主席、执委履职指导意见（试行）》。完成村（社区）妇代会改建，配备妇联主席1847人、专兼职副主席6541人、执委18623人。在行业大系统、园区、市属企业等重点领域建立9家市直属妇联组织，在楼宇、商圈、“两新”组织等新兴领域建立妇联组织340家，市级13家机关妇委会完成改建妇联工作。首届妇女儿童家庭公益创投项目结项，17个创投项目累计服务1.33万人次。开展第二届妇女儿童家庭公益服务项目创投，实施项目10个。16个项目申报2017年度江苏省妇女儿童公益社工服务项目，获省扶持资金75万元。加强妇女干部队伍建设，与市委组织部联合在中华女子学院举办南通市首届女干部领导力提升培训班，39名妇女干部参加培训。

【女性思想引领】 2017年，市妇联开展“巾帼心向党·喜迎十九大”等主题系列活动。各级妇联邀请党的十九大女代表、专家开展宣讲，启动“十百千巾帼大宣讲”，组建巾帼宣讲小分队，进入机关、校园、农村、社区、妇女儿童之家开展宣教活动237场。11月21日，全国妇联党的十九大宣讲在南通市举行。开展“我爱我家”“全心全益为爱点赞”“为巾帼建功先进助彩”等网络互动活动，为妇女提供培训发布、讲座直播、家庭纠纷调解等线上服务；围绕党的十九大精神、社会主义核心价值观、家风家训等开展系列主题宣传。“南通妇联”官方微信关注人数超4万人，年阅读量超300万人次，入围全国地市级妇联微信公众号传播指数30强，持续位居全省第一。

【妇女创业创新】 2017年，市妇联开展“巾帼创新业·建功新南通”主题活动，激发妇女创业创新热情。评选表彰第六届南通市“十大女杰”，召开全市农村妇女创业创新行动现场推进会，举办“通创荟”巾帼创业创新大赛，完成市女企业家协会换届。市、县妇联举办“三八架金桥·春风送岗位”女性专场招聘会10场，4211人现场达成就业意向。开展家政服务“送教下乡”培训班10期，参训人数1570人次。建成省级巾帼示范基地37家，获扶持资金34万元。组织实施“致富金手指”巾帼家纺创业创新计划，获评“十佳”省级巾帼创业创新实践项目，获省扶持资金10万元。推进妇女创业担保贷款发放，发放妇女创业担保贷款金额5519万元，534名城乡妇女获益。启动新一轮南通市“巾帼文明岗”创建活动，在全省社会化评选巾帼文明岗活动中，南通市获评数量占全省四分之一。

【妇女儿童民生实事】 2017年，南通市举办关爱留守流动儿童主题夏令营，推进“母爱10平方”母乳喂养室建设，举办“健康女人·幸福人生”公益讲座10期、“爱家讲堂”知识讲座4期。发动社会力量认领5418个爱心储蓄罐，募集资金198万元。向全国妇联争取“两癌”救助资金43万元，及时发放到位。全市新建春蕾班26个，各级妇联募集爱心资金241.94万元，救助困境儿童3805人、单亲贫困母亲812人。推进儿童家庭监护缺失社会干预试点项目，试点探索刑事案件未成年人“一站式”权益保护，启动“女童保护”公益行动。6月14日，全市妇女儿童工作会议召开，发布2017～2018年妇女儿童10件实事。

【妇女儿童维权】 2017年，市妇联开展“莲蓬细雨”普法行动，推动法律进家庭。创新开展“每季一法”微信推送活动。举办第三届家庭学法达人赛，3万余家庭参与。开展普法进基层活动20期，培训城乡妇女群众2200余人。推进第二批100名律师志愿者与妇女儿童之家结对共建，为基层妇女儿童提供精准法律服务。完善政策法规性别平等咨询评估机制，推广海门“她言堂”妇女议事“3456”（在议题确定上，做到妇女所盼、党政所急、群众所需3结合；在议事主体上，整合社区两委、妇联干部、社团领袖、妇女群众4方力量；在议事形式上，采取集中议事、现场议事、上门议事、接待议事、微信议事5种常态方式；在议事成果转化上，规范形成议事结果、提交两委讨论、党员或党员代表大会表决、决议社区公示、决议交办执行、听取意见反馈6步骤）运作模式和工作经验。举办“平安家庭”创建法治文艺进社区巡演20场次，开展婚姻家庭纠纷排查化解专项行动。探索创建“1545”（突出家庭普法1个重点，抓住情窦初开期、婚姻登记时、婚姻存续期、离婚办理时、失婚独居期5个阶段，联合政法部门、民政部门、教育部门和社会组织4方力量，运用法治教育、婚恋引导、调解处理、缓冲劝导、文化浸润5种治理手段）和谐婚姻幸福家庭引导机制，提升家庭成员责任感。在南通开放大学、江苏商贸职业学院开展婚恋观教育专场讲座，引导大学生树立正确的婚恋观。全国试点项目“幸福婚姻家庭在社区”宣传服务活动结项。开展“以案说法话维权”庭审观摩活动，举办专题培训班，提升维权工作水平和调解技能。全年全市各级妇联接待各类信访4123件，调解成功率98%。

3月5日，崇川区文峰街道开展纪念“三八”国际妇女节107周年维权咨询服务活动。 （姜泽林　摄）

【家庭家风建设】 2017年，市妇联开展“和美家庭·德润江海”主题活动，常态化寻访“江海最美家庭”，持续推动五大文化（孝老爱亲、崇文尚学、廉洁诚信、自强奋进、互助奉献）进家庭。市妇联评选表彰江海最美家庭、二十佳教子有方最美家庭，引导全市家庭传承传统美德、弘扬优良家风。全市参加各级寻访最美家庭活动29.3万余人次，推荐最美家庭9400户。11户家庭获评全国、省“最美家庭”。举办“江海好家风”主题朗诵会，6.6万余人在线观看视频直播。举办3期“和美家风·德润南通”《家风》专题节目，邀请最美家庭做客电台直播间分享家风故事。市妇联“巾帼挽霞”关爱空巢家庭志愿服务项目获中宣部表彰为最佳志愿服务项目。

【家庭教育指导】 2017年，南通市出台家庭教育“十三五”规划。加强村（社区）家长学校规范化建设，全市1847个村（社区）家长学校开展家庭教育讲座及教育实践活动4552次，受教育33.4万人次。开展心理健康教育、家庭教育宣讲进学校、进社区、进乡村1000余场，宣传普及科学家教理念、知识。创新家庭教育“一十百千”[每年举行1次大规模家教研讨会，汇编1本家教丛书；市级举办高规格家庭教育公益大讲坛10期；市、县（市、区）联办送教下乡100场；各级各类家长学校举办专题活动1000场以上]工程，采用“你点我送”菜单模式，邀请知名专家学者举办南通家庭教育公益大讲坛11期12场，5500名家长现场参与，8万余名家长收看微信视频直播。

（曹　璨）

南通市科协

【概况】 至2017年底，南通市有市级学会72家，县（市、区）科协8家，高校科协5家，企业科协466家，镇（街道）科协组织91家，行政村（社区）科协组织1730家，农技协145家，实现基层科协组织全覆盖。2017年，南通市科学技术协会（简称“市科协”）组织35名院士到南通参加江海博览会、江海英才周及健康长寿峰会等活动7场，服务全市院士工作站48家、院士领办企业3家。举办省海峡两岸农业特色小镇科技研讨会等活动10余场。3篇《科技工作者建议》专报被中国科协呈送中央办公厅、国务院办公厅。出台《南通市科协系统深化改革实施方案》。建设市自然科学优秀论文奖、中国南通产品设计大赛、科技咖啡馆、软科学课题等品牌。南通市具备科学素质公民比例10.4%，比上年提高1.1个百分点。配备科普屏404块，推动“科普中国·城千校万村行动”开展。获国家、省科普益民计划、惠农兴村计划奖补项目13个，获省表彰科技人才9人。开展第十届自然科学优秀学术论文奖评审。年内，市科协获评全国科技活动周优秀组织单位，连续第14年获评江苏省科协系统综合考评先进单位。

【院士专家助力发展】 5月20~25日，市科协举办“通籍院士家乡行”活动，印象初、李大潜等5名院士出席中央创新区建设院士咨询会、赴企业考察指导，举办学术报告会6场。8月16~19日，举办2017中国南通江海英才创业周院士专家南通行活动，严纯华、蔡美峰、顾晓松等6名院士专家赴高校、企业考察指导。组织2017健康与长寿峰会、“高端纺织业·纤维新材料”院士专家咨询对接会、芬兰海智专家南通行等活动。全市建成院士专家工作站48家，其中隆昌化工获评中国科协2017年示范院士专家工作站。3名院士带团队在南通落户创业。中国工程院院士、南通大学教授顾晓松受聘担任市科协顾问。

5月20日，2017年全国科技活动周暨南通市第29届科普宣传周活动在如东县开幕。（市科协供图）

【高端技术论坛】 2017年，市科协开展南通科技咖啡馆活动5期，组织加拿大工程院院士Kamiel S. Gabriel科学报告会，举办第七届国际能源利用研讨会、第二届国际燃料电池汽车大会、中国健康养生第二届博览会、国际生态农业暨土壤修复与改良学术研讨会、5G与海域通信学术论坛、2017中国南通产品设计大赛、“江海设计”活动发布会暨首次系列讲座等。5月24日，2017年江苏省海峡两岸（苏台）农业特色小镇科技交流研讨会在南通举行，围绕重点领域、重点产业、重点项目，研究解决特色小镇与产业发展上的困难与问题，探索合作空间。60名台湾农业专家及省内外代表200余人参加会议。会上，海峡两岸文化创意农业示范园等12个项目集中签约，环球网、新华网等10余家媒体宣传报道。

【“全国科技工作者日”相关活动】 2017年5月30日是首个全国科技工作者日。5月27日，南通籍科学家顾晓松、王曦、朱美芳、崔维成4人获全国创新争先奖状。在2017年全国科技工作者日、全国科技活动周暨江苏省第29届科普宣传周省主场活动上，南通市1个团队和3名个人获江苏省创新争先奖。围绕全国科技工作者日，市科协举办院士咨询会、健康管理与养生保健主题科技咖啡馆、大手拉小手科普报告巡讲报告会、科普志愿者送科技到基层、基层科技工作者座谈会等活动15场次，6000人参加，推动高校、学会组织、各县（市、区）等开展主题报告会、科普宣传、成果展洽会等活动。

【基层科普行动计划】 2017年，南通市开展省级科普示范县（市、区）、镇（街道）、行政村（社区）和江苏省科普教育基地创建。推进实施省级基层科普行动计划，全年科普益民计划获省级奖补项目4个，科普惠农兴村计划获省级奖补项目3个。创建南通市科普益民服务站，社区科普大学在主城区实现全覆盖，其他县（市、区）覆盖率90%。

【科技工作者状况调查站点建设】 至2017年底，南通市有科技人员状况调查国家级站点4个，省级1个，市级55个。全年南通科协站点上报有效信息21篇。在全国设区市首次开展科技工作者状况专项调查。市科协组织农业、医药等科技工作者近300人参加中国科协《人才成长环境》等5项调查，举办市科技工作者状况调查站点工作会议。市科协站点报送和刊发信息数量连续第三年全国第一，被中国科协授予“优秀调查站点”，获评具备推荐“优秀信息员”“优秀调查员”资格站点。

【中国南通产品设计大赛】 6月，南通市启动2017中国南通产品设计大赛，征集参赛作品164项，涵盖智能装备、家纺和服装、轻工产品设计、医疗器械设计、船舶海工及新能源汽车等各类创新成果。评出金奖1项、银奖2项、铜奖3项、优秀作品奖4项，南通西北工业大学工业设计研究院参与设计“慧管家智能门禁”项目获金奖。

（徐　燕）

南通市侨联

【概况】 南通市归国华侨联合会（简称“市侨联”）是在市委领导下的由归侨侨眷组成的人民团体。至2017年底，全市有市级侨联1个，县（市、区）侨联8个，高校侨联2个，企业侨联2个，镇（街道）侨联71个，村（社区）侨联82个。

【市第八次归侨侨眷代表大会】 12月11～12日，南通市第八次归侨侨眷代表大会召开。全市200余名侨界代表、50余名海外嘉宾出席大会。会议表彰5年来南通市侨联事业先进典型，选举产生市侨联第八届委员会主席、副主席、秘书长和常委名单，通过市侨联第八届委员会海外顾问、海外委员会名单，通过关于市侨联第七届委员会工作报告决议。

【参政议政】 2017年，南通市侨联系统有各级人大代表17人、政协委员67人。全年定期组织侨界人大代表、政协委员考察调研80人次。市“两会”期间，全市侨界“两会”代表提交提案110余件、建议案40余件。编辑《侨情专报》4期。

【侨联经济社会发展服务】 2017年，市侨联在全市侨联组织和侨界群众中开展“归国创业·新侨创新”主题活动，成立南通侨界专家委员会，动员侨界高层次人才服务南通经济社会发展。举办“侨资侨智服务创新发展”主题论坛，海外高层次人才及部分新侨、侨商代表60余人参加。开展南通、上海两地侨界交流合作，邀请在上海发展新侨、侨商、海外高层次人才到南通参观、考察2000余人次，协助引进项目总投资超3亿元。

【侨界服务】 2017年，南通市各级侨联走访慰问侨界群众1600余人次。在社区挂牌成立南通侨友健康咨询室；牵线市第一人民医院与省华侨公益基金会成立定点健康服务单位，为侨界空巢家庭搭建养老关爱平台。各级侨联法律顾问委员会为侨界群众提供免费法律咨询、代理案件诉讼、开展法律调解等工作。全年各级侨联处理信访件50余件，接待信访人员180余人次，协助解决涉侨纠纷、案件10余件。

【海外联谊】 2017年，市侨联接待澳中文化商贸交流促进会、澳大利亚江苏联合会、澳大利亚南通联谊会、美国北加州江苏南通同乡会、日本爱媛县华侨华人联合会、新加坡江苏会、欧中“一带一路”促进会、新西兰南通同乡会、美国江苏友好协会等海外重点侨团、侨领21批260余人次。举办2017“亲情中华”江苏南通夏令营、“亲情中华”南通侨界喜庆党的十九大侨界书画作品展等活动。通过官方微信、“网上侨联”“网上同乡会”等平台，密切与海外侨胞的联系。

【侨界文化建设】 2017年，市侨联举办“亲情中华·中新文化交流活动”“北欧之光”瑞典青少年乐队公演、侨界书画展等海内外文化交流活动。举办第六届南通华侨文化节系列活动。举办“亲情中华 · 文化讲堂 · 张謇故事”系列活动，组织筹划“讲好张謇故事”演讲、访谈活动。开展侨史研究，完成《南通新侨口述史》《南通老归侨口述史》。

【侨界公益】 2017年，市侨联在启东市近海镇川流港村设立5万元侨界关爱基金，捐赠22个价值5万元助听器，发放160件价值6万元棉衣。

（王　璨）

南通市台联

【概况】 南通市台湾同胞联谊会（简称“市台联”）是市委领导下的，由居住在南通市的台湾同胞组成的爱国民众团体（副处级建制，人员编制挂靠市委统战部）。2017年，南通市有定居台胞86人，常住台胞900余人。全市台胞中，大专学历以上人34人；中共党员7人、民主党派成员1人；各级人大代表1人，各级政协委员4人。

【参政议政】 2017年，在市人大、政协“两会”期间，市台联提出集体提案2件，其中《关于完善社区公共卫生服务体系建设的建议》提案获2017年市政协优秀提案。台籍人大代表、政协委员在各级“两会”中提出建议、提案8件。在省十二届人大五次会议上，吴琼代表提出《关于积极推进对垃圾分类处理的建议》被省人大常委会主任会议确定为2017年重点督办6项建议之一。

【定居台胞服务】 2017年春节期间，南通市走访慰问台胞63户，发放省市老台胞、特困患重症台胞及台属补助款5万余元。“六一”儿童节，以慰问信和赠书活动形式组织慰问全市小台胞及台商子女；组织在南通台籍学生参加第18届世界华人学生作文大赛和上海市“原乡杯”作文比赛，8篇作文获奖。6月，组织13名台联理事、骨干和创业中青年台胞到苏州台湾会馆、青年创业园区参观学习。8月，走访慰问老台胞、遗属、患重病台胞及家属10人。8月中旬，组织30名台籍小朋友、台商子女及陪同家长在如皋市举办小台胞夏令营暨“台湾知识竞赛”活动。重阳节组织部分老台胞赴常州参观交流。年内，市台联与省台联、北京市台联协调解决1名台胞因工伤评残、赔偿等问题。

【两岸交流】 2月，南通市组织30名台商到南京参观交流。10月，组织9名台商代表到徐州参加江苏台胞看江苏活动。12月，举办圣诞联谊活动，18名台商、台胞代表参加。全年接待从台湾地区到南通探亲、扫墓台胞及家属20人次。

（吴　琼）

南通市社科联

【概况】 南通市哲学社会科学界联合会（简称“市社科联”）是市委、市政府领导下的群众性学术团体。至2017年底，市社科联有团体会员42个，其中哲学社会科学类15个、经济管理类13个、文史类14个。会刊《江海纵横》为省级内刊，全年刊发4期，重点栏目“江海文化”“张謇研究”在省内有一定影响。2017年，市社科联获评全国先进社科联，获评全省社科联系统年度工作创新奖、决策咨询奖。

【社科组织建设】 2017年，市社科联落实《学会管理办法》，组织各学会开展集中年检，指导会计学会、财政学会、工商学会、统计学会、图书馆学会、民间文艺研究会6家学会换届，推动成立僧伽文化研究会、沙地暨海洋地域文化研究会。举办“社科沙龙”3期，围绕“对接服务上海”“通商文化”等主题，组织学会骨干参与研讨。与南通大学继续教育学院联合举办社科骨干培训班1期，参训骨干80余人。

【社科普及传播】 2017年，市社科联落实《江苏省社会科学普及促进条例》，推进社科普及各项工作。5家新申报省级社科普及示范基地、3家复评省级示范基地均获评省级社科普及示范基地，累计13家。推进新一轮县（市、区）社科普及示范基地申报评估，新增市级社科普及示范基地17家，累计62家。9月，以“服务两聚一高新实践，建设强富美高新南通”为主题，开展市第14届社科普及宣传周活动。参加省第14届社会科学普及宣传周主题知识有奖竞答活动，获优秀组织奖。《社科微阅读》首发。与南通人民广播电台联办《社科之声》空中讲坛，每半月直播1档节目，连续开播8年，成为全国、全省知名社科普及品牌。

【社科课题研究】 （参见《文化·社科研究》）

【社科学术研讨】 （参见《文化·社科研究》）

（王鹤远）

南通市文联

【概况】 2017年，南通市文学艺术界联合会（简称“市文联”）新增国家级文艺家协会会员30人，省级文艺家协会会员65人。至年底，有国家级会员453人，省级会员1652人，市级会员5070人。市文联有团体会员26个，其中市级文艺家协会14个、县（市）区文联8个、行业文联4个。

（沈婵媛）

【文化活动】 （参见《文化·文化艺术》）

南通市对外友协

【概况】 南通市人民对外友好协会（简称“市对外友协”）是全市性人民团体、市属社团法人。2017年，市对外友协重点在对外经济、文化、艺术、教育等领域开展国际合作交流。5月30日，举办2017南通濠河国际龙舟邀请赛，英国、伊朗、澳大利亚、加拿大等国家和地区20支队伍参赛。

【对外联络交流】 1~8月，南通市在市图书馆（市少儿图书馆）、虹桥社区、海门实验小学等场所举办日本友城丰桥市少儿书法精品展。10月，选送200余幅少儿书画作品到日本参加友城丰桥市年度展览。协调推动橙天娱乐集团（国际）控股有限公司嘉禾项目落户南通。11月1~2日，邀请瑞中友协法语区分会主席白鹄到南通考察投资政策和环境。

【“洋眼看南通”征文活动】 9月30日，南通市举办“相约南通”文化体验暨“洋眼看南通”征文活动启动仪式。来自13个国家36名在南通外国友人报名参加，选派20件优秀作品参加“洋笔书江苏”征文活动。其中，日本友人宫川千鹤女士《合情合理》获征文大赛二等奖；南通首位“荣誉市民”伊藤般展《美丽的南通城》《南通颂》获三等奖。

【“少年之翼”访问团到访】 8月5~7日，应江苏省人民对外友好协会邀请，日本石川县国际交流课戒田由里美率石川县“少年之翼”青少年友好访问团一行11人访问南通。其间，8名日本学生进入南通家庭进行住家体验。

（汤　涛）

南通市残联

【概况】 南通市残疾人联合会（简称“市残联”）为市委、市政府主管全市残疾人事业的群众团体。至2017年底，南通市有持证残疾人185559人，比上年增加1.14%。其中，视力残疾27990人，听力残疾8136人，言语残疾694人，肢体残疾100916人，智力残疾21231人，精神残疾21515人，多重残疾5077人。根据区域分布统计，海安县有残疾人18640人，如皋市有残疾人42571人，如东县有残疾人27887人，海门市有残疾人23271人，启东市有残疾人23750人，通州区有残疾人33071人，崇川区有残疾人8031人，港闸区有残疾人5503人，南通开发区有残疾人2835人。2017年，南通市重点推进残疾人小康进程。（详见《社会保障·残疾人福利》）

（周爱兵）

南通市红十字会

【概况】 南通红十字运动始于1927年，由清末状元张謇之子张孝若发起创建中国红十字会南通分会。至2017年底，南通市所辖9个县（市、区）均设立红十字会机构；全市有红十字会基层组织893个，会员506832人，注册志愿者17455人。2017年，南通市应急救灾中心项目竣工。出台《南通市红十字会自然灾害和突发事件应急预案》，进行模拟推演，排演红十字救护情景剧参加省应急科普巡演。南通市红十字会（简称“市红十字会”）获评实施省政府重点工作成绩突出单位。

【救护培训】 2017年，“新增公益性应急救护培训10万人”计划连续第四年列入市政府为民办实事项目。全市红十字系统整体联动，对社区居民、化工企业、高危行业、学校、机关等人员分批分期实施应急救护培训。全年累计完成培训11.91万人，完成率119%，其中初级救护员1.25万人、普及性培训10.66万人。

【救助筹资】 2017年，南通市红十字系统集聚人道资源945.91万元。其中，款项936.2万元，物资价值9.71万元。实施红十字博爱送万家、"暖暖农情"、助力"万名代表小康行"、关爱最美环卫人、613助老、爱心年夜饭、燃眉救急、爱（癌）友驿站等各类博爱救助项目，拨发救助款物总价值1115.04万元，受益群众3.68万人次。

【健康扶贫】 2017年，南通市推进健康扶贫实事工程，实施"健康扶贫"人道救助项目，开展"健康扶贫"人道救助金专项募集，全市红十字系统募资653.33万元，其中市本级104.15万元。全市实施救助1153户，使用救助资金108.64万元，数据全部纳入"阳光扶贫"监管平台接受各方监督。

【造血干细胞与人体器官捐献】 2017年，南通市新增造血干细胞采样志愿者823人，累计造血干细胞采样志愿者13258人。钱骥、杨海军2名志愿者实施捐献，全市累计有40名志愿者捐献造血干细胞。南通市捐髓再动员成功率继续保持全省第一位。全年，南通市实现遗体捐献5例，捐献数为历年最高；眼角膜捐献3例。至年底，全市遗体捐献志愿者报名登记人数252人，器官捐献报名登记135人。3月31日，在东华塔陵园开展"南通市遗体器官捐献者纪念墙"落成暨清明缅怀捐献志愿者活动。南通市民杨英捐献眼角膜事迹，获中央电视台《新闻联播》《新闻直播间》报道。

【红十字示范校创建与志愿服务】 2017年，市红十字会与市教育局联合开展省级红十字示范校创建。全市创建省级红十字示范校10所。开展省、市两级"博爱青春"大学生暑期志愿服务项目15个，其中南通大学红十字会"髓爱相行·生命启航"获全省优秀展示项目。南通博爱艺术团参演全省首届红十字文艺汇演获最具风采奖。红十字志愿者"磨刀老人"吴锦泉获第六届全国道德模范提名奖。

【红十字文化传播】 2017年，南通市通过世界红十字日、国家防灾减灾日、世界急救日等重要纪念日传播红十字精神。市红十字会获《中华人民共和国红十字会法》知识竞赛最佳组织一等奖和报刊宣传先进集体特等奖；获中国红十字会年度优秀理论成果1个。完成《南通红十字志》编审。

（陆　洋）

3月31日，南通市遗体人体器官捐献者纪念墙落成。图为部分爱心市民参加缅怀活动。
（市红十字会　供图）

南通市关工委

【概况】 2017年，南通市关心下一代工作委员会（简称"市关工委"）有工作组织6489个。其中，县（市、区）关工委10个、镇（街道）关工委118个、村（社区）关工委1879个；政法系统关工委37个、农业系统关工委45个、机关关工委163个、教育系统关工委572个、民营企业关工委3976个。参加关心下一代工作"五老"（老干部、老战士、老专家、老教师、老模范）志愿者8.96万人。出台《进一步加强关工委基层组织建设和"五老"队伍建设的意见》，对基层关工委加强组织建设和"五老"队伍提出细化要求。8月，南通市关工委被江苏省文明办、江苏省关工委授予全省校外教育辅导站工作先进集体。11月28～30日，市关工委举办全市关工委基层干部学习贯彻党的十九大精神培训班，150人参加。

【校外教育指导中心建设】 2017年2月，市关工委聘请1人担任校外教育指导中心主任，该中心有工作人员3人，设事务部、培训部、科普部。省关工委下拨10万元、市关工委投入20余万元购置设备，建成科普活动室、电子阅览室、读书阅览室、多功能活动室、才艺展示室等。年内，校外教育指导中心组织举办"一次生动的校外教育活动"征文活动，联合南京大学材料系组织开展2次科普实验活动，与港闸区北城小学、北城中学联合举办中美社区青少年篮球友谊赛，与西藏民族中学联合举办汉藏学生科普联欢活动等活动。

【"学史立志、崇德向善"主题教育】 2017年，南通市各级关工委在青少年中开展"学史立志、崇德向善"主题教育活动。市关工委组织编写15万字宣讲材料，全市编写宣讲材料2357篇，5626名"五老"进学校、社区、企业等宣讲，中小学生听众111.7万人次。4月，召开主题教育现场推进会。8月，召开全市关工委宣传工作暨党史国史教育经验交流会议。全市1800余个村（社区）中心辅导站开展讲故事比赛、老少颂党恩歌咏赛、军史知识竞赛、“童心向党”创意绘画赛等赛事。全市举办演讲比赛1485场次，64.9万人次参与。市关工委和港闸区、如皋市关工委获省关工委阳光少年网“童心向党”专题活动优秀组织奖。

【校外教育辅导站建设】 2017年，南通市投入100万元用于支持校外教育辅导站建设。至2017年底，南通市有各类校外教育辅导站6461个，形式有县级辅导总站、镇级校外教育辅导总站+村（社区）辅导中心站+网格分站、家庭辅导站、四点半学校等，其中村（社区）中心辅导站2299个、校站结合2024个；建成电子阅览室1807个，配电脑11523台。全市有校外教育辅导员40027人。其中，“五老”20793人，在职教师5806人，大学生村干部2552人，其他志愿者9126人。全市各类校外教育辅导站全年组织活动37657次，参加学生91.2万人次。

【三好标兵竞赛评选活动】 2017年，南通市评选表彰市“十佳三好标兵”10人、市“三好标兵”110人，县（市、区）、镇（街道）、村（社区）学校分别评选出“三好标兵”1030人、5000人、19832人。5月，市关工委、文明办等5部门在通州小学召开全市“三好标兵”竞赛评选活动总结表彰暨长效机制建设现场推进会。8月，市关工委与市文明办、教育局等联合举办“三好标兵”公益夏令营，开展内务整理、模拟野战、标兵励志报告、素质拓展训练、主题场馆参观、感恩活动等活动。

【崇德少年法学苑建设】 2017年，南通市建有崇德少年法学苑1000余个，形成县（市）、镇（街道）、村（社区）及学校法学苑网络。围绕“把青少年培养成崇尚社会道德、熟悉法律知识、具有法律意识、自觉遵纪守法的一代新人”目标，打造“12346”（1套读本、2个课堂、3支队伍、4个场所、6个活动）运行模式。南通市崇德少年法学苑做法在2017年度全国关心下一代工作会议上作交流发言，省关工委专文转发，中央文明网、《法制日报》《民主与法制时报》《中国火炬》进行报道。

10月3日，第六届全国道德模范提名奖获得者“磨刀老人”吴锦泉（中）参加中秋亲子趣味DIY活动。（市文化广电新闻出版局　供图）

【关爱行动】 2017年，南通市各级关工委建立法制教育团509个，3934名“五老”（老干部、老党员、老教师、老军人、老文体爱好者）志愿者作法治教育报告3364场次，受教育者102.3万人次；有未成年人零犯罪村（社区）1805个，占总数96.1%。各地“五老”志愿者参与社区服缓刑青少年矫正工作，与涉罪未成年人结对帮教，担任涉罪人员未成年子女代理家长。全市7346名“五老”志愿者组建矫正帮教小组2256个，帮教对象1401人，转化1289人，转化率92%以上；建有关爱工作团队1076个，成员15014人。2400余名“五老”志愿者参与网吧义务监督，结对开展痴迷网吧未成年人转化工作。

【扶贫助学】 2017年，南通市各级关工委扶贫助学12114人次，发放捐资助学助困款1503.3万元。8月，市关工委举行爱心助学奖励金发放仪式，15名家境贫困本科新生和市级十佳三好标兵接受“徐超爱心助学奖励金”资助款每人2000元，4名大学新生接受“朱亦民爱心助学金”资助款每人800元。

【青年农民服务】 2017年，南通市各级关工委组织976名老农业科技工作者送科技下乡，向青年农民传授农业科技知识，赠送农业科技书籍。4月，对海门市、通州区、如皋市、启东市等地青年农民工返乡创业情况开展调研，形成《南通市对青年农民返乡创业的跟踪调查与思考》专题报告，获中国关工委、省关工委肯定。

（匡志森　张静秋）

地方立法

【概况】2017年，南通市人民代表大会常务委员会（简称“市人大常委会”）开展《南通市城市住宅物业管理条例》等7部后备立法项目前期调研。完成《南通市城市建筑垃圾管理条例》《南通市水利工程管理条例》立法，获省人大常委会批准，颁布实施。《南通市人才发展促进条例》经市人大常委会二次审议通过，待省人大常委会批准。

【城市建筑垃圾管理条例实施】1月23日，《南通市城市建筑垃圾管理条例》经市十四届人大常委会第四十次会议审议通过。3月30日，省十二届人大常委会第二十九次会议批准，于2017年10月1日起施行。该条例分为7章，包括总则、建筑垃圾排放、建筑垃圾运输、建筑垃圾消纳、监督管理、法律责任、附则，共45条。

【水利工程管理条例颁布】9月1日，《南通市水利工程管理条例》经市十五届人大常委会第六次会议审议通过。9月24日，省十二届人大常委会第三十二次会议批准，于2018年3月1日起施行。该条例分为5章，包括总则、工程管理、工程保护、法律责任、附则，共35条。

（黄升晖）

※资料链接※

南通市城市建筑垃圾管理条例

（2017年1月23日南通市第十四届人民代表大会常务委员会第四十次会议制定，2017年3月30日江苏省第十二届人民代表大会常务委员会第二十九次会议批准）

第一章　总则

第一条　为了加强本市城市建筑垃圾管理，维护城市市容和环境卫生，保护和改善生态环境，根据《中华人民共和国固体废物污染环境防治法》《江苏省城市市容和环境卫生管理条例》等法律、法规，结合本市实际，制定本条例。

第二条　本市中心城区、县（市）城区范围内的建筑垃圾排放、运输、消纳及其监督管理等活动，适用本条例。

本条例所称建筑垃圾，是指单位和个人在新建、改建、扩建、拆除各类建筑物、构筑物、管网，修缮、装饰装修房屋以及道路、桥梁、绿化、水利等工程施工过程中所产生的渣土、弃料及其他废弃物。

前款规定的建筑垃圾中属于危险废物的，依照相关法律、法规的规定处理。

第三条　建筑垃圾处置遵循减量化、资源化、无害化的原则。

产生建筑垃圾的单位和个人应当承担处置责任。

鼓励发展新型建造方式，推广装配式建筑，提高新建住宅全装修比例。

第四条　本市实行建筑垃圾源头分类。

市人民政府应当制定建筑垃圾分类标准、分类方案和收运体系规范，区、县（市）人民政府负责组织实施，提升资源化利用和无害化处置水平。

第五条　市和区、县（市）人民政府应当将建筑垃圾综合利用项目纳入循环经济和高新技术产业发展规划，并依照相关法律、法规，在科技、财政、税收、金融、用地等方面给予扶持。

鼓励优先采用建筑垃圾综合利用产品。

利用政府性资金建设的工程项目，在满足使用功能的前提下，应当优先使用符合国家规定标准的建筑垃圾综合利用产品。

第六条　建筑垃圾管理实行属地为主、条块结合的原则。

市和区、县（市）人民政府应当建立协调机制，研究处理建筑垃圾管理工作中的重大事项，并在财政预算中安排专项经费用于建筑垃圾处理、监管等活动。

城市管理部门是本市城市建筑垃圾管理的行政主管部门。

第二章　建筑垃圾排放

第七条　鼓励建设单位、施工单位和个人采用新技术、新工艺、新材料、新设备，减少建筑垃圾的产生量和排放量。

建筑垃圾可以直接利用的，应当直接利用；不能直接利用的，应当由具备相应条件的生产经营者或者其他主体进行综合利用或者无害化处置。

鼓励资源化处置企业采用移动式设备现场处置建筑垃圾。

第八条　建设单位应当负担建筑垃圾的处置费用。

建设工程的建设单位在工程招标或者发包时，应当在招标文件、合同中明确施工单位对施工现场建筑垃圾排放和分类管理的具体要求。

拆除工程的建设单位应当将拆除工程发包给具有相应资质等级的施工单位，并按照前款规定，督促施工单位落实建筑垃圾处置责任。

第九条　施工单位或者运输单位应当选择城市管理部门公布的中转调配场所、资源化利用场所、固定填埋场所或者经接受地城市管理部门核实的受纳地点处置建筑垃圾，并签订消纳合同。

第十条　施工单位应当选择经城市管理部门许可的运输单位，签订建筑垃圾运输合同，明确建筑垃圾运输量、运输责任、运输费用、消纳场所或者地点。不得将建筑垃圾交给个人或者未经许可的运输单位运输。

第十一条　建设单位应当在建设工程、拆除工程开工二十日前，持下列材料向工程项目所在地的区、县（市）城市管理部门申请办理《建筑垃圾处置（排放）许可证》：

（一）《建设工程规划许可证》或者拆除工程备案文件；

（二）建筑垃圾分类处置方案，载明建筑垃圾产生地点、种类、数量、运输单位、处置计划等事项；

（三）运输合同、消纳合同；

（四）市容环境卫生责任书。

施工单位应当在《建筑垃圾处置（排放）许可证》规定的范围内排放建筑垃圾。

第十二条　建设工程施工单位应当配备施工现场建筑垃圾排放管理人员，并按照下列规定加强施工现场管理：

（一）按照分类方案分类收集、堆放建筑垃圾；

（二）及时回填工程渣土、清运建筑垃圾，不能及时回填或者清运的，落实防尘、防渗、防滑坡等措施；

（三）对工程泥浆实施浆水分离，规范排放，有条件的应当进行干化处理；

（四）硬化施工工地出入口道路，配备车辆冲洗设备，确保运输车辆净车出场。

第十三条　拆除工程的施工单位应当配备施工现场建筑垃圾排放管理人员，并按照下列规定加强施工现场管理：

（一）按照分类方案分类收集、堆放建筑垃圾；

（二）对可以回收利用的建筑垃圾落实回收利用措施；

（三）及时清运各类垃圾，不能及时清运的，采取防尘、防渗、防滑坡等措施；

（四）拆除工程完成后三十日内将建筑垃圾清运完毕。

动迁地块拆除工程完成、垃圾清运完毕，经城市管理部门验收后，由项目所在地街道办事处、镇人民政府负责后续环境卫生管理工作。

拆除化工、金属冶炼、农药、电镀和危险化学品生产、储存、使用等企业的建筑物、构筑物，应当经过环保部门环境风险评估和专项验收。

第十四条　房屋装饰装修排放建筑垃圾的，业主或者使用人、施工单位应当按照建筑垃圾分类方案，将装饰装修垃圾分类、袋装，投送至装饰装修垃圾临时堆放点。

物业服务企业管理的区域，由物业服务企业负责将临时堆放点的装饰装修垃圾集中投送至街道办事处、镇人民政府设置的装饰装修垃圾集中收运点。

区、县（市）城市管理部门负责本行政区域内装饰装修垃圾集中收运的组织实施。

第十五条　任何单位和个人不得将危险废物、工业垃圾以及生活垃圾混入建筑垃圾，不得随意倾倒、堆放、填埋建筑垃圾。

第三章　建筑垃圾运输

第十六条　本市建筑垃圾运输实行公司化、规模化、专业化运营管理。

从事建筑垃圾运输的单位应当持下列材料向市、所在地县（市）城市管理部门申请办理《建筑垃圾处置（运输）许可证》：

（一）《企业法人营业执照》《道路运输经营许可证》或者《水路运输经营许可证》；

（二）符合所在地城市管理部门规定数量、核载质量的自有运输车辆及其驾驶员的证明材料；

（三）运输车辆（船舶）《道路运输证》《机动车辆行驶证》或者《船舶营运证》以及符合本市建筑垃圾运输车辆（船舶）技术规范的证明材料；

（四）具有固定的办公场所和与企业经营规模相适应的车辆停放场地的证明材料。

未取得《建筑垃圾处置（运输）许可证》的，不得在本市中心城区、县（市）城区从事建筑垃圾运输活动。

第十七条　建筑垃圾运输车辆应当符合下列要求：

（一）车辆前部安装放大反光号牌、车厢尾部喷涂放大反光号码、车身侧面喷涂企业名称等明显标志；

（二）安装使用密闭运输装置、安全防护设施以及卫星定位系统、行驶记录仪、倾废动态监管仪等设备，并接受城市管理部门监管信息系统的监控。

第十八条　运输建筑垃圾应当遵守下列规定：

（一）承运经批准排放的建筑垃圾；

（二）分类运输建筑垃圾；

（三）密闭运输，保持车辆（船舶）外部整洁，不得沿途泄漏、遗撒；

（四）按照规定的时间、线路行驶；

（五）随车（船）携带《建筑垃圾处置（运输）许可证》副本；

（六）遵守交通安全法律、法规，严禁超载、超速。

第十九条　建筑垃圾运输车辆（船舶）不得在规定的建筑垃圾消纳场所和地点以外倾倒建筑垃圾。

第四章　建筑垃圾消纳

第二十条　市、县（市）城市管理部门应当会同规划等部门，根据城市总体规划和城市环境卫生专业规划，编制本地区建筑垃圾处理规划，明确建筑垃圾中转调配场所、资源化利用场所、固定填埋场所的布点与建设要求，报人民政府批准公布后，组织实施。

建筑垃圾中转调配场所、资源化利用场所、固定填埋场所建设应当纳入城市基础设施建设计划，经城市管理部门验收后启用。

鼓励和支持社会资本参与建设和经营建筑垃圾中转调配场所、资源化利用场所或者设施。

第二十一条 在自然保护区、风景名胜区、饮用水水源保护区、基本农田保护区和法律法规规定的其他需要特别保护的区域内，不得设立中转调配场所、资源化利用场所、固定填埋场所。

任何单位和个人不得擅自设立建筑垃圾消纳场所。

第二十二条 建筑垃圾中转调配场所应当符合下列要求：

（一）与处理建筑垃圾规模相适应的分类堆放、分拣和作业场地；

（二）设置围墙、围挡、视频监控等设施，硬化出入口道路；

（三）配备作业机械和照明、消防、降尘、排水以及车辆冲洗等设施设备；

（四）配置专人管理，设置警示标志和管理制度公示牌。

港口码头从事建筑垃圾中转调配业务的，应当符合前款规定。

第二十三条 建筑垃圾资源化利用场所应当符合下列要求：

（一）符合本条例第二十二条第一款的规定；

（二）由依法登记的企业法人经营管理；

（三）生产规模和资源化产品质量符合国家规定的要求和标准。

第二十四条 建筑垃圾固定填埋场所应当符合下列要求：

（一）配备摊铺、碾压、防渗、消杀等设施设备；

（二）采取预处理措施，降低物料含水率，符合要求后方可填埋，保持场区排水设施完好；

（三）堆体高度、宽度、坡度、压实度等符合相关规定，确保堆体稳定；

（四）配置专人管理，设置警示标志和管理制度公示牌；

（五）有封场绿化、复垦或者平整设计方案。

建筑垃圾固定填埋场所不得受纳未经分类的混合垃圾和可能造成环境污染的有毒有害垃圾。

第二十五条 建筑垃圾中转调配场所、资源化利用场所、固定填埋场所达到原设计容量或者因其他原因导致无法继续从事消纳活动的，应当在停止消纳三十日前向所在地的区、县（市）城市管理部门提出申请，经批准后向社会公告。未经批准，不得擅自关闭或者拒绝受纳建筑垃圾。

第二十六条 街道办事处、镇人民政府应当结合本地实际，根据装饰装修垃圾产生量及其分布，合理设置装饰装修垃圾集中收运点。

居民居住小区的建设单位、物业服务企业应当建设或者设置装饰装修垃圾临时堆放点，方便市民处理建筑垃圾。

装饰装修垃圾集中收运点和临时堆放点应当采取必要的防尘、防溢等措施，减少对周边环境的影响。

第二十七条 路基铺垫、低洼地回填、堆坡造景、围海造地等需要利用渣土等建筑垃圾的，利用单位应当向所在地城市管理部门提出申请，城市管理部门应当提供相关信息，并进行核实。

第五章 监督管理

第二十八条 相关部门按照下列职责分工，对建筑垃圾排放、运输、消纳等处置行为进行管理：

（一）城市管理部门应当加强对建筑垃圾处置行为的指导、监督、考核，依法对建设工程、拆除工程建筑垃圾排放以及发生在城市道路上的建筑垃圾运输活动中的违法行为进行处理。

（二）城乡建设、水利、交通等部门应当加强对建设工程、拆除工程等施工现场的指导和监督管理，协同城市管理部门对建筑垃圾排放过程中的违法行为进行处理。

（三）住房保障和房产管理部门应当加强对物业服务企业装饰装修垃圾处置行为的指导和监督管理，协同城市管理部门对物业服务企业建筑垃圾排放管理过程中的违法行为进行处理。

（四）交通运输部门应当加强对建筑垃圾运输企业及其车辆（船舶）运输经营行为的指导和监督管理，依法对运输企业的道路（水路）运输经营违法行为和发生在公路、航道范围内的建筑垃圾运输违法行为进行处理。

（五）公安机关交通管理部门应当加强对建筑垃圾运输中的道路交通安全行为的指导和监督管理，依法对运输车辆的道路交通安全违法行为进行处理。

（六）价格部门应当加强对建筑垃圾相关价格活动的监督管理，会同城市管理部门适时发布当地建筑垃圾运输价格市场平均水平。

发展改革、规划、国土资源、环境保护、质量监督、海事等部门按照各自职责做好建筑垃圾处置活动监督管理的相关工作。

第二十九条 城市管理部门应当建立市和区、县（市）互联共享的建筑垃圾服务管理信息平台，对下列信息实现动态管理，并向社会开放：

（一）建筑垃圾排放与需求信息；

（二）建筑垃圾处置许可、运输单位及其车辆（船舶）和消纳场所信息；

（三）与建筑垃圾相关的行政执法等信息。

城乡建设、住房保障和房产管理、交通运输、水利、环境保护、质量监督、公安交通管理等部门应当按照各自职责及时掌握并向前款规定的信息平台提供相关信息，促进建筑垃圾全过程管控。

鼓励建筑垃圾排放和需求主体通过信息平台调剂利用建筑垃圾。

第三十条 市和区、县（市）人民政府应当将建筑垃圾处置信息情况纳入全市社会信用体系，信用信息记入市公共信用信息系统。

第三十一条 城市管理部门应当在接到许可申请之日起二十日内，对申请事项进行审核，符合规定的，发放许可证；不符合规定的，作出不予许可决定，并书面告知理由。

第三十二条 禁止涂改、买卖、出租、出借或者以其他形式非法转让建筑垃圾处置许可证件。

第三十三条　市和区、县（市）人民政府应当建立有城市管理、城乡建设、交通运输、环境保护、公安机关、质量监督等有关部门参与的联动执法机制，及时发现和查处建筑垃圾处置违法行为。

第三十四条　市和区、县（市）人民政府应当根据实际情况，组织制定建筑垃圾处置突发事件应急预案，加强对建筑垃圾处置活动突发事件的预防和监测。发生突发事件后，应当立即采取措施控制事态发展，依法开展后续处理工作。

第三十五条　城市管理等相关部门应当设置举报电话，受理公众举报和投诉，及时调查并反馈处理结果。

任何单位和个人不得泄露举报人、投诉人信息。

第六章　法律责任

第三十六条　违反本条例规定处置建筑垃圾，由城市管理部门责令改正，按照下列规定给予处罚：

（一）违反本条例第九条规定，施工单位或者运输单位在城市管理部门公布或者核实地点以外的场所消纳建筑垃圾的，对施工单位处一万元以上五万元以下罚款，情节严重的，处五万元以上十万元以下罚款；对运输单位处一万元以上五万元以下罚款。

（二）违反本条例第十条规定，施工单位委托个人或者未经许可的运输单位运输建筑垃圾的，处一万元以上五万元以下罚款，情节严重的，处五万元以上十万元以下罚款。

（三）违反本条例第十一条规定，未取得《建筑垃圾处置（排放）许可证》，建设单位擅自排放建筑垃圾的，处五千元以上五万元以下罚款；施工单位擅自排放，或者超出核准范围排放建筑垃圾的，处一万元以上五万元以下罚款，情节严重的，处五万元以上十万元以下罚款。

（四）违反本条例第十二条、第十三条规定，施工单位未对建筑垃圾进行分类或者不及时清运建筑垃圾的，处五千元以上二万元以下罚款。

（五）违反本条例第十四条规定，未将装饰装修垃圾分类、袋装或者未按照指定地点投送的，对单位处一千元以上一万元以下罚款，对个人处二百元以下罚款。

（六）违反本条例第十五条规定，将工业垃圾、生活垃圾混入建筑垃圾的，对单位处三千元以下罚款，对个人处二百元以下罚款。随意堆放、倾倒、填埋建筑垃圾的，对单位处五千元以上五万元以下罚款，对个人处二百元以下罚款。

第三十七条　取得许可的运输单位违反本条例规定运输建筑垃圾，由城市管理部门按照下列规定对运输单位给予处罚：

（一）违反本条例第十七条规定，使用不符合要求的运输车辆的，责令限期整改，逾期未改正的，处二千元以上二万元以下罚款，情节严重的，可以吊销《建筑垃圾处置（运输）许可证》。

（二）违反本条例第十八条规定，建筑垃圾运输车辆未分类运输或者未密闭运输的，责令限期整改，逾期未改正的，处五百元以上五千元以下罚款；沿途泄漏、遗撒建筑垃圾的，处五千元以上五万元以下罚款；在货运车辆禁区范围以外，未按照规定时间、线路行驶的，处二百元以上二千元以下罚款；未随车（船）携带《建筑垃圾处置（运输）许可证》副本的，处二百元罚款。

违反本条例第十六条规定，运输单位未取得《建筑垃圾处置（运输）许可证》，擅自运输建筑垃圾的，处一万元以上五万元以下罚款；个人承运建筑垃圾的，处一千元以上五千元以下罚款。

第三十八条　建筑垃圾消纳场所违反本条例规定，有下列行为的，由城市管理部门责令改正，处以罚款：

（一）中转调配场所、港口码头违反本条例第二十二条规定的，资源化利用场所违反本条例第二十三条第一项规定的，固定填埋场所违反本条例第二十四条第一款规定的，处二千元以上二万元以下罚款；情节严重的，处二万元以上十万元以下罚款。固定填埋场所违反本条例第二十四条第二款规定的，处五千元以上五万元以下罚款。

（二）违反本条例第二十五条规定，建筑垃圾消纳场所未经批准擅自关闭或者拒绝受纳建筑垃圾的，处一万元以上十万元以下罚款。

违反本条例第二十一条第二款规定，擅自设立建筑垃圾消纳场所的，由城市管理部门责令改正，对单位处一万元以上十万元以下罚款，对个人处一千元以上一万元以下罚款。

第三十九条　排放、运输、消纳建筑垃圾造成环境污染的，责任人应当立即清除污染。责任人未及时清除或者不能清除的，所在地城市管理部门可以依法组织代为清除，代为清除的费用由责任人承担。

第四十条　违反本条例第三十二条规定，涂改、买卖、出租、出借或者以其他形式非法转让建筑垃圾处置许可证件的，由城市管理部门给予警告，并处五千元以上二万元以下罚款；构成犯罪的，依法追究刑事责任。

第四十一条　违反本条例规定的其他行为，法律、法规有处罚规定的，由有关部门依法处罚。

第四十二条　有关行政主管部门及其工作人员在建筑垃圾处置监督管理活动中徇私舞弊、滥用职权或者不履行法定职责的，给予处分；构成犯罪的，依法追究刑事责任。

第七章　附则

第四十三条　本条例中的消纳，是指建筑垃圾的回填、中转调配、资源化利用和填埋等活动。

第四十四条　本市中心城区、县（市）城区范围以外区域的建筑垃圾管理可以参照本条例执行。

第四十五条　本条例自2017年10月1日起施行。

南通市水利工程管理条例

（2017年9月1日南通市第十五届人民代表大会常务委员会第六次会议制定，2017年9月24日江苏省第十二届人民代表大会常务委员会第三十二次会议批准）

第一章　总则

第一条　为了加强水利工程管理，保障水利工程安全运行，充分发挥水利工程综合效益，根据《中华人民共和国水法》、《江苏省水利工程管理条例》等法律、法规，结合本市实际，制定本条例。

第二条 本市行政区域内水利工程的管理、保护和利用，适用本条例。

本条例所称水利工程，是指承担防洪、除涝、蓄水、引水、提水、灌排、节水等功能的各类工程及其附属配套设施，包括河道、涵闸、抽水站、堤防、灌区、湖泊、水库等。

第三条 市、县（市、区）人民政府应当加强对水利工程管理工作的领导，将水利工程建设与管理纳入国民经济和社会发展计划，坚持建设与管养并重，加大财政投入，保障水利工程安全运行。

第四条 市、县（市、区）水行政主管部门按照统一管理和分级管理相结合的原则，负责本行政区域内水利工程的监督管理工作。

发展改革、公安、财政、国土资源、环境保护、城乡建设、规划、城市管理、交通运输、农业、海洋与渔业、港口、海事、行政审批等部门按照职责分工，做好水利工程管理的相关工作。

镇人民政府（街道办事处）按照职责做好本辖区内水利工程的管理工作。

第五条 鼓励探索多样化的水利工程管理模式，逐步推行水利工程社会化、市场化管理。

第六条 任何单位和个人都有保护水利工程的义务，有权制止、检举破坏水利工程的行为。

在水利工程管理和保护工作中成绩显著的单位和个人，由市、县（市、区）人民政府或者有关部门给予奖励。

第二章 工程管理

第七条 本市行政区域内的水利工程，除省管水利工程外，划分为市管水利工程、县管水利工程和镇管水利工程。

市管水利工程为本市行政区域内重要的区域性骨干河道、跨县河道和市中心城区河道，以及由市本级建设的涵闸、抽水站等水利工程，工程名录由市水行政主管部门拟订，报市人民政府批准后公布。

县管水利工程和镇管水利工程名录由县（市、区）水行政主管部门拟订，报县（市、区）人民政府批准后公布。

第八条 焦港、如海运河、九圩港、通吕运河、通启运河、如泰运河、栟茶运河、通扬运河、新通扬运河、新江海河、北凌河、遥望港十二条市管河道的管理范围为水域、滩地以及从规划河口线向外两侧各不小于八米的区域。其他市管河道的管理范围为水域、滩地以及从规划河口线向外两侧各六米至八米的区域。

市管涵闸、抽水站管理范围：大、中型涵闸、抽水站依照《江苏省水利工程管理条例》的规定执行；小型涵闸、抽水站上下游从闸、站中心线起向两侧各一百米至三百米，左右岸从两岸岸墙起向两侧各五十米至一百五十米；沿江、沿海涵闸下游水域管理范围延伸至出江、出海口。

市管湖泊、水库管理范围，依照有关法律、法规规定执行。

本条第一款、第二款中水利工程管理范围有幅度的，由市水行政主管部门提出具体划定方案，报市人民政府批准后公布。

第九条 县管水利工程和镇管水利工程的管理范围由县（市、区）水行政主管部门依照有关法律、法规的规定拟订，报县（市、区）人民政府批准后公布。

第十条 市、县（市、区）人民政府应当依法开展水利工程管理范围划定工作，设置界桩和标识牌。标识牌应当载明水利工程名称、管理范围、管理单位及联系方式等事项。

新建、扩建、改建的水利工程，应当在工程设计文件中明确其管理范围，并在工程竣工验收前划定。

任何单位和个人不得擅自移动、损毁界桩和标识牌。

第十一条 水行政主管部门应当建立健全水利工程的监督检查制度，坚持科学管理，加强水利工程维修、养护工作。对不符合工程安全要求的，及时组织除险加固，保证工程安全运行。

第十二条 市、县（市、区）、镇人民政府（街道办事处）应当根据水利工程的规模，按照有关规定，遵循精简高效原则，明确水利工程管理与养护主体，落实管理、养护责任。

第十三条 水利工程管理单位应当明确职责，实行规范化、科学化、精细化管理，保障水利工程完好和运行安全。

第十四条 水利工程安全管理实行责任制度。

市、县（市、区）、镇人民政府（街道办事处）按照分级管理原则对水利工程安全负领导责任；水行政主管部门对水利工程安全负行业监管责任；水利工程管理单位对水利工程安全负直接责任。

第十五条 水利工程管理范围内的开发、利用活动，应当符合防洪标准、岸线规划和其他技术要求，不得危害水利工程安全、影响河势稳定、妨碍行洪排涝畅通。

在水利工程管理范围内兴建工程设施和建筑物的，建设项目的工程建设方案应当经水行政主管部门审查同意，工程设施和建筑物的位置和界限应当经水行政主管部门审查批准。

在水利工程管理范围内，改变工程设施和建筑物的使用用途以及工程位置、布局、结构，应当事先征得水行政主管部门同意。

第十六条 水行政主管部门应当按照规定的权限，加强对水利工程及其管理范围内建设等活动的监督管理。

市管水利工程管理范围内的建设项目，除由市水行政主管部门直接监督管理的外，按照属地管理原则，由县（市、区）水行政主管部门负责监督管理。

第十七条 因生产、工作需要，确需在水利工程管理范围内新建、扩建、改建的各类建设项目影响防洪安全、河势稳定和行洪排涝畅通的，建设单位或者个人应当同步实施防洪影响补偿工程抵消影响。补偿工程完工后，应当通过水行政主管部门的专项验收。

第十八条 本市中心城区、县（市）城区范围内建设项目占用水域造成水域减少的，应当根据所占用水域的面积、容量及其对水域功能的不利影响，由建设单位或者个人就近兴建等效替代水域工程。等效替代水域工程经水行政主管部门验收合格后方可投入使用。

第三章 工程保护

第十九条 在水利工程管理范围内禁止下列行为：

（一）在堤防上扒口、取土、打井、挖坑、埋葬、垦种、放牧和毁坏护坡、林木草皮等；

（二）擅自围垦、采砂或者建设影响水利工程安全的建（构）筑物；

（三）在涵闸、抽水站管理范围内的禁止区域或者禁止时段擅自摆摊设点、违规停放机动车辆、游泳；

（四）在河道内弃置、堆放秸秆等阻碍行洪的物体，在行洪、排涝、输水河道内设置影响行水的捕鱼设施；

（五）倾倒、堆放、填埋垃圾、废渣，违法排放畜禽养殖废弃物，排放油类、酸类、碱类、剧毒废液以及法律、法规禁止排放的其他污水和废弃物；

（六）侵占、损坏各类水利工程以及机电设备、水文、通讯、供电、观测等设施；

（七）其他影响水利工程运行、危害防洪安全、影响河势稳定和破坏水环境的行为。

前款第三项规定的禁止区域、时段由市、县（市、区）人民政府根据实际情况合理划定，向社会公布。

第二十条 市、县（市、区）水行政主管部门应当根据河道分级管理权限，会同有关部门编制河道保护规划。

国土资源、环境保护、城乡建设、规划、城市管理、交通运输、农业、海洋与渔业、港口、海事、电力管理等主管部门编制规划涉及水利工程及其管理范围的，应当事先征求水行政主管部门的意见。

第二十一条 河道管理应当坚持全面规划、综合治理、保护优先、合理利用的原则。

市、县（市、区）、镇人民政府（街道办事处）应当以保护水资源、防治水污染、治理水环境、修复水生态为主要目标，建立河长管理体系，全面实行河长制，加强水利工程管理和保护。

第二十二条 新建、扩建、改建建设项目不得擅自填堵或者改变原有的防洪排涝体系，因公共基础设施建设确需填堵原有河道沟汊、贮水湖塘洼淀的，按照管理权限，报市、县（市、区）人民政府批准。

第二十三条 市、县（市、区）人民政府应当组织实施本行政区域内江堤、海堤堤顶道路硬质化工程。

第二十四条 水行政主管部门应当在禁止或者限制通行的堤顶道路以及水闸、抽水站交通桥上设置限高杆、隔离杆等管理标志，避免车辆对水利工程的损坏。

确需利用堤顶以及水闸、抽水站交通桥兼作道路的，应当经过技术论证，不得危及水利工程的安全和正常运行。公安机关交通管理部门应当做好相关道路的交通安全管理工作。

任何单位和个人不得阻断防汛通道。

第二十五条 市、县（市、区）人民政府应当以水利工程为依托，根据其风景资源与环境条件，对可以开展观光、娱乐、休闲、度假或者科普、文化、教育等活动的区域，建设水利风景区，并加强管理。

第二十六条 市、县（市、区）人民政府应当对具有历史文化价值的水利工程，按照其原有的功能、建筑特点和历史风貌，加强管理和保护。

第二十七条 由水利工程提供水源的用水单位和个人应当节约用水、计划用水，按照有关规定实行有偿用水和计量交费。

第二十八条 县（市、区）、镇人民政府（街道办事处）应当加强对小型农田水利工程的管理和保护，定期组织检查、维修、养护，确保工程设施完好。

小型农田水利工程所有权人应当加强对小型农田水利工程运行维护工作的监督，督促负责运行维护的单位和个人履行运行维护责任。

第四章 法律责任

第二十九条 违反本条例第十条第三款规定，单位或者个人擅自移动、损毁界桩或者标识牌的，由水行政主管部门责令停止违法行为、恢复原状，处二百元以上二千元以下罚款。

第三十条 违反本条例第十八条规定，未兴建等效替代水域工程、等效替代水域工程未经验收或者验收不合格投入使用的，由水行政主管部门责令限期改正，处一万元以上十万元以下罚款。

第三十一条 违反本条例第十九条规定，在水利工程管理范围内有下列行为之一的，由水行政主管部门责令停止违法行为、恢复原状或者采取其他补救措施，并按照以下规定处罚：

（一）在堤防上扒口、挖坑、埋葬、垦种、放牧和毁坏护坡、林木草皮等的，可以处一万元以下罚款，情节严重的、造成重大损失的，处一万元以上十万元以下罚款；在堤防上取土、打井的，处一万元以上五万元以下罚款。

（二）擅自围垦的，处一万元以上五万元以下罚款。

（三）在涵闸、抽水站管理范围内的禁止区域或者禁止时段擅自摆摊设点、违规停放机动车辆、游泳的，可以处五十元以上二百元以下罚款。

（四）在河道内弃置、堆放秸秆等阻碍行洪的物体的，处一万元以上五万元以下罚款。

（五）侵占、损坏各类水利工程以及机电设备、水文、通讯、供电、观测等设施的，处一万元以上五万元以下罚款。

违反本条例第十九条第一款第五项规定，在水利工程管理范围内倾倒、堆放、填埋垃圾、废渣，违法排放畜禽养殖废弃物，排放油类、酸类、碱类、剧毒废液以及法律、法规禁止排放的其他污水和废弃物的，由城市管理、环境保护等行政主管部门依照有关法律、法规的规定予以处理。

第三十二条 违反本条例第二十四条第三款规定，单位或者个人阻断防汛通道的，由水行政主管部门责令限期改正；逾期不改正的，由水行政主管部门依法清除障碍，所需费用由违法单位或者个人承担，并处一万元以上五万元以下罚款。

第三十三条 违反本条例规定，法律、法规规定应当由相关行政机关给予行政处罚的，依照其规定；构成犯罪的，依法追究刑事责任。

违反本条例规定，造成国家、集体、个人经济损失的，依法承担赔偿责任。

第三十四条 水行政主管部门、其他有关部门的工作人员滥用职权、玩忽职守、徇私舞弊的，依法给予处分，构成犯罪的，依法追究刑事责任。

第五章 附则

第三十五条 本条例自2018年3月1日起施行。

人大法律监督

【法治建设监督】 2017年，市人大常委会专题举办市中院、市检察院（简称“两院”）工作集中汇报会，全面听取和审议工作情况。首次开展立法后评估，围绕基本解决执行难，听取市中院执行工作汇报。组织专题视察审议，督促各级政府强化民族工作主体责任，提高依法管理民族事务水平。组织84名新任职人员进行宪法宣誓，激励和督促公职人员增强宪法意识和公仆意识。

【执法监督】 2017年，市人大常委会自主或配合上级人大常委会对5部法律法规进行执法检查，对2件政府规章和6件规范性文件进行主动审查。对首部地方实体法《南通市濠河风景名胜区条例》实施情况开展执法检查，并进行专题审议，为改进立法执法提供实践依据。

（黄升晖）

中秋节期间，行政执法人员在超市开展抽样检查。（姜新春 摄）

法治政府建设

政府法治

【概况】 2017年，南通市制定《南通市2017年推进依法行政建设法治政府工作要点》，对照7个方面50项任务抓好组织实施。编制公布《南通市人民政府重大行政决策事项清单（2017~2021年）》，实行年度重大行政决策目录管理。“法治引领推动相对集中行政许可改革创新”获评2015~2017年度全省政府法制创新奖。颁布《南通市政府合同管理暂行办法》，对南通港股权转让、通海港区建设开发、华为云计算大数据战略合作等50余件政府合同进行审查。以推进“放管服”为重点，继续深化行政审批改革，47家市级部门保留10大类6994项权力事项。在全省率先出台“不见面审批”改革实施方案，梳理第一批“不见面审批（服务）”事项326项、公共服务事项372项。继续推进综合执法体制改革，制定深化城市管理执法体制改革、文化领域综合执法改革实施方案。试点行政执法“三项制度”，法制审核制度全面推行，执法公示和全过程记录制度重点行政执法领域全覆盖。出台《规范和加强行政机关负责人出庭应诉若干规定》，全市行政机关负责人出庭应诉率91.82%，比上年增长9.71%。

（陈 捷 彭红宇）

【政府规章制定】 2017年，南通市出台《南通市人民政府重大行政决策程序规定》。市政府制定规范性文件8件，向省政府和市人大报备8件，报备率、及时率、规范率均保持100%。开展两年一次市政府规范性、政策性文件清理，保留359件、修改16件、宣布失效23件、废止34件，清理结果以清单形式向社会公布。对10件涉及公共利益、群众切身利益的市政府规范性文件执行情况进行评估。

【行政执法监督】 2017年，南通市在市、县两级全面推行行政执法“三项制度”（行政执法公示制度、执法全过程记录制度和重大执法决定法制审核制度）改革试点。综合执法体制改革纵深推进，实现相对集中行政处罚县域全覆盖。全年审查县（市、区）政府及市级部门报备规范性文件84件。评查行政执法案卷80卷，备案登记重大行政处罚15起。

【行政复议案件办理】 2017年，南通市行政复议委员会健全审案机制，办案质效进一步提升。市本级收到行政复议申请320件，经审查，符合受理条件208件，全部依法受理，依法受案率、法定期限内结案率均保持100%。

（陈 捷）

法治南通建设

【概况】 2017年，南通市开展地方立法、依法行政、司法改革、法治文化建设、法治基层基础等重点工作，法治建设满意度97.83%，列全省第三位。

【司法体制改革】 2017年，南通市深入推进责任制改革，建立员额法官、检察官动态管理机制，全市有员额法官556人、员额检察官356人，分别占中央政法专项编制33.29%、32.96%。法院系统深化立案登记制、审判权运行机制、家事审判、破产审判、执行方式等各项改革，办案流程进一步标准化。检察系统创设资源环境类刑事、民事、行政公益诉讼“三审合一”机制，审查立案公益诉讼案件15件，发出诉前检察建议13份；加强内设机构“大部制”改革，下放办案职权169项，公诉办案周期缩短19.8%。公安系统落实《关于深化公安执法规范化建设的实施意见》，细化分解6大项21小项69条重点任务，推进“受立案制度改革”、刑事执法“两统一”制度改革和执法问题“四项清理”，推进局机关“大部制”改革、农村派出所“所队合一”和城区派出所“三队三室”建设。司法行政系统持续深化律师管理、公证管理、特殊人群管理、司法鉴定管理等制度改革。

【法治城市创建】 2017年，南通市继续开展法治城市、法治县（市、区）、法治镇（街道）、民主法治村（社区）、法治型机关五级联创，出台《关于进一步规范诚信守法企业、依法治校示范校、法治医院、诚信守法市场创建的实施意见》，全市800余家应税销售1亿元以上企业、553家中小学、49家二甲以上医院、381家农贸及商品交易市场全部纳入法治创建范围，南通市获评全省法治城市创建工作先进单位。

【法治文化建设】 2017年，南通市出台《法治文化阵地建设指导意见》，全市新建法治文化阵地226个，新增省法治文化建设示范点9个、市级法治文化建设示范点55个，市地税局获评“全国普法教育示范基地”。

【法治基层基础建设】 2017年，南通市全面加强法治基层基础工作规范化建设，对全市102个镇（街道）和600余个村居（社区）实施地毯式普查。出台《关于统一规范村居综治法治（平安）指导员工作制度的指导意见》，实现依法治镇（街）办公室和村居（社区）法治工作室全覆盖。深化基层社会治理体系建设，推动基层民主自治，全市1885个村居（社区）修订完善村规民约、社区公约。

【法治宣传教育】 2017年，南通市出台《关于加强全市国家工作人员学法用法的意见》，明确将国家工作人员学法用法情况纳入公务员年度积分考核。出台《关于各级领导干部提升运用法治思维和法治方式解决实际问题能力的工作意见》，开展“千名领导干部观百庭”系列活动，组织领导干部观摩行政案件庭审2100余人次。出台《南通市“谁执法谁普法”工作考核办法》。“六五”普法收官，南通市蝉联全国法治宣传教育先进城市，成为全国“七五”普法依法治理工作第一批6个联系点之一。

【法治惠民】 2017年，南通市推进各项法治惠民措施，实施房屋产权转移原登记户口迁移政策，发布《户口迁移告知书》151户321人，迁移130户311人。优化出入境办证服务，落实“不见面审批”制度，设立港澳签注自助受理机，全面推广证件取送邮政“上门服务”、微信支付，全年“不见面”办理证件2万余件。推行道路交通事故快处快赔，建成综合服务中心4家，保险理赔服务中心及事故快处点12家，快速处理轻微交通事故1524起，调处重大交通事故22起。完善“七位一体”诉讼服务平台，南通法院诉讼服务手机APP上线，当事人通过手机APP实现网上立案、案件查询、联系法官、递交材料等基本诉讼服务功能。加强知识产权司法保护，全市法院系统受理知识产权案件693件，审结594件。减少公证证明材料，减免办理公证费用，减少公证类公证事项673件，减免公证费57900元。开通远程亲情视频会见系统，全市发起远程亲情视频会见申请286人次。

（彭红宇）

法　院

【概况】 2017年，南通市两级人民法院受理各类案件154293件、审执结128466件，比上年分别增长14.93%和16.28%。其中，南通市中级人民法院（简称“市中院”）受理11609件、审执结9507件，比上年分别增长13.68%和23.48%。全市人民法院31个集体、59名个人获省级以上表彰。海门市人民法院获评全国优秀法院，如东县人民法院曹锐获评全国法院办案标兵，如皋市人民法院顾雪红获评江苏最美法治人物。

【刑事审判】 2017年，全市两级人民法院审结各类一审刑事案件5351件、比上年减少3.24%，判处罪犯7287人、比上年增长3.55%。审结最高人民法院、最高人民检察院、海关总署联合督办的邱某等34人特大走私成品油案等重大疑难复杂案件。依法惩处严重危害社会治安犯罪分子，审结故意杀人、抢劫、强奸等严重暴力犯罪案件317件，“两抢一盗”等多发性侵财犯罪案件1654件。审结贪污贿赂、滥用职权等职务犯罪案件86件121人。依法保护群众生命健康安全，审结涉食品药品安全犯罪案件131件，判决黄某等7人生产、销售注水牛肉案。严厉惩治毒品犯罪，审结毒品犯罪案件402件，周某武装掩护贩卖、运输毒品案入选全省法院毒品犯罪十大典型案例。

【民事审判】 2017年，全市两级人民法院审结一审民事案件70322件，比上年增长5.34%。防范和化解金融风险，审结金融借款、民间借贷等案件15614件，涉案金额289.7亿元。优化投资环境，审结涉外、涉港澳台民商事案件47件。1起涉外商事判决获以色列高等法院承认和执行，成为以色列根据互惠原则承认和执行的首例中国法院判决。保护知识产权，审结一审知识产权案件681件，通州区人民法院被确定为全省“部分知识产权刑事案件简易程序审理”试点法院。依法服务过剩产能市场出清，新收破产案件66件，比上年增长26.92%；审结破产清算、重整、公司解散等案件45件，涉案标的46.88亿元。建立劳动争议联动化解机制，审结劳动争议案件3561件。完善资源环境案件刑事、民事、行政“三审合一”机制，审结一审资源环境案件160件。

【行政审判】 2017年，全市两级人民法院推动依法治市，审结一审行政案件1847件，比上年增长9.91%，行政机关败诉率9.01%。审查非诉行政执行案件1376件，比上年下降5.69%。规范和加强行政机关负责人出庭应诉工作，全市行政机关负责人出庭应诉率91.82%，比上年增长9.71%。创新推进行政案件简易程序适用，“聚焦争点、简出效率”工作经验获最高人民法院肯定和推广。持续打造精品案件和精品文书，行政案件裁判文书第四次获全国一等奖。

【审判监督】 2017年，全市两级人民法院坚持依法纠错，回应群众对公正司法期待。审结二审案件7008件，改判、发回重审683件，比上年分别增长7.27%和18.49%。审结再审案件87件，改判、发回重审61件。强化审限管理，回应群众对司法效率期待，全市人民法院结收案比率达98.4%，法定正常审限内结案率85.83%。发挥国家赔偿救济功能，审结国家赔偿案件34件。

【案件执行】 2017年，全市两级人民法院受理执行案件50595件，结案37285件，比上年分别增长44.48%和41.34%，执行到位标的额76.39亿元，比上年减少10.74%。提升执行快速反应能力，在全省率先研发执行视频回传系统和执行指挥软件，实现执行现场“可视化”远程指挥。与最高人民法院执行案件管理系统对接，在全国率先研发执行APP，实现案件信息自动导入、流程信息自动推送、法律文书自动生成、执行线索远程提供等功能。首创司法网拍“快速定价、一键询价”模式，银行股权拍卖从确定起拍价到上网拍卖仅需7天时间。司法网拍成交拍品1158件，成交金额45.04亿元，比上年分别上升89.53%和153.61%。组织全市集中执行行动12次，执结案件1485件，到位标的额8242.74万元。强化信用惩戒，累计发布失信被执行人52427人，并通过网络、微博、微信、商圈LED屏等形式持续曝光。严厉打击拒执违法犯罪，司法拘留924人，移送公安机关58人，追究刑事责任3件4人。出台《关于执行案件实行悬赏执行的实施意见》，与人寿保险南通市分公司签订悬赏保险合作协议，发布悬赏执行案件376件，有效执行48件。邀请人大代表、政协委员监督和参加执行工作324人次。市中院执行局获省法院记集体三等功，5家基层法院、10人获全省表彰奖励。

【司法改革】 2017年，全市两级法院继续推进法官员额制改革，建立员额法官动态管理机制。新选任员额法官59人，10名法官退出员额。至年底，全市有员额法官556人，占中央政法专项编制人员33.29%。坚持所有员额法官一线办案，员额法官人均结案231.05件。全面落实院庭长办案，全市人民法院院长、庭长办结案件25326件，占结案总数19.71%。深化案件繁简分流和矛盾纠纷多元化解机制改革。简案快审、繁案精审，全市人民法院一审民商事案件简易程序适用率74.92%，速裁结案18768件。加强诉讼调解功能，民事案件调解撤诉率56.34%，位居全省人民法院前列。发挥人民法庭在基层纠纷化解中“集控中心”功能，全市34个人民法庭审结案件38799件。出台智慧法院建设三年规划。整体推进诉讼卷宗同步扫描，实现电子卷宗随案同步生成。建成庭审语音转写系统，提升庭审效率和智能化水平。试点运行裁判文书智能生成、类案信息智能检索等技术辅助系统。研发司法政务、人事管理、行政装备等信息化管理软件，逐步形成以智慧审判为核心智慧法院建设体系。

【司法公开】 2017年，全市两级人民法院在各级新闻媒体发表稿件411篇，其中《人民法院报》106篇、《江苏法制报》132篇。在中央电视台财经频道播出节目1档，社会与法频道播出节目2档。在中国教育电视台《法治天下》播出节目2档。在南通电视台播出节目150档。在《南通日报》开辟《法苑天地》专栏，每月1期。在南通法院网站发布各类图文信息1433条，发布官方微博682条。公布涉及环境资源保护典型案例8起。全市人民法院走访人大代表、政协委员367人次，邀请实地视察62次836人次，邀请旁听庭审111次608人次。

（周舜隆）

检　察

【概况】 2017年，全市检察机关依法履行法律监督职能，惩治经济犯罪，预防和遏制腐败，维护司法公正。全市检察机关32个集体、26名个人获省级以上表彰。新增全国反贪和预防专家2人、省级以上业务标兵和办案能手8人。获评全国典型案件或指导性案例4件，入选全省精品或优质案件5件。

【职务犯罪案件查办与预防】 2017年，全市检察机关聚焦群众身边腐败问题，运用全市侦查一体化机制和“查系统、系统查”办案方式，在水利、教育、医疗、燃气等领域立案查办138人，比上年增长1.5%。查办处级干部5人、科级干部22人，案值300万元以上案件7件。查处省检察院交办江苏银行原党委书记王某等2名厅级干部受贿案件。坚持行贿与受贿并查，查处行贿犯罪18人。开展追逃行动，将畏罪滞留国外副处级干部杨某、潜逃18年高某和涉案百万元顾某抓捕归案。在民政补贴、农业开发、长江采砂等领域查办渎职犯罪37人，比上年上升6%，其中科级干部7人、重特大案件11件。同步介入调查重大安全事故，深挖事故背后渎职犯罪7人。查处编外人员渎职犯罪，如东县检察院相关做法被省检察院推广。

2017年，全市检察机关加强个案预防、专项预防、系统预防，预防调查报告、犯罪分析、检察建议采纳数分别比上年增长14%、67%、85%，获评全省优秀检察建议2件。开展医疗卫生系统“远离回扣、廉洁从医”警示教育，在民政系统召开专项预防会议。推进社会诚信体系建设，建成全市职务犯罪数据库和预防电子档案，提供行贿档案网络查询36546次。发挥预防短片、公益广告、微电影等新媒体预防矩阵作用，专题片《“喉舌”缘何生

5月，检察机关工作人员依法开展法律监督。　　（市检察院　供图）

毒瘤》获全省精品奖。建立非公企业犯罪风险防控机制，编制《高发易发八类刑事风险防控指引》，牵头完成全省制造业职务犯罪专项预防报告。

【刑事检察】 2017年，全市检察机关与公安、法院配合，依法批捕各类刑事犯罪嫌疑人2172人，比上年增长9.4%；起诉7529人，比上年增长6.1%。其中，起诉聚众斗殴、寻衅滋事犯罪486人，黄赌毒犯罪877人，交通肇事、危险驾驶犯罪1528人；南通开发区检察院、港闸区检察院分别引导侦查陆某醉驾袭警案、全省首例高速公路追逐竞驶案。批捕涉嫌故意杀人、抢劫、强奸、故意伤害等严重暴力犯罪229人；惩治盗窃、诈骗，起诉多发性侵财犯罪2637人；起诉生产销售有毒有害食品、假药劣药等犯罪256人。依法办理销售65吨注水牛肉以及销售假药获利400余万元重大案件。研判网络犯罪新趋势、新特点，起诉电信网络诈骗犯罪173人，起诉侵犯公民个人信息、非法控制计算机信息系统等新类型犯罪112人。海门市检察院、崇川区检察院、如东县检察院分别引导侦查公安部挂牌督办38人诈骗3600万元虚假网络求职案、29人非法销售1600万条个人信息跨省团伙案、14人触犯敲诈勒索等6个罪名网络黑客案。海安县检察院办理曾某等人破坏计算机信息系统案入选全国检察机关指导性案例。批捕涉嫌走私、虚开增值税专用发票、非法经营、合同诈骗等犯罪145人，起诉680人；市检察院办理公安部、税务总局挂牌督办南通某贸易公司骗取国家出口退税1.1亿元特大案件；崇川区检察院办理全国首例“黄牛”微信抢房非法获利350万元案件。惩治金融犯罪、研判金融领域法律风险，起诉非法吸收公众存款、集资诈骗等犯罪45人，涉案金额25亿元；崇川区检察院办理崔某等5人出售未经许可理财产品，向2万余人吸收存款20余亿元案件。完善知识产权专业化保护机制，起诉假冒注册商标等犯罪39人；保护非公有制企业权益，起诉挪用资金、职务侵占等犯罪42人。起诉污染环境、非法捕捞水产品等犯罪197人，比上年增长7%；依法办理倾倒22吨污泥案、排放超标529倍污水案、26人非法采矿案等典型案件。

【诉讼活动法律监督】 刑事立案、侦查和审判监督　2017年，全市检察机关完善监督立案、纠正漏捕、监督撤案、书面纠正违法四类监督事项案件办理程序，监督立案、监督撤案25件，纠正漏捕漏诉、漏罪漏犯132人，纠正侦查活动违法94件。市检察院依法追诉贩卖运输2.1千克毒品犯罪嫌疑人1名。完善审判监督机制，建立两级检察院同步审查一审裁判制度，依法抗诉改判8件，有关适用禁止令等法律条款错误判决得到纠正。

刑事执行监督　2017年，全市检察机关把维护人权放在突出位置，深化刑罚执行同步监督机制，办理减刑、假释、暂予监外执行监督案件4942件，纠正违法指定居所监视居住和刑期计算错误8件。加强羁押必要性审查，依法变更逮捕强制措施88人。海安县检察院办理钱某被捕后取保候审案入选全国十大典型案件。开展在押人员随身财物专项监督，依法追回不当扣押财物13万元。开展判处实刑未交付执行专项监督，收监执行6人。海门市检察院办理监督收监姜某案获评全省精品案件。

民事诉讼监督　2017年，全市检察机关对法院裁判和调解，决定不支持监督申请148件，提出或提请抗诉4件，发出再审检察建议和审判活动监督、民事执行监督检察建议138件。获评全国优秀监督案件3件。深化虚假诉讼监督，追究刑事责任12人。启东市检察院监督纠正14件涉案总额1.1亿元破产领域虚假诉讼系列案件。

行政诉讼监督　2017年，全市检察机关对法院裁判，决定不支持监督申请55件，提请抗诉1件，发出再审检察建议和审判活动监督、行政非诉执行监督检察建议16件，发出督促行政机关履职检察建议119件。统筹推进行政执行监督与督促行政机关履职做法获最高人民检察院转发。

【法律人文关怀】 2017年，全市检察机关坚持教育为主、惩罚为辅原则，在全省率先改革办案模式，构建“捕诉监防矫维”六位一体工作机制，依法不捕不诉53人、社会调查294人、心理矫治167人、封存犯罪档案179份。探索社会化帮教新路子，联合有关部门建成集法治教育、分级矫治、犯罪预防、就业帮扶等功能于一体轻罪未成年人关护教育基地。深化检察院、学校共建机制，及时发出“校园贷”案件预警提示，开展送法进校园、法治夏令营等活动91场次，受教育人数8万余人次。参与社会治安综合治理，依法不批捕553人、不起诉185人。深化“检调对接”，引导551人既解法结又解心结。加强社区矫正监督，纠正脱管漏管7人，督促收监执行23人。保障特殊群体人权，办理精神病人强制医疗案件7件，为涉罪盲聋哑人协调指定辩护43次，向55名特困被害人和近亲属提供司法救助52.6万元。发挥检察建议作用，促成有关部门开展严管二类精神药品、专项整治“臭脚盐”等行动8次。

【司法改革】 司法责任制改革　2017年，全市检察机关有员额检察官356人，占政法专项编制32.96%。突出检察官办案主体地位，改变检察官、部门长和分管院领导三级审批办案模式，将10个条线169项办案职权下放给检察官行使，授权比例超过60%，全市公诉环节平均办案周期缩短19.8%。深化如皋市检察院、崇川区检察院全省首批内设机构改革试点，建立独任检察官和检察官办案组两种基本办案模式。完善检察官办案绩效考评和司法责任追究机制，实现由过程控制向结果问责延伸，相关做法在全省检察长会议上交流。如东县检察院建立绩效考评四项配套机制做法获最高人民检察院转发。全市检察机关司法体制改革工作获中央督查组肯定。

刑事诉讼指控体系构建　2017年，全市检察机关发挥审前程序主导作用、指控犯罪主体作用和诉讼监督主动作用，提前介入引导侦查8件，推进庭审实质化，促进严格依法侦查、公平公正裁判。贯彻证据裁判规则，强化亲历性、合法性审查，依法排除非法证据。保障律师执业权利，依法听取和采纳辩护意见1312件次，为律师提供电子阅卷、预约会见、诉讼信息推送等服务9962次。6月22日，全省律师代表座谈会在南通召开，南通市构建良性互动检律关系做法获省检察院推广。

公益诉讼改革　9月，省检察院在全省开展检察机关提起公益诉讼改革，南通组建全市检察机关一体化专业化办案组，建立“三诉合一”机制，审查立案16件，发出行政诉前检察建议14件，涉及土壤、水体等公共利益损失1714万元。启东市检察院、通州区检察院在全市率先发出诉前检察建议，督促相关企业开展生态环境修复。如皋市检察院针对环境污染提起南通市首例刑事附带民事公益诉讼。

“智慧检察”实践　2017年，全市检察机关建成智能办案辅助、远程视频接访、电子数据鉴定、案件数据研判、律师服务预约、多媒体庭审示证等信息化平台19个，依法开展技术办案1851件次，公开法律文书4506份、案件信息8558条。以信息化促进司法规范化，运用案件数据研判平台实施动态监管，其中专项评查35次，督促纠正办案瑕疵问题86个。市检察院“智慧案管”工作获省检察院集体二等功。

（高传果）

公　安

【概况】 2017年，南通市公安机关打造升级版“南通公安”，实施“123升级行动计划”（夯实派出所这一根基，打造维稳处突、侦查破案两把尖刀，强化情报信息、规范执法、实战警队三大支撑），推进重点人员管控会战、警务机制改革攻坚、全面推进从严治警。全市公众安全感继续保持全省前列，道路交通和火灾事故核心指数稳中有降，文明交通指数全省第一。继续实施品牌发展战略，入选全省公安改革创新优秀成果8项，全国网警巡查执法工作推进会、全国公安机关网上督察创新发展论坛等7个部省业务会议在南通召开；市公安局蝉联全国文明单位；全市公安机关198个集体和个人获市级以上表彰，3个集体、5名个人获全国公安系统英雄模范立功集体表彰大会表彰。

【刑事侦查】 2017年，南通市刑事案件、侵财案件、通信网络诈骗案件发案率比上年分别下降14.2%、17.2%、28.3%，破案率比上年分别上升3.4%、2.4%、0.2%，巩固“发案下降、破案上升、命案全破”良好局面，26起命案均在第一时间破获。深入开展“三打击一整治”“清水蓝天”“剑网”“2017云端”等专项行动，破获部、省毒品目标案件10件，破获部、省督食药环案件23件，破获经济案件310件，挽回经济损失1.2亿余元；通过狱侦攻势深挖线索2790条，破获案件474件；深化巡防体制改革，建立“进攻型”巡防新模式，通过巡防抓获违法嫌疑人1300余人，做好机场、火车站、汽车站等源头安检；开展视频监控“雪亮工程”建设，完成住宅小区人脸识别门禁系统智慧小区建设20个；在全国率先推行“南通网警”公开巡查执法模式，组建“净网志愿者联盟”。

【应急能力建设】 2017年，南通市推进大数据指挥服务体系建设，整合汇聚各类数据405类283.7亿余条，搭建实战模型94个，开展专题研判613次，重大事件预警处置率100%。编制突发事件应急体系建设“十三五”规划，修订市级专项预案3件，完善应急预案7类18项279件。全市设置快速应急反应点106个，建立防驾车冲撞、防暴恐事件硬隔离设施503处，开展跨区域演练10次。县级公安机关成立特警中队。全市511家反恐重点目标均落实三级防范守护制度。

【警务机制改革】 2017年，市公安局以“做优局机关、做强派出所、做实警务室”为重点，全面实施警务机制改革优化工程。推进机关部门实战化建设，市区分局完成“大部门制”改革，压缩指挥层级，精简机关人员，市、县两级局机关下沉警力255人。农村地区推行派出所、刑警、交警“所队合一”改革，城市和县城镇派出所建立“三队三室”模式；市区分局、县局派出所警力占比分别超过省定60%、40%标准，市区派出所所长平均年龄从41.3岁下降到37.7岁。全市派出所所长进当地镇（街道）领导班子比例87.2%。纳入社区公共服务平台警务室1675个，完成标准化、数字化、可视化升级改造重点警务室892个。建立“一村一警”勤务模式，社区民警配备数新增166人，并全部进村（社区）班子。成立国际刑警组织南通联络办公室，在25个国家设立海内外警侨联动服务分中心，相关做法获中央“一带一路”建设安全保障协调小组明确为维护海外利益“南通模式”。

【执法建设】 2017年，南通市优化执

6月22日，南通市海内外警侨联动服务中心加拿大分中心揭牌。
（市外侨办　供图）

法制度、执法办案、执法管理、执法培训、执法保障、法治文化“六大体系”，推进受立案、刑事执法“两统一”、行政执法与刑事司法“两法”衔接等制度改革。启动“执法大数据”工程建设，试点建立公检法一体化的涉案证物存储中心，开展突出执法问题“四项清理”专项行动，排查整改执法问题6477个，行政败诉案件、刑事立案复议复核案件比上年分别下降62.5%、34.5%。

【民生服务】 2017年，市公安机关推出《对接服务上海八项措施》《服务企业服务项目建设二十件实事》为民服务举措，走访重点企业项目7185次，破获涉企案件345件、挽回经济损失2300余万元，企业项目方对公安工作满意率95%以上。持续深化“放管服”、车管业务和驾管业务以及户籍制度改革，开通政务服务网上公安“旗舰店”，提供在线办理事项119项，推行机动车随机选号“50选1”惠民措施。降低落户门槛，出台《南通市常住户口登记管理规定（试行）》。优化“三级联动”警务服务体系，警务诉求集中办理标准化项目被确定为全国社会管理和公共服务综合标准化试点，相关做法在中央政法委推进涉法涉诉信访改革培训会、全国公安机关涉法涉诉信访改革推进会上交流。

（陈　峰）

【长航公安】 2017年，长江航运公安局南通分局（简称“长航公安南通分局”）创新警务运行机制，完善辖区治安防控，处置接处警2672件，立刑事案件633件，破获622件，抓获犯罪嫌疑人115人，查处团伙15个。查处治安、消防、交通行政案件2183件，开展各类专项行动43次、联合执法208次。全年，研判上报国保情报信息292条，地方政府批示16条，排查化解各类矛盾纠纷及不稳定因素150起。3月19日，在“宝泰”轮上抓获传播反动电子宣传片违法行为人1人，实现长航公安南通分局体制改革以来办理国保案件“零突破”。获公安部授予“全国百佳刑警”称号1人。

治安防控体系建设　2017年，长航公安南通分局处置“3·12”船舶碰撞事故等重大突发事件。推进水上社区警务工作模式，布建水上警务室14个，实现以平安长江建设为主线、水上警务室为依托、社会行业化管理为基础、科技信息化技术为支撑的水上社区治理新模式。开展水上过驳整治，将辖区内112艘浮吊、456名从业人员登记造册，纳入日常监管。深化水域综治民调工作机制，挂牌成立涉水价格争议调处工作室，完善水域矛盾纠纷多元化解机制。

违法犯罪打击　2017年，长航公安南通分局依法惩治长江生态资源类刑事犯罪，破获非法捕捞水产品案130件，抓获犯罪嫌疑人17人，查处犯罪团伙6个。破获非法采矿类犯罪案件458件，抓获128人，查处非法采矿团伙9个，涉案总价值2800余万元。侦破“6·20”非法采矿系列案、“8·10”非法采矿系列案，破获公安部督办“7·13”特大网络贩枪案、“2·9”重大责任事故案、“10·19”非法处置扣押财产案。

（赵倩楠）

司法行政

【概况】 2017年，南通市司法行政系统在江苏省司法行政系统年度综合绩效考评中，执法质量、群众满意度均居第一，市司法局获评优秀单位，海安县、如皋市、如东县、海门市、通州区、崇川区、港闸区7个县（市、区）司法局获评优秀单位。南通市获司法部确立为“七五”普法依法治理工作联系点（任务主题：加强社会主义法治文化建设，培育公民法治信仰），是全省唯一入选城市。市司法局获联合国儿童基金会、中国关心下一代工作委员会、司法部确定为未成年社区服刑人员心理行为教育矫正项目试点单位。

【法治宣传教育】 2017年，南通市新增省级民主法治示范村79个，市级法治文化建设示范点43个。继续实施“普法邮路通万家”“普法连锁店”工程，全年通过邮政、烟草物流发放《南通崇法》《法润江海报》55.2万份。4月，南通市印发《关于加强全市国家工作人员学法用法工作的意见》，在全市实施领导干部任职前法律知识考试制度，全年组织5批84名领导干部参加任前法律知识考试，通过率100%。5月，启动实施“美丽人生·德法引航”法治宣传专项行动。市司法局报送《12348 法润千万家》获评第13届全国法治动漫微电影作品征集活动最佳法治动画。6月，市委组织部、市人力资源社会保障局、市法宣办、市司法局联合举办《民法总则》宣讲。12月，组织"国家宪法日"集中宣誓宪法宣传活动。组织近20万名国家工作人员和党员参加"学宪法学党章"法律知识竞赛。成立南通市法治文化研究会。

【法律服务】 2017年，南通市有法律服务所133家，基层法律服务工作者581人。基层法律服务工作者办理各类诉讼案件21822件，非诉案件1135件。4月，在全市组织开展"法润通城·与法同行"专项活动，集中举办法律咨询活动112场次，法制讲座321场，解答法律咨询9300余人次，市司法局对活动中表现突出10家先进集体和22名先进个人进行表彰和奖励。

【人民调解】 2017年，南通市各类人民调解组织调解纠纷71336件。其中，道路交通事故纠纷7563件，邻里纠纷27757件，婚姻家庭纠纷8618件，损害赔偿纠纷3506件，劳动争议纠纷1995件，消费纠纷1000件，山林土地纠纷2495件，征地拆迁纠纷1253件，合同纠纷1055件，房屋宅基地纠纷1283件，环境污染纠纷432件，物业纠纷1136件，生产经营纠纷389件，医患纠纷189件，其他纠纷12665件。调处成功71125件，调处成功率99.7%。制订《关于完善矛盾纠纷多元化解机制的贯彻意见》，出台《南通市专职调解员"打铁还需自身硬"岗位练兵活动实施方案》，印发《南通市人民调解典型案例集》，专职人民调解员等级评定率100%。3名人民调解员获司法部表彰为全国模范人民调解员；市司法局社会矛盾纠纷多元化解工作经验先后在国务院发展研究中心调研会，省委、省政府督查组调研会上交流。

【社区矫正】 2017年，市司法局累计接收社区服刑和刑释人员6772人，按期解矫2695人，撤销缓刑28人、警告564人、治安处罚10人。2月，印发《提请撤销缓刑案件备案和复核工作制度》，建立提请撤销缓刑案件备案和复核工作制度、社区服刑重点人员精准管控实施意见、社区服刑人员书面汇报审核评价制度，落实解除强制隔离戒毒"3115"后续照管模式工作方案，推进"三级三查"（支队抽查、大队巡查、司法所自查）工作机制。3月，举办全市社区矫正机构负责人培训班，启用"南通司法微矫务"。4月，开展假释罪犯"四见面"考察专项活动。5月，开展社区矫正"学业务、懂方法、转作风、见行动"专题活动；会同海安县司法局、如皋市司法局赴宜兴监狱开展联合帮教。6月，组织开展南通籍失学（或面临失学）、流浪未成年子女帮扶活动；如皋市、港闸区、崇川区、通州区司法局被省司法厅和东南大学确定为"社区矫正损害修复"试点单位。7月，开展"我的矫正故事"主题展播活动。9月，市司法局与省司法厅、省司法警官高等职业学校等合作编写《社区矫正讲评教育》。12月，港闸区司法局报送《对社区服刑人员沈某依法实施社区矫正案例》和如东县司法局报送《石某依法依政策开展社会适应性帮扶案例》入选司法部社区矫正案例库。

【法律援助】 2017年，南通市法律援助机构办理法律援助案件8800件，接受法律援助8955人次。全市113件援助案件获省法律援助基金会资助38.96万元，资助案件数和金额位居全省前列。4月，南通市法律援助需求评估经验在全省完善法律援助制度推进会上交流。10月，组建南通市法律援助"名优律师"团。11月，市司法局与市残联共同推荐"残疾人梁某与颜某、倪某交通事故赔偿纠纷案"入选中国残联"残疾人法律服务20件优秀案例"。12月31日，市政府印发《南通市完善法律援助制度的实施办法》，将行政诉讼案件纳入法律援助范围。获省法律援助基金会"特别贡献奖"1人。

【人民监督】 2017年，市司法局选派人民监督员129人次参与各县（市、区）人民检察院拟不起诉或拟撤销案件监督评议43件，组织人民监督员参加案件告知监督、检察院开放日、刑事申诉审查会、公开听证现场观摩会等活动107批次。4月，市司法局印发《南通市人民监督员参加案件监督评议选派工作流程》《南通市人民监督员工作联席会议制度》，与市检察院建立定期协调机制；"人民监督员参与案件监督评议ABC抽选法"工作做法在全省人民监督员工作会议上交流。11月，市司法局报送《人民监督员提出意见建议被采纳》案例入选司法部人民监督员监督评议案例库，"人民监督员对盛某等涉嫌滥用职权拟不起诉采纳检察机关意见案""人民监督员参加全国检察机关刑事申诉案件公开听证示范观摩活动"案例入选省司法厅人民监督员监督评议案例库。

【司法考试】 2017年，国家司法考试南通考区报名资格审核合格人员2825人，报考人数历年最高。9月16~17日，分别在江苏省南通中等专业学校、南通市第一初级中学组织实施考试，全市考试成绩合格人数355人。

（宗纪平）

监狱管理

【南通监狱】 2017年，江苏省南通监狱（简称"南通监狱"）推进现代监狱建设、监区运行效能提升、民警队伍素质提升和监狱智能管理大平台建设，依法办理减刑、假释、暂予监外执行案件918件，刑满获释回归社会服刑人员136人。连续第22年无罪犯脱逃、无狱内重特大案件发生，刷新全国监狱系统最高纪录。获评全省监狱系统现代监狱建设先进单位、监区规范化建设先进单位；获评全省政法系统"忠诚卫士"1人。

制定《罪犯危险性评估办法》，对罪犯狱内危险性和再犯罪可能性进行科学评估。制定《南通监狱突发事件总体应急预案》，定期开展公安、武警、监狱三方联合应急处突演练，组织无预告模拟演练16次，启动安全等级响应13次。设置狱务公开栏，安装狱务公开自助查询系统，设立监狱长、监区长接待日，全年接受服刑人员亲属咨询300余人次，咨询电话40余人次。建成监狱执法证据保全中心，制定《执法证据保全中心管理规定》，完善《执法证据保全工作实施细则》。

3月29日，南通监狱开展“春暖濠河畔、法润新生路”法律咨询会。

（南通监狱 供图）

开展“春风化雨暖人心、学法明理促新生”“四查四整两创一做”等主题教育。举办“春暖濠河畔，法润新生路”法律咨询会。开展“文化、育人、正心”监区文化节等特色文艺活动。录制心理健康教育专题课程，开展心理矫治354人次、危机干预387人次、内观治疗20人次。推进刑罚执行一体化建设，与全省8个地方司法行政部门建立帮教合作机制，开展联合帮教活动18场，化解释放难9起。联合团市委、法律援助中心、律师协会等开展送法进监活动，为服刑人员提供政策咨询及法律援助120余人次，举办亲情帮教活动9场，帮助26名特困服刑人员家庭解决实际困难，发放专项帮扶金3万余元。

（孙启明）

【南通女子监狱】 2017年，江苏省南通女子监狱（简称“南通女监”）累计办理减刑假释案件567件、罪犯暂予监外执行案件3件，实现“安全零事故、队伍零违纪、执法零差错”。获评全国监狱戒毒系统先进集体、江苏省巾帼建功先进集体、江苏省廉政文化示范点、全省司法行政系统队伍“三化”（正规化、专业化、职业化）建设示范点、全省监狱系统办案工作先进单位、狱务公开示范单位、全省司法行政系统党的十九大安保维稳工作先进集体，监狱党委获评全省监狱系统先进党委。

巩固会见室“文明执法窗口”成效，深化狱务公开，开展监狱长接待日主题帮教日等活动，邀请法院、检察院、人大代表、政协委员等到监狱旁听庭审、召开执法工作评议座谈会。落实“5+1+1”（5天习艺，1天学习，1天休息）模式，开展“三项基本技能”练兵，开设监区长课堂、律师讲堂等60余场，制作专题片36部，举办法律咨询4次。开展罪犯参加内观体验7期52人。制定《服刑“八礼”指导手册》，开设心理健康操“云课堂”、小夜灯工作室等，全年心理咨询、团体辅导、危机干预2000余人次。开展入监评估463例，中期评估1186例，刑满、假释、暂予监外执行罪犯再犯罪评估407例。开展“法润江苏”“黄丝带”、监区开放日等活动，向百名特困罪犯、“三无”人员发放帮扶基金、慰问品近4万元。制定《指挥中心远程监控检查指导手册》，开展应急演练32次、特警队训练19次。开展“四查四整两创一做”“罪犯身份甄别攻坚月”、特岗犯专项教育整训等工作，罪犯甄别核查率100%。加强罪犯疾病诊治，落实新犯体检、病情告知、监区药品零存储，规范查房、会诊、病历书写等医疗制度14项，推行医生“日巡诊+周会诊”模式。

（张 垚）

【通州监狱】 2017年，通州监狱执行狱情动态“日研判”制度，做好罪犯身份甄别、隐患排查整治、刑满释放罪犯衔接。联合兰州大学（南通基地）法学院创办法治教育实训基地，提升社会帮教实效。全年处置罪犯矛盾纠纷175起，帮助改造困惑及生活困难罪犯276人，顽固犯攻坚转化率70%以上；累计提请减刑假释662人，办理危重病犯保外就医案件4件，依法办案率100%。举办监区开放日6次，向罪犯家属宣讲监狱工作方针500余人次。开展缝纫、机修、烹饪等职业技能培训，并发放合格证书。实现第19个监管安全年和第33个安全生产年目标，获评全省司法行政系统党的十九大安保维稳工作先进集体、江苏省五一劳动奖状、全省司法行政队伍“三化”建设示范点，72名民警获市级以上表彰。

（周小强）

公共管理

责任编辑 陈 磊

经济事务管理

综 述

【规划编制实施】 2017年，南通市实施“十三五”规划，出台《关于落实〈南通市国民经济和社会发展第十三个五年规划纲要〉主要目标和重点任务的分工方案》《关于加快推进国家“十三五”规划纲要重大工程项目落实工作的实施意见》。跟踪推进全市42个重点专项规划实施。对新型城镇化实施情况开展中期评估，梳理各地各部门开展新型城镇化试点工作亮点和特色，在邻里自治、家庭医生签约服务、金融创新等方面形成一批可复制可推广经验成果。开展特色小镇创建培育，出台《关于培育创建南通特色小镇的实施方案》。根据省统一部署，组织各县（市、区）申报省级特色小镇，吕四仙渔小镇、海门足球小镇入选首批省级创建名单。

【产业结构调整】 2017年，南通市三次产业比例调整为4.9:47.1:48，其中高新技术产业产值占规模以上工业产值49%。出台《建设国家创新型城市打造创新之都行动方案》，通过国家创新型试点城市评估，高新技术企业突破1000家。组建产业技术创新联盟，“3+3”重点产业产值占规模以上工业产值60%。加快船舶海工、电子信息、高端纺织智能化改造，新增南通中远川崎、大生集团、中天储能3家国家试点示范企业，江苏力星通用钢球股份有限公司、江苏鹏飞集团股份有限公司、中天科技股份有限公司3家制造业单项冠军企业，招商局重工（江苏）有限公司1家技术创新示范企业。建筑业特级资质企业20家，获“鲁班奖”总数100个。推进高标准农田建设，新建高标准农田67.71万亩，建成高效设施农（渔）业10.3万亩，“一村一品”示范村镇数、农产品出口额均居全省第一。

【经济运行监测】 2017年，南通市健全经济部门联席会议制度，强化经济动态监测。开展发展指标月度评估，按月做好省经济运行监测网络平台161家大中小型企业数据采集，加强经济运行预警预测及分析，按季完成全市经济运行分析报告，全市计划执行情况良好，经济社会发展目标完成。

（陈 亮）

【南通企业家日活动】 2017年，南通市继续开展“南通企业家日”主题系列活动，组织开展“张謇杯”杰出企业家、南通“三名”（名企、名牌、名人）年度人物评选表彰活动。5月22日，在2017中国南通江海博览会暨首届通商大会开幕式上，市委、市政府授予通富微电子董事长石明达“张謇杯”杰出企业家称号，授予中兴能源董事长仇云龙等10名企业家南通“三名”年度人物称号。5月23日，“张謇杯”杰出企业家事迹展揭幕仪式在南通博物苑新馆举行。7月21～23日，南通市组织30余名新生代民营企业家代表到杭州开展“五新”（技术创新、管理创新、制度创新、商业模式创新、企业文化创新）专题学习考察和对接合作活动，促进两地企业家深度交流与项目合作。9月，新华社记者到南通采访“南通企业家日”主题系列活动做法。

【招商引资】 2017年，南通市组织各地面向上海、浙江、广东等民资发达地区，围绕“3+3”重点产业和地方特色产业，突出产业招商重点，促进一批优质市外民资项目落户南通。全年全市引进投资额超1000万元以上民资项目1767个，注册资本492.6亿元，单个项目平均注册资本2787.6万元。其中，一产项目25个，二产项目814个，三产项目928个。引进计划投资超1亿元市外民资项目195个，注册资本125.2亿元，单个项目平均注册资本6421.7万元。组织参与上海（苏南）投资促进周、北京投资促进周等招商引资活动。

（方雪忠）

【国有资产项目建设】 2017年，南通市国有企业推进产业转型升级，保障城市基础设施建设，完善城市交通网络，服务陆海统筹沿海开发，推进城市保障房建设，实施文化旅游景点保护与开发。完成重大基建和技改项目21个，总投资115亿元。轨道交通1号线一期工程开工，中央创新区建设全面启动，中央森林公园、营船港森林廊道建设工程等首批基础设施项目进入实体施工阶段。南通机场航站区改扩建工程与机场大道项目同步建设。濠河景区整体景观提升工程分区、分点逐项推进。通州湾临港产业、科创产业等项目招引、大生众创街区发展取得新进展。

【国有资产监管】 2017年，市国资委完善国资监管体制，履行出资人职能，维护出资人权益，按照权责对应原则承担国有资本保值增值责任，执行国有资本收益收缴制度，防止国有资产流失。全年完成国有资产收益上缴6699.46万元，收益收缴100%。以管资本为主加强国有资产监管，整合国资委监管、监事会监督、国有企业管控三大资源，加强投资监管、财务监管、审计监督和职工民主监督等。监事会全年开展出资企业“年度监督检查”“投资基金专项检查”“资产处置专项集中检查”及“三重一大”决策制度执行情况监督检查等检查28次，全覆盖监督出资企业。企业内部管理加强，基础管理规范，法人治理进一步完善，实现降本增效。

（丁珏明）

经济体制改革

【“三去一降一补”】 2017年，南通市全面落实去产能、去库存、去杠杆、降成本、补短板“三去一降一补”重点任务。运用市场化和法治化办法，加快淘汰落后产能，完成省下达钢铁、水泥去产能任务，关闭化工、印染、钢丝绳等行业低端低效产能企业164家。加强市场监管，增加有效供给，房地产市场总体保持平稳。加大金融改革创新，新增上市企业2家、“新三板”挂牌企业12家，新增直接融资620亿元，信用风险水平保持全省低位。实施政府投融资体制改革，降低企业成本超120亿元。实施基础设施、民生保障等6大类70个补短板重点项目，完成投资360亿元。

【陆海统筹重点改革】 2017年，南通市深化陆海统筹土地利用管理创新，海域使用证累计换发土地权证11.5万亩。开展同一乡镇村庄建设用地布局调整试点，申报第三批同一乡镇试点8个。海安县开展土地利用“五化并进”（土地规划减量化、计划指标市场化、耕地保护优质化、土地利用集约化、服务监管实时化）试点，交易额15.46亿元。全市向上争取建设用地空间增加26.15万亩，耕地保有量核减21.49万亩，基本农田核减60.6万亩。在省内首次推出法人银行与国税合作出口退税融资产品，成立省内首家转贷服务公司。完成农村土地承包经营权确权登记颁证，农村集体资产资源流转全部进场交易，农村“两权”抵押贷款等试点加快推进。

【“放管服”改革】 2017年，南通市成立全省首家大数据管理局，强化大数据体系支撑。“不见面审批、零缺陷服务、精准化监管”成为南通“放管服”改革升级版。在全省率先公布“不见面审批”清单，90%审批服务事项实现网上办理，投资项目“代办制”普遍建立，不动产登记实现“一窗受理、集成服务”，“3550”目标初步实现。“一支队伍管执法”改革入选国务院“放管服”改革丛书，全省唯一。

（陈　亮）

【国有企业改革】 2017年，南通市落实国资国企重点改革任务，坚持市场化改革方向，推进国有企业高质量发展。成立南通港集团有限公司、中央创新区投资建设有限公司、南通城市轨道交通有限公司、南通市大数据发展集团有限公司4家市属国有企业（集团），全市国有资产总额4800亿元。加速市场化转型，出台《关于推进市级融资平台公司市场化转型的实施意见》，优化资源配置，重组南通港口集团，整合沿江沿海港口资源，构建“一市一港一集团”（南通市、南通港、南通港集团有限公司）新格局，推进全市沿江沿海港口大发展。

（丁珏明　陈　亮）

财　政

【概况】 2017年，南通市实现一般公共预算收入590.6亿元，比上年同口径增长6%。其中，地方税收收入462.51亿元，税收占比78.3%；市区完成一般公共预算收入260.1亿元，县（市、区）完成330.5亿元。完成一般公共预算支出810.08亿元，比上年增长8.12%。

【财源建设】 2017年，南通市实施积极财政政策，支持推进供给侧结构性改革，促进经济平稳健康发展。出台《2017年促进经济发展提质增效若干政策措施》，培育发展新动能和竞争新优势，兑现奖励资金约5亿元。修订完善产业发展扶持政策及实施细则，兑现各类产业发展资金约12亿元。撬动金融资本支持小微企业发展，“助保贷”、科技“资金池”、小微“创业贷”三大财政金融产品贷款余额24.7亿元，财政资金放大效益超15倍。鼓励引导企业登陆资本市场融资，累计兑现上市企业22家及“新三板”挂牌奖励1200万元。兑现市区5家担保机构增资奖励、低收费奖励1279万元。陆海统筹基金下设产业类二级基金13支，对外投资项目169个，总规模217亿元，撬动比例超6倍。全市置换政府存量债务241亿元，争取新增政府债券89亿元，解决重大在建公益性项目资金需求。推动东港污水处理改扩建等13个项目作为PPP（政府和社会资本合作）入库备选项目，总投资284亿元。

【财政投入】 2017年，南通市优化财政支出结构，进一步支持民生保障工程和重大项目建设。全市民生支出623.8亿元，占一般公共预算支出77%，比上年提高1个百分点。安排50项“为民办实事”资金15.4亿元，支持教育文化、医疗卫生、污染防治、交通城建等公共事业发展。全市筹措并下拨高标准农田补助资金3.6亿元，推动建成高标准农田37万亩。实施精准扶贫，加大对困难人群就业扶持和供养提标，困难人群医疗救助2150万元。加强社保基金管理，建立市区被征地农民保障资金滚动平衡机制。安排市级城市建设和维护项目支出82.4亿元。筹集8.5亿元资本金，保障盐通铁路工程实施。增加部分国有公司资本金12亿元，推动大剧院、美术馆、中央创新区医学综合体等重大项目建设。争取总规模214.5亿元、为期25年低利率银团贷款，保障轨道交通1号线实施。落实绿色发展理念，安排生态建设专项资金8880万元。

【财政管理】 2017年，南通市深化财政体制改革，加快建立现代财政制度。完善全口径预算管理体系，清理规范政府购买劳务，取消不可预见费，严格预算执行，年初收回结余结转资金转入预算稳定调节基金12.4亿元。调整完善市、区财政管理体制，明晰市、区两级事权和支出责任。实现全省首家区级财政国库集中支付电子化。加快政府采购网上商城平台建设，提高公开招标限额标准。建立财政监督“双随机一公开”抽查机制，实现部门预算中100万元以上项目绩效目标全覆盖，对全市67家部门预算单位128个项目开展评价，涉及预算资金3.77亿元。有偿转让、公开拍卖、置换部分政府闲置资产，梳理资产11类168处，处置158处，变现14.5亿元。规范市区土地出让金收支和缴库管理，市区累计征收土地出让金214亿元。出台《关于进一步加强政府性债务管理的意见》及6个配套管理文件，形成全面加强政府性债务管理制度体系，组织全市域、全口径债务情况摸底调查6次，梳理形成地方政府融资负面清单，在全省率先制定化解地方债务与风险管控办法。

（姜　苏）

表6-1

2017年南通市财政收入情况一览表

单位:亿元

指标名称	2016年	2017年	增减率(%)
财政总收入	1306.63	1508.98	15.49
一、一般公共财政预算收入	590.18	590.60	0.07
各项税收	456.77	462.51	1.27
增值税	86.46	121.27	40.26
改征增值税	30.13	65.09	116.03
企业所得税(留地方40%)	51.75	61.36	18.57
个人所得税(留地方40%)	32.10	27.34	-14.83
城市维护建设税	26.38	25.35	-3.90
房产税	17.80	19.20	7.87
土地增值税	34.54	56.84	64.56
契税	37.28	47.35	27.01
二、基金收入	427.35	579.78	35.67
三、中央财政收入	289.10	338.60	17.12
增值税	152.41	194.27	27.47
消费税	10.92	11.28	3.30
企业所得税(划中央60%)	77.62	92.03	18.56
个人所得税(划中央60%)	48.15	41.01	-14.83

表6-2

2017年南通市财政支出情况一览表

单位:亿元

指标名称	2016年	2017年	增减率(%)
财政总支出	1518.66	1827.02	20.30
一、一般公共财政预算支出	749.22	810.08	8.12
一般公共服务	87.62	95.30	8.77
国防	0.47	1.11	136.17
公共安全	47.95	53.05	10.64
教育	154.87	152.99	-1.21
科学技术	22.83	27.24	19.32
文化体育与传媒	12.34	9.14	-25.93

（续表6-2）

指标名称	2016年	2017年	增减率(%)
社会保障和就业	78.70	97.62	24.04
医疗卫生与计划生育	69.59	81.05	16.47
节能环保	12.18	11.61	-4.68
城乡社区	96.01	103.73	8.04
农林水	74.83	75.02	0.25
交通运输	13.85	20.91	50.97
资源勘探电力信息等	18.90	19.68	4.13
商品服务业等	16.23	9.31	-42.64
金融	0.23	0.42	82.61
住房保障支出	11.48	13.78	20.04
粮油物资储备事务	1.35	1.06	-21.48
二、政府性基金支出	463.70	645.54	39.22
三、社保基金支出	305.74	371.40	21.48

（姜　苏）

税　务

【概况】 2017年，南通国税系统组织国税收入516.3亿元，比上年增长35.03%。完成地方公共财政预算收入220.9亿元，比上年增长52.03%。其中，市区公共财政预算收入75.6亿元，比上年增长45.95%。国税占全市公共财政预算收入比重由上年24.62%提升至37.42%。落实国家重大税制改革措施，加大营改增、科技创新、小微企业、外贸出口等方面税收支持力度，全年办理各项税收优惠209.84亿元，出口退（免）税 178亿元。年内，江苏省南通市国家税务局（简称“市国税局”）获评全省国税系统绩效考评先进单位，通过全国文明单位复核。

2017年，南通地税系统组织各项收入586.8亿元，按可比价计算（下同），比上年增长9.8%。其中，税收收入324.9亿元，比上年增长11.2%；地方公共财政预算收入241.7亿元，比上年增长16.8%，总量、增幅均居全省第四；社保费收入237.4亿元，比上年增长8.6%，征缴率99.4%，总量、征缴率均居全省第四。南通市地方税务局（简称“市地税局”）2017年度纳税人满意度调查结果位居全省第五位。

【营业税改征增值税】 至2017年底，南通市营改增试点纳税人10.4万户，其中一般纳税人27704户。四大行业中，建筑业14775户，房地产业1547户，金融业816户，生活服务业37054户。全面推开营改增试点后，四大试点行业累计缴纳增值税163.91亿元，与原营业税制相比，累计直接减税27.22亿元；因四大行业纳入“营改增”，南通地区新增抵扣累计减税22.74亿元，其中不动产进项抵扣6.18亿元。

【税收协同共治】 2017年，南通市建立全市51个部门参加的税收协同共治机制，贯彻落实《国地税合作工作规范》，国地税纳税服务深度融合，在涉税信息共享、纳税信用应用、非正常户管理、联合督察等方面开展合作。探索国地税联合督察机制，成为全省税务系统首家试点单位。南通市入选“全国百佳国地税合作市级示范区”，海安县获评“全国百佳国地税合作县级示范区”。

【税收管理】 2017年，南通市国税系统组建“专业支持+综合应对”团队，创新线上风险应对方式，强化风险管理过程监控，全年风险应对总成效14.11亿元，为上年同期1.74倍，对税收收入贡献率3.03%。加强事中事后监管，在打击骗税虚开和清缴欠税等方面完善衔接、监控、应对机制，取得良好成效。全年查结骗税虚开案件31件，涉案发票金额7.37亿元，涉案税额1.25亿元，查处超1亿元虚开团伙案件2件；清理往年陈欠9005万元，全市欠税变动率从上年27.45%下降到11.68%。

2017年，南通地税系统分解落实全年9大工作重点27个工作项目54项任务清单，落实小微企业等税收优惠31.23亿元。征管基础指标综合位列全省第一方阵，实施税收信用联动管理，开展欠税户联合惩戒，全年对37家单位法定代表人提出实施边控申请，实际边控29人次，清欠税款2687.05万元。治理城镇土地使用税做法在全省地税系统会议上交流，“以地控税”智能系统在全省推广。实现应对效能提升，应对贡献率11.56%。创建“法润江海”精准普法基地，成为全国首批税收普法教育示范基地。市地税局和海门市地税局被税务总局确定为“三项制度”（行政执法公示制度、执法全过程记录制度、重大执法决定法制审核制度）全国试点单位。探索“放管服”改革，成为全国税务系统“放管服”改革首批试点单位（全国地税系统2家）。

【纳税服务】 2017年，南通国税系统重构办税服务职能，推进导税区、窗口办税区、线上体验（咨询辅导）区、自助办税区、发票区域配送中心、后台业务批量处理中心"六大功能区"标准化建设，加快纳税服务转型。顺应"互联网+"发展趋势，推广电子税务局，推出新办企业等综合服务"套餐"，推进"不见面审批"改革，建立发票区域集中配送中心，初步构建"网上批、快递送、不见面"纳税服务新业态。在全省纳税人满意度调查中，南通国税得分89.54分，列全省第二。深化税收信用评价应用，"税e融""出口退税贷"等融资新产品位居全省前列。

2017年，南通地税系统在全省设立首家专职线上办税服务部门，制定线上办税指引，线上办税为纳税人提供业务服务40余类，涉税事项"不见面"网上办理率92%。开通"线上办税服务直播间""解读环保税法在线直播"。成立"12366"纳税服务热线需求分析中心、联动指挥中心，专门协调处理纳税服务各项事务。实现房产交易业务部门联办全覆盖，办理时间由3天缩短为2个小时，相关做法在全省推广。

【税务稽查】 2017年，南通国税系统依法打击骗税和虚开等涉税违法犯罪行为，全年发现和查处10万元以上大要案件140件，其中100万元以上大要案25件，查补入库税款、滞纳金及罚款13677.3万元。开展网上巡查、信息化督审、专项督察。

2017年，南通地税稽查新立案520户，结案户数597户，人均审结户数全省排名第一；查补税款总额9.2亿元，收入贡献度2.5%，总量列全省第一，占全省查补税总量六分之一。采取"双随机一公开"机制，随机抽查选案410户，查补税款5.25亿元，纳税人满意率99.64%。全年受理接到举报案件或转办案件90余件，查处100万元以上案件47件，其中1000万元以上案件10件、1亿元以上案件2件。大案要案入库2.6亿元，市、县交叉检查入库1500万元。

（龚艳玲　顾标琴）

【社保费税式管理】 2017年，南通地税系统在全省率先实施社保费税式管理，推行"统扣分离、同税管理"征缴模式。以联合扩面及缴费基数协作确认为抓手，与人社部门共建"四联一通工程"（社保费联办登记、联合受理基数申报、联动应对、联手稽核、信息共通），成为全省地税系统唯一社保费税式管理改革试点单位。

（顾标琴）

表6-3

2017年南通市国税收入情况一览表

单位：万元

项目	2017年	2016年	比2016年 增减额	比2016年 增减率(%)
一、国税考核总收入	5162890	3823612	1339278	35.03
1.国内增值税	3795186	2680217	1114969	41.60
其中：直接收入	3295186	2381717	913469	38.35
改增增值税	1366955	637631	729324	114.38
免抵调库	500000	298500	201500	67.50
2.企业所得税	999317	812572	186745	22.98
3.国内消费税	112811	109203	3608	3.30
4.存款利息个人所得税	5	7	-2	-31.89
5.车辆购置税	255571	221613	33958	15.32
二、海关代征	1154801	924142	230659	24.96
三、出口退税	1280000	1130000	150000	13.27

（龚艳玲）

表6-4

2017年南通市地方税收情况一览表

单位：万元

项目	2017年	2016年	比2016年 增减额	比2016年 增减率(%)
地税系统组织收入合计	5867836	6630625	-762789	-11.50
一、地方税收收入合计	3249165	4205323	-956158	-22.74
1.营业税	39007	1323264	-1284257	-97.05
其中：省级收入	4534	136321	-131787	-96.67

（续表6-4）

项 目	2017年	2016年	比2016年	
			增减额	增减率(%)
2.企业所得税	613737	560325	53412	9.53
其中：省级收入	226	186	40	21.51
3.个人所得税	683524	802418	-118894	-14.82
4.资源税	952	929	23	2.48
5.土地使用税	203650	197909	5741	2.90
6.城市维护建设税	253484	263788	-10304	-3.91
7.印花税	71831	73311	-1480	-2.02
8.土地增值税	568361	345380	222981	64.56
9.房产税	191978	177961	14017	7.88
10.车船税	44413	41007	3406	8.31
11.契税	473502	372750	100752	27.03
12.耕地占用税	51329	31437	19892	63.28
二、教育费附加	120142	127438	-7296	-5.73
三、文化事业建设费	-1	211	-212	-100.47
四、社保费收入	2374052	2184880	189172	8.66
五、其他基金费	124478	112773	11705	10.38

注：营改增后，不再征收文化事业建设费，2017年的-1万为退还上年度文化事业费。

（施小强）

2017年南通市分产业国税收入统计表

表6-5　　单位：万元

项目名称	2017年	2016年	比2016年同期增减率	占总收入比重(%)
合　计	5162891	3823614	35.03	100.00
一、第一产业	3622	33545	-89.20	0.07
二、第二产业	2983111	2390098	24.81	57.78
1.采矿业	2984	1182	152.44	0.06
2.制造业	2443218	1992199	22.64	47.32
3.电力热力、燃气及水生产和供应业	235875	278797	-15.40	4.57
4.建筑业	301034	117920	155.29	5.83
三、第三产业	2176158	1399971	55.44	42.15
1.批发和零售业	611747	528908	15.66	11.85
2.交通运输、仓储和邮政业	105661	96652	9.32	2.05
3.住宿和餐饮业	10679	8203	30.19	0.21
4.信息传输、软件和信息技术服务业	24139	19927	21.14	0.47
5.金融业	382672	200150	91.19	7.41
6.房地产业	610927	259669	135.27	11.83
7.租赁和商务服务业	120489	63695	89.17	2.33
8.科学研究和技术服务业	40292	25706	56.74	0.78
9.水利、环境和公共设施管理业	4381	2494	75.63	0.08
10.居民服务、修理和其他服务业	45855	140979	-67.47	0.89
11.其他行业	219315	53588	309.26	4.25

（龚艳玲）

工商管理

【市场主体】2017年，南通市新增市场主体11.9万户，比上年增长20.11%，新增注册资本总额3489.54亿元，比上年增长58.65%。其中，内资企业3.81万户，注册资本总额3033.51亿元，分别比上年增长30.84%、69.76%；外资企业507户，外方认缴总额44.03亿美元，分别比上年增长24.26%、3.1%；个体工商户8万户，资金总额101.45亿元，分别比上年增长15.8%、32.34%；农民专业合作社407户，出资金额8.74亿元。至年底，全市实有市场主体78万户，比上年增长13.09%；注册资本总额2.14万亿元。其中，实有内资企业21.65万户，注册资本总额1.76万亿元，分别占全省7.62%、8.44%；实有外资企业5161户，外方认缴总额388.03亿美元，分别占全省8.81%、8.89%；实有个体工商户55.03万户，资金总额424.14亿元，分别占全省10.78%、8.05%；实有农民专业合作社8093户，出资金额266.4亿元，分别占全省8.25%、10.86%。

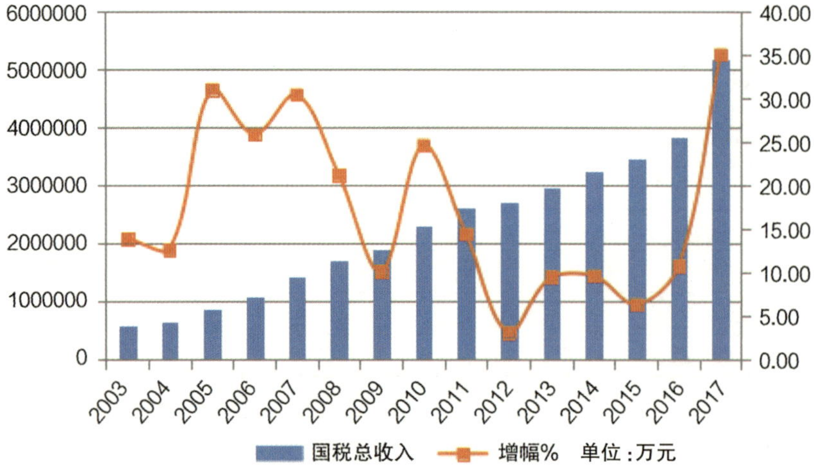

图6-1　2003~2017年南通市国税收入及增幅情况图（龚艳玲　供图）

【商标战略】2017年，南通市举办“品牌铸就企业——商标价值运用”系列研讨活动，开展“讲述商标的故事”专题宣传。新增驰名商标2件、地理标志证明商标1件，驰名商标、地理标志证明商标和有效注册商标分别为66件、21件、7.1万件。南通市政府、海安县政府获评省商标品牌战略实施示范市县（金风奖）；鑫缘茧丝绸集团股份有限公司、江苏金太阳纺织科技股份有限公司、江苏林洋能源股份有限公司、江苏九鼎新材料股份有限公司、龙信建设集团有限公司、江苏景瑞农业科技发展有限公司、江苏安惠生物科技有限公司7家企业获评省商标品牌战略实施示范企业（金帆奖），如皋肠衣城创成省级产业集群品牌培育基地。

（卢　峰）

表6-6

南通市驰名商标一览表

序号	所在地区	商标名称	商标注册人（利害关系人）	核定使用商品（服务）	认定时间
1	崇川区	铁人	南通铁人经贸有限公司	锻炼身体器材、哑铃、杠铃等	2015年
2	港闸区	斯得福	南通斯得福纺织装饰有限公司	床单、纺织品毛巾、被子等	2015年
3	海安县	鑫缘	鑫缘茧丝绸集团股份有限公司	丝绸（布料）、丝毯、被子等	2007年
4	海安县	鹏飞	江苏鹏飞集团股份有限公司	立窑、回转窑水泥工业用机械、石方工作机等	2009年
5	海安县	图形	江苏江海机床集团有限公司	剪板机、锻压机	2011年
6	海安县	中洋	江苏中洋集团股份有限公司	活鱼、活动物、供展览用动物等	2011年
7	海安县	丝乡	南通丝乡丝绸有限公司	床罩、被子、被絮等	2012年
8	海安县	鹰球	海安县鹰球集团有限公司	粉末冶金含油轴承、粉末冶金结构的机器部件	2013年
9	海安县	苏中	江苏万力机械股份有限公司	曲轴、内燃机配件	2013年
10	海安县	银利	南通东海机床制造有限公司	剪削刀（机器）、金属加工机械	2013年
11	海安县	图形	南通万宝磁石制造有限公司	碳电极、集成电路、磁性材料和器件等	2013年
12	海安县	元方缘	南通市元方缘家具制造有限公司	家具等	2013年
13	海安县	双弘及图	南通双弘纺织有限公司	纱、棉线和棉纱等	2015年

（续表6-6）

序号	所在地区	商标名称	商标注册人(利害关系人)	核定使用商品(服务)	认定时间
14	海安县	倍优特	南通华强布业有限公司	纱、棉线和棉纱、纺织线和纱等	2015年
15	海安县	HAILIN	南通海林集团有限公司	针织内衣、服装	2015年
16	海安县	铁锚及图	江苏铁锚玻璃股份有限公司	安全玻璃等	2016年
17	海门市	南回	南通回力橡胶有限公司	再生胶	2011年
18	海门市	SDZS	海门市森达装饰材料有限公司	金属门板、金属梯、金属建筑材料等	2012年
19	海门市	NLS	南通爱尔思轻合金精密成型有限公司	金属容器、金属箱、铝合金铸件等	2013年
20	海门市	铁锚	江苏铁锚工具有限公司	电动扳手、电砂轮机、电剪等	2013年
21	海门市	梦天姿	江苏明超国际贸易有限公司	毛巾被、枕巾、被子等	2013年
22	海门市	图形	江苏南通三建集团有限公司	建筑、工厂建设、砌砖	2013年
23	海门市	叠石桥及图	江苏叠石桥投资有限公司	床罩、枕套、床单等	2015年
24	海门市	图形	南通巴黎春天生态纺织品有限公司	装饰织品、被罩、床单等	2015年
25	海门市	旺盛	海门市旺盛农副产品有限公司	鲜水果，葡萄、香蕉等	2015年
26	海门市	AST	中兴能源装备股份有限公司	不锈钢管等	2015年
27	海门市	晋帛时代	海门市晋帛家用纺织品有限公司	被罩、被子等	2016年
28	海门市	振康及图	南通振康焊接机电有限公司	电焊枪（机器）等	2016年
29	海门市	龙信	龙信建设集团有限公司	建筑设备出租、建筑、水下建筑等	2016年
30	南通开发区	江山	南通江山农药化工股份有限公司	农药	2002年
31	南通开发区	安惠生物科技	江苏安惠生物科技有限公司	鲜食用菌、新鲜块菌、菌种等	2012年
32	南通开发区	力炬	江苏巨力钢绳有限公司	钢丝、金属绳索	2015年
33	启东市	盖天力	东盛科技启东盖天力制药股份有限公司	人用药	2004年
34	启东市	王中皇	金双喜实业发展有限公司	非电高压锅(加压炊具)、非电气炊具、非贵重金属厨房用具等	2008年
35	启东市	好收成	江苏好收成韦恩农化股份有限公司	农药、杀虫剂	2009年
36	启东市	东成	江苏东成电动工具有限公司	割草机、喷漆枪、锯条(机器零件)等	2009年
37	启东市	国强	江苏国强工具有限公司	电锤、切割机、电动手工具等	2011年
38	启东市	林洋	江苏林洋电子股份有限公司	电度表、电流计、安培计等	2012年
39	启东市	蝶球	江苏神通阀门股份有限公司	阀门	2014年
40	启东市	图形	江苏南通二建集团有限公司	建筑、建筑施工监督、道路铺设等	2015年
41	如东县	快达	江苏快达农化股份有限公司	除草剂、杀昆虫剂、杀害虫剂等	2009年
42	如东县	刚正	南通辉煌彩色钢板有限公司	金属建筑材料、金属板条、金属隔板等	2012年
43	如东县	DD	南通大东有限公司	纺织品毛巾、纺织品餐巾、浴巾等	2012年
44	如皋市	万达	江苏万达特种轴承有限公司	机器用耐磨轴承(滚动轴承)	2011年
45	如皋市	鼎	江苏九鼎新材料股份有限公司	玻璃纤维布	2012年

（续表6-6）

序号	所在地区	商标名称	商标注册人(利害关系人)	核定使用商品(服务)	认定时间
46	如皋市	力星及图	江苏力星通用钢球股份有限公司	滚珠	2014年
47	如皋市	元升	江苏元升太阳能集团有限公司	太阳能热水器等	2014年
48	如皋市	奇鹰	江苏奇鹰电线电缆有限公司	电缆、电线、电报线等	2014年
49	通州区	顶塔	江苏东源电器集团股份有限公司	高压开关柜、低压开关柜、继电保护柜等	2008年
50	通州区	SF	江苏四方机械集团有限公司	针织机	2011年
51	通州区	通宇	南通华新环保设备工程有限公司	闸门、搅拌机、刮泥机等	2011年
52	通州区	Jianghai	南通江海电容器股份有限公司	电解电容器	2012年
53	通州区	金太阳	江苏金太阳纺织科技有限公司	布、棉织品、床罩等	2012年
54	通州区	梦之语	江苏梦之雨卧室用品有限公司	床罩、被子、床单等	2012年
55	通州区	圣夫岛	圣夫岛(南通)纺织品科技有限公司	被子、床单、床罩等	2012年
56	通州区	大富豪	江苏大富豪啤酒有限公司	麦芽啤酒、啤酒	2012年
57	通州区	华宇	江苏华宇印涂设备集团有限公司	印铁烘干机、印铁机、双涂生产流水线等	2013年
58	通州区	景瑞及图	江苏景瑞农业科技发展有限公司	新鲜蔬菜、玉米、豆等	2014年
59	通州区	蓝丝羽	江苏蓝丝羽家用纺织品有限公司	床罩、被罩、被子等	2015年
60	通州区	JOES	乔德(南通)纺织品有限公司	床罩、枕套、床单等	2015年
61	通州区	菲菘·舍芮丝	南通信一服饰有限公司	服装、鞋、帽子等	2015年
62	通州区	御丰	南通御丰塑钢包装有限公司	包装用塑料膜、保鲜膜等	2015年
63	通州区	紫罗兰	紫罗兰家纺科技股份有限公司	床罩、被罩、床单等	2016年
64	通州区	宝缦	江苏宝缦卧室用品有限公司	床罩、被子、床单等	2016年
65	通州区	NTSJ及图	南通四建集团有限公司	建筑、室内装潢等	2017年
66	通州区	卧龙	南通卧龙家用纺织品有限公司	床罩、被子等	2017年

（卢　峰）

【市场建设】 2017年，南通市实有农贸市场281家，成交额538.5亿元；实有工业品市场40家，成交额2102.5亿元。全市经营性网站、网店数分别为8325家、72334家。全年实现电子商务交易额1950亿元、网络零售额430亿元，分别比上年增长33%、41%。全市有国家级文明诚信市场2家，省级文明诚信市场13家。

【企业信用体系建设】 2017年，南通市市场监管信息平台归集252个联动部门（市级部门47个）各类信息144.2万条。通过国家企业信用信息公示系统、南通工商门户网站等载体，发布经营异常信息3万条次，分别公示国家、省、市级“守合同重信用”企业82家、311家、2242家。开展诚信市场、诚信企业、诚信门店、诚信电商等创建活动，培育省级文明诚信市场2家，表彰诚信企业1046家、诚信示范店8956家。

【行政监管】 2017年，南通市制定全市“双随机一公开”监管工作规则和办法。10月底，“双随机”抽查系统在全市上线运行。创新“政企协作”打假机制，组建打假保优协作网，吸纳全市147家知名企业加入，其中32家企业入选市级重点保护名录，16家企业入选省级重点保护名录，入选数全省第一。

【行政执法】 2017年，南通市完成眼镜、服装、玩具、成品油、种子、化肥、农药等流通领域47个品种1810个批次商品质量抽检，查处商品质量类案件494件。开展打假保优“锲石”行动、商标侵权“溯源”行动，查处违法案件986件，移送司法机关14件，捣毁窝点13个。聘请广告义务监督员19人，办理广告案件283件，责令停止发布违法广告6028条次。清理无效网站主体数据1500余条，抽检网络商品130个批次，查处涉网案件296件。全年全市办结各类经济违法违规案件1505件，案值3440.98万元。

【消费维权】 2017年，南通市围绕打造“放心消费、乐享南通”品牌，深化电子商务、金融、保险、快递等行业创建活动，培育省级放心消费示范单位

22家。开通“掌上消协”客户端，开展消费体察活动3次，发布消费维权典型案例10个、各类提醒信息134条。全年受理消费者咨询投诉47246件，帮助消费者挽回损失2109.57万元。消费者权益保护工作列全国第二，群众对消费维权工作满意度90%，城市消费者满意度列全国第三。

（卢　峰）

价格管理

【工业品价格】 2017年，南通市重点监测38个品种综合均价同比“27涨8跌3平”。其中，有色金属、化工产品、煤炭、水泥、玻璃、新闻纸、民用液化气、成品油价格上涨，木材、自来水价格稳中略跌。

有色金属价格震荡上行　2017年，南通市监测6种有色金属全年均价每吨57019元，比上年上涨22%。其中，铜（1#电解铜）、铝（A00铝锭）、铅（1#铅锭）、锌（0#锌锭）、锡（1#锡锭）、镍（1#）年均价格比上年分别上涨28.3%、16.2%、26.4%、41.7%、23.3%和12.7%。

钢材价格大幅走高　2017年，南通市监测22种钢材产品全年均价每吨4188元，比上年上涨40%。其中，螺纹钢、线材、圆钢年同比涨幅近50%，热轧中厚板年同比涨幅超过35%，热轧薄板、冷轧薄板年同比涨幅超过25%。全年，除4月和10月出现小幅回调外，其余各月均呈上涨态势。

化工产品价格同比上涨　2017年，南通市监测14种化工产品价格同比“1跌13涨”，全年均价每吨6829元，比上年上涨19.8%。其中，硫酸（98%酸）年均价每吨518元，比上年上涨95.8%；ABS树脂（通用级）年均价每吨16650元，比上年上涨42.1%；纯碱（工业碱含量≥98.5%）年均价每吨2025元，比上年上涨38.2%。

煤炭价格持续高位　2017年，南通市监测2种煤炭年均综合价格每吨626元，比上年上涨18.9%。其中，电煤（贫瘦煤、5000大卡以上）年均价每吨530元，比上年上涨40.5%；混煤（工业锅炉混煤粒度小于50毫米，5000大卡）年均价每吨721元，比上年上涨29.7%。

油气价格涨多跌少　2017年，南通市重点监测国五0#柴油、国五92#汽油、国五95#汽油年均价分别为每吨5755元、6066元、6360元，比上年分别上涨15.2%、11.3%、9.8%。14.5千克瓶装民用液化石油气年均价每罐91元，同比上涨5.1%。

建材价格全面上涨　2017年，南通市监测42.5强度普通硅酸盐水泥和52.5强度普通硅酸盐水泥年均价分别为每吨368元、403元，比上年分别上涨40.9%、38.1%。浮法平板玻璃（5毫米）和钢化玻璃（5毫米）年均价分别为每平方米22元和35元，比上年分别上涨23.8%、1.2%。黄砂、石子、砌砖、纸面石膏板等建材价格也大幅上涨。

纸品价格不断攀升　2017年，南通市重点监测国产新闻纸（45克）年均价每吨6299元，比上年上涨10.7%，上半年走势相对平稳，下半年开始持续上涨，12月份均价每吨7183元，较1月份上涨21.1%。

【价格改革】 2017年，南通市出台《关

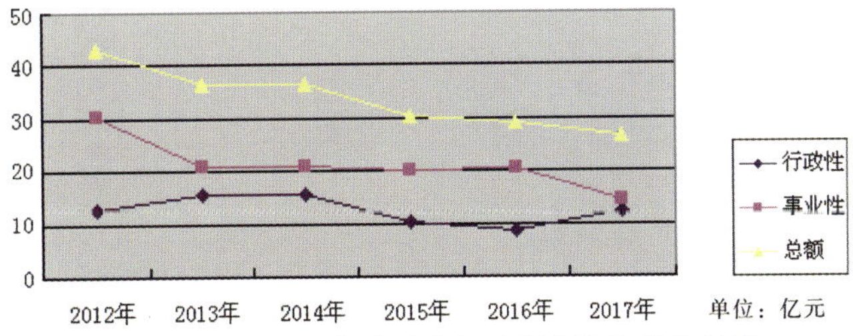

图6-2　2012~2017年南通市行政事业性收费趋势图

（市物价局　供图）

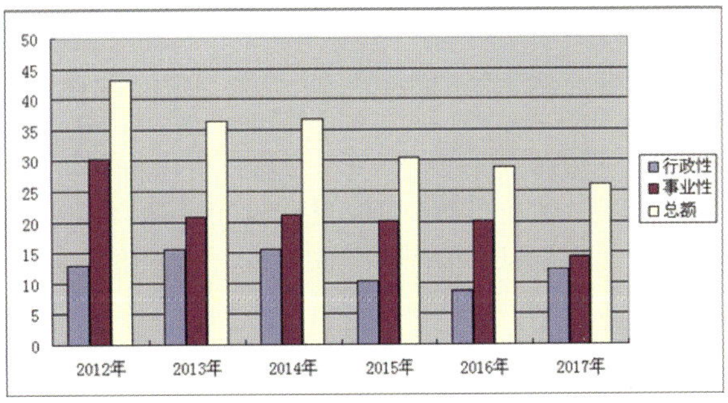

图6-3　2012~2017年南通市行政事业性收费变化图

（市物价局　供图）

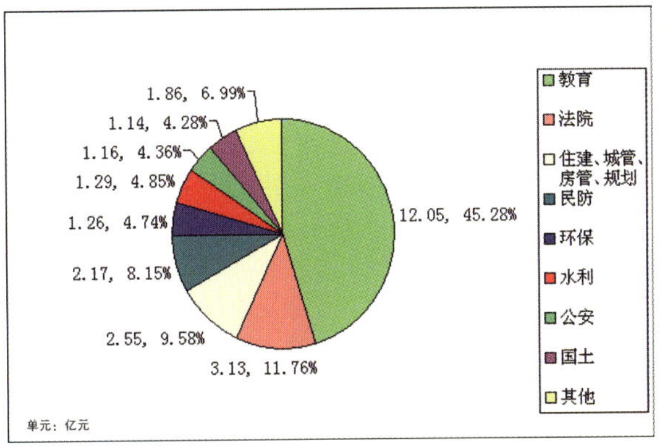

图6-4　2017年南通市8部门行政事业收费占比统计图

（市物价局　供图）

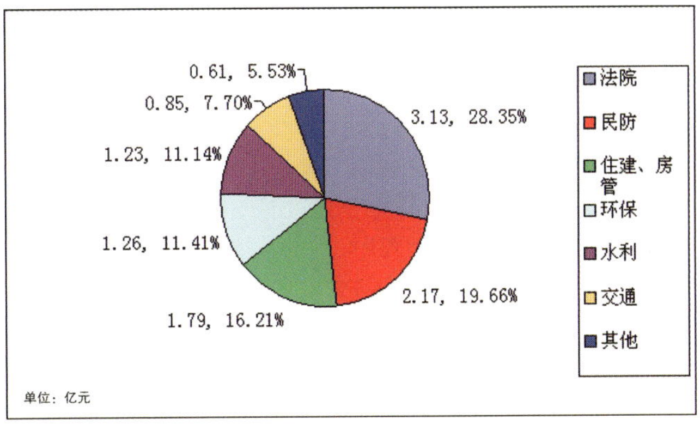

图6-5　2017年南通市6部门涉企收费占比统计图

（市物价局　供图）

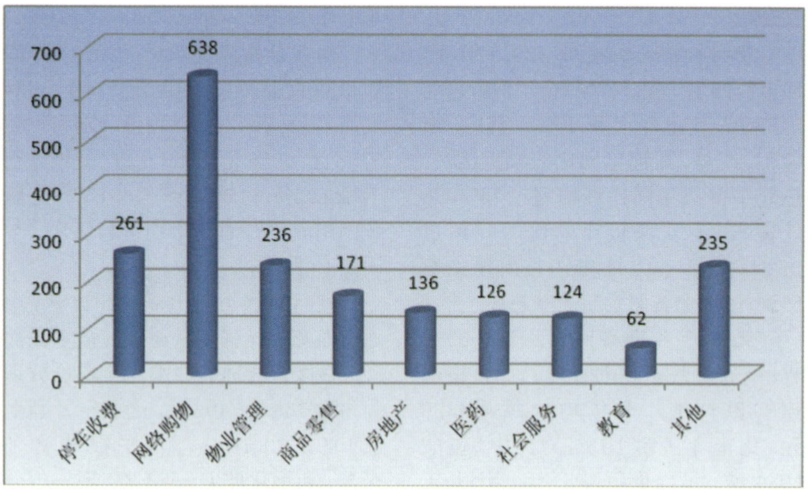

图6-6　2017年南通市价格举报投诉及咨询分类情况示意图

（市物价局　供图）

于全面推进价格机制改革的实施意见》。规范封闭区域内价格行为，制定《南通市相对封闭区域内商品和服务价格行为规范实施细则》。在全国率先在市区纺织印染、化工企业中试行"超低排放"企业污水处理费减免政策，经污水"超低排放"企业申请、市水利局等部门认定，自次月起减免污水处理费3年。排污权交易价格由排污权交易主体根据环境资源稀缺程度，形成市场供求条件等自由竞价，全年全市开展化学需氧量、氨氮、二氧化硫和二氧化氮排污权交易29笔，成交金额241.48万元。实施机动车停放服务收费改革，放开具备竞争条件停车服务收费，社会资本全额投资建设以及政府与社会资本合作停车设施，其机动车停放服务收费实行市场调节价。南通市物价局（简称"市物价局"）连续第四年获评全省价格工作先进单位。

2017年，市物价局精简资质证明类材料约100份，精简率40%；压缩办件时限，其中4个事项提速95%，34项提速75%，总提速率超80%。65项权力事项全部纳入江苏政务服务网，以标准固化权力名称、审批要件、受理条件、许可标准、流转环节、办理程序、审批流程、审查标准、服务时限等具体要素。其中59项权力事项纳入"不见面审批"清单，占权力事项总数90.77%。

【行政事业性收费及管理】 2017年，南通市行政事业性收费总额26.61亿元，比上年减少2.61亿元，下降8.93%。收费总额占地方一般公共预算收入4.51%，比上年下降0.44个百分点。其中，行政性收费额12.21亿元，事业性收费额14.4亿元，分别占收费总额45.89%和54.11%。教育、法院、住建、民防、环保、水利、公安、国土8部门收费24.75亿元，占收费总额93%。

2017年，南通市涉企收费总额11.04亿元，比上年下降2.73%。法院、住建、民防、环保、水利、交通6部门收费总额10.43亿元，占全市涉企收费总额94.47%。开展涉企收费专项检查，清退用户10.85万元，没收82.04万元，罚款200万元。调整《市级行政事业性收费目录清单》《政府定价的经营服务性收费目录清单》。调整目录清单涉及一级收费项目50项，比上年减少14项；涉企一级收费项目27项，比上年减少9项；暂停、停征收费项目18项；收费系统和单位减至32家，减少6家。调整《行政审批中介服务事项和收费目录》，取消中介服务事项1项，放开收费1项，取消2项行政事业性收费，停征5项行政事业性收费，2项审批事项改由审批部门支付服务费用。取消、停征69项行政事业性、政府定价经营服务性收费项目，年减轻企业负担1.8亿元。取消自来水价格中城市公用事业附加，降低生活类用水、生产类用水价格每立方米0.06元，降低特种用水价格每立方米0.12元，全年为用户节约开支约1200万元。大工业用电和一般工商业及其他用电每千瓦时降低1.83分，年降低企业用电成本5.03亿元。降低非居民用天然气价格，全年降低企业用气成本6200万元。3年内对燃煤锅炉改造项目用气实行价格优惠政策，每年减轻企业负担650万元。

【价格执法】 2017年，市物价局开展教育收费、电力价格、涉企收费、机动车检测收费、房地产与房产中介机构、电信价格、水气价格专项检查，查处违法案件29件，没收违法所得金额82.9万元，罚款金额210.5万元，退还消费者10.9万元，实行经济制裁总金额304.3万元。在全省价格执法技能竞赛中，市物价局获团体二等奖，1人获个人第一名。

【价格监测】 2017年，南通市每个工作日开展主副食品价格监测分析，探索海安桑蚕茧、海门山羊养殖、通州家纺产业、启东海鲜等地方特色产品价格监测报告制度。牵头建设全省生猪价格预警系统，设置预警指标值，动态监测分析生猪市场价格。每月开展纺织、化工、船舶海工等全市重点工业行业月度价格形势以及钢材、水泥等重要工业生产资料市场价格动态分析。全年上报各类监测数据58.89万条，市场价格监测分析材料216篇，获国务院办公厅采用3篇、省政府办公厅采用16篇。在全省率先开展居民常用基本药物价格指数编制研究。市物价局获评全国价格监测工作先进单位。

【价格惠民】 2017年，南通市开展"平价商店消费者满意年活动"，全市建有农副产品平价商店68家，其中市区25家。在如皋市开展平价商店优惠券活动试点，国庆、中秋期间向267户贫困户发放优惠券，每户60元。全市平价商店销售平价蔬菜1299万千克，销售金额4216万元，低于市场平均价28%；销售平价肉、米、蛋、油1038万千克，销售金额7653万元，低于市场平均价12%。设立免费开放日景区8家，累计免费开放25天，免费接待游客8.7万人次。对市区商品住房实行销售价格备案制度，办结商品房价格备案128件，建筑面积347万平方米。

申报价格过高不予备案项目10个。

【成本调查监审】 2017年，南通市结合国家下调粮食最低收购价政策，重点开展农民种植意向、农资购买、存售粮情况等专项调查，在全省率先开展地方优势特色农产品调查，涉及种养品种17个。实施管道天然气供气、高中教育、空港物流服务、医疗服务、公共体育设施对外服务、旅游景区延伸服务等商品和服务价格成本监审与调查，全年核减不合理成本3.02亿元。市物价局获评2015~2017年度全国农产品成本调查工作优秀集体。

【价格认定服务】 2017年，南通市办理涉案、涉纪价格认定事项2565件，认定金额3.2亿元；涉税价格认定个案事项3401件，认定金额96.13亿元。推进存量房价格数据库资源共享，开发税收征管、金融贷款、司法拍卖服务平台，银行、融资性担保机构等12家金融用户接入金融服务平台，查询金额1.51亿元。全年调解交通事故、保险理赔、邻里纠纷、装修造价等各类价格争议125件，调解金额4064万元。在全省率先设立涉水价格争议调处工作站，实现涉水价格争议联动处置。7月26日，全国价格认定档案管理工作会议在南通召开，南通市价格认定档案管理经验获全国推广。

【居民消费价格】【主副食品价格】【居住类价格】（参见《市情概览·社会生活》）

（顾爱萍）

表6-7

2017年南通市区自来水价格一览表

单位：元/立方米

项目		收费标准	备注	
生活用水	居民	2.84	每户（3人）年用水量180立方米（含）以下	1.阶梯水价实施范围为市区所有抄表到户的居民用户。不具备一户一表条件而无法抄表到户的居民用户暂按照第一阶梯水价每立方米2.84元执行。 2.家庭人口为3人以上，每户每增加1人，每年各档阶梯水量基数分别增加60立方米，由供水企业根据用户提供的《居民户口簿》认定。 3.对市总工会认定的特困职工家庭和民政部门认定的低保家庭用水，每户每月免费供水7立方米。
		3.61	每户（3人）年用水量180~300立方米（含）	
		5.92	每户（3人）年用水量300立方米以上	
	非居民	2.84	学校、幼儿园、福利院、养老院、敬老院、宗教场所生活用水	
		2.87	机关事业单位、部队、医院、社区服务设施、居民住宅小区共用设施、环卫消防绿化等市政设施及农贸市场用水等	
生产用水		3.44		
特种用水		4.38		

（市物价局）

表6-8

2017年南通市区电价一览表

单位：元/千瓦时

用电分类			电度电价						基本电价	
			不满1千伏	1~10千伏	20~35千伏	35~110千伏	110千伏	220千伏及以上	最大需量（元/千瓦·月）	变压器容量（元/千伏安·月）
一、居民生活用电	阶梯电价	年用电量≤2760千瓦时	0.5283	0.5183						
		2760千瓦时<年用电量≤4800千瓦时	0.5783	0.5683						
		年用电量>4800千瓦时	0.8283	0.8183						
	其他居民生活用电		0.5483	0.5383						
二、一般工商业及其他用电			0.8183	0.8033	0.7973	0.7883				
三、大工业用电				0.6418	0.6358	0.6268	0.6118	0.5968	40	30

（续表6-8）

用电分类	电度电价						基本电价	
	不满1千伏	1~10千伏	20~35千伏	35~110千伏	110千伏	220千伏及以上	最大需量（元/千瓦·月）	变压器容量（元/千伏安·月）
四、农业生产用电	0.5090	0.4990	0.4930	0.4840				

注：对家庭户籍人口在5人（含5人）以上用户，每月增加100度阶梯电价基数。阶梯电价按年为周期执行。对城乡“低保户”和农村“五保户”家庭每户每月给予15度免费用电基数，采取“即收即返”方式。安装峰谷分时电价表的，居民用户电费按照“先峰谷、后阶梯”的方式计算。

（市物价局）

表6-9

2017年南通市区天然气价格一览表

类别		销售价格（元）	阶梯（立方米）	备注
居民生活用气		2.400	第一阶梯：0~300（含）	1.阶梯气价实施范围为市区所有抄表到户的居民家庭用户。不具备一户一表条件而无法抄表到户的居民用户暂按照第一阶梯气价每立方米2.4元执行。 2.家庭户籍人口为4人以上的，每户每增加1人，每年各档阶梯气量基数分别增加75立方米，由供气企业根据用户提供的《居民户口簿》认定。 3.对民政部门认定的低保户、市总工会认定的特困职工家庭，每户每月免费使用管道天然气7立方米。
		2.800	第二阶梯：300~600（含）	
		3.600	第三阶梯：600以上	
执行居民用气价格非居民用户	学校、幼儿园、养老福利机构、社区公共服务设施、居民住宅小区共用设施等用户	2.400		
非居民用管道天然气		3.234		市区燃煤锅炉改造项目自使用天然气起3年内销售价格为每立方米2.974元。

（市物价局）

质量技术监督

【质量监督检查】 2017年，国家、省、市3级质监（质检）部门围绕热点产品、重点产品，强化对工业产品生产许可证、强制性认证（CCC）产品和大众消费品监督抽查，全年产品质量监督检查抽查南通市2612批次产品，合格2454批次，不合格158批次，不合格品平均检出率6.05%。其中，国家产品质量监督检查抽查南通市54类314批次产品，合格288批次，不合格26批次，不合格品平均检出率8.28%，比上年下降0.09个百分点；省级产品质量监督检查抽查南通市48类568批次产品，合格527批次，不合格41批次，不合格品平均检出率7.22%，低于全省平均水平6.1个百分点，比上年下降0.52个百分点；市级产品质量监督检查抽查56类1729批次产品，合格1639批次，不合格90批次，不合格品平均检出率5.21%，比上年下降3.33个百分点。全市产品质量整体水平保持稳定上升。

表6-10

2017年南通市产品质量国家、省级、市级监督抽查情况一览表

国家级监督抽查情况					
序号	地区名称	抽查总批次	合格批次	不合格批次	不合格品检出率（%）
1	崇川区	16	16	0	0.00
2	港闸区	10	10	0	0.00
3	南通开发区	43	39	4	9.30
4	通州区	93	85	8	8.60

（续表6-10）

5	海安县	19	19	0	0.00
6	如皋市	18	16	2	11.11
7	如东县	38	34	4	10.53
8	海门市	49	46	3	6.12
9	启东市	28	23	5	17.86
10	通州湾示范区	0	0	0	0.00
合计		314	288	26	8.28
省级监督抽查情况					
序号	地区名称	抽查总批次	合格批次	不合格批次	不合格品检出率(%)
1	崇川区	36	34	2	5.56
2	港闸区	21	17	4	19.05
3	南通开发区	40	38	2	5.00
4	通州区	114	106	8	7.02
5	海安县	111	102	9	8.11
6	如皋市	71	67	4	5.63
7	如东县	62	54	8	12.90
8	海门市	83	79	4	4.82
9	启东市	29	29	0	0.00
10	通州湾示范区	1	1	0	0.00
合计		568	527	41	7.22
市级监督抽查情况					
序号	地区名称	抽查总批次	合格批次	不合格批次	不合格品检出率(%)
1	崇川区	406	369	37	9.10
2	港闸区	271	254	17	6.27
3	南通开发区	90	85	5	5.56
4	通州区	277	268	9	3.25
5	海安县	218	214	4	1.83
6	如皋市	166	160	6	3.61
7	如东县	94	93	1	1.06
8	海门市	180	172	8	4.44
9	启东市	27	24	3	11.10
10	通州湾示范区	0	0	0	0.00
合计		1729	1639	90	5.21

（市质监局）

【质量强市建设】 2017年，南通市发布国家标准45个、行业标准25个。全市企业标准网上声明数量3155项，公开比例96.84%。南通市在2017年省年度质量考核中再次获评A级，总体情况好于往年，连续第五年保持在第一方阵。率先在全国开展产品质量比对、首创“质量合作社”管理模式、搭建产业服务平台，高端纺织产业转型升级取得成效。3月，举办“企业家面对面”——南通纺织产业转型升级路径研讨会。9月，质检总局、省政府、中国纺织工业联合会在南通市召开全国第一个纺织行业质量提升推进大会，推广南通市经验做法。

【质量品牌创建】 2017年，江苏省南通师范学校第二附属小学获评第三届中国质量奖提名奖，为全省教育领域首家。通光电线获2017年江苏省质量奖，紫罗兰家纺获省质量管理优秀奖，南通市累计有省质量奖企业6家，总数保持全省第一。15家企业获评省质量信用AA级、AAA级企业，73家企业获评江苏名牌产品，11家获评“江苏双百”品牌。罗莱生活科技股份有限公司入选“苏浙皖赣沪名牌产品50佳”。如东条斑紫菜育养加销集中区通过“全国知名品牌创建示范区”文审论证，如皋高压输变电器产业园、通州高新区申报创建全国知名品牌示范区建设稳步推进。港闸区船舶配套工业产业集群获评江苏省优质产品生产示范区，海安高新区获评国家锦纶功能纤维新材料产业基地。

【质量安全监管】 2017年，南通市免费升级168万只气瓶二维码，实现气瓶制造、充装、使用、检验和报废全过程溯源。开展叉车安全专项整治，组织叉车司机技能大赛，有效遏制叉车事故多发势头。全年全市未发生特种设备亡人事故。打击“地条钢”违法生产活动，开展钢铁企业整治“回头看”，开展农资打假、网络市场监管等各类专项整治执法行动，查办大要案件39件，比上年增长50%。在叠石桥家纺市场开展区域整治行动，先后查处侵权假冒“波司登”“恒源祥”等案件。开展质量管理全面升级行动，新增质量管理体系认证证书580张、环境管理体系认证证书200张、职业健康安全管理体系认证证书210张、能源管理体系认证证书4张。南通市申报“高端纺织业质量管理标准”列入国家认证认可监督委员会打造质量管理体系认证升级版试点项目。

电梯安全监管　至2017年底，南通市各类在用电梯47770台（含自动扶梯、人行道），其中南通开发区4343台、崇川区8537台、港闸区5885台、通州区6195台、通州湾示范区442台、海安县4567台、如皋市6060台、如东县2177台、海门市4626台、启东市4938台。2017年，市电梯应急处置中心覆盖全市44809台电梯（不含自动扶梯、人行道）。全年全市应急处置电梯困人故障3649起，解救被困人员5724人，比上年减少175人；处理投诉故障418起，比上年减少744起，其中涉及乘客电梯困人3649起；救援人员到达现场平均用时15.2分钟，现场实施救援平均用时4.3分钟。试行电梯维保3D二维码电子签到制度，创新维保单位违章记分办法，实现电梯困人二级网格救援、电梯困人率和电梯事故率“三个全下降”。其中，启动网格救援站点实施救援43起，比上年下降55起，困人率比上年下降4.9%，故障率比上年下降67.65%。

【质量检验服务】 2017年，南通市质监计量惠民便民服务中心为市民免费检修家用血压计3000台。检定在用电子秤6737台、医疗计量器具18715台。检验民用水表7万只、电能表15704只、煤气表107304只，首次检定率98%。检定酒精呼吸探测器696台，合格率96%，标定校准后合格率100%。

（席宏建）

审　计

【概况】 2017年，南通市审计系统实施审计（调查）项目269个，查出主要问题金额484.47亿元，核减工程投资额40.95亿元，促进整改落实有关问题金额41.98亿元，审计后挽回（避免）损失35.73亿元；移送司法机关、纪检监察机关和有关部门处理事项93件，17人被追究刑事责任，20人受党纪政纪处分；被采纳审计建议368条，向社会公告审计结果369篇次。其中，南通市审计局（简称“市审计局”）实施审计（调查）项目47个，查出主要问题金额305.38亿元，核减工程投资额5.08亿元，促进整改落实有关问题金额5.04亿元，审计后挽回（避免）损失3.82亿元；移送司法机关、纪检监察机关和有关部门处理事项24件，14人被追究刑事责任；被采纳审计建议125条，向社会公告审计结果48篇次。市审计局入选江苏省书香机关建设示范点，所属行政事业审计处获评江苏省巾帼文明岗。

【政策落实情况跟踪审计】 2017年，市、县两级审计机关对获2.83亿元省级补助资金142个科技创新项目进行检查，揭示部分项目申报资料不实、实施进度缓慢、部分资金池工作管理不规范等问题被纳入省审计厅综合报告。开展市区“营改增”政策落实情况，轨道交通、南通机场扩建、沪通铁路南通西站综合交通枢纽、唐闸张謇近代工业遗存保护开发、南通港扩容提升5大项目进度情况等专项审计调查。“营改增”项目理清政策实施前后金融业、建筑业、生活服务业、房地产业、物流业税负变化情况，揭示营业税历史欠税4192万元未完全清缴等问题。

【财政审计】 2017年，南通市市级预算执行及其他财政收支审计突出对政府专项资金安排使用、非税收入征管、市本级财政设立和参与投资基金运作、市级政府债务及国有资产经营公司融资情况等专题审计监督，发现单位代征基金（费）1.3亿元及南通开发区预算收入4.06亿元未及时上缴国库、企业逾期借款300万元未及时收回、通州湾示范区18.85亿元支出结余不实等问题，首次向市委常委会、市政府常务会议报告审计情况。

【企业审计】 2017年，南通市开展市属国有企业2014~2016年不动产出租出售情况审计调查，涉及市国资委及市财政局监管75家企业，发现国有企

10月9日，市审计局工作人员对医院系统业务数据进行分析。
（市审计局　供图）

业不动产管理违规决策、权力寻租等问题。通过审计，促进312处21.19万平方米房产、62宗176.16万平方米土地规范管理；挽回损失8181.79万元；移交案件线索5件，查处企业负责人1人；出台管理制度11项。开展城建集团、市自来水公司、交通建设投资公司审计，发现城建集团企业违规对外担保、银行账户管理缺失、超标准发放年度薪酬等问题，提出研究建立合理核算模式和业绩考核体系等建议；促进市自来水公司挽回损失495万元。

【专项资金审计】 2017年，南通市开展市区住宅专项维修资金管理绩效情况审计，发现维修资金增值收益未纳入专户核算、多头开户存储、个别物业公司维修资金管理使用不规范等7大类10个问题，促进南通开发区1900余万元维修资金增值收益归还原渠道。在全省率先开展市区公立医院医药价格综合改革政策执行情况审计调查，发现药品折扣未抵扣药品进价，药品销售未能真正实现零差价、非治疗性辅助药品及卫生耗材使用未有效控制造成患者就医次均费用不同程度增长、负担有所增加等问题。

【固定资产投资审计】 2017年，南通市固定资产投资审计出具工程核定单2900份，审计金额441.56亿元，核减工程投资额40.95亿元，核减率9.27%。推进轨道交通、五山风景区、中央创新区等工程建设审计。继续推进援疆资金和项目跟踪审计，对2017年度实施的伊宁县社会福利中心等22个援疆项目进行审计，涉及援疆资金14164万元。研究投资审计转型与发展，到苏州市和浙江省杭州市、宁波市等省内外13家审计机关学习考察，召开全市投资审计工作座谈会2次。修订南通市投资审计监督管理办法，召开城建集团、市市级政府投资项目建设中心、南通开发区、苏通园区、通州湾示范区等建设单位及中介机构座谈会，及时宣传投资审计转型精神。

【自然资源资产离任审计】 2017年，南通市先后开展崇川区、启东市、海门市党政主要领导干部自然资源资产离任审计项目，审计主要领导干部履行土地、水、海洋资源资产管理和生态环境保护相关责任情况，对32个主要问题进行责任界定，提出审计建议。苏州市、常州市，山西省运城市、陕西省安康市、海南省海口市等审计机关到南通学习交流自然资源资产离任审计经验做法。

【经济责任审计】 2017年，南通市审计系统对123名领导干部进行经济责任审计，其中市审计局对19名领导干部进行经济责任审计。崇川区、启东市、海门市等地方党政领导经济责任审计揭示违规返还税费、虚增一般公共预算收入、部分非税收入未及时缴库等问题。市发展改革委经济责任审计项目促进多家临时办事机构1.09亿元闲置财政资金上缴国库。首次组织市、县两级审计机关对全市法院系统领导干部经济责任开展交叉审计。

【审计整改】 10月1日，《南通市审计整改工作规定》实施。市审计局梳理近两年审计发现4大方面84类主要问题，并在市级部门和单位进行通报。首次向39个市级部门和单位发出审计整改交办单，明确审计整改责任和要求。
（陈　洋）

统　计

【概况】 2017年，南通市统计局（简称“市统计局”）实施统计数库和统计智库建设双轮驱动，完成年定报工作22项，推进重点领域统计方法制度改革近10项。“3+3”产业智能监测服务系统和重大产业项目统计智能监测服务系统均获全省设区市统计工作“创新奖”。完善全市统计基层基础建设实施意见，建立工作标准65项。全市市、县、镇、村4级近2300名统计人员纳入基层统计工作平台统一管理。召开南通市统计学会第九届会员代表大会，完成换届选举。如皋市统计局获评全省统计系统先进集体，市统计局1人、如东县统计局1人获评全省统计系统先进工作者（享受市级劳动模范待遇），通州区统计局获评全省统计系统先进个人1人，崇川区新城桥街道、海安县雅周镇统计站获评全省第三届“最美统计人”各1人。

【统计调查】 2017年，南通市完成第三次全国农业普查现场登记、数据审核、质量抽查和分析比对等主体工作，调查全市普通农户173.19万户、规模农业经营户2.03万户、农业经营单位8500家。组建第七次全国投入产出调查领导机构，选出调查点330家。完成第四次全国经济普查筹备，开展第一次全国海洋经济普查。完成1%人口抽样、月度劳动力、农业多主题抽样等常规调查、专项调查20余项。提供各类统计资料近400篇。

【统计数据管理】 统计数据质量管控 2017年，南通市制定调查单位星级管理办法，对调查单位实行市、县、镇3级分星级监测动态管理，全市新增联网直报企业1145家。制定核算基础指标管理办法，对人行南通市中心支行等5个涉及核算基础指标市级部门进行年初、年末“两个巡访”。

统计方法制度改革 2017年，南通市承担共享经济、软件开发生产、互联网平台3项“三新”统计省级试点任务，建立报表制度。推进R&D（全社会研发投入）支出纳入GDP核算，启动自然资源资产负债表编制工作，继续实施投资统计三轨运行，在全省设区市中首个完成地区能源平衡表编制。

统计数据资源建设 2017年，南通市推进线上“一库三平台”（宏观数据库、综合数据管理平台、部门电子监察平台、宏观经济运行数据可视化平台）和线下数据产品开发建设。完成宏观数据库中440余个指标自1978年以来10余笔数据资源建设。启动宏观经济运行数据可视化平台建设，完成综合数据管理平台和部门电子监察平台督报督办功能升级。推出南通市“3+3”产业统计月报、生态文明建设年度手册、文化及相关产业概览。

【统计智库建设】 经济运行监测预警 2017年，南通市改进“一月三报”预警监测制度，新增20个主要指标当月判断。建立百家工业企业季度调查、“3+3”重点产业监测、重点房地产企业联系点等制度。建立“部门+专业+板块”经济运行联合分析格局。推出“1+1+8”（1篇经济运行监测报告、1篇核算基础指标数据监测报告、8篇专业分析报告）季度发展报告3期，完成党的十八大以来经济发展成就等智库资料。

重点统计监测 2017年，南通市启动高水平全面建成小康社会监测工作，完成上年度监测报告和2017年情况预测。开展重点监测统计10余项，完成全市绿色发展综合评价数据收集、整理和分析、指数发布准备。完成基本公共服务体系、科技研发投入、文化产业、社会妇儿等常规重要监测。跟进全市重大项目建设，制订重大产业项目转化业务规则，建立1亿元以上新开工项目季度认定办法，全市350余个高质量项目转化列入统计。

统计分析研究 2017年，南通市开展对接上海、供给侧改革、特色小镇等重点课题研究，形成16项成果，其中2项成果分获全省社科联学术大会一、二等奖。市统计局完成常规统计信息、分析近300篇，“263”专项行动、就业形势、领军企业情况等各类分析专报15篇。年内对9个县（市、区）、10个市级机关部门、省内外20个城市开展集中调研20余批次。

【依法统计】 统计法治宣传 2017年，南通市贯彻落实《中华人民共和国统计法实施条例》。开展统计法治专场培训，300余人参加。编印《南通崇法》统计专刊2万份。面向各级党政领导和部门发放《统计小知识》宣传手册1000余份。制作推送《中华人民共和国统计法实施条例》定制微信18万人次。

统计执法检查 2017年，南通市对全市18个镇（街道、园区）、150家单位开展统计执法检查，其中“双随机”单位80家。对数据误差在一定范围内2个镇下发整改通知书，对有一定数据误差2家单位下发整改意见书，约谈问题镇统计分管领导和统计负责人2人。

依法行政 2017年，南通市编制统计权责清单，梳理市级行政处罚行政权力事项27项，完成行政权力事项办事指南入库。完善法律顾问制度，签约续聘专职律师和法律顾问1人。试行行政执法公示、行政执法全过程记录和重大执法决定法制审核制度。

（陶　晨）

【国家统计局南通调查队】 2017年，国家统计局南通调查队坚持以提高统计调查数据质量为中心，完成核心指标统计监测工作。完成粮食产量、畜牧业、采购经理、规下工业、规下服务业、限下贸易、新设小微跟踪、住户、消价、工价、投资价格、劳动力调查等18项常规调查任务。完成“三农普”遥感测量后续工作。完成国家和省级农产量调查样本轮换、小微企业创新及固定资产投资调查等改革试点任务。完善全区域国家调查体系，在非国家点崇川区、港闸区、南通开发区建立国家调查机构，住户调查工作实现“在地分区调查”，样本量由140户扩大至400户。完善市、县两级联席会议制度，形成“国家调查队统筹、县级统计机构支持、乡镇街道配合、社区村居实施”4级互动工作机制。完成南通市食品安全状况、南通禁限放烟花爆竹实施效果情况等28项重点监测、集中专项调研，为党委、政府提供各类重大政策实施情况跟踪调查报告30余篇次。全年完成民生、经济类调查信息426篇，调查分析111篇（含专报），要点信息13篇。其中，获中央办公厅和国务院办公厅采用2篇次，省委办公厅和省政府办公厅采用25篇次。

（王　颖）

口岸管理

综　述

【口岸综合管理】 2017年，南通口岸全面推进口岸开放、发展和大通关建设。各查验单位深化查验监管措施改革，创新管理机制，全面实施“三个一”（一次申报、一次查验、一次放行）无纸化通关，推进县市互联互通，开展专项治理行动，口岸通关时间实现压缩三分之一工作目标。推进实施365天“全天候、无假日”“5+2”、24小时通关、服务直通车、金钥匙工程、绿色通关通道等服务举措，提升口岸服务水平。加强对开放码头后续管理，南通市口岸管理委员会（简称“市口岸委”）与查验单位联合对开放码头企业开展后续全面核查，提升码头运营发展水平。南通口岸蝉联省文明口岸称号。

【口岸载体建设】 2017年，南通机场进出境人员101376人次，与上年基本持平；货运506.3吨，比上年增长

61.5%。一德实业、招商局重工、燕达重工3家企业码头通过市级开放预验收。通州湾开放列入"2018年度国家口岸开放审理计划"。通海港区口岸配套设施建设启动。海安保税物流中心（B）型通过国家验收；南通机场快件监管中心、如东保税物流中心（A）型、如皋粮食指定口岸完成前期规划，分别报送南京海关和质检总局。

【电子口岸平台建设】 2017年，南通电子口岸平台功能不断优化拓展，国际贸易"单一窗口"1.0版上线，252项业务在线办理。至年底，平台有注册企业1592家，用户2929家，累计办理各类通关业务79.7万笔，进出口贸易额894.35亿美元。国际贸易货物申报单量分别列全国第二位、全省第一位。口岸"三互"（信息互换、监管互认、执法互助）平台开发完成上线试运行。

（张　明）

海关监管

【概况】 2017年，南通地区海关监管进出境货物5372.49万吨、比上年增长6.62%，货值237.52亿美元、比上年增长18.12%；监管进出境集装箱29.29万箱次，比上年增长19.21%；监管国际航行船舶3040艘次、比上年降低5.06%，监管进出境旅客9.9万人次、比上年下降7.07%；审结报关单16.94万份，比上年增长10.24%；备案加工贸易合同6975份、比上年下降3.75%，合同备案金额22.45亿美元、比上年下降30.78%。年内，中华人民共和国南通海关（简称"南通海关"）在全省首批开展基层法治海关建设指标体系及运用指引试点，创建第三批省级机关法治文化建设示范点。强化安全监管，对36家监管场所实施分类量化考核，辖区危化品监管场所通过总署检查。设立查验分析研判室，推广应用移动单兵系统，加大对固体废物及"洋垃圾"等重点商品监管，查获并退运各类进口固体废物1.7万吨。建立虚假贸易综合管控机制，暂缓贸易统计数据19.59亿元。立案查处侵权案件18起，扣留侵权货物23万件，货运渠道知识产权海关保护成效居全省首位。南通海关统计分析获中央领导批示3篇，海关信息获中央领导批示1次；编发《海关工作专报》24篇。南通海关获评第五届全国文明单位。

【税收征管】 2017年，南通地区海关征收入库税款132.22亿元，比上年增长26.69%。其中，关税16.72亿元，比上年增长20.77%；增值税106.74亿元，比上年增长29.46%；消费税8.72亿元，比上年增长8.3%。审批减免税306份，比上年增长20.95%，审批减免税金额15334万美元，比上年增长57.34%，减免税收10901万元，比上年增长85.78%。

【海关监管改革】 2017年，南通地区海关自报自缴改革成效居全省海关首位。国际贸易"单一窗口"标准版推广应用实现南通地区海关企业全覆盖。在省内首批上线财关库银横向联网系统，海关、银行、国库、企业实现税费信息共享。"三互"大通关领域覆盖查验、固废监管、联合登轮检查和市场采购贸易综合监管。在全省率先探索"以企业为单元"加工贸易监管改革试点，承担苏中、苏北15个海关机构加贸作业集中审核。完善"仓储货物按状态分类监管"模式，验放进出综保区货物4.4万吨、货值48亿元，业务规模居全省第三，区内仓储库容利用率100%，成为首批海关特殊监管区域系统扩大试点海关之一。推广应用"互联网+海关"一体化平台，企业年报、减免税、监管场所及运输工具等事项实现网上"一口受理"。研发上线通关时效系统，通过手机移动终端等渠道为企业提供各节点通关、物流信息。自主开发线上线下一体化旅客移动申报系统。

【通关服务】 开放平台建设支持　2017年，南通地区海关支持通海港区规划建设和南通综保区整体验收，协助推进多式联运监管中心建设，推进港口一体化和区港联动。支持开设南通至上海空港"卡班运输"转关业务，促成全货机国际航线开通，支持快件监管中心申报。

新型业态发展扶持　2017年，南通地区海关创新关检"前台共同查验、后台分别处置"综合执法模式，支持市场采购贸易提质增效，全年出口210.6亿元，比上年增长22.1%，规模居全国第三。培育支持外贸综合服务业发展，南通亿森供应链管理有限公司、南通一达通企业服务有限公司全年出口15.8亿元，比上年增长2.7倍。开辟苏州铁路邮政通运渠道、南通机场客机腹舱直航台北渠道，验放跨境电商货物32.6万件、货值4951.4万元，分别比上年增长71.9%、120.5%，一般零售规模列全省第二位。促成全国首例飞机部件航空维修再制造加工贸易业务开展，被列为"南京海关支持江苏开放

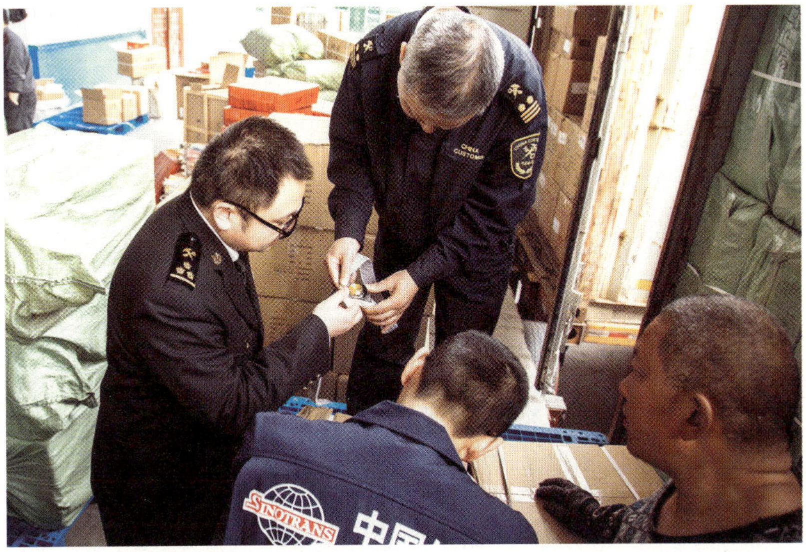

5月，南通海关查验进出境货物。（南通海关　供图）

型经济发展20项措施”之一，推动项目实施并进口保税飞机3架。

贸易便利化促进　2017年，南通地区海关进出口通关时间分别压缩39%、60.1%，完成压缩货物通关时间三分之一目标任务。355家查验无问题企业免除相关费用102.9万元，4097票进口货物享受各类贸易协定项下优惠税额8.9亿元；帮助重点项目、企业享受进口设备税收减免额1.1亿元，比上年增长95%。南通地区5家企业通过高级认证、15家企业通过一般认证。

【走私打击】2017年，南通海关缉私分局立案侦办走私成品油、资源性商品、冻品等走私犯罪案件11件，案值3.11亿元，涉税7892.57万元；立案调查行政案件317件，案值3.19亿元，涉税2079.38万元；罚没入库合计848.69万元。推动建立联合缉私工作机制，破获特大冻品走私案1件，查获32个集装箱走私冻品约800吨。

（张丹卓）

出入境检验检疫

【概况】2017年，南通口岸检验检疫出入境货物43914批次，金额167.5亿美元。其中，出境货物30723批次，金额28.45亿美元；入境货物13191批次，金额139.05亿美元。检疫进出境国际航行船舶3281艘次；检验检疫集装箱32.59万标箱；检疫查验入出境航班923架次，旅客111231人次；对出入境人员实施传染病监测体检13998人次，预防接种6925人次。签发各类自贸协定原产地证书近6万份，为企业减免国外关税近6.4亿元。加强南通口岸基础化建设，南通港口岸核心能力通过质检总局复核，成绩位居全国同期验收口岸首位；启东港和如东洋口港口岸通过质检总局口岸核心能力建设考核验收。南通地区5个一类口岸在全省率先一次性通过动植检口岸规范化建设验收。开展进口食品“清源行动”，检出涉及安全卫生项目不合格进口食品34批。3个省级出口质量安全示范区通过续延考核，全市累计培育出口食品“三同”（同线、同标、同质）上线企业33家，居全省首位。承办全省国门生物安全及农产品提升新闻发布会，相关经验获中央电视台新闻频道报道2次。

【疫情疫病检疫监测】2017年，南通市获质检总局警示通报6次、江苏检验检疫局警示通报27次。截获各类检疫性有害生物65种1958种次。全国首次截获短毛林小蠹，黄翅异胫长小蠹，斑翅根瘤象，特异诡长小蠹，多尼诡长小蠹，菲律宾船小蠹有害生物6种、7种次。在杂草监测中，首次监测到中国新记录种圣龙葵。截获对人、畜具有严重威胁“黑寡妇”蜘蛛和红火蚁。5月8日，经中国疾病预防控制中心复核，确认中华人民共和国南通出入境检验检疫局（简称“南通检验检疫局”）在归国劳务人员中发现1例寨卡病毒感染病例，为江苏省发现首例输入性寨卡病毒感染病例。5月27日，南通检验检疫局为1只博美犬办理出境伴侣动物检疫证明，首次为出国旅客办理宠物出境检疫证书。

【进出口商品检验监管】2017年，南通检验检疫局对147批1124万美元出口退运产品开展调查。对上年7月底南通口岸发生数量4万吨、货值1663万美元进口转基因大豆重大残损案件进行合理确定损失，提赔金额4890.9万元，创南通口岸最高纪录。1月22日，首批原产荷兰乳粉经南通检验检疫局检验检疫，进入国内市场销售，结束南通口岸无乳品进口历史。8月25日，2批来自印度尼西亚蓝色百事可乐经南通检验检疫局检验合格，准予进入国内销售，为江苏口岸首次进口蓝色百事可乐。10月9~12日，南通检验检疫局检验鉴定人员对装载于巴拿马籍“YM TRADITION”轮进口铜精矿进行鉴定，发现货物短重786吨，短重金额114.3万美元，单船短缺重量及金额均创南通口岸近10年进口铜精矿之最。南通检验检疫局出具重量检验证书供企业索赔，挽回损失。

【经贸服务】2017年，南通检验检疫局深化通关机制改革，无纸化、一体化、单一窗口、审单放行综合施策，通关时长缩短至原来三分之一。企业报检无纸化率98.9%，居全省前列。在全省率先开展“统一受理、一次审核、三证合一”原产地签证新模式。叠石桥市场采购贸易出口26077票，报关额30.42亿美元，同比分别增长29.9%、14.6%，居全国前三。全年查验放行跨境电商产品2297种，货值786万美元，跨境电商规模跻身全省前列。全年进口粮食665.72万吨，比上年增长18.78%；加拿大油菜籽试验性进口量大幅增长。保障大宗资源产品快进快出，如东口岸进口LNG1001万立方米，比上年增长89.5%，启东口岸进口LNG90万立方米；南通口岸铜精矿进口量保持高位增长，继续位列全国第一。6月4日，马绍尔群岛籍“INGRID C”（英格丽德）轮在江苏南通通州港务分公司码头卸下4.77万吨铜矿石，为南通口岸首次进口铜原矿。7月30日，马绍尔群岛籍“欧米茄星”轮在通州港码头卸下1.84万吨锰矿，为南通口岸首次进口加蓬锰矿。推动南通优势食品农产品出口继续保持全省领先，累计帮扶42家企业获得美国、欧盟、日本等发达经济体出口注册备案，帮助如皋市永兴肠衣有限公司、如皋市太阳肠衣食品有限公司等10家公司恢复对南非出口肠衣资质，其中7家公司恢复对南非出口。

【科研建设】2017年，南通市筹建国家油籽检疫重点实验室，获批筹建全省首个石材检测实验室和启东天然气检测实验室，基本建成铜精矿“火试金法”实验室。获省部级科技进步奖1项，中国检验检疫协会科技奖三等奖2项，起草1项国家标准通过审定，获发明专利2件，实用新型专利2件，检验检疫综合技术中心首次获国家认监委能力验证提供者认可证书。

（王沼懿）

边　防

【概况】2017年，南通市公安边防支队（简称“市边防支队”）接处警10705起，立刑事案件664件，破获165件，破案率24.9%；受理治安案件2334件，查处2024件，查处率86.7%；移送审查起诉68人，抓获网上在逃人员

25人，查获“三非”外国人（未经合法手续在中国非法就业、非法入境和非法居留所有外国人统称）17人，破获“8·25”组织偷渡案、“1·23”“4·27”特大组织偷渡案及越南籍偷渡人员非法居留案，侦破“2017-317”公安部目标毒品案件。拓展爱民固边战略内涵，边防治安防控纳入社会治安防控体系建设和社会治安综合治理整体规划，“四区联创”（和谐社区、模范港区、法治园区、平安校区）工程纳入地方党委政府工程一体推进。全年33个集体、183名个人获市级（19个单位、33名个人被省级以上表彰）以上表彰，吕四港边防派出所获公安部表彰为全国优秀公安基层单位，并作为公安部唯一代表赴北京汇报文明创建经验。

2017年，南通边防检查站（简称“南通边检站”）检查出入境（港）船舶3815艘次、航班818架次，出入境（港）人员16.78万人次，办理各类证件5.73万份，查处违法违规案件32件32人次，查获不准入境人员1人。11月2日，查获涉案价值约3000万元特大走私冻品案。完成越南芽庄、柬埔寨暹粒等国际航线边检勤务。

（姚　伟　梁骏弘）

11月2日，南通边检站查获一件特大走私冻品案。（南通边检站　供图）

【边防治安】 2017年，市边防支队排查化解消防管理、安全生产、流动人口等风险隐患319处，安全转移易爆高纯度氢气1000立方米、易燃化学品37吨，寄递、出租、承租登记率和治安责任知晓率100%。开展“六实”（实有人口、实有房屋、实有单位、实有组织、实有场所、实有船舶）基础调查和“六个重点 ”（重点人员、重点企业、重点单位、重点场所、重点港口、重点船舶）隐患摸排整治，调处矛盾纠纷4229起，化解重大矛盾隐患苗头117个，处置群体性事件49起。开展“秋风净源”“净海风暴”“雷霆利剑”“猎鹰狙击”四大攻坚行动，紧盯“人房地、物网图”等重点人、重点行业、重点企业，坚持亮灯巡逻，显性用警和“实名制”登记，累计开展巡逻4839次，查获违法犯罪嫌疑人225人。加强重点管防和摸底整治，印发《反恐工作简明手册》，落实12个校区、31所学校反恐责任，开展联合执法181次，登记涉危涉爆企业83家，检查企事业单位7112家次，督促整改安全隐患535处，查处“无证”液化气代充点6家，办理行业场所、消防行政案件364件。

【港船管理】 2017年，市边防支队以重点港口、复杂港口、一般港口“信用制、联动制、分类制”管理模式为突破，加强与海事、渔政等涉海部门联勤联动，协调开通“渔船动态管理信息系统”，推行“标签化”采集和“要素式”管理，累计更新渔船民基础信息8000余条，开展联合检查197次，检查出海船舶5400余艘次，联合查扣三无船舶19艘，签订治安责任书2500余份，办理边防行政案件484起，查获成品柴油67.42吨、汽油7吨。

【发展服务】 2017年，市边防支队在全省边防率先出台《服务保障沿海边防辖区抢抓“一带一路”建设机遇的十项措施》。探索边防辖区城镇化管理模式，重新规划中心、重点警务室，改造港口、农村警务室，推动社区警务与社区事务深度融合，打造启东恒大多功能警务服务站、小洋口“四海之家”、塘芦、海门港新区、遥望港大学城警务室等主题警务室。探索“互联网+警务”服务模式，推出南通“微警务”边防模块、二维码电子门牌等，实现边防证件网上全流程办理和“不见面”办证。全年通过网络流转和电话预约

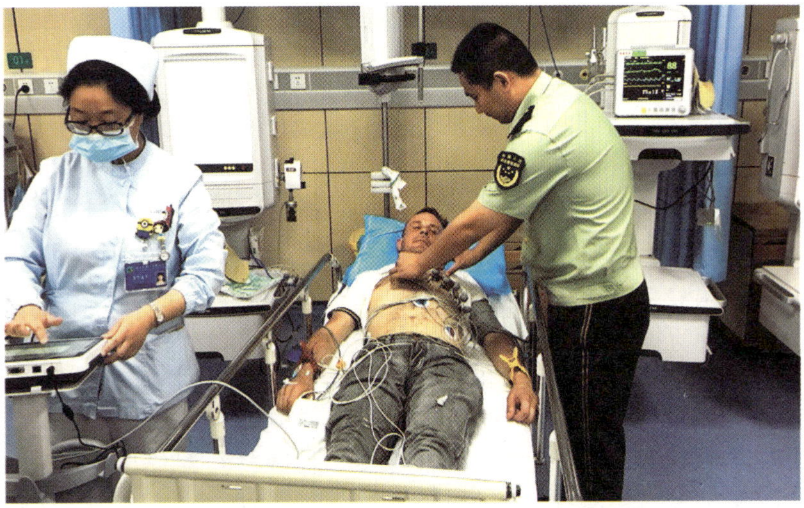

2017年，南通边检站开通“绿色通道”。图为边检人员紧急救助突发伤病船员。（南通边检站　供图）

共服务群众800余人次（船次），办理证件300余件。

（姚　伟）

【边检勤务】2017年，南通边检站创新"互联网+边检"勤务模式，自主研发散客信息预申报系统，开通空港自助查验通道，提升出入境旅客通关效能。上线运行边检"V通关"服务平台、微信公众号等，优化手续申办、信息查询、在线答疑等功能。参与研发"三互"智能监管平台，升级350兆超短波数字集群通信网、口岸实时语音网，优化高清数字监控探头72个，新增锚地远距离监控探头2个。推动码头港区差别化监管模式改革，健全完善石化、电厂、修船、造船、散杂货5类勤务运行标准，推行散杂货集装箱码头全介入、修造船码头半自管、石化电厂全自管模式。

【口岸开放服务】2017年，南通边检站开展"深化边检服务、促进企业发展"活动，走访口岸涉外单位50余家，服务对象300余人次，出台惠企利民服务举措8项。靠前服务通州湾口岸开放、海门口岸扩大开放、海安二类水运口岸对外开放，15次实地协助通海港区集装箱码头、海门燕达重工、招商局重工、天生港通吕码头等码头企业对外开放，9次实地推进南通机场新航站楼、海门监护三中队营房等边检开放配套设施建设。全年开通绿色通道12次，救助重病旅客员工10人。

（梁骏弘）

社会事务管理

人口管理

【人口概况】2017年底，南通市常住人口730.5万人，比上年增长0.04%。其中，城镇人口482.35万人，比上年增长2.62%，城镇化率66.03%，比上年提高1.66个百分点。年末户籍人口764.47万人，比上年下降0.29%。全年出生61204人，人口出生率7.99‰；死亡81737人，人口死亡率10.68‰；人口自然增长率-2.69‰。人口密度为每平方千米913人，与上年持平。

【户口管理】2017年，南通市出台《南通市常住户口登记管理规定（试行）》，放宽户口准入条件，将租赁房屋纳入合法稳定住所范围；市区取消购房面积入户限制，不设合法稳定就业条件；被南通有关单位正式录用的大中专、技职院校毕业生、技术工人、部队退伍、自主择业军人、大学生村干部、受到县级以上表彰务工人员，不设落户条件，本人及其配偶、未婚子女均可落户南通。完成公安部下发江苏省死亡未注销户口人员南通部分户口注销和线索核实任务2万余人。清理违法违规办理户口171个，累计清理纠正户口登记项目差错502个。摸排无户口人员3112人，全部解决户口登记。

【流动人口管理】2017年，南通市实施流动人口居住证制度，累计制发居住证77万余张，受理居住证快递业务4060人次。开展人口管控春季会战专项行动、出租房屋和流动人口管理集中攻坚行动、出租房屋安全隐患集中整治，加强流动人口、出租房屋源头信息采集，全市登记流动人口100万人，房屋出租户36万余户。

2017年，南通市推进流动人口基本公共卫生计生服务均等化，确定海安县北城街道中坝社区等7个社区为流动人口社会融合示范社区。开展"人口流动，健康同行"主题宣传，做好节日期间流动人口关怀关爱专项活动。开展流动人口健康教育和促进，港闸区沿河桥小学被国家卫生计生委流动人口司确定为流动人口健康促进示范学校。加强流动人口基础信息采集，全市录入流动人口68.38万人，其中，外市流入30.61万人、流向外市28.31万人，市内流入5.74万人、市内流出3.72万人。实施流动人口动态监测，6个样本县（市、区）、9个样本镇（街道）、18个样本村（社区）参加调查，5个样本点数据质量获全国前三名，通州区以零误差获全国第一。

（陈　峰　王新生）

【"两非"治理】2017年，南通市出生人口性别比继续保持在正常值范围内。建立覆盖全市城乡打击"两非"（非法进行非医学需要胎儿性别鉴定和非医学需要选择性别人工终止妊娠）哨点监测监控体系，全市建立一级哨点110个、二级哨点1675个，暂未发现"两非"现象。各县（市、区）均建立出生人口性别比综合治理联席会议制度，利用报刊、广播、电视、网络等媒体，宣传禁止非医学需要胎儿性别鉴定等法律法规。

（王新生）

计划生育服务

【概况】2017年，南通市生育登记办理4.63万例，其中二孩1.89万例，占40.8%；出生4.72万人，其中二孩及以上1.9万人，占40.2%。落实计划生育目标管理责任制，组织对各地计划生育目标管理责任制执行情况进行督查调研。评选南通市"优秀基层计生专干"先进典型21人，其中获评江苏省"百佳基层计生专干"9人，朱翠平获评全国卫生计生系统劳动模范。5月底，南通市生育登记服务系统启用，出生统计准确率、及时率明显提高。

【计划生育奖励扶助政策】2017年，南通市农村奖励扶助对象52.73万人，新增7.21万人；独生子女伤残、死亡家庭特别扶助对象2.33万人，新增2414人；为3.85万名持证退休企业职工及城镇老年居民发放一次性奖励金1.23亿元。

【计划生育特困家庭扶助】2017年，南通市制订《关于全面做好全市计划生育特殊家庭联系人制度的指导意见》。为每户计划生育特殊家庭确定双岗帮扶联系人，准确掌握并填写相关信息，一人一档，输入全国计划生育特殊家庭信息档案系统。将计划生育特殊家庭优先纳入家庭医生签约对象，为年满49周岁以上独生子女意外死亡计划生育特殊家庭父母提供意外伤害综合保险，投保238.4万元。开展"关爱女孩携手行"活动，帮扶困难计生家庭女学生30人，发放助学金4万元。启东市"爱在太阳岛上"、崇川区

"我心向阳"获评第一批计划生育特殊家庭心理健康服务省级项目。

【幸福家庭创建】 2017年，南通市推进"新家庭计划——家庭发展能力项目"试点，确定海安县北城街道复兴社区等9家单位为市级试点。海安县、如皋市、港闸区、崇川区获评省级幸福家庭建设项目县。组织全市"国际家庭日"主题宣传活动、第二届"幸福家庭"评选活动，表彰幸福家庭100户。8月21日，举办"幸福相约健康同行"暨"雉水之夜"广场文艺晚会。

（王新生）

民政事务

【婚姻登记与管理】 2017年，南通市各级民政部门和婚姻登记机构依法办理结婚登记52925对，离婚登记14800对。开展婚姻历史数据补录，完成补录数据34.1万对，总计补录历史数71.5万余对，基本实现电子化管理。各级民政部门和婚姻登记机构将2015年以前婚姻登记档案移交给同级档案部门，确保婚姻登记档案完整性和安全性。继续实行周六不休息周日预约登记制度，方便外出打工等群众登记服务。

【未成年人保护】 2017年，南通市各级民政部门加强农村留守和困境儿童关爱保护力度。开展农村留守儿童"合力监护、相伴成长"关爱保护专项行动。全市排查不满16周岁农村留守儿童2049人，会同第三方社会机构进行调查评估，为精准关爱帮扶提供决策依据；为75个监护能力不足家庭，安排老师或村干部进行一对一帮扶，将312名经济困难且符合政策留守儿童家庭纳入保障范围。6月2日，《中国社会报》头版配图刊登南通关爱农村留守儿童做法。全年，全市排查困境儿童3527人，对市区773名困境儿童提供医疗、精神、教育、司法、就业、心理辅导关爱保护服务。在全国率先启动"成长守护伞"关爱困境儿童医疗健康公益活动，按每人每年150元医疗补助统筹，每次医疗补助最低200元，最高5万元，在基本医疗基础上再提高10%～20%比例，助其健康成长。开展"向日葵"困境家庭小书房建设，首批资助30个家庭，为困境儿童提供更加良好学习环境。

【儿童收养登记与管理】 2017年，南通市规范收养登记程序，按照收养评估细则及标准要求，减少审批环节，缩短审批时限，简化审批程序，完善收养评估工作流程，出台《南通市收养子女家庭评估实施细则》，全年开展收养家庭评估399例，其中386户家庭通过评估。年内，南通市儿童福利院收养儿童11人。

【殡葬管理】 2017年，南通市出台《关于推行节地生态安葬实施意见》，组织第13次骨灰撒海活动，累计撒入江海骨灰1628具。推进各县（市、区）公益公墓（骨灰堂）建设，107个农村公益性骨灰堂提档升级，新建农村公益性骨灰堂4个，投入资金约9000万元。继续落实文明办丧惠民政策，至年底，全市为43377人发放惠民殡葬补助3870万元，其中市区文明办丧2241人、发放补助费336万元。

（包国祥）

基层群众自治

【基层群众自治组织概况】 2017年，南通市有村民委员会1304个，比上年增加2个；居民委员会619个，比上年增加8个。新培育省级城乡和谐示范镇（街道）8家、省级城乡和谐示范社区60家。

【和谐社区创建】 2017年，南通市制订市级社区建设引导资金绩效提升工作方案，对主城区20个社区服务设施达标项目发放补助金521.7万元。海安县曲塘镇获评全国农村幸福社区建设乡级示范单位（全国7家）。完善网格化服务管理新措施，出台《关于进一步创新城乡社区网格化服务管理的指导意见》。出台《关于在全市城乡社区深入推进村（居）民小组（邻里）自治工作实施方案》，促进基层"微单元""微力量""微平台""微服务""微机制"有机融合，推动"小组（邻里）有形覆盖、自治有序实施、作用有效发挥"，相关成果获评"2017江苏现代民政创新成果"。重点推广建立"三有"（有一个相对固定的集中协办场所、有一支相对专业的协商队伍、有一套完整的协商制度）、"三会"（协调会、议事会、评议会）协商机制，全市建成社区协商民主示范点20个。

（桑永旺）

社会组织管理

【社会组织概况】 2017年，南通市新登记社会组织608个。其中，社会团体115个，民办非企业单位（组织）489个，基金会4个。全市各级直接登记社会组织642个，占全市社会组织登记总量9.8%，占同期登记社会组织数量9%。至年底，南通市登记在册社会组织6566个。其中，社会团体1612个，民办非企业单位（组织）4941个，基金会13个。

【政社脱钩改革】 2017年，南通市推进县（市、区）行业协会商会与行政机关脱钩工作。各县（市、区）纳入脱钩任务行业协会商会350家，其中完成345家、特殊原因延迟脱钩5家。

【社会组织发展环境优化】 2017年，南通市落实《南通市社会组织监督管理办法（试行）》，建设"政府监管、社会监督、社会组织自律"社会组织综合监管体系。加大财政投入，市、县两级每年用于社会组织发展专项资金2000万元。全市建成县级社会组织孵化基地13个，镇（街道）级12个、社区级14个，形成培育孵化网络。5月，市级公益创业园（社会组织孵化器）依托南通中华慈善博物馆建成并投入运营，集公益组织孵化、公益理念传播、公益创业支持、公益资源对接、公益人才培训、公益成果展示等功能于一体。

【社会组织监管与等级评估】 2017年，南通市实施社会组织网上年检，结合年检建立事中事后监管随机抽查制度，对连续3年不参检社会组织依法予以行政处罚，逐步清除"僵尸组织"，全年撤销社会组织18家。实施等级评估，健全评估工作机制，完善《南通市社会组织评估管理办法》，以政府购买服务方式将全市性社会组织评估工作委托给第三方专业机构，提升社会组织评估公信度。至年底，全市有4325家社会组织获1A～5A评估等级，评估率65%。其中，AAA级社会组织211家，AAAA级社会组织89家，AAAAA级社会组织10家。

（曹　建）

人力资源管理

【公务员管理】 2017年，南通市完成年度公务员公开招录计划，全年新录用公务员782人，比上年减少47人。其中面向社会公开招录613人。在全省率先实现公务员平时考核县（市、区）全覆盖，研发省内首家公务员考核云平台。加强公务员能级管理、学分制管理和师资库建设，公务员培训纳入市级综合绩效考核范畴，每名公务员每年至少完成90学时。分4期对市级机关220名公务员进行任职培训，首次到安徽省金寨县开展党性教育和异地教学，建立公务员任职宪法宣誓制度。全年开展各类公务员专题培训63期，大讲堂10期，培训公务员8.38万人次。

【事业单位人事管理】 2017年，南通市贯彻实施《事业单位人事管理条例》，按照财政供养人员“只减不增”要求，确定2017年度市属事业单位317名人员补充计划，比上年下降近40%。首次实现各县（市、区）同步参加全省事业单位公开招聘笔试、面试。加强岗位日常动态管理，调整34家市属事业单位岗位设置方案，核准47家单位自主招聘方案。推动单位竞聘上岗，优化以岗定人机制，年内办理156家单位1360人聘用（解聘）手续。

【专业技术人员管理】 2017年，南通市首次开展建设工程高级专业技术资格（副高）评审，建成建设工程高评委库，获评建设工程副高职称331人。在国内率先开展企业自主评价认定中级职称试点，遴选南通中天科技、南通建工集团、南通三建集团、南通四建、通州建总5家骨干企业开展首批试点，获工程师职称289人。11月15日，《中国组织人事报》以《人才评价企业自主——江苏南通“放管服”改革出新招》为题头版报道。持续开展“企业职称服务年”和重点企业“职称服务直通车”活动，先后为通州建总、南通振华重工、南通大通宝富风机有限公司3家企业开展中级职称专场评审，获工程师职称265人。奖励市区企业获高级职称专业技术人员147人（含正高职称5人），发放奖金75万元。开展公需科目培训4批1万人次。全年全市职称申报人数1.8万余人；获

表6-11

2017年南通市公务员大讲堂信息一览表

期次	授课人	职务	主题	时间
第一期	程庭亮	江苏培训行业联谊会副会长、澳大利亚启思蒙学院副教授、浙江大学特聘讲师、二级心理咨询师，管理学博士	阳光心态和压力管控	2月23日
第二期	孙　亮	上海证券交易所发行上市中心企业上市服务区域主任，上海证券交易所董事会秘书任职资格培训班讲师	多层次资本市场和企业上市	3月31日
第三期	朱　宇	江苏省科技创新协会会长，江苏知识产权研究院院长，桂林电子科技大学知识产权学院名誉院长,国家知识产权局咨询委专家	建设知识产权强省 支撑创新驱动发展	4月21日
第四期	陆　峰	博士，高级工程师，工业和信息化部赛迪研究院互联网研究所副所长，《互联网经济》杂志社研究总监	“互联网+”战略下产业转型路径和模式	5月19日
第五期	孙耀武	江苏省委党校经济学教研部副教授、经济学博士；党的经济理论创新与江苏持续发展研究基地专家、江苏省城市经济学会理事、江苏省《资本论》研究会副秘书长	积极稳妥扎实有序推进新型城镇化	6月16日
第六期	张　谷	浙江大学光华法学院教授，博士研究生导师	《民法总则》解读	6月28日
第七期	张兆安	上海社会科学院副院长，经济学博士，研究员，博士生导师	当前经济形势与上海未来发展	7月11日
第八期	郝继明	南京市委党校教授，江苏省对口支援西藏党建领域专家，兼任中国行政体制改革研究会、江苏省领导学会、江苏省政治学会研究员	提升媒体驾驭能力	9月14日
第九期	陈　松	江苏省中西医结合学会心血管专业委员会常务委员、上海第二医科大学心血管介入中心南通分中心主任	饮食和心血管疾病	11月30日
第十期	葛坤宏	南通市公安局经侦支队五大队大队长	防范和处置非法集资专题讲座	12月29日

（市人力资源社会保障局）

评高级职称2466人，比上年增加107人，其中正高级304人，比上年增加38.2%；获评中级职称4305人。

【人事考试】 2017年，南通市按照国家统一规定，取消招标师、国际商务师、广告师、质量工程师、企业法律顾问5类职业资格考试。全年实施各类人事考试35项，全市报名人数8.11万人，比上年增加500人，报名科次16.46万科次，比上年增长4.97%。全市44人获机关单位工勤技能岗位技能人才技师资格，合格率84%。落实人事考试工作岗位承诺制度、监考巡考人员工作任务清单制度、考点考场承包责任制度、考点考务工作考评制度。开展考试环境综合治理专项行动，全年查处考试违纪17人次。在2017年国家注册安全工程师考试中，南通实现答题试卷零雷同。

【产业人才引进】 2017年，南通市开展人才立法工作，编制完成《南通市人才发展促进条例（草案）》。优化南通人才政策环境，出台《南通市市区高层次人才享受生活津贴和购房补贴实施办法》《南通市市区企业博士后设站单位建站补助实施办法》《南通市进一步鼓励市区企业引才用材奖励实施办法》等文件。引进国家“千人计划”专家13人，累计158人；新增省“双创人才”61人（含双创团队7个），入选率列全省第一位，入选量列全省第二位，累计321人。享受国务院特殊津贴专家和省突出贡献中青年专家累计分别有115人、220人。全市人才资源总量130.5万人，列全省第四位，其中高层次人才10.45万人；每万名从业人员中研发人员数146人，比上年增长8%。新增省博士后创新实践基地8家，累计30家；新引进博士后研究人员25人，累计203人；博士后获得专利59件，主持完成项目48个，产生经济效益1.9亿元。完成第十批江海英才计划申报评审，新增高层次人才（团队）资助对象30个。全年分批组织98家企事业单位赴上海、天津、北京等地开展高层次人才资源合作与博士后招聘活动，引进高层次人才802人。出台“通籍英才归雁计划”3年行动方案，

8月17日，南通市“外国人才在线服务系统”启动。
（市人力资源社会保障局　供图）

组织高校毕业生参加南通籍学子家乡行活动，开展“万名学子看南通”大学生社会实践活动，组织赴外招聘线路44条，招聘场次126场，吸纳南通籍毕业生回南通就业创业21852人，引进海外南通籍人才54人，南通籍毕业生回通率42.02%。

【境外招才引智】 2017年，南通市新增高层次留学回国人才376人，累计4200人。新引进外国专家437人，比上年增加10%，累计4000人。出台《南通市“1111”引进国（境）外智力计划实施办法》《中国南通海外人才工作站管理办法》《南通市高层次创新创业人才服务一卡通实施办法》等文件，基本形成内容完备、特色鲜明国际人才政策保障体系。完成“两证合一”（外国专家证、外国人就业证）整合，实施外国人在华工作许可制度，全年办理外国人才工作许可证件1043份。通州区、如皋市2家留学人员创业园建成省级留学回国人员创新创业示范基地，累计3家，居全省首位，留学人员创业园孵化总面积293.56万平方米。新增海外引智工作站4家，海外引智引才站点累计30家。建成江苏省外国专家工作室5家，累计14家。全市66个项目列入国家、省级年度引智计划。江苏卓远机器人科技有限公司张新峰博士创业项目获批人力资源社会保障部留学人员创业启动支持计划优秀类项目（江苏3项）。12名海外人才入选江苏省留学回国人员创新创业计划。沃太能源南通有限公司获评国家2017年度最具成长潜力留学人员创业企业（全国20家）。举办2017南通籍海外高层次人才创新创业恳谈会、2017外国专家南通行暨建言献策会等活动。推进“江苏绿卡”高端人才政策兑现，完成市区海外高层次人才年度个税奖励48万元。

【高技能人才培养】 2017年，南通市新增高技能人才5.57万人，完成率连续第七年列全省第一。高技能人才占技能人才总量32%。4名高技能人才列入省“双创计划”引进人才名单，入选数连续第五年列全省第一。新建市级以上技能大师工作室13家，累计53家。全市开展职工岗位技能提升培训18万人，完成率连续第七年列全省第一。获评省政府江苏制造突出贡献奖先进单位，获评“江苏制造工匠”高技能人才3人。“江苏技能大奖”受表彰人数全省领先，获评“江苏大工匠”1人、“江苏工匠”12人。出台《推进职业技能提升行动计划（2017~2020）实施意见》。获评“333工程”科研项目资助高技能人才1人，全省人社系统唯一。组织企业和技校探索推进企业新型学徒制试点，开展首届技工院

8月，市劳动保障监察人员检查高温劳保工作、社会保险劳动时间、工资支付和高温补贴支付情况。（江敏敏 摄）

校教师教学比武。承办全省首届乡土人才传统技艺技能大赛木雕、缝纫、盆景制作3个项目省级预选赛和盆景制作、印染、明式家具3个项目省级决赛，获优秀组织奖，41名选手获奖，其中一等奖5人，竞赛项目总分全省第一。开展15个行业50余个工种职业竞赛，废水处理、执业药师工种各有1人获省级技能大赛决赛一等奖。全市技工院校实现招生1.1万人，完成率连续第四年列全省第一。获评人力资源社会保障部"技能雏鹰"奖学金1人。获评国家级高技能人才培训基地1所。1所技校获省2017年技工院校历史经典产业特色班建设补助经费100万元。8月7日，《中国组织人事报》以《厚植匠心"技涌江海"——江苏南通实施高技能人才"十百千万"工程》为题介绍南通高技能人才工作经验。

【**就业创业**】 2017年，南通市出台《"创业富民行动计划"实施方案》。全市新增就业8.69万人，新增转移农村劳动力2.63万人。全市新增创业人数1.46万人，其中引领大学生创业1881人，比上年增长13.1%；扶持农民创业4921人，比上年增长14.8%。全市城镇登记失业率1.82%，比上年下降0.03个百分点，低于全国（3.9%）、全省（2.98%）平均水平。

2017年，南通市举办各类专场招聘和系列专项活动709场，提供就业岗位31.8万个，其中高校毕业生就业岗位9.8万个。在全省率先与陕西省汉中市开展系列交流对接活动，促进劳动力资源需求与供给优势互补。新增江苏三润服务集团股份有限公司等9家单位为青年见习基地，市级青年见习基地累计46个。全年开展各类就业技能培训35159人次。全面开展创业实习，市区设有江海创业园、晶城科创园等创业实习基地4个。

2017年，南通市参与"创响江苏"大学生创业大赛，淘金集团董事长王金合入选"全省十大创业标兵"并获全省唯一"创业励志奖"，"一达通外贸综合服务平台"项目获评"全省十佳创业项目"。举办"通创荟"巾帼创业创新大赛，打响南通市创业服务工作品牌。新认定市级创业孵化基地10个，累计33个；获评省级创业孵化基地7家，累计19个。全面开启创业型镇（街道）、村（社区）、园区创建工作，全市创建市级创业型镇（街道）11个，创业型村（社区）150个，创业型园区7个。全年市区高校开展各类创业培训班153期，培训大学生4255人。全年发放创业担保贷款2.14亿元。

【**工资调控**】 2017年，南通市深化国有企业负责人薪酬制度改革，全面落实市管企业负责人薪酬兑现和信息披露工作。7月1日起，上调全市最低工资标准，市区、海门市、启东市执行省一类地区标准每月1890元，非全日制工每小时17元；海安县、如东县、如皋市执行省二类地区标准每月1720元，非全日制工每小时15.5元。开展社区直报调查（调查社保参保、职业技能、工资水平、劳动争议、职业培训、就业指导等情况），涉及75个村（社区）2036户5488人。在全市580家企业开展薪酬调查，发布南通市劳动力市场部分职位工资指导价位。开展最低工资政策实施效果专项调查和快递业劳动用工情况调研。

【**劳动监察**】 2017年，南通市出台《关于全面治理拖欠农民工工资问题的实施意见》，完善欠薪联席会议制度，推进"治欠保支"（治理拖欠农民工工资，保障工资支付）3年行动方案。监察用人单位5835家，书面审查用人单位21817家，书面审查率89.5%。全市受理各类举报投诉2622件，比上年增加22%，结案1627件，按期结案率100%，督促补签劳动合同2.72万人，追发劳动者工资待遇6286.06万元，督促用人单位补缴社会保险2630.68万元，比上年减少1.2%。劳动保障监察一级网格调处劳动纠纷案件1805件，比上年增长78.53%；调处成功1406件，调处成功率77.9%。劳动保障监察省联动举报投诉平台录入率和案件按期运行率100%。海门市获评全省农民工工资监控和保障机制示范地区。

【**劳动人事争议调解仲裁**】 2017年，南通市各级仲裁机构调处各类劳动人事争议案件1.32万件，立案处理5632件，分别比上年增加8%、6%，结案率94.6%，处理集体争议案件30件。开展"仲裁开放月"活动，公开庭审典型案件28件。实行专家调解倒计时，加强裁审对接和调解仲裁基层组织建设。全市建立镇（街道）劳动就业社会保障服务中心（所）调解中心96个，行政村（社区）劳动就业社会保障服务站调解中心103个，企业调解委员会1420个。崇川区和平桥街道、港闸开发区被省人力资源社会保障厅列为全省推进乡镇（街道）巡回仲裁庭示范点。海安县高新区劳动人事争议调解中心、如皋开发区劳动人事争议调解中心、双钱集团（江苏）轮胎有限公司劳动争议调解委员会、南通四方冷链装备股份有限公司劳动争议调解委员会4家调解组织获评全省首批劳动人事争议优秀基层调解组织。

（许　可）

民族宗教事务

【民族事务】 南通市为多民族杂居地区，2017年，汉族人口占常住人口99.7%以上；有少数民族52个，约占常住人口0.3%。常住人口千人以上少数民族有苗族、土家族、侗族、布依族、彝族、回族。加快农村少数民族群众全面小康进程，利用省拨发展资金165万元新建少数民族扶贫基地3个。教育部民族教育发展中心和西藏自治区教育厅在南通市专题举办2017年全国内地西藏初中班、高中普通班教育教学成果展。举办“唱响民族主旋律、凝心共铸中国梦”歌颂建党96周年濠滨夏夜少数民族文艺展演。参加全省“红石榴杯”少数民族传统项目体育运动会，获一等奖1个、二等奖3个。港闸区在全省率先推行全区民族工作网格化，形成网格化服务管理体系。南通中学获评全国民族团结进步创建示范区（单位）。

【宗教事务】 南通市境内有佛教、道教、伊斯兰教、天主教、基督教5大宗教。2017年，全市有各类宗教团体23个。在省级宗教团体换届选举中，南通市11人入选。1名法师获江苏省佛教讲经比赛一等奖。邀请全国各地40余名道教界南通籍知名代表人士回家乡恳谈。全年全市各宗教团体、场所开展祈福、捐赠、关怀等慈善活动120余场，捐助物品800余件、善款近300万元。南通市民族宗教事务局（简称“市民族宗教局”）与中国社会科学院世界宗教研究所、中国宗教学会在南通联合举办“僧伽大师与佛教中国化研讨会”。天主教海门教区举办国内首届亚洲夫妇恳谈会。市佛教协会选派代表赴韩国参加第20次中韩日三国佛教友好交流会议。市基督教“两会”（市基督教三自爱国运动委员会、市基督教协会）接待美国等国家专家、学者6批次40余人次。

【民族宗教事务管理】 2017年，南通市印发施行《关于加强和改进新形势下民族宗教工作的实施意见》。把民族宗教工作纳入基层公共服务平台服务范围，指导民族宗教工作重点村（社区）建立民族宗教服务中心。建设全省首家宗教活动场所公共视频联网监控平台，将宗教活动场所技防建设纳入全市公共安全防控体系。省内首家组织市、县两级统战、民族宗教部门赴青海、甘肃等地政府签订少数民族流动人口合作共管协议。市民族宗教局连续第七年获评全省民族宗教信息宣传工作先进集体。

（季新华）

信　访

【概况】 2017年，南通市信访系统受理办理各类信访件22242件。办理各类信件11902件，其中纸质信件5867件、网络信件2932件。接待群众信访1922批10340人次，其中集访304批6559人次。办理信访复核件180件。全年信访及时受理率98.57%，按期办结率99.88%，群众满意率99.95%。办理省交办信访积案113件，结案率100%、化解率98.2%。办理“市长信箱”案件4036件，全部按时受理办理或转送交办，受理率100%，按期办结率98.2%。

【信访维稳“百日攻坚”活动】 6月1日～9月30日，南通市开展信访维稳“百日攻坚”活动。其间，省级交办重点信访事项452件，结案432件，结案率95.6%，化解97件，化解率21.5%；市排查交办重点信访案件184件，结案174件，结案率94.6%，化解71件，化解率38.6%；各县（市、区）自排重点案件546件，结案533件，结案率97.6%，化解210件，化解率38.5%。

【网上信访】 2017年，南通市推进“网上信访”建设，整合南通市信访局门户网站“阳光信访网上投诉平台”“南通信访”手机APP、“南通信访”微信公众号等网上信访平台，全年群众使用APP和微信公众号投诉418件。全年办理网络信访件2932件，比上年增长75%。

（薛海锋）

综 述

【概况】 南通沿海前沿区域范围为规划建设中的海启高速公路至海岸线21个镇（街道）及毗邻海域，陆域面积约2900平方千米，占全市35.8%，管辖海域面积8701平方千米，南通地理海岸线长284.57千米。沿海前沿区域陆域部分南北直线距离约100千米，东西距海岸线宽度最长约30千米，最短约4千米。全市沿海滩涂20.5万公顷，是中国沿海地区土地资源丰富地区之一。2017年，南通市海洋经济生产总值超过2000亿元，占全市地区生产总值25%以上。

【重大项目建设】 2017年，全省沿海开发投资计划编制重点项目270个。其中，以南通市为主实施项目85个、计划总投资2390.15亿元，分别占全省31.5%、25.28%。年度计划投资550.72亿元，实际完成年度投资581.56亿元，完成全年计划投资105.6%。全年，全市沿海前沿区域完成1亿元以上新开工项目172个，比上年同期增长17%，其中工业项目135个、服务业项目37个。10亿元以上重特大项目22个，占全市总量50%。50亿元以上新开工项目4个，实现沿海重点园区重特大项目零突破。华峰超纤二期等项目竣工投产，总投资68亿美元洋口港金光纸业项目签约。沿海地区沪通合作项目数创历史最高，全市累计新开工1亿元以上沪籍投资项目236个，其中落户沿海地区188个，占全市79.7%。

【产业园区建设】 2017年，南通市沿海8个重点园区发展特色主导产业，形成洋口港经济开发区液化品物流、吕四港经济开发区电力能源、启东海工船舶工业园海工船舶、如东沿海经济开发区精细化工、启东高新技术产业开发区（原启东滨海工业园）机械电子以及海门港新区建材物流等特色产业板块。全年实现工业应税销售超200亿元园区1家（如东沿海经济开发区），超100亿元园区2家（启东吕四港经济开发区、启东海工船舶工业园）。加快园区提档升级，12家功能区中，有国家级示范区1家、省级农业综合开发区1家、省级开发区1家、省级旅游度假区2家。

【基础设施建设】 2017年，南通市加强沿海地区基础设施建设。推进洋口港15万吨级航道工程，申报石材保税仓库、A型保税物流中心建设，大唐恩智浦保税仓库通过南京海关验收，实现沿海前沿保税载体零突破。吕四港小庙洪10万吨级进港主航道一期工程、环抱式港池一期5万吨级进港航道疏浚完工，5万吨级公共码头、进港铁路工程报批展开。通州湾港区总体规划获交通运输部和省政府联合批复，口岸扩大开放申报文件报国务院，2个2万吨级起步码头主体工程竣工。宁启铁路二期推进；海洋铁路电化改造预可行性研究报告报省铁路办；吕四港铁路支线开展项目可行性研究。海启高速累计完成投资51亿元。推进通扬线九圩港复线船闸及通江连接线段航道整治工程、通扬线海安段航道整治工程。按照10个生产性公共服务平台和10类生活性服务业功能要求，加快建设特色产业生产性服务平台，完善便民中心、农贸市场等功能设施，沿海前沿区域8个重点区镇全年建成功能性平台6个，分别是启东海工船舶工业园海欣花苑商铺、启东高新区四海家园蓝领公寓二期、启东滨海工业园客运站、海门港新区高端乡村旅游景点海门港大东博士园、海安东华石材交易展示中心、如东洋口港人才公寓。

【改革创新】 2017年，南通市创新涉海金融产品，新增海域使用权抵押贷款24.3亿元，累计153亿元，占全省70%以上。瞄准中科院系统研究院所和国内"985""211"工程系列高校，先后引进海安上海交通大学智能装备研究院等新型研发机构，与4所高校签订共建技术转移中心协议。通州湾科创城入驻知名高校8家、学生5000人，蓝鹏深水海工装备、微氪医疗器械、大天机器人等科技型创业项目相继投产。建设公共研发平台，注册成立南通江海海洋工程产业研究院有限公司，合作共建南通河海大学海洋与近海工程研究院，中科院南通海洋所产业基地项目落户通州湾科教城。上海理工大学国家大学科技园（南通基地）、上海谈家28通州湾科技园2个科技孵化平台建成运行。

（陈清月）

通州湾江海联动开发示范区建设

【概况】 江苏省通州湾江海联动开发示范区（简称"通州湾示范区"）是南通市委、市政府策应江苏沿海开发、长江三角洲一体化发展两大国家战略节点高能级沿海开发平台，是江苏沿海开发重要战略园区。2012年2月，南通市启动通州湾开发建设，开发面积585平方千米，其中陆域面积292平方千米、海域面积293平方千米，主要包括原通州区三余镇、滨海新区以及如东县大豫镇两村一居，规划控制面积820平方千米。辖区内有28个行政村、4个社区，总人口14万人。2015年3月，国家发展改革委同意设立通州湾江海联动开发示范区；5月，省政府常务会议审议通过《通州湾江海联动开发示范区总体方案》。2016年12月8日，长江三角洲地区主要领导座谈会明确提出加快构建江苏通州湾江海联动开发示范区建设，通州湾江海联动开发全面上升到国家战略层面。2017年5月，省政府批复《南通建设上海大都市北翼门户城市总体方案》，明确提出"加快建设以通州湾港区为重要组成部分的上海国际航运中心北翼江海组合强港，加快建设通州湾临港产业城，使其成为江苏沿海湾区经济新增长极"。2017年，通州湾示范区实现地区生产总值39.98亿元，按可比价计算（下同），比上年增长11.7%；财政总收入11.57亿元，比上年增长71.92%；一般公共预算收入2.66亿元，比上年增长21.46%；工业应税销售收入27.81亿元，比上年增长33.9%。全社会固定资产投入44.16亿元，比上年增长22.56%。其中，工业投入17.37亿元，比上年增长26.14%；服务业投入26.79亿元，比上年增长20.35%。

【项目建设】 2017年，通州湾示范区新签约10亿元以上重大项目4个，新开工10亿元以上重大项目2个。总投资53.7亿元苏民新能源项目13万平方米厂房封顶，首期20亿元设备采购完成。总投资20亿元英格地效翼船项目一期2.8万平方米厂房及综合楼主体封顶。总投资30亿元中南高科产业园项目一、二期约8万平方米标准厂房启用，三期约6万平方米厂房封顶，签约上海德鹰工具、方鼎精密铸造等优质企业近60家。总投资9亿元道达海上风电设备制造基地项目形成年产50台大型海上风电塔筒生产能力。推进中牛高科技建材、凌云建筑新材料产业园、天楹静脉产业园、弘文文创基地、威而多特种车等市级重大项目建设。科创城集聚企业200余家。

【海洋开发】 2017年，通州湾示范区推进港口开发建设关键技术等方案研究，开展重大课题研究5项。建成三夹沙2个5万吨级起步码头，启动10平方千米围垦区域基础工程建设。北部深水港区围垦一、二期通道主体工程完工，深水港前期建设有序推进。总投资65亿元四川铁通汽车滚装集散基地等相继落地，一批港口项目建设手续逐步完备。12月22日，《南通港通州湾港区总体规划（2017~2030年）》获交通运输部和省政府联合批准，成为全省4个重点港区之一。港区规划深水岸线37.3千米、陆域面积48.8平方千米，可建设5万~15万吨级相互配套大中小泊位近100个。

【开放合作】 2017年，通州湾示范区围绕市委、市政府建设上海北翼门户城市总体部署，聚焦对接上海、建设通州湾临港产业城。与上海市国有产业园区开发平台上海临港集团合作，确定通州湾沪苏产业合作示范区合作共建方案。与上海松江经济开发区签订战略合作协议。以人气集聚为重点，推进与兰州大学等全国知名院校合作，科创城在读师生5000余人。推进国际合作，推动"一带一路"国际共建合作开发园区建设。兰州大学与美国德雷塞尔大学国际合作办学项目获批，与纽约州立大学石溪分校、西班牙SEK国际学校等院校合作办学项目有序推进。

【基础建设】 2017年，通州湾示范区平海公路快速化改造方案通过市级初步审查，通州湾港区疏港铁路、平海公路快速化、通州湾高速连接线、通同线—通栟线三级航道整治改造等重大交通基础设施项目纳入交通运输部《"十三五"港口集疏运系统建设方案》、江苏省《铁路"十三五"发展规划》《江苏省干线航道网修编》等相关规划。投资近16亿元，新建和续建滨海大道东延、扶海路北延等市政道路工程31条，推进海启高速通州湾段12.6千米建设。核心区安置房三期、三余安置房二期、通州湾高级中学等12个项目竣工，推进智能交通系统、柏海汇污水处理厂提升改造等17项前期工程。推进水利景观绿化，完成围垦北区水系护岸等上年结转工程、近海东竖河整治、三夹沙河道护岸一期、北三干河整治、围垦南区支河贯通、协作西竖河整治、三余新镇北中心河整治等生态护岸工程9项、11千米，新建排涝闸站1座、控制涵闸1座，改建三余水系控制建筑物改造二期5座闸站。实施400公顷绿化林地建设，城市绿化面积近80万平方米。通州湾医院、纳潮河经济带、团结河经济带等城市配套工程加快建设。盐碱地改良一期500亩土地通过省级专家耕地质量评定，耐盐水稻种植实验项目取得成功。

（王建华）

沿海重点园区建设

【概况】 2011年，南通市确定8个沿海开发重点中心镇，推行"区镇合一"管理体制。2013年，南通市保留原6对区镇，东灶港镇并入包场镇，继续与海门港新区实行区镇合一；三余镇划归南通滨海园区（今通州湾示范区）代管，不再列入区镇合一改革范围。新增如东循环经济产业园与大豫镇、启东滨海新区与近海镇2对区镇实行"区镇合一"管理体制。2017年，沿海重点区镇加强基础设施建设，建成功能性平台6个，初步形成海工船舶、石化能源、现代物流、机械电子、食品加工、精细化工、休闲旅游等特色产业板块。

（通　鉴）

【海安老坝港滨海新区】 海安老坝港

滨海新区(角斜镇)地处临海高等级公路与328国道交接处,是全国闻名"角斜红旗民兵团"所在地、"海安花鼓"发源地,素有"紫菜之乡""河豚之乡""鳗鱼之乡"等美誉。辖区面积145.6平方千米,其中滩涂面积33平方千米,辖20个行政村、1个社区,总人口6.51万人。2017年,实现地区生产总值44.5亿元,按可比价计算(下同),比上年增长11.4%;工业开票销售27.46亿元,比上年增长48.7%;服务业开票销售35.7亿元,比上年增长50.4%;工业设备投入1.65亿元;公共财政预算收入1.07亿元,比上年增长34.1%。新增开票销售1亿元企业1家、规模以上企业12家,累计开票销售1000万元以上企业40家、超1亿元企业4家。新增100万元以上销售电商5家,其中平顺物流、美其物流、金牛贸易开票销售超1000万元。

招商引资　2017年,海安老坝港滨海新区招引1亿元以上项目12个,其中石材类2个、家具类6个、生物类1个、综合类3个。招引1000万~3000万美元外资项目2个。

项目建设　2017年,海安老坝港滨海新区完成市考核确认新开工1亿元项目21个,其中1亿元服务业项目4个;新竣工项目16个,其中1亿元以上项目5个。实施1000万元以上农业项目18个,投入额近2亿元。

科技创新　2017年,海安老坝港滨海新区完成工业设备投入1.65亿元,其中技改投入8000万元。推进产学研项目合作,新增30万元产学研合作项目5个,引进成果转化项目2个。明芯微电子公司股票在全国中小企业股份转让系统挂牌获批,为海安老坝港滨海新区第一家"新三板"挂牌企业。

海洋渔业　2017年,海安老坝港滨海新区实施高效渔业面积3.6万亩,占全县71.5%。紫菜产业单机生产量突破3000箱。坛紫菜养殖面积2万亩,亩产值2500元。年内投入3800万元更新改造标准化渔船。

基础建设　2017年,海安老坝港滨海新区获评全国社区教育示范乡镇。沿口文化站建成开放,12个行政村建成村级综合文化服务中心。人民路、尚武路、通海北路创建市级示范路。建成邻里中心小区、连锁超市、农贸市场、停车场、污水处理厂等生产生活配套设施。完成挂钩拆旧83.93万平方米。全年疏浚整治河道67千米,盐土绿化200万平方米,水、电、气、通信设施投入使用。新增绿化造林面积56.67万平方米,双龙村获评"绿化综合示范村"。五凌村获评省级"水美村庄"。

(杜沈超)

2017年,如东沿海经济开发区全面完成土地确权登记颁证。图为社区工作人员为农户办理确权手续。

(向中林　摄)

【如东沿海经济开发区】　江苏省如东沿海经济开发区(小洋口旅游度假区、洋口镇)位于如东县北部,濒临南黄海,西与栟茶镇、南与丰利镇、东与长沙镇为邻。总面积125平方千米,辖行政村19个、场2个,总人口7.2万人。2017年实现地区生产总值69.45亿元,按可比价计算(下同),比上年增长13.5%;实现一般公共预算收入8.42亿元,比上年增长18.26%;城镇居民人均可支配收入4.04万元,农村居民人均可支配收入2.09万元,分别比上年增长8.8%和9.3%。

农业发展　2017年,如东沿海经济开发区实现农业总产值15.82亿元。全面完成土地确权登记颁证,土地整理工程增加耕地1305亩。发展现代规模农业,新增固定资产1000万元以上流通类项目1个、固定资产500万元以上休闲观光类项目3个,新注册家庭农场17个;完成农业部和省小麦、水稻绿色高产增效项目创建;实施高标准农田项目1.95万亩,累计投资4750万元。

项目建设　2017年,如东沿海经济开发区完成规模工业产值318亿元,工业应税销售收入231亿元。完成1000万元以上工业投入83.03亿元。力太化学、万香国际、盛东风电、海伊特环保、中惠环保等1亿元以上项目落户园区。新开工九九久高强高模聚乙烯纤维、东江环保危废处置等1亿元以上项目29个,完成投资19.2亿元。优嘉二期绿色农药、亨利锂电新材料等14个项目竣工投产,项目转化15个。新培育超1亿元企业6家,新增高新技术企业16家。风电母港建设提速,吸引上海电气风电集团、江苏韩通集团有限公司、道达重工(集团)有限公司等行业龙头企业落户。推进化工产业转型升级,淘汰落后产能项目36个。

洋口新城建设　2017年,如东沿海经济开发区启动镇区总体规划修编工作。总投资39.7亿元洋口新城开发PPP项目完成招标,绿色产业环保科技研发中心开工建设,滨水商业街、新洋花苑等重点项目开展施工图设计。完成洋骑线、金蛤大道南延、新镇区核心地块及洋口村临海高等级公路北侧地块房屋征收500余户,总面积近15万平方米。加快刘环渔民社区建设,第四期安置房工程75栋(150户)竣工,启动实施建成区市政配套和景观工程;优嘉花苑职工公寓楼投入使用。

化工园区整治　2017年,如东沿海经济开发区完成标准化审计企业

37家，创建二级标准化企业22家；检查企业安全生产555家次，排查隐患2399个，立案处罚19起。关停并转保荣新材料（南通）有限公司、江苏盛邦化工有限公司、南通大定化工有限公司等企业7家，排查整改落后项目40余个、落后设备50余台。建成大气超级站1座、大气路边站13座，废气在线监测溯源系统覆盖89家企业并联网运行。推进以危险废物资源化、减量化和无害化处置为核心的静脉产业园建设，开工建设南通远创环境服务有限公司等离子固废处理、如东中惠再生资源有限公司包装桶回收再利用、第二污水处理厂等项目，东江环保固废填埋场一期工程投入运行。

旅游开发　2017年，小洋口旅游度假区新增海印文化园植物迷宫、密室逃脱、江北大营、海上迪斯科、国际风筝放飞场旅游景点5个。启用小洋口综合旅游服务中心，开通市县区旅游专线，生态停车场、五星级厕所等投入使用。推进总投资31.8亿元海之城PPP旅游项目，形成国家海洋公园规划，加快众创智谷、小洋口科技城、海鲜大排档、冰雪大世界等项目建设。在上海、杭州等地开展旅游推介活动，打造小洋口一日游、二日游产品体系。举办中国如东第18届国际风筝节、“海印祈福”“醉美小洋口”摄影大赛、滩涂足球等活动。《小洋口的海陆空》在中央电视台军事农业频道《乡土》节目播出，小洋口旅游度假区获江苏“旅游百佳”品牌，南渔村经济合作社获评全国休闲农业与乡村旅游四星级示范企业。

（周建春）

【江苏如东洋口港经济开发区（筹建）】

［参见《园区经济·江苏如东洋口港经济开发区（筹建）》］

【如东循环经济产业园】 如东循环经济产业园（东凌库区产业园、进口再生资源加工区、大豫镇）位于如东县东部沿海地区，总面积195.47平方千米，辖行政村14个、社区4个，耕地面积1.27万公顷，总人口9.34万人。2017年，如东循环经济产业园实现地区生产总值67.93亿元，一、二、三产业比重14∶39∶47，实现一般公共预算收入2.33亿元。实现工业应税销售34.7亿元，比上年增长23.93%。实现服务业应税销售15.51亿元。全年完成注册外资140万美元，外资到账410万美元。实现进出口总额2.2亿元，比上年增长29.7%，其中出口贸易额1.86亿元，比上年增长23.8%。新培育南通雷恩纺织厂、华润新能源（南通）风能有限公司和如东斯美特纺织有限公司3家定报企业，培育高新技术企业1家、民营科技型企业5家。应税销售5000万元以上企业13家。

项目建设　2017年，如东循环经济产业园完成市认定新开工1亿元以上工业项目4个，分别为南通鑫达照明电器有限公司年产2000万只特种灯泡项目、如东顺如钢结构有限公司年产5万吨钢结构项目、南通滨海东泰纺织有限公司年产5000吨加弹聚酯弹力丝项目和如东天楹环保能源有限公司节能环保升级改造项目。完成市认定1亿元以上竣工（转化）项目1个（江苏盾王科技集团有限公司）。开工建设南通高顺纺织有限公司等2000万元以上项目5个。开工1亿元以上服务业项目4个，分别为东湖水陆两栖休闲娱乐项目、东湖温泉度假城、东湖生态酒店和正大畜禽家禽育种研发中心项目。

镇村建设　2017年，如东循环经济产业园完成大豫社区豫中街改造、兵房镇区新建路维修、美凌液化气旧厂区拆迁、市民广场景观绿化、镇区雨水管网疏浚等市政工程。完成天主教堂西侧地块征收，推进文体中心和人才公寓建设。省道334线东延工程推进。全年已建和在建各类道路209.35千米，实现贯路或贯中替代路全部硬质化。完成拆坝建涵103座，新建桥梁28座。启动强民村、马家店村集居点生活污水集中处置试点工程。开展“263”专项行动，完成燃煤锅炉改造任务，拆除原兵房建材厂并对土地进行复垦，关停电镀企业3家，科学引导造纸企业实现转产1家。全年完成臭水沟、河道整治196条49.21千米，疏浚河道63条43.34千米。开展畜禽养殖粪污整治，关闭拆除禁养区内养殖户7户。推进“河长制”，清理河坡垃圾100余处，拆除乱搭乱建3处，打捞沉船246艘，封堵污水排口32个。新增造林面积1330亩。新建一门闸、大豫社区、周墩等村景观河8条。

（袁琴琴）

11月4日，中国如东第18届国际风筝节开幕。　　（王俊荣　摄）

【海门港新区】 海门港新区（包场镇）位于海门市东北部沿海，2012年12月由原东灶港镇、包场镇、海门滨海新区合并成立，面积155.58平方千米，总人口14.61万人，下辖4个社区、39个行政村。2017年，海门港新区实现一般公共预算收入2.4亿元，按可比价计算（下同），比上年增长22.8%；完成工业应税销售72.73亿元，比上年增长16.2%；固定资产投资122.73亿元，比上年增长

2.5%；规模以上工业总产值317.64亿元，高新技术产业产值占比72.8%，应税销售超1亿元企业6家；完成进出口总值16.81亿元，比上年增长9%。

项目建设 2017年，海门港新区招商引进项目44个，总投资33.45亿元。新开工超1亿元工业项目17个，其中超10亿元项目2个，服务业项目4个；竣工项目7个，转化项目6个。推进蛎岈山国家海洋公园AAA级旅游景区和南通市旅游度假区创建，开展金秋蛎岈山航乐体验游等系列活动。

载体建设 2017年，海门港新区在建安置房面积7.4万平方米，全年交付安置房近600套。完成土地增减挂钩复垦97.4公顷，占补平衡项目19.6公顷。通用码头年吞吐量超50万吨；三夹沙南支进港9.24千米航道工程竣工，航道等级提升至2万吨级；东灶新河套闸管理用房主体工程完工。

（张荣鑫）

【江苏启东吕四港经济开发区】（参见《园区经济·江苏启东吕四港经济开发区》）

【启东高新技术产业开发区】 启东高新技术产业开发区（近海镇）位于启东市东部沿海，园区总面积109.6平方千米。原名启东滨海工业园。2005年起在原启东盐场基础上开发建设工业园区。2013年底，园区与近海镇实行“区镇合一”体制。2016年底，启东滨海工业园更名为启东高新技术产业开发区。2017年，实现一般公共预算收入2.58亿元，按可比价计算（下同），比上年增长37.8%。完成全社会固定资产投资82.5亿元，比上年增长15.2%。其中，工业固定资产投资63.95亿元，比上年增长12.7%；服务业固定资产投资18.54亿元，比上年增长24.8%。实现应税销售88.86亿元，比上年增长45.99%。完成高新产业产值78.01亿元，比上年增长14.1%。园区投产企业累计320家，其中规模以上企业87家，高新技术企业19家，1亿元以上企业15家。

科技创新 至2017年底，启东高新技术产业开发区有高新技术企业19家，南通市工程技术研究中心4家，省级研究生工作站2家，省级新型研发机构1个，科技创新企业73家；引进领军人才4人，入围东疆英才计划6人，认定省“双创”人才5人，申报“双创”博士1人，引进留学归国人才2人。年内，完善原有淘金创谷、博士园一期等科技平台，建设博创园二期工程。

农业经济 2017年，启东高新技术产业开发区举办农业投资招商推介会4场，签约农业项目12个。全镇7个村1.7万亩土地全部完成占补平衡（宅坺填埋）项目2%目标。规模化发展高效农业，“一园七基地”模式形成。集群化发展项目农业，形成新型农业科技类、海产品加工类等5大类13个小类集群规模。

基础建设 2017年，启东高新技术产业开发区围绕建设宜商宜居滨海新城目标，优化完善南功能配套区、智造小镇、南海路建筑物升级改造设计方案。推进规划展示馆、文体中心建设，推进11个村级综合文化服务中心改扩建，完善“直通滨海”线路、区镇公交体系、客运站设施。完成盐生植物园建设。

（马　鸣）

【启东海工船舶工业园】 启东海工船舶工业园（寅阳镇）位于启东市东南部，总面积106.66平方千米。2017年，启东海工船舶工业园实现地区生产总值73.28亿元。实现规模工业总产值263亿元，按可比价计算（下同），比上年增长13.2%。完成地方公共财政预算收入4.24亿元，比上年增长58.1%。完成工业投资58.39亿元，比上年增长13.6%；工业应税销售122.9亿元，比上年增长8%。全年实际到账外资3000万美元。

项目建设 2017年，启东海工船舶工业园完成新开工项目16个，新竣工项目10个，新投产项目3个。在上海召开对接上海招商会8次，与上海4个园区、乡镇达成战略合作协议。签约筑城远大装配式建筑制造基地项目。推进惠港重工、爱德华重工等破产企业重组整合。霓辉物流收购豪威船舶重工，武昌船舶重工集团有限公司收购顺恒造船，中集安瑞科重组太平洋海工，泰山石化收购宏强重工。

农业经济 2017年，启东海工船舶工业园新（扩）建农业项目10个，完成现代都市农业投入1.28亿元。农产品加工类项目完成投入9000万元，农业园区项目完成投入3800万元。在上海举办农业专题招商推介会3场。实施高标准农田建设2.29万亩，完成土地流转1.17万亩，占高标准农田总面积51%。

基础建设 2017年，启东海工船舶工业园中心功能区农武安置小区三期工程主体工程完成，农武村安息堂工程和中心功能区菜场完工。中心功能区展览馆完成初步装修，完成西功能区江欣家园蓝领装修工程、江欣家园一期景观绿化工程、商业街立面亮化工程、篮球场和羽毛球场工程和活动中心建设。东和线街道景观整治工程竣工验收，10千米寅和路和戤潋路农村公路提档升级工程竣工通车。

（陆金红）

综 述

【概况】 2017年，南通市有省级以上开发园区（含筹建）17家，其中国家级经济技术开发区4家、国家级高新技术产业开发区1家、省级经济开发区7家、筹建省级开发区（高新区）5家。另有参照省级开发区管理园区1家（江苏南通如皋港工业园）。至2017年底，全市开发园区完成业务总收入2.84万亿元，按可比价计算（下同），比上年下降15.14%；地方一般预算收入514.5亿元，比上年增长11.67%；全社会固定资产投资4410亿元，比上年增长15.38%。

【招商引资】 2017年，南通市各级开发园区新批外商投资企业243家；商务部确认注册外资实际到账19.5亿美元。新增注册内资企业10771家，新增内资企业注册资本1525亿元。全市开发园区在深圳、上海、北京等地开展投资促进周系列活动。

【产业发展】 2017年，南通市明确省级以上开发园区发展壮大主导产业1个、扶持培育新兴产业1个。全市省级以上开发区“一主一新”特色产业应税销售额占规模以上工业应税销售额35.5%。如东开发区创成省级风电特色产业基地。海安高新区重点打造锦纶新材料产业集群，2017年锦纶产业完成开票销售124.68亿元，占全区开票销售21.5%。市北高新区成立总规模25亿元集成电路产业基金。

【科技创新】 2017年，南通市各级开发园区发展创新型经济，提升科技创新水平。至年底，全市开发区有高新技术企业1000家，比上年增加184家。实现高新技术企业工业总产值6312亿元；高新技术企业产品进出口总额64.2亿美元。开发园区内以科研机构、企业研发中心、工程技术中心、企业孵化器为依托创新平台逐步形成，全市开发园区有孵化器82个、孵化器内企业3246家，分别比上年增加5个、260家。

【对外贸易】 2017年，南通市各级开发园区实现进出口额313.34亿美元，比上年增长15.3%，占全市进出口总额89.9%。其中，出口额217.44亿美元，比上年增长12.3%；进口额95.9亿美元，比上年增长23.1%。船舶海工、光伏能源、家纺、服装、化工5大特色产业是全市开发园区出口主要产业。全市外贸出口前15强企业全部在开发园区。

【跨区域合作共建园区】 至2017年底，南通市有中奥苏通生态园、中意海安生态园、中斯装备产业园、苏通科技产业园、锡通科技产业园、上海市北高新（南通）科技城、上海杨浦（海安）工业园、上海奉贤（海安）工业园、常熟高新区海安工业园、宜兴如东工业园、海门海宝工业园、复旦复华高新园、启东江海产业园、外高桥集团（启东）产业园14个跨区域合作共建园区。中奥苏通生态园有8家奥地利企业入驻。苏通科技产业园注册税源经济类企业502家，比上年增长30%，累计注册企业2105家，其中税源经济企业1908家。锡通科技产业园落户投资1亿元以上企业累计51家，全社会固定资产投资额153亿元。上海市北高新（南通）科技城重点发展研发设计、总部经济、电子商务、服务外包、人才培训等现代服务业，累计引进生产性服务业、总部经济类项目14个，总投资超过30亿元。

（张 明）

2017年南通市国家级、省级开发区名录

表8-1

开发区名称	批准时间	核准面积（公顷）	主导产业
国务院批准设立的开发区(6家)			
(一) 经济技术开发区(4家)			

（续表8-1）

开发区名称	批准时间	核准面积（公顷）	主导产业
南通经济技术开发区	1984年12月	2429.00	医药健康、电子信息、精密机械
海安经济技术开发区	2012年7月	1000.00	装备制造、新材料、新能源
如皋经济技术开发区	2013年1月	467.00	船舶海工、新能源汽车、装备制造
海门经济技术开发区	2013年1月	488.00	装备制造、生物医药、机电
（二）高新技术产业开发区（1家）			
南通高新技术产业开发区	2013年12月	550.00	通用设备、交通运输设备、纺织服装鞋帽
（三）海关特殊监管区域（1家）			
南通综合保税区	2013年1月	529.00	生物医药、电子信息、精密机械
江苏省人民政府批准设立的开发区（11家）			
江苏海门工业园区	2006年8月	188.98	纺织、金属制品、仪器仪表
江苏如东经济开发区	1993年11月	476.51	装备制造、安全防护用品、农副食品
江苏启东经济开发区	1993年11月	800.32	新能源、海工装备、生物医药
江苏南通港闸经济开发区	1993年12月	1098.22	电力、交通运输设备
江苏南通崇川经济开发区	1997年5月	342.63	通用专用设备、电子、化纤
江苏启东吕四港经济开发区	2012年3月	573.22	农副产品加工、电力、热力
江苏省如皋高新技术产业开发区	2012年6月	513.91	光电信息、装备制造、软件
江苏省海安高新技术产业开发区	2012年8月	563.53	装备制造、新材料、新能源
江苏省南通市北高新技术产业开发区	2015年11月	423.10	通用装备、海工船舶
江苏如东洋口港经济开发区	2016年5月	910.01	能源、石化
江苏南通通州湾经济开发区	2016年6月	759.28	新材料、装备制造、机械

（张　明）

2017年南通市省级特色产业园各项指标一览表

表8-2

名　称	所属地区	应税销售（万元）	重点产业
江苏海门叠石桥家纺产业园	江苏海门工业园区	13391776	纺织业
江苏通州精密机电产业园	南通高新技术产业开发区	4427506	电器机械和器材制造业
江苏港闸（中集物流）装备产业园	江苏南通港闸经济开发区	1002030	交通运输设备制造业
江苏启东机械（天汾电动工具）产业园	江苏启东吕四港经济开发区	4478241	通用设备制造业
江苏如皋港船舶产业园	江苏南通如皋港工业园区	4991154	铁路、船舶、航空航天和其他运输设备制造业
江苏港闸船舶产业园	江苏南通港闸经济开发区	1001500	铁路、船舶、航空航天和其他运输设备制造业
江苏海安（电力）装备产业园	海安经济技术开发区	9905419	电气机械和器材制造业
江苏海门装备产业园	海门经济技术开发区	4920832	装备制造业（金属制品业）

（续表8-2）

名 称	所属地区	应税销售（万元）	重点产业
江苏如东(风电)装备产业园	江苏如东经济开发区	2397590	高端装备制造业
江苏海安光伏产业园	海安经济技术开发区	3048071	电气机械和器材制造业
江苏启东新能源(光伏)产业园	江苏启东经济开发区	2736319	电气机械和器材制造业
江苏南通新材料产业园	南通经济技术开发区	3851108	化学原料和化学制品制造业
江苏海门医药产业园	海门经济技术开发区	2818566	生物医药业(化学制品制造业)
江苏如皋新能源汽车及零部件产业园	如皋经济技术开发区	3423622	交通运输设备制造业
江苏南通崇川电子信息产业园	江苏南通崇川经济开发区	952031	计算机、通信和其他电子设备制造业
江苏海安商贸物流产业园	海安经济技术开发区	2319516	现代物流

（张 明）

国家级开发园区

南通经济技术开发区

【概况】 南通经济技术开发区（简称“南通开发区”）是全国首批14个国家级经济技术开发区之一。2017年，南通开发区完成地区生产总值540.47亿元，按可比价计算（下同），比上年增长7.2%；规模工业增加值226.7亿元，比上年增长4.2%；工业应税销售收入1029.83亿元，比上年增长23.8%；固定资产投资552.31亿元，比上年增长9%；公共财政预算收入47.06亿元，比上年增长4.1%；进出口总额59.05亿美元，比上年增长11.2%，其中出口34.09亿美元，比上年增长11.1%；社会消费品零售总额166.68亿元，比上年增长7.3%。28家重点挂钩工业企业应税销售增幅保持20%以上；实现高新技术产业产值353.27亿元，占规模工业产值35.21%；新兴产业产值261.79亿元，比上年增长3.1%，占规模工业产值26.09%。服务业应税销售1169.6亿元，比上年增长19.3%；服务外包合同额、执行额保持南通市总量三分之一以上。研究启动大数据、智能芯片、集成电路、感知元器件产业发展规划，举办中美绿色数据中心暨大数据产业发展高峰论坛。至年底，南通开发区列中国产业园区百强榜单第44位、经济技术开发区第24位，在江苏省110家省级以上开发园区综合考核评价中保持第八位、苏中地区第一位。4月21日，南通开发区获评“中国服务外包产业集聚园区”。

【招商引资】 2017年，南通开发区新增协议利用外资7亿美元，实际利用外资4.8亿美元；新批外资项目44个，其中总投资3000万美元以上项目15个。新签约项目82个，其中1亿元以上项目55个。总投资180亿元阿里巴巴云计算、总投资30亿元上海电气国轩高科储能系统基地、总投资20亿元中远海运、总投资10亿元罗博特科工业4.0、总投资10亿元中仓国际保税物流园5个重大项目签约落户。4月28日，南通开发区和上海莘庄工业园签订友好合作框架协议。

【项目建设】 2017年，南通开发区开展企业信用承诺不再审批试点，化解资源要素瓶颈，推动项目建设。全年完成工业投入197.7亿元，比上年增长6.7%；服务业投入354.5亿元，比上年增长10.2%。认定新开工1亿元以上项目68个，累计完成投资98.4亿元，大王生活用品五期、美乐家健康科技、意力速电子、奇华顿二期、澳兰德新材料等重大项目开工建设；日本丘比食品、东艾科尖端薄膜等36个项目竣工投产。永旺梦乐城投入运营，开业首日客流量超15万人。

【科技创新】 2017年，南通开发区全社会研发投入占地区生产总值2.7%；新增高新技术企业51家；新增省级企业研发机构10家；“双创营”被认定为省级众创空间；万人发明专利拥有量56.35件，持续保持全市第一。新引进中科院院士1人、国家杰出青年1人、长江学者1人、“千人计划”专家4人；新入选省“双创人才”5人、“双创博士”5人、省“双创团队”2个；新增企业高技能人才2019人。3月10日，在上海浦东国际会议中心举办接轨上海“顶尖人才”专场活动，引进高层次人才项目22个，总投资6亿元。11月18日，南通开发区举办中美绿色数据中心暨大数据产业发展高峰论坛。

【基础建设】 2017年，南通开发区累计完成基础设施和城建工程实际投资24.4亿元。新开南路、振兴路等改造工程完成；星盛河等14个“三城同创”重点项目竣工；全长12.1千米高速一环绿化、贯穿中心区域南北绿色飘带生态通廊、竹行高速出入口景观带等工程建成。开展违建治理专项行动，累计拆除违章面积14.4万平方米。

【生态建设】 2017年，南通开发区推进“263”专项行动，开展“三河三行业”“散乱污”企业专项治理，关停拆除钢丝绳企业污染工段68个；园区外化工企业、印染企业整治基本完成。推进28个小区生活垃圾分类试点；

“河长制”全面落实，3个省考断面水质指标达标；关停畜禽禁养点145家；持续加大沿江沿河环境保护力度，拆除关闭沿江非法码头30个；整治杂船216条。PM2.5浓度比上年下降7.6%，空气质量指数（AQI）达标率77.2%。

（薛宝华　施晓嵩）

【南通综合保税区】 南通综合保税区（简称“南通综保区”）前身为南通出口加工区，成立于2002年6月，2009年拓展保税物流园区功能。2013年1月，国务院批准设立南通综合保税区，规划面积5.29平方千米，实行“一区两片”发展格局。其中，A区位于原南通出口加工区范围内，规划面积1.5平方千米；B区紧邻通海港区码头，距苏通长江大桥2千米，规划面积3.79平方千米。2013年12月，南通综保区（一期）通过国家十部委联合验收，封关运作。2017年，南通综保区实现经营收入137.57亿元，按可比价计算（下同），比上年增长34.51%；完成工业总产值18.23亿元，比上年增长44.91%。实现进出口总额44.7亿元，比上年增长133.8%。其中，出口额15.8亿元，比上年增长82.1%；进口额28.9亿元，比上年增长177%。完成税收3.74亿元，其中关税及海关代征税收3.05亿元。至年底，南通综保区累计合同利用外资4.25亿美元，实际利用外资2.28亿美元；累计实现进出口额40.17亿美元，进出区监管货值74.1亿美元。

产业建设　2017年，南通综保区内投产保税加工型企业主要产品为医药健康产品、汽车配套产品、纺织品、海工船舶配套产品等；在建保税加工型企业产品包括生物医药、智能制造、电子元器件、汽车零配件、可降解材料等。南通综保区5.2万平方米保税物流仓库投入运营，拥有3000立方米冷冻冷藏库，可开展进口物资分拨业务和出口物资集拼业务。南通国际数据中心产业园通过国家新型工业化特色产业示范基地评审并进入公示阶段。区内进口商品展示直销平台销售品类近1万个，累计合作供应商164家，其中进口商116家，实现后仓合作企业14家。

招商引资　2017年，南通综保区新增注册项目73个，新增注册资本64.88亿元。其中，内资项目70个，注册资本60.76亿元；外资项目3个，总投资6000万美元，注册资本6000万美元。至年底，南通综保区累计注册企业452家，总投资256.25亿元，注册资本212.74亿元。其中，外商投资企业40家，总投资12.47亿美元，注册资本7.35亿美元。保税加工类企业31家，总投资43.1亿元；保税物流类企业18家，总投资8.66亿元；商贸类企业65家，总投资22.39亿元；展览展示类企业2家，研发企业7家，检测维修企业1家；注册经济类企业328家，总投资162.64亿元。

基础设施建设　2017年，南通综保区建成建筑面积15万平方米职工人才公寓，可容纳员工近2万人。建设南通综保区A区东南侧星湖商业板块，占地面积20万平方米，建筑面积33万平方米，为集休闲、中西餐饮、娱乐、购物、商务、旅游、文化、办公于一体商贸综合体；建设南通综保区B区商业配套中心，规划总建筑面积15.67万平方米，一期建筑面积2.43万平方米，其中商业楼3幢、11层宿舍楼1幢。南通综保区B区紧邻通海港区集装箱作业区，集装箱作业区岸线长约2487米，陆域面积360.8公顷，一期工程（南通综保区前沿3个泊位）水工工程交工验收。

管理服务创新　2017年，南通综保区推行投资便利化改革，制订《南通综合保税区鼓励发展的产业目录》，将外商投资项目由核准管理改为备案管理，将外商投资企业合同章程审批管理改为备案管理，工商注册登记实行“先照后证”制度。提高行政审批效能，南通综保区范围内项目市级行政审批权全部下放；在南通开发区投资服务中心设立南通综保区专用服务窗口提供“一站式”服务，实行“一窗受理、四证（照）合一”登记改革。推进贸易便利化改革，海关先行先试“智能化卡口验放、海关特殊监管区域间保税货物流转监管模式、简化无纸通关随附单证、仓储货物按状态分类监管、一次备案多次使用、保税展示交易、批次进出集中申报、简化统一进出境备案清单、仓储企业联网监管、委内加工”10项措施。实现检验检疫全程无纸化改革、进口货物预检验、出入境生物材料制品风险管理、中转货物产地来源证管理、第三方检验结果采信、检验检疫分线监督管理模式6项创新制度。“仓储货物按状态分类监管”经验在全省推广。全年，南通综保区分类仓储业务实现非保税货物进出区4.39万吨、货值7.68亿美元，列全国前列，获海关总署认可。

（王　欢）

南通高新技术产业开发区

【概况】 南通高新技术产业开发区（简称“南通高新区”）前身是1993年11月成立的江苏省通州经济开发区，2011年10月改为现名。2013年12月，经国务院批准升格为国家级高新技术产业开发区。2017年，南通高新区列全国高新区科学发展综合评价排名第48名。全年完成固定资产投资257.8亿元，按可比价计算（下同），比上年增长14.6%；规模工业产值622.1亿元，比上年增长12.6%；工业应税销售243.6亿元，比上年增长25.6%；一般公共预算收入13.2亿元，比上年增长21.1%；实际利用外资超1.6亿美元。人工智能科技产业园获批第五批江苏省科技产业园。南通高新区获批省级科技企业加速器，并被省科技厅列为试点单位；获评省留学回国人员创新创业示范基地、省级创业园区、省众创社区。全年新增高新技术企业12家，新增“新三板”挂牌企业1家（江苏汉天智能科技股份有限公司）。南通高新技术产业开发区总公司推行实体化运作改革，参与投资2支基金，参股海通医学科技公司、南通海孚鑫顺物业管理有限公司等进行自主经营。年内，“2017年CIO时代中国行南通·通州站”活动、2017军民融合项目洽谈暨中国航天（国防）科技成果首次项目发布会在南通高新区江海智汇园举行。8月，综合整治通灵桥区域污染企业11家，拆除涉及污染企业占地面积18.7公顷、建筑面积18.3万平方米。

【项目建设】 2017年，南通高新区新开工产业项目28个，其中10亿元以上重大项目7个。2月12日，总投资30亿元江苏省战略性新兴产业重大项目南通江海储能超级电容器项目开工。2月27日，通州农副产品物流中心一期项目开业。5月18日，总投资10亿元、注册资本2亿元上海嘉朗项目落户南通高新区。12月16日，总投资4.5亿美元上海展华电子第二制造基地南通新厂开工。

【中·以国际转化医学产业大赛】 2017年，南通高新区与全国卫生产业企业管理协会签订战略合作协议，联合举办中·以国际转化医学产业大赛（初赛）。12月17日，中·以国际转化医学产业大赛（决赛）在南通高新区江海智汇园举行。MST公司影像引导型腹腔镜定位系统、Techso Med公司射频消融治疗实时监控工具、Care Vature公司脊柱椎板减压手术用消磨工具三个项目分获一、二、三等奖，并与奥爱公司多模态数值化功能成像设备技术项目落户南通高新区。

（陈　菊）

海安经济技术开发区

【概况】 海安经济技术开发区（简称“海安开发区”）始建于1992年，1996年获批省级外向型农业综合开发区，2006年整合为省级经济开发区，2012年7月升格为国家级经济技术开发区。2017年，海安开发区实现地区生产总值206.42亿元，公共财政预算收入14.5亿元，工业开票销售478.2亿元，服务业应税销售收入470.6亿元。完成到账外资8714.2万美元，外贸进出口总额10.5亿美元。海安开发区获意大利国家级大奖——“金熊猫”友谊奖。

【招商引资】 2017年，海安开发区组织和参加各类产业招商推介活动或投资环境说明会29次，签约总投资1亿元以上项目45个，其中总投资50亿元以上项目1个，10亿～50亿元项目10个。总投资6亿美元手机部件生产基地、1亿美元新型材料、1亿美元休闲娱乐用品等重特大项目签约落户。

【项目建设】 2017年，海安开发区新开工1亿元以上项目39个，新竣工1亿元以上项目32个。海盟纺织、佳景休闲、东部全球家具采购中心炎黄馆一期等10亿元重大项目开工建设，东材新材料、亚太二期、海迅里昂等20余个重大项目竣工；新竣工东部家具材料市场、火车站商业广场、西隆粮食物流等1亿元服务业项目11个，新开工1亿元以上服务业项目7个。完成1000万元以上农业项目26个，其中1亿元项目10个。

【科技创新】 2017年，海安开发区完成技改设备投入11.4亿元，新增技改项目59个，新认定省级企业技术中心、工程技术中心各1家，引进“千人计划”专家2人，引进高层次创新创业人才12人，中科院李逊博士、上海交大韦宝琛博士等8个创业团队进驻。全年新增各类产学研合作项目70个，引进成果转化项目16个，实施产学研转化项目33项，专利申请总量2000件。“千人计划”专家刘劲松“晶圆植球自动化装备项目”入选国家重大专项目录。联发集团、晨朗集团获第十九届中国专利优秀奖，晨朗集团专利成果获第十届江苏省专利项目金奖。启弘纺织、昌荣机电获批全省两化融合贯标试点。高科技创业园获评“2017年度首届国际科创园区（上海）博览会优秀科创园区”，软件科技园获评“2017年度江苏省科普教育基地”。

【基础建设】 2017年，海安开发区实施开发大道大修、总部经济区三支路等重点工程18项，西港路、花莲路等特色园区道路12条，韩刘路、西热路等6条农四路提档升级，总投资3.5亿元。新建洋蛮河花苑三期、西场花苑B区、韩徐花苑等安置房项目，西场花苑、韩洋、上湖新城“五位一体”社区综合体开工建设，总面积10万平方米。完成银杏花苑三期、开屏花苑二期、界墩花苑主通道等小区配套工程。

（范从林）

如皋经济技术开发区

【概况】 如皋经济技术开发区（简称“如皋开发区”）成立于1992年6月，1993年12月获批为江苏省首批省级开发区之一，定名为“江苏省如皋经济开发区”。2013年1月，升级为国家级经济技术开发区，更为现名。2013年3月20日，如皋开发区与如皋市城北街道实行“以区带街、街区合一”管理体制。主导产业有纺织服装、电子电气及装备、特色食品3大传统产业和新能源汽车、长寿生物科技、新能源3大新兴产业。2017年，如皋开发区完成地区生产总值149.76亿元，按可比价计算（下同），比上年增长13.4%。实现财政收入15.5亿元；完成税收收入9.37亿元。

【工业与服务业】 2017年，如皋开发区完成规模工业总产值403.56亿元，按可比价计算（下同），比上年增长15%。完成工业增加值80.19亿元，比上年增长14.52%。完成服务业增加值52.63亿元，比上年增长13.5%；服务业营业收入23.34亿元，比上年增长24.2%。完成建筑业增加值38.21亿元，比上年增长10.99%。11月16日，文体娱乐产业龙头企业南通荣威娱乐用品有限公司在香港交易所挂牌上市，全年销售20.16亿元，比上年增长41.45%。

【招商引资】 2017年，如皋开发区新增内资项目607个，其中工业项目420个；新增外商投资项目5个，均为工业项目。完成工商注册外资1.51亿美元；实际到账外资1.8亿美元，比上年增长80.06%。围绕新能源汽车配套产业和氢能产业，引进注册资本1亿元珈伟龙能固态储能科技如皋有限公司、2.5亿元龙能科技如皋市有限公司、10亿元江苏清能动力科技有限公司等企业。与上海嘉定汽车城、苏州姑苏区政府建立合作关系，制定园区互访机制、项目共享机制、文化共建机制等园区共建机制。

【项目建设】 2017年，如皋开发区组建重大项目办公室，推进和强化项目经理责任制，加快荣威PVC薄膜技改扩建、锂电池极耳、联奥高精密天文望远镜镜筒托架产品等项目审批与建设。推进珈伟龙能、龙能锂电池、维记乳业项目进度。34个项目被认定为南通市重大产业项目，其中工业项目25个、服务业项目9个。新开工服务业项目10个、1亿元以上工业项目18个、10亿元以上重特大工业项目5个。其中，超50亿元项目1个（赛麟乘用车车身总成项目），超30亿元项目1个（赛麟发动机项目），超20亿元项目1个（荣威充气水池厂扩建项目），超10亿元项目2个（珈伟二次电池及电芯项目、龙能高端锂离子二次电池材料项目）。全年，工业固定资产投资87.78亿元，比上年增长11.78%。

【科技创新】 2017年，如皋开发区获批国家火炬如皋新能源汽车特色产业基地。完成高新技术企业工业产值161.2亿元，比上年增长19.67%。拥有高新技术企业59家，其中年内净增7家；拥有省级以上研发机构66个，其中年内新增11个；申请PCT专利21件，其中年内新增14件；新增发明专利数275件，比上年增加11.34%。通过江南大学（如皋）食品生物技术研究所、福州大学如皋研究院、北大如皋创新中心三大平台，引进产学研合作项目21个。南通创源电化学科技有限公司、陆地方舟（江苏）电动汽车有限公司2家企业获批省级工程中心；如皋市嘉好热熔胶有限公司、南通柏源汽车零部件有限公司2家企业获批南通市工程中心；南通泰慕士服装有限公司完成省研究生工作站申报。全年申报省民营科技型企业20家，申报高新技术产品25件。招引国家“千人计划”专家2人，新增省外高端人才6人，入选省“双创”人才1人。获批国家知识产权试点园区。

【基础建设】 2017年，如皋开发区基础设施投入20.45亿元，比上年增长4.2%。将雪袁线以北至白茅港区域纳入城市建设范围，为新能源汽车产业发展留足规划空间；完成《开发区强（弱）电线路整治规划》《海阳北路（仁寿路—惠民路）改造规划方案》《开发区路网整治规划》编制。实现城乡建设用地增减挂钩拆旧复垦36.7公顷，耕地占补平衡11.5公顷；宁启铁路绿色通道绿化70公顷，复垦、新能源、氢能源、邓元实验幼儿园等地块交付安置房1200余套。先后建成第三实验幼儿园、汽车文化馆、博爱医院扩建等公益设施配套项目，推进海阳路改造、惠民东路绿化提升改造、雨污管网分流、河道整治、老小区提质改造和人才公寓、物流中心、第三实验小学新建等民生项目。18家房产企业实现商品房竣工面积224.13万平方米；累计销售商品房2101套，销售总额11.97亿元；实现房产税收2.34亿元，比上年增长170.2%。

（石　敏）

如皋市新能源汽车企业陆地方舟（江苏）电动汽车有限公司生产车间。

（邱　宇　摄）

海门经济技术开发区

【概况】 海门经济技术开发区（简称“海门开发区”）位于长江入海口北岸，与上海市隔江相望。前身为建于1992年的江苏省海门经济开发区。2013年1月17日，国务院批准江苏省海门经济开发区升格为国家级经济技术开发区，定名为“海门经济技术开发区”。全区分为中央商务区、江海工业城、謇公湖科教城三部分。2017年，海门开发区实现工业应税销售241.8亿元，按可比价计算（下同），比上年增长16%；工业入库税金9.89亿元，比上年增长28.1%；全社会固定资产投入109亿元，比上年增长11.9%；进出口总额77.6亿元，比上年增长123%；完成一般预算收入9.26亿元，比上年增长20.3%。全年工业“小微企业进规模”18家。服务业新进规模企业9家、限额以上贸易企业8家。至年底，有规模以上企业152家，比上年净增10家。招商局重工、通光集团、海螺水泥、上海建工钢构4家企业应税销售超10亿元；海螺水泥、万高药业、泰山石膏等26家企业入库税金比上年增幅超50%；路特利、美奥迪、友德汽车等55家企业入库税金比上年增长超20%。在全省开发区科学发展综合评价活动中，海门开发区科学发展水平列全省46家国家级开发区第12位。

【招商引资】 2017年，海门开发区抢抓上海产业转移契机，承接优势产业转移，签约并推进赫联工业园、包装产业园2个重大项目。组织“建筑产业”“上海搬迁企业”“高新技术企业”“汽车零部件”“建筑业总部”等各类专题推介活动10余次，吸引国内外客商近1000人次。全年签约项目40个，总投资近190亿元，其中超1亿元项目30个、超10亿元项目5个、外资项目5个。江海大厦招引总部经济项目44个，注册资金近10亿元。全年合同利用外资2.8亿美元，实际到账外资1.66亿美元，比上年增长43.2%，获南通市认定重大外资工业项目3个、外资服务业项目3个。

【项目建设】 2017年，海门开发区新开工超1亿元项目34个，总投资160亿元。其中，工业项目23个、服务业项目11个；重特大项目2个，总投资30亿元。新竣工项目14个。招商局重工、通光光缆入选南通“5215”（年销售收入超500亿元、200亿元、100亿元、50亿元）工业大企业培育计划。足球小镇入选省首批特色小镇创建名单。謇公湖科创中心基础工程开工，1号楼、2号楼完成10层结构施工。通海港区码头一期项目水工工程完工，陆域12个集装箱堆场及道路配套全面建设。张謇职业技术学校二期、海门市养老中心、农产品展示中心等工程竣工。总建筑面积1.5万平方米首开初中项目结构封顶，进入外部装修。全年协助办理注册项目350个，立项项目98个，完成风险评估45个。

【科技创新】 2017年，海门开发区实现高新技术产业产值239.7亿元，占规模以上工业产值71.5%。三鑫电子、和鼎建材等10家企业获评国家级高新技术企业；通光集团获评2017年度第30届中国电子元件百强企业；通光线缆获评2017年度江苏省“省长质量奖”，进入2017年度省创新型企业100强；通光线缆、冠东车灯获评省名牌商标。全年新增有效发明专利71件、发明专利授权51件。至年底，拥有有效发明专利683件、国际专利申请22件，万人发明专利拥有量31.87件；拥有中国驰名商标3件、省著名商标13件、中国名牌产品1个、江苏名牌产品13个、省级以上高新技术产品45个。引进省“双创”团队1个，引进国家“千人计划”专家8人，招商局重工徐立新入围国家“千人计划”候选人、刘建成获评交通运输部青年科技英才。年内，园区入选省知识产权示范园区和国家知识产权试点园区。招商局重工成为省技术创新示范企业，晋升国家级企业技术中心。

【基础建设】 2017年，海门开发区完成《现代建筑产业园发展规划》《海门足球小镇控制性详规》。完成长苏路道路施工，推进长阳路、叠港公路建设；完成湘江路南延、广州路大修等工程施工图设计。完成PC地块水系改造、6座污水泵站提升改造、北海路污水管网工程、老金雪地块雨污水管网等工程立项、设计、招投标。实施苏州路西延、嫩江路、浦江路、威海路、嘉陵江路、瓯江路等道路绿化，新增绿化面积40万平方米。新开工房地产面积40万平方米；完成搬迁面积20万平方米，市一中南侧、长苏路、叠港路、北京路西延地块完成拆迁，涉及农户近500家、企业17家。绿茵水岸二期等安置房建设3.5万平方米，绿茵港湾一期、二期等安置房竣工5万平方米。

（顾荣荣）

省级开发园区

江苏南通港闸经济开发区

【概况】 江苏南通港闸经济开发区（简称“港闸开发区”）成立于1993年，是全省沿江开发的15大园区之一，主要产业有船舶海工、智能装备、电子信息、电子商务、软件和服务外包等。2017年，港闸开发区实现规模以上工业生产总值322亿元，按可比价计算（下同），比上年增长5.7%；完成一般财政预算收入13.54亿元，比上年增长15.23%；完成工业应税销售293.16亿元，比上年增长6.7%；完成服务业固定资产投资78.68亿元，比上年增长45.7%。

【招商引资】 2017年，港闸开发区在上海、北京建立驻点招商办事处，参加南通（深圳）电子信息产业投资合作恳谈会等招商活动300余次，全年招引1亿元以上项目10个，其中总投资3000万美元以上重大外资项目3个。金箭智能科技、龙泽节能环保、美团外卖等项目签约注册，中集MBT项目签订战略合作协议。

【项目建设】 2017年，港闸开发区完成新开工项目28个，完成投资额21.2亿元；竣工8个、转化14个；完成超10亿元项目2个；完成税收类项目2个。二棉特色家纺、诚仁中国总部、新帝克高性能单丝、斯得福高档纺织等项目竣工，金冠立体停车、富田精密涂层设备、天杨船舶配件等项目封顶，1912文化商业街区、三菱政田重工、信昌智能门窗、乐活·龙潭邻里、沃尔玛山姆会员店等项目开工建设，万德科技、永林新能源、恒铭物流、万泰物流等15个项目通过设备类重大项目考核认定，高迪晶城品牌酒店项目完成管理公司注册和规划方案调整。

【科技创新】 2017年，港闸开发区建有牛津科技创业园、紫琅科教城、天安数码城3家省级孵化器，孵化面积4万平方米以上；累计专利授权量1000余件，获国家、省、市各项经费资助近1000万元。建有院士工作站1家、研究生工作站4家、省级研发中心6家、市级研发中心16家、企业研究院1家，与高等院校、科研院所签订产学研合作协议近100份。至年底，有省“双创”人才6人，省“333”高层次人才10人，省“科技企业家”4人。年内，通机股份获省企业知识产权战略推进计划立项，中集特种运输获评国家知识产权示范企业、第十届江苏省专利

南通1912文化商业街区（局部）效果图。　　（港闸区政府办　供图）

项目优秀奖，金旺胶粘获评江苏省名牌产品。

【基础建设】 2017年，港闸开发区在建安置房地块7幅，建筑面积124万平方米。完成14条道路设计方案，新建、续建道路约5千米；新建雨、污水管道约7千米；新建道路节点、河道、安置房等绿化项目约26万平方米。完成85条河道“一河一档”工作，完成9条河道整治工程和3条河道截污工程。完成隆兴小区景观提升工程、越江新村停车位改造；完成华能新村老小区改造以及永兴佳园等7个小区积水改造；开放龙湖佳苑等4个安置房小区地下车库并实施收费管理。

（王胜男）

江苏如东经济开发区

【概况】 江苏如东经济开发区（简称“如东开发区”）于1993年由江苏省政府批准设立，位于如东县掘港镇北侧。2017年，如东开发区实现地区生产总值78.04亿元，按可比价计算（下同），比上年增长13.9%。实现公共财政预算收入5.69亿元，比上年增长13.5%。工业投入58亿元，比上年增长8.2%；实现工业应税销售233.8亿元，工业总产值283.3亿元，比上年增长5%。外贸进出口总额29.22亿元，比上年增长24%；外资到账2176.9万美元。

【招商引资与项目建设】 2017年，如东开发区加大招商引资力度，总投资28亿元江东高性能超薄电子铜箔、总投资15.5亿元中科钢研新材料、总投资10亿元暴风TV江苏智能产业园、总投资10亿元九洲开元大酒店等20个重大项目签约落户。中天铝合金、中天铜合金、翼扬蛋制品、创亿达新材料、普力姆新材料、敦宏仓储物流等20个1亿元以上产业项目开工。诺德新材料、锵尼玛新材料、江东电子材料等10个1亿元以上产业项目竣工，其中7个1亿元以上产业项目实现新转化。

【工业经济】 2017年，如东开发区加快企业转型升级，重通成飞风电设备江苏有限公司、凯爱瑞食品（南通）有限公司、江苏锵尼玛新材料有限公司、南通宁普电器有限公司、江苏东泰薄板科技有限公司5家企业实现技改或扩产。恒辉（南通）安全防护用品有限公司、江苏海宝电池科技有限公司、江苏海力风电设备科技有限公司等7家企业进入上市轨道。全年新增定报企业13家，累计83家；新培育应税销售超1亿元企业4家、超5亿元企业2家，应税销售收入超1亿元企业累计29家。引进“千人专家工作室”1个，新增高新技术企业7家、省级民营科技型企业7家，获批专利146件、省高新技术产品58件，万人发明专利拥有量21.1件，实现高新技术产业产值115亿元，占规模以上企业产值比重40.62%。大唐恩智浦保税仓库、凯爱瑞食品物流中心建成。如东开发区获评省级两化融合试验区，新宇科创园获评省级创业孵化示范基地。

【基础建设】 2017年，如东开发区征地67公顷，供地67公顷，增减挂钩67公顷，上争“点供”（对重点项目给予保证指标的单独性保障性供地）16公顷。实施旧城改造，征收房屋372户、面积10余万平方米。推进四期安置房南区、汇鑫商务中心、臻园房产等工程建设。嘉陵江路、紫琅路、永丰河西闸站及配套河道整治、如东荣能实业有限公司标准厂房等工程竣工。启动现代服务业集聚区建设。中心幼儿园、颐养福利中心东屏护理院建设竣工，推进中心小学、新光幼儿园、苴镇幼儿园、街道卫生服务中心、中心公墓等工程建设。开展“263”专项行动，治理重点行业污染源和面源污染，开展挥发性有机化合物专项整治，园区通过省级循环化改造示范试点园区验收。开展畜禽粪污整治，禁养区全面关闭拆除养殖户14户，3个重点村整治到位，总投资500万元粪污处置中心开工建设。新建农路33千米、防渗渠59千米、桥梁19座、泵站7座，整治三、四级农村河道84条、187.6千米。

（丁　荣　张飞飞）

江苏海门工业园区

【概况】 江苏海门工业园区（简称“海门工业园区”）成立于2006年8月，位于海门市西部，是全国家纺产品集散中心、省民营经济集群示范区，有国内最大的家纺专业市场中国叠石桥国际家纺市场。2017年，海门工业园区实现应税销售75亿元，按可比价计算（下同），比上年增长27.89%。完成工业入库税金3.26亿元。完成固定资产抵扣1791万元，比上年增长96.97%。完成一般预算收入3.41亿元，比上年增长41.8%。完成进出口总额208.8亿元，比上年增长23.1%。农民人均可支配收入25365元，比上年增长8.5%。完成服务业应税销售28.82亿元，比上年增长14.4%。至年底，海门工业园区有商户310家、外贸公司151家、货代公司24家、报关报检代理机构参与市场采购贸易试点13家。报关出口26077票，报关额30.42亿美元，比上年增长14.53%。海关“宁关e通”掌上物流系统、单兵作业系统等应用于试点通关。家纺产业销售额突破1000亿元。全年线上交易突破300亿元，举办2017年海门跨境电商论坛，与深圳市浩方数联科技有限公司合作，搭建亚马逊和亿贝跨境电商平台。园区获评第三批江苏省农村电子商务示范镇。

【招商引资与项目建设】 2017年，海门工业园区净增骨干企业11家，累计33家；净增规模企业8家，累计118家。全年签约项目8个。实施超1亿元产业项目15个，其中工业项目11个、服务业项目4个，银庭现代家纺产业园（科创园）被认定为超10亿元重特大项目。与腾冲边境经济合作区、宝山城市工业园区缔结友好合作关系。

【科技创新】 2017年，海门工业园区申报省高新技术企业5家，新认定省高新技术企业1家，完成高新技术产业产值61.38亿元，占规模以上工业产值23.83%。新增省著名商标2件、省名牌复评5件。引进上海领军人才廖梅松，申报“东洲英才”。

【叠石桥市场建设】 5月16日，阿富汗伊斯兰共和国商工部部长拉萨、国际纺联总干事克里斯丁·辛德勒考

叠石桥国际家纺城鸟瞰　　（姜泽林　摄）

察叠石桥，推进中亚班列和中阿经贸合作事宜。8月15日，叠石桥国际家纺城股份有限公司在“新三板”挂牌，9月21日在北京上市（股票代码872096）。9月19日，叠石桥家纺市场举办全国纺织行业（家纺）质量提升行动启动仪式暨中国·南通海门市第六届质量节。首次以叠石桥产业集群名义组团参加南亚博览会。组织叠石桥家纺企业参加中国国际家用纺织品及辅料（春夏）上海博览会。10月中旬，“叠石桥家纺”微信公众平台上线运行，为叠石桥市场所有商家提供新产品发布及平台推广服务，开设“微官网”“微团购”等数字信息化平台。12月22日，“叠石桥e服务”APP上线。

（何新华）

江苏启东经济开发区

【概况】 江苏启东经济开发区（简称“启东开发区”）成立于1992年，是江苏省首批省级开发区和沿江沿海重点建设开发区，位于启东市区西南侧。2017年，启东开发区完成一般公共预算收入6.29亿元，完成规模工业应税销售163.54亿元，全社会固定资产投资72.31亿元，全年实际到账外资4458万美元。

【产业发展】 2017年，启东开发区围绕新能源、半导体电子信息两大主导产业和生物医药战略性新兴产业，加强招商引资和项目建设。全年签约引进1亿元以上项目14个。其中，外资项目3个、内资项目11个；总投资10亿元以上（外资1亿美元以上）项目10个。南通市认定新开工1亿元以上工业项目23个，其中南通市重特大项目2个；南通市认定新竣工1亿元以上产业项目12个；新认定转化项目7个。

【科技创新】 2017年，启东开发区坚持创新驱动战略，推进创新要素资源集聚。发挥互联网产业园、国家级科技孵化器和科创大楼平台作用，借力北大生命科学华东产业研究院、上海交大启东产业研究院和锦绣申江等合作机构，推动微生源、欣百诺、领星科技等项目建设。新增省“双创”人才2人、省“双创”团队1个。加大企业创新扶持力度，帮助48家企业融资6亿元。

【基础建设】 2017年，启东开发区完成善成三村南区、林洋好家园东侧等5个地块拆迁任务，交净地285.13万平方米。安置房在建项目涉及8个地块7774套116.94万平方米。完善园区市政路网，海洪南路、牡丹江西路、新洪南路、滨江大道（恒丰路—通江路）互联网中心环路等道路实现全线竣工通车，道路全长7.68千米。韩华路夜排档工程、善成小区停车位改造工程投入使用。完成人民路绿化改造、锦绣家园二期、南苑西路节点改造等绿化工程。加快人民路河、银河路河雨水提升泵站等工程建设。

（夏　辉）

江苏启东吕四港经济开发区

【概况】 江苏启东吕四港经济开发区（简称“吕四港开发区”）位于启东市北部，成立于1996年，前身为启东经济开发区北区，2003年2月省政府批准设立江苏吕四海洋经济开发区，为省级经济开发区，2009年与吕四港镇实行“区镇合一”体制，2012年9月省政府批准设立江苏启东吕四港经济开发区。区内有全国六大国家级中心渔港之一的吕四渔港。2017年，吕四港开发区实现一般公共财政预算收入3.35亿元。完成工业总产值486.8亿元，按可比价计算（下同），比上年增长13.8%。实现工业应税销售收入110亿元，比上年增长17%。完成全社会固定资产投资130亿元，比上年增长11%。

【产业建设】 2017年，吕四港开发区突出先进制造业和新型海港产业建设，在建工业项目125个，其中新开工项目98个；新竣工项目16个；新投产项目7个。大唐电厂完成4台660兆瓦机组供热改造，大唐脱盐水改造项目完成改造并具备供热能力，全年实现销售41.49亿元。华峰超纤11条生产线进入生产，全年实现应税销售12.56亿元。广汇能源项目一期工程第一艘LNG靠岸并进入试运行，一期扩建项目全面开工建设，全年实现应税销售20.88亿元。

【开放型经济】 2017年，吕四港开发区新增工商注册外资4796万美元。启东广汇新能源发展有限公司在项目建设阶段先行开展自营进口业务。5月，开展LNG液化气进口业务，新增进口

2625万美元。江苏华峰超纤材料有限公司、启东广汇新能源发展有限公司分别进口生产设备1600万欧元、900万欧元。

【基础建设】 2017年，吕四港开发区编制完成环抱式港池控制性详细规划。东港池疏浚土方1400万立方米，完成10万吨进港支航道一期工程，实施PPP项目吹沙工程。中国吕四国际水产品交易中心获批，完成吕四渔港品牌体验馆、海鲜美食街土建，如意大道绿化完工，三岛膜结构卸鱼棚开工建设。推进供气、污水处理及供电等设施建设。

（陆金红）

江苏南通如皋港工业园区

【概况】 江苏南通如皋港工业园区（简称“如皋港工业园”）位于如皋市南部沿江，成立于2005年，为省级重点工业园区，参照省级开发区管理，按功能划分为如港新城区、临港产业园、现代物流园、生态养生园四大板块。如皋港工业园有长江岸线48千米和国家级长江主航道2条，其中-15米以上长江深水岸线20.2千米，可建万吨级码头30余座。园区内船舶海工及重型装备、绿色新材料、高端石材产业集群粗具规模。2017年，如皋港工业园实现地区生产总值180亿元，按可比价计算（下同），比上年增长14.6%。完成一般公共预算收入14亿元，比上年增长0.72%。完成规模工业产值642亿元，比上年增长16.4%；完成全部工业应税销售329亿元，比上年增长25%；净增规模企业21家，累计155家；新增总投资超1亿元企业13家，累计47家。完成固定资产抵扣税1.31亿元，比上年增长58.6%。完成服务业应税销售577.4亿元，比上年增长11.87%；完成服务业税收9.9亿元，比上年增长20%；净增重点服务业企业9家，累计重点服务业企业54家。

【港口产业】 2017年，如皋港工业园打造“互联网+物流+仓储+贸易+金融”新型港口物流生态链，新开通福建省泉州港，辽宁省盘锦港、营口港，湖北省武汉港直达航线，打通与珠江三角洲、辽河以东地区、东南沿海、长江中上游及华中地区物流通道，“公铁水”集疏运体系更趋完善。全年完成港口吞吐量4516万吨，比上年增长9%；集装箱吞吐量15万标箱，比上年增长150%。如皋港现代综合物流园区实现营业收入644.8亿元（含工业应税销售105.2亿元），比上年增长20.6%；实现税收2.43亿元；完成设备抵扣税995.58万元。全年，长江三角洲石油化学品交易中心、华东煤炭交易中心、大宝赢石化交易结算中心三大平台实现应税销售549亿元、比上年增长29%，完成税收1.35亿元。上市公司海南矿业股份有限公司落户园区，华东煤炭价格指数上线，入驻企业100余家。如皋港现代综合物流园区获省发展改革委认定为省示范物流园区，获评中国物流与采购联合会中国物流50强。

【招商引资】 2017年，如皋港工业园完成新批工商注册外资2.15亿美元，占全年任务107.6%；实际到账外资465万美元，到账港澳台资4518万美元。签约项目35个。其中，内资项目30个，投资总额441.24亿元（联仓信息科技项目总投资50亿元、体育休闲特色小镇总投资60亿元、胶粘新材料产业园项目总投资200亿元）；外资项目5个（PC电子设备及配件、融资租赁、纳诺环保科技产业园、纳诺南通环境治理项目、TS碳纤维导线项目），总投资4.8亿美元。

【项目建设】 2017年，如皋港工业园签约项目34个、总投资140亿元，胶粘新材料产业园、东和电子等20个重大项目先后落户，其中总投资10亿元及以上重大项目8个。总投资1亿元及以上项目开工55个、投资总额252亿元，其中工业项目36个、服务业项目19个。总投资10亿元及以上重大项目新开工7个。全年竣工项目29个，项目转化率71.6%。

【对外贸易】 2017年，如皋港工业园实现外贸进出口总额9.04亿美元，比上年增长22.63%。其中，出口额5.29亿美元，比上年增长26.98％；进口额3.74亿美元，比上年增长16.96％。

【转型升级】 2017年，如皋港工业园推进供给侧结构性改革，全年淘汰落后产能企业5家，完成“地条钢”整治、砖瓦窑整治，拆除沿江非法码头27座。推进“互联网+政务服务”“不见面审批”服务，实现“3550”改革目标，数字指挥中心建设入选省政务服务改革创新成果。推动融达新材料、威盛特钢、国鼎管桩、华凯重工等企业引进战略投资者，帮助企业渡过难关。如皋港集团总投资10.5亿元收购南通长江镍矿精选有限公司，新建长江国际交易中心项目，总建筑面积10万平

10月28日，华东煤炭价格指数在如皋市上线。 （许丛军 摄）

方米；如皋市博润化工有限公司、江苏德峰药业有限公司破产后经司法拍卖，分别被如皋市油脂化工有限责任公司、江苏李文甲化工有限公司收购。推进苏中国际、中伟业通讯上市进程。完成技改投入规模企业28家，新增技改项目6个，实现应税销售正增长技改企业13家。累计完成高新技术产业产值335亿元，比上年增长28%；申报各级各类科技项目103个，立项85个；申报各项专利1146件，比上年增长70%；申报发明专利1022件，申报PCT专利10件。新增发明专利授权量128件，万人发明专利拥有量36.99件。新认定高新技术企业9家。入选省"双创"人才1人，引进国家"千人计划"专家1人、省外高端人才5人、上海领军人才1人。

【基础建设】 2017年，如皋港工业园加速镇区对接长三角一体化、融入上海都市圈、依靠南通协调发展步伐，完成城市总体规划修编、新城区控制性详细规划编制、沿江公路快速化改造方案，皋张过江通道方案进入论证阶段。推进如港新城建设，建成中国美丽乡村示范镇和中国最美乡村旅游目的地。完成恒盛周边道路、海螺大道及环岛西路污水管网、污水处理厂二期土建工程，郭园污水处理厂正常运行。实施绿化工程14项，新增绿化面积10.2万平方米。芳水路、环城河等地段实现全面亮化。学府御园二期、龙墅湾、金水华庭、金雅中央城开发形势良好，推进百盛园、金雅邻里中心及翠湖新苑建设。全年实现房地产交易税收1.18亿元，比上年增长258%。推进康居工程建设，搬迁853户、安置2421套。推进安置房配套工程建设，投入3000万元实施安置房电力新建，改造面积35万平方米；新增天然气入户3400户。

（石　杨）

江苏省如皋高新技术产业开发区（筹建）

【概况】 江苏省如皋高新技术产业开发区（简称"如皋高新区"）成立于2009年6月。2012年6月29日，省政府批复同意筹建江苏省如皋高新技术产业开发区。至2017年底，全区形成以软件服务外包和电子商务为主导，以电子信息、节能环保、现代装备制造业为支撑现代高新技术产业体系。2017年，如皋高新区实现地区生产总值28.6亿元，按可比价计算（下同），比上年增长15%。实现公共财政预算收入4.13亿元，比上年增长5.7%。完成增值税（不含营改增）1.09亿元，比上年增长26.7%。实现全部工业应税销售45.1亿元，比上年增长43.6%，其中实体工业经济应税销售23.2亿元，比上年增长50.35%。工业实缴税金1.32亿元，比上年增长27.5%。净增规模企业5家，累计30家；新增1亿元企业2家，累计6家。服务业应税销售25.4亿元，比上年增长74.9%。电子信息产业实现应税销售9.7亿元。

【招商引资】 2017年，如皋高新区实现工商注册外资9550万美元，实际到账外资3500万美元。全年引进项目66个。其中，斯大锅炉、小分子水精调VC水光原液、半导体直冷机生产、电缆桥架生产泽丰电气科技、尾气净化环保催化剂生产线等实体工业项目25个，新益嘉环保服务、先锋医疗科技有限公司、锦投贸易、眼宝科技等总部经济项目8家，小咖秀科技、腾耀网络科技、南通聚微生物科技等软件服务外包和电商企业33家。CSIP创客孵化"开源空间"线上平台和微信服务号运行，南通匹克网络、江苏思悦特信息2家企业入驻孵化。上海蚁城科技SAP中小企业电商平台运营，新浪秒拍（一下科技）视频处理基地项目全面落户，如皋天语信息有限公司运营。5月26日，江苏初曦生物科技股份有限公司项目签约落户如皋高新区。

【项目建设】 2017年，如皋高新区开工总投资1亿元以上项目22个，其中工业项目16个、服务业项目6个。佳宝机械、南通超达装备股份有限公司大型模具生产线扩产、金月亮新材料、超达大型汽车检具、龙游湖文化创意园等8个项目投产，德禄家居主体竣工，北外龙游湖培训中心、家仕乐科技、泽丰电气、伟宏新材料、驰童游乐设备、初曦生物科技等项目加快建设。

【科技创新】 2017年，如皋高新区实现高新技术产业产值68.55亿元，比上年增长16.2%。完成专利申报674件、职务发明申报282件，获职务专利授权208件，新增发明专利授权51件，新增有效发明专利51件，比上年增长30.77%。新增高新技术企业3家，累计8家；新增省级民营科技企业8家，累计50家；新增高新技术产品12个，累计76个。海迪科（南通）光电科技有限公司获批省重大科技成果转化项目，南通佳宝机械有限公司、南通世睿电力科技有限公司创建南通市工程技术研发中心，南通超达装备股份有限公司与南通大学共建省研究生工作站，如皋高新区、海迪科（南通）光电科技有限公司与台湾长庚大学三方合作共建江苏省如高第三代半导体产业研究院。新增人才项目7个，其中引进"千人计划"专家、长江学者等顶尖人才3人。入选省外国引智专家项目2人、南通市外国引智专家项目3人。

【基础建设】 2017年，如皋高新区提升城市承载功能，基础设施投入3400万元。消防站东侧道路、风台路建成通车，龙游湖封闭工程竣工，汪明路、双龙路等城市道路建设和软件园二期、时尚文化街区建设加快推进。推进御锦馨河城、碧桂园、中南世纪城、龙游湖壹号、城开时代广场等房产项目。

【如皋软件服务外包产业园】 如皋软件服务外包产业园成立于2009年，以信息服务外包、呼叫中心、电子商务、软件人才培训、动漫产业为主导。2017年，产业园实现软件外包执行额24.8亿元，比上年增长38.9%。实现离岸外包执行额5974万美元，比上年增长37.5%。举办首届黑客松大赛、"一带一路"软件行如皋峰会、中国工业物联创新发展高峰论坛等活动。天语信息、一下科技等41家软件和信息服务企业相继落户。全区通过南通市服务外包企业认证69家。至年底，如皋软件服务外包产业园入驻企业325家。其中，通过服务外包认证企业177家，"双软"认证（软件企业认定和软件产品登记）企业56家，从业人员1.65万人，集聚上海晟峰、中锐集团、博镣软件、凌志软件、如云信息等优秀软件企业和顺丰集团、中航锐赛等世界一流企业。年内,产业园入选省级生产性服务业集聚示范区,获评省留学回国创新创业示范基地。12月,产业园二期工程——如皋"双创"产业中心开工建设,总投资11亿元。

(杨宁静)

江苏省海安高新技术产业开发区(筹建)

【概况】 2009年6月,海安工业园区成立。2011年10月,海安工业园区更名为海安高新技术产业开发区(简称"海安高新区")。2012年8月,省政府批准筹建省级高新区。2017年,海安高新区完成工业开票销售612.28亿元,比上年增长17.12%,完成服务业应税销售283.8亿元,比上年增长24.8%;完成公共财政预算收入19.22亿元。

【经济建设】 2017年,海安高新区新增定报企业26家,总数291家。开票销售超1亿元企业91家,其中超10亿元企业22家。亿森供应链实现"新三板"挂牌,万淇生物、双双高科、中平神马完成"新三板"入轨。全年完成1亿元以上技改项目25个,累计完成技改设备投入10.14亿元。全年招引蓝领技能人才1426人。新入驻第三方物流企业19家,新开辟物流专线20条。新引进电商经营主体68家,其中入驻园区27家。新培育跨境电商企业6家、跨境供应链管理企业2家。新招引市级以上总代理(总经销)、厂家直销37家。新增省内大型会计事务所1家、40人以上其他商务服务企业3家,新招引城市经济体9家,其中体育健身项目2个。

【招商引资与项目建设】 2017年,海安高新区招引1亿元以上项目21个。完成新增工商注册外资3.2亿美元,比上年增长7%;完成到账外资8053万美元;完成外贸进出口总额6.1亿美元,比上年增长27%。推进铭利达科技、圣德曼铸造、铁锚玻璃、华兴压力容器、恩达通用等1亿元以上工业项目。全年完成新开工工业项目93个,其中1亿元以上项目40个;完成新竣工工业项目60个,其中1亿元以上项目23个。完成设备投入13.03亿元。完成中储粮、金都物流、昌润冷链物流二期、东大街崇德华府等新开工1亿元以上服务业项目13个,完成零担快运、爱得电商、二手车市场等新竣工1亿元以上服务业项目10个;74个文化创意企业入驻文化科技大厦。完成1000万元以上农业园区种养项目7个、农产品加工项目15个。

【科技创新】 2017年,海安高新区举办"双高双创圆桌会议""通创荟"走进海安高新区等活动。全年引进30万元产学研合作项目39个,引进10万元产学研合作项目40个,新引进成果转化项目16个。新增科技创新型金牌企业9家、银牌企业22家,高新技术企业总数60家。全年发明专利申请560件,专利授权总量1500件。引进"千人计划"专家3人,引进"双创"人才12人,引进省内高层次创业人才2人、上海领军人才5人,引进高层次人才创业项目23个。高新区科创园获评"江苏省科技创业孵化链条""省级科技企业加速器"。

【基础建设】 2017年,海安高新区科技核心区建设全面启动,锦纶新材料产业园、台商产业园、电子信息产业园等特色园区进入实施阶段。全年基础设施投入1.5亿元,完成开元大道、西园大道等绿化工程,三里闸、园庄路、西苏路等污水管网工程,新、老通扬河桥等路灯亮化工程。落实高标准农田水利示范县项目,改造农村车口20座。新增成片造林面积263公顷。完成县属重点工程23项,新园菜市场、黄沙岗路东侧、宁海路西侧等7项棚户区改造工程完成协议签订252户,交房244户。奥华花苑、海南西区二期、龙须花苑等安置房工程完工。开展城市环境综合整治,组织实施重点环境整治项目5个,完成为民办实事项目25个。实施雨污分流,建设污水管网10.5千米。全年完成增减挂钩入库112.4公顷,盘活低效闲置用地48.87公顷,完成征地153.73公顷、点供项目用地14.07公顷,申报"同一乡镇试点"项目区120公顷。

(周德进)

江苏如东洋口港经济开发区(筹建)

【概况】 江苏如东洋口港经济开发区(简称"洋口港开发区")成立于2005年。2016年5月,省政府批准筹建省级经济开发区。位于如东县东北部,分海上作业区、临港工业区、综合物流园区及港口新城区四大功能区。2017年,洋口港开发区实现地区生产总值32亿元。实现外贸进出口额116亿元;工业应税销售收入53.3亿元,按可比价计算(下同),比上年增长52.59%;固定资产投入89.15亿元,比上年增长17.6%;完成高新技术产业产值7.93亿元,占规模以上工业产值比重13.17%。服务业规模投入37.1亿元,完成应税销售173.7亿元。发明专利拥有量每万人9件,专利授权量200件。1月18日,省政府办公厅下发《省政府办公厅关于支持新一轮洋口港加快发展有关问题的函》(苏政办函〔2017〕6号),支持洋口港加快发展。5月11日,2017中国化工园区与产业发展论坛在宁波召开,洋口港经济开发区(洋口化工园区)列"潜力园区10强"榜单。洋口港经济开发区获质量管理体系ISO 9001和环境管理体系ISO 14001认证证书。6月5日,旅游卫视《品味中国》栏目"走进洋口港"开机。

【招商引资与项目建设】 2017年,洋口港经济开发区签约项目49个。其中,1亿元以上项目22个,20亿元以上项目6个。新增重大项目公司注册28个,实现到账外资6834万美元,新增重大外资项目6个,实现外贸进出口额116亿元。全年开工1亿元以上工业项目14个,累计完成投资20.71亿元,开工1亿元以上服务业项目10个,累计完成投资13.9亿元。新发展规模设施种植园区1个、新增加工类项目2个、流通类项目1个、新发展渔业养殖类项目1个、农业休闲观光类项目1个。10月9日,总投资450亿元"一带一路"金光如东科技产业基地暨高档生活用纸项目签约,为南通史上最大现代化产业项目。11月18日,洋口港开发区与上海有色金属行业协会签订合作框架协议书,结对共建洋口港临港工业区有色金属产业园。12月11日，洋口港开发区与上海青浦工业园区签署园区战略合作框架性协议。

【港口发展】 2017年，洋口港实现进出国际航行船舶147艘次，港口吞吐量478万吨，创历史新高。其中，LNG码头进口船舶57艘，进口LNG436万吨；重件码头靠泊45艘，吞吐量31万吨；液化码头靠泊45艘，吞吐量11万吨。4月19日，装载1500吨丙烯腈韩国籍轮"顶级三富"安全靠泊洋口港5000吨级液化品码头，实现该码头自对外开放以来外籍船舶首次靠泊。涉港工程建设稳步推进，液化品码头二期（G2、G3泊位）、通用栈桥工程开工建设；黄海大桥二桥工程、重件码头升等工程获通航批复；15万吨级航道疏浚工程避风航槽、避风塘施工完成，临时航道完成80%工程量。洋口港开发区管委会与上海振华重工（集团）股份有限公司（牵头方）、中交华东投资有限公司、上海振华港口机械（香港）有限公司、中交第二航务工程局有限公司、中交第一航务工程勘察设计院有限公司签订洋口港区桥梁和液化品码头工程PPP项目合同，成立中交如东建设发展有限公司，提升涉港工程建设投资力度和工程管理水平；江苏洋口港港务有限公司与中天科技集团上海亚东供应链管理有限公司签订中天亚东与洋口港战略合作框架协议、"洋口港物流产业链开发及运营"项目协议，洋口港集装箱业务发展取得重大进展。

【口岸管理】 2017年，洋口港口岸不断提升口岸管理水平。1月25日，洋口港口岸完成首次边防检查勤务。2月20日，江苏检验检疫局批复同意在如东建立南通检验检疫局石材检测实验室。6月16日，南通检验检疫局石材检测实验室在洋口港揭牌。8月，南通口岸委组织如东海关、如东海事、如东国检、如东边检4家查验单位对开放泊位进行核查；12月底，洋口港区2家码头企业3个开放泊位均达到优秀等级。10月24日，洋口港口岸核心能力建设通过省级预验收，12月28日通过国家级验收。

【基础建设】 2017年，洋口港开发区阳光岛主干道路、通信、供电、排水、排污、消防、污水处理厂、公共管廊架、综合服务等配套设施到位。临港工业区一期配套到位，污水收集系统工程、消防站投入运行，一期东堤路改造及北横河贯通工程、公共管廊架、供热管道等重大基础配套工程完工；二期污水收集点、石材园配套道路等完工，主干道路网、独立水系基本形成；三期中心路等基础配套开始实施。洋口港大道、港城大道建成通车，洋口港以高速公路、铁路、高等级公路、运河、管道为主框架的综合集疏运体系得到完善。

（陈　炜）

通州湾经济开发区（筹建）

（参见《沿海开发·通州湾江海联动开发示范区建设》）

省级合作共建园区

江苏南通苏通科技产业园区

【概况】 江苏南通苏通科技产业园区（简称"苏通园区"）位于苏通长江公路大桥北翼，是苏州、南通两市合作开发建设的园区。2009年5月，苏通科技产业园开发有限公司揭牌，一期项目开工建设。2012年9月，省政府批复同意苏通园区为省级开发区。2017年，苏通园区完成财政总收入20亿元，按可比价计算（下同），比上年增长135%。完成固定资产投资45亿元，比上年增长16.2%；完成工业投入23亿元，比上年增长13.3%；完成工业总产值33亿元，比上年增长2.2%；完成工业企业应税销售26亿元，比上年增长13%。实现服务业企业应税销售189亿元，比上年增长99%。完成进出口总额4.6亿美元，比上年增长109%。新增高新技术企业3家，获批江苏省苏通信息技术科技创业园。

【招商引资】 2017年，苏通园区签约1亿元以上产业项目59个。其中，10亿元以上项目4个，5亿~10亿元项目7个，1亿~5亿元项目48个。签约总投资1.5亿美元联钢精密科技项目。总投资28亿元万象新能源汽车、总投资10亿元昌坚机器人、总投资6亿元华为云计算数据中心等高质量项目落户。

【项目建设】 2017年，苏通园区捷捷半导体、新加坡美能膜、普苏仓储、通富微电技改等17个项目竣工或投产，联钢精密科技、格润光伏组件、周黑鸭食品、乐歌物流、美精微电子等17个项目开工建设。

【对外经济合作】 2017年，中新苏州工业园区开发集团股份有限公司南通分公司完成注册外资7100万美元，到账外资2800万美元。奥地利经济促进学院与南通工贸技师学院联合职业培训工作稳步推进，首批20人开展培训。调整中奥生态园片区控制性详细规划。

【基础建设】 2017年，苏通园区完成金英湖东路、海悦路等8.5千米道路和3.8千米河道建设，完成新通海沙围堤工程土方148万立方米。养护市政道路、设施、绿化面积730万平方米，完成沈海高速园区段62公顷绿化通道和56公顷郊野林地建设。完成拆迁扫尾签约55户，带拆江海镇区棚户区103户，完成"淮上线"特高压沿线拆迁任务138户，园区东部工业区和原13连地块拆迁结束，完成土地复垦315亩，种植管理土地1.3万亩，拆除违章搭建2.2万平方米。

【审批服务】 2017年，苏通园区梳理、复核及修正政务服务权力事项，理出权力事项清单、办事指南各398条。完善网上行政审批系统运行方案，在省政务服务网中增加"苏通科技产业园"端口，实现政务服务"一枚印章""一张网"，全年完成各类审批事项近2000项。

（董　明）

锡通科技产业园

【概况】 锡通科技产业园位于通州区张芝山镇和先锋街道，由无锡、南通两市合作共建，于2010年8月签约，2011年10月揭牌。2014年12月，省发展改革委和省商务厅联合发文，批准锡通科技产业园为省级苏南苏中合作共建园区，园区成为苏中地区第一家获省级认可合作共建园区。总规划面积24平方千米。其中，张芝山镇规划16平方千米产业区、4平方千米商务区，先锋街道规划4平方千米现代服务业新城。园区一期开发面积12平方千米，其中首期启动区面积6平方千米。2017年，园区完成固定资产投资87.2亿元；完成一般公共预算收入1.39亿元；实现规模以上工业产值35.29亿元；完成工业应税销售58.03亿元；完成高新技术产值4257万元；完成服务业应税销售5.2亿元。

【招商引资】 2017年，锡通科技产业园签约项目35个，总投资105亿元，其中1亿元以上签约内资项目24个，外资项目3个，新签约项目中1亿元以上项目占比77%；完成注册项目28个，其中1亿元以上项目21个；签约重大外资项目7个，完成注册外资实际到账5004万美元。项目行业类别主要集中在高端机械装备、汽车零部件、新材料等产业，自动化包装机械设备、智能展示设备及导视系统等高端制造业项目落户园区。总投资33亿元未来岛硬科技产业园、投资30亿元（其中外资2.5亿美元）澳润众创空间、投资10.5亿元上海韵达电商区域总部基地等重大项目落户园区。

【项目建设】 2017年，锡通科技产业园推进1亿元以上重点建设项目23个，开工项目20个，比上年增长53%。围绕以智能装备制造为主导产业、以新材料为新兴产业“一主一新”发展定位，推进锦岸机械、海昌机械、航泰船舶、优轩机电等智能装备项目建设，加速华尔泰新材料、新三亚建材、英思创薄膜等新材料项目转化，跟踪宝湾物流、华诺物流二期、好得家二期、金鼎龙二期等服务业项目。培育优势骨干企业，扩大“高精尖”设备投入，全年新增规模企业8家。年内，宝利根（南通）有限公司迁入园区，实现产值7000余万元，实现税收550万元。

【基础建设】 2017年，锡通科技产业园完善“五纵五横”主干道和“五纵六横”次干道路网，完成槐杨路、蒲公英路、女贞路、竹松路西延、迎春花路东延等支线道路建设，区域路网基本贯通，地下管网、绿化景观、路灯等配套项目和交通监控设施对接联网。坚持错位发展，完成六期安置房工程建设，消防站土建工程竣工、验收，完成创业园二期孵化器工程，完成天星公园项目前期设计和施工招标，锡通园区小学异地新建、安置房七期、标准厂房三期、香樟公寓二期等工程有序推进。

（邵小倩　曹昆昆）

常熟高新区海安工业园

【概况】 常熟高新区海安工业园位于海安经济技术开发区，前身为“常安现代纺织科技园”。2012 年 3 月由海安县政府与常熟市政府签订共建合作协议，2014 年获批省“南北共建园区”，2015年更为现名。园区规划面积7.8平方千米，分三期建设。先后投资20余亿元，完成地上地下管网、供电、供水、供热、污水处理等基础配套工程。成为苏中地区规模较大、特色明显、全产业链的集研发、织造、印花染整、成品加工、销售一条龙的服装产业品牌、科技创新示范基地。至2017年底，园区一期落户项目28家，其中投产15家、在建9家，总投资200亿元，全部建成可实现开票销售600亿元。

（李国良）

宜兴如东工业园

【概况】 宜兴如东工业园由如东开发区与宜兴经济技术开发区合作共建，2014年12月，经江苏省人民政府批准设立。2017年，园区落户项目4个，在建企业2家，新注册企业2家，累计入驻企业17家。实现公共财政预算收入7205.83万元，按可比价计算（下同），比上年增长237.86%；工业产品销售收入39.8亿元，比上年增长44.76%；外资到账1341万美元，比上年增长88.34%；进出口总额7712.39万美元，比上年增长0.96%。

【招商引资与项目建设】 2017年，宜兴如东工业园以新能源、高端装备制造、安防和生产服务业为主导产业开展招商。台资项目环讯精密制品、中外合资项目帕尔菲格起重设备签约落户。总投资10亿元创亿达新材料、总投资10亿元翼扬食品以及开元电镀亿元工业项目开工，锵尼玛新材料二期竣工。锵尼玛新材料进入上市轨道，新增高新技术企业1家、省级科技工程中心1家。

【基础建设】 2017年，宜兴如东工业园南片主干道拓宽改造工程全面完工，完成园区北片“三横三纵”道路。启用电镀工业园污水处理中心，电镀园区二期标准厂房完工。年内创建省级风电特色产业基地，通过省级循环化改造示范试点园区验收。

（张飞飞）

建设中的锡通园区小学。（徐春萍　摄）

综 述

【概况】 2017年，南通市有规模以上工业企业5132家，全年完成规模工业现价产值15038.59亿元，比上年增长8.5%。全市六大主导产业中，化工医药、电子信息、新能源、能源及其装备制造总量均突破2000亿元。完成工业投资2397.8亿元，总量居全省第三位，比上年增长6.2%。完成规模工业高新技术产业产值7564.3亿元，比上年增长14.9%，占规模工业产值比重50.3%。全市新材料、海洋工程等六大制造业新兴产业完成现价产值5083.6亿元，比上年增长11.7%，占规模工业产值比重33.8%。

【自主创新】 2017年，江苏圣夫岛纺织生物科技有限公司获评国家工业品牌示范企业，通富微电子股份有限公司获评国家技术创新示范企业。全市新增省级企业技术中心31家。推进两化（信息化与工业化）融合应用，新增工业和信息化部制造业与互联网融合发展试点示范项目1个（基于两化深度融合的智能船厂建设），新增国家级两化融合管理体系"贯标"评定企业12家，新增国家级两化融合管理体系"贯标"试点企业5家，新增省级两化融合管理体系贯标试点企业23家；新增省级两化融合试验区1家，复核通过省级两化融合示范区1家；新增省两化深度融合创新示范企业4家、试点企业18家。

表9-1

2017年南通市新增省级企业技术中心名录

序 号	企业名称	所属地区	序 号	企业名称	所属地区
1	中天光伏材料有限公司	南通开发区	17	江苏弘盛新材料股份有限公司	海安县
2	中天合金技术有限公司	南通开发区	18	南通通洋机电制造有限公司	海安县
3	南通瑞升运动休闲用品有限公司	南通开发区	19	江苏恩达通用设备有限公司	海安县
4	南通永盛纤维新材料有限公司	南通开发区	20	海安启弘纺织科技有限公司	海安县
5	南通天盛新能源股份有限公司	南通开发区	21	江苏优嘉植物保护有限公司	如东县
6	上药东英（江苏）药业有限公司	南通开发区	22	精华制药集团南通有限公司	如东县
7	南通航海机械集团有限公司	港闸区	23	中天电力光缆有限公司	如东县
8	南通华荣建设集团有限公司	港闸区	24	南通常佑药业科技有限公司	如东县
9	南通八建集团有限公司	港闸区	25	江苏好收成韦恩农化股份有限公司	启东市
10	新世嘉纺织品（南通）有限公司	通州区	26	江苏启安建设集团有限公司	启东市
11	南通亚振东方家具有限公司	通州区	27	江苏汤臣汽车零部件有限公司	如皋市
12	南通鸿劲金属铝业有限公司	通州区	28	江苏思源赫兹互感器有限公司	如皋市
13	江苏通州四建集团有限公司	通州区	29	江苏标龙建设集团有限公司	如皋市
14	南通长城建设集团有限公司	通州区	30	江苏当升材料科技有限公司	海门市
15	南通顺丰速递有限公司	通州区	31	中联世纪建设集团有限公司	海门市
16	江苏通州二建建设工程有限公司	通州区			

（市经济和信息化委）

【工业龙头企业】 2017年，南通市年销售收入10亿元以上工业企业284家，比上年增加11家。284家企业实现销售收入6882.6亿元，比上年增长16%，占全市规模工业销售收入46.7%；实现利润589.5亿元，比上年增长10%，占全市规模工业利润52.2%。

（潘晓颖）

【节能环保企业】 2017年，南通市有规模以上节能环保企业189家，实现销售收入577.13亿元，比上年增长9.13%。江苏神马电力股份有限公司入选工业和信息化部绿色制造系统集成项目计划，江苏优嘉植物保护有限公司、中远船务（启东）海洋工程有限公司获工业和信息化部首批绿色工厂认定。

（林 娜）

高端纺织

【概况】 2017年，南通市有规模以上高端纺织企业1403家，占全市规模以上工业企业数27.4%，实现总产值1986.06亿元，比上年增长1.33%；实现主营业务收入1957.02亿元，比上年增长0.66%，占规模企业主营业务收入13.29%；实现利润137.98亿元，比上年增长0.61%。从业人员20.35万人，占全市规模企业从业人员21.67%。高端纺织重点企业有罗莱生活科技股份有限公司、江苏大生集团有限公司、江苏文凤化纤集团有限公司、鑫缘茧丝绸集团股份有限公司、江苏恒科新材料有限公司、江苏联发纺织股份有限公司、南通大东有限公司、南通双弘纺织有限公司、南通华强布业有限公司、江苏天海服饰有限公司、江苏占姆士纺织有限公司、南通赛晖服装有限公司等。

（陈宇荣）

※企业选介※

江苏联发纺织股份有限公司

【概况】 江苏联发纺织股份有限（简称“联发纺织”）是一家集棉纺、色织、印染、针织、家纺、制衣、贸易、物流以及新能源于一体的纺织高新技术企业，是全球高档色织面料生产商和全球高档品牌衬衫制造商之一。先后获评国家色织产品开发基地、国家火炬计划重点高新技术企业、全国纺织工业先进集体、中国纺织行业技术创新示范企业、江苏省信息化与工业化融合示范企业、江苏省创新型领军企业。公司建有国家级技术中心、江苏联发现代纺织技术研究院、江苏省色织纺织品工程技术研究中心、江苏省生态染整技术重点实验室。2017年，联发纺织实现主营业务收入23.74亿元，实现利润2.71亿元。

（陈宇荣）

江苏大生集团有限公司

【概况】 江苏大生集团有限公司（简称“大生集团”）是一家具有123年历史的国有控股企业，为中国棉纺织行业协会副会长单位、南通市纺织工业协会会长单位。有全资、控股、参股公司15家，资产总额29.4亿元。形成纺纱、织造、染色、印花及后整理、服饰、特色家纺、汽车销售、文化创意等多门类产业。集团有自主知识产权、国内领先水平的新型集成纺纱、织造技术，是中国纤维素纤维纺织精品基地、国家火炬计划重点高新技术企业、国家智能制造试点示范企业，有“高支高密纯棉坯布”“纯棉精梳纱线”中国名牌产品2个。2017年，2个江苏省高新技术产品通过认证，2件发明专利获国家授权。开发A200天丝纱线及家纺面料、EcoVera纱线、大豆蛋白抑菌远红外复合功能家纺面料、皮马棉/超细旦标准天丝、混纺超高支纱线等系列新品。全年实现营业收入27.2亿元，利税5960.5万元，利润1495.3万元。

【多元发展】 2017年，大生·众创街区形成“绿色生态+文化创意”主题风格，打造艺术文化的多元合作空间；以文融国际文化中心、乐动指尖等为平台，拓宽高端文化交流空间；以野魅、1979、金海岸等广告设计公司为平台，建设创意设计高地，产业进一步集聚。大生·众创街区被认定为苏中地区首家省级广告产业园区。获得宝沃、领克2大汽车品牌南通地区销售授权；成立如皋大生益昌传祺公司，经营如皋地区广汽传祺品牌；Jeep品牌实现新发展，被广汽菲克授予“国产Jeep市占率贡献奖”“江苏区杰出贡献奖”。

（陈小华）

鑫缘茧丝绸集团股份有限公司

【概况】 鑫缘茧丝绸集团股份有限公司（简称“鑫缘集团”）是首批农业产业化国家重点龙头企业、国家星火计划龙头企业、中国特产之乡优秀企业、国家循环经济试点示范单位、国家科技支撑计划项目单位、中国质量奖提名奖单位。建有国家桑蚕茧丝产业工程技术研究中心、国家蚕丝加工技术研发分中心、博士后科研工作站、江苏省企业技术中心等科研平台。推行“公司+基地（蚕业农场、蚕业合作社）+农户+高校院所（工程中心）”茧丝绸产业化经营模式，实现一、二、三产业融合发展，成为全国农村一、二、三产业融合领军企业。是全国优质蚕茧、桑蚕丝、真丝绸、丝绸服装、蚕丝被等真丝家纺产品研发生产和出口基地。

2017年，鑫缘集团实现主营业务收入48.91亿元，比上年增长9.03%；实现利润1.19亿元，比上年增长9.67%。在拥有1个驰名商标、3个中国名牌、4个省名牌产品基础上，鑫缘品牌获评2017~2019年度江苏省重点培育和发展国际知名品牌，鑫缘牌蚕丝被、丝绸家纺、丝绸服饰获评江苏“双百品牌”产品，鑫缘集团获评首届江苏省商标战略实施示范企业（金帆奖）、江苏省电子商务领域消费示范单位、国家电子商务示范企业、国家知识产权示范企业。被工业和信息化部列为重点跟踪培育服装家纺自主品牌企业。

（陈宇荣）

罗莱生活科技股份有限公司

【概况】 罗莱生活科技股份有限公司（简称“罗莱生活”）是国内较早涉足家用纺织品行业集研发、设计、生产、销售于一体的龙头企业。2005~2016年，产品市场占有率连续12年位居国内同类企业榜首。2009年9月在上海证券交易所上市（股票代码：002293）。先后获评国家级高新技术企业、江苏省睡眠产品新型材料工程技术研究中心。公司拥有10余家子公司，原创品牌及国际代理品牌20余个。罗莱生活生产基地罗莱（国际）工业园占地面积11公顷，建筑面积6.5万平方米，拥有国内一流生产线，集研发、生产、物流、培训、员工休闲等多功能为一体。公司主要生产各类家用纺织品，包括豪华套件系列、单件组合系列、靠垫系列、被芯系列、床垫床护垫系列、枕芯系列、饰品系列等15大系列数百种产品。2017年，罗莱生活销售收入27.25亿元，销售利润4.29亿元，入库税金1.84亿元；研发投入1.07亿元，占销售收入3.92%，研发投入连续4年占销售收入3.8%以上。

【品牌建设】 罗莱生活在家纺行业率先导入特许连锁加盟经营模式，有连锁店3000余家，市场遍及全国32个省（自治区、直辖市）。获“中国500最具价值品牌”“中国著名畅销品牌”“中国家纺协会床上用品知名品牌”“中国名牌产品”“国家免检产品”“中国纺织针织产品博览会金奖”、2017年度江苏省“自主工业品牌50强”。

（陈宇荣）

船舶海工

【船舶修造及配套业】 2017年，南通市446家船舶海工行业企业实现产值2056亿元，比上年增长4.7%。其中，船舶造修产值462.8亿元，比上年增长3.9%；船舶配套产值1593.3亿元，比上年增长4.9%。造船完工量306.3万载重吨，比上年下降3%。企业新承接订单387万载重吨，比上年增长204.7%。至年底，全市企业手持订单848万载重吨，比上年增长11.7%。南通亚泰“船用中高速柴油机氮氧化物减排系统自主研发项目”通过工业和信息化部验收；南通力威锚泊定位绞车系统研制项目获2017年工业和信息化部高技术船舶科研项目立项支持。南通象屿海洋装备完成对“明德重工”资产收购，中集安瑞科完成对太平洋海工全资收购，并全面恢复生产。武船重工控股启东顺恒，成立央企控股的混合所有制企业武船重工南通顺融重工有限公司。

9月14日，南通中远川崎承建的国内最大集装箱船——20000TEU（标准箱）集装箱船“中远川崎231”号出坞。（陈福广　摄）

【海工装备产业】 2017年，南通市海工新兴产业实现产值284.9亿元，比上年下降1.9%；海工特种船完工量652.2万综合吨，比上年下降11.1%。全年交付海工平台（模块）7座，5家企业获海工新订单9艘。至年底，全市企业手持海工装备订单74.5亿美元。国内首制20000TEU超大型集装箱船、国内首艘军民两用5万吨级半潜船、国内首个总包工程浮式生产储卸油平台“希望6号”、世界首个浮式液化天然气生产驳船（FLNG）等“大国重器”在南通诞生。南通振华传动起重机、升降系统、动力定位系统等关键配套设备以及润邦重机生产的液压式插销升降系统等批量配套。

（冒晓峰）

※企业选介※

南通中远海运川崎船舶工程有限公司

【概况】 南通中远海运川崎船舶工程有限公司（简称“南通中远川崎”）于1995年投资兴建，是中国远洋海运集团与川崎重工业株式会社合资兴建的大型造船企业，注册资本14.6亿元，总投资50余亿元。主要产品涵盖大中型散货船、集装箱船、汽车运输船、油轮、多用途船以及天然气动力船等主流船型。至2017年底，共建造交付高品质船舶近190艘。其中，5400TEU集装箱船、30万吨超大型油轮、30万吨超大型矿砂船、6200车位汽车运输船、13386TEU集装箱船、4000车位LNG双燃料汽车运输船等船型均为国内或全球首制，填补中国造船业空白。2017年，南通中远川崎建成并交付新船10艘，包括6.1万吨散货船、8.2万吨散货船、20.9万吨散货船、31.1万吨超大型油轮，20000TEU集装箱船开工建造。全年船舶完工量147.3万载重吨，销售收入38亿余元。公司获评国家级高新技术企业、江苏制造突出贡献奖智能制造先进企业。公司管理成果获评第23届全国企业管理现代化创新成果。“船舶制造智能化车间”项目入围“中国智能制造十大科技进展”，成为船舶行业唯一智能工厂解决方案试点示范项目企业。自主研发智能船舶能效系统（SEMOS系统）首次实现实船装备。

（顾宏彬）

南通中远船务工程有限公司

【概况】 南通中远船务工程有限公司（简称“南通中远船务”）是中国远洋海运集团有限公司旗下中远海运重工有限公司核心企业，是以海洋工程装备制造和船舶修理改装为主业的中央企业。厂区使用岸线1120米，占地面积33公顷，有10万～15万吨级深水码头3座，15万吨级和8万吨级大型浮船坞各1座。受委托管理的启东中远海运海洋工程有限公司(简称“启东中远海运海工”)使用岸线2030米,占地面积101.8公顷。2017年,南通中远船务、启东中远海运海工推进科技项目研发,获国家科研支持经费3615万元;承接海工建造项目2个(多功能风场支持船N715和风电安装重吊船N829)、海工修理项目2个(自升式风电安装平台“力雅”号和自升式钻井平台“勘探七号”)、模块建造项目订单6个(瓦锡兰M001、M002、M003再气化模块和M004、M005、M006甲板室模块),完工交付海工产品1个,修理船舶122艘。南通中远船务实现销售收入9.33亿元,启东中远海运海工实现销售收入7.3亿元。

【海工产品建造】 2017年,南通中远船务累计在建海工项目12个,包括自升式平台、深海钻井平台、FPSO(浮式储油卸油装置)、生活平台、钻井辅助船、风电安装工程船和海工模块7个大类。至年底,建造并交付高端海工产品30个,在建海工产品11个,产品覆盖从浅海到深海、从油气平台到工程船舶全部类型。中央电视台等媒体对海工产品FPSO“希望6号”试航和交付进行现场直播,并在中央电视台“大国重器”栏目专题报道。南通中远船务成为国内唯一从海外获得FPSO总包项目并有交付业绩的公司。

【管理创新】 2017年,南通中远船务通过国际焊接质量体系、TÜV(南德意志集团)和LR(立热)锅炉修理资质认证。启东中远海运海工通过欧盟钢结构标准和NJN公司认证,全面启动AISC标准(美国钢结构标准)认证;入选国家首批“绿色制造体系绿色工厂示范公司”,是江苏省唯一入围海洋工程装备制造公司。“超大型风电安装船研制与工程应用”项目获第八届中国技术市场“金桥奖”。“超大型自航自升式海上风电安装船研制与工程应用”项目获团中央“创新创效项目”金奖。“第三代多功能经济型海洋风电安装船的关键设计及制造技术”获江苏省科技进步二等奖。DANA项目创新团队获江苏省首届创新争先奖。

(顾浩强)

招商局重工(江苏)有限公司

【概况】 招商局重工(江苏)有限公司是招商局集团的全资子公司,注册资本2亿美元,厂区面积136万平方米,使用岸线2500米,主要从事海洋工程装备研发、设计、建造和修理。至2017年底,承担包括自升式钻井平台、多功能海上服务平台、半潜式起重生活平台、大型铺管船、40万吨矿砂船、FPSO、LNG运输船、极地探险豪华邮轮等海工及高技术船舶项目20余个;公司总资产64亿元,实现销售收入34亿元,在手订单包括自升式钻井平台7座、自升式多功能平台6座、45万立方米液化天然气运输船2艘、40万吨超大型矿砂船2艘、半潜式起重生活平台2座、极地探险邮轮项目2艘。2017年,招商局重工(江苏)有限公司成立招商局集团海洋工程技术中心,落户南通;国内首座深水半潜式起重平台实现自主研发;国内首条极地探险邮轮合同生效,进军豪华邮轮制造业市场;省内首座40万吨矿砂船下水;世界首制A-Box型LNG运输船出坞。

(姚汝林)

电子信息

【概况】 2017年,南通市有规模以上电子信息企业325家,比上年同期增加15家。电子信息产业实现主营业务收入2407.5亿元,比上年增长17.95%,实现利润总额210.3亿元,比上年增长17.71%。

【规模企业】 2017年,南通市电子信息前20强企业实现主营业务收入1265.7亿元,占全市规模以上电子信息行业主营业务收入52.57%。中天科技集团有限公司、通富微电子股份有限公司、南通江海电容器股份有限公司、江苏中联科技集团有限公司等9家企业销售收入均超50亿元。其中,中天科技集团有限公司实现销售收入285.74亿元,比上年增长25.41%;通富微电实现销售收入80.48亿元,比上年增长23.6%。

(高　吉)

2017年南通市电子信息产业十强企业名录

表9-2　　单位:亿元、%

企业名称	主营业务收入	比上年增幅	国内行业排名
中天科技集团有限公司	285.74	25.41	国内光纤行业第二,国内普通光缆行业第三
通富微电子股份有限公司	80.48	23.60	国内本土封装行业前三,全球第七
南通江海电容器股份有限公司	79.56	17.80	国内铝电解电容器行业第一
江苏中联科技集团有限公司	76.06	18.37	
创斯达科技集团(中国)有限责任公司	75.87	10.81	国内电解电容器用电极箔行业第一
江苏通光信息有限公司	71.63	11.12	国内通信光缆行业第十
江苏华灿电讯股份有限公司	71.47	44.07	
江苏通光光缆有限公司	60.95	-22.93	国内普通光缆行业第五
富加宜电子(南通)有限公司	51.39	14.59	
海门市鑫源新材料有限公司	46.25	14.66	

(市经济和信息化委)

智能装备

【概况】2017年，南通市智能装备产业保持快速增长，规模以上智能装备企业562家，比上年增加295家，从业人员15万余人，完成现价产值2154.3亿元，比上年增长15.1%，占规模以上工业比重14.3%。实现主营业务收入2118.7亿元，比上年增长13.8%；实现利润165.7亿元，比上年增长14.8%。4家企业成为全国行业领军企业，南通振康焊接机电有限公司机器人RV减速机列中国市场竞争力前三强，南通国盛智能科技集团位列中国机床工具行业“30强”企业第13位；3家企业3个智能制造项目获国家智能制造试点示范项目，江苏汤臣汽车零部件有限公司高强度轻量化汽车关键零部件智能制造新模式应用、南通振康焊接机电有限公司机器人RV减速机数字化车间获批工业和信息化部2017年智能制造综合标准化与新模式应用项目。企业上市2家，累计上市企业（含“新三板”）23家；新增高新技术企业94家，累计254家；全年新增省级企业院士工作站1家、省级工程技术研究中心（技术中心）7家、省级企业研究生工作站9家。全年新开工重大项目174项，总投资429亿元。

【智能装备产业】2017年，南通市在上海举办智能装备产业投资恳谈会活动，招引产业重大项目15个；举办“创新发展、融合发展、开放发展”智能装备产业“企业家面对面”活动。江苏神通阀门股份有限公司、中兴能源装备股份有限公司入选首批全国制造业单项冠军培育企业；江苏力星通用钢球股份有限公司、江苏鹏飞集团股份有限公司入选全国制造业单项冠军企业；南通振康焊接机电有限公司获评2017年度中国机器人最佳零部件奖。力星股份收购金燕钢球，金通灵收购上海运能，中国天楹收购欧洲固废管理平台和上海盈联，南通锻压收购亿家晶视和深圳市橄榄叶科技有限公司。

（杨　苹　汪兵兵）

【国家智能制造应用项目】江苏汤臣汽车零部件有限公司高强度轻量化汽车关键零部件智能制造新模式应用　通过整体项目建设，实现产品设计、经营决策、生产过程管理、生产过程控制、智能仓储物流等管理控制一体化，实现企业信息化纵向和横向、端到端的集成，实现企业运营优化、控制与管理水平提升，实现生产效率提高，缩短产品研制周期，降低运营成本、产品不良率和产品库存，提高能源利用率，强化决策辅助，提升售后服务品质，提高企业核心竞争力，实现可持续创新发展。

南通振康焊接机电有限公司机器人RV减速机数字化车间　通过建成机器人RV减速器数字化车间，生产效率提高55%，运营成本降低33%，产品研制周期缩短41%，产品不良率降低22%，单位产值能耗降低21%，突破专用高精度摆线磨齿机、专用高精度针齿壳磨齿机两种关键短板装备。

【智能车间】2017年，南通市新增省级智能车间10家。其中，电子信息类5家，轻工类、冶金类、化工类、新材料类、机械类各1家。新增第三批南通市示范智能车间20家。其中，化工类4家，轻工类3家，机械类2家，纺织服装类3家，电子信息类2家，新材料类2家，新能源、节能环保、船舶海工、智能装备类各1家。

（杨　苹）

表9-3

2017年南通市新增省级智能车间一览表

序号	单位名称	车间名称	行业
1	中天射频电缆有限公司	高温电缆智能生产车间	电子信息
2	南通烟滤嘴有限责任公司	烟滤棒智能生产车间	轻工
3	南通富士通微电子股份有限公司	集成电路封装测试智能生产车间	电子信息
4	江苏刚正薄板科技有限公司	镀铝锌智能生产车间	冶金
5	南通雅本化学有限公司	高级医药中间体智能生产车间	化工
6	中天科技精密材料有限公司	超耐候PVDF薄膜智能生产车间	新材料
7	江东科技有限公司	光纤拉丝智能生产车间	电子信息
8	雄邦压铸（南通）有限公司	精密机械智能生产车间	机械
9	江苏中天科技股份有限公司	软微缆智能生产车间	电子信息
10	南通江海电容器股份有限公司	铝电解电容器智能生产车间	电子信息

（杨　苹）

表9-4

第三批南通市示范智能车间名单一览表

序号	单位名称	车间名称	行业
1	中天合金技术有限公司	新型无氧电工材料深加工智能生产车间	新材料

（续表9-4）

序号	单位名称	车间名称	行业
2	中天新兴材料有限公司	高性能磷酸铁锂生产智能生产车间	新能源
3	南通高盟新材料有限公司	高性能复合聚氨酯黏合剂智能生产车间	化工
4	南通奥凯生物技术开发有限公司	食品添加剂智能生产车间	化工
5	亚振家居股份有限公司	木家具数控加工智能生产车间	轻工
6	广东鸿图南通压铸有限公司	压铸件总成制造智能生产车间	化工
7	江苏思源赫兹互感器有限公司	互感器智能生产车间	机械
8	江苏博沃汽车电子系统有限公司	电子零部件智能生产车间	电子信息
9	江苏弘盛新材料股份有限公司	锦纶6切片智能生产车间	新材料
10	南通泰禾化工股份有限公司	绿色高效环保杀菌剂智能生产车间	化工
11	江苏唯路易实业有限公司	服装智能生产车间	纺织服装
12	江苏石岛玻璃有限公司	制瓶智能生产车间	轻工
13	南通中集能源装备有限公司	低温罐箱、罐车智能生产车间	机械
14	江苏天楹环保能源成套设备有限公司	垃圾焚烧装备机器人焊接智能生产车间	节能环保
15	南通中远川崎船舶工程有限公司	船舶管子智能生产车间	船舶海工
16	江苏老裁缝家纺工业有限公司	被芯套件智能生产车间	纺织服装
17	南通国盛智能科技集团股份有限公司	机床部件加工智能生产车间	智能装备
18	南通唐盛纺织有限公司	织造智能生产车间	纺织服装
19	江苏优特集体育器材制造有限公司	瞄准镜、光字品智能生产车间	轻工
20	英内物联网科技海门有限公司	绑定智能生产车间	电子信息

（杨　苇）

新材料

【概况】2017年，南通市新材料产业继续保持平稳增长良好态势，规模以上企业172家，实现工业总产值1509.4亿元，比上年增长11.3%；主营业务收入1512.4亿元，比上年增长11.8%；实现利润147.3亿元，比上年增长1.8%。全市新材料产业涉及领域较为广泛，有先进高分子材料、金属新材料、光电子信息材料、新型无机非金属材料、高性能纤维及复合材料、新型纺织材料和前沿新材料等。其中，先进高分子材料、金属新材料、新型纺织材料产业形成较好产业基础，光电子信息材料、新型无机非金属材料、高性能纤维及复合材料等新材料产业形成一批优势企业和产品，前沿新材料不断崛起。新材料重点企业有江苏中天科技股份有限公司、江苏甬金金属科技有限公司、江苏九鼎集团有限公司、江苏恒科新材料有限公司、南通星辰合成材料有限公司、台橡（南通）实业有限公司等。

（范苏予）

※企业选介※

江苏中天科技股份有限公司

【概况】江苏中天科技股份有限公司（简称“中天科技”）自20世纪90年代初进入光纤通信领域，形成电信、电力两大主营产品产业链，涉足投资、置业、酒店服务等行业，成为拥有15家公司的现代企业集团，于2002年在上海证券交易所上市（股票代码：600522），是中国光电线缆领域龙头企业之一。获评国家重点高新技术企业、中国电子信息百强、中国通信业综合实力50强、中国光通信最具综合竞争力10强和中国光纤光缆金牌企业；产品系中国名牌，拥有国家专利近50件；商标被认定为中国驰名商标。年产销光纤500余万芯千米、光缆15万皮长千米、海缆8000千米、OPGW2.5万千米、RF电缆3万千米、各类导线2万吨。2017年，中天科技实现营业收入271.01亿元，比上年增长28.39%。

（范苏予）

江苏九鼎集团有限公司

【概况】江苏九鼎集团有限公司成立于1994年，专业从事玻璃纤维纱、织物及制品、玻璃钢制品的生产和销售，是国内规模大、实力强、技术先进的纺织型玻纤制品生产企业，全球较大的增强砂轮用玻纤网片供应商之一。2007年，公司在深圳证券交易所挂牌上市（股票代码：002201）。公司形成以玻璃纤维拉丝、玻璃纤维改性、织造技术、表面处理四大技术为核心，300余项专有技术组成的技术体系，整体水平国内领先。公司池窑是国内唯一全电熔池窑，采用深池冷顶电熔技术，填补国内空白，具有显著节能减排效果。主要产品包括“鼎”牌砂轮增强材料、建筑增强材料、道路增强材料、装饰装修材料等纺织型玻璃纤维制品及玻璃钢系列产品，其中获评国家级重点新产品7个，获评江苏省高新技术产品9个；拥有产品（技术）专利44件，主持或参加起草国家标准、行业标准13项。2017年，公司实现营业收入30.99亿元，比上年增长5.03%。

（范苏予）

台橡（南通）实业有限公司

【概况】 台橡（南通）实业有限公司于2008年由台橡股份有限公司投资1.38亿美元成立，生产产品为热可塑性橡胶SEBS（作为原材料广泛应用于汽车零部件、电线电缆、医疗器材及合成树脂的改性等方面）和SIS（兼具橡胶和塑料性质，黏着力强，是热熔压敏胶黏合剂、涂料、溶剂型黏合剂、塑料改性制品等的主要原料），设计产能分别为每年3.5万吨、2.5万吨。客户主要分布在亚洲（55%）、欧洲（33%）及美洲（12%）。2017年，公司实现营业收入10.67亿元，比上年增长25.01%。

（范苏予）

新能源和新能源汽车

【概况】 南通市新能源装备制造业主要有风力发电及风力发电设备制造、太阳能光热、光伏产品制造、生物发电以及环保节能锅炉制造、新能源汽车、新型动力电池等关键零部件制造、智能电网设备、储能设备制造等产业。2017年，全市新能源产业完成产值1252.4亿元，比上年增长12.5%；完成销售收入1236亿元，比上年增长12.3%；产业完成利润93亿元，比上年增长4.9%。全市涉及新能源汽车产业企业125家。

【风电设备制造】 南通是全省规划的四个重点风电产业基地之一。至2017年底，全市建成并网风电机组装机容量208万千瓦，占全省风电总装机容量31.7%。2017年，产出首批具有自主知识产权、全球风轮直径最大5兆瓦海上机组，同时也是全球唯一适应三类风区海上风电机组18台。如东风电产业集聚效应凸显，全年风电设备制造企业实现应税销售151亿元，产业链集聚中船海装、上海电气、重通成飞等国内风电设备制造领军企业和海力风电、中天海缆等本土风电企业。

【光伏产品制造】 2017年，南通市光伏发电装机容量80.3万千瓦，年发电量7.2亿千瓦时。全市光伏电池及组件制造企业8家，总产能5.4吉瓦，产出光伏组件4.4吉瓦，占全国产量5.8%；硅片制造企业2家，产能1.8亿片，产出硅片1.5亿片；光伏逆变器制造企业1家，产能2吉瓦，实际产出光伏逆变器1350兆瓦。

【新能源发电】 至2017年底，南通市新能源发电装机容量307.6万千瓦，占总装机容量28.3%，高于全国11.4个百分点。其中，风力发电总装机207.8万千瓦，光伏发电总装机80.3万千瓦，生物质发电总装机10.5万千瓦，分别占全市总装机容量19.2%、7.4%、1%。2017年，全市新能源发电57.9亿千瓦时，比上年增长23.22%，与传统火电相比，节约标煤191万吨，实现减排二氧化碳476.2万吨、二氧化硫3.82万吨。

（陈志勇）

【新能源应用】 2017年，南通市推广电锅炉203台、电窑炉6座。建成国内首家热回收型空气源热泵粮食电烘干示范项目，推广空气源热泵粮食电烘干59台。实现电能替代10.64亿千瓦时，节约电量1.02亿千瓦时。建成岸电设施17套、电动汽车城市快充站4座。建设全省第一个光储一体新能源项目，完成储能项目3个，并网容量11兆瓦。

（葛　印）

【新能源汽车】 2017年，南通市涉及新能源汽车产业企业125家。其中，整车企业3家，零部件生产企业120家，改装车生产企业2家。主要分布在如皋开发区、苏通园区、海门开发区、海安县以及南通高新区等产业集中区内。全市推广新能源汽车4376辆，其中纯电动客车182辆、插电式混合动力客车10辆、纯电动乘用车3970辆、插电式混合动力乘用车23辆、纯电动专用车191辆。全市新购公交车中，新能源汽车133辆，占比83.65%。新上牌新能源汽车18万辆，占全市新上牌车辆2.4%。

（陈志勇）

※产业园区选介※

如皋开发区新能源汽车产业园

【概况】 2009年，如皋开发区新能源汽车产业园成立，规划面积20平方千米。至2017年底，产业园有陆地方舟（江苏）电动汽车有限公司、康迪电动汽车江苏有限公司、沈阳金杯车辆制造有限公司如皋分公司、江苏英田集团有限公司、如皋市亚曼汽车有限公司、江苏赛麟汽车科技有限公司（江苏省重点项目）国内外知名新能源汽车整车企业6家；有双钱集团（如皋）轮胎有限公司、南通百应能源有限公司、南通泽禾新能源科技有限公司等新能源汽车配套企业36家。2017年，产业园实现应税销售342.36亿元，比上年增长67.22%。5月3日，如皋开发区获批国家火炬如皋新能源汽车特色产业基地。5月9日，全国燃料电池及液流电池标准化技术委员会国家标准起草工作组会议在产业园召开，南通百应能源有限公司等企业参与相关国家标准的制定。加入国家燃料电池标委会。9月7日，由全球环境基金（GEF）、联合国开发计划署（UNDP）支持，科技部、财政部联合江苏省政府共同实施的促进中国燃料电池汽车商业化发展项目落户产业园。11月9～10日，第二届国际燃料电池汽车大会在产业园召开。

（石　敏）

能源及装备制造

【概况】 2017年，南通市能源及装备制造业完成工业总产值2770亿元，比上年增长11.4%，完成销售收入2723亿元，总量占规模工业18.4%。完成利润224亿元，比上年增长3%。能源电力业完成产值228亿元，比上年增长13%。能源装备重点企业有江苏神马电力股份有限公司、韩华新能源（启东）有限公司等。

【火力发电】 至2017年底，南通市传统能源（火力）发电装机容量1085.1万千瓦，全年累计发电439.1亿千瓦时，比上年增长2.72%。其中4个主力电厂装机容量670.4万千瓦、占总装机容量61.78%，全年发电332.6亿千瓦时、占全市发电量75.74%。非统调热电总装机容量49万千瓦，完成发电25.1亿千瓦时。全市能源电力业完成现价工业产值228亿元，比上年增长14%。全市四大主力电厂加快实施节能环保改造，总投资约10亿元，实现超低排放，达到燃机排放水平。江苏南通电厂机组生产指标省内领先，1号机组获中电联大机组竞赛三等奖。天生港电厂推进煤场加装防尘网项目，减少煤场扬尘，开展废水“近零排放”可行性研究，完成能源体系建设认证，全年完成17项科技节能减排项目。

（陈志勇）

※企业选介※

南通天生港发电有限公司

【概况】 南通天生港发电有限公司（简称“天电公司”）创建于1934年，位于港闸区天生港镇街道。公司注册资金5298万美元，由江苏交通控股有限公司、龙源电力集团股份有限公司、南通新源投资发展有限公司等六方投资。2017年，天电公司2台33万千瓦机组完成发电量33.64亿千瓦时，供电煤耗每千瓦时314.73克，综合厂用电率6.15%，对外供热105.99万吨，实现利润5995万元。天电公司与华能南通发电有限责任公司合作建设江苏南通电厂2台100万千瓦燃煤机组，全年完成发电量107.17亿千瓦时，供电煤耗每千瓦时285.53克，综合厂用电率3.75%，实现利润总额3.63亿元。

（曹　磊）

华能南通电厂

【概况】 华能南通电厂成立于1985年6月，位于港闸区华能路1号，是在国务院“一家管电、多家办电”方针指引下，由华能公司通过引进外资创建首批4家电厂之一，为华能国际电力股份有限公司全资拥有，现装机容量1404兆瓦。一期工程2台35.2万千瓦火电机组于1986年开工，1989年9月、1990年3月相继投入运行，设备供货商为美国GE公司，当时是江苏省内设备技术最先进、单机容量最大、煤耗最低火电机组。二期工程于1997年开工，建设2台同类型发电机组，于1999年4月和7月相继投产。2017年，华能南通电厂完成发电量64.387亿千瓦时，完成销售收入19.6亿元。完成厂用电率4.73%，完成供电煤耗每千瓦时318.98克。全年累计采购煤炭277.02万吨，全年标煤单价区域对标第一，全省第二，创历史最好水平。

（杜润华）

大唐吕四港电厂

【概况】 江苏大唐国际吕四港发电有限责任公司（简称“大唐吕四港电厂”）是由大唐国际发电股份有限公司、中国大唐集团公司、南通国有资产投资控股有限公司分别以55%、35%和10%出资设立的有限责任公司，于2003年9月在启东市注册成立，项目总投资112.7亿元。2010年上半年，4台66万千瓦超超临界燃煤机组先后投产，电厂煤码头投入营运。2017年，大唐吕四港电厂完成发电量130.37亿千瓦时，全年销售额40.04亿元，实现利税1.67亿元，完成利润总额2667万元。

（黄　鑫）

江苏神马电力股份有限公司

【概况】 江苏神马电力股份有限公司成立于1996年。企业研发出橡胶密封件、变电站复合绝缘子、线路复合绝缘子、高压复合横担等九大类填补国际、国内空白技术新产品，并实现产业化。公司建有国家能源电力绝缘复合材料重点实验室和国家级博士后工作站，是国际大电网委员会会员单位、电子电气工程师协会会员单位、国家级高新技术企业。2012年，公司参与国家电网特高压（交流）项目，获国家科技进步特等奖。至2017年底，公司获省部级科技奖9项，承担各级科技计划39项。拥有专利178件，其中发明专利52件、国际专利9件。2017年，江苏神马电力股份有限公司累计制定IEEE国际标准1项、国家标准3项、行业标准4项、国家电网公司企业标准7项，公司“特高压±800千伏直流输电工程”项目再次获国家科技进步特等奖。公司实现应税销售6.1亿元，比上年增长20.48%。

（陈志勇）

化工医药

【概况】 2017年，南通市化工医药规模以上企业520家，实现主营业务收入2215.04亿元，总量仅次于机械业、电子信息业，占全市规模以上企业主营业务收入15%；实现利润151.3亿元，比上年增长10.77%。5个子行业为农药、精细化工、合成材料、医药、橡胶及塑料制品行业。年内开展化工企业“四个一批”（关停一批、转移一批、升级一批、重组一批）专项行动，加快化工行业结构调整和转型升级，增强化工业可持续发展能力和综合竞争能力。

【重点企业】 2017年，南通市化工医药产业主要有申华化学工业有限公司、南通星辰合成材料有限公司、南通醋酸化工股份有限公司、陶氏益农农业科技（中国）有限公司、南通回力橡胶有限公司、三菱丽阳高分子材料（南通）有限公司、台橡宇部（南通）化学工业有限公司、三大雅精细化学品（南通）有限公司、南通江山农药化工股份有限公司、江苏快达农化股份有限公司、江苏好收成韦恩农化股份有限公司等重点企业。

（范苏予）

※企业选介※

南通醋酸化工股份有限公司

【概况】 南通醋酸化工股份有限公司（简称“醋化股份”，股票代码：603968）是国内大规模的以生产双乙烯酮衍生物为主的精细化工企业，产品有有机化工原料、医药农药中间体、染料颜料中间体、食品饲料添加剂4个系列40余个品种。2017年2月，2万吨双乙烯酮募投项目投入试生产。2017年，醋化股份完成销售收入16.6亿元，上缴税收1.15亿元，出口创汇6.1亿元，净利润1.6亿元。生产总量17.5万吨，为历史最高。获评《中国证券报》第19届上市公司金牛奖最具投资价值150强。

（张 瑛）

南通江山农药化工股份有限公司

【概况】 南通江山农药化工股份有限公司是一家具有60年发展历史的上市企业（股票代码：600389），有3家子公司，是国家农药重点骨干生产企业。公司以农药产业为主线，建有电厂、水厂、长江码头、氯碱化工、农药及其中间体、纳米及阻燃剂等新材料、三废治理等配套齐全的工业设施。是中国农药行业首家国家级清洁生产示范企业，曾获全国守合同重信用企业、全国质量管理先进企业、中国农药工业突出贡献奖等称号。“江山”商标是国内农药行业首个中国驰名商标。“江山”牌除草剂草甘膦是中国农药行业首批中国名牌产品，“江山”牌农药先后获评国家优质银牌产品、国家级新产品、国家重点新产品、省部优质产品、省名牌产品等，被列入重点保护产品目录。

2017年，公司将工业级次氯酸钠产品升格为饮用水级消毒品，获饮用水级消毒品市场准入证；引进纳米生产技术生产的高端纳米保温材料，获2017年国际新材料博览会新产品三等奖。公司全年实现主营业务收入36.41亿元，剔除贸易业务，比上年增长18.72%；利润3.18亿元，比上年增长386.39%；实现利税3.5亿元，比上年增长236%。

（范苏予　宋金华）

轻工食品

【概况】 2017年，南通市954家规模以上轻工食品企业实现现价产值1982.4亿元，比上年增长11.7%，占规模工业产值13.2%；主营业务收入1956.8亿元，比上年增长11.1%，占规模工业主营业务收入13.3%；实现利润总额154.2亿元，比上年增长17.9%，占规模工业利润13.7%。其中，粮油加工行业有规模以上企业77家，主营业务收入352.7亿元，比上年增长17.4%；电动工具行业有规模以上企业82家，主营业务收入278.3亿元，比上年增长8.8%。

【重点企业】 2017年，南通市轻工食品行业销售收入前20家企业（集团）实现销售收入478.7亿元，占全行业24.5%。重点企业有嘉吉粮油（南通）有限公司、南通醋酸纤维有限公司、南通荣威娱乐用品有限公司、江苏王子制纸有限公司、南通一德实业有限公司、江苏省银河面粉有限公司、中粮农业谷物蛋白南通有限公司、金太阳粮油股份有限公司、南通巴大饲料有限公司。

（陈宇荣）

※企业选介※

南通烟滤嘴有限责任公司

【概况】 南通烟滤嘴有限责任公司（简称“烟滤嘴公司”）位于崇川区胜利路6号，隶属中国烟草总公司江苏中烟工业有限责任公司，始建于1981年，是中国烟草总公司定点的集科研、生产、经营为一体的卷烟滤材专业化企业。有各类成型机50套，各类检测设备190台（套），生产各种规格型号滤棒能力约为每年350亿支。至2017年底，公司先后取得“CAPF滤嘴”“沟槽滤嘴”“细支醋纤滤嘴”“活性炭复合滤嘴”等一系列创新成果，有专利技术近50项，两度获行业科学技术进步奖，“金茉莉”品牌获省、市两级名牌产品。

2017年，烟滤嘴公司实现利税3.09亿元，比上年增长18.33%，实现利润2.41亿元，比上年增长21.24%；实现销售滤棒326.63亿支，比上年增长5.58%；实现滤棒出口3.96亿支；全年授权专利8件，新申请专利17件，其中发明专利7件。

（陈宇荣　姚　立）

南通醋酸纤维有限公司

【概况】 南通醋酸纤维有限公司位于崇川区钟秀中路109号，成立于1987年，总投资7.59亿美元，占地面积79公顷，是国内成立早、规模大、技术强的提供醋酸纤维产品研究制造与服务的中美合资企业。主产品二醋酸纤维素丝束和二醋酸纤维素片填补了中国醋纤工业的两项空白。公司建有中国唯一、亚洲最大的醋酸纤维工程技术研究中心，设立国家级博士后工作站。先后获“全国五一劳动奖状”“国家环境友好企业”“全国质量管理奖”“全国创建和谐劳动关系模范企业”“国家科学技术进步二等奖”“全国质量工作先进单位”“江苏省质量奖”“南通市长质量奖”等称号，通过国家“AAAA级标准化良好行为企业”认证。2017年，公司实现销售收入56.3亿元，比上年增长2.1%。

（陈宇荣　潘晓颖）

金太阳粮油股份有限公司

【概况】 金太阳粮油股份有限公司位于如东县岔河镇交通东路33号，创建于1949年，有近60年的食用植物油专业生产历史，集油脂加工、饲料生产、棉花产业、国际贸易、保健油营销、粮食加工为一体，是华东地区非转基因保健特色油品基地，全国葵花籽油、玉米油加工十强企业。年产食用油20万吨、各种饲料10万吨、皮棉1.5万吨。2017年，公司实现销售收入19.2亿元，比上年增长8.4%。

（陈宇荣　潘晓颖）

冶金建材

【概况】 2017年，南通市有规模以上冶金工业企业298家，完成现价工业总产值498.7亿元，比上年下降25.37%；实现主营业务收入496亿元，比上年下降24.26%；利润总额32.5亿元，比上年下降23.66%。建材工业企业281家，完成现价工业总产值607.6亿元，比上年增长11.46%；实现主营业务收入600.7亿元，比上年增长12.08%；利润总额43.2亿元，比上年增长13.4%。

【冶金建材重点企业】 2017年，南通市冶金建材行业重点企业有江苏甬金金属科技有限公司、南通恒秀铝热传输材料有限公司、扬子高丽钢线（南通）有限公司、中兴能源装备有限公司、南通鸿瑞金业有限公司、南通金秀铜材有限公司、南通辉煌彩色钢板有限公司、南通汤始建华管桩有限公司、南通亿能彩钢板有限公司、江苏东泰薄板科技有限公司、江苏戴园建材集团有限公司、南通欣荣厨具有限公司、亚太轻合金（南通）科技有限公司、南通海华建材有限公司。

（范苏予）

※企业选介※

南通辉煌彩色钢板有限公司

【概况】 南通辉煌彩色钢板有限公司成立于2003年，是一家集冷轧、镀锌、镀铝锌、镀镁铝锌、结构钢镀锌、彩涂、印花家电彩涂等一体化产业链的高新技术企业。公司销售网络覆盖全国各大城市，产品出口欧洲、美洲、中东、东南亚、非洲等50余个国家和地区。“刚正”商标获“中国驰名商标”，“刚正”产品为江苏省名牌产品。公司为国家级守合同重信用企业、省质量信用AAA企业、省高新技术企业、省创新型企业、省依法治企诚信经营先进单位、省企业信用管理贯标企业、省两化融合试点企业。2017年，公司实现主营业务收入80.66亿元。

（范苏予）

江苏铁锚玻璃股份有限公司

江苏铁锚玻璃股份有限公司生产车间一角　（海门日报社　供图）

【概况】 江苏铁锚玻璃股份有限公司是原铁道部动车组动车九大关键技术中风挡玻璃定点研发与生产单位，动车风挡玻璃国家标准制定单位。公司生产高速列车安全玻璃市场占有率90%以上，行业排名第一。公司相继通过AS 9100航空质量管理体系认证、IRIS国际铁路行业标准体系认证、ISO 9000国际质量标准体系认证、TS 16949质量管理体系认证、美国DOT认证、欧洲ECE认证、韩国KS认证。公司建有江苏省企业技术中心和江苏省工程技术研究中心2个省级研发平台。有高新技术产品11项、国家重点新产品4项，获国家专利23件，其中发明专利9件。与西北工业大学联合共建结构冲击动力学联合实验室，研发中心被认定为中国商飞鸟撞试验基地。参与制定国家标准5项。2017年，公司实现主营业务收入21.57亿元。

（范苏予）

综　述

【概况】 南通建筑业历史悠久，能工巧匠辈出，被誉为"建筑之乡"，建筑队伍更是被誉为"建筑铁军"。2017年，全市建筑业适应经济新常态，推进建筑产业现代化，建筑业保持平稳发展态势。全年建筑业总产值7333.82亿元，比上年增长10.8%，居省设区市第一位；实现增加值1684亿元，比上年增长15.3%；实现利润273.3亿元。全年承建施工面积7.84亿平方米，比上年增长8.59%；新开工面积2.69亿平方米，比上年增长14.98%。从业人数170万人，人均年劳动生产率42.9万元，比上年增长6.5%。完成境外营业额13.36亿美元，企业新签合同额8.32亿美元，年末境外施工人数7160人。建筑队伍遍布台湾地区以外的全国各省及海外40个国家和地区。

【规模企业】 至2017年底，南通市具有资质建筑企业2195家。其中，特级资质企业20家，一级资质企业224家，244家企业贡献产值占全市建筑业88.8%；总承包资质企业866家，产值100亿元以上企业16家，50亿～100亿元企业13家。全年入选2017年度ENR全球最大250家国际承包商［"ENR"即美国《工程新闻纪录（ENR）》杂志］4家、2017年中国企业500强建筑企业8家、全国建筑装饰百强企业5家、上年度江苏省建筑业竞争力百强企业30家。

表10-1

2017年南通市建筑业企业入选ENR全球最大250家国际承包商名录

序号	企业名称	国际业务排名	
		2017年	2016年
1	江苏南通三建集团股份有限公司	143	150
2	南通建工集团股份有限公司	179	185
3	江苏南通六建建设集团有限公司	185	204
4	江苏中南建筑产业集团有限责任公司	228	—

（顾　聪）

表10-2

2017年南通市建筑企业入选中国企业500强名录

序号	企业名称	排名
1	南通三建控股有限公司	194
2	中南控股集团有限公司	236
3	江苏南通二建集团有限公司	296
4	南通四建集团有限公司	315
5	江苏省苏中建设集团股份有限公司	317
6	江苏南通六建建设集团有限公司	370
7	龙信建设集团有限公司	496
8	通州建总集团有限公司	500

（顾　聪）

表 10-3

2017年南通市入选上年度江苏省建筑业竞争力百强企业名录

序号	类别	企业名称
1	综合实力类	江苏南通三建集团股份有限公司
2		江苏南通二建集团有限公司
3		江苏中南建筑产业集团有限责任公司
4		江苏省苏中建设集团股份有限公司
5		南通四建集团有限公司
6		龙信建设集团有限公司
7		南通华新建工集团有限公司
8		江苏南通六建建设集团有限公司
9		江苏通州四建集团有限公司
10		南通建工集团股份有限公司
11		南通市达欣工程股份有限公司
12		江苏江中集团有限公司
13		通州建总集团有限公司
14		南通新华建筑集团有限公司
15		启东建筑集团有限公司
16		江苏顺通建设集团有限公司
17		江苏通州二建建设工程有限公司
18		南通华荣建设集团有限公司
19		南通五建控股集团有限公司
20	装饰装修类	南通承悦装饰集团有限公司
21		江苏金轮装饰集团股份有限公司
22	建筑钢结构类	南通新华钢结构工程有限公司
23	建筑安装类	江苏启安建设集团有限公司
24		海门市设备安装工程有限公司
25	基础设施类	南通市港闸市政工程有限公司
26	建筑外经类	江苏南通三建集团股份有限公司
27		通州建总集团有限公司
28		龙信建设集团有限公司
29		江苏南通六建建设集团有限公司
30		南通建工集团股份有限公司

（顾　聪）

表 10-4

2017年南通市特级资质建筑企业名录

序号	企业名称	取得特级资质时间	序号	企业名称	取得特级资质时间
1	南通建工集团股份有限公司	2016年3月24日	3	江苏南通六建建设集团有限公司	2016年1月5日
2	江苏江中集团有限公司	2016年1月5日	4	南通四建集团有限公司	2016年5月6日

（续表10-4）

序号	企业名称	取得特级资质时间	序号	企业名称	取得特级资质时间
5	南通新华建筑集团有限公司	2016年4月26日	13	南通华新建工集团有限公司	2016年2月1日
6	通州建总集团有限公司	2016年5月6日	14	江苏南通二建集团有限公司	2016年2月1日
7	江苏南通三建集团股份有限公司	2016年1月5日	15	启东建筑集团有限公司	2016年2月1日
8	江苏中南建筑产业集团有限公司	2016年1月5日	16	江苏通州四建集团有限公司	2017年10月27日
9	龙信建设集团有限公司	2016年1月5日	17	南通长城建设集团有限公司	2017年10月27日
10	江苏顺通建设集团有限公司	2016年1月5日	18	南通华荣建设集团有限公司	2017年11月17日
11	南通五建建设工程有限公司	2016年2月4日	19	中如建工集团有限公司	2017年11月17日
12	江苏省苏中建设集团股份有限公司	2016年1月5日	20	中联世纪建设集团有限公司	2017年11月17日

（张敬东）

表10-5

2017年南通市总产值100亿元以上建筑企业名录

序号	企业名称	总产值	序号	企业名称	总产值
1	江苏南通三建集团股份有限公司	500亿元以上	9	中如建工集团有限公司	200亿~500亿元
2	江苏南通二建集团有限公司		10	龙信建设集团有限公司	
3	江苏省苏中建设集团股份有限公司		11	南通华新建工集团有限公司	100亿~200亿元
4	南通四建集团有限公司	200亿~500亿元	12	南通新华建筑集团有限公司	
5	江苏中南建筑产业集团有限责任公司		13	南通五建控股集团有限公司	
6	江苏南通六建建设集团有限公司		14	南通建工集团股份有限公司	
7	通州建总集团有限公司		15	江苏顺通建设集团有限公司	
8	江苏江中集团有限公司		16	江苏通州二建建设工程有限公司	

（顾　聪）

【建筑队伍】 2017年，南通市建筑业从业人数170万人。其中，出市施工人数133万人，比上年增加12万人；境外施工人数7160人，占出市施工人数0.54%。全市有建筑业技术和经营管理人员30.35万人，占全市建筑业从业人数17.9%。全市有注册建造师32181人。其中，一级注册建造师9644人，占比30%，比上年增加508人；二级注册建造师22537人。施工总承包企业建造师24562人，专业企业建造师6503人。建造师总量满足企业经营和市场开拓需求。

【绿色建筑产业园建设】 江苏南通三建集团股份有限公司"被动式超低能耗绿色建筑"产业园位于海门市，由江苏南通三建集团股份有限公司建设，与德国能源署进行技术合作，为江苏省首例采用德国被动房标准设计、施工的大型综合体建筑项目。2017年，产业园着力打造集设计、研发、生产、施工和营运服务于一体被动式建筑"一站式"服务，生产被动式建筑节能门窗及部品件，被动房建设材料实现本土化、区域化。设计方面，产业园具备成熟的被动式建筑设计经验，可提供方案、施工图及施工配合等全程服务。材料生产方面，产业园建成EPS模块（新型墙体材料）生产线，年生产规模150万立方米。

【建筑产业现代化】 2017年，海门市获批全国首批国家级装配式建筑示范城市，江苏中南建筑产业集团有限责任公司、龙信建设集团有限公司、江苏南通三建集团股份有限公司获批全国首批装配式建筑产业基地。至年底，南通市获评省级建筑产业现代化示范城市3个（南通市、海门市、海安县）、省级建筑产业现代化示范基地8个、省级建筑产业现代化示范项目7个。全市采用建筑产业现代化方式施工总面积300万平方米。

（周原也）

南通市获评省级建筑产业现代化示范基地一览表

表 10-6

序号	类 别	所在地	实施单位	获评时间
1	集成应用类	海门市	江苏中南建筑产业集团有限责任公司	2015年
2		海门市	龙信建设集团有限公司	
3	设计研发类	崇川区	南通市建筑设计研究院有限公司	2016年
4		海安县	江苏省苏中建设集团股份有限公司	
5	部品生产类	海门市	龙信建设集团有限公司	
6		海门市	南通市康民全预制构件有限公司	
7		海安县	南通科达建材股份有限公司	
8	集成应用类	海门市	江苏南通三建集团股份有限公司	2017年

（张敬东）

南通市获评省级建筑产业现代化示范项目一览表

表 10-7

序号	项目名称	所在地	获评时间
1	中南总部基地二期 3#楼（宿舍楼）装配式工程	海门市	2015年
2	南京中南世纪雅苑 5#、9#楼装配式住宅工程	海门市	
3	海门市运杰龙馨家园三期项目	海门市	
4	海门市龙馨家园老年公寓项目	海门市	
5	南通政务中心北侧停车综合楼	崇川区	2016年
6	海门市龙信广场一期项目	海门市	
7	海门市龙信广场二期工程 7#、8#、9#楼	海门市	2017年

（张敬东）

【南通建筑产教联盟】 南通建筑产教联盟（职教集团）成立于2016年11月15日，旨在推进南通建筑产业政校企合作，加大产学研融合力度，创新技术技能人才培养新机制，促进建筑产业转型升级、提质增效，服务建筑企业“走出去”战略。江苏南通三建集团股份有限公司和南通职业大学为联盟理事长单位，南通建工集团股份有限公司等26家企业、院校及行业协会为联盟副理事长单位，联盟秘书处设在南通职业大学。2017年，联盟成立绿色建筑等专业委员会6个，设立联盟发展资金，获企业注资50万元。至年底，联盟有理事单位63家，其中高等院校10所、中职院校7所、特级建筑企业15家、行业协会及其他企业成员31家。

（崔　超）

建筑市场

【国内市场】 2017年，南通市在全国各地（台湾地区除外）有3万人以上建筑市场19个，施工面积超1000万平方米市场24个，产值超100亿元市场21个。在建工程中，合同额10亿元以上项目67个，5亿～10亿元项目303个。省外较大建筑市场为山东、河北等地，省内较大建筑市场为南京、苏州等地。

【国外市场】 2017年，南通市加大建筑企业“走出去”步伐，全市建筑企业新签境外合同额8.32亿美元、境外施工人数7160人，在省内继续保持领先。至年底，全市建筑企业境外在建项目159个，主要分布在非洲、中东国家和地区。全年完成境外营业额13.36亿美元。

（顾　聪）

建筑施工

【概况】 2017年，南通市建筑企业开拓施工领域，其中中南集团和通州建总集团有限公司采取联合体投标的方式中标南通市轨道交通1号线一期工程两个标段，首开承接轨道交通建设领域总承包工程先河。全市承建高层建筑22454幢，其中29层以上超高层建筑6371幢。获"鲁班奖"工程9项，累计100项，数量位居全国省辖市第一。

表10-8

2017年度南通市建筑企业承建工程获"鲁班奖"一览表

序号	工程名称	承建单位
1	金河湾世纪广场酒店	江苏江中集团有限公司
2	勘探开发研究院实验中心及外系统建设工程	江苏南通三建控股(集团)有限公司
3	盐城体育中心体育场工程	江苏中南建筑产业集团有限责任公司
4	南京生物医药谷研发中心(会展中心、办公楼及地下车库)	江苏南通二建集团有限公司
5	连云港市档案馆、城建档案馆迁建工程	南通四建集团有限公司
6	仁恒江湾城四期	龙信建设集团有限公司
7	海安县文化艺术中心	南通华新建工集团有限公司
8	新疆高端人才服务大厦	江苏南通二建集团有限公司
9	新纪元广场(新疆财富中心) C座工程	江苏省苏中建设集团股份有限公司

（张敬东）

【施工技术】 2017年，南通市开始推行精益建造、数字建造、绿色建造、装配式建造等新型建造方式。制定在施工工程中推进建筑信息模型技术应用指导意见，建立建筑信息模型技术推广应用长效机制。率先制订《南通市推进建筑信息模型技术(BIM)推广应用实施方案》《南通市推进建筑信息模型(BIM)技术奖励扶持资金实施方案》，选择4个代表性项目(万科开发项目、轨道交通1号线工程、市委党校迁建项目、通大附院新建门诊楼项目)进行BIM技术应用试点示范，形成可推广经验和方法。至年底，全市采用建筑信息模型技术应用试点面积近10万平方米，全省领先。

【施工设备引进】 2017年，随着建设项目越来越大型化、复杂化，南通市大型建筑企业引进新型施工升降机158台、超大型塔吊37台、新型垂直运输机械69台，降低工人劳动强度，提高生产效率。

（范　益）

建筑安装

【概况】 2017年，南通市有建筑安装类工程企业210家，其中总承包一级企业10家(南通建工安装工程有限公司、南通安装集团股份有限公司、南通扬子设备安装有限公司、南通四建集团有限公司、通州建总集团有限公司、南通通博设备安装工程有限公司、华东建设安装有限公司、江苏启安建设集团有限公司、江苏南通六建建设集团有限公司、海门市设备安装工程有限公司)，专业承包一级企业46家。全年实现建筑安装工程产值225亿元，比上年增长4.2%。江苏启安建设集团有限公司参建的新疆高端人才服务大厦、南京生物医药谷研发中心2项工程获"鲁班奖"。

（周原也　顾　聪）

【建筑安装产业发展】 南通建筑安装产业经历由小变大、由弱变强过程。各安装企业提升市场开拓和安装质量，赢得众多客户青睐，工程分布除台湾地区以外的全国各省(自治区、直辖市)。承建众多有影响的工业设备和高层建筑机电设备、消防设施、钢结构制安、化工石油管道安装工程，其中多项工程获"鲁班奖""中国安装之星"。2017年，全市机电设备安装在建项目995个，其中合同额超1亿元项目40个。

（周原也）

建筑装饰

【概况】 南通建筑业发展推动南通建筑装饰产业迅速发展，装饰企业市场遍布全国各地，建筑装饰设计施工队伍不断壮大。2017年，南通有在当地注册建筑装饰企业388家，其中一级资质企业99家(装修装饰企业79家、幕墙企业20家)。年工程量超5000万元建筑装饰企业65家，超1亿元32家。年产值1000余亿元，从业人员40万人。

至年底，南通市建筑装修装饰工程一级资质企业79家。其中，2017年批准资质企业15家：南通鸿盛装饰工程有限公司、南通大隆装潢有限公司、南通格胜建设有限公司、南通天宇建设工程有限公司、南通金鼎建筑装饰工程有限公司、江苏信拓建设(集团)股份有限公司、江苏东立建设工程有限公司、江苏恒绿建设工程有限公司、南通德佳窗业幕墙有限责任公司、江苏中南建设装饰有限公司、江苏紫荆博展装饰工程有限公司、江苏嘉丰建设工程有限公司、江苏紫浪装饰装潢有限公司、江苏南通三建建筑装饰有限公司、华盛建筑装饰工程(南通)有限公司。建筑幕墙工程一级资质企业20家。其中，2017年获批资质企业5家：南通鸿盛装饰工程有限公司、南通天宇建设工程有限公司、南通新华幕墙装饰有限公司、南通金典装饰工程有限公司、江苏中南建设装饰有限公司。

【建筑装饰产业发展】 至2017年底，南通市在国内外建筑装饰市场有专业化建筑装饰施工队伍2000余支。全市建筑装饰企业中，入围全国建筑装饰百强企业5家，获评江苏省优秀装饰企业57家。南通建筑装饰企业获"鲁班奖（参建）"10项、"詹天佑"奖1项、"中国建筑工程装饰奖"69项；获省优质工程装饰奖343项。2017年，江苏南通三建建筑装饰有限公司"住宅工程中小单元体构件的策划与实施"等13个项目入选"江苏省建筑装饰行业科技创新成果推介名单"项目13个；江苏东保装饰集团有限公司承建"江苏省南通市人民检察院办案中心室内装修工程"等22个项目入选2017~2018年度"中国建筑工程装饰奖"第一批入选工程名单。获2017年南通市"紫琅杯"优质工程27项，获2017年江苏省"扬子杯"优质工程7项。南通盛典瑞家装饰设计有限公司等4家企业获评2017年度江苏省住宅装修放心消费优质企业。

（康宜群）

建筑科技

【概况】 2017年，南通市建筑业总体技术水平国内领先，全行业技术开发投入、技术装备率、动力装备率、机械化率施工水平、劳动生产率、科技进步贡献率提升。全市建筑业获评省级施工工法49项，占全省获批工法12%。入选全省新技术应用示范工程目标项目154项，占全省29.6%。

【建筑科研】 2017年，南通市获省建设系统科技项目签订资格项目12个。南通沪望科技公司"pds防护虹吸排水收集系统"、如皋世丰装饰公司"标准化铝合金（平开、推拉）窗"和龙信集团"预制三板"3个项目获评省建设科技成果推广项目。

【建筑节能】 2017年，南通市新开工建设节能建筑1388.32万平方米；新增节能建筑1200万平方米，新增建筑节能量15.43万吨标准煤，超额完成省住房城乡建设厅下达年8万吨标准煤任务。新开工建设绿色居住建筑1018.63万平方米、绿色公共建筑369.69万平方米；建成绿色居住建筑928.31万平方米、绿色公共建筑271.1万平方米。太阳能光热、光电普及应用，浅层地能、空气源热泵备受青睐，能效测评、能源审计、能耗分项计量不断增加，合同能源管理有所尝试，省级绿色建筑示范区不断推进。全市获绿色建筑标识项目29个，其中二星级10个、一星级19个，总建筑面积280.32万平方米，其中二星级以上149.13万平方米。南通建筑工程质量检测中心综合实验楼、海安中洋高尔夫公寓、海门云起苑一期3个项目获2017年度全国绿色建筑创新奖。

（陈荣华）

表10-9

2017年南通市获绿色建筑标识项目一览表

序号	星级	项目类型	标识类别	项目名称	完成单位	所属地区
1	二星	住宅建筑	设计标识	南通如皋宁荣新城翠湖苑（1~6号楼）	如皋市平凡置业有限公司	如皋市
2	二星	住宅建筑	设计标识	江苏南通海门中南锦尚名苑一期	海门中南房地产开发有限公司 江苏中南建筑产业集团有限责任公司	海门市
3	二星	公共建筑	设计标识	南通三建技术研发中心	康博达节能科技有限公司	海门市
4	二星	公共建筑	设计标识	南通市启东滨江实验学校	启东市北新镇人民政府	启东市
5	二星	公共建筑	设计标识	南通宜家家居商场	南通宜家家居有限公司	南通市
6	二星	住宅建筑	设计标识	南通通州佳源都市（1~5号楼、7~21号楼）	南通力顺置业有限公司	通州区
7	二星	住宅建筑	设计标识	南通启东市惠萍家园1、2、5号楼	启东市中超房地产开发有限公司	启东市
8	二星	公共建筑	设计标识	南通星湖·城市广场一期（永旺梦乐城）	江苏星湖置业有限公司	南通市
9	二星	住宅建筑	设计标识	南通市通州区中梁望府	南通市通州区梁宏置业有限公司	通州区
10	二星	公共建筑	设计标识	南通邻里中心	苏通科技产业园控股发展有限公司	南通市
11	一星	公共建筑	设计标识	南通国际棉花交易服务中心项目一期	中国供销集团南通中实投资开发有限公司	通州区
12	一星	住宅建筑	设计标识	南通湖畔天下项目	南通鑫基置业有限公司	通州区
13	一星	公共建筑	设计标识	南通四院改扩建工程（综合业务楼、工娱疗楼）	南通市第四人民医院	南通市
14	一星	公共建筑	设计标识	南通广益大厦（西楼）	南通市广益汽车维修服务有限公司	南通市

（续表10-9）

序号	星级	项目类型	标识类别	项目名称	完成单位	所属地区
15	一星	公共建筑	运行标识	南通万达广场大商业	南通万达广场商业管理有限公司 南通万达广场投资有限公司	南通市
16	一星	公共建筑	设计标识	南通通州万达广场	南通通州万达广场有限公司	通州区
17	一星	住宅建筑	设计标识	南通市悦珑湾花园1~3、5~13、15~20号楼	南通建盛置业有限公司	南通市
18	一星	住宅建筑	设计标识	如皋市嘉和雅居	南通北开置业有限公司	如皋市
19	一星	住宅建筑	设计标识	如皋市建成丽园二期工程1~8号楼	如皋千翠湖房地产综合开发有限公司	如皋市
20	一星	住宅建筑	设计标识	南通市启东新城吾悦广场1~17号	启东市新城万博房地产开发有限公司	启东市
21	一星	公共建筑	设计标识	南通市启东新城吾悦广场S1号、S2号、S3号	启东市新城万博房地产开发有限公司	启东市
22	一星	住宅建筑	设计标识	南通通州大都会花园	南通锦恒置业有限公司	通州区
23	一星	公共建筑	设计标识	南通如皋市金沙城商住楼	如皋市凯特港置业有限公司	如皋市
24	一星	公共建筑	设计标识	南通市通州区先锋金融街项目	南通神辉置业有限公司	通州区
25	一星	公共建筑	设计标识	南通1912文化商业街区	南通1912文化产业发展有限公司	南通市
26	一星	住宅建筑	设计标识	如皋经济技术开发区新北新村安置房(拉丝厂地块)	南通臻禾房地产开发有限公司	如皋市
27	一星	住宅建筑	设计标识	海安县公园印象	海安保障性住房投资建设有限公司	海安县
28	一星	住宅建筑	设计标识	南通春风渡花园	南通1912文化产业发展有限公司	南通市
29	一星	住宅建筑	设计标识	如皋市长江镇华源山水国际(A1~10号、B1~13号)	南通华源置业有限公司	如皋市

（仲　飞）

建筑管理

【工程质量管理】 2017年，南通市建筑工程质量稳居全省前列。11月，出台《关于进一步加强市区房屋建筑工程质量安全监督管理的通知》，进一步规范基本建设行为，检查、巡查、抽查记录不良行为25次。以材料检测监管为重点，对主要原材料实行登记备案制度，加强随机取样送检、原材料台账管理、材料进场验收、复试和实体质量检测，抽检原材料197组，强化材料源头控制。11月14日，召开南通市房屋建筑工程质量安全文明施工观摩交流会，推进工程质量常见问题专项治理。开展建设工程项目专项质量检查，对44项单体在建住宅工程和公共建筑工程专项巡查，其中安置房工程20项、商品房工程14项、公共建筑工程10项。开展“紫琅杯优质工程”评选活动，评选出优质工程项目115个。推荐江苏省“扬子杯”优质工程项目36个。

【建筑市场管理】 2017年，南通市健全建筑企业信用体系。企业库、从业人员库及项目库“三大库”数据量稳步提升，信用评价在工程项目招标环节应用占比有所提高。打造“阳光+招标”品牌，全面落实招标人主体管理责任，优化评标、定标办法，规范招投标各方交易主体行为，强化事中、事后监管。建筑业信用平台录入信用记录近20万条，建筑企业2400余家，各类执业注册人员约3.8万人，在建项目信息5200余条。实现信用平台与电子化招标平台、省住房城乡建设厅企业资质、注册人员管理平台、设计合同网上备案等多系统对接共享及数据实时更新。

【“e联易审”上线】 2017年9月，南通市建设工程施工图数字化联合审查平台“e联易审”上线运行，围绕多图联审业务流程，通过计算机相关技术手段，替代纸质图纸文件进行图纸资料的网络传输、存储、审查和管理，整合建设、人防、消防等相关部门施工图审查环节，建设单位、设计单位、审图机构、监管部门线上线下数据共享，开启“一窗受理、联合审图、集成服务、综合监管”不见面审图新模式。

【建筑安全管理】 2017年，南通市建筑企业安全生产形势保持总体平稳。全年组织安全督查11次，形成检查记录220份，下发督办函28份，通报5份，提出整改意见946条，企业整改率100%。开展动火作业审批、特种作业人员持证上岗督查，建筑工地火灾事故明显减少。

（范　益　曹建云）

综 述

【概况】 2017年，南通市实现服务业增加值3712.1亿元，按可比价计算（下同），比上年增长9.4%，增加值总量居全省第四位，增速分别高于同期地区生产总值1.6个百分点、全省平均水平1.2个百分点。服务业增加值占地区生产总值48%，比上年提高0.2个百分点，占比保持全省第六位。服务业经济对全市经济增长贡献率57%，比上年提高4.3个百分点。完成服务业投资2556.7亿元，比上年增长11.8%，高于全市固定资产投资增速2.9个百分点。服务业实现应税销售7444.7亿元，比上年增长18.1%。服务业实现一般公共预算收入251.2亿元。

【服务业结构优化】 2017年，南通市加快生产性服务业发展，科技服务、交通运输仓储业、软件和信息技术服务业分别实现应税销售127.9亿元、318.9亿元、162亿元，比上年分别增长89.2%、32%、19.8%；全市服务外包执行金额23.7亿美元，比上年增长35.5%，服务外包执行额居全省第四位。壮大新兴服务业，全市实现电子商务交易额1950亿元、网络零售额430亿元，分别比上年增长33.1%、40.9%；总投资180亿元阿里江苏云计算数据中心项目“阿里云”签约落户。稳步发展生活性服务业，全市实现全社会消费品零售总额2873.4亿元，比上年增长9.1%；总投资400亿元恒大童世界、总投资20亿元鲜花小镇以及途居南通房车露营地等旅游重点项目开工建设。

【服务业项目建设】 2017年，南通市出台《2017年市级服务业重点项目计划》，加强对100个市级服务业重点项目管理，全年完成投资396亿元。全市新开工1亿元以上服务业产业项目360个，累计完成投资517.9亿元。南通1895文化产业园二期等7个项目获省级服务业专项引导资金扶持，扶持项目数及资金总额均居全省第四位。

【服务业示范企业培育】 2017年，南通市将规模以上服务业企业新增数纳入全市发展指标月度评估，按月统计分析各地新增规模以上服务业企业数，全年全市新增规模以上服务业企业204家，新增省级生产性服务业领军企业1家（南通伙伴人力资源管理咨询有限公司）。开展南通市级服务业创新示范企业、平台经济示范企业评定，全年新增市级创新示范企业10家、市级平台经济示范企业7家。

【服务业载体平台建设】 2017年，南通市加快服务业集聚区建设，如皋软件外包产业园、南通天汾电动工具城获评省级生产性服务业集聚示范区。至年底，省级示范集聚区总数5家。市级服务业集聚区实现营业收入3912.8亿元，纳税95.9亿元，比上年分别增长8.9%和17.5%。出台《2017年度市级服务业示范集聚区发展评价办法》，按季检查推进示范性集聚区建设15家，完成营业收入1686亿元，实现税收42.8亿元。至年底，市区176幢运营楼宇新增入驻企业超5000家，实现应税销售2300亿元，纳税38亿元，形成税收超1亿元楼宇20幢。修订《星级主题楼宇评定办法》，将星级主题楼宇数、新增数纳入对各区考核，评定星级主题楼宇23幢。南通市推动楼宇经济发展做法获省发展改革委年度工作创新奖。

（陈　亮）

旅游业

【概况】 2017年，南通市实现旅游收入614.92亿元，比上年增长15.2%。其中，国内旅游收入601.43亿元，比上年增长15.2%；旅游外汇收入1.26亿美元，比上年增长0.8%。接待海内外旅游者4247万人次，比上年增长12%；接待国内过夜旅游者2349.93万人次，比上年增长12.94%；接待入境旅游者18.57万人次，比上年增长3.1%。全年完成旅游重大项目投入147.89亿元，比上年减少0.03%。实施旅游开发项目159个。其中，竣工92个、新建43个、续建24个；列入省、市重点5个，实际完成投资25.45亿元，超过年初计划5.2%；签约欢乐滨江、魁北克艺术之城等1亿元以上项目18个，总投资300亿元，完成实际投资超140亿元。优选包装优质旅游项目，编印《南通旅游项目招商指南》。打造品牌景区，狼山景区获批省级生态旅游示范区，碧海银沙景区获评“江苏十大旅游新景区”，濠河景区获“全国旅游厕所革命管理创新奖”。新增省级小镇培育单位4家、四星和五星级乡村旅游区3家、省级自驾游基地1家。

【旅游产业规划】 2017年，南通市启动城市旅游形象与旅游文化资本发展研究。加强风景名胜区生态红线区域保护，利用濠河、五山滨江、运盐河、里下河、南黄海、三水交汇和长江口等“水地标”资源，重点规划景区产品13个、生态旅游休闲产品7个，推动建设“水韵南通”旅游标识。制订《南通城市西部滨江区域规划研究》《南通五山森林公园旅游策划方案》《狼山景区创5A建设规划》等重大项目规划。

【旅游景区（点）建设】 2017年，南通市实施旅游业发展三年行动方案，签约启东魁北克海洋文化艺术之城等重大旅游项目10个，累计投资额约300亿元。开沙岛旅游度假区等4个项目被列入江苏省重点项目库。总投资400亿元恒大童世界、总投资20亿元鲜花小镇以及途居南通房车露营地等优质旅游项目开工建设。启动省、市级旅游风情小镇创建，出台《南通市人民政府关于市旅游风情小镇创建工作的意见》，海安河豚风情小镇等7家入选市第一批创建名单，如皋盆景旅游风情小镇等4家入选省第一批培育名单。南通洲际绿博园等3家单位入选国家AAAA级旅游景区创建名单，探险王国建成国家AAA级旅游景区。通州金土地生态园创建省第一批五星级乡村旅游区，启东江天生态园等3家单位入选第二批省五星级乡村旅游区创建名单；如皋蒲新生态园等2家单位创成省四星级乡村旅游区；新增三星级乡村旅游区10家、二星级乡村旅游区7家。蛎岈山壹号俱乐部获评省自驾游基地。如东小洋口等4家省级旅游度假区均高分通过省年度考核评价。至年底，南通市有A级旅游景区48家，其中国家AAAAA级旅游景区1家、AAAA级旅游景区6家、AAA级旅游景区26家；国家级农业旅游示范点2个；全国工业旅游示范点11个；省级旅游度假区4个；市级旅游度假区3个；星级乡村旅游点83个。

【中国南通江海国际旅游节】 9月29日，“追江赶海·畅游南通”中国南通江海国际旅游节开幕，会期至10月8日。开幕式首次在启东市、通州区和如皋市设立3个分会场，浙江、上海等省、市旅行商近1000人参加。其间，举办南通旅游商品展销、南通非遗展演展销、南通江海美食展销、南通旅游招商推介会、南通旅游嘉年华、百团万人南通体验游和旅游投资商旅行商考察踩线、2017南通江海美食节、美丽乡村体验游、2017中国南通濠河音乐节、2017南通购物狂欢季等活动20场次。

【旅游市场推介】 区域市场合作　2017年，南通市扩大区域市场合作，深度接轨上海市场。整合南通旅游资源，推出精品旅游线路10条，编印《南通旅游精品线路》口袋书。参与上海旅游节、上海旅游销售洽谈会、长江三角洲休闲农业和乡村旅游博览会等活动6次，延伸商务旅游内涵，重点开发商务会展、自驾自助等客源群体。深化与盐城、连云港、泰州等“江苏旅游新干线”联盟城市合作，建设各具特色、联系紧密区域旅游经济联合体。加大北京、广州、深圳等重点客源市场促销，赴12个重点城市举办推介会，与4个城市达成区域合作协议。获评上海、江苏等10家省、市旅游协会“对接上海五百家旅行社旅游目的地推广奖”，获评“新民晚报2017年读者钟情的旅游目的地”“2017年春秋游客周边游最受欢迎目的地”。参加中国国际旅游交易会、南京度假休闲及房车展、华中旅游博览会、香港国际旅游交易会等旅游推广促销活动。邀请旅行商和主要媒体进行踩线活动，扩大南通旅游知名度。

当地市场挖掘　2017年，南通市旅游局在《南通日报》《江海晚报》开辟专版专栏，推出《南通旅游》微信平台，介绍南通特色资源、地方人文、美食攻略、周边景点。推动南通旅游集散服务体系建设，完成6个县（市、区）旅游集散服务中心建设，完成市区及6县（市、区）、镇（街道）、村（社区）网点加盟建设。开展“南通人游南通”系列活动，推出旅游线路10条。

媒体宣传推介　2017年，南通市创新运用“互联网+”推介江海风光。累计投入476.3万元，加大联合投放旅游宣传广告力度，在江苏卫视、江苏广

鲜花小镇。　（姜泽林　摄）

播、首都机场、上海交通广播、上海公交车身、沪宁高速服务区灯箱、《远方的家》《中国旅游报》《扬子晚报》、电梯框架媒体、日本Trippiece和Retrip网站等媒体投放南通旅游宣传广告。

【特色旅游】 *乡村旅游* 南通市是全省乡村旅游发展较早、产品和市场成长比较成熟地区之一。2017年，南通市新增五星级乡村旅游区1家，四星级2家，三星级10家，二星级7家；列入五星级创建3家。至年底，全市有全国休闲农业与乡村旅游示范县1个、示范点3个，有全国特色景观旅游名镇（村）4个、星级乡村旅游点83家。有特色各异、业态丰富田园农庄、乡村俱乐部、乡村度假区、乡村酒店、农家乐、休闲农庄、山水人家、采摘篱园近250家。小洋口、开沙岛、狼山、圆陀角相继获批省级旅游度假区。5月30日，"2017南通市乡村旅游节暨'星得斯'杯第三届栟茶古镇端午龙舟文化节"在栟茶古镇举行，开展乡村游活动20余场次。同日，江苏省南通游客集散中心发布乡村旅游直通车线路。

环濠河博物馆群旅游 至2017年底，南通市环濠河博物馆群有南通博物苑、南通城市博物馆、中国珠算博物馆、中国审计博物馆、南通濠河博物馆、沈寿艺术馆、南通纺织博物馆、南通民间艺术馆、给水技术博物馆、个簃艺术馆、张謇纪念馆、南通蓝印花布艺术馆、南通建筑博物馆、南通华侨博物馆、体育博物馆、长寿博物馆、眼科博物馆等博物馆20座。其中，国有博物馆4座，行业博物馆9座，民营博物馆7座。全年有10余家博物馆实行免费开放，有各类专业人员255人。南通博物苑是中国第一座公共博物馆，中国珠算博物馆是世界上最大珠算主题博物馆，中国审计博物馆是世界上第一家国家审计博物馆，南通濠河博物馆是全国唯一以护城河为内容专题博物馆。

历史文化旅游 2017年，南通市保护和开发寺街、西南营、唐闸、东大街和栟茶、余东、余西、如城、白蒲等古镇历史文化旅游资源，深化青墩遗址保护利用。加强各级非物质文化遗产保护传承，发掘南通风筝国家级非遗品牌，建设国际一流风筝放飞公园；传承和弘扬非遗、工艺美术品牌，开发蓝印花布、沈绣、紫檀、红木、金丝楠木、沉香等特色商品，加快培育旅游商品开发基地。丰富旅游业态，加强对外宣传与营销，形成餐饮、购物、文化体验综合性旅游区域。

长寿养生旅游 2017年，南通市依托狼山广教禅寺、通州南山寺、如东国清寺、如皋定慧寺、玫瑰圣心教堂等宗教旅游资源，设计游客朝拜、餐饮、体验等产品，设计游客禅意休闲等特色旅游产品。依托南通优越的长寿旅游资源，开发养生保健、针灸推拿、养老公寓等系列产品，策划长寿主题节事活动，加大品牌营销与宣传，加强与常规旅游线路的融合。

8月4日，市旅游局等部门联合开展旅游市场秩序综合整治"暑期整顿"专项行动。
（市旅游局　供图）

【旅游行业管理】 2017年，南通市采取联合执法、专项整治、工作例会等手段，加大对不合理低价游、"一日游"市场等方面治理，解决游客反映突出问题。取消A级景区1家。全年检查旅游包车895辆，查处违法营运车辆行为1起，下发整改通知6家，对违规旅行社实施行政处罚2起。建立高效完善投诉处理和应急响应机制，统一设立24小时旅游投诉热线电话，实现市、县（市、区）范围全覆盖。全年累计受理有效投诉115起，7天结案率100%。

星级饭店建设（参见《服务业·住宿餐饮》）

旅游市场监管 2017年，南通市新批旅行社10家。至年底，全市有旅行社172家。新增出境旅游组团社3家，总计18家。举办行业培训6期890余人次。开展出境游专项检查、文明旅游长效管理及安全检查和出境游市场管理、旅行社用车安全、旅游市场秩序综合整治，治理全市旅游市场"不合理低价游"。组织开展旅行社租用车辆安全管理专项整治、旅游企业安全生产主体责任提升年、旅游市场秩序综合整治春季行动等活动12项。联合检查149家旅行社旅游包车情况。完成市区所有3星级及以上酒店消防、电气、危化品，76家旅行社保险、培训和包车，6家景区消防、旅游设施、设备和重点部门（区域）等安全检查。旅行社用车专项整治工作在全省推介。

文明旅游创建 2017年，南通市推进文明旅游长效管理，组织江海志愿者南通旅游服务总队参与各类文明旅游志愿服务。全年，组织参与文明旅游志愿服务6次108人，服务时长996小时。

（孙葛峰）

2017年南通市市级及以上旅游度假区一览表

表 11-1

序号	名称	负责人
省级		
1	如东小洋口旅游度假区	陶玲玲
2	通州开沙岛旅游度假区	孙伟俊
3	狼山旅游度假区	刘新华
4	启东圆陀角旅游度假区	王　宁
市级		
5	海安黄海旅游度假区	章晓丽
6	如皋长寿旅游度假区	唐建如
7	海门海永旅游度假区	顾　健

（孙葛峰）

2017年南通市AAA级以上旅游景点一览表

表 11-2

序号	等级	景区名称	地区
1	AAAAA级	南通濠河风景名胜区	崇川区
2	AAAA级	南通狼山风景名胜区	崇川区
3	AAAA级	南通啬园	崇川区
4	AAAA级	如皋水绘园风景区	如皋市
5	AAAA级	中国工农红军第十四军纪念馆	如皋市
6	AAAA级	江苏海门叠石桥国际家纺馆·家纺产业旅游区	海门市
7	AAAA级	江淮文化园	海安县
8	AAA级	南通城市博物馆	崇川区
9	AAA级	南通市军山景区	崇川区
10	AAA级	南通世外桃园休闲农庄	南通开发区
11	AAA级	南通城市绿谷	港闸区
12	AAA级	南通探险王国	港闸区
13	AAA级	南山寺	通州区
14	AAA级	忠孝文化园	通州区
15	AAA级	如皋市定慧寺	如皋市
16	AAA级	如皋市内外城河风光带	如皋市
17	AAA级	如皋白蒲法宝禅寺	如皋市
18	AAA级	如皋东方大寿星园	如皋市
19	AAA级	长江药用植物园	如皋市
20	AAA级	金岛生态园	如皋市
21	AAA级	如皋中华长寿文化谷	如皋市
22	AAA级	如皋龙游湖风景区	如皋市
23	AAA级	海安苏中七战七捷纪念馆	海安县

（续表11-2）

序号	等级	景区名称	地区
24	AAA级	海安县广福禅寺	海安县
25	AAA级	523文化主题公园	海安县
26	AAA级	海安博物馆	海安县
27	AAA级	海安县七星湖生态园	海安县
28	AAA级	海安县万缘宝塔	海安县
29	AAA级	海门市张謇纪念馆	海门市
30	AAA级	启东市黄金海滩景区	启东市
31	AAA级	南通小洋口风景区	如东县
32	AAA级	如东洋口港景区	如东县
33	AAA级	如东县国清园	如东县

（孙葛峰）

※旅游景区选介※

南通濠河风景名胜区

【概况】 2017年，南通濠河风景名胜区接待游客808.55万人次，比上年增加31.55万人次。继续贯彻施行《南通市濠河风景名胜区条例》，推进景区法治化管理，完成景区总体规划送审稿。与南通科技职业学院合作，在濠东绿苑（约15万平方米）开展濠河滨水绿地园林植物病虫害防治项目试点，经专家验收，项目应用率90%以上。投入133.64万元完成景区周边绿地补植及绿化提升，植（播）各类乔木541株、灌木色块1161平方米、球类36株、麦冬草4943平方米、草坪1080平方米，布置草花面积2.98万平方米（141.8万盆）。年内，濠河风景名胜区获“全国旅游厕所革命管理创新奖”，入选江苏省2017年度“最美水地标”。

【项目建设】 基础设施项目　5月20日，濠河水域及支流河道生态清淤工程完工，实际清淤面积约58公顷，清淤量23万立方米。

景区修缮项目　2017年，南通濠河风景名胜区现场确认19项大修事项，造价约75万元；实施中小修项目766项，实行费用包干，包干价约112万元。

【景区管理】 2017年，南通濠河风景名胜区根据《南通市濠河风景名胜区条例》，梳理确认行政权力事项16项。全年审批绿地占用7件，公益性活动47件。制定完善《南通市濠河风景名胜区公园、广场管理规定（试行）》《南通市濠河风景名胜区水域管理规定（试行）》《南通市濠河景区养护管理考核办法》等条例配套管理制度。完善旅游管理职能，制订实施《南通市濠河景区旅游服务考核办法（试行）》，全年发出督办函21份，督促整改问题393个。落实“河长制”，完成濠河“一河一档”建设，摸查沿河280余个雨水排口，加强濠河沿线排口管控。组建综合执法大队，建立24小时执法巡查机制。开展综合执法，全年处置不在规定区域垂钓、乱设摊点、毁绿占绿等违法违规行为或不文明现象约9000起，没收各类偷捕、不文明垂钓器具596件。处置数字化城管案件186件，其中按时办结115件、回退71件，按时办结率100%。全年发出安全整改通知32份，整改问题67个。

（杨晓林）

南通狼山风景名胜区

【概况】 2017年，南通狼山风景名胜区接待游客量198万人次，实现旅游收入7293万元，其中售票收入5403万，比上年增长9%。成立AAAAA级旅游景区创建工作小组，围绕“江海第一山”主题，整合五山自然、人文资源，完成《南通狼山景区景观质量报告书》《旅游景区质量等级申请评定报告书》，并上报国家旅游局待评。推进五山及沿江地区生态修复和经营管理，聚焦佛教文化、民风民俗、饮食文化、度假休闲等元素，建设景区文化产业项目，五山森林公园可行性研究报告编制完成并送省农业局审核。年内，南通狼山风景名胜区获评2017年最美中国生态自然旅游景区、2017年长江三角洲休闲农业和乡村旅游景点。

【项目建设】 2017年，军山森林公园土方、水系工程及主体工程完成。军山生态修复工程确定方案，地质灾害治理一期工程完工，消防达标工程推进施工。南通植物园（含盆景园）土方、水系工程完成，主要道路、桥梁、盆景园及配套功能性建筑开工。狼山中心片区生态修复规划设计方案报市规划局审批。剑山东侧地块进行河道开挖和地形整理。狼山地质灾害治理一期工程完工，山水路改造道路工程通车。滨江片区生态修复及景观提升工程设计方案报市规划局审查。黄泥山、马鞍山地质灾害治理一期完成。啬园片区玉兰谷休闲园工程一期竣工；新港花苑西侧地块绿化工程完善设计方案。组织狼山古镇片区、旅游配套片区详细规划、业态调整等前期研究。

【旅游宣传营销】 2017年，南通狼山风景名胜区利用“五一”“十一”、春节等节假日，举办第六届狼山江海民俗文化节、禅意狼山赏秋、园博园第二届灯光节、秋季环保暨户外影像集、民博园非遗课堂等节庆活动，形成阶段性市场热点。推出狼山牡丹节，园博园梅花节、虞美人花海，啬园郁金花展、荷花节、秋季百花展等主题花展，确保景区四季有花赏。承办“灵秀南通·飞阅江海”全国晚报无人机摄影联盟大型航拍采风活动启动仪式，吸引全国14个省市50家主流媒体集中报道，提升景区知名度。参与水韵江苏欢乐游、旅游新干线等联合促销活动和各类国际国内旅游交易会。

【景区管理】 2017年，南通狼山风景名胜区加强周边环境秩序综合整治，完成狼山景区南、北大门区域内小合围，推行“三支香”文明敬香新规，综合治理静海商贸街、狼山东大门、山水路滨江观光带等区域的揽客停车、出店经营、流动摊贩等市容秩序问题。建立和完善停车服务、窗口售检票、导览讲解、接待咨询等服务标准。

（周志培）

房地产业

【概况】 2017年，南通市贯彻落实国家房地产宏观调控政策，合理引导市场，全市普通商品住房销售10.14万套1220.2万平方米，销售面积比上年增长1.11%。市区商品住房销售4.06万套512.87万平方米，销售面积比上年增长3.12%。全市普通商品房住房批准预售面积1123.5万平方米，比上年增长58.38%。至年底，可销售面积645.4万平方米，比上年减少11.56%。其中，市区批准预售面积498.1万平方米，比上年增长55.92%；至年底，可销售面积144.73万平方米，比上年减少0.99%。

【房地产市场】 *房地产开发* 2017年，南通市完成房地产投资610亿元，比上年增长4.4%。房地产投资占全社会固定资产投资总量12.29%，占服务业投资总量23.86%。其中，住宅投资450.4亿元，比上年增长5.8%；市区完成房地产投资370.6亿元，比上年增长5.5%，住宅投资276.9亿元，比上年增长13.7%。

普通商品住房供销 2017年，南通市普通商品住房成交均价为每平方米8260元。其中，市区普通商品住房成交均价为每平方米8990元，比上年增长6.58%。全市普通商品住房批准预售面积879.68万平方米，比上年增长14%。其中，市区普通商品住房批准预售面积413.64万平方米，比上年增长25.7%。

二手住房市场 2017年，南通市二手住房销售面积433.72万平方米，比上年增长22.97%，其中市区二手住房销售面积316.35万平方米，比上年增长42.11%。

【房地产市场调控】 2017年，南通市坚持房子居住属性，加强市场调控，抑制投资投机性行为，保障居民合理住房需求。市区出台提高公积金贷款相关规定，二套房首付比例由20%提高到40%、认房又认贷、取消住房公积金贷款“公转商”等“通十六条”调控政策，明确严禁期房转让，适当抑制消费。启东市、海门市、如皋市等地先后出台规范房地产市场秩序相关措施。其中，启东市规定外地居民在启东购买商品住宅3年内不得上市交易。严格限价管理，实行商品住房销售价格备案，市区建立“四不”（备案价格不得高于上年10月水平、未经备案的商品住房不得申报预售许可、备案价格在规定期限内不得提高、实际销售价格不得高于备案价格）监管机制；增加普通商品住房用地出让最高限价要求。

（单亚东）

金融业

综　述

【概况】 2017年，南通市金融业呈现总量增长、结构优化、风险可控发展格局。全市金融业增加值486.45亿元，比上年增长8.7%，占地区生产总值6.3%。全市社会融资总规模1404.61亿元，比上年增加23.98亿元，增长1.7%。全年直接融资624亿元，上市、新三板挂牌企业总数123家。有银行类金融机构42家，全国性股份制银行全部落户南通，各项存款余额11718.16亿元，较年初增加387.59亿元，增长3.4%；各项贷款余额7886.57亿元，较年初增加989.98亿元，增长14.4%；存贷比由年初60.9%升至67.3%。全市保险业分支机构77家，地方法人财产保险公司稳步推进；实现保费收入331.27亿元，比上年增长22.38%。全市证券分支机构62家（证券分公司3家、营业部59家），期货营业部12家；创业投资和股权投资机构171家，小额贷款公司45家，融资租赁公司35家，融资性担保公司19家。全市29家典当企业实收资本总额5.39亿元，典当余额4.35亿元，累计发放当金2.17万笔，典当总额7.92亿元，税后利润总额329万元。

【融资结构优化】 2017年，南通市直接融资624亿元，直接融资占社会融资总规模44.4%。推进多层次资本市场建设，全市新增上市企业2家，累计39家，进入上市轨道50余家；新增新三板挂牌企业12家，分别为郎峰新材、恒力包装、龙翔新材、磐石新能、通易航天、如皋农商行、亿森股份、金磊市政、叠石桥、瀚天智能、皋液重工、明芯微，累计84家，进入轨道23家。上市公司直接融资168亿元、增发融资117亿元；15家“新三板”企业增发融资31亿元，列全省第二；在南通企业新增债券融资463亿元。江苏南通三建集团有限公司在香港发行境外债券3亿美元，为南通地区第一支境外债券，开创中国民营建筑企业赴境外公开发行美元债券先河。

（朱　明）

【金融业监督管理】 *支付市场监管* 2017年，中国人民银行南通市中心支行（简称“人行南通市中心支行”）对全市22家银行业金融机构网点开展支付结算业务行政执法检查，检查结算类账户6100个，查出存在问题账户52个。保

9月21日，海门叠石桥家纺城在北京“新三板”挂牌。

（市政府新闻办　供图）

持互联网金融风险整治高压态势，做好江苏优乐通商务服务有限公司后续重点整治。配合公安部门处置普讯网络科技有限公司无证从事网络支付业务案件，成为公安部门破获的国内首起违规为赌博私彩网站提供资金清算服务案件。

反洗钱监管　2017年，人行南通市中心支行对6家金融机构开展反洗钱现场检查，对不同类型金融机构分别开展反洗钱考核评级、监管走访和洗钱风险评估。在全省率先推动拍卖行业反洗钱监管。出台《南通市律师事务所反洗钱和反恐怖融资管理办法（试行）》。发起行政调查8起，协助发起行政调查12起，向公安机关及地方金融部门移送非法集资案件线索10条，由公安机关重点侦查、侦破案件6起。

人民币流通管理　2017年，人行南通市中心支行完善小面额现金供应长效机制，投放小面额现金8.52亿元，累计兑换硬币金额197.58万元，硬币自助回笼金额15.12万元。在全省率先开展现金业务第三方评估试点，督促商业银行提高网点服务水平。全年回收残损币金额180.66亿元，比上年增长115.2%，率先开展“收支两条线”（银行网点所有收入钱款均上缴集中清分，网点所有付出钱款均为集中清分后下发钱款）试点。通过冠字号码追踪系统，实现冠字号码信息流与实物流同步流转。依托假币信息实时采集系统，破获持有使用假币案件1起，涉案金额7890元。

外汇监管　2017年，人行南通市中心支行加大大额、异常购付汇监测约谈力度，累计监测企业54家次，购汇金额24.21亿美元；自主监测企业1224家次，购汇金额50.78亿美元；自主监测银行258家次，金额41.2亿美元。开展打击“逃骗汇、非法套汇”等外汇违法违规行为专项行动，对2家企业和2家银行开展现场检查，对1家企业和1家银行行政处罚金额71万元。开展外汇检查非现场线索自主分析，9条线索确认为违规并处罚完毕，处罚金额242.6万元。开展打击地下钱庄及交易对手专项工作，对4家企业立案查处，处罚金额260.8万元；查处银行机构违规情形24起，涉及违规金额4693.97万美元，处罚金额706.1万元。

保险业监督管理　2017年，南通市保险行业协会收到保险欺诈案件48件，涉案金额260余万元，减损案件7件，移交公安6件，减损金额62万元，追回损失17万元。接待、受理涉及侵害消费者权益信访投诉364件，其中有效投诉352件、无效投诉12件，比上年上升16.95%，办结348件，办结率98.87%。

（李丹瑾　戴　洋　李珊珊）

【金融综合服务】支付结算服务　2017年，人行南通市中心支行拓展金融IC卡行业应用领域，实施“智慧菜场”增量扩面工程，全年新上线运行“智慧菜场”10家，累计19家。推动南通6家农村商业银行出台《银行卡风险损失补偿办法》，维护持卡人利益，增强群众用卡信心。

金融信息化服务　2017年，人行南通市中心支行加强金融机构编码日常管理，做好金融机构编码新增、变更、撤销等日常申请受理。金融业机构信息管理系统新增机构信息35家，变更机构信息1184家，撤销机构信息14家。在全省率先开发运行银行营业网点服务认证评估系统，实现金融业机构信息与金融标准化领域应用深度融合。

国库服务　2017年，人行南通市中心支行继续推进电子凭证库项目部署，扩大支出业务无纸化覆盖面，实现财政支出业务全面无纸化。与南通广播电视台合作，创新国债微信宣传南通模式。崇川区财政局成为全省首家完成电子凭证库业务部署区级财政部门。

征信服务　2017年，人行南通市中心支行组建南通市银行系统“征信讲师人才库”，试点“大学生诚信积分”，升级“南通企业信用信息监测与分析系统”。出台《南通市事业单位信用等级评级办法（试行）》，推进社会信用体系建设。完成征信服务窗口和自助查询机迁址，增设代理查询点5个、自助查询机5台。

跨境金融服务　2017年，人行南通市中心支行持续推进市场采购贸易外汇管理改革，市场采购贸易综合管理系统外汇管理升级模块上线，并被推广至常熟市、广州市花都区等其他试点地区。完成南通国投大额并购、万科大额并购。引导南通通润达投资有限公司等企业以人民币进行贸易、投资，节省汇兑成本。解决安富国际3.97亿元、南通五建控股集团有限公司2.1亿元资金汇出和星瀚房地产企业0.8亿元境外放款资金汇出。为国核维科锆铪有限公司解决外债额度不足问题，帮助企业引入低成本外债资金。全年为4596家外贸出口企业办理出口退税业务3.2万笔，金额128.11

亿元。中国银行业监督管理委员会南通监管分局（简称“南通银监分局”）举办金融支持建筑业“走出去”活动，签订124亿元合作授信协议。

绿色金融服务　2017年，南通银监分局在全省率先出台《关于加强绿色金融发展支持全市生态文明建设的实施意见》，实施全国首例违反《绿色信贷指引》行政处罚。

实体经济服务　2017年，南通市制定《关于金融支持“3+3”重点产业发展的意见》。全年中小企业金融服务中心组织融资对接活动101场次，参与融资对接企业746家，其中53家企业融资3亿元。整合南通创业融资服务平台和南通中小企业信贷服务平台，优化升级为南通综合金融服务平台，同步开发APP和微信公众号，提供全市26家银行225项信贷产品查询对接服务，发布306项创新创业项目及60余家投资机构对接信息。开展“送宝典助融资”金融帮服万企行活动，覆盖4万余家企业（其中3万余家企业首次与银行接触），直接帮助646家企业实现融资30.84亿元。其中，为500家小微企业实现融资14.35亿元（首贷户192户，实现融资8.38亿元）。累计组织23期服务上海和“3+3+N”产业开展股权投融资对接活动，为9家企业引进投资2.03亿元。

科技金融服务　2017年，南通市有科技金融机构19家，市区科技型中小企业库入库企业770家，苏科贷备选企业库中已入库企业1574家。创新科技金融服务产品，形成苏科贷、通科贷等一系列金融产品。全市地方科技成果风险补偿资金池规模1.01亿元，科技贷款额37.41亿元，比上年增长41.78%。全年市区财政支出费率补贴1316.91万元；市级科技担保公司服务在保企业105家，在保余额4.5亿元；科技创投完成1亿元投资规模，在投企业16家，增值服务价值2亿元。

（李丹瑾　戴　洋　王　征　汪兵兵）

【金融风险防控】　2017年，南通市开展互联网金融风险、非法集资风险、校园贷风险、农村地区非法集资风险、虚拟货币风险等专项排查整治。在全省率先成立非法集资风险应对处置工作专班，完善严格风险机构市场准入条件和程序，开展“防非宣传社区行”“防非宣讲校园行”等活动100场，直接受众近3万人。做好交易场所监管，出台《市政府办公室关于转发清理整顿各类交易场所“回头看”工作有关文件及南通市实施方案的通知》。出台《南通市小额贷款公司绩效评价办法（试行）》《南通市小额贷款公司监管工作考评办法（试行）》，增强小额贷款防范风险能力。化解资金链风险，更新完善《南通市企业信贷突发事件应急处置办法》，协调资金链风险企业2家，涉及金额1.2亿元。全年未发生因企业资金链断裂问题影响地区金融环境重大事件。加快不良资产处置，发挥金融审判庭作用，加快金融案件审理效率；发挥联濠资产管理公司专业优势，累计处理不良债权项目6个，累计处置不良债权金额14.67亿元。推动全市银行业全年暴露不良贷款91.41亿元，处置80.77亿元，比上年增加18.25亿元，均创历史新高。扩大债委会范围，牵头组建南通龙洋水产等7个集团客户债委会，累计组建债委会186个，债委会企业贷款余额占银行业各项贷款余额近3成。完善“大金融”范畴风险监测机制，定期监测分析银行业、证券期货业、保险业金融机构和具有融资功能非金融机构经营风险状况。对6家法人金融机构开展资产质量真实性现场评估。开展“三违反、三套利、四不当”（违法、违规、违章，监管套利、空转套利、关联套利，不当创新、不当交易、不当激励、不当收费）系列专项整治。制订《中国人民银行南通市中心支行存款保险主评级人办法》，建立投保机构主评级人制度。对全市12家投保机构开展现场核查，实现投保机构核查“全覆盖”。防控地方政府债务风险，开展政府债务全口径摸底排查，按月监测到期还款情况。

（朱　明　戴　洋　王　征）

【金融消费者权益保护】　2017年，人行南通市中心支行启用投诉督办电子流程，强化投诉分类分析，全年开展金融消费者权益保护监督检查10次，受理、办结金融消费者权益保护投诉40余件。开设“静海讲坛·金融走近南通市民系列讲座”，宣传金融消保知识，直接受众400余人次。《金融时报》专题报道南通“普惠金融乡村行”系列活动。

（戴　洋）

银行业

【概况】　至2017年底，南通市有银行业金融机构42家。其中，政策性银行1家，国有商业银行5家，股份制商业银行12家，城市商业银行5家，农村中小金融机构16家（含法人农村商业银行6家、村镇银行6家），邮政储蓄银行1家，外国银行分行2家。全市银行业金融机构本外币存款余额11718.16亿元，比年初增加387.59亿元，增长3.4%；本外币各项贷款余额7886.57亿元，比年初增加989.98亿元，增长14.4%，增量创历史同期最高纪录，增速居全省第五位。全年直接债务融资工具发行量123.1亿元，兴业银行南通分行为南通开发区总公司承销发行首单绿色直融工具，实际发行金额3亿元。如皋农商行成为省内首家新三板挂牌农商行，海安农商行主板上市、获评省银监会农金部全国标杆银行。无锡农商行南通分行筹建获批。银行机构向下延伸金融服务，邮储银行南通市分行在全辖行政村实现基础金融服务“三通”（贷款村村通，个人支付结算快通，新农保领取、缴费、参保服务和政策咨询四不出村），如东农商行、海门农商行推进“网格化”管理，将基层支行定位为服务辖区、服务中小企业社区网点。全年新设网点16个，其中县域及以下11个。全市累计银行网点1398个，其中县域以下1099个。全市银行从业人员2.2万人。在2017年江苏省县域金融生态环境综合评估排名前10名中，南通占据3席，其中海门市连续第四年蝉联第一名。

（戴　洋　王　征）

【货币政策执行】　2017年，人行南通市中心支行贯彻落实稳健货币政策，引导全市货币信贷总量继续保持平稳增长，有力支持实体经济发展。全年累计发放支农、支小再贷款41.8亿元，比上年同期增加31.3亿元；实现全市12家法人金融机构全覆盖，累计办理再贴现28.8亿元。实施《南通"金融支持制造业提质增效行动计划"（2016~2020）实施方案》，修订《金融创新奖考核办法》，加强商业银行对制造业发展信贷支持。组织全市银行业金融机构开展"2017年度金融精准扶贫暨普惠金融劳动竞赛"，构建大普惠金融服务体系。严格落实房地产信贷政策，按月监测房地产开发贷款、个人住房贷款发放情况。

【金融创新】 2017年，人行南通市中心支行推动"两权"（农村承包土地的经营权和农民住房财产权）抵押贷款业务增量扩面。至年底，全市"两权"抵押贷款余额6.56亿元，比年初增加1.85亿元，开办机构20家，比年初增加7家，农村承包土地经营权抵押贷款余额列全省第一。推进信贷资产质押再贷款试点，全年发放信贷资产质押再贷款21.6亿元，实现新增预先备案合格信贷资产36亿元。

（李丹瑾　戴　洋）

表11-3

2017年南通市金融机构本外币存款情况一览表

单位：亿元

银行名称	各项存款		单位存款		储蓄存款		保证金	
	余额	比年初	余额	比年初	余额	比年初	余额	比年初
农发行南通市分行	75.27	5.75	75.27	5.75			0.60	-0.97
工行南通分行	954.54	60.87	401.85	37.99	444.33	-32.99	24.71	-11.81
农行南通分行	1294.07	104.17	396.24	79.21	822.75	17.27	10.58	-12.97
中行南通分行	1104.36	45.36	517.87	50.76	518.68	-23.94	17.14	-6.60
建行南通分行	1129.97	-1.56	505.28	26.46	565.12	-31.74	25.35	-2.88
交行南通分行	254.83	3.73	175.81	-0.86	40.56	-5.72	4.55	-10.54
中信银行南通分行	200.93	11.84	182.34	7.63	10.36	-0.26	11.36	9.72
光大银行南通分行	147.15	-4.48	139.09	-5.59	4.04	-0.28	2.92	0.38
华夏银行南通分行	92.95	-8.48	77.04	-5.64	15.26	2.13	7.84	0.09
广发银行南通分行	47.81	-41.99	43.93	-14.98	1.96	-2.28	0.08	-1.69
平安银行南通分行	38.83	-8.35	16.34	-29.63	1.77	0.71	1.32	-24.53
招商银行南通分行	221.50	5.85	168.56	11.09	39.59	0.06	19.39	-0.50
浦发银行南通分行	168.55	-28.84	126.76	-17.30	18.79	5.42	4.12	-2.35
兴业银行南通分行	316.75	-70.05	212.33	7.00	24.05	7.24	10.91	1.74
民生银行南通分行	244.76	21.96	171.10	-2.11	10.56	-7.15	0.97	-5.84
恒丰银行南通分行	146.71	17.15	125.95	4.70	1.87	-3.36	0.08	-3.17
浙商银行南通分行	94.96	-0.75	90.16	-3.61	4.80	2.95	6.91	-17.44
渤海银行南通分行	56.84	25.59	37.51	6.27	0.20	0.20		
上海银行南通分行	74.21	-21.95	66.57	-18.80	2.90	-0.31	0.66	0.05
南京银行南通分行	560.83	-12.36	412.40	-42.57	38.18	-4.99	6.10	-3.40
江苏银行南通分行	911.25	-34.83	621.53	13.41	214.33	1.93	29.96	-62.08
长江商业银行南通分行	1.67	0.71	1.01	0.62	0.55	0.02	0.55	0.54
苏州银行南通分行	48.77	17.69	40.67	13.51	3.77	1.15	3.81	-0.09
无锡农商行	3.39	1.10	2.67	0.81	0.38	-0.04	0.20	0.18
常熟农商行南通各分支机构	44.19	7.58	28.68	2.77	8.14	0.96	1.90	-0.99

（续表 11-3）

银行名称	各项存款		单位存款		储蓄存款		保证金	
	余额	比年初	余额	比年初	余额	比年初	余额	比年初
昆山农商行	4.13	-0.31	2.94	-0.53	1.08	0.15	0.48	-1.38
张家港农商行南通支行	32.45	3.24	23.29	2.93	7.97	1.43	1.25	-1.36
南通农商行	505.68	22.09	98.96	3.15	388.94	7.47	7.38	-2.95
如皋农商行	348.84	33.86	88.99	15.84	252.79	15.76	4.60	0.02
海门农商行	305.72	28.73	51.22	1.88	238.57	12.32	6.71	-3.30
海安农商行	452.18	29.01	96.71	8.00	329.49	5.80	9.07	-0.78
启东农商行	378.08	24.35	62.37	-3.37	298.28	14.05	4.36	0.86
如东农商行	321.15	39.21	69.09	19.17	236.24	12.18	3.55	0.81
南通市各村镇银行	54.05	6.58	36.59	5.07	17.33	1.76	3.63	0.59
邮储银行南通市分行	991.09	82.49	84.63	6.10	905.47	75.51	1.24	0.47
汇丰银行南通分行	3.74	1.29	3.48	1.04			0.80	0.70
名古屋银行南通分行	0.22	0.17	0.22	0.17				
合　计	11718.16	387.59	5255.44	186.31	5469.06	73.44	235.07	-161.44

注：各项存款余额、比年初合计数包含不计入银行机构存款统计的财政存款、委托存款等。

2017年南通市金融机构本外币贷款情况一览表

表 11-4　　单位：亿元

银行名称	各项贷款		短期贷款		中长期贷款		票据融资	
	余额	比年初	余额	比年初	余额	比年初	余额	比年初
农发行南通市分行	394.53	74.83	51.34	1.28	343.20	73.55		
工行南通分行	687.53	82.59	190.49	-8.64	494.74	90.50	1.51	0.52
农行南通分行	627.38	66.99	147.14	-6.02	477.44	86.27	2.60	-13.26
中行南通分行	788.69	47.30	278.01	36.76	483.71	3.86	22.14	3.77
建行南通分行	735.00	93.93	204.88	44.47	525.37	53.43	4.61	-4.04
交行南通分行	192.89	-1.95	44.91	-14.74	141.08	16.17	5.83	-4.01
中信银行南通分行	169.78	38.54	20.45	-8.88	148.76	47.20	0.42	0.08
光大银行南通分行	131.53	13.64	11.44	-0.19	120.08	13.84		
华夏银行南通分行	97.63	23.38	33.58	3.09	64.04	20.58		
广发银行南通分行	69.11	3.06	38.65	-18.84	27.75	20.90	0.38	-0.20
平安银行南通分行	99.73	34.01	23.61	-3.13	76.13	37.14		
招商银行南通分行	222.87	17.55	105.21	-13.19	100.30	34.55	17.28	-1.31
浦发银行南通分行	177.02	23.25	98.97	-8.89	75.04	32.08		-2.90
兴业银行南通分行	242.08	51.58	42.48	3.69	199.00	47.29	0.60	0.60
民生银行南通分行	193.59	51.71	50.45	19.75	140.77	41.85	2.38	0.33

（续表11-4）

银行名称	各项贷款		短期贷款		中长期贷款		票据融资	
	余额	比年初	余额	比年初	余额	比年初	余额	比年初
恒丰银行南通分行	87.75	6.12	41.50	25.57	46.25	-19.45		
浙商银行南通分行	61.47	-3.22	18.16	0.44	43.23	-3.73	0.07	0.07
渤海银行南通分行	35.43	35.43	3.40	3.40	32.03	32.03		
上海银行南通分行	116.70	19.63	52.92	21.39	52.89	20.38	4.76	-0.80
南京银行南通分行	268.81	46.48	100.37	5.17	166.88	46.27	1.56	-4.22
江苏银行南通分行	611.79	71.95	252.71	7.48	322.77	78.08	35.59	-14.33
长江商业银行南通分行	3.89	3.04	1.66	1.19	0.36	0.33	1.87	1.52
苏州银行南通分行	60.26	19.07	25.68	8.50	34.04	10.25	0.55	0.32
无锡农商行	8.10	2.81	3.02	1.50	4.86	1.58	0.23	-0.27
常熟农商行南通各分支机构	66.80	-0.29	39.17	0.83	27.59	-0.08		-1.05
昆山农商行	8.86	-1.42	6.98	-0.48	1.86	0.12	0.02	-1.04
张家港农商行南通支行	47.25	13.95	19.89	0.93	27.34	13.43	0.03	-0.41
南通农商行	338.83	26.81	163.22	-11.40	137.18	49.89	38.42	-11.66
如皋农商行	202.28	18.05	125.86	15.64	47.70	8.46	28.72	-6.05
海门农商行	197.31	20.02	109.03	8.22	56.75	12.88	31.53	-1.08
海安农商行	283.57	16.80	215.39	4.90	49.87	16.03	18.30	-4.04
启东农商行	230.51	20.94	128.86	6.42	78.72	24.36	22.92	-9.84
如东农商行	149.43	12.29	90.23	9.34	40.39	4.11	18.81	-1.15
南通市各村镇银行	45.69	5.71	39.28	2.58	6.41	3.27		-0.14
邮储银行南通市分行	225.32	34.24	58.51	12.85	161.75	36.83	5.07	-15.44
汇丰银行南通分行	6.12	1.15	5.90	1.16	0.22	-0.01		
名古屋银行南通分行	1.02	0.00	1.02	0.02	0.00	-0.02		
合　计	7886.57	989.98	2844.38	152.14	4756.50	954.22	266.19	-90.02

（李丹瑾　戴　洋）

※银行选介※

中国农业银行股份有限公司南通分行

【概况】 至2017年底，中国农业银行股份有限公司南通分行（简称“农行南通分行”）各项存款余额1294亿元，比年初增加104亿元。其中，对公存款比年初增加83亿元，个人存款比年初增加21亿元。各项贷款余额627亿元，比年初增加67亿元。

【“三农”服务】 2017年，农行南通分行支持县域城镇化、美丽乡村建设等重点建设项目，县域贷款增量49亿元，比上年增加38亿元；涉农贷款增量36亿元，创历史最高，比上年增加21亿元。支持家庭农场、种养大户等农业新型经营主体，全年新增新型农业经营主体73户，新增贷款8522万元。支持优势行业、特色产业、产业集群、成熟专业市场中优质小微企业、个体工商户和农户，全年新增小微企业贷款15.4亿元、个体工商户贷款5190万元、农户贷款1.8亿元。中国叠石桥国际家纺城市场集群“一项目一方案一授权”样本方案获批，综合金融服务平台“叠石桥e服务”APP上线。

【实体经济支持】 2017年，农行南通分行投放交通、能源、棚户区改造、污水处理及河道整治等重大项目33个、金额110亿元，其中省、市重点工程24个、金额98亿元。推进普惠金融业务体系建设，加快小微企业金融与互联网融合，新增小微客户数、申贷获得率持续提升，小微企业贷款余额146.3亿元，新增15.4亿元。

【网点转型】 2017年，农行南通分行推动以"超级柜台+"为核心网点设备及业务系统整合，完善轻型化网点运营模式，促进柜面业务向线上、自助渠道迁移，探索临柜人员与重点业务要素管控新方式，全年完成29家自助银行撤并，优化网点结构、区域布局。

（沈　璐）

中国银行股份有限公司南通分行

【概况】 至2017年底，中国银行股份有限公司南通分行（简称"中行南通分行"）本外币一般性存款余额1104.36亿元，当年新增45.36亿元，增幅4.28%；本外币贷款余额788.69亿元，当年新增47.3亿元，增幅6.38%。年内，中行南通分行通过中央文明委审查，保留"全国文明单位"称号，获全国巾帼文明岗、全国三八红旗手等7个全国级集体（个人）荣誉，江苏省五一劳动奖章、江苏省巾帼文明岗等7个省级集体（个人）荣誉。

【实体经济支持】 2017年，中行南通分行策应"3+3+N""5215"产业发展，为全市29家"双百企业"提供授信支持。至年底，制造业贷款余额118.53亿元，余额占比高于全市平均水平。支持企业"走出去"，助力三建集团股份有限公司在境外市场发行3亿美元3年期债券，开创中国民营建筑企业赴境外公开发行美元债券先河。连续4年为中远船务建造"希望6号"提供信保项下大额贸易融资业务，为中远船务办理中行系统内首笔中长期出口卖方信贷保险项下应收账款买断业务。为罗莱生活科技股份有限公司办理海外并购项目贷款。

【农村市场服务】 2017年，中行南通分行响应"乡村振兴"战略，与各地区农委共同筹建设立益农信息社60家，为农村居民提供便利快捷金融服务。推广"中银扶农通宝"业务，解决涉农领域融资难、融资贵问题。以"益农贷"为抓手，推进农村普惠金融工作，重点支持地域性强、品质优和市场前景好特色农产品产业链，全年投放"益农贷"5396万元。

【渠道转型优化】 2017年，中行南通分行在城区确立出国金融、二手房、商贸3大类10家特色支行，打造特色业务中心。组织投产152台智能柜台，上线95家网点，覆盖率88%。压降物理柜台103节，释放柜员96人，提升客户厅堂体验。

（钱映晖）

中国建设银行南通分行

【概况】 2017年，中国建设银行南通分行（简称"建行南通分行"）实现拨备前利润28.61亿元。至年底，全口径存款余额1158亿元，比年初增加62亿元；各项贷款余额735亿元，比年初增加93.93亿元；投行理财余额101.78亿元。全行全年运行平稳，安全无事故。年内，建行南通分行开展"十大年度人物""十佳"客户经理网点经理评选活动。秦灶支行获评省财贸工会"工人先锋号"，如皋城中支行获评"江苏省巾帼文明岗"，如皋支行1人获评省金融工会"优秀职工之友"，启东支行获评省金融工会"模范职工之家"。

【转型发展】 2017年，建行南通分行坚持客户驱动、创新驱动。南通市住房租赁监管交易平台上线运行，完成"国际商业转贷款"业务、期权盈组合业务、智能跨行对公收款业务、PPP模式下TOT贷款、"汇积通"外汇存款产品、"医保贷"、失地农民团体养老保障产品、机关事业单位养老金社保卡代发、家族信托等19项全省第一单业务。实现教育行业省属高校100%覆盖、市属高校70%覆盖；卫生行业二级以上医院市场占比75%。新建支农金融服务点553家，列全省第一。"教育云平台"上线收费学校350所，"基础教育一卡通"项目上线20所学校，"党费云平台"营销42家单位。上线"中考报名龙支付缴费"项目。"工匠传承——'鲁班龙卡3.0'打造建筑金融生态圈"案例被评为中国建设银行总行推荐案例并在全系统推介。

【普惠金融业务】 2017年，建行南通分行超额完成普惠金融贷款新增指标，实现KPI（关键绩效指标）加分。至年底，普惠金融贷款余额22.93亿元，当年新增11.35亿元；对公普惠金融贷款余额14.75亿元，当年新增10.33亿元。

（陈新兵）

保险业

【概况】 2017年，南通市有保险公司77家，保险销售公司15家，保险专业中介机构33家，兼业代理机构615家；新增保险就业人员5000余人，保险从业人员3.5万余人。全市实现保费收入331.27亿元，比上年增长22.38%。其中，财产保险保费收入65.83亿元，比上年增长6.57%；人身险保费收入265.44亿元，比上年增长27.05%。机构数、从业人员数和保费规模均居全省第四位、全国第21位。

【财产险业务】 2017年，南通各产险公司车险业务稳定发展，保费收入53.99亿元，比上年增长6.02%，占当年产险保费总收入82.01%，赔付支出33.23亿元，简单赔付率61.55%。非车险保费收入11.84亿元，比上年增长9.12%，占当年产险保费总收入17.99%。其中，企业财产保险保费收入2.02亿元，比上年下降5.16%；产品责任险保费收入2.36亿元，比上年增长6.79%；保证保险保费收入6487万元，比上年增长6.34%；人身意外伤害险和健康险保费收入3.24亿元，比上年增长32.79%。南通市保险行业协会全年承保货运保险7.64万笔，承担风险1037.16亿元；承保船舶险659艘，提供风险保障139.47亿元。

【寿险业务】 2017年，南通各寿险公司实现人身险保费265.44亿元。其中，营销渠道保费收入94.16亿元，比上年增长30.92%，占当年寿险总保费35.47%；团险业务保费收入12.92亿元（电子销售等其他渠道保费收入

6.98亿元)，比上年增长80.7%，占当年寿险总保费4.87%；银保产品保费收入158.36亿元，比上年增长21.96%，占当年寿险总保费59.66%。

（李珊珊）

【农业保险】 2017年，南通市农业保险覆盖面71%。开办南美白对虾养殖、内塘螃蟹水文指数、紫菜养殖、池塘淡水鱼养殖4个水产养殖险种，全市累计开办高效险种28个，开展农业保险扶贫，为建档立卡低收入户减免农业保险自缴保费87.8万元。全年全市农业保险保费总收入3.91亿元，为农户提供风险保障88亿元，理赔2.13亿元。提高以县（市、区）为单位高效农业保费收入占比，全市高效农业保费占总保费比重65.59%，比上年提高3个百分点。为新型农业经营主体开设水稻、小麦种植附加险，水稻、小麦每亩保额分别为1200元、800元，参加水稻、小麦附加险新型农业经营主体841个、承保面积25万亩。

（石一飞）

【企业保险】 2017年，南通市保险行业协会承保30家企业科研专利执行保险，保险金额6000万元。开展短期出口贸易信用保险、小微企业综合保险，为340余家企业提供出口信用保险502笔，提供风险保障456.39亿元。

（李珊珊）

表11-5

2017年南通市保险机构一览表

类别	序号	保险机构名称	地址	负责人
产险公司	1	中国人民财产保险股份有限公司南通市分公司	青年中路90号	高　峰
	2	中国太平洋财产保险股份有限公司南通中心支公司	人民中路203号	郭　杰
	3	中国平安财产保险股份有限公司南通中心支公司	洪江路8号金瑞大酒店	马　勇
	4	天安保险股份有限公司南通中心支公司	工农南路128号天宝大厦23层	杨　彪
	5	华泰财产保险股份有限公司南通中心支公司	深南路99号天安数码城6幢307室	俞小飞
	6	中华联合财产保险股份有限公司南通中心支公司	青年西路29号	龚文涛
	7	太平财产保险有限公司南通中心支公司	工农南路156号鑫乾国际广场	王金宝
	8	中国大地财产保险股份有限公司南通中心支公司	青年西路15号新海通大厦	沙建亮
	9	永安财产保险股份有限公司南通中心支公司	外环西路49号外滩大厦4层	张　杰
	10	华安财产保险股份有限公司南通中心支公司	工农路三喜大厦A座	葛激扬
	11	安邦财产保险股份有限公司南通中心支公司	人民中路203号中南大厦B座16层	齐松松
	12	阳光财产保险股份有限公司南通中心支公司	钟秀中路128号淘宝城2幢11层	丁宏斌
	13	都邦财产保险股份有限公司南通中心支公司	城山路78号金和大厦B座6层	周骅骝
	14	中银保险有限公司南通中心支公司	人民中路78号中国银行3层	卢激扬
	15	亚太财产保险有限公司南通中心支公司(民安)	青年东路255号南通汽车客运东站5幢5层	王　挺
	16	中国人寿财产保险股份有限公司南通市中心支公司	起凤街47号起凤大楼	陈志明
	17	渤海财产保险股份有限公司南通中心支公司	外环北路488号鸿鸣金属交易中心1幢20层2018室	谢泓庆
	18	华农财产保险股份有限公司南通中心支公司	中南世纪城23幢2401室	邢燕斌
	19	长安责任保险股份公司南通市中心支公司	人民东路159号瑞景商贸广场4幢701室	朱设华
	20	永诚财产保险股份有限公司南通中心支公司	工农南路156号鑫乾国际广场A座2503、2504室	唐德林
	21	安诚财产保险股份有限公司南通中心支公司	外环西路49号外滩大厦	张　骏
	22	安盛天平财产保险股份有限公司南通中心支公司	红星路天安花园38幢	王树成
	23	紫金财产保险股份有限公司南通中心支公司	城山路129号4幢	单培春
	24	英大泰和财产保险股份有限公司南通中心支公司	工农南路156号鑫乾国际广场A座	严小平
	25	信达财产保险股份有限公司南通中心支公司	工农路29号天虹大厦4层	高　鹏
	26	浙商财产保险股份有限公司南通中心支公司	青年中路153号5幢401-415室	彭　云
	27	泰山财产保险股份有限公司南通中心支公司	青年中路153号5幢	沙晓燕
	28	富德财产保险股份有限公司南通中心支公司	崇文路1号启瑞广场2102室	范凯健

（续表11-5）

类别	序号	保险机构名称	地址	负责人
寿险公司	1	中国人寿保险股份有限公司南通市分公司	环城西路110号华威园7层	陈建政
	2	中国太平洋人寿保险股份有限公司南通中心支公司	工农路33号金融汇	王　欣
	3	中国平安人寿保险股份有限公司南通中心支公司	工农南路128号天宝大厦	刘天东
	4	新华人寿保险股份有限公司南通中心支公司	城山路78号金和大厦	朱　健
	5	泰康人寿保险有限责任公司江苏南通中心支公司	外环西路49号外滩大厦10、11层	许海亮
	6	太平人寿保险有限公司南通中心支公司	南大街89号总部大厦9层	法云涛
	7	民生人寿保险股份有限公司南通中心支公司	人民东路88号凤凰汇1-10层	蒋后清
	8	合众人寿保险股份有限公司南通中心支公司	姚港路方天大厦	袁　因
	9	富德生命人寿保险股份有限公司南通中心支公司	中南世纪城34幢B座24层	朱红玉
	10	同方全球人寿保险有限公司江苏分公司南通中心支公司	跃龙路100号经典大厦1501室	朱　勇
	11	友邦保险有限公司江苏分公司南通中心支公司	工农路6号华丽大厦3层	陈小冬
	12	恒安标准人寿保险有限公司江苏分公司南通中心支公司	姚港路2号七彩豪庭商办楼5层	方　炜
	13	农银人寿保险股份有限公司江苏分公司南通中心支公司	五一路1号16幢7楼东侧	钱伟煌
	14	中信保诚人寿保险有限公司南通中心支公司	人民东路6号王府大厦B楼	黄立新
	15	陆家嘴国泰人寿保险有限责任公司江苏分公司南通营销服务部	桃坞路1号浦发银行大厦11层东侧	陈　颖
	16	中国人民健康保险股份有限公司南通中心支公司	青年中路90号保险大厦13层	朱泉海
	17	君康人寿保险股份有限公司南通中心支公司	世纪大道377号9层	王金华
	18	平安养老保险股份有限公司南通中心支公司	工农南路128号天宝大厦16层	黄慧青
	19	和谐健康保险股份有限公司江苏分公司南通中心支公司	人民中路203号中南大厦B座16层	张　明
	20	中宏人寿保险有限公司江苏分公司南通营销服务部	人民东路159号瑞景商贸广场4幢3层	金　伟
	21	光大永明人寿保险有限公司江苏分公司南通中心支公司	长平路99号天安数码城6幢901室	姜　莹
	22	中国人民人寿保险股份有限公司南通中心支公司	青年中路90号保险大厦17层	尹健乐
	23	华夏人寿保险股份有限公司南通中心支公司	钟秀中路五洲国际广场	邵　伟
	24	阳光人寿保险股份有限公司南通中心支公司	南大街290号崇川大厦3层	郭小龙
	25	中英人寿保险有限公司江苏分公司南通营销服务部	工农南路88号海联大厦20层	张荣秋
	26	长城人寿保险股份有限公司南通中心支公司	外环西路49号外滩大厦704、801室	郑　宇
	27	中德安联人寿保险有限公司江苏分公司南通营销服务部	工农路249号都市豪庭11层	郁　维
	28	华泰人寿保险股份有限公司南通中心支公司	城南新村附1幢（水利大厦）6层	陆　祥
	29	幸福人寿保险股份有限公司南通中心支公司	尚东国际商务5-12室	郑国荣
	30	信泰人寿保险股份有限公司南通中心支公司	工农路256号鑫龙大厦4层	孙小平
	31	国华人寿保险股份有限公司南通中心支公司	青年中路29号藏珑大厦	朱晓景
	32	国网英大集团英大泰和人寿保险股份有限公司南通中心支公司	青年中路111号通明大厦B座6层	郭小峰
	33	中美联泰大都会人寿保险有限公司江苏分公司南通营销服务部	人民东路159号瑞景商贸广场4幢1001室	王　琼
	34	中意人寿保险有限公司江苏省分公司南通营销服务部	人民东路159号瑞景广场4幢902室	徐培培
	35	长生人寿保险有限公司江苏分公司南通营销服务部	工农路155号天鑫大厦C座3层	袁红英
	36	工银安盛人寿保险有限公司江苏分公司南通中心支公司	世纪大道18号恒隆国际大厦C座11层1102-1109室	张雨田

（续表11-5）

类别	序号	保险机构名称	地 址	负责人
寿险公司	37	利安人寿保险股份有限公司南通分公司	工农南路156号鑫乾国际广场A座23层	李 军
	38	中融人寿保险股份有限公司南通中心支公司	人民东路159号瑞景广场4幢702室	秦 扬
	39	东吴人寿保险股份有限公司南通中心支公司	青年西路15号新海通大厦7层	沈 强
	40	建信人寿保险股份有限公司南通中心支公司	工农路529号4层	唐彬彬
	41	安邦人寿保险有限公司南通中心支公司	人民中路8号中南大厦1幢16层	吉 龙
	42	北大方正人寿保险有限公司南通中心支公司	工农路33号金融汇805、806、809室	戴 群
	43	交银康联人寿保险有限公司南通市中心支公司	人民东路8号	洪 莉
	44	太平养老保险股份有限公司江苏分公司南通分部	世纪大道18号恒隆国际A座10层	颜 竹
	45	国联人寿保险股份有限公司南通分公司	工农路486号	郭振博
	46	百年人寿保险股份有限公司南通中心支公司	人民中路10号金信大厦2层西半部	万 建
	47	前海人寿保险股份有限公司南通分公司	工农南路156号鑫乾国际广场A座16层	单云峰
	48	中银三星人寿保险有限公司南通中心支公司	崇文路1号启瑞广场1910室	丁 强
	49	招商信诺人寿保险有限公司江苏分公司南通中心支公司	工农南路128号天宝大厦22层	朱国兵

（李珊珊）

表11-6

2011～2017年南通市保险机构数与保费规模一览表

	2011年	2012年	2013年	2014年	2015年	2016年	2017年
保险机构数(个)	65	68	69	74	75	76	77
保费规模(亿元)	133.62	129.38	139.86	154.11	179.32	270.69	331.27

表11-7

2017年南通市产险公司保费收入情况一览表

单位：万元

序号	公司名称	保费收入		赔付金额		赔付率(%)	上年同期保费	比上年增长率(%)
		本期	累计	本期	累计			
1	人保财险	33059.56	276234.69	19293.85	159345.36	57.68	249020.52	10.93
2	太保产险	5214.33	50111.46	1777.68	28791.63	57.46	49483.54	1.27
3	平安产险	12924.75	109251.09	4645.88	51885.50	47.49	97346.80	12.23
4	天安产险	1159.83	12729.70	894.69	7482.03	58.78	13505.66	-5.75
5	华泰产险	293.34	4727.04	172.63	2860.85	60.52	5062.70	-6.63
6	中华联合	684.80	10405.61	944.26	7955.15	76.45	11946.11	-12.90
7	大地产险	1160.65	15075.48	1602.99	9365.94	62.13	12800.13	17.78
8	永安产险	208.03	7200.70	559.39	5501.83	76.41	10053.44	-28.38
9	华安产险	327.52	4988.58	204.98	2894.52	58.02	4380.93	13.87
10	太平产险	675.12	7456.44	369.49	5190.68	69.61	7776.67	-4.12
11	安邦产险	883.34	11657.65	637.70	7443.44	63.85	9229.45	26.31
12	阳光产险	1170.10	13584.57	758.94	7324.55	53.92	15876.91	-14.44
13	都邦产险	395.34	4169.94	172.26	2099.37	50.35	2851.39	46.24

（续表11-7）

序号	公司名称	保费收入		赔付金额		赔付率(%)	上年同期保费	比上年增长率(%)
		本期	累计	本期	累计			
14	国寿财险	6738.34	68845.84	3473.50	45157.21	65.59	66773.93	3.10
15	亚太财险	127.62	2614.63	203.66	1595.08	61.01	2341.79	11.65
16	中银产险	273.23	5041.02	541.17	2528.66	50.16	4801.08	5.00
17	华农产险	365.28	4042.72	185.88	1855.92	45.91	2126.38	90.12
18	永诚产险	266.55	5134.67	216.34	3236.82	63.04	4903.21	4.72
19	安诚产险	200.82	3803.50	349.63	4244.05	111.58	5582.74	-31.88
20	长安责任	216.93	3405.50	261.07	2709.90	79.57	4499.18	-24.31
21	紫金财产	613.84	7624.08	530.62	5834.08	76.52	8753.87	-12.91
22	安盛天平	327.38	4580.24	359.18	3197.32	69.81	4468.63	2.50
23	英大泰和	1376.07	14791.50	1058.84	8971.45	60.65	13768.89	7.43
24	信达财产	298.45	3511.21	438.90	3424.00	97.52	4600.80	-23.68
25	浙商财产	175.76	2668.02	0.20	534.65	20.04	2744.88	-2.80
26	泰山财产	287.00	2261.68	90.35	897.67	39.69	1621.71	39.46
27	渤海财产	144.78	1064.19	17.05	629.86	59.19	815.39	30.51
28	富德财产	189.69	1335.86	152.27	550.76	41.23	0.00	0.00
29	合 计	69758.45	658317.61	39913.40	383508.28	58.26	617136.73	6.67

2017年南通市寿险公司保费收入情况一览表

表11-8　　单位：万元

序号	公司名称	保费收入累计				理赔给付		其他各类给付		上年同期保费	比上年增长率(%)
		首年	期交	续期	小计	本期	累计	本期	累计		
1	中国人寿	181376.21	108976.17	283307.56	464683.77	2103.08	24704.50	4992.39	278948.96	393933.70	17.96
2	太保人寿	23014.80	16460.44	42843.09	65857.89	321.04	3372.47	739.44	11963.55	50475.70	30.47
3	平安人寿	134524.27	115380.81	189636.48	324160.75	1395.68	15745.51	3015.29	43266.41	239485.97	35.36
4	新华人寿	27272.35	25488.00	63747.46	91019.81	494.09	3997.69	637.18	50813.24	87159.31	4.43
5	泰康人寿	27150.18	10749.20	16965.44	44115.62	7.45	633.60	361.40	23834.15	76693.27	-42.48
6	太平人寿	27982.92	11529.60	24252.56	52235.48	24.96	562.71	375.42	7625.85	49209.92	6.15
7	民生人寿	4859.17	3353.70	13973.86	23833.03	64.57	566.61	253.44	6890.87	19585.44	21.69
8	合众人寿	7891.39	2745.77	8523.52	16414.91	45.61	438.59	86.14	8820.21	11887.31	38.09
9	富德生命	24527.04	20320.59	14490.44	39017.48	3.65	3.65	183.13	183.13	66832.78	-41.62
10	同方全球	1548.85	1541.61	1126.34	2675.19	0.93	41.40	15.97	869.76	1262.69	111.86
11	友邦人寿	5398.01	3969.08	3802.73	9200.74	52.09	619.45	35.28	1158.34	5068.63	81.52
12	恒安标准	2943.97	2452.98	5465.18	8409.14	44.47	304.49	105.37	1240.89	5884.74	42.90

（续表11-8）

序号	公司名称	保费收入累计				理赔给付		其他各类给付		上年同期保费	比上年增长率(%)
		首年	期交	续期	小计	本期	累计	本期	累计		
13	农银人寿	17123.55	3380.95	2749.56	19873.11	5.59	96.18	0.00	0.00	21331.59	-6.84
14	信诚人寿	333.52	333.52	1183.91	1517.43	18.57	82.52	13.94	121.57	1420.69	6.81
15	国泰人寿	423.08	419.96	765.54	1188.63	0.34	55.21	5.94	249.22	1009.47	17.75
16	人保健康	19838.20	821.06	1529.20	21367.40	363.00	10176.73	59.56	4653.02	46777.90	-54.32
17	君康人寿	180014.38	8795.33	313.11	180327.49	0.00	104.40	0.32	41.53	23760.21	658.95
18	平安养老	6749.33	0.00	0.00	6749.33	895.26	4177.51	0.53	6.38	6101.43	10.62
19	和谐健康	61356.54	0.00	16.63	61373.17	5.04	115.59	1.82	93.66	150745.50	-59.29
20	中宏人寿	2733.29	2704.22	4794.02	7527.30	10.87	287.70	26.80	240.99	5081.28	48.14
21	光大永明	1134.91	597.87	853.01	1987.92	0.91	8.93	154.65	9106.46	1443.89	37.68
22	人保寿险	63781.31	19534.67	26041.23	89822.54	195.38	2118.31	2897.89	79250.28	110023.40	-18.36
23	华夏人寿	68539.98	13781.84	3522.96	72062.94	0.19	121.15	144.41	17395.63	63049.15	14.30
24	阳光人寿	45700.52	4894.97	17868.22	63568.74	37.67	773.97	108.64	2820.81	40610.27	56.53
25	中英人寿	1773.93	421.09	1008.50	2782.44	1.14	44.20	2.83	1215.26	2347.98	18.50
26	长城人寿	1104.10	1092.04	1393.55	2497.65	0.30	48.01	68.25	2353.88	11465.69	-78.22
27	中德安联	9.51	0.53	95.19	104.69	0.00	0.00	1.74	27.69	313.02	-66.55
28	华泰人寿	469.75	453.95	822.79	1292.54	1.06	33.70	30.34	1033.63	992.77	30.20
29	幸福人寿	4056.12	255.86	141.00	4197.12	22.46	100.84	0.47	42.28	41064.20	-89.78
30	国华人寿	39189.55	9.25	41.74	39231.28	13.32	153.11	83.45	4056.87	23002.05	70.56
31	信泰人寿	21385.25	845.04	1677.65	23062.89	2.97	164.03	0.00	0.00	42826.77	-46.15
32	大都会人寿	81.11	81.11	796.56	877.67	0.00	44.67	0.78	5.27	1128.51	-22.23
33	英大人寿	1865.00	1702.40	4064.01	5929.00	1.51	181.81	1.99	163.45	4645.99	27.62
34	中意人寿	2272.23	2256.41	2623.50	4895.73	2.84	62.17	130.37	2613.31	17787.71	-72.48
35	长生人寿	1064.46	768.65	676.32	1740.78	0.30	0.94	8.29	154.46	750.58	131.92
36	工银安盛	39198.31	14422.61	7402.65	46600.96	84.66	452.05	284.64	4441.53	29606.07	57.40
37	利安人寿	34042.00	14099.25	0.00	47189.00	10.00	0.00	0.00	0.00	89883.16	-0.47
38	中融人寿	0.00	1869.20	0.00	60792.60	2.31	44.68	0.00	0.00	0.00	—
39	建信人寿	18205.20	3179.92	3598.51	21803.71	8.50	145.85	536.06	12811.52	81570.93	-73.27
40	东吴人寿	4939.46	835.52	719.82	5659.28	33.60	115.17	0.38	81.64	17614.40	-67.87
41	北大方正	4613.80	1208.02	679.41	5293.21	1.54	87.33	0.27	78.48	852.73	520.74
42	安邦人寿	539934.23	14.43	0.00	539934.23	0.00	0.00	34.99	483.63	201621.70	167.80
43	交银康联	7714.84	1041.02	1664.41	9379.25	41.45	41.49	0.00	0.00	3433.68	173.15
44	太平养老	1940.91	0.00	0.00	1940.91	112.27	112.27	0.00	0.00	701.89	176.53

（续表11-8）

序号	公司名称	保费收入累计				理赔给付		其他各类给付		上年同期保费	比上年增长率(%)
		首年	期交	续期	小计	本期	累计	本期	累计		
45	国联人寿	4658.96	2720.88	314.76	4973.72	81.57	126.26	0.58	57.02	14245.55	-65.09
46	百年人寿	40059.57	7895.39	3264.32	43323.89	0.67	63.13	29.97	1391.14	34838.27	24.36
47	前海人寿	81391.73	7497.80	0.00	95874.74	0.00	6.24	0.00	67.29	37103.58	158.40
48	中银三星	14397.28	2003.08	0.00	14397.28	0.00	0.00	0.00	1.22	0.00	—
49	招商信诺	1670.27	678.77	0.00	1670.27	0.00	0.00	0.00	0.00	0.00	—
50	合　计	1802255.34	443584.56	758756.74	2654434.65	6512.91	71136.82	15430.35	580674.48	2136631.47	24.23

（李珊珊）

物流业

【概况】 2017年，南通市完成物流应税销售收入196.6亿元，比上年增长16%。全年全市社会物流总额2.43万亿元，比上年增长10.3%。其中，工业品物流总额1.8万亿元，比上年增长0.78%，占社会物流总额74.22%；进口货物物流总额656.39亿元，比上年增长25.92%，占社会物流总额2.7%；农产品物流总额149.36亿元，比上年减少55.51%，占社会物流总额0.61%；单位与居民物品物流总额78.84亿元，比上年增长40.43%，占社会物流总额0.32%。

（陆晓东）

【物流企业】 2017年，江苏联发纺织材料有限公司、南通通强物流有限公司、江苏高科物流科技股份有限公司、江苏汇海物流有限公司被认定为省级重点物流企业。南通顺丰速递有限公司技术中心被认定为省级物流企业技术中心。林森物流、大地物流两家企业获部级和省级无车承运人资质。至年底，南通市有省级重点物流企业34家，省级重点物流基地8家，省级物流企业技术中心6家，智慧物流示范企业1家，省级示范物流园区3家。

【物流市场建设】 2017年，南通市整合运输市场资源，促进物流园区建设与制造业、商贸业等经济实体建设联动发展。坚持城乡物流协调发展，如皋创建省级农村物流示范县。江苏铭源智慧物流港获评省级重点物流基地，如皋港现代综合物流园获评省级示范物流园区。支持水运业发展，发挥江海河联运优势。苏中大宗物资多式联运示范项目完成公铁水联运基础设施建设，多式联运联盟组织继续扩大。新开通乌兹别克斯坦—正元保税库—海安周边纺织企业、湖南—正元码头—海安周边地区2条多式联运线路。至年底，有多式联运线路9条，完成联运总量44.56万吨。“森通网”“大达旺旺”平台与省级平台完成对接，整合车辆1127辆，上传运单3.3万余单，完成货运量87万吨。扩大甩挂运输示范效应，新增航海大件纳入省甩挂项目库，争取林森等3家甩挂项目企业补贴386万元。

（陆晓东　阎　恺）

软件与服务外包业

【概况】 2017年，南通市软件与信息服务业完成业务收入213.4亿元，比上年增长12.7%。新通过软件评估企业17家，109个产品通过软件产品评估。江苏海盟金网信息技术有限公司、江苏中威科技软件系统有限公司等7家企业获得市区工业发展专项资金255万元。

2017年，南通市实现服务外包合同额28.4亿美元，按可比价计算（下同），比上年增长37%；服务外包执行额27亿美元，比上年增长54.2%。至年底，全市累计有服务外包企业1213家，其中年内新增70家；服务外包从业人员7万余人。南通市服务外包公共服务平台上线，成立南通市服务外包企业协会，首批会员75家。出台《南通市服务外包公共服务平台认定管理办法》，首批认定海门临江生物医药公共技术服务平台等4家服务外包公共服务平台。出台《南通市服务外包公共服务平台建设资金使用管理办法》，2家平台获批平台建设资金100万元。加强培训机构与服务外包企业、高校人才对接，举办软件和信息技术中高级人才培训班，75名软件工程师参加培训。开展南通市服务外包企业走进青软实训专场招聘会，启动南通服务外包企业校园招聘活动。至年底，全市有省级服务外包示范区6家（南通开发区、崇川区、港闸区、海安开发区、如皋软件园、海门临江生物医药科技创业园）。9月6日，南通市获评“2017中国服务外包风采城市”。

（柯　达　张　明）

【服务外包招商推介】 2017年，南通市举办“信息技术+”产业融合发展对接会，组织100余家服务外包企业和150余家“3+3”领域企业交流对接。举办上海软件外包企业高管南通行活动，20余家上海软件行业重点企业到南通实地考察。加强与中国服务外包研究中心、上海软件对外贸易联盟、上海市软件行业协会等机构联系，加强双方在信息宣传、品牌推广、项目引进等方面合作。年内，中国软件百强东华软件等服务外包企业落户南通，涉及软件研发、3D打印、大数据、生物医药、健康医疗、互联网金融等领域。

（张　明）

科技服务业

【概况】 2017年，南通市新认定市级科技公共服务平台2家，累计111家。全市各类科技服务机构实现营业总收入511亿元，列全省第五位；规模以上科技服务机构总数769家，列全省第三位；从业人员4.53万人，列全省第五位。南通市知识产权服务业集聚区获批省首批科技服务业特色基地（全省7家），是全省唯一知识产权服务载体项目，获中央引导地方科技发展专项资金科技创新项目示范专项资金200万元。江苏省科技服务示范区（南通高新区科技新城）再获省拨款500万元。中科院上海技术物理研究所启东光电遥感中心、北京大学生命科学华东产业研究院2家新型研发机构获省科技厅专项资金2000万元，当年拨款1500万元。南通大学技术转移中心获技术转移机构补助专项资金50万元；南通大学技术转移中心22个项目获高校院所产学研合作（科技副总）补贴经费110万元。组织申报省"双创计划"科技副总29人，省确定资助21人。江苏省技术产权交易市场南通分中心落户南通产业研究院高新技术创业服务中心，完成技术合同认定登记交易额4.27亿元。出台《南通市区引进技术转移机构管理办法（试行）》，对技术转移机构前3年运行给予南通市科技发展资金支持。招引大院大所、新型研发机构和高校技术转移中心南通分中心，新增中国科学院自动化研究所南通人工智能研究院、南通新微研究院、中科院上海技术物理研究所南通智能感知研究院3家大院大所；新增西安交通大学、同济大学、上海理工大学、上海应用技术大学4家南通技术转移中心。继续组织南通市技术先进型服务企业申报，新认定3家、累计9家技术先进型服务企业享受减免15%征收企业所得税税率等国家规定优惠政策。在全省率先启动市级知识产权服务机构星级评定，评定四星级服务机构2家，三星级服务机构4家，二星级服务机构1家。

（汪兵兵）

信息服务业

【概况】 2017年，南通市在全省率先推进《信息基础设施空间布局规划》《智慧城市建设规划》《城乡建设规划》《土地利用规划》"四规统一"。建设城域网、接入网、无线网、国际互联网专用出口通道、云计算中心，将国际互联网专用出口通道由南通开发区延伸至中央创新区。形成"运营商数据中心、互联网企业数据中心、云服务商数据中心"建设布局，建设重点智慧应用项目，完善华为、中兴网信、苏通云计算中心等功能性信息基础设施。全市固定电话用户数177.5万户，移动电话用户数841万户；互联网用户数924.7万户，其中固定互联网用户数258.6万户、移动互联网用户数666.1万户；IPTV（交互式网络电视）用户124.8万户。城域网出口带宽5764G，城乡光纤覆盖率100%，国际互联网用户数每千人1166户，建成覆盖全市窄带物联网络，南通电信、移动、联通城域网实现与上海直达互联。南通成为国内首个实现对沿海100千米范围内4G网络全覆盖城市、"匠心网络万里行"第一批展示城市。

（市经济和信息化委）

电　信

【中国电信南通分公司】 2017年，中国电信股份有限公司南通分公司（简称"中国电信南通分公司"）完成主营收入22.9亿元，比上年增长4.9%。全年累计提速宽带用户70万户，户均速率71兆。协助智慧南通建设，5月16日，智慧南通体验中心建成开馆。8月24日，智慧南通NB-IOT物联网启动商用，开启南通万物互联新时代，南通大众燃气公司物联网应用项目在全省复制推广，智慧交通、金融零售、信息传媒、公共事业、能源制造、智慧物流等信息化合作项目签约。11月18日，南通直通上海信息互联通道启动。强化信息安全，全年监控和拦截关键词类垃圾短信30万余条，关停一批涉嫌发送垃圾短信号码，处理垃圾信息嫌疑号码1045个，添加关键词因子211个。规范新入网实名登记，全面落实持证办理、人证核验、经办人拍照、入网签约等入网规定。开发实名制稽核系统，实现营业员、业务管理员对稽核情况实时可查。年内，中国电信南通分公司获评第五届全国文明单位。

（徐李健）

【中国移动通信南通分公司】 至2017年底，中国移动通信集团江苏有限公司南通分公司（简称"中国移动通信南通分公司"）有基站1.7万余个，其中4G基站1.1万余个（年内新增4000余个），4G地理覆盖率100%；移动客户规模超640万户（年内新增140万户），其中4G客户超350万户；宽带客户超120万户（年内新增20万户）；物联网客户超240万户，是南通地区网络规模、客户规模最大通信运营商。在南通地区全面建成开通4G网络，应用4G+（载波聚合）、VoLTE（高清语音）、3D-MIMO等新兴技术，4G网络速度每秒330兆。建成"宁启专网""沿江专网"，提升高铁、高速、高架、沿海沿江及江面等重点场景网络质量。开通全国首个海上风电平台4G基站，在国内首次实现超视距沿海100千米内4G全覆盖。推进光纤宽带建设，基础网络具备"千兆进家庭""万兆进集团"接入能力。城域网出口带宽扩容至2660G。与水利、交通、公安、建筑、城市管理等行业部门合作，推出"河长制""智慧排水""阳光扶贫""公交ERP""国土卫士""智慧海事""4G消防""4G安全专线"等信息化应用，打造"智慧洞察"大数据服务品牌，为行业及市民提供智慧决策和智能化服务。推进社区服务点、新一代卖场、移动便利店建设，提升客户业务使用感知。开展满意服务评分、电话经理接待日、流量套餐理财等活动，客户双向评价满意度98%。

（张芯子琪）

【中国联通南通分公司】 2017年，中

国联合网络通信有限公司南通市分公司（简称“中国联通南通分公司”）聚焦4G和创新业务发展，主要业务用户总数156万户，其中移动互联网络用户120.9万户、固定电话用户25.1万户、宽带用户10万户。全年新建4G基站105个，室内分布新增覆盖楼宇317幢。完成144个小区宽带网络建设，新增覆盖家庭用户9.8万户。推进“互联网+”行动计划，参与市委政法委小区人脸识别、市民政局老年呼叫中心配套服务、城管渣土车视频监控、市委组织部党建平台、市公安局视频监控和窗口Wi-Fi等项目建设；实现互联网沪通骨干网直连，中央创新区上海区号固定电话开通；为市“两会”、国产大飞机C919首飞、2017南通新一代信息技术博览会等重大活动提供通信服务和保障。推出国际漫游包天不限量、全家用联通高速宽带免费用、高清IPTV免费看一年等降费优惠措施，面向所有新老用户取消手机国内长途费和漫游费。

（周　敏）

邮　政

【概况】 2017年，南通市邮政业务总量完成78.8亿元，列全省第四位，比上年增长40.4%。邮政业务收入完成45.8亿元，比上年增长22.4%。快递业务量完成2.9亿件，比上年增长35.3%；快递业务收入完成28.8亿元，比上年增长23.7%。全市持有快递经营许可证快递企业112家，比上年新增4家，外地许可企业在当地分公司34家；快件集散中转中心19个；县（市、区）分布网点1484个，比上年增加82个。年内，南通市邮政管理局（简称“市邮管局”）获评全国邮政机要通信工作60周年先进集体，南通“爱心邮路”列全国交通运输八大优秀文化品牌之首，南通顺丰速递有限公司获评全国邮政行业统计工作先进企业，南通EMS公司获评省级文明单位，如皋申通快递公司获评江苏省放心消费创建示范单位。

（缪梦曦）

【邮政基础设施建设】 2017年，南通市完善“邮政+公共”为民服务格局，建成税邮共建便民办税服务点10个，16个邮政网点开办便民汇款业务。建成仓储面积2.3万平方米，南通邮政电商物流智能仓配中心建成投入使用。加强基层邮站服务功能，以海门市常乐镇八框村村邮站为示范点，推广“村邮站+”运行模式，在叠加快递功能、金融业务、票务代售、电商代购等服务基础上，以村邮站为中心实体店，推进当地特色农产品线上平台销售。建立村邮站715个，其中叠加代投功能村邮站517个；快递包裹自提点1284个、代投点61个，邮件自提代投占比20%。制订《南通市区信报箱验收管理办法》，明确信报箱验收标准。全年自主验收住宅信报箱项目133个，楼宇1258幢，信报箱5.3万户，检查（验收）住宅总户数5.33万户，信报箱安装率100%。启东市出资110万元继续改造城区老旧信报箱，其中20万元用于智能信包箱试点。

（缪梦曦　曹筱草）

【邮政行业监管】 2017年，市邮管局开展监督检查546人次，检查邮政营业场所179个。组织开展“扫黄打非·护苗”“秋风”等专项行动，下发整改通知书1份，行政处罚决定书1份。调查《人民日报》《新华日报》等报刊投递情况。开展多角度行业监管，对《邮政普遍服务》新标准中部分包裹按址投递等新增、修改项进行重点检查和宣传，对机要通信网点检查覆盖率400%以上，对邮政企业约谈2次，下发通报1次，召开政企联席会通报问题4次。组织开展生肖邮票、《“一带一路”国际高峰论坛》《中国人民解放军建军九十周年》《中国共产党第十九次全国代表大会》等纪特邮票发行销售监督检查，查处违反《邮票发行监督管理办法》邮票销售规定问题1个。

【快递企业管理】 2017年，市邮管局推进快递服务进机关、进小区、进学校，新建快递便民服务中心3家，累计14家。在260个小区配置智能快件箱305组、2.1万个格口，累计1012组、6.9万个格口。破解老旧社区投递难问题，在虹桥新村新增6辆快递流动便民服务车，服务100余幢居民楼近万名社区人口。开展2次全覆盖检查，全年出动执法检查112天824人次，检查快递点370余个，下发改正通知书42份，行政处罚决定书86份，行政处罚金额75.3万元。开展“平安寄递”创建活动、“清源”等行动，理清当地寄递网点信息。开展快递网点标准化建设和被省邮管局推荐在全省推广。加强申诉处理业务管理，全年申诉受理、转办、结案、电话受理申诉案件1.17万件，结案准确率99.81%，为消费者挽回经济损失31.72万元。

【快递企业发展】 2017年，南通市邮政集团在叠石桥投资1.8亿元，建设集邮件处理、电商孵化、智能仓储等功能为一体邮件处理中心。海门邮政公司筹备建设占地1.4万平方米现代化仓储分拨中心，进入立项申报阶段。市政府与顺丰集团在中央创新区合作推动科技项目和航空物流园区建设。

【实名寄递模式】 2017年，南通市采取推进寄递网点安装二代身份证识别仪、普及寄递网点实名制PC端数据系统以及实名制寄递手机端数据系统等有效加强寄递渠道安全举措。累计奖补寄递企业购置X光安检机145.3万元，全市快递企业安检机保有量64台。地区实名收寄率稳定在85%以上。1月12日，南通市实名寄递管理专题片在中央政法工作会议上展播，全国唯一。

【首单违反反恐法行政处罚】 2017年5月，海门市某快递企业违规收寄禁寄物品（二氧化碳压缩小气瓶）在安徽芜湖发生爆炸案件，被国家邮政局点名通报，市邮管局对该企业、企业法人以及网点直接责任人共处罚款24万元，为《中华人民共和国反恐怖主义法》实施后，南通市对寄递企业实施行政处罚首张罚单。

（缪梦曦）

会展业

【概况】 2017年，南通市组织企业参加第121届、122届中国进出口商品交易会和第27届华东进出口商品交易会，以及新加坡海事展、中国消费品（俄罗斯）品牌展、澳大利亚纺织展等重点境内外展会50个，参展企业超1400家次。

【2017江海博览会】 2017中国南通江海国际博览会暨首届通商大会（简称“2017江海博览会”）主会期为5月21~24日，以“通商达天下·江海连五洲”为主题。大会分开幕式及8项专题活动（通商总会成立大会、通商峰会、2017南通高端纺织博览会、“智能制造万里行走进南通”暨南通制造业创新转型高峰论坛、2017海内外知名侨商南通行活动、南通风情文艺演出、2017台商产业转型升级峰会、千名通商故里行活动）。22日，开幕式集中签约重大项目30个，比上届增加10个，主要涉及高端纺织、智能装备、电子信息、精密机械、新材料、新能源及新能源汽车、智慧建筑、科创文创、现代商贸等产业，总投资近600亿元，平均单体规模超过10亿元。

首届通商大会　首届通商大会包括通商总会成立大会、通商峰会和千名通商故里行活动。5月21日，通商总会成立，300名海内外通商代表出席成立大会，选举产生由61名海内外通商代表组成的首届理事会，确立“强毅力行·通达天下”为新时期通商精神。5月22日，通商峰会召开，以“通商达天下，江海连五洲”为主题，700名海内外嘉宾出席大会。5月23~24日，“千名通商故里行”活动在南通市各地举行，海内外近千名通商参加活动。至年底，全市签订回乡投资项目33个，投资总额85.89亿元。《中华工商时报》《通商》杂志分别推出“通商大会”宣传专版及特刊。

“一带一路”海内外企业对口合作恳谈会　5月22日，“一带一路”海内外企业对口合作恳谈会在南通大饭店举行，集中推介南通投资环境、相关园区、重点项目等。当选第三届南通市海外创业风云人物优秀企业家8人。以海内外华侨华人社团为主体的全球华商合作交流平台——全球侨界社团“百团联盟”以及“全球通商”APP项目启动。

2017台商产业转型升级峰会　5月23日，2017台商转型升级峰会在南通开幕，主题为“创新引领 汇聚发展合力”。期间举办台商产业合作紫琅论坛、通台高校产学研项目合作恳谈会、台商金融产业合作论坛等系列活动。南通服务“3+3”产业政产学研协作基地联盟与台湾私立科技大学校院协进会，签订六大产业领域产学研合作备忘录。南通6所院校与台湾9所高校签订协议书17份。江苏省台资企业电子商务服务示范基地在南通联盈创客园揭牌，24家台资企业签订入驻协议。

2017南通高端纺织博览会　5月22~24日，2017南通高端纺织博览会在市体育会展中心会展馆举办，展区面积约3000平方米，集中展出近40家重点企业近1000种高端纺织产品。近1万名海内外来宾和市民参展。

（张　明）

【境外参展】 2017年，南通市组织境外展会13个，涉及德国、日本、美国、法国、波兰、阿联酋等9个国家和地区，参展面积2040平方米，参展企业164家次。

【南通国际会展中心建设】 南通国际会展中心项目位于兴富路以东、通沪大道以南、紫琅湖以西，总建筑面积18.5万平方米，包括展览中心、会议中心及配套综合体。2017年，该项目完成项目前期论证报告，落实设计单位，初步确定设计方案。编制项目物有所值分析报告、财政承受能力论证报告及采用PPP（政府和社会资本合作）模式初步实施方案，并通过专家评审。风洞试验、交通影响评价、地勘报告、项目投资运营分析初步完成。

（赵晓冬）

住宿餐饮业

【概况】 2017年，南通市住宿和餐饮业实现零售总额247.76亿元，比上年增长9.6%。至年底，全市餐饮服务网点2.5万户，其中限额以上餐饮企业158户，全市从业人员超过16万人，占商贸流通就业人数20%。全市限额以上餐饮企业数不足服务网点数1%，餐饮业总体上仍处于小、散、弱状况。南通市连锁餐饮企业数量偏少，品牌知名度和影响力不高。2017年，全市1家企业（品尚）进入全国餐饮百强。全市餐饮企业经营业态主要集中在快餐、火锅和休闲餐饮，中式正餐“连而不锁”现象突出，总部经济、资本运作薄弱。

【餐饮业结构】 2017年，南通市餐饮行业形成大众化市场为主体，线上线下融合发展，多层次、多样化、多业态餐饮供需协调发展新格局。经营业态中，发展特色餐饮、绿色餐饮、主题餐饮、有机餐饮、快餐团餐，推动商业综合体餐饮、特色美食街区集聚式发展。服务模式中，发展“互联网+餐饮”，实现餐饮实体店与互联网、移动通信以及微博、微信等社交媒体合作，完成线上线下融合发展。O2O（在线离线/线上到线下）市场规模约20亿元，比上年增长29.5%，占餐饮业总体规模6.8%。互联网平台“美团外卖”“饿了么”新入驻餐饮企业1000余家，日均订单量近1万单。全市大众化餐饮占全行业零售总额75%市场份额，市民网上餐饮消费约占个人消费总额15%。南通百润餐饮管理有限公司首次进入中国团餐百强企业榜。

【住宿餐饮业贡献】 就业带动明显　2017年，南通市住宿餐饮服务网点数2.5万户，从业人员16万人以上，占商贸流通就业人数20%。

消费拉动明显　2017年，南通市餐饮业对社会消费品零售总额贡献率逐步提升，由2011年7.5%提高至2017年8.6%。“餐饮+娱乐购物”消费模式发展迅速，客流量向拥有大量餐饮企业城市商业综合体集中。圆融金鹰、文峰城市广场全年销售额分别比上年增长25.5%、28.6%。春节、国庆期间，全市20家重点监测餐饮企业实现营业额8967万元，比上年增长19.8%，高于全市消费增长9个百分点。

【住宿餐饮企业质态】 2017年，南通

市重点监测住宿和餐饮企业1023家，营业收入762家上升、261家下降。南通大饭店、金石国际大酒店、滨江洲际酒店、中洋金砖酒店、启东恒大威尼斯酒店5家酒店跻身年营业收入超1亿元俱乐部，累计实现营业额6.5亿元，比上年增长35.4%。大型连锁企业加快转型，全市营业额2000万以上大型企业61家，累计实现营业额27.2亿元，比上年增长12.9%。中型企业有所回暖，营业额800万～2000万元中等企业279家，累计实现营业额31.9亿元，比上年增长11.4%。小型企业平稳发展，营业额小于800万元小型企业683家，累计实现营业额32.7亿元，比上年增长10.1%。

（张　明）

【星级饭店建设】 2017年，南通市对上年底前评定全市80家星级饭店（其中五星级2家、四星级15家、三星级36家、二星级27家）复核。对满3年8家星级饭店（其中四星级饭店2家、三星级饭店3家、二星级饭店3家）评定性复核。三星级饭店通州区联邦大酒店自愿申请取消星级。新增海安达欣君澜酒店为三星级旅游饭店。南通滨江洲际酒店、通州北山饭店获评江苏省第二批精品休闲度假酒店。至年底，全市累计有星级饭店80家，其中五星级饭店2家、四星级饭店15家、三星级饭店36家。

（孙蒿峰）

表11-9

2017年南通市区三星级及县（市）四星级以上饭店一览表

序号	饭店名称	星级	地址	总经理
1	南通新有斐大酒店有限公司	★★★★★	崇川区濠南路8号	曹　健
2	南通市文峰饭店有限公司	★★★★	崇川区青年东路1号	姚海林
3	南通四季花园酒店	★★★★	崇川区濠西路1号	蒋　胤
4	南通金陵华侨饭店有限公司	★★★★	崇川区濠西路39号	胡　霞
5	南通银座花园酒店	★★★★	崇川区工农路208号	刘俞男
6	南通文景国际大酒店	★★★★	崇川区世纪大道55号	周　峰
7	南通天南大酒店	★★★★	崇川区人民西路328号	朱志军
8	南通市崇川区星海天大酒店	★★★	崇川区工农路217号	陆　欣
9	南通领悟一生商务酒店	★★★	崇川区工农路531号	葛美华
10	南通市崇川区锦江花园酒店	★★★	崇川区人民东路220号	蔡荣贵
11	南通海缘商务宾馆	★★★	崇川区青年西路5号	朱天平　丰玉华
12	南通精品苹果酒店	★★★	崇川区五一路399号	蒋燕萍
13	格林豪泰酒店(南通教育路店)	★★★	崇川区外环东路88-1号	陈小燕
14	南通千帆酒店管理有限公司	★★★	崇川区崇川路58号	刘　玲
15	南通北辰大酒店	★★★	港闸区兴泰路11号	张　丽
16	南通开发区国都大酒店	★★★	南通开发区上海路18号	丁云芝
海安县				
1	海安县锦龙国际大酒店	★★★★	海安县长江中路99-1号	丁兆年
2	南通王府大酒店	★★★★	海安县通榆路98号	王荣健
如皋市				
1	南通惠蒲大酒店	★★★★	如皋市白蒲镇通扬路99号	徐　莉
2	如皋汇金酒店	★★★★	如皋市长江镇长江中路8号	刘　涛
如东县				
1	江苏大明国际大酒店有限公司	★★★★	如东县友谊东路58号	倪卫国

（续表11-9）

序号	饭店名称	星级	地址	总经理
2	如东中天黄海大酒店有限公司	★★★★	如东县掘港镇日晖西路8号	薛华平
3	如东海洲大饭店	★★★★	如东县经济开发区友谊东路1号	曹祝山
海门市				
1	海门东恒盛国际大酒店	★★★★★	海门市北京中路777号	任晓泉
2	海门光华国际大酒店	★★★★	海门市南海东路1号	于卫华
启东市				
1	启东宾馆有限公司	★★★★	启东市汇龙镇民乐中路490号	顾海健

（孙葛峰）

商贸流通业

综　述

【概况】 2017年，南通市实现社会消费品零售总额2873.41亿元，比上年增长9.1%。其中，城市消费品零售额212.31亿元，比上年增长9.3%；农村消费品零售额751.1亿元，比上年增长8.7%。全年批发和零售业商品销售1.11万亿元，比上年增长11.6%。全市批发零售业完成社会消费品零售2625.65亿元，占全市社会消费品零售总额91.38%。限额以上贸易单位商品零售额中，汽车类零售额比上年增长5.1%，石油及制品类比上年增长5.7%，粮油食品类比上年下降9.2%，烟酒类比上年增长4%，服装鞋帽针织品类比上年增长2.1%，日用品类比上年下降12.1%，金银珠宝类比上年增长9.6%，家用电器和音像器材类比上年增长4.5%。制订《南通市重要产品追溯体系建设工作方案》，完成肉菜流通追溯体系二期工程建设，实现与省级管理平台对接和数据上传。贯彻《汽车销售管理办法》（商务部令2017年第1号），推进企业备案、数据填报，处理投诉举报40件次。促进二手车便利交易，全年采集6328辆二手车交易双方信息。加强报废汽车回收拆解现场监管，全年拆解报废汽车3179辆。杜绝报废汽车以及五大总成（发动机、方向机、变速机、前后桥、车架）流向非法市场。联合开展单用途预付卡违规经营专项整治行动，处理单用途预付卡举报投诉28起。推动商务执法“双随机一公开”，加强“江苏省商务诚信公众服务平台”“江苏省商务诚信行政监管平台”南通子系统运维工作，开展“诚信兴商宣传月”“信用消费进万家”主题日活动。加强直销行业管理。做好药品流通行业统计工作。

【重点商贸企业】 2017年，南通市有限额以上批发零售法人企业2522家，实现销售额4056.38亿元，比上年提高16.5%。全市有年销售收入10亿元以上商贸企业68家。其中，100亿～300亿元企业2家（化工轻工股份、文峰集团），50亿～100亿元企业9家（江苏烟草南通公司、中石化南通分公司、江苏贸金供应链管理有限公司、如皋港务集团有限公司、南通川东石油公司、南通东海石油化工有限公司、南通长江石油化工有限公司、江苏恒廷怡国际贸易有限公司、南通宏川化工有限公司）。

【市场体系建设】 *商品大市场建设*　2017年，南通市商品交易市场成交额3296.2亿元，按可比价计算，比上年增长6.5%。年成交额超10亿元市场32家，其中超100亿元市场5家、超500亿元市场2家。中国叠石桥国际家纺城、南通农副产品物流中心、南通家纺城微供市场列入江苏省转型升级示范市场。南通农副产品物流中心年交易额143.3亿元，比上年增长14.1%。

农村商品流通网络建设　2017年，海门苏洪鲜食和如皋品德超市省鲜活农产品直供社区示范工程示范项目通过省级验收，完成7家鲜活农产品直营店、2家配送中心建设。全市累计通过省级验收鲜活农产品直营店66家、配送中心4家。市区新增营业菜市场5家，累计41家菜市场完成标准化建设。

（张　明）

粮食流通

【概况】 2017年，南通市粮食企业购销总量2261万吨，比上年增加约1321万吨，创历史最高。其中，国有粮食企业购销455万吨，托市收购30.1万吨，均为历史最高。粮食行政执法准确率100%。对收获环节主粮及政策性粮油质量监测覆盖率100%。全市粮食流通新科技应用水平比上年提高3.1%。全市粮油加工业实现总产值329.9亿元，销售收入311.4亿元，利润6.64亿元，总产值位居全省第三。市粮食局获评“全省粮食安全工作先进集体”。

【粮食收储】 2017年，南通市腾出有效仓容85万吨投入两季收购，满足农民售粮需要。全年优质优价实际收购量超过90万吨，等级提升助农增收9000万元。全面推广应用“满意苏粮”APP，全市国有粮食企业对接种粮大户871户，对接面积43.1万亩，对接收购量35万吨。进一步减少市级储备粮代储库点，完善储备日常监管、轮换管理及出入库质量检验制度，加强成品粮油储备管理。适当延长储备轮空期限，降低企业运营成本。

【应急保供】2017年，南通市持续推进“半小时放心粮油消费圈和应急供应网”建设，以县为单位落实创建监管责任，实行网格化管理，创建“放心粮店”2家，累计237家。至年底，南通市定点挂牌粮食应急加工企业56个、南通市应急供应企业155个。

【设施建设】2017年，南通市投入粮食仓储物流项目建设改造资金1.8亿元，新建维修改造仓容16.83万吨。江苏粮油商品交易市场南通分市场在南通市地方粮食储备库开市营业。南通粮食物流中心投入使用，海安县粮食物流中心年处理25万吨小麦加工项目、如皋港长江三角洲粮油精品产业园30万吨仓容建设项目均进入收尾阶段。海安县粮食物流中心年产30万吨饲料项目和中储粮南通直属库12万吨仓储项目开工。投资50亿元、占地107公顷、80万吨仓容及24万吨罐容的启东中成粮油项目开工奠基。全市9个数字化粮库和15个收储可视化库点与市、县两级粮食流通综合管理平台全部实现互联互通、信息共享。应用低温储粮、净粮储存、水源热泵、秸秆气化烘干等新型储粮技术，全市粮食流通新科技应用水平82.6%。

【粮企改革】2017年，南通市推动国有粮食企业实现质态提升。启东市完成“一企多点”（总公司+分公司收储库点）改革；通州区制定3家国有企业整合方案。全市国有粮食企业实现利润2412万元。全年为18家企业19个仓储设施、产后服务中心、质检机构项目争取省以上补助资金6556万元。全市涉粮企业与上海地区粮食企业签订粮食代储、粮食贸易、粮源基地、仓储建设项目7个，总投资近6亿元。全市5家涉粮企业入选国家重点支持粮油产业化龙头企业名单，入选企业数居全省设区市首位。

【优质粮食工程】2017年，南通市实施“优质粮食工程”，推动粮食生产从重视产量向重视质量和效益转型，增

南通优质粮油企业进上海参展　　（市粮食局　供图）

加绿色优质产品供给。全年新增全产业链联盟自营面积1450亩，订单面积14.8万亩，海门市、启东市启动全产业链联盟建设。全市粮食规模种植大户、家庭农场、“全托管”组织覆盖率90%，稻米种植实现优质品种全覆盖。全市土地流转费用每亩下降200~300元。全市11家粮食产后服务中心建设启动，4家县级质检机构建设启动前各项准备就绪。海安县5家重点加工龙头企业获“海安大米”品牌使用权，实行收购、授权、包装、价格、监管“五统一”，出台“如东大米”品牌整合实施意见。组织粮油企业赴上海、南京、厦门、武汉等地参展观展，“长寿之都好稻米”品牌整体效应逐步扩散。如东县申报“中国好粮油”示范县，全市5家企业5个产品获批“中国好粮油”产品。

【粮油质量监测】2017年，南通市粮油质检中心新实验室投入使用。全年完成收获环节小麦、稻谷等800余个原粮样品卫生监测，形成品质数据5800余个。全年抽检在库粮油142个库点，代表数量101.11万吨，粮油质量抽检覆盖面100%。走访200余家种粮大户，为种粮大户提供质量快检服务，举办科普讲座。完成放心粮店销售粮油产品质量抽检200个样品，近700个批次，整改隐患1个，全年未发生粮油质量安全事故。

【粮食市场监管】2017年，南通市采用“四不两直”（不发通知、不打招呼、不听汇报、不用陪同，直奔基层、直插现场）形式，按“双随机一公开”要求开展各类随机抽查、专项检查和突击检查。开展“粮食安全隐患大排查快整治严执法”集中行动，发现问题隐患224个，均提出整改意见并落实整改。强化对粮食收购、批发、加工和零售等重点环节经营行为监督检查，出动检查415次1558人次，检查企业976家次，粮食行政执法准确率100%。全市203家粮食经营企业获A级守法诚信等级证书。

（陈　龙）

供销合作

【概况】2017年，南通市供销合作社系统实现销售总额1080亿元，实现报表利润7.05亿元，所有者权益69亿元。南通市供销合作总社（简称“市供销总社”）承担全国供销合作总社“健全联合社‘三会’制度”及省供销合作总社“构建双线运行机制”专项改革试点任务，各县（市、区）供销合作社机关干部职工参公登记和职务职级并行到位。市供销总社、如皋市供销合作总社、海门市供销合作总社明确主要职责、内设机构和人员编制。海门、如皋市供销合作总社进入全国百强县级社前20名。市供销总社蝉联全国供销合作社系统先进集体，获江苏省供销合作社系统综合业绩考核优

胜单位一等奖。

【为农服务体系建设】 2017年，南通市提档升级农民综合服务社126家，其中省定经济薄弱村农村综合服务社3家。领办农民专业合作社42家，培育农民专业合作社联合社13家，累计建办农民专业合作社811家。发展“三体两强”（自主经营实体、农民社员主体、合作经济组织联合体，经济实力强、为农服务能力强）示范基层社3个，改造薄弱基层社10个，6家基层社获评全国供销合作总社基层社标杆社。探索建成以农民为主体综合性合作社试点3家。

【新网工程】 2017年，市供销合作社系统推进“新农村现代流通服务网络工程”（包括农业生产资料现代经营服务网络、农副产品市场购销网络、日用消费品现代经营网络和再生资源回收利用网络），运用现代流通方式改造传统经营网络。实现连锁销售额237亿元，比上年增长14.5%。累计培育各类农产品市场19家，提供1.09万个经营摊位，年交易总额330亿元，成为全市农产品销售主渠道。

【社有企业发展】 2017年，南通市供销合作社系统在建项目15个，全年完成投资5.06亿元。市本级重点推进4个项目。其中，通州中实农副产品物流中心二期开业，入驻经营户突破400家；南通农副产品物流中心年交易总额143亿元，进入全国农产品市场50强行列，成为全国公益性农产品示范市场；合作组建通联现代农业发展公司；投资4000万元建设现代化农资物流园。投资组建供销e家、地平线电商平台南通运营中心，全系统开设3家地方特色馆。

【农产品展销】 2017年，南通市供销合作社系统组织开展各类农产品展销活动，参与承办南通农产品（上海）专场推介会2次，参展农产品240种，现场销售55万元。10月15~17日，组团参加“海峡两岸”（江苏）名优农产品展销会，参展农产品66种，现场销售20万元。

（姚章明）

盐业经营

【概况】 2017年，江苏省盐业集团南通有限公司（简称“南通盐业公司”）有全资子公司8家、控股子公司1家，其中食盐批发专营企业6家，政府食盐储备点6个。经营业务包括食盐专营、健康厨房商贸流通、盐化工生产经营、房屋租赁服务、机械设备及配件租赁、货物道路运输以及快消品供应链电商平台。全年实现营业收入4.6亿元，比上年增长20.7%，其中非盐收入3亿元，比上年增长46.3%，占全部营业收入65.5%，两项收入均居全省盐业首位。批发销售各类盐品14.05万吨，其中销售小包装食盐2.7万吨。盐化产品实现销售收入1.75亿元，利润1976.87万元，其中非盐商品（不包括小工业盐等）毛利2002.39万元，毛利率6.65%。成立南通店达新通富信息技术有限公司。年内，南通盐业公司在全国盐行业中率先引入互联网新零售模式，促进食盐服务互联网化、主营多元化、产业规模化、发展跨区域化。

【食盐专营】 2017年，南通市盐务管理局（简称“市盐务局”）继续执行国家食盐价格政策，调整食盐品种结构。利用“3·15”消费者权益日、“5·15”防治碘缺乏病日、食品宣传周等活动，通过网络、电视、报纸等宣传媒体，加大对国家和省委、省政府关于盐业体制改革政策以及法律法规宣传力度，约谈重点嫌疑对象48家，发放“行政告知书”和宣传资料。及时报道海门市2017年“脚臭盐”案件等典型案例。开展食用碘盐考核评估，全市碘盐覆盖率98.86%、碘盐合格率97.53%，合格碘盐食用率95.94%，城乡居民碘营养处于适宜水平。推进农村地区食盐放心消费工作，检查全市食盐放心店3000余家。全年未发生食盐安全事故。

【盐品营销】 2017年，南通市推进小包装食盐营销措施，收集市场信息，每月制订贴近市场实际小包装食盐市场营销方案，跟踪方案执行。食盐销售品种结构保持合理区间，高端盐实现销售320.33吨。不定期走访上下游客户，争取海盐等供应商支持，开展淮盐品牌宣传月等活动，在市区做车身、电台广告，策划4辆“大篷车”集中在市区宣传，扩大消费者对“淮牌”食盐知晓度。拓展省外市场主营业务，在浙江省销售淮盐近50吨。至年底，全面直接维护和配送终端客户2.3万家，占全省总数23%，品种食盐和普通食盐市场占比45%。

【盐政管理】 2017年，南通市开展食盐安全联合执法行动，建立市场监管联防联控机制。开展“元旦”“春节”期间保障全市食盐安全联合专项执法行动、春季联合执法专项行动、保障全市食盐安全夏季联合执法专项行动、保障全市食盐安全联合执法“百日行动”、全市食盐质量问题专项整治

5月20日，南通店达新通富信息技术有限公司成立，通州仓上线。

（市盐务局　供图）

活动。开展盐改跨区经营政策专项行动，梳理排查涉嫌违法违规经营食盐案件。全年检查用盐企业2811家次、农贸市场3239个次、零售商店2.55万个次、食品作坊5887个次、饭店食堂饮食摊点7597个次，居民灶台走访3899户次。全年查处各类盐业违法案件246件，比上年增加15.3%，没收非法盐产品1000余吨，罚没款88.72万元；移送公安机关案件11件，立案8件，涉案人员11人，逮捕4人，判刑12人。印发《全市放心消费创建工作实施方案》，开展食盐放心消费创建，利用报刊、电台、电视、网络等宣传媒体，增强市民食盐安全意识，重点加强小学生、育龄妇女和边界接壤镇村、食盐安全相对薄弱区域群众普法教育。

（张立新）

烟草专卖

【概况】 至2017年底，南通市烟草专卖局、江苏省烟草公司南通市公司（简称“市烟草局、市烟草公司”）有从业人员889人。全年辖区销售卷烟25.2万箱；单箱销售结构3.8万余元，比上年增长3.52%；实现利税28.47亿元，比上年增长4.77%。覆盖智能客户终端7300余户，客户满意率保持在99.9%以上，实现客户满意度零投诉。1篇学术论文获国家烟草专卖局三等奖，海门市烟草局（分公司）被国家烟草专卖局列为“三项制度”试点单位，如皋市烟草局（分公司）获评“全国书香企业”，海安县烟草局（分公司）获评“江苏省安全文化建设示范企业”。全年查获网络案件5件，查获部督级别案件3件，累计破获各类案件1538件。

（顾成鹏）

油煤气经营

【煤炭经营】 2017年，南通市新增煤炭注册企业890家，总计2538家。全年煤炭中转量2993.15万吨，销售2972.3万吨，库存48.65万吨。全市年销售量超1000万吨煤炭经营企业1家，海安国龙物流有限公司全年销售1944.47万吨；超100万吨煤炭经营企业7家，分别是绿洲物流股份有限公司、南通市华港物资贸易有限责任公司、南通润天燃料有限公司、江苏江盛燃料物资有限公司、南通明润燃料有限公司、南通苏润燃料有限公司、江苏润通燃料有限公司。全市煤炭经营秩序良好，生产用煤需求得到有效保障。

（陈　君）

【燃油经营】 2017年，南通市成品油销售总量150.17万吨。其中，汽油销售96.08万吨，柴油销售54.08万吨。开展2016年度成品油经营企业年检，全市24家成品油批发仓储企业、575家成品油零售企业通过年检，梳理未参加年检企业。完成2017年度加油站规划设置申报，全年公示加油站规划设置19家。至年底，全市在用仓储储油罐364个，使用库容量202万立方米。

2017年，中国石化销售有限公司江苏南通石油分公司（简称“中国石化南通石油分公司”）实现经营总量114.36万吨，比上年增长3.5%，其中，成品油110.52万吨、天然气2.18万吨、优质燃料油1.66万吨。实现销售收入74.52亿元，非油品收入2.51万元；上缴税费1.15亿元。实现零售量101.28万吨，比上年增长9.2%。新增万吨油站5座，共19座，全年实现销量27.8万吨；24小时营业站118座。2017年，中国石化南通石油分公司连续第三年获评中国石化销售公司“两力先进单位”，“综合竞争力”由上年全国第11名上升到第6名，“发展进步能力”由上年全国第26名上升到第11名。全年安全环保数质量工作平稳运行，获中国石化江苏公司表彰为数质量管理先进单位。

（张　明　黄乃文）

【燃气经营】 至2017年底，南通市有天然气用户101万户、液化石油气用户124万户。2017年，全市供应天然气6.45亿立方米、液化石油气10.62万吨。其中，市区新增管道燃气居民客户3.87万户，客户总数43万户，年供天然气量1.93亿立方米。9月起，全国天然气资源供不应求，中石油对下游燃气企业限量供应。南通市启动保供应急预案，通过购买LNG补充用气缺口、增加LNG气化设备、动员工业用气大户采取错峰用气等措施，确保全市生活生产用气不受较大影响。全年市区建设中低压管网123.8千米，累计有高中低压管网2045千米；完成居民户内锈蚀燃气立管改造1.33万户，老旧燃气管网改造26.56千米，更换超龄燃气表1.1万只。规范城镇燃气管理，建立城镇燃气安全监管联席会议制度。全市完成违章占压整改34处。其中消除积存多年燃气管道违章压占隐患25处。

（翟建强　王霖杰）

电子商务

【概况】 2017年，南通市实现商务领域电子商务交易额1950亿元，其中网络零售额430亿元，分别比上年增长33.1%、40.9%。加强电商示范体系建设，争取省级电商发展资金50万元。全年新增统计样本企业11家，年底纳入电商统计平台企业总数239家。

（张　明）

【网络交易发展】 网络经营主体　至2017年底，南通市有各类经营性网站8321户，列全省第五位，比上年增长2.6%。从行业分布来看，经营性网站总量列前三位行业为制造业、批发和零售业、科学研究与技术服务业，分别为4741户、1271户、605户。注册资本1亿元以上301户、5000万～1亿元398户、1000万～5000万元1364户。有各类网店172754户，列全省第六位，网店所在平台涉及淘宝、天猫、京东、苏宁易购、一号店等国内主要第三方平台。其中，淘宝、天猫平台125904户，占全市网店72.88%，比上年增长36.1%。从淘宝、天猫平台网店在全市分布区域看，数量较多地区为海门市、通州区、崇川区，分别为37177户、23008户、20926户。

网络销售　2017年，南通市在淘宝、天猫平台网络销售总额357亿元，比上年增长21.84%，占全省7.6%，销售额占全市社会消费品零售总额12.42%。网络销售订单总数3.01亿件，占全省销售订单总数8.52%，平均订单销售额118.61元；网店平均销售额28.35万元，比上年增长25.58%。网络订单总数、平均订单销售额和网店平均销售额，均列全省第四位。从全市各地区在淘宝、天猫等平台网络销售规模看，网络销售总额排前三位为海门市、通州区、崇川区，分别为126亿元、118亿元、28亿元。其中，海门市、通州区网络销售总额占全市68.35%，销售品类主要为家纺类产品。

网络消费　2017年，南通市网络消费额262亿元，占全省网络消费额6.65%，比上年增长20.74%；人均网络消费额11442.05元，比上年增长7.12%。在淘宝、天猫平台网络消费者228.98万人，比上年增长3.53%，在淘宝、天猫平台上网络消费订单总数2.05亿件，占全省订单总数7.01%，平均订单消费额127.8元。

（通　鉴）

【省级示范创建】 2017年，南通市从“板块建设、招商强度、龙头企业、网络零售、支撑能力”等方面制定扶持政策，加快全市电商产业园建设，推进省级农村电子商务示范县、示范村和电子商务示范基地（园区）、示范企业培育。如东县创建成省级农村电子商务示范县；海安县城东镇、启东市吕四港镇、通州区川姜镇、通州区东社镇、如皋市如城街道、如东县新店镇、海门市三星镇7个镇（街道）获评江苏省电子商务示范镇；通州区川姜镇三合口村、海门工业园区叠石村、如皋市如城街道安定村、如东县新店镇新店社区、通州区张芝山镇塘坊村、海安县城东镇泰宁村、如东县苴镇街道金凤村、如皋市如城街道贺洋社区、通州区川姜镇志浩村、通州区东社镇唐洪村、如皋市磨头镇新港村、海安县北城街道凤山村、海门市常乐镇广南村13个行政村创成江苏省电商村；南通市综合电子商务产业园、南通国际家纺城电子商务产业园、崇川科技园、如皋软件园、如东经济开发区电子商务产业园、江苏海门工业园区、海安经济技术开发区电子商务产业园7个基地（园区）建成省级电子商务示范基地（园区）；淘金合创电子商务江苏有限公司、南通微纺电子商务有限公司、江苏如艺农业科技发展有限公司、南通茧缘丝绸纺织有限公司、鑫缘茧丝绸集团股份有限公司、南通酷联电子商务有限公司、西蒙电子商务（中国）有限公司、南通睿昊电子商务有限公司8家企业获评省级电子商务示范企业。长江智谷科技园获批省级跨境电子商务产业园试点。

（张　明）

【网络市场监管】 2017年，南通市健全网络监管综合运行机制，工商、邮管、质监、食药监、公安、经信等部门分别在各层级建立寄递渠道打假“黑名单”、电商售假案件互通、证据采集技术支撑、行刑对接、信用信息归集等长效管理制度。建立“打假保优”协作网，搭建“云剑护企”维权平台，开通“红盾云桥”直通车，打造“依法管网、以网管网、信用管网、协同管网”网络市场监管新格局。全年工商（市场监管）系统清理非法网站1500家，强制删除商品违法信息365条，责令整改网站127家，查处违法案件296起。

网络交易监测　2017年，南通市以网络交易平台、网络交易集聚区为重点，在全省率先对209个批次网络交易商品质量开展定向监测，实现从线上到线下消费全过程商品质量监管。全市2家平台、8家网店获评省级放心消费创建示范单位。全年抽检南通注册登记经营者、通过网络销售商品88个批次，主要涉及家纺、服装、羊绒羊毛制品、家用电器等12个品类，经检测，69个批次合格，总体合格率78.41%，比上年提高24.36%。其中，合格率100%品类为灯具、建筑涂料、开关插座、装饰装修材料；合格率较低品类为服装、眼镜、信息技术和通信设备，合格率分别为53.85%、50%、50%。

网络消费投诉　2017年，南通市受理网络消费投诉2509件，占全市总投诉量24.84%，比上年增长60.42%。从全市网络消费投诉类别看，商品类网络消费投诉2486件，占网络消费投诉量99.08%；服务类投诉23件，占网络消费投诉量0.92%。商品类网络消费投诉主要集中在家居用品、服装鞋帽、食品类，分别为1811件、106件、77件，分别占商品类投诉72.85%、4.26%和3.1%，其中家用电器、儿童用品、五金交电投诉量分别比上年同期增长244.44%、170.59%、116.67%。

（通　鉴）

【农业电子商务】 2017年，南通市新增农产品电子商务营销商户238家，累计935家；培育年线上交易收入100万元以上农产品电子商务示范企业35家。农业电子商务网销31.5亿元，比上年增长25.2%。其中，农产品网销30.5亿元，农资网销0.56亿元，休闲观光农业网销0.39亿元。实施省农产品电子商务万人培训计划，举办农产品电子商务培训班9期，培训1004人。

（查　勇）

中介服务业

广告业

【概况】 至2017年底，南通市有广告经营主体3870家，其中国家一级资质广告企业1家、二级资质企业27家、三级资质企业7家。2017年，新登记广告经营主体564家，广告经营额27.75亿元，广告从业人员1.55万余人。广告主要通过报纸、期刊、广播、电视及网站等媒介发布，涉及食品（含保健食品）、药品、酒类、化妆品及卫生用品、房地产、服装服饰及珠宝首饰、汽车、医疗服务、医疗器械、教育、旅游、生活美容、休闲服务等内容。年内，举办广告法律法规培训班20余期，培训2300人次，其中广告企业负责人738人次。组织开展第四届“紫金奖”公益广告创意设计大赛和中国南通第二届文化创意设计大赛等活动，146家广告经营主体参加。

【广告监管】 2017年，南通市监测市、县两级媒体广告63.1万条次，其中电视广告42.2万条次、广播广告19.5万条次、报纸广告1.4万条次。涉嫌违法广告4906条次，严重违法广告违法率1.4%，立案查处各类违法广告案件

283件，比上年增长31.6%。

（卢　峰）

拍卖业

【概况】 2017年，南通市44家拍卖企业举行拍卖会422场，拍卖成交总额29.38亿元。在拍卖成交额中，按委托对象分，政府部门委托6.4亿元，金融资产机构委托4.05亿元，其他机构委托拍卖17.05亿元，分别占全年总成交额21.78%、13.78%和58.03%；按拍卖标的分，房地产类拍卖成交额25.19亿元，占全年拍卖成交额85.74%。

（张　明）

法律仲裁服务

【公证】 2017年，南通市有公证员50人，公证员助理37人。全年办理各类公证事项6.33万件，收费2484.23万元。海安县公证处、如皋市公证处、如东县公证处、海门市公证处、南通市通州公证处由行政体制改为公益二类事业体制公证机构，全市9家公证处均完成公证体制改革任务。开展“富民强企”“法企同行”“公证敬老月”“公证助残日”等公益活动，为老年人、残疾人、未成年人办理遗嘱、遗赠、抚养、证明类公证事项1102件，参与调解258件，开展法律宣传及其他公益服务7352件，减免收费7.39万元。4月，根据《最高人民法院、司法部关于开展公证参与人民法院司法辅助事务试点工作的通知》精神，南通市崇川公证处与崇川区人民法院签署诉讼与公证对接合作意见，在崇川区法院设立公证与诉讼协同创新中心。11月，南通市崇诚公证处开始筹建。

【律师事务】 2017年，南通市有律师事务所108家，其中合伙所86家、个人所22家，执业律师1142人。全年律师办理各类诉讼案件34024件，其中刑事诉讼3361件、民事诉讼29423件、行政诉讼1240件，非诉案件1648件。全市有律师担任各级各类法律顾问4205家，全年业务收费累计4.56亿元。

【司法鉴定】 2017年，南通市有司法鉴定机构17家，司法鉴定人172人。全年办理司法鉴定案件1.21万件，出具司法鉴定文书1.21万份，法院采信率100%。

（宗纪平）

【仲裁服务】 2017年，南通仲裁委员会（简称“仲裁委”）受理案件455件，标的额9.75亿元，仲裁受案数比上年同期增长12.35%，仲裁标的额比上年同期下降38.21%。其中，物业服务合同纠纷案件127件，借款合同纠纷案件38件，买卖合同纠纷案件39件，房屋租赁合同纠纷案件15件，建设工程合同纠纷案件23件，商品房销售合同纠纷案件78件，保险合同纠纷案件7件，受理商品房销售、物业服务和保险合同纠纷占案件总数46.6%。全年结案394件，实际结案率86.59%。其中，审限内结案率79.44%、调撤率61.4%，与上年相比基本稳定；商品房销售和物业纠纷案件调撤率81.3%。当事人向市中院申请撤销或者不予执行案件中未有1件被法院裁定撤销（或不予执行）。加强仲裁网点建设，全市5个仲裁委办事处全年合计受理案件45件，标的额1.58亿元。年内，仲裁委获评“中国仲裁排行榜先进集体”。

仲裁调解机制推广　2017年，仲裁委继续推动通州湾江海联动开发示范区格式合同规范工作，在中央创新区、城建集团部分勘察、设计、建设项目合同中落实争议解决仲裁条款；规范市公共资源交易平台中建设工程、政府采购等部分交易合同仲裁条款。年内，在金融行业和建设工程新领域、小额贷款公司推行仲裁制度。

仲裁知识宣传　2017年，仲裁委形成1个网站（官网）、1个论坛（搜房论坛）、2个官方账号（微博、微信）、2个纸媒（《南通仲裁》《通商》杂志）多媒体宣传格局。全年官网、微博发布动态信息31条、资讯200余条、指导性案例6件，微信公众号推送动态信息、案例评析等实用性文章65篇，搜房网“房地产仲裁法律咨询”论坛发送房地产纠纷案例26篇，通商杂志发表仲裁宣传推广文章、案例6期，编印南通仲裁刊物2期。5月18~19日，开展人事争议仲裁与实务培训。

（陆卫东）

5月18~19日，市人力资源社会保障局与市中院联合举办南通市劳动人事争议仲裁与实务培训。（市人力资源社会保障局　供图）

人力资源服务

【概况】 2017年，南通市完成市本级人力资源市场基建工程建设。筹建苏通人力资源服务产业园，领英、博尔捷等43家知名人力资源机构签约入驻。全市7家人力资源服务机构获评省诚信机构，3个大型人力资源服务交流项目获评省优质项目并获资金支持。江苏伙伴有限公司获评“全国人力资源服务诚信示范机构”。

（许　可）

综 述

【概况】 2017年，南通市实现农林牧渔业总产值1097.6亿元。其中，农业总产值307.7亿元，比上年增长4.4%；林业总产值189.7亿元，比上年增长5.9%；畜牧业总产值163.4亿元，比上年增长2.7%；渔业总产值436.8亿元，比上年增增长0.3%。

【高效设施农业】 2017年，南通市新增设施农业面积6.8万亩，累计135.08万亩，占耕地面积20.19%，比上年增加1个百分点，设施农业占比继续保持苏中领先水平。全市建有14.91万亩永久性蔬菜基地，完成规划建设任务102.5%。

【生态循环农业】 2017年，南通市推进农业废弃物综合利用，实施稻麦秸秆机械化还田355.66万亩，还田率69.9%。全市规模化畜禽养殖场新建沼气工程项目8个，新建规模养殖场畜禽粪便有机肥加工项目3个、小散养殖场（户）畜禽粪便集中收集处理中心5个、沼渣沼液循环利用工程7个、设施农业生产废弃物循环利用项目5个。全市新增"三品一标"农产品（无公害农产品、绿色食品、有机农产品、地理标志农产品）438个，其中无公害农产品404个、绿色食品32个、有机农产品1个、地理标志农产品1个；累计"三品一标"有效数1967个，其中无公害农产品1871个、绿色食品83个、有机农产品4个、地理标志农产品9个。农药、化肥等化学投入品减量使用。

（查 勇）

表12-1

2017年南通市新增绿色食品名录

序号	产品名称	证书编号	证书持有者
1	桑叶茶	LB-45-1703101634A	鑫缘茧丝绸集团股份有限公司
2	申海大米	LB-03-1702101392A	海安县城东米业有限公司
3	软香米	LB-03-1702101159A	南通季和米业有限责任公司
4	横江大米	LB-03-1705101633A	海安县横江精米加工厂
5	甸上珠大米	LB-03-1704101525A	南通市桃园粮油有限责任公司
6	飞滩大米	LB-03-1702101473A	南通飞滩粮业有限公司
7	龙顺大米	LB-03-1705101758A	江苏龙顺米业有限公司
8	甜椒	LB-15-1702101186A	南通强盛农业科技发展有限公司
9	番茄	LB-15-1702101188A	
10	黄瓜	LB-15-1702101187A	
11	速冻青蚕豆	LB-16-1705102836A	南通市鸿基食品有限公司
12	速冻青毛豆	LB-16-1705102837A	
13	速冻青豌豆	LB-16-1705102838A	
14	鸡翅	LB-28-1702103396A	江苏京海禽业集团有限公司
15	鸡腿	LB-28-1702103397A	

（续表12-1）

序 号	产品名称	证书编号	证书持有者
16	鸡胸肉	LB-28-1702103398A	江苏京海禽业集团有限公司
17	鸡爪	LB-28-1702103399A	
18	西装鸡	LB-28-1702103400A	
19	葡萄	LB-18-1704102128A	海门市旺盛农副产品有限公司
20	精制白腐乳	LB-56-1701100074A	南通守俊味业食品有限公司
21	辣味腐乳	LB-56-1701100075A	
22	玫瑰红腐乳	LB-56-1701100076A	
23	糟方腐乳	LB-56-1701100077A	
24	大豆	LB-07-1712108332A	如东县狼山鸡种鸡场
25	玉米	LB-05-1712108333A	
26	青菜	LB-15-1702100867A	如皋禾盛现代农业科技发展有限公司
27	萝卜	LB-15-1705103057A	南通春华食品有限公司
28	百日子萝卜干	LB-56-1705103055A	
29	如皋萝卜干	LB-56-1705103056A	
30	风干萝卜干	LB-56-1705103058A	
31	五香萝卜条	LB-56-1705103059A	
32	蒲塘牌大米	LB-03-17121010386A	江苏长寿集团如皋广兴米业有限公司

（市农委）

表12-2

南通市获全国地理标志农产品名录

序 号	产品名称	产品编号	证书持有者	登记年份
1	海门山羊	AGI00774	海门市畜牧兽医站	2011年
2	海门黄鸡	AGI00843	海门市绿源肉鸡专业合作社	2012年
3	如皋黄鸡	AGI01087	如皋市畜牧兽医站	2013年
4	海门香芋	AGI01389	海门市蔬菜生产技术指导站	2014年
5	启东青皮长茄	AGI01677	启东市高效设施农业协会	2015年
6	如东狼山鸡	AGI01678	如东县狼山鸡协会	2015年
7	启东洋扁豆	AGI01911	启东市高效设施农业协会	2016年
8	万年香沙芋艿	AGI01912	海门市蔬菜生产技术指导站	2016年
9	启东绿皮蚕豆	AGI02179	启东市高效设施农业协会	2017年

（市农委）

【外向型农业】 2017年，南通市农产品进出口总额21.3亿美元，按可比价计算（下同），比上年增长5%。其中，进口额13.54亿美元，比上年下降2.3%；出口额7.76亿美元，比上年增长20.8%，高出全省平均水平14个百分点，出口额和增幅均居全省第一。畜禽、海产品、茧丝、蔬菜和粮油加工5大支柱产业出口6.5亿美元，占全市农产品出口额83.8%。新增省级出口农产品示范基地1个，累计26个，在全省率先实现县（市、区）全覆盖。全市有出口实绩企业210家，比上年同期增加12家。其中，出口额100万～500万美元企业75家，出口额500万～1000万美元企业25家，出口额1000万美元以上企业17家。南通丁布儿海苔食品有限公司、海安县兰波实业有限公司、江苏银树食品有限公司、南通游龙肠衣食品有限公司、江苏嘉安食品有限公司、鑫缘茧丝绸股份有限公司6家企业获批首批“江苏省出口农产品示范企业”。农业实际利用外资1.52亿美元，比上年减少13.6%。

【休闲农业】 2017年，南通市建成各类规模休闲农业企业220家，全年营业收入总额36亿元，接待游客总人数960万人次。全市围绕沿江、沿海、城郊“三核”，重点建设完善休闲农业精品线路15条和精品景点100个。新认定国家四星级休闲农业企业6家，累计国家星级休闲农业企业24家，数量全省领先。获批省级休闲农业示范村5个，主题创意农园6个，农业特色小镇6个。

（查　勇）

表12-3

南通市国家星级休闲农业企业目录

星级	序号	企业名称	所在地
国家五星级	1	南通金土地生态农业园	通州区东社镇
	2	如皋金岛生态园	如皋市长江镇
	3	南通世外桃园休闲农庄	南通开发区
	4	南通海韵休闲农庄	通州湾示范区
	5	启东江天生态农庄	启东市汇龙镇
	6	江苏长江药用植物园	如皋市长江镇
	7	南通神农生态农业科技有限公司	如东县岔河镇
国家四星级	1	启东大自然生态农业发展有限公司	启东市惠萍镇
	2	南通白鹭湖生态农业发展有限公司	通州区十总镇
	3	启东盈康农庄	启东市寅阳镇
	4	如东鑫华园生态农庄	如东县栟茶镇
	5	海门金盛生态度假村	海门市三厂工业园区
	6	海门金伍叶生态农业园	海门市海门港新区
	7	吕四港周园现代农业发展有限公司	启东市吕四镇
	8	海门市沿江渔村（新）	海门市海门镇
	9	如东县洋口镇南渔村经济合作社（新）	如东县洋口镇
	10	如皋市蒲新生态农业科技有限公司（新）	如皋市白蒲镇
	11	南通龙湖山庄有限公司（新）	海安县高新区
	12	海安百岁休闲农庄有限公司（新）	海安县高新区
	13	启东印象沙地文化发展有限公司（新）	启东市惠萍镇
国家三星级	1	海永番茄农庄	海门市海永镇
	2	启东市通海苑休闲生态农庄有限公司	启东市近海镇
	3	启东金港休闲生态农庄有限公司	启东市汇龙镇
	4	江苏嘉仕有机农业发展有限公司	启东市启隆乡

注：标注“（新）”为2017年认定企业。

（市农委）

【新型农业经营主体】 粮食生产“全托管”服务　2017年，南通市新增粮食生产“全托管”服务主体793个，新增服务面积19.3万亩，新增服务农户7.07万户，“全托管”主体总数2943个，服务总面积94.9万亩，服务农户总数30.75万户，实现农业镇全覆盖，村级覆盖率80%。

家庭农场　2017年，南通市新增各类家庭农场499家，累计4447家。正常运营各类家庭农场总数3898家。其中，粮食种植类1972家，占50.6%；畜牧养殖类874家，占22.4%；园艺种植类545家，占14%；水产养殖类316家，占8.1%；种养结合类158家，占4.1%；其他类33家。新增省级示范家庭农场29家，累计90家；新增市级示范家庭农场47家，累计141家。家庭农场经营总面积68.56万亩，家庭农场经营比重增加至50%。土地流转平均价格每亩900元，土地流转平均规模每家200亩，农场主平均年龄50岁。

（张晶晶）

【农业产业经营】 2017年，南通市开展全国"一村一品"示范村镇创建、农业产业化龙头企业争先创优评选活动，新增全国"一村一品"示范村镇2个（海安县南莫镇邓庄村、启东市王鲍镇庙桥村），总数16个，全省第一。如皋市钱长村、塘湾村，如东县马西村，海门市三南村、广南村、长圩村，启东市果园村7个村入选省级"一村一品"示范名录。至年底，全市累计认定各类农业产业化龙头企业318家。其中，国家级龙头企业8家，省级龙头企业63家，市级龙头企业247家。产业类型有农业类、畜牧类以及林业类和水产类等，带动587万亩基地种植、359.7万亩水产养殖、2.1亿羽家禽养殖、1257万头牲畜养殖，带动农户总数203.7万户，进驻企业务工农民43705人，带动农户增收33.9亿元、户均增收1880元。海安县、如东县、启东市列入2017年中央农业生产发展试点（农村一二三产业融合发展试点、农产品产地初加工试点）。江苏康德蛋业有限公司、金太阳粮油股份有限公司、海门苏洪食品有限公司3家农业龙头企业获批全国农村产业融合发展项目。

（石一飞　查　勇）

【农业园区建设】 2017年，南通市继续以农业园区建设引领国家现代农业示范区建设，其中市级8个重点园区新增投资12.2亿元，累计投资29亿元。农业物联网、智能化生产、精准化监测等技术在农业园区得到运用。市级6个重点农产品加工集中区入驻企业300余家，其中市级以上龙头企业84家；新增投资9.9亿元，累计投资30.5亿元；实现销售收入324.66亿元，带动农户80余万户。全市新认定现代农（渔）业标准园19个、农产品加工集区12个，累计认定现代农（渔）业标准园38个、农产品加工集中区18个。38个现代农（渔）业标准园中粮食类10个、畜禽类8个、蔬果类15个、水产类4个、花木类1个。

（陈　健）

【农业行政管理】 2017年，南通市农业部门组织开展农资打假保春耕专项治理、夏季百日行动、农资打假秋冬季行动及农业转基因生物安全专项检查。出动执法人员5139人次，检查企业4196家次，整顿市场179个次，累计立案查处103件。查获违法农资数量137.7吨，涉案金额36.26万元。

【农业电子商务】（参见《服务业·电子商务》）

（查　勇）

种植业

【粮食种植】 2017年，南通市粮食种植面积772.5万亩，比上年减少5.8万亩；单产每亩419.3千克，比上年增产1.5千克；总产324万吨，比上年减产1.2万吨。在粮食生产中，夏粮种植344.97万亩，占粮食播种面积44.7%，产量114.66万吨，占总产量35.4%，其中小麦种植263.93万亩，产量98.4万吨，占夏粮产量85.8%；秋粮种植427.55万亩，占粮食播种面积55.3%，产量209.31万吨，占总产量64.6%，其中水稻种植250.08万亩，产量155.35万吨，占秋粮产量74.22%。

【棉花种植】 2017年，南通市继续调减棉花种植面积，全市种植16.85万亩，比上年减少11.89万亩，减幅41.4%。棉花（皮棉）单产每亩82.3千克，比上年亩减产0.5千克。总产1.39万吨，比上年减少0.99万吨，减幅41.6%。

【油料种植】 2017年，南通市油料种植面积165.5万亩，比上年减少7万亩，减幅4.1%。油料单产每亩212.9千克，比上年亩增产5.3千克；油料总产35.23万吨，比上年减少0.59万吨。其中，油菜种植123.2万亩，比上年减少8.1万亩，减幅6.1%，占全市油料面积74.4%，生产26.67万吨油菜籽，占油料总产量75.7%。

【农业补贴】 2017年，南通市发放农业支持保护补贴（耕地地力保护补贴）资金5.9亿元，补贴面积524.1万亩，受益农户168.9万户。

【农作物良种】 2017年，南通市推广应用的主要农作物良种，水稻有"南粳5055""南粳9108""南粳0212""淮稻5号""淮稻18号""盐粳13""盐粳15""扬粳805号""扬农稻1号""宁粳7号""皖垦糯1号"；小麦有"扬辐麦4号""扬麦13""扬麦20""扬麦23""华麦5号""华麦6号""华麦7号""宁麦13""镇麦9号""镇麦10号"和"镇麦168"；油菜有"沣油737""秦优7号""秦优10号""秦优11""德核杂8号""浙杂903号""荣华油6号""宁杂1818""中油杂19"；玉米有"苏玉19""苏玉20""苏玉27""苏玉29""苏玉30""中江玉6号""联创799""中糯2号"；棉花有"泗阳698""中棉所63""鄂杂棉9号""铜杂411"。

【栽培技术】 2017年，南通市推广应用农业技术，主要有小麦机械匀（条）播高产栽培技术、小麦精确定量高产栽培技术、秸秆全量还田小麦全苗壮苗技术、移栽油菜秋发冬壮高产栽培技术、机插水稻集中育秧技术、水稻精确定量栽培技术、水稻机插高产栽培技术、玉米（大豆）机械化生产技术、鲜食玉米高效安全栽培技术和鲜食大豆高产高效栽培技术等。

【盐碱地水稻种植试验】 2017年，南通市在通州湾示范区如泰运河南侧、占补平衡项目区东侧，开展盐碱地水稻种植试验，试验面积40亩，委托江苏省华东有色地质勘查局地球化学勘查与海洋地质调查研究院实施。选用品种有"盐稻10""盐稻12""11K93-1""11K93-2""南粳9108"。6月13日，在如东县正常土壤上进行钵苗育秧，秧苗健壮；7月8~10日，移栽试验区。因新整田块土壤板结严重，采用人工插秧。种植期间，对水稻生长、农事操作等进行观察记录。10月22日，由江苏省农业技术推广协会组织扬州大

沿海围滩涂盐碱地披“绿衣”。（市农委　供图）

学、江苏省农科院、江苏省农业技术推广总站等单位对试验田块水稻进行实产验收与评议，实收田面积1.29亩，品种“盐稻10号”，亩实产339.8千克，专家组认为盐碱地快速改良与配套耐盐水稻高产高效栽培技术适应性好，对加快沿海围滩涂盐碱地向耕地转化、提高滩涂综合利用效率有重要意义。

（查　勇）

畜牧业

【概况】 2017年，南通市畜禽生产保持基本稳定，全年生猪出栏量372.85万头，比上年增长1.5%；家禽出栏量10963.71万羽，比上年增长1.4%；山羊出栏量226.3万只，比上年下降2.5%。年末存栏生猪233万头，比上年下降8.6%；家禽存栏4652.1万羽，比上年下降1.4%；山羊存栏179.5万只，比上年下降4.5%。肉类总产量44.1万吨，禽蛋产量44.62万吨。

【规模养殖】 2017年，南通市规模养殖主体地位更加巩固，规模结构更加优化。生猪规模养殖占比94.6%，其中大中型规模养殖占比69.9%，比上年增加6.9个百分点；肉鸡规模养殖占比94.9%；蛋禽规模养殖占比98.7%；奶牛规模养殖占比100%。

【畜牧生态健康养殖场建设】 2017年，南通市开展畜牧生态健康养殖场示范创建。全市新增部级畜禽标准化示范场2家，累计27家；新增省级畜牧生态健康养殖示范场26家，累计412家。部、省级标准化示范场数保持全省领先。

【畜禽屠宰管理】 2017年，南通市清理整顿生猪屠宰行业，生猪屠宰场点“小、散、乱”状况得到基本改善，全市累计关闭不合格屠宰企业109家，不合格屠宰场点关闭率100%。打击私屠滥宰等违法行为，改扩建屠宰企业2家，全市现有16家生猪屠宰企业。屠宰环节“瘦肉精”检测样品15.94万份，合格率100%。病害猪及其产品无害化处理折合8849头，全年查处涉及屠宰病死猪案件1件，移交司法机关处理。

（蔡建康）

林　业

【概况】 2017年，南通市新增造林面积7385.8公顷，增量居全省第二，林木覆盖率24.6%。全市林业总产值189.7亿元，比上年增长5.9%，其中第一、二、三产业产值分别为120.2亿元、50.3亿元和19.2亿元。开展省“十百千万”示范创建工作，创建国家森林城市，建成省级绿化示范村52个，建成省“三化”（彩色化、珍贵化、效益化）先进示范片8个、先进村30个、先进单位242个，建成市级森林城镇30个、市级森林村庄34个；建成中心城区高速一环和宁启铁路一期绿色生态景观廊道，主体林带宽度100米、总面积1403.1公顷。南通市林业局获评全省林业信息工作先进单位和全省湿地保护工作先进单位。

【林政资源管理】（参见《生态环境·生态保护》）

【林业灾害防范】（参见《生态环境·生态保护》）

（吴希从）

蚕桑业

【概况】 2017年，南通市桑田面积15万亩，实际投产14.1万亩，全年饲养蚕种29.49万张，其中春蚕13.96万张、二春及夏蚕6990张、秋蚕14.83万张，饲养量较上年减少3.45万张，减幅10.48%。全年生产蚕茧1.21万吨，比上年减产1000吨，减少7.58%。蚕农茧款总收入6.55亿元，比上年增收3700万元，增幅5.99%。其中，春茧平均茧价每千克53.6元，比上年同期增加8.52元，春季蚕农茧款收入3.22亿元，比上年增收900万元；秋茧平均茧价每千克55.16元，较春茧及上年同期均有上涨，秋茧蚕农茧款收入3.24亿元，比上年增收3600万元。

【良种选育】 2017年，南通市继续选育和保育细纤度特色蚕品种资源，繁育“苏秀·春丰”原种820张。南通市新丝路蚕业有限公司在云南省大姚县蚕种良繁基地，繁育“苏秀·春丰”一代杂交种7615张。在优质茧生产基地推广应用特色蚕品种“苏秀·春丰”20070张、抗病毒特色品种“华康三号”500张、“75新×7532”4750张、三眠蚕品种“苏超二号”120张，续春蚕和晚秋蚕使用“两广二号”3700张。推广使用“苏豪钟晔（抗）”120张、“野三元（抗）”1300张。

【多批次养蚕】 2017年，南通市开展多批次养蚕实践。早春蚕在4月19日收蚁、5月14日前后上山结茧。春蚕在5月3~4日收蚁，5月30日前后上

蚕农喜售蚕茧。　　（胡仁杰　摄）

山结茧。早秋蚕种出库时间8月15日，饲养期8月24日~9月18日。形成全年养蚕7批布局，其中春蚕3批（早春蚕、春蚕、续春蚕），夏蚕1批，秋蚕3批（早秋蚕、中秋蚕、晚秋蚕）。

【饲料养蚕】 2017年，南通市应用人工饲料养蚕8批（含2批小蚕人工饲料共育）均获成功，人工饲料用量降至每千克茧耗饲料5~6千克，人工饲料生产成本降至每千克10元以内。引进国家蚕桑产业技术体系人工饲料养蚕所育品种“优食一号”。秋冬季节，江苏现代蚕桑产业园区实践一期人工饲料工厂化养蚕。全龄期历时31天18小时，领种催青20张，实际收蚁饲养15张，收获蚕茧604.7千克。

【规模养蚕】 2017年，南通市实施《蚕业农场经营模式建立与应用》省三新工程项目，在如皋市城南街道江苏现代蚕桑产业园区、通州区十总镇渡海亭村和海安县雅周现代农业园精品蚕业园建设示范基地3个，应用蚕业农场运行模式集中规模养蚕。年内，江苏现代蚕桑产业园区集中规模养蚕2542张；通州区十总镇渡海亭村养蚕1802张；海安县雅周现代农业园精品蚕业园示范点饲育原蚕 90张，生产一代杂交种11202张。

【蚕桑农场】 至2017年底，如皋市江苏现代蚕桑产业园区累计栽桑870亩，分包给36家农户管理，全年分3批集中规模养蚕2542张，平均每户年养蚕70.6张，平均张种产茧32.5千克。海安县继续推行“建场、组社、联农”发展模式，新建蚕业农场52个，累计80个，桑园面积4200余亩，当年养蚕62个，全年累计养蚕3325张。海门市新建悦来镇裴蕾家庭蚕业农场、包场镇锦明村家庭蚕业农场，桑田面积165亩，春秋两季养蚕525张。“建场、组社、联农”基地发展模式成为国内茧丝绸行业样板。

（严松俊）

园艺业

【概况】 2017年，南通市园艺业实现总产值146.12亿元，作物面积23.18万公顷。其中，蔬菜播种面积20.22万公顷，产量593.24万吨，产值99.47亿元；果树面积1.16万公顷，产量16.91万吨，产值14.01亿元；花卉苗木面积1.8万公顷，产值32.64亿元。

【蔬菜业】 2017年，南通市常年种植蔬菜品种40余个，扩种结球甘蓝、芥菜、莲藕等市场适销品种，结球甘蓝、青花菜、芥菜、洋葱、莲藕播种面积分别为5001.19公顷、4300.75公顷、901.72公顷、114.28公顷、1031.26公顷，分别比上年同期增长2.7%、8.44%、13.37%、25.02%、46.76%。突出黑塌菜、白萝卜等地方传统特色蔬菜保种培育及生产。优化种植结构，蘑菇、香菇及秀珍菇等食用菌种植面积较上年有所增加，其中香菇种植面积233.65公顷，比上年同期增加16%。加强“菜篮子”工程蔬菜基地建设。至年底，全市12个“菜篮子”工程蔬菜基地建成面积1万公顷，完成规划总面积102.5%，其中设施面积7500公顷，占比75%。主城区蔬菜自给率高于全省平均水平5个百分点，全年蔬菜出口18.51万吨，与上年持平。

【果树果品】 2017年，南通市果树面积1.16万公顷，产量16.91万吨，产值14.01亿元。推进果树生产品种改良、品质改进、品牌创建，应用棚架栽培、避雨栽培、促成栽培、套袋栽培、节水灌溉、无毒化栽培、自然生草、平衡施肥、分等分级等先进技术，提高果品生产能力和产品质量。全市果树种植结构日趋合理，葡萄、草莓、桃等应时鲜果面积相对稳定，占全市果树50.7%，比上年提高0.6个百分点，葡萄、草莓、桃种植面积分别为2466.8公顷、1912.1公顷、1096.5公顷；银杏、梨栽培面积趋于稳定，栽培面积分别为2133.9公顷、2868.8公顷。果农收入稳中有降，风险性增大，对果农生产积极性造成一定影响。

【花卉苗木】 2017年，南通市花卉苗木面积1.8万公顷，产值32.64亿元。其中，观赏苗木面积16707.67公顷，比上年增长2.1%；鲜切花类种植面积49.67公顷，比上年增长75.3%；盆栽植物类种植面积618公顷，比上年增长3.3%；草坪种植面积666.67公顷，比上年增长8.9%。花卉、苗木行情均好于上年。继续调整优化品种结构，缩小黄杨、蜀桧、女贞等传统品种比例，发展高档花卉盆景、市场畅销花木品种；推广应用设施栽培技术、无公害防治技术、节水节能技术等；利用“互联网+”等信息化技术扩展销售渠道。

（陈翕兰）

【园艺展览】 第28届南通菊花展　10月27日，第28届南通菊花展在南通开

10月27日，南通市第28届菊花展开幕。（冯泽钧 摄）

发区生态通廊开幕，展期5周。该届菊展规模为历届之最，设置大小景点30个，通过籽播营造3.2万平方米“水岸花海”景观，现场摆放品种菊9000盆、模纹菊和普通小菊10万盆、盆栽草花30万、各种艺菊480盆。

园艺活动　2017年，南通市参加第14届中国杜鹃花展，获室外展台布置艺术奖“金奖”。参加第七届中国菊花精品展，选送菊花获金奖2枚。9月1日～10月7日，第九届中国花卉博览会在宁夏回族自治区银川市举办，南通选送展品获金奖3项、银奖9项、铜奖16项、优秀奖6项，选送展品数与获奖数均居全省前列，市农委获第九届中国花卉博览会组织奖金奖。9月28日～10月3日，如皋市举办第四届中国风盆景展。来自美国、英国等26个国家和地区的盆景艺术家参展。

（徐　浩　陈翕兰）

渔　业

渔业生产

【概况】 2017年，南通市实现水产品总产量87.46万吨，比上年减少1.57万吨。其中，海洋捕捞28.86万吨，比上年减少0.51万吨；远洋渔业2.44万吨，比上年减少1.33万吨；海水养殖33.04万吨，比上年增加0.61万吨；淡水捕捞2.9万吨，比上年增加0.01万吨；淡水养殖20.22万吨，比上年减少0.35万吨。全市实现渔业经济总产值436.84亿元，比上年增加1.34亿元。全市水产养殖面积12.66万公顷，比上年减少2300公顷。其中，海水养殖面积8.52万公顷，比上年减少600公顷；淡水养殖面积4.14万公顷，比上年减少1700公顷。投产机动渔船2220艘、吨位17.41万吨、功率26.35万千瓦，其中海洋捕捞渔船1429艘、13.71万吨、17.6万千瓦，分别比上年减少25艘、增加1.3万吨、增加0.81万千瓦。

（施百灵）

表12-4　2017年南通市海洋捕捞主要品种及产量一览表

单位：吨

品种	小黄鱼	带鱼	梅童鱼	鲳鱼	虾类	梭子蟹	海蜇	鱿鱼	金枪鱼
产量	19907	44645	65302	25355	20407	27025	5083	18636	800

表12-5　2017年南通市海水养殖主要品种、面积及产量一览表

单位：公顷、吨

品种	南美白对虾	梭子蟹	文蛤	杂色蛤	紫菜	海蜇
面积	1139	4169	20887	7333	19801	573
产量	15656	14994	60272	45154	9396	3010

表12-6　2017年南通市淡水特种养殖主要品种、面积及产量一览表

单位：公顷、吨

品种	鳜鱼	河蟹	青虾	河鲀	龙虾
面积	1525	12940	3652	315	3841
产量	1155	19559	4377	3460	5188

（施百灵）

【现代渔业发展】 2017年，南通市新增高效设施渔业面积2333公顷，累计3.63万公顷，占比28.3%，比上年提高2.2个百分点。新增池塘工业化养殖水槽面积1.5万平方米，累计2.5万平方米，并在全省率先创建1000平方米海水池塘工业化养殖基地，实现池塘工业化养殖品种和养殖模式新突破。新出航6艘金枪鱼延绳钓远洋捕捞生产渔船，全市远洋捕捞渔船累计43艘，第一艘南极磷虾捕捞船开工建造。加快渔业融合发展，启东吕四仙渔小镇获评江苏省首批特色小镇，吕四港镇获评全国“最美渔村”，南通世外桃园休闲农庄、中洋河豚庄园获评全国

精品休闲渔业基地（主题公园），启东黄金海滩景区获评全国休闲渔业示范基地。

【新型渔业主体培育】 2017年，南通市加强示范家庭渔场、渔业龙头企业培育，全市新增省级家庭示范家庭渔场4家（启东市、海门市、如东县、海安县各1家）、市级家庭示范渔场8家、市级渔业龙头企业3家。至年底，全市有省级家庭示范渔场12家、市级家庭示范渔场33家，国家级农业产业化龙头企业2家、省级渔业龙头企业9家、市级渔业龙头企业78家。

（施百灵）

表12-7

2017年南通市新认定省级示范家庭渔场名录

序号	所在地区	家庭渔场名称	序号	所在地区	家庭渔场名称
1	启东市	启东市盛金周家庭农场	3	如东县	如东县三角渡家庭渔场
2	海门市	海门市龙水口家庭渔场	4	海安县	海安柳明家庭渔场

表12-8

2017年南通市新认定市级示范家庭渔场名录

序号	所在地区	家庭渔场名称	序号	所在地区	家庭渔场名称
1	海安县	海安冬艺家庭农场	5	启东市	启东市鸿帆家庭农场
2	海安县	海安祥之平家庭渔场	6	启东市	启东市张建飞水产养殖家庭农场
3	如皋市	如皋市铁南家庭农场	7	通州湾示范区	通州湾示范区诚挚家庭农场
4	海门市	海门市王国平家庭农场	8	通州湾示范区	通州湾示范区京平家庭农场

表12-9

2017年南通市新认定市级渔业龙头企业名录

序号	所在地区	企业名称	序号	所在地区	企业名称
1	海安县	南通龙洋水产有限公司	3	通州湾示范区	江苏通州湾渔业产业发展有限公司
2	如皋市	江苏一品饲料科技发展有限公司			

【南通渔业产品上海展销】 2017年4月26~29日，南通农产品（上海）展示展销暨农业项目推介会在上海农展馆举行，其中专门设立江海河鲜板块展示展销南通水产品。江海河鲜板块划分为中洋鱼天下、长江珍稀鱼类、海珍品、紫菜、观赏鱼5大主题展区，展示面积800平方米，参展企业21家，参展品种近400个。活动期间，组织12家渔业企业参加项目签约，签约项目涉及酒店直供、来料加工、项目合作（园区建设）、冷链物流、产品采购等，签约总投资2.7亿元。11月17~19日，第15届江苏名特优农产品（上海）交易会在上海国际农展中心举办，南通市组织5家渔业企业参展。

（施百灵）

11月17~19日，第15届江苏名特优农产品（上海交易会）在上海国际农展中心举办。图为交易会现场。（市政府新闻办 供图）

渔政管理

【水产品质量安全监管】 2017年，南通市开展水产养殖源头治理，重点监管水产品无公害生产企业、出口备案企业、苗种繁育场生产情况和规模养殖企业投入品使用情况。开展水产品质量监督抽检，完成257个水产品、68个产地环境抽检，合格率100%。建立健全水产品产地准出制度，开展水产品追溯体系建设，新增省级水产品质量安全追溯生产企业13家，累计14家。开展水产品质量专项整治行动，检查生产经营企业265家次，发现问题55个，责令整改39家，均及时整改到位。

（施百灵）

表12-10

2017年南通市新认定省级水产品质量安全追溯生产企业名录

序号	所在地区	企业名称	序号	所在地区	企业名称
1	启东市	启东市金海岸水产研究所	8	启东市	启东市来平水产养殖专业合作社
2	启东市	启东市益民水产养殖专业合作社	9	海门市	海门市长江芦荡养殖场
3	启东市	启东市华哥水产养殖家庭农场	10	如皋市	如皋市富明水产养殖家庭农场
4	启东市	启东市永利水产养殖家庭农场	11	如皋市	如皋市水产养殖场
5	启东市	启东市龚辉水产养殖专业合作社	12	通州区	南通润发生态农业发展有限公司
6	启东市	启东市晓健水产养殖专业合作社	13	南通开发区	南通市世外桃园农庄有限公司
7	启东市	启东市盛春水产养殖专业合作社			

（施百灵）

【渔业安全生产监管】 2017年，南通市开展渔业安全生产隐患排查整改行动，组织各类安全检查400余次，检查企业、渔船500余家次，排查一般隐患583个，全部整改到位。在全省率先开启海洋捕捞渔船及海洋渔业从业人员应急示位标试点工程，在201艘海洋捕捞渔船安装船用示位标，配备804名个人用救生衣示位标。开展“平安渔业示范县”创建，启东市获评“全国平安渔业示范县”，海安县通过“全国平安渔业示范县”复评。组织“全国文明渔港”建设，启东吕四中心渔港、如东洋口国家中心渔港通过“全国文明渔港”复评。

【渔政执法】 *海洋伏季休渔管理* 2017年，南通市开展海上执法巡航行动，渔政执法船累计出航113航次，观察渔船250艘次，登临渔船检查173艘次，查处各类违规渔船110艘次，没收网具2000余口、渔获物35吨。强化渔港码头源头检查，对停泊在港口伏休渔船的船舶证书、通导设备等进行集中保存管理，对停泊在闸外渔船劝说回港、控制在闸内。开展海上“清网行动”7次，清理无主网具297口、单根网18根、团子方6支，发现并清理违禁网具地笼网2294条、“绝户网”20口、底扒网1口。开展浮子筏专项执法，采取多部门联合执法，全市查处浮子筏107条，处罚40条、拆解22条。海洋渔业伏休期间移送涉嫌“非法捕捞水产品罪”案件13件，刑事拘留25人。

长江禁渔管理 2017年，南通市开展长江禁渔联合执法，组织统一检查行动134次，出动检查车辆148辆次、检查人员997人次，受理群众举报19起，查获违禁捕捞船19艘，行政处罚12人，收缴并放生渔获物27.85千克，收缴电捕器8台（套），取缔“迷魂阵”（一种定置张网）8280米。开展深水张网、电捕鱼执法检查，组织长江联合执法行动43次，销毁各类违法渔具29台（套）。查处涉嫌禁渔期刑事犯罪案件9件，刑事处罚17人。

内陆非法捕捞打击 2017年，南通市打击内陆非法捕捞，组织通吕运河、海港引河等重点内河开展非法捕捞检查，取缔搬罾30余口，其他网具10件。开展打击内陆电力捕鱼专项行动16次，出动执法船30艘次、执法人员221人次，查处电捕案件8件。

（施百灵）

农业机械化

【概况】 2017年，南通市农机装备总量保持稳定增长，新增各类农机具6465台（套）。其中，新增大中型拖拉机494台，插秧机1109台，稻麦、玉米、油菜收割机1140台，三麦、玉米、油菜种植机319台，高效植保机械548台，粮食烘干机1360台（套），高效设

10月18日，国内首家小功率舒量热回收型空气源热泵粮食电烘干示范项目在通州区文山种植专业合作社投入使用。（市粮食局　供图）

施及特色农业装备898台（套）。农机总动力410.64万千瓦。小麦机收面积279.86万亩，水稻机收面积246.93万亩，机收水平分别为99.52%、95.86%。

【粮食机械化烘干能力建设】 2017年，南通市出台《粮食机械化烘干能力建设三年行动方案》，以"全托管"服务主体、家庭农场、种粮大户等新型农业经营主体，明确村级集体经济组织等粮食烘干中心（点）建设主体在建设过程中涉及的用地、用电政策和有关资金扶持措施，全年全市新建粮食烘干中心209个，安装烘干机1022台，另有烘干点装机338台。

【水稻种植机械化】 2017年，南通市插秧机保有量1.07万台，其中乘坐式插秧机2936台。完成水稻机插秧面积203.69万亩，机插率81.1%，水稻机直播面积26.89万亩，全市水稻种植机械化率96.87%。全年全市落实5亩以上集中育秧点399个，完成水稻机插集中育秧秧田面积9739亩。

【秸秆机械化还田】 2017年，南通市新增50马力以上大中型拖拉机494台，累计保有量10143台。稻麦秸秆机械化还田355.66万亩，还田率69.9%。其中，夏季完成麦秸秆机械化还田222.03万亩，还田率84.59%；秋季完成水稻秸秆机械化还田133.63万亩，还田率54.25%。

【农机购置补贴】 2017年，南通市3996户农户及合作组织申请购置补贴机具6453台套，享受中央和省级财政补贴9081.82万元，带动农民及合作组织投入3.64亿元。

【农机服务】 2017年，南通市有农机专业合作社624家、比上年增加61家，入社成员3.16万人、比上年增加1200人。农机服务组织作业面积1635万亩，占农机总作业面积60%。

【农机培训】 2017年，南通市举办农机职业技能获证奖补培训班33期，累计完成获证奖补培训鉴定合格人数1878人，其中初级工1489人、中级工320人、高级工57人、技师12人，兑付获证奖补资金165.84万元。1人获第四届全省农机行业职业技能培训教学比赛一等奖。培训新型职业农民暨农机专业合作社带头人140人。推进粮食生产全程机械化整体示范市建设，培训基层农机人员130人次，培训粮食烘干中心建设主体及其操作人员240人次。

（陆锦林）

高标准农田灌溉渠建设。（杨锦飞　摄）

农业综合开发

【概况】 2017年，南通市有耕地面积664.28万亩，其中高沙土地区耕地面积150万亩、滩涂垦区面积42万亩。全年实施农业综合开发各级项目53个，总投资9.81亿元，财政投资2.98亿元，项目数和资金量继续保持苏中地区首位。全年实施市级都市生态型现代农业项目11个，市财政投入9850.29万元，其中通州区1个（进鲜港鲜花小镇一期项目）、南通开发区2个（竹行街道和小海街道苗木基地项目）、通州湾示范区6个（海洋经济产业园万亩现代渔业产业园建设一期项目、科创城苗木基地、闸北苗木基地、海丰村苗圃、博悦公司温棚养殖基地建设项目、2017年高标准农田建设项目）、崇川区1个（土地流转项目）、港闸区1个（土地流转项目）。

【高标准农田建设】 2017年，南通市出台《南通市高标准农田建设规程》，明确"土地平整、灌排设施、田间道路、农田林网、农业生产、村庄环境、公共服务、土地经营、农田产出、建后管护"10大类建设内容70余个具体指标，比国家和省级高标准农田建设标准增加"村庄环境整洁、土地规模经营、公共服务健全、建后管护到位"4大类建设内容。制定全省首个统筹省以上财政投资和地方追加投资建设高标准农田管理办法——《南通市高标准农田建设项目和资金管理办法》，规范项目建设和资金使用，实现各类高标准农田建设项目建设内容有效衔接。推进高标准农田贫困村建设全覆盖，出台《关于加快经济薄弱村高标准农田建设工作意见》，在全省率先将全市所有贫困村列入高标准农田建设范畴；推进高标准农田农业社会化服务全覆盖，在高标准农田区域建设烘干中心21座、农资服务中心14座；推进高标准农田后备资源利用全覆盖，通过土地连片整合、填埋废沟呆塘，拆违拆旧拆废，新增占补平衡用地6850亩、可耕种集体耕地2.12万亩。全年全市投入16.93亿元，新建高标准农田67.71万亩，为上年建设面积2倍、"十二五"期间建设面积年平均值3倍。其中，农业综合开发新建高标准农田15.5万亩，市财政新建都市农业高标准农田2.04万亩，市发展改革委新建高标准农田13.08万亩，国土部门新建高标准农田7.59万亩，县（市）自建高标准农田27.3万亩（海安县1.3万亩、如东县2.49万亩、海门市7万亩、启东市16.51万亩），其他2.2万亩。至年底，全市高标准农田总面积472.03万亩，占比71.06%。其中，海安县耕地面积80.34万亩，新建高标准农田6.27万亩，累计70.12万亩，占比87.28%；如皋市耕地面积117.52万亩，新建高标准农田5.53万亩，累计88.48万亩，占比75.29%；如东县耕地面积160.62万亩，新建高标准农田16.79万亩，累计105.5万亩，占比65.68%；海门市耕地面积79.96万亩，新建高标准农田10万亩，累计54.59万亩，占比68.27%；启东市耕地面积106.51万亩，新建高标准农田19.01万亩，累计68.75万亩，占比64.55%；通州区耕地面积87.7万亩，新建高标准农田8.07万亩，累计75.35万亩，占比85.92%；通州湾示范区耕地面积16.72万亩，新建高标准农田2.04万亩，累计9.24万亩，占比55.26%；崇川区、港闸区、南通开发区现有耕地14.91万亩，未统计高标准农田建设面积。

表12-11　**2017年南通市国家农业综合开发高标准农田建设一览表**　单位：万元、万亩

县 区	项目名称	项目总投资	其中：财政投资	治理面积
海安县	高新区高标准农田建设项目	757.50	750	0.5
	开发区高标准农田建设项目	1515.00	1500	1.0
	墩头镇高标准农田建设项目	757.50	750	0.5
	李堡镇高标准农田建设项目	757.50	750	0.5
如皋市	城北街道高标准农田建设项目	1575.43	1500	1.0
	如城街道高标准农田建设项目	788.00	750	0.5
	白蒲镇高标准农田建设项目	795.50	750	0.5
	东陈镇高标准农田建设项目	789.38	750	0.5
如东县	大豫镇高标准农田建设项目	764.15	750	0.5
	栟茶镇高标准农田建设项目	763.15	750	0.5
	袁庄镇高标准农田建设项目	1524.96	1500	1.0
	河口镇高标准农田建设项目	762.99	750	0.5
	洋口镇高标准农田建设项目	762.85	750	0.5
	双甸镇高标准农田建设项目	1528.08	1500	1.0
	岔河镇高标准农田建设项目	764.15	750	0.5
通州区	平潮镇高标准农田建设项目	2257.10	2250	1.5
海门市	悦来镇高标准农田建设项目	1535.00	1500	1.0
	临江镇高标准农田建设项目(西北片)	800.00	750	0.5
	常乐镇高标准农田建设项目	790.00	750	0.5
启东市	王鲍镇高标准农田建设项目	1500.00	1500	1.0
	合作镇高标准农田建设项目	750.00	750	0.5
	东海镇高标准农田建设项目	1500.00	1500	1.0
合计		23738.24	23250	15.5

（市农发局）

【农业综合开发产业化经营】 财政补助项目　2017年，南通市争取农业综合开发产业化经营财政补助项目2个。其中，海安县1.5万吨粮食仓储周转交易中心扩建项目投资306万元，其中省以上财政补助150万元；如皋市年产320吨蔬菜种植基地改建项目投资121.8万元，其中省以上财政补助60万元。

贷款贴息项目　2017年，南通市争取农业综合开发产业化贴息项目23个，贷款额68780万元，财政贴息额1296万元。其中，海安县5个，贷款额12400万元，财政贴息额208万元；如皋市7个，贷款额26064万元，财政贴息额507万元；如东县1个（3万吨大米加工原料收购流动资金贷款贴息项目），贷款额6630万元（全市最高），财政贴息额69万元；通州区2个，贷款额4830万元，财政贴息额109万元；海门市5个，贷款额8865万元，财政贴息额208万元；启东市2个，贷款额3991万元，财政贴息额64万元；崇川区1个，贷款额6000万元，财政贴息额131万元。

招商引资 2017年，南通市采取加大财政扶持、配套农田基础设施、联合建设高标准农田、开展银企对接、组织市场推介、提供科技支撑等措施，开展招商引资，引进农业新型经营主体参与项目建设。全年全市农业综合开发项目区落户农业项目96个，数量居全省农发系统首位；合同引进“三资”（民间资本、工商资本、外商资本）33.55亿元，占全省农发系统总额32%，列全省第一；到账利用“三资”12.1亿元，占全省农发系统总额18%，列全省第三。

【滩涂开发】 至2017年底，南通市沿海有淤涨型滩涂岸段176千米，每年向外延伸10~200米，新增滩涂面积近1万亩。2017年，南通市突出设施配套和功能开发，重点落实种养配套设施、水土改良措施，争取省级垦区配套项目1个（如东县大豫垦区沿海滩涂垦区配套项目），项目总投资1738.67万元，财政投资1700万元，治理面积1.7万亩。

【高沙土改造】 南通市高沙土地区主要分为两个部分：海安县通榆运河以东及如东沿海垦区的沿海平原沙土区，如皋市通扬运河以西、海安县通扬运河以南的通南高沙土区。2017年，南通市治理重点定位在治水治沙和田间绿化，突出推进节水防渗渠道和田间道路、绿化工程建设。全年实施省级沿江高沙土农业综合开发项目5个，分别是：海安县雅周镇高沙土农业综合开发项目，项目投资900万元，全部为省级财政资金，治理面积0.9万亩；如皋市城北街道高沙土农业综合开发项目，项目投资1086.05万元，其中省级财政资金1000万元，治理面积1万亩；如皋市城南街道高沙土农业综合开发项目，项目投资246.39万元，其中省级财政资金225万元，治理面积2250亩；如皋市九华镇高沙土农业综合开发项目，项目投资257.27万元，其中省级财政资金250万元，治理面积2500亩；如皋市石庄镇高沙土农业综合开发项目，项目投资950.69万元，其中省级财政资金925万元，治理面积9250亩。

（夏沛霖）

垦区管理

【概况】 2017年，南通农场场域（南通农场、江心沙农场、海安农场）实现营业收入18.44亿元，完成年度计划111.98%；利润总额5708.36万元，比上年增长44.87%。调整优化种植结构与品种布局，围绕稻麦“周年高产增效”目标，合理搭配早中晚稻麦品种。增加稻麦种子生产面积和优质商品粮品种，水稻优质品种面积2万余亩，亩产实收469.5千克；小麦亩产468千克。粮食总产4196.34万千克，其中水稻2293.7万千克、小麦1902.64万千克。

【农场改革】 2017年，南通市推行农场社会管理职能属地化、农场企业化，江心沙农场率先突破创江苏省垦区第一。海门市出台《关于进一步推进江心沙农场改革发展的实施意见》，农场承担社会管理、公共服务职能等费用纳入海门市2018年度市级财政预算范围。海门江心沙农场社区管理委员会挂牌，社区管委会单设账户，初步实现“内部分开、管办分离、授权委托、购买服务”改革目标。海门市推进江心沙农场改革成果获农业部上报中央全面深化改革领导小组作为县级典型推广。

【农场企业发展】 2017年底，南通农场主要全资和控股企业有电力公司、大桥广告等企业。其中，电力公司全年实现供电量2.14亿千瓦时，营业收入1.52亿元，利润1400万元；大桥广告实现营业收入582万元，利润161万元。

（王 红）

海安农场农民在翻晒稻谷。 （徐劲柏 摄）

综 述

【概况】 2017年，南通市开放型经济发展总体稳定、转型加快。全年全市完成外贸进出口总额2360.2亿元，比上年增长16%。其中，进口额668.3亿元，比上年增长28.9%；出口额1691.9亿元，比上年增长11.5%。全年完成新批外资项目348个，比上年增长5.8%；实际到账外资24.23亿美元，比上年增长1.5%；协议外资53.61亿美元，比上年下降11.5%；实际利用外资占全省9.6%，列全省第四位。全年新批境外投资项目56个，南通市协议投资额13.6亿美元，比上年增长12.5%；完成对外承包劳务营业额18.1亿美元，比上年下降9.8%；新派各类劳务8869人，比上年下降3.1%，期末在外24132人，比上年增长0.8%。

（张 明）

对外国及对港澳台贸易

【概况】 2017年，南通市有进出口实绩企业6606家，其中出口实绩企业5495家，比上年分别增加808家、178家。全市进出口额超10亿元企业30家，出口额超1亿元企业280家。民营企业进出口额、出口额分别为1131.4亿元和928.2亿元，比上年分别增长19.3%、13%，分别占全市进出口额、出口额47.9%、54.9%；外商投资企业进出口额、出口额分别为1043.6亿元和712.7亿元，比上年分别增长7.3%和9.6%，分别占全市进出口额45.3%、出口额42.1%。

【商品出口】 2017年，南通市机电产品出口额664.5亿元，比上年增长7.6%，占全市出口额39.3%。船舶及浮动结构体出口额124.8亿元，比上年增长50.9%，占全市出口额7.4%。光伏电池出口额42.7亿元，比上年减少30.7%。高新技术产品出口额204.1亿元，比上年减少5.4%，占全市出口额12.1%。纺织服装制品出口额484.8亿元，比上年增长6.4%，占全市出口额28.7%。其中，服装出口额271.7亿元，比上年增长7.6%，占全市出口额16.1%；家纺出口额146.8亿元，比上年减少2.1%，占全市出口额8.7%。化工产品出口额154.2亿元，比上年增长23.9%，占全市出口额9.1%。农产品出口额52.6亿元，比上年增长24.2%。

【进出口市场分布】 *出口市场分布* 2017年，南通市各类商品出口目的地国家和地区211个，对日本、美国、欧盟三大主体市场出口额分别为228.8亿元、240.2亿元、244.9亿元，比上年分别增长2.3%、17.4%和23.5%，分别占全市出口额13.5%、14.2%、14.5%。新兴市场方面，对拉丁美洲市场出口额110.3亿元，比上年增长18.4%；对东盟出口额222.9亿元，比上年增长4.7%；对大洋洲出口额49.6亿元，比上年减少7.3%；对非洲出口额64.2亿元，比上年增长5.9%；对俄罗斯出口额26.2亿元，比上年减少32.3%。对新兴市场出口额增幅比全市出口额少5.1个百分点。

进口市场分布 2017年，南通市各类商品进口来源地国家和地区120个，全市进口市场排名前5名分别为美国、日本、卡塔尔、韩国、澳大利亚，进口额分别为82亿元、68亿元、61亿元、52亿元、51亿元，占全市进口额分别为12.3%、10.2%、9.1%、7.8%、7.6%。进口总量排名前三大主体市场为东盟、美国、欧盟，进口额分别为112亿元、82亿元和77亿元。

【贸易方式】 2017年，南通市一般贸易进出口额、出口额分别为1530.6亿元和1046.9亿元，比上年分别增长21.1%和11.6%，分别占全市进出口额、出口额64.9%和61.9%；加工贸易进出口额、出口额分别为564亿元和413.8亿元，比上年分别增长1.9%和6%，分别占全市进出口额、出口额23.9%、24.5%。一般贸易进出口占比领先加工贸易，差距比上年扩大4.9个百分点。

【出口基地和外贸平台建设】 至2017年底，南通市形成国家级外贸基地（市场）平台4家、省级基地（市场）平台6家。培育和认定南通家纺产品面料研发平台等基地公共服务平台7家。企业参加2017~2019年省重点培育和发展的国际知名品牌评审，入选40家，品牌入选数量比上年增加10个。全市获国家、省级进口贴息2358.4万元。

（张 明）

利用外资及港澳台资

【投资质态】 2017年，南通市新增外商及港澳台商投资企业348家，实际到账外资及港澳台资25.47亿美元，其中商务部确认24.23亿美元，比上年增长1.5%；协议注册外资及港澳台资53.61亿美元，比上年下降11.48%。实际利用外资及港澳台资总量列全省第四位。新批及净增资、总投资超3000万美元重大项目160个，比上年增加35个。其中超9000万美元项目44个，比上年增加9个，总投资80.35亿美元，协议外资及港澳台资26.5亿美元。实际到账外资及港澳台资超1000万美元项目53个，累计到账12.72亿美元。超1亿美元重特大项目38个。全市高技术产业（制造业和服务业）实际利用外资及港澳台资4.47亿美元，比上年增长166.07%。增资扩股态势良好，全市外商及港澳台投资企业协议增资12.96亿美元，比上年增长19.77%。其中，协议增资超1000万美元企业34家，比上年减少7家；增资10.84亿美元，比上年增长25.17%，占全市协议增资总额83.64%。

【投资结构】 2017年，南通市服务业外资及港澳台资投资快速增长，增资扩股态势良好。全市服务业实际利用外资及港澳台资14.3亿美元，比上年增长5.33%。制造业实际利用外资及港澳台资9.65亿美元，比上年下降0.42%。其中，通用设备制造业，化学原料和化学制品制造业，计算机、通信和其他电子设备制造业，电气机械及器材制造业实际利用外资及港澳台资分别为1.39亿美元、1.17亿美元、6175万美元和5252万美元。

【投资来源】 2017年，南通市利用外资及港澳台资投资来源地基本稳定，美欧日投资增长较快。全市实际利用外资及港澳台资排名前5位国家和地区为中国香港、美国、日本、英属维尔京群岛、新加坡，投资19.53亿美元。实际利用中国香港投资14.64亿美元，比上年下降4.78%；美国实际投资1.81亿美元，比上年增长262.07%；日本实际投资1.25亿美元，比上年增长21.52%；英属维尔京群岛实际投资1亿美元，比上年增长8.18%；新加坡实际投资8280万美元，比上年下降29.24%。欧洲地区实际投资1.23亿美元，比上年增长152.4%。

（张　明）

经济技术合作

【境外直接投资】 2017年，南通市境外投资快速增长。全市新批境外投资项目56个，南通市协议投资额13.6亿美元，比上年增长12.51%。其中，南通市协议投资额3000万美元以上项目8个，协议投资总额12.02亿美元，占全市总量88.38%。项目分布在21个国家和地区，其中亚洲地区33个，南通市协议投资额4.37亿美元，投资额占全部总量32.14%。二、三产业占比分别为31.4%、66.1%。装备制造业南通市协议投资额6536万美元。批发和零售业、科学研究和技术服务业南通市协议投资额分别为806万美元、118万美元。

【对外承包工程】 2017年，南通市新签对外承包工程合同金额6.92亿美元；完成营业额15.23亿美元，比上年减少11.86%。新签500万美元以上项目17个，其中超1亿美元项目1个。江苏南通三建集团股份有限公司新签蒙古阿尔泰集团办公及商业开发综合体项目，合同金额1.4亿美元。在建项目主要分布在安哥拉、阿拉伯联合酋长国、阿尔及利亚、沙特阿拉伯王国、苏丹等国家。

【对外劳务合作】 2017年，南通市新派各类劳务8869人，年在外24132人，比上年增长0.77%。对外劳务合作项新派8032人，期末在外18223人，承包工程项新派837人，期末在外5909人，比上年下降8.42%。期末劳务人员实际收入2.87亿美元，居全省第二位。新签劳务人员合同工资总额2.64亿美元，比上年减少0.68%。南通市新派劳务人数排名前三国家依次是新加坡、日本、俄罗斯，在外人数排名前四国家依次是日本、新加坡、安哥拉、阿尔及利亚。

（张　明）

"一带一路"经贸合作

【概况】 "一带一路"为南通与丝路沿线区域合作开拓广阔空间。2017年，南通市向"一带一路"沿线国家和地区进出口总额111亿美元，比上年增长12.2%。其中，对"一带一路"国家出口77亿美元，比上年增长2.8%。出口额排名前五商品大类为：纺织原料及纺织制品，机电、音响设备及其零件，杂项制品，贱金属及其制品，化学工业及其相关工业品。从"一带一路"国家进口34亿美元，比上年增长41.8%。进口额排名前五商品大类为：矿产品（主要为液化天然气），化学工业及其相关工业品，动植物油、脂、蜡、精，纺织原料及纺织制品，塑料、橡胶及其制品。对"一带一路"沿线10个国家和地区协议投资2.67亿美元，比上年下降53.32%。在"一带一路"沿线15个国家和地区签订合同19份，合同额3.92亿美元，完成承包工程营业额5.35亿美元，比上年下降12.57%。

（张　明）

表13-1

2017年南通市在"一带一路"沿线国家和地区投资情况一览表

国家	项目数(个)	比上年增长(%)	南通市协议投资(万美元)	比上年增长(%)
孟加拉国	4	300.00	610	12100.00
印度	1	0.00	1200	256.00

（续表13-1）

国家	项目数（个）	比上年增长（%）	南通市协议投资（万美元）	比上年增长（%）
印度尼西亚	5	0.00	10817	-19.88
以色列	3	—	6000	—
马来西亚	3	-57.14	581	-97.65
新加坡	1	-50.00	783	-114.24
泰国	3	0.00	400	-57.00
越南	1	0.00	5985	142.31
塞尔维亚	1	—	160	—
俄罗斯	1	0.00	20	-99.60

（张 明）

表13-2

2017年南通市在"一带一路"部分沿线国家承包工程情况一览表

国家（地区）	对外承包工程						
	新签合同（份）	新签合同额（万美元）	完成营业额（万美元）	派出人数（人）	年末在外人数（人）	营业额比上年增幅（%）	营业额在全市占比（%）
巴基斯坦	0	0	1440	0	117	19.50	0.95
柬埔寨	2	6220	3431	27	75	3.81	2.25
越南	2	1034	1884	4	59	-47.39	1.24
印度	4	6839	1692	30	30	-78.87	1.11
新加坡	0	0	480	0	11	-53.03	0.32
马来西亚	0	0	6990	0	111	84.09	4.59
印度尼西亚	1	1583	5217	42	42	386.86	3.43
孟加拉国	3	2575	1067	0	0	52.43	0.70
沙特阿拉伯王国	0	0	8889	0	558	-43.48	5.84
阿拉伯联合酋长国	2	1788	14844	0	125	-22.95	9.75
伊拉克	0	0	367	0	11	-8.93	0.24
俄罗斯	0	0	390	0	35	-66.29	0.26
亚美尼亚	0	0	160	70	32	500.00	0.43

（张 明）

经贸促进

【概况】 2017年，中国国际贸易促进委员会南通市委员会（简称"市贸促会"）、中国国际商会南通商会（简称"南通国际商会"）新注册企业149家，累计有注册企业3916家，年审企业1443家。全年接待境外代表团到访2批8人次。组织培训10场，参培人数1250人。开展会员活动10次，累计1050人参加。完成帮助企业"走出去"项目1个，项目金额1000万美元。2月16日，苏中地区首份"三证合一"（工商营业执照、组织机构代码证和税务登记证）证书在崇川区便民服务中心签出。7月，"南通贸促"APP二期上线运行。

【出证认证】 2017年，南通市签发各类证书42990份，其中一般原产地证明书30390份，均比上年略有上涨；签证金额20.1亿美元。签发区域优惠原产地证明书6536份，比上年增长6.07%，签证金额2.13亿美元，为企业减免进口关税1065万美元；签发《海峡两岸经济合作框架协议》证书451份，比上年增长30%；中韩优惠证1936份，比上年增长10%。办理国际商事证明书4667份，其中自办3822份。代办领事认证1385份。

【法律服务】 2017年，南通市通过商事调解、仲裁、敦促履约、公平贸易预警、法律顾问服务、知识产权咨询等手段为企业提供多元化法律服务，全年受理各类法律咨询近200起，立案调解17起，涉案标的约225万美元。帮助苏豪轻纺、晟沣经贸等企业发出敦促履约函10份，"引航灯"基金受理案件4起。

【经贸活动】 2017年，市贸促会组织600余家企业代表分别参加中国（昆山）品牌进口产品交易会、中国南通江海国际博览会暨首届通商大会、丝绸之路国际博览会暨第21届中国东西部合作与投资贸易洽谈会、泰州医博会、无锡新能源展、上海纺织机械展等活动。南通企业参加阿斯塔纳世博会江苏活动周集中展示活动。

（赵晓冬）

土地管理

【用地规划】2017年，南通市推进陆海统筹发展，形成海安县“五化并进”（土地规划减量化、计划指标市场化、耕地保护优质化、土地利用集约化、服务监管实时化）试点、不动产登记“一窗受理、集成服务”模式、工业用地“先租后让”等发展经验。5月25日，省国土资源厅在南通市召开“陆海统筹推进会”，总结评估南通做法成效。完成规划调整，耕地保有量和基本农田保护面积分别核减14333.33公顷、40400公顷，分列全省第五位、第三位，全市基本农田保护率下降至87.03%。建设用地总规模6733.33公顷，列全省第三位。规划流量指标增加7526.67公顷。10月底，市、县调整方案获省政府批准实施，有效保障全市“十三五”规划发展用地空间。全年争取用地指标3486.67公顷，其中向省申报第三批8个“同一乡镇”试点用地规模485.33公顷，试点数列全省第二位，用地指标列全省第一位。国务院大督查专项奖励133.33公顷用地计划指标，全省最多。

（薛　剑）

【土地供应】2017年，南通市供应土地4952公顷，比上年增长13.97%。其中，市区（不含通州区、通州湾示范区）供应土地738公顷，比上年增长6.03%。重大产业项目、民生工程和基础设施用地应保尽保，全市供应工矿仓储用地2075公顷，基础设施用地1710公顷。实行差别化土地供应政策，对认定属于南通市“3+3+N”重点产业及其他新兴产业用地，以最低价进行年限修正后确定出让底价。支持民间资本投资建设，对民营企业投资符合划拨用地规定养老、教育、医疗、文化等项目，经政府批准可无偿划拨土地。

【耕地保护】（参见《生态环境·耕地保护》）

【节约集约用地】2017年，南通市处置2015年前批而未供土地499公顷。盘活利用存量土地等低效用地2326公顷。闲置土地处置率97%。海安县、如皋市获评国务院“土地集约节约利用成效较好、闲置土地较少的县（市、区）”，获奖数居全省第一。通州区获评“2017年度江苏省国土资源节约集约利用进步奖”，港闸区获江苏省国土资源节约集约利用资金奖励。

（阎　红）

【地籍测绘】2017年，南通市完成89个镇、14.28万公顷农村建设用地调查和建设用地状况调查任务。完成“南通天地图”更新与维护、1:500和1:1000地形图更新、南通市区图和政区图修编、辅助决策地图联动更新、南通似大地水准面（地面高程接近于南通平均海水面的辅助面）精化、智慧时空平台可行性研究。加强测绘市场监管，南通市国土资源局连续第八年获评全省测绘管理标兵单位。

（施　菊　邢卫兵）

【地质调查】2017年，南通市开展城市地质调查，压覆重要矿产资源调查基本实现县市区全覆盖，出具建设项目未压覆重要矿产资源证明6个。开展区域地质灾害危险性评估试点，完成矿山地质环境调查，编制矿山地质环境恢复治理规划，明确狼山等五山山体为突发性地质灾害的重点防治区，连续第17年实现地质灾害零伤亡。完善地下水监测网络，制定南通市矿山生态文明考核基数，关闭砖瓦窑厂63座，完成复绿治理任务253公顷。

（周竹军）

【土地勘界】2017年，南通市区完成集体土地征收报批勘界报告176宗，勘界面积1605公顷。完成南通市城市轨道交通1号线一期工程（崇川段、港闸段）、中央创新区15个市重点项目征地勘界和新建宁启铁路南通至启东段（崇川段、港闸段）、盐通铁路（港闸段）、南通植物园、啬园路快速化改造、跃龙路拓宽改造等市政重点工程勘界。全年完成国有土地勘界128宗，面积463公顷。完成中央创新区等市重点挂牌项目和跃龙路拓宽改造、通吕运河绿廊星岛水岸、唐闸公园扩建、纬十三路（通京大道—通州界）、横河路维修改造工程（濠锦路—濠北路）、上海市北高新（南通）科技城新建支路等重点市政工程供地勘界。全年完成地籍调查（面积核定）380宗、外业指界37宗、外业交地58宗。

【土地交易】2017年，南通市区挂牌成交土地160宗，比上年增长41.59%；

面积666.27万平方米，比上年增长17.64%；成交额257.51亿元，比上年增长72.63%，创历史新高。其中，工业用地108宗，面积383.08万平方米，成交额13.14亿元；经营性用地52宗，面积283.19万平方米，成交额244.37亿元，经营性用地中住宅用地30宗，面积243.78万平方米，成交额238.79亿元。

【土地评估与地价监测】 2017年，南通市区完成土地评估160宗地，评估总面积677.16万平方米，评估总价值289.21亿元。年内，南通城市地价动态监测工作蝉联全国105个城市年度综合评比全国优秀，受国土资源部表彰。

【不动产登记】 2017年，南通市办理各类不动产登记129099件。其中，国有建设用地使用权及房屋所有权转移登记37296件，房屋（构筑物）抵押权首次登记37170件，转移登记（一手房）29191件，查封登记5989件，房屋（构筑物）抵押权注销登记5697件，解封登记5053件，转移登记（继承、遗赠）1739件，国有建设用地使用权及房屋所有权变更登记1472件，换证1404件，单位首次登记（房屋）556件，商品房及业主共有部分首次登记537件，预查封508件，其他登记2487件。全年颁发不动产权证书（证明）13.7万本，查档出证明72707件、司法协助10185件，完成不动产档案整理归档入库159472份。年内，在全国创新建立不动产登记责任保险制度。市区不动产登记工作在全省设区市市本级简政放权创业创新环境“不动产交易登记”评价中排名第一。市政务服务中心不动产登记窗口被江苏省国土资源厅推荐申报全国百佳不动产登记便民利民示范窗口。

（尚玉亮）

城乡规划

【概况】 2017年，南通市规划系统围绕加快建设长三角北翼经济中心、交通枢纽、创新之都、花园城市目标，以南通市城市总体规划（2017~2035）编制改革、城市设计和“城市双修”（生态修复、城市修补）3个全国试点为抓手，提升规划服务水平，促进城乡统筹协调发展。全年完成重点规划70余项，参与完成相关规划100余项。在全省率先编制完成“沿江一张图”保护规划。《南通唐闸近代工业城镇保护利用城市设计》《南通地下管线管理系统》《南通市通州区优化镇村布局规划》《南通市崇川区南园基层社区规划》《南通市石港镇护城河两岸风貌提升及节点景观设计》5项规划获省住建系统勘察设计奖项。

【规划编制】 南通城市总体规划（2017~2035）编制改革　2017年8月，南通市入选住房城乡建设部新一版城市总体规划编制改革15个试点城市之一。城市总体规划编制明确南通城市定位和发展战略目标，构建指标体系，科学划定全市域“三区两线”（生态空间、农业空间、城镇空间，生态控制线、城镇开发边界），建立“多规合一”信息平台等。南通市总体规划修编探索建立组织机制、工作推进机制、对接机制、沟通机制“四大机制”获住房城乡建设部肯定。

“城市双修”　2017年7月，南通市获住房城乡建设部确定为“城市双修”试点城市。“生态修复”方面，加快山体修复和城市棕地修复利用，开展水体治理和修复，完善绿地系统，推动南通“山、江、河、海、绿、废”修复。“城市修补”方面，加强基础设施建设，统筹规划城市公共服务设施，提高服务水平；拓展公园绿地等公共空间，完善公共空间体系；加强街区规划建设，改善出行条件；开展老旧小区改造，加强南通历史文化保护，提升老城活力，塑造城市风貌。

城市设计　2017年7月，南通市获住房城乡建设部确定为第二批“城市设计”试点城市。城市设计形成工作方案，按照总体城市设计、片区城市设计、地段城市设计、地块城市设计4个层次控制方法，探索适合南通推广全国城市设计编制体系。

城乡规划统筹　2017年，南通市开展通州区乡村建设规划，对乡村建设目标、乡村用地、公共服务设施建设等6部分内容分别开展研究，明确通州区乡村体系，改善农村人居环境。向上争取政策扶持资金，获国家乡村规划试点项目、省级传统村落保护支持项目引导资金580万元。

11月，南通市开展2035城市总体规划知识擂台赛。（市规划局　供图）

【规划管理】 历史文化保护　2017年，南通市完成天生港老镇、狼山老镇和通扬运河廊道整治等历史文化保护。制订《南通市历史文化街区保护管理办法》，提升历史文化街区保护规范化、法制化水平。开展“通派建筑”及《南通传统建筑修缮技术图集》研究，启动寺街、西南营历史文化街区保护修缮工程，开展《寺街西南营历史文化街区保护修建性详细规划》研究。

项目预审　2017年，南通市探索

建立项目预审机制，完成新建支路19条，超额完成9条。开展轨道交通1号线工程可行性研究、总体设计评审、初步设计评审等项目预审。全年开展非经营性与经营性项目用地规划研究95个地块，总用地面积约386公顷，总建筑面积约412万平方米；核发规划设计条件31份，总用地面积约142公顷，总建筑面积约195万平方米。完成发放工程证101本，技术审查方案69项，验线72项。

【批后监管】 2017年，南通市加强在建项目批后监管，严肃查处批后在建违法建设。建立并实施“在建项目跟踪管理告知函”制度、测绘前置、全过程监管制度、“六大节点跟踪”制度。全年市区在建项目182个，跟踪检查工地1021次，验线63次，出具竣工核实意见书74份，受理举报103起，下发纠正通知书15起、拆除通知书5起、停工通知书18起，立案28起，结案26起，上缴市财政罚款金额391.93万元，补办面积114.33万平方米。

（杜明东）

城市建设

中心城市建设

【概况】 2017年，南通市开展城市设计和“城市双修”（生态修复、城市修补）全国试点，突出“一主五片两重点”，把中央创新区作为中心城市核心区、把五山及沿江地区作为中心城市生态修复区，加快推进重点区域建设，均衡推进重点工程。3月19日、11月16日，市委、市政府先后召开中心城市建设工作会议、全市创新之都暨国家创新型城市建设大会，推动中心城市建设步伐。全年编制城建计划645项，竣工274项，其中市政道路44项、园林绿化77项，完成年度工程投资约218亿元。完善城市基础设施建设，完成啬园路隧道工程、跃龙路拓宽改造、机场大道、五山森林公园、曹顶纪念公园等重点工程。加强民生和生态工程建设，实施10个易淹易涝路段改造、6个交通节点改造、建设20个小游园等为民办实事项目，市区全年新增绿地600公顷以上。12月18日，轨道交通1号线一期工程开工建设。在国家发展改革委中国城市和小城镇改革发展中心《2017中心城市发展年度报告》中，南通市列综合排名第26位。

【中央创新区建设】 中央创新区位于崇川区、通州区和南通开发区交界之处。规划范围约17平方千米，是新城区重要组成部分。作为南通未来城市功能核心区，突出产业科技创新，通过打造科创、文创、医学、会展“四大中心”，强化教育配套服务功能，加速形成科技创新示范区，成为南通新的经济增长极。2017年，中央创新区各项工作加快推进，4月1日，中央创新区首批4个基础设施建设项目集中开工。7月10日，《南通市中央创新区控制性详细规划》进行批前公示，9月9日，该规划获市政府批复。10月30日，医学综合体（一期）、南通大剧院、南通美术馆、创新初中、创新一小5个项目集中开工，总投资54.2亿元，标志着中央创新区建设进入全面实施阶段。至年底，朝阳路、兴富路工程完成50%工程量，生态理水生态修复工程完成80%工程量，总面积2.66平方千米的中央森林公园开工建设。

【市北新城开发建设】 南通市北新城按照建设融“生态居住、交通枢纽、现代服务业、高新技术产业、区级政治文化中心为一体的综合性现代新城”总体定位，逐步形成一套与品质新城相匹配、与枢纽新城相一致，涉及地上地下、交通绿化、供电配套的城市规划体系。2017年，宜家家居开业，年内销售额超1亿元；万达广场获评省级放心消费创建示范单位，成为南通时尚消费热点；1912文化街区、沃尔玛山姆会员店、圆融·堤调（圆融二店）、威斯汀酒店开工建设；华润万象城、华都金融中心主体竣工。南通外贸中心获批全市首家外贸集聚区。市北科技城众创空间投入使用，招引入驻浪潮科技、秦淮数据中心等项目11个。

（通　鉴）

智慧城市建设

【概况】 2017年，南通市加强资源整合，共建智慧城市。建设智慧南通公共服务平台一期，开发政务服务、综合治理、民生普惠3大服务渠道，涵盖经济、人文、治理、交通、环保、生活6大板块600余项政务及民生服务内容。

【信息基础设施建设】 2017年，南通市以服务中小企业为核心，建设南通中小企业云服务平台，上线70余款应用，入驻企业3000余家。完成市区38个重点公共区域免费Wi-Fi服务点建设，基本实现免费Wi-Fi全覆盖，为市民提供安全、便捷无线网络服务。

（陈日进）

【智慧医疗】 2017年，南通市建成全民健康信息平台，在全省率先通过四

建设中的长江西路施工现场。　　（许丛军　摄）

级评测，6个县（市、区）平台、市属8家医院、21家社区卫生服务中心、4家公共卫生机构实现数据互联互通和信息共享。平台总数据5.9亿条，居民建档590万人，慢病登记91万人。建立远程医疗管理服务中心，建成4个远程医学中心，即1个综合会诊中心（第一人民医院综合会诊中心）和3个专科会诊中心（肿瘤医院肿瘤会诊中心、妇幼保健院妇幼会诊中心、第四人民医院精神病会诊中心），覆盖25个县级医院。

（石红梅）

【智慧城管】 2017年，南通市推动智慧城管系统优化升级，推进智慧城管云平台项目建设，优化完善信息采集模式，规范接处工作规程，加大疑难问题协调督办力度，智慧城管在城市管理中的作用日益凸显。市区“12319”平台受理案件13.39万件，结案率99.7%，按时结案率92.1%。新建市区建筑工地出入口监控89个，地铁工程监控2个，公安部门接入市区智慧城管信息系统视频监控图像100路。

（杨　军）

城市基础建设

路桥建设

【概况】 2017年，南通市安排路桥建设计划117项，其中市本级57项、崇川区15项、港闸区9项、南通开发区13项、苏通园区9项、通州湾示范区10项、通州区4项，当年完成工程投资约80.23亿元。市本级累计完成工程8项、投资约65.25亿元。至年底，在建工程20项，分别是轨道交通1号线一期、机场大道、铁路西站站前快速路与长江路立交、长江西路与锡通连接线、啬园路快速路改造、洪江东路、园林北路、福隆路、战胜路（任港路—人民路）、长江中路地面道路（洪江路—跃龙路）、运河物流园路、江通路、庵前路、兴富路、朝阳路、中创支路网建设、五山一级游览道路、城市公共测量基准点、中央创新区项目、五山片区项目；开展前期工程29项。年内，通启路高架和东快速路高架获评国家优质工程奖；长江路西延、经十八路、东方大道、永和路改造等工程获评江苏省“扬子杯”优质工程奖。

（何玉龙）

表14-1

2017年南通市本级路桥建设重点工程竣工一览表

序号	工程名称	基本情况	完工时间	参加单位
1	城北大道(工农路北延—通州界)	该工程全长1027.79米，标准断面宽60米，为城市主干道	5月	南通城市建设集团有限公司 南通中房工程建设监理有限公司 江苏神龙海洋工程有限公司
2	顺达路	该工程起点为通京大道，终点至港闸区与通州界界河东侧，实施长度为1234.73米，道路宽30米	6月	南通城市建设集团有限公司 江苏兆信工程咨询监理有限公司 南通利元市政工程有限公司
3	虹桥路(城山路—跃龙路)交叉口改造	该工程包含虹桥路与城山路、虹桥路与段家坝路两个交叉口，将虹桥路东西向交叉口两侧侧分带改造成路面。	8月	南通市城市建设集团有限公司 南通市泛华建设监理有限责任公司 南通市市政设施管理处
4	虹桥路与段家坝路交叉口改造	该工程分为两部分：将洪江路金辉花园小区12号楼东侧道路于洪江路上开设侧分带道口；将段家坝机动车道路面改造新建，对交叉口进行渠化改造，将部分绿化改造为机动车道	11月	南通市城市建设集团有限公司 南通市泛华建设监理有限责任公司 南通市市政设施管理处
5	幸余路	该工程位于南通市港闸区，道路西起现状华能路与城港路的交叉口，东至大生路，路线全长约3千米，为城市主干路，设计速度每小时60千米。道路标准宽度为50米，两侧各有30米绿化用地，道路总宽度110米	12月	南通市城市建设集团有限公司 南通中房工程建设监理有限公司 南通市港闸市政工程有限公司
6	幸福路	该工程C标段位于港闸区与通州区，道路全长1.3千米，宽30米，含道路、桥涵、雨污水管道、绿化、公交设施、交通设施、路灯、自来水	12月	南通城市建设集团有限公司 南通中房工程建设监理有限公司 南通星湖市政工程有限公司
7	跃龙路拓宽改造	该工程北起青年路，南至长江路，全长约4.7千米，全线分三种断面形式	12月	南通城市建设集团有限公司 苏州天狮建设监理有限公司 南通精诚建设集团有限公司
8	新华北路(幸余路—永安路)	该工程为城市主干路，全长515.81米，道路横断面宽度50米；包括雨水工程1026.3米，污水工程596.5米，道路工程20529.27平方米	12月	南通城市建设集团有限公司 南通城欣市政工程有限公司 江苏省江豪工程项目管理有限公司

（何玉龙）

【快速路网建设】 2017年，南通市重点推进啬园路隧道、机场大道、长江西路与锡通高速连接线等快速路建设。市区快速路网系统实现环通，形成交通路网系统，市区道路实现立体化。至年底，全市快速路网总里程约87千米，有立交9座、跨线桥10座、天桥7座、隧道2处。

【骨干路网建设】 2017年，南通市加强主城区与各个区域之间通道联系，完善扩大骨干路网框架，推进新城区、市北新城、五山地区、东部新城、通州区主次干道建设。重点推进跃龙路拓宽改造、城北大道、幸余路西延、洪江东路等骨干路建设。

【支路网建设】 2017年，南通市建设一批缓解市区出行压力支路，改造一些规模小、见效快重要交通节点。崇川区全年完成12项，在建2项，开展前期1项，完成投资1.4亿元。港闸区全年完成4项，在建3项，开展前期2项，完成投资2500万元。

（何玉龙）

轨道交通

【概况】 南通城市轨道交通方案研究启动于2005年。2014年8月11日，国家发展改革委批准《南通市城市轨道交通建设规划（2014~2020）》，南通成为江苏第六个、全国第37个获批建设轨道交通城市。根据建设规划，南通城市轨道交通包括1号线一期和2号线一期工程2条骨干线路，总长59.55千米，设车站41座，总投资397.13亿元。2017年6月16日，南通城市轨道交通建设指挥部成立。8月15日，南通城市轨道交通建设指挥部和南通城市轨道交通有限公司（简称“轨道公司”）挂牌，南通市轨道交通进入启动建设阶段。12月18日，1号线一期工程开工建设，南通轨道交通建设转入实质性建设施工阶段。

【轨道交通1号线一期工程】 3月，轨道公司通过公开招投标，确定1号线一期工程土建总体总包设计、土建工点设计等中标单位。5月，1号线一期工程可行性研究通过专家评审。6月初，总体设计通过专家评审。6月底，1号线一期工程勘察4个标段全面开工。8月18日，省发展改革委发文批复南通市城市轨道交通1号线一期工程可行性研究报告，根据批复文件，轨道交通1号线一期工程总投资估算269.02亿元，工程起自通州区平潮镇站，线路经过沪通铁路南通西站、长泰路、永和路、纬六路、人民路、工农路、崇川路、新开路、通盛大道，止于南通开发区振兴路站，线路全长39.4千米；全线设置车站28座，其中深南路站、环西文化广场站、青年路站、盘香路站、能达商务区站5座车站为换乘站；轨道交通1号线车辆采用B型车6辆编组，最高运行时速80千米。8月29~31日，《南通市城市轨道交通1号线一期工程初步设计》通过中国铁路设计集团有限公司专家组评审。9月，轨道交通1号线一期工程管线迁改、交通导改工程启动。11月底，土建施工和土建监理招投标完成，确定土建施工单位9家、监理单位7家。12月18日，市委、市政府在永兴大道站（港闸区长泰路与普贤路交叉口东南侧）举行轨道交通1号线一期工程开工仪式。至年底，首批站点沉槽机进场和地下连续墙浇筑工作启动，轨道交通1号线一期工程进入主体结构施工阶段。

（曹　煜）

园林绿化

【概况】 2017年，南通市推进生态园林城市创建，申报江苏省生态园林城市。市区新增绿地面积600公顷以上。建成五山森林公园军山片区、曹顶纪念公园等公园8座；希尔国际酒店东侧小游园、文俊村西部小游园、裤子港河西侧小游园等20个为民办实事小游园全部建成；建成东方大道、盘香路等道路两侧景观带9处；建成南通开发区生态通廊等滨河绿廊；完成世伦路（林荫路）、永兴大道（林荫路）、跃龙路（景观路）等16条道路林荫景观提升工程；利用闲置地块，建成原农药厂地块等占领性绿地；继续优化濠河景区环境，濠河河道清淤工程完成。

【综合性公园绿地建设】 五山森林公园　2017年，五山森林公园建成。该公园位于军山南麓，于2017年4月开工，占地面积约97万平方米，以“保护、生态、原乡”为主要设计原则，分生态实验区、农业观光区和森林体验区3个区域。

曹顶纪念公园　12月，曹顶纪念公园建成。该公园东至城山路，西至跃龙南路，南邻海港引河，北靠沿河路，总面积约10万平方米。公园结合原场地地貌，分为东、西两区。东区沿环形水系设亭台等满足游人亲水、观鱼需求。西区设亭廊码头，供两河两岸游船停靠和游人休闲。

【小游园建设】 2017年，南通市建成裤子港河西侧小游园、文俊村西部小游园、希尔国际酒店东侧小游园等为民办实事小游园20个。

希尔国际酒店东侧小游园　4月，希尔国际酒店东侧小游园建成。该游

曹顶纪念公园一角。　　（冯泽钧　摄）

园位于人民西路北侧，希尔国际酒店东侧，占地面积约7300平方米，由水系贯穿，以木芙蓉为特色植物，木芙蓉晚秋开花，花大而色丽，宜于配植水滨。

文俊村西部小游园　5月，文俊村西部小游园建成。该游园位于幸余路以南，通刘公路以西，占地面积2万平方米，以“叶色缤纷、花皎洁”为设计主题，色叶树种成片种植，形成浓烈色彩感，搭配春夏开花品种，做到四季有景可赏。

裤子港河西侧小游园　9月，裤子港河西侧小游园建成。该游园位于花园路以南，园林路以北，裤子港河以西，面积约3.1万平方米，以合欢树为特色树种，合欢寓意美好、合家团圆。

【道路景观带建设】 2017年，南通市建成盘香路、东方大道等道路两侧景观带9处。

东方大道绿化景观带　4月，东方大道绿化景观带竣工。该景观带北接星湖大道、南至景兴路，两侧宽20~30米，全长约4.5千米，占地面积约30万平方米，景观带包括广场铺装、景观廊架、锈板雕塑、绿化种植等。

盘香路两侧景观带　12月，盘香路两侧景观带建成。该景观带北接青年路、南至崇川路，绿化带两侧宽20米，占地面积约5万平方米，为两侧住宅居民提供生态休憩活动场所。

【南通开发区生态通廊建设】 2017年底，南通开发区生态通廊建成。该生态通廊位于南通开发区核心区，南连老洪港湿地公园，北接通启运河生态廊道，呈南北走向，总占地面积约214万平方米，为城市滨河带状公园和生态走廊。

【林荫景观建设】 2017年，南通市建成跃龙路（景观路）、世伦路（林荫路）、永兴大道（林荫路）等16条道路林荫景观。

世伦路（崇川路—钟秀路）林荫路　4月开工，5月建成。全长6.1千米，更换人行道法桐1340株，侧分带加种法桐750株。

永兴大道（长泰路—江通路）林荫路　4月开工，5月建成。全长5.4千米，更换行道树法桐365株，侧分带女贞更换为法桐2060株。

跃龙路（青年路—花园路）景观路　10月底开工，12月建成。全长5.8千米，总面积约10万平方米，全段采用榉树等秋色叶为主要树种，打造秋季景观特色。

【绿化养护】 2017年，南通市组织以“共建花园城市大家一起来种树”为主题植树月系列活动，发放各类宣传资料1000余份，征集50个家庭参加义务植树活动，征集认养单位26家、家庭28个，计认养绿地1.05万平方米、树木81株。加强城市绿化病虫害防治提供技术研究，完成《2017年度南通市区园林植物病虫害监测与治理技术研究项目》。加强城市古树名木保护管理，新增城市绿谷腊梅、大生一厂紫藤等古树两株，挂牌建档。开展古树后备资源调查，通过鉴定，列入南通市古树后备资源名录33株。

（徐　浩）

公用事业

【概况】 2017年，南通市完成供水4.9亿立方米，售水总量4.4亿立方米；完成天然气供应1.9亿立方米。市区3家污水处理厂处理污水1.2亿吨，处置污泥14.2万吨。装灯4973盏，安装景观亮化灯14243盏，路灯亮灯率99.39%。垃圾填埋场应急处理垃圾14.02万吨，处理垃圾渗滤液4.01万吨。公共设施管养城市道路面积1557万平方米，雨水总管1021千米，污水总管551千米，泵站48座，桥涵744座。高架桥面积约177.8万平方米，长约92.19千米；人行天桥及地下通道17处。声屏障12.68千米，防眩板6.4万块，城市道路名牌4125块，人均管护面积居全省第一位。3月9日，南通市被住房城乡建设部和国家发展改革委命名为“国家节水型城市”。

【城市供水】 2017年，南通市完成供水4.9亿立方米，售水总量4.4亿立方米，最高日供水量157.26万立方米，管网水质综合合格率100%，用户计量水表59.15万只，供水管网总长度2160千米。市直属服务网点4个。开展城市水质监测，抽检水质指标均符合生活饮用水标准。市区供水能力每日200万立方米，其中深度处理每日140万立方米。崇海水厂二期每日40万立方米深度处理投入试运行。

【污水处理】 2017年，南通市推进城镇污水处理及配套设施建设，完成市污水处理中心每日10万吨深度处理设备工程。至年底，市区形成港闸区、主城区、观音山片区、南通开发区、通州城区5大污水处理系统。市区（不含通州区）有污水处理厂5座，总规模每日69.7万吨。处理能力列全省第四位，城市污水处理率列全省第五位。

【城市排水防涝】 2017年，南通市实施积水点改造项目10个。汛期，南通市区出现9月24日等5场暴雨到大暴雨。根据应急预案，组织巡查、强排等工作，全市排水防涝态势总体平稳，未发生重大水涝事件。

（蔡卫强）

【电力供应】 2017年，南通市全社会用电量400.55亿千瓦时，比上年增长6.88%，总量与增幅均居全省第五位。其中，工业用电量累计完成275.76亿千瓦时，比上年增长3.8%，总量居全省第五位，增幅居全省第七位。第一产业用电量8.26亿千瓦时，比上年增长6.1%；第二产业用电量280.43亿千瓦时，比上年增长3.92%；第三产业用电量48.94亿千瓦时，比上年增长12%。全市城乡居民用电62.92亿千瓦时，比上年增长17.69%。其中，城镇居民用电23.28亿千瓦时，比上年增长16.98%；农村居民用电39.63亿千瓦时，比上年增长18.11%。全年全网最高负荷750.13万千瓦，比上年增长12.51%。全年全市电力基础设施建设总投资18.29亿元。投产220千伏长泰变等输变电工程15项，新建线路长度254.64千米，变电容量83.15万千伏安。完成线路配电自动化改造1828条，线路覆盖率提升至71.07%。完成大规模供需友好互动系统毫秒级改造83户，“多表合一”采集建设6.5万户。完成配农网小城镇（中心村）专项工程改造项目1225项，投资1.75亿元，累计新建改造配变447台、容量10.7万千伏安、线路547.6千米。印发《2017年南通市平安电力创建工作方案》，提升全市电力设施保护水平，连续三年实现220千伏及以上线路零外破。

（葛　印）

【油煤气供应】（参见《服务业·油煤气经营》）

【城市照明】2017年，南通市完成照明工程56项。其中，市政道路照明、景观亮化工程47项，小区路灯工程9项。立杆3815根，装灯4973盏，安装景观亮化灯14243盏，敷设电缆184.96千米，安装箱式变电站6台，表箱21台。路灯亮灯率99.39%，道路照明设施完好率98.75%；景观亮化灯亮灯率99.42%，景观照明设施完好率98.1%。江海大道照明工程获全国市政金杯奖。至年底，全市获全国市政金杯奖4个，为全国获该奖项最多城市。

（蔡卫强）

【路政设施维修】2017年，南通市完成道板维修约6.69万平方米，路牙沿维修16597米，沥青路维修约17.86万平方米，沥青坑塘修补28159.59平方米，雨、污水中井清淤28152座，边井清淤36079座。应用降噪微表处、桥面超薄超粘磨耗层、道路基层注浆、彩色砼路面压纹等新技术，降低维修成本323.4万元，减小施工期间交通压力。

（顾　晓）

1月16日，南通市区城管执法队伍换装。　　（市城管局　供图）

市容管理

【概况】2017年，南通市推进城管领域综合执法体制改革，推动住建领域全部行政处罚权在城管系统集中行使。开展全市城管执法队伍“强基础、转作风、树形象”专项行动，南通市城市管理局（南通市城市管理行政执法局）获评全国“强转树”专项行动先进单位。推进环境综合整治，市区第二轮环境综合整治三年行动结束，全年完成整治项目248个，累计完成整治项目714个。如东县创成“江苏省优秀管理城市”，启东市民乐中路、如皋市福寿路创成“江苏省城市管理示范路”，启东市世纪家园社区、海门市中南社区创成“江苏省城市管理示范社区”。在全省已命名21个优秀管理城市中，南通市占5个，数量居全省第一。

【市容秩序管理】2017年，南通市开展违法建设治理，制定违法建设治理“5320”（2017年、2018年、2019年分别查处违建总量50%、30%、20%）行动计划，确定“九大类”重点治理项目，对新增违法建设“零容忍”。全年，拆除各类违法建筑60.97万平方米。推动建筑垃圾规范有序管理，10月1日，《南通市城市建筑垃圾管理条例》实行。加强户外广告监管，市区拆除违章设置大型户外广告及楼顶镂空字169处，清理小广告、乱张贴乱涂写33.5万余处，升级改造公益广告2300余处，设置各类公益小品120余处。全年市区新增公共停车泊位1230个。

2017年南通市区公共停车泊位建设一览表

表14-2　　单位：个

区域	名称	位置	停车泊位数
崇川区	城山公园停车场	城山路西、海港河北；沿河菜市场西侧	104
	海港河沿线停车泊位	海港河沿线（南川河至新胜路）	114
	新城小学停车场	国胜路、盘香路西北角	128
	新区学校北停车场	洪江路、盘香路西南角	225
	光明新村南侧停车场	跃龙路西、虹桥路北	80
港闸区	大生路西侧停车场	大生路、幸余路交叉口	78
	原龙潭小学西侧停车场	黄海路北、龙潭小学西	57
	华润停车场	永怡路、站前西路交叉口东南角	176
通州区	育才停车场	澜沧江路	268

（杨　军）

【公共自行车系统管理】（参见《城乡建设·交通》）

【环境卫生管理】 2017年，南通市推进垃圾分类和综合治理，编制完成生活垃圾分类和治理专项规划、建筑垃圾处理、餐厨废弃物处理等专项规划，开展垃圾分类和治理“六个一”（完善一套制度规范、健全一套工作机制、搭建一个平台、新建一批设施、推进一批试点、实施一年攻坚）行动，形成“3+5+X”（“3”是将日常生活垃圾分为可回收物、其它垃圾、有害垃圾三类分别收运处置。“5”是对装修垃圾、大件垃圾、绿化垃圾、电子垃圾、废旧织物实施专项分流。“X”是根据今后垃圾处置终端建设情况，成熟一项，分流一项，逐步推行干湿分离，对餐厨废弃物、厨余垃圾等实行分类收运处置）分类模式和“5+1+X”（“5”是有多方协商机制、宣传发动机制、分类收运机制、正向引导激励机制、生活垃圾分类成效考核机制，“1”是多功能垃圾分类服务站，“X”是多维活动）推进机制，生活垃圾分类试点覆盖到市区375个小区、县（市）60个小区、200余家单位，参与人数超过60万人。10月13日，全省垃圾分类工作现场推进会在南通召开。加大环卫作业机械投入力度，中心城区机械化作业率90%以上。推进环境卫生基础设施建设，市区餐厨废弃物处置项目开工，扩建如皋市、启东市生活垃圾焚烧发电项目2个。

（杨　军）

【智慧城管】（参见《城乡建设·城市建设·智慧城市建设》）

镇村建设

综　述

【概况】 2017年，南通市加快19个市级中心镇和9个临海城镇建设。全年完成城建投资127.71亿元。其中，19个市级中心镇完成城建投资68.47亿元，9个临海重点镇完成投资59.24亿元，涉及房产、道路、园林绿化、公用事业等5大类481项；房地产投资48.07亿元，道路建设投资19.29亿元，园林绿化投资6.62亿元，公用事业投资24.02亿元，企业厂房等其他类项目投资29.71亿元。至年底，全市建制镇绿地面积6666.7万平方米，其中公园绿地面积1275.41万平方米，人均公园绿地面积8.72平方米，建成区绿化覆盖率30.93%。

2017年美丽乡村示范村——顾庄村。　（市消防支队　供图）

【农村危房改造】 2017年，南通市完成省下达农村危房改造任务2855户，获中央和省财政补助资金3756.2万元。其中，海门市450户，启东市1135户，通州区386户，如东县518户，如皋市100户，海安县204户，通州湾示范区62户。

【镇村示范项目创建】 2017年，南通市村镇建设各类示范奖项累计获中央及省补村镇建设资金1.3亿元。如东县栟茶镇、如皋市搬经镇入选第二批全国特色小镇，实现南通特色小镇创建零突破。如皋市顾庄社区获评住房城乡建设部“2017年美丽乡村示范村”。如皋市如城街道顾庄社区顾家庄、大明社区大缪马、钱长村夏家庄3个村入选首批特色田园乡村建设省级试点，获补助资金1100万元。如东县获批2017年度省级村庄生活污水治理试点县，获省补资金5269万元。海安县角斜镇江海村、李堡镇杨庄村，海门市四甲镇头桥村、常乐镇为群村，如东县高新区丁字岸村，如皋市城北街道平园池村6个村庄获批2017年江苏省美丽乡村建设示范项目，获补助资金1440万元。海门市正余镇王灶河村、如皋市石庄镇石庄社区凤鸣村、如皋市白蒲镇林梓社区林梓村、海安县李堡镇丁所村和通州区十总镇骑岸居5个村获批2017年度省级传统村落，获省补资金1000万元。通州区平潮镇获2017年江苏省重点及特色镇保护与发展资金600万元。

（於宣仁）

【市级中心镇建设】 2017年，南通市19个市级中心镇发挥区域优势，强化特色打造、重大项目建设和主导产业培育，全年开工建设500万元以上项目346个，总投资349.4亿元，其中产业项目234个、民生项目112个。19个市级中心镇固定资产投资总额440.73亿元，与上年基本持平；实现地方公共财政预算收入30.45亿元，比上年增长4.42%；实现工业企业应税销售收入1033.2亿元，比上年增长29.7%。

（石一飞）

新农村建设

【概况】 2017年，南通市围绕建设“强富美高”新农村，深化农村改革创新，开展国家现代农业示范区建设，实施脱贫致富奔小康工程。农民人均可支配收入20472元，比上年增长9.2%。全市年收入7000元以下建档立卡低收入人口累计脱贫率64.75%，年收入6000元以下低收入人口中，6.23万人达到省定脱贫标准。全市1368个村确权登记颁证工作完成。开展美丽乡村示范村创建，申报、承建并通过验收省级美丽乡村示范村11个。海门市灵树村、如皋市平园池村获评“江苏最美乡村”。

【脱贫致富奔小康工程】 2017年，南通市推进新一轮脱贫致富奔小康工程，针对低收入人口“因病、因残、因弱”致贫3大主要原因，因户因人施策，实施精准扶贫、精准脱贫。结合扶贫领域专项治理，开展扶贫开发工作考评和督查巡查，完成农村62586户建档立卡低收入户动态调整。全面完成“阳光扶贫”监管系统建设，9个部门30条线扶贫济困资金纳入监管。免除建档立卡低收入人口基本医疗保险、大病保险个人自缴部分费用，落实建档立卡低收入户住院“先诊疗后付费”等政策。全市为建档立卡低收入人口减免“一事一议”筹资及以资代劳费用221.25万元。以购置商业用房、建设产业服务联盟等为重点，推进第二轮扶持薄弱村发展集体经济项目建设，92个经济薄弱村中74个村落实扶持项目。以强村带动富民，实现经济薄弱村集体经营性年收入35万元以上全覆盖。全市村级集体经营总收入20.39亿元，比上年增长12%；村级集体经营平均收入125万元，比上年增长9.6%。

【农民合作组织建设】 2017年，南通市发布年度政府优先扶持农民合作社名录，政府优先扶持农民专业合作社628家。全市农民合作社总数8912家。其中，农民专业合作社6620家，土地股份合作社1396家，社区股份合作社896家；在工商部门登记总数8056家，累计登记入社成员198.6万户，占全市农户总数96.8%。开展示范社建设，培育市级以上示范社100家，重点培育合作社示范培训教育基地22家、民宿社13家、专业联社40家。累计创建国家级示范社27家、省级153家、市级628家。开展农民合作社综合社建设试点，创建农民合作社综合社试点39家。11月16日，全省农民合作社综合社试点工作推进会在如皋市召开。组织参加第11届江苏省农民合作社产品展销会，获评展销会最佳展团。

【农村土地承包管理】 2017年，南通市全面完成1368个村确权登记颁证工作。引导土地经营权有序流转、土地入股、土地托管，发展多种形式适度规模经营，全年新增土地流转面积9.1万亩，在全省首创“高标准农田建设、适度规模经营、社会化服务联盟”试点。在全省独创农户签字拍照留存质量控制法。海门市、启东市、如皋市开展省级农村土地“三权分置”示范县创建，其中海门市试点土地流转履约保证保险全省领先。如皋市推进国家级农村承包土地经营权抵押贷款试点，累计在14个镇发放承包土地经营权贷款109笔1.05亿元，抵押承包土地经营权3.1万亩，受益农户及新型农业经营主体99户。

【农村集体“三资”管理】 2017年，南通市开展农村集体“三资”管理示范县创建、专项清理和“阳光行动”试点。围绕农村集体“三资”资产管理、资源配置、财务收支、村级干部权力行使，以及党务、村务、财务公开等情况，全面梳理农村集体“三资”管理风险点，并有针对性地开展治理。对县（市）和通州区12个村、12个镇（街道）农经站，崇川区和港闸区52个村集体“三资”管理开展专项检查，纠正不合理开支14.6万元，收回挪用代管资金8163万元，收回借款利息280万元。推进“村务卡”试点建设，实行村级财务非现金结算。全市开展“阳光行动”试点841个村，占全市村（涉农居）总数51.5%。

【农村产权流转交易市场建设】 2017年，南通市出台《关于农村集体资产资源流转全部进场交易的实施意见》，按照交易范围全覆盖、市场交易全流程、社会监督全方位要求，确保农村集体资产资源流转全部进场交易。加大财务监管，所有资产资源发包收入和5000元以上资金支出项目均有产权交易公开记账依据，所有农村集体资产交易都在“阳光”下操作。全市农村产权交易累计成交项目6208笔，成交额18.3亿元。

（石一飞）

交　通

综　述

【概况】 2017年，南通市制订《现代综合交通运输体系发展规划（2017~2035）》，建设全国性综合交通枢纽。编制《内河港口总体规划（2015~2035年）》《通用航空产业发展规划（2017~2035）》，成立通用航空产业联盟。建立沪通交通对接工作组，开展苏通二通道、皋张通道工程可行性研究。全年完成交通基础设施投资66亿元。续建海启高速、锡通高速北接线，宁通高速扩容完成工程可行性研究大纲编制，南通绕城高速完成路线方案研究。345国道南通东绕城段、226省道如皋段路面改善工程基本建成，226省道海安段、通皋大道开工。沿江公路快速化、通扬线市区段航道整治完成工程可行性研究报告。通扬线航道九圩港复线船闸主体工程通过水下交工质量鉴定，海安段航道整治工程开工。宁启铁路海安综合枢纽汽车站、通州湾汽车站建成投入使用。完成农村公路提档升级910千米、改造农桥290座，海门市获评全国“四好农村路”示范县。苏通第三通道、启东至崇明高速、如皋至泰兴高速、南通至通州湾高速纳入省高速公路网规划，通州湾及洋口港区疏港航道、新江海河航道纳入省干线航道网规划。

【水陆空运输】 2017年，南通市境内公路客运量7310万人次，旅客周转量59.4亿人千米，分别比上年减少10.9%、7.1%；公路货运量12656万吨，货物周转量202.2亿吨千米，分别比上年增长9.7%、10.7%；水路货运量9051万吨，货物周转量688亿吨千米，分别比上年增长8.9%、9.4%。南通机场全年旅客吞吐量200.9万人次，比上年增长30.6%，其中国际（地区）旅客吞吐量10.14万人次；货邮吞吐量3.94万吨，比上年增长11.5%。

【城乡公交线路】 2017年，南通市新辟公交线路12条，优化调整线路24条，新购（租赁）公交车159辆。市区公交出行分担率24.5%，万人公交车拥有量20标台，增设公交站点114个。新增18个镇实现行政村公交全覆盖，镇村公交开通率90%。《南通市城乡客运一体化发展规划》通过评审，市区、海安县、如皋市、通州区城乡道路客运一体化发展水平达到AAAAA级。交通一卡通县（市、区）公交全覆盖，启东市市民卡开展试运行。

（李小村）

【公共自行车系统管理】 2017年，南通市新增公共自行车站点71个，累计869个；新增公共自行车锁柱桩1471个，累计22558个；新增公共自行车1000辆，累计17520辆。加强公共自行车日常监管，全年系统运行稳定，市民累计骑行360万次。8月，南通主城区和通州区公共自行车卡实现通借通还。

（杨 军）

表14-3

2015～2017年南通市公共自行车系统建设运营情况一览表

单位：个、辆

区域	2015年			2016年			2017年		
	车辆总数	站点数	桩数	车辆总数	站点数	桩数	车辆总数	站点数	桩数
崇川区、港闸区	6500	325	8540	6500	334	8724	6500	334	8724
通州区	600	30	800	900	50	1200	1300	80	1800
南通开发区	2300	61	2000	2130	90	2219	2130	99	2310
海门市	1620	62	2020	2190	87	2720	2190	87	2720
启东市	1400	76	1920	1400	76	1920	1400	76	1920
如皋市	1600	65	2000	1600	71	2104	1700	78	2284
如东县	800	40	1000	800	40	1000	1300	65	1600
海安县	1000	50	1200	1000	50	1200	1000	50	1200
总 数	15820	709	19480	16520	798	21087	17520	869	22558

（杨 军）

【交通行业管理】 2017年，南通市创建全国绿色循环低碳交通运输城市区域性试点，交通能耗监测统计试点市通过国家验收。全年推广新能源车5856.5台，新建充电桩769根。开展交通干线沿线环境综合整治、公路货运车辆超限超载治理、港口危货企业“四个一批”专项整治，完成228国道南通南段“畅安舒美”示范路创建。扩容智慧交通云中心，“畅行南通”APP总用户近18万人，点击量超8000万次，船闸“e站通”过闸利用率90%以上。海安县多式联运联盟组织初步建立，开通联运线路2条。获批部、省级道路货运无车承运人试点企业2家，开展甩挂运输企业4家。出台《关于推进市区出租汽车行业健康发展的实施意见》《南通市市区网络预约出租汽车经营服务管理实施细则（暂行）》，全市发放网络预约出租汽车运输证465张、网络预约出租汽车驾驶员证778张。办理交通各类办件68393件，交通行政处罚9048件，市政务服务中心交通运输窗口获评全国交通行业文明示范窗口。

（李小村）

【交通运输安全管理】 2017年，南通市交通运输系统开展安全检查2170次，排查整改隐患8821项。安全监管行政执法8385次，关停企业39家，实施安全生产约谈79次，行政处罚936.6万元。开展各类应急演练182次，组织安全生产专题培训471次。建成336千米干线公路生命防护工程。实施科技兴安项目23项，建设全球眼监控、路面监控点建设、港口危货作业和危货运输车辆4G视频监控等项目，“基于无线传感网的大型桥梁健康监测系统研究”获中国公路学会科学技术奖一等奖。“两客一危”（从事旅游的包车、三类以上班线客车和运输危险化学品、烟花爆竹、民用爆炸物品的道路专用车辆）车辆入网率保持99.85%以上，上线率高于99.85%，平台连通率保持100%。加装车载视频监控危货车辆528辆，危险货物道路运输电子运单继续保持100%全覆盖，安装视频监控危货码头3家。新增运政系统“包车未申请标贴出南通”报警功能，实现旅游包车卫星定位轨迹实时监督。

（李小村 阎 恺）

【道路客运转型发展】 2017年，南通汽运集团开通“运游结合”线路22条，组织游客超16万人，发车5000余班次，旅游业务收入首破亿元。全市新增定制客运车辆58辆。完成汽车客运站联网报班系统建设。全市三、四级以上联网售票站点实现实名制联网售票全覆盖。建成二级以上汽车客运站“爱心母婴候车室”2个。

（阎 恺）

公 路

【概况】 至2017年底，南通市有普通公路1.84万千米，其中普通国道543.56千米、省道743.58千米、县道2530.2千米。

【干线公路建设和养护】 2017年，南通市完成干线公路项目建设投资5.18亿元，345国道南通东绕城段建成通车，通车里程27千米。实施干线公路大中修项目6个，累计投资9000万元。实施干线公路危桥改造4座，加固维修65座，完成系杆拱桥安全监测系统建设1座，定期检查新接养干线公路桥梁132座。全市干线公路PCI（路面损坏指数）优良率94.7%，RQI（路面形式质量指数）优良率94.7%，国省道公路当年水毁修复率、危桥处治率均为100%。345国道南通东绕城段以全国最高分通过交通运输部组织的绩效评价考核，353省道海安段被交通运输部和安全监管监总局联合表彰为“平安工程”项目；基于无线传感网的大型桥梁健康监测系统研究获“中国公路学会科学技术奖”一等奖。完成南通市干线路网快速化规划研究、海门与市区融合发展路网规划研究，编制完成沿江公路快速化工程可行性研究方案。

【农村公路建设和养护】 2017年，南通市启动为期4年农村公路提档升级攻坚行动，全年完成农村公路提档升级910千米，农路桥梁改造275座。全市县道公路技术状况指数90.2，优良率89.8%，乡村道路优良率80%。完成农村公路生命防护工程851千米，开展安防工程课题研究，颁布全省第一部设区市《农村公路安全生命防护工程实施技术指南》。海门市创成全国“四好农村路”示范县，海安县、通州区通过省“四好农村路”示范（达标）县验收。

（刘思远）

铁 路

【概况】 2017年，南通市境内铁路通车里程220千米，主要为南北向新长铁路（江苏新沂至浙江长兴）、东西向宁启铁路（南京至启东，一期至南通）、海洋铁路（海安至洋口港）。全年完成投资32.34亿元，推进沪通铁路、宁启铁路二期（南通至启东段）等工程建设。至年底，南通市境内设南通站、如皋站、海安站、栟茶站、如东站5个客运站，全年发送旅客460.8万人次，比上年增长21.04%，为历史最高；设南通东站、如皋站、海安站、栟茶站4个货运站，全年运送货物109.5万吨，比上年增长4.52%。南通境内始发车23对。其中，动车组14对，分别是南京方向11对，汉口方向2对，重庆北方向1对；普速列车9对，分别是北京方向2对，吉林、济南、洛阳、太原、西安、重庆、昆明方向各1对。沿途经过北京、天津、重庆、江苏、安徽、山东、山西、陕西、湖北、湖南、河北、云南、贵州13个省（直辖市）103个站点。12月28日，南通至南京间开通直达动车1对，全程运行时间缩短至1小时59分钟。年内，南通市获评江苏省平安铁路示范市。

【铁路规划】 3月23日，南通市出台《南通市“十三五”铁路发展规划》。6月23日，出台《南通市人民政府关于加快推进铁路建设的实施意见》。6月，中国铁路总公司与省政府会商同意加快推进北沿江铁路前期准备。7月，南通市在上海市组织北沿江铁路南通至上海段（含过江通道）方案研讨会。8月，中国铁路设计集团有限公司总公司委托中国铁路设计集团有限公司开展沿江高铁通道（武汉至合肥至南京至上海）规划方案研究。10月23日，国家发展改革委批复新建盐城至南通铁路可行性研究报告（发改基础〔2017〕1840号）；10月30日，中国铁路总公司、省政府联合批复新建盐城至南通铁路初步设计（铁总鉴函〔2017〕845号）。11月，盐通铁路工程总承包、工程监理招标。12月，完成项目开工前各项准备。

【沪通铁路工程】 沪通铁路是长江三角洲地区快速轨道交通网重要组成部分，在宁启线k255+300处设平东接轨站，出站后折向南行，跨越宁启高速公路后设南通西站（高架站），线路南行经平潮镇东侧至距九圩港约2千米处跨越长江。线路经张家港、常熟至太仓，在太仓站后分两支，一支引入既有沪宁铁路安亭站，一支经杨行站后接轨于浦东铁路四团站。项目及配套工程计划总投资约361亿元，于2014年3月1日开工建设。2017年，沪通铁路正线部分完成工程投资2.24亿元。

沪通长江大桥是沪通铁路控制性工程，位于江阴大桥下游45千米，苏通大桥上游40千米，与通苏嘉城际铁路、锡通高速公路共通道建设。沪通长江大桥为四线铁路、六车道公路合建桥梁，大桥主塔高325米，是世界最高公铁两用斜拉桥主塔。大桥主跨1092米，是世界最大跨度公铁两用斜拉桥；大桥沉井平面尺寸为86.9×58.7米，是世界上规模最大的深水沉井基础。计划投资约150亿元。2017年，大桥完成投资19亿元，28号主塔中塔柱合龙，29号墩进入塔身施工，112米钢梁和专用航道桥钢梁架设完成，专用航道桥拱肋转体合龙。

【宁启铁路二期工程】 宁启铁路二期工程（宁启铁路南通至启东段）是宁启铁路南京至南通的延伸工程，也是国家中长期铁路网规划的组成部分。线路从既有南通东站引出，向东经海门市临江新区至启东市设站后，转向北至吕四港设吕四站，正线长度92.8千米，全线设南通站、南通东站、海门站、临江站、启东站、吕四站。项目建设工期3年。宁启铁路南通至启东段为国铁Ⅰ级，电力牵引，最高行车速度为每小时160千米（预留每小时200千米）。启东至吕四段为国铁Ⅱ级，设计最高时速120千米。南通至南通东段16.4千米线路同步实施电气化改造。全线由中国铁路总公司和江苏省共同投资建设，预计投资总额65亿元。2017年，累计完成投资11.1亿元，线下工程基本完成，进行铺轨架梁。

（吴云霞）

2017年南通市铁路客运量一览表

表14-4　　单位：人次

月份	南通站	如皋站	海安站	栟茶站	如东站	合计
1月	263954	30317	87932	2440	989	385632
2月	199469	41349	110576	1333	2282	355009
3月	207035	30017	89362	829	1716	328959
4月	251141	38326	103877	965	1692	396001
5月	246177	46574	107675	675	936	402037
6月	227558	37018	93421	427	680	359104
7月	264510	43762	107042	1965	3723	421002
8月	272837	48202	110379	1035	3926	436379
9月	237503	38390	93716	1409	2021	373039
10月	253257	46661	110190	2043	3144	415295
11月	224916	36765	95335	1621	3409	362046
12月	234575	36930	96462	1913	3690	373570
累　计	2882932	474311	1205967	16655	28208	4608073

2017年南通市铁路货运量统计表

表14-5　　单位：吨

月份	南通东站		如皋站		海安站		合计		总计
	到站量	发送量	到站量	发送量	到站量	发送量	到站量	发送量	到发量
1月	25969	1752	5833	1902	35503	6826	67305	10480	77785
2月	39738	1254	4115	3704	31502	10474	75355	15432	90787
3月	41880	1234	7676	3299	40138	10891	89694	15424	105118
4月	34217	1914	2574	2752	36223	7808	73014	12474	85488
5月	24328	2569	3465	2105	28326	19256	56119	23930	80049
6月	33558	1865	4806	2456	20889	26900	59253	31221	90474
7月	31107	2357	10708	2860	25317	18400	67132	23617	90749
8月	33156	2858	2497	2994	25563	13665	61216	19517	80733
9月	21951	2759	4190	1551	26958	14255	53099	18565	71664
10月	33353	3943	3015	2764	31275	14526	67643	21233	88876
11月	32041	4691	3227	5914	43454	15420	78722	26025	104747
12月	41635	4389	2750	3949	54525	21308	98910	29646	128556
累　计	392933	31585	54856	36250	399673	179729	847462	247564	1095026

（市铁路办）

港　口

【概况】 南通港于1982年11月对外开放，是国家沿海主要港口。经过30余年建设，形成“一港十二区”发展格局，沿江有如皋、天生、南通、任港、狼山、富民、江海、通海、启海9个港区，沿海有洋口、吕四、通州湾3个港区。2017年，全港有各类码头泊位289个，其中生产性泊位203个。全港完成货物吞吐量2.36亿吨，其中外贸吞吐量5945万吨，均创历史新高。集装箱吞吐量实际完成100.7万标箱，首破100万标箱，比上年增长21.8%。

【港口改革】 2017年，南通市完成港口管理、经营、集疏运“三个一体化”改革，形成“一市一港一集团”发展新格局，为江苏沿江沿海港口一体化发展提供南通样板。落实《江苏省港口岸线使用管理办法》，加强港口发展管理。逐步整合沿江沿海港口企业，南通港集团与中远海运港口签订组建合资公司及转股协议，南通国投公司分别向香港保华和国投交通控股回购南通港口集团45%和12.32%股权，实现与新组建南通港集团一体化运行。深化重点港区集疏运体系规划，通州湾、如皋港区2条铁路专线，通海、通州湾、洋口港区4条疏港公路进入国家“十三五”时期港口集疏运体系建设库，投资预算71.4亿元。

【港口规划】 2017年，《江苏省沿江沿海港口布局规划（2015~2030年）》将通海港区、通州湾港区明确为全省沿江沿海港口发展港区。12月15日，交通运输部、省政府批准《通州湾港区总体规划（2017~2030年）》。港区规划深水岸线37.3千米，陆域面积48.8平方千米，分为临港工业港口配套服务区、通用码头作业区、干散货码头作业区、通用及干散货码头作业区、液体散货码头作业区、通用及集装箱码头作业区6个功能区，规划建设大型深水泊位116个；南部港区利用小庙洪水道建设5万吨级进港航道，北部港区利用网仓洪水道近期建设10万吨级航道，远期可提升航道等级。

【港口建设】 2017年，南通市完成港口建设投资11.8亿元，超过年度计划12.3个百分点。广汇能源LNG转运站、如皋海螺水泥配套码头投入试运行，江山农化码头改扩建工程、燕达重工配套码头、吉宝重工码头船台及滑道工程竣工投产。通海港区集装箱码头水工部分通过验收，陆域堆场地基完工，完成投资2.63亿元。洋口港区15万吨级航道完成储泥坑、临时航道建设，完成投资2.7亿元。吕四港区10万吨级航道二期工程进行航道疏浚，完成投资1.26亿元。如皋港区长源物流码头水工主体结构完工，进行引桥面层浇筑，完成投资约1亿元。推进横港沙现代化散货港区建设前期工作。

【港口管理】 2017年，南通市出台《沿江沿海港口和船舶污染物接收、转运及处置设施建设方案》。完成中央环保督查组交办问题整改，南通港口集团集装箱分公司码头停止危化品集装箱作业，堆场上不再存放危化品集装箱；狼山分公司水源二级保护区内泊位停止硫磺储运作业，雨水收集系统和沉淀池建成投入使用。对53家非法码头企业开展集中整治，达到拆除、清场、防反弹“三到位”标准，完成复绿工程并恢复自然岸坡，腾出港口岸线4.6千米。建成天生港、海门水上临时过驳区两处。对纳入整治范围100台浮吊进行分类处置，予以保留53台进入临时过驳区集中管理，其余47台通过执法手段驱离或拆解。完成港口信息化一期工程安全监督检查平台建设，实现与省安全监管、港口资源、锚泊调度等系统对接。

（邵金泉）

内河航道

【概况】 2017年，南通市航道建设完成投资2.77亿元。全市五级以上航道里程172.8千米，四级以上航道164.03千米，三级航道91.44千米。全年开放闸次72617次，优良闸次率100%，全市干线航道通航保证率100%。航道处所属五座船闸完成过闸费收入6069.1万元，船舶通过量1.9亿吨，比上年增长64.6%，货物通过量1.2亿吨，比上年增加78.7%。

【航道工程建设】 2017年，九圩港二线船闸完成投资1.76亿元，占年度计划100.8%，该工程连续第三年获省级“平安工地”建设“示范工程”。连申线工程通过海安县船闸工程项目档案专项验收，该工程获评“十二五”全省交通工程十大品牌。9月底，通扬线海安段动工，完成投资1.06亿元，占年度计划105.6%。通扬线南通市区段项目工程可行性研究报告通过省发展改革委审查，启动设计招标。通扬线如皋段项目预可行性研究报告、环评获批，完成工程可行性研究报告初稿，工程可行性研究报告增加东司马港河同深度路线方案比选。通州湾、洋口港区疏港航道等列入省干线航道网规划（2017~2030年）修编。

【船闸养护】 2017年，南通市实际完成航闸养护和改造投资1270万元，全年干线航道通航保证率100%，船闸通航时间保证率99.9%以上，航标正常率99.89%。在如东县开展航道养护改善试点，采取“地方建设、行业监管、资金拼盘”模式，马南桥段护岸工程完成施工招标。试点实施辖区航道测量、维护性疏浚政府统筹采购外包服务，出台《航闸养护工程招投标管理办法（试行）》，规范养护工程招标流程，委托第三方试验检测机构对养护专项工程开展质量安全监督检查。

（张培培）

空　港

【概况】 2017年，南通兴东国际机场（简称“南通机场”）旅客吞吐量200.9万人次，比上年增长30.61%，全省排名第四位；国际（地区）旅客吞吐量10.14万人次，国内航班出港平均客座率80.7%。货邮吞吐量3.94万吨，比上年增长11.52%，连续第六年全省排名第三位。安全保障各类飞机起降28623架次，其中航班起降20245架次。新开长春、珠海、博鳌、张家界、烟台、呼和浩特、济南、汕头、南昌等国内航线，加密深圳、西安、贵阳、成都、张家界、珠海、长沙、天津、南宁、

12月8日，南通机场安检部"楷杰"班组从北京载誉归来。

（南通机场　供图）

哈尔滨等国内航线；新开通越南芽庄、印度尼西亚巴厘岛、柬埔寨暹粒等国际（地区）航线，调整泰国曼谷航线正班运行。至年底，南通机场运营航空企业12家，平均每周216班客运航班，开通27条客运航线，通达国内外35个重点经济和旅游城市。1月，南通机场与上海机场集团合资组建的南通沪通空港物流发展有限公司运营。南通机场与广州龙浩航空合作，开通该航空公司首条全货机航班，执飞南通至广州双向航线；与顺丰速运合作，新开南通至天津双向全货机航线；临时调整南通至深圳双向全货机航线，机型为B767宽体货机，为南通机场首次飞行顺丰航空最大的宽体全货机；10月2日，开通机场口岸开放后首个南通至日本大阪双向国际全货机航班。机场跨境电商业务持续健康发展，全年申报清单30.78万票，列全省第二位，货值4951.42万元，列全省第一位。年内，南通机场地服部获评"江苏省巾帼文明示范岗""江苏省工人先锋号"，安检部旅检队"楷杰"班组获评"全国民航示范班组"。

【基础设施】 2017年，南通机场全面启动航站区改扩建工程，新建5.2万平方米新航站楼及配套附属设施，设计保障旅客吞吐量500万人次。全年完成2.5亿元投资，新航站楼主体结构封顶。完善无障碍设施设备、引导标识等硬件设备，开通老弱病残等特殊旅客"爱心通道""军人优先通道"。8月17日，空港酒店项目开工，总投资1亿元，规划用地面积6533.3平方米，建筑面积1.71万平方米，该项目集商务办公、酒店、餐饮、文化娱乐等功能于一体，年内完成地下室顶板及地上一层砼浇筑。全年累计投入200余万元，配套完善消防救护车辆、应急救援器材以及视频监控系统等设施，消防救护等级提升至7级。启动快件监管中心申报工作，10月20日，南通机场向南京海关递交申请，完成初步方案设计。跨境电商监管仓库基本竣工。

【安全保障】 5月5日，国产大客机C919首飞，南通为主要试飞空域，南通机场为主要备降机场。南通机场完成C919首飞保障任务，获民航局发文通报表扬。至年底，南通机场累计参与C919试飞保障8次，完成国产ARJ21机型飞训保障100余架次。11月23日，南通机场处置非法入侵事件1起，获民航华东管理局发文表彰。

【航空产业】 2017年，南通机场内顺丰二期全自动分拣中心项目开工建设，该中心主要进行华东地区部分国内航空快件进出港分拨、转运操作，建筑面积约6.4万平方米，总投资预计3.5亿元。顺丰速运、海航机场集团分别与南通市政府、通州区政府签署战略合作协议，合作建设电商物流园区。

（秦明明）

道路运输管理

【出租汽车行业改革】 2017年，南通市出台《关于推进市区出租汽车行业健康发展的实施意见》《南通市市区网络预约出租汽车经营服务管理实施细则（暂行）》，海安县、如东县出台相应细则，如皋市、海门市、启东市参照市区执行。全市发放网络预约出租汽车运输证465张、网络预约出租汽车驾驶员证778张。

【汽修与驾培市场管理】 2017年，南通市推进事故车维修直赔定点工作。全市12家检测站全部完成升级改造和计量认证。推进汽车检测与维护（I/M）站建设，开展汽车排气超标治理维护站（M站）审核认定工作。汽车维修电子档案系统完成376家企业数据

5月31日，中国商飞公司向南通机场完成C919首飞保障任务赠送锦旗。

（南通机场　供图）

对接，采集维修记录超过46万条。出台《南通市机动车驾驶员培训管理办法》，强化资质动态监管。推进驾培智能化管理服务系统应用，全市110家驾校推出先培训后付费服务模式，占驾校总数91%。

【客货场站建设】 2017年，南通市推动沪通铁路南通西站汽车客运站纳入综合枢纽同步规划、设计。宁启铁路海安综合枢纽汽车站、通州湾汽车站建成投入使用。如东新汽车站开工建设。构建综合枢纽场站、普通枢纽场站和专业配送场站三级物流网络节点，建成多式联运型、通用集散型、专用场站货运场站网络体系框架。海安华东棉花仓储集散中心、保税物流中心（B型）投入运营，塑料原料仓储物流中心、有色金属期货交割库一期完工。启东广汇LNG项目一期进入运营测试阶段。开工建设圆通速递、顺丰速递、昱程物流等邮政快递、城市配送货运场站。林森物流中心三期项目和苏中大宗物资粮食物流项目纳入省2017年货运场站建设投资计划，获补贴836万元。

（阎　恺）

【公路路政管理】 2017年，南通市办理涉路行政许可84件，公路行政处罚案件862件，路产损失调查处理442件，办结率100%。依法收取路产损失赔（补）偿费557.8万元。开展国省道普通公路环境综合整治活动，整治污染公路及公路设施行为2422处，迁移公路垃圾箱及污染源1640处，清除公路两侧“白色垃圾”、非法种植物3527处，疏通公路排水设施176处，清除堆积物1236处，规范运输车辆封闭装载、洗消等措施631起，迁移和规范废品回收站（点）及有碍观瞻、无序经营市场183处。完成398千米安防工程建设，优化平面交叉口59个，封闭中分带开口167处，完善路侧防护设施9.3千米，增设中分带隔离护栏42.5千米，新增交通标志865块，清除标线9.8万平方米，新增或更新交通标线8.3万平方米。全年检查车辆4658辆，查处超限车辆302辆，斜驳载1645.8吨，累计抄告车辆驾驶人215人、车辆营运证215个、道路运输企业17个。

（刘思远）

水上运输管理

【长江引航】 2017年，长江引航中心南通引航站引领中外船舶12497艘次，总吨2.36亿吨，净吨1.32亿吨，里程145万千米，分别比上年增长-1.8%、6.2%、6.9%、-0.2%。引领南通港船舶7014艘次，比上年下降6%。其中，特种船舶2326艘次，比上年增长5.7%；好望角型船舶556艘次，比上年增长17.1%。实现南通港进口最大吃水12米，出口最大吃水11.8米；如皋港进口最大吃水11.5米。引领高度157.4米“振华33”轮、宽度132.16米“天鹅”轮，“盲引”装载4只钢圆筒（单个直径30米、重700吨、高33米、高度比主桅杆高近3米）“振华17”轮。实现中远川崎船长400米、国内首制2万标箱集装箱船舶进出，开创长江内河狭水道引领400米长超级巨轮先河，打破长江航行船舶最大尺度纪录。应对苏通GIL管廊工程水上工程施工、恶劣天气、特殊时段对进出营船港水道船舶影响，确保生产组织有序开展。全年实现安全零事故、服务零投诉，长江引航中心南通引航站获评“2017年度长江海事系统文明集体”。姚泽炎获评交通运输部“两学一做”优秀共产党员，冒亚军获评长江海事局“优秀共产党员”。

（朱良芝）

【内河航道管理】 航政管理　2017年，南通市贯彻落实《中华人民共和国航道法》《江苏省航道管理条例》，执行“双随机一公示”“不见面审批”制度，加强事中事后监管，在全省率先出台《航道通航条件影响审核工作规范》。全年实施行政许可44起、行政处罚17件，组织开展航道通航影响评价19起。落实船舶过闸费优惠及免收政策，减免过闸费1539.6万元。全年完成过闸费收入6069.1万元，占年度计划110.4%。

船闸管理　2017年，南通市优化“e站通”服务功能，全市境内所属5座船闸均使用“e站通”，累计注册船舶9000余艘，日均90%以上过闸船舶利用该系统办理过闸手续。

航道普查　2017年，南通市立足航道功能定位和实际需求，开展境内航道调查摸底，形成辖区内部分不具备货运功能等级航道的处理意见。依据六级及以上航道调查情况，拟将65.6千米航道（通榆运河中段、串场河、老通扬运河等航道或部分航段）退出管养；依据七级航道调查情况，拟将64.7千米航道（通吕河汉道、江海河、掘苴河、四贯河航道和南引河、青四河部分航段）退出管养，退出占比24.5%；依据等外级航道调查情况，拟将2018.4千米航道（秦灶竖河、英雄竖河、三圩头横河、老通吕河等航道或部分航段）退出管养，退出占比90%。

环境整治　2017年，南通市推进内河航道环境整治，全市清理沿河建筑垃圾141处、拆除碍航违章设施303处。建设绿化示范航段，新增通吕运河通州段、连申线海安城区段等航道绿化面积46.42万平方米。

（张培培）

【内河港口管理】 2017年，南通市出台《南通市内河港口总体规划（2015~2035年）》。开展“两减六治三提升”、内河港口危货企业“四个一批”、内河非法码头整治等专项行动。全市依法关停危货码头8个，拆除5个、规范提升不符合相关规定和要求码头8个。县级以上城市饮用水水源保护区码头整治率100%。港口安全监管与应急管理信息系统实现省、市、县三级联网运行。

（阎　恺）

【国家海事】 2017年，南通市进出港船舶27.29万艘次，港口货物吞吐量2.36亿吨，连续第五年突破2亿吨。其中，口岸查验国际航行船舶5368艘次；外贸货物吞吐量5527万吨，其中危险货物2398 万吨。洋口港靠泊LNG船57艘次，输入天然气1029.2万立方米，分别比上年增长103.6%、97.9%。受限船舶安全进出港3097艘次，其中15万吨级及以上船舶173艘次，分别比上年增长29.8%、10.9%。发放各类船员证书4143本。中华人民共和国南通海事局（简称“南通海事局”）融入政务服务"一张网",8个服务事项实现全过程"零"见面办理。先行试点船舶登记"并联办理",办结期限缩短11天,实现"网上批、快递送、不见面",行政审批效率提速50%。服务辖区新造船舶71艘。办理船舶抵押融资6.59亿元。与上海海事大学合作,深化南通江海运河开发课题项目研究。

水上安全监管　2017年,南通市出台《南通市防治船舶污染海洋应急能力规划》《南通市沿江沿海港口和船舶污染物接收、转运及处置建设方案》,明确供油单位、清污单位主体责任清单,发布沿江92项、沿海95项危防权责清单及取水口风险防控清单。南通海事局开展砂石浮吊、港内船舶防污染、"五山"小杂船、非法码头等专项整治活动10余次,清理取缔"五山"片区小杂船52户107艘,整治非法码头98座。依法对988名船员记分3192分,分别比上年增长138.1%、162.5%;实施行政处罚1408起,罚款316.2万元,分别比上年增长77.1%、67.2%。跟踪督改整改狼山景区小游艇等较大、重大隐患28个,销号11个。开展专项安检、燃油、防污文书、供受油单证等检查1320次,督促整改船舶缺陷1288项。推进辖区3家水上服务区完成过驳许可办理。

水上应急救援　2017年,南通海事局更新水上搜救志愿者队伍,新聘专家52人。组织开展各类水上搜救行动86次,救助船舶118艘,救助人员812人,救助成功率98.3%。全年发生一般等级及以上事故2起,死亡7人,沉船1艘,造成直接经济损失230万元。

风险防控　2017年,南通海事局创新推行"船舶危险废物转移联单"制度,获江苏海事局在全省推广运用。全年联单转移残油、洗舱水126次6374吨,实现强制洗舱品种洗舱水接收处置危险品码头6座。建设CCTV(闭路电视监控系统)、人脸识别、红外线识别等系统,实施CCTV自主监控危险品船舶单位9家,推动5家风电场实现CCTV全覆盖,建立智能运维管理系统平台。推动汽渡单位健全管理体系,制定操作规程、运行密度控制等6项机制,实施"一渡一策"。新增警示标志44处,完成渡船船名亮化24艘。推进水上过驳专项整治,逐一核查安置浮吊54台,整改447个。强化浮吊防污染,推动生活污水处理装置安装到位。推动九圩港过驳区增加投资320万抛投浮筒19个、配备船艇8艘;海门过驳区投资3500万抛投浮筒12个、配备船艇5艘。应用桥区"智能小e",建成智能化桥区水域夜间多功能通航指示系统。推广导航应用软件"船E行"APP。21.5千米整治建筑物水域全部设置警示标识49个,开展标志效用评估,提出优化建议6项。加强VTS(船舶交通管理系统)监控,查纠误入整治建筑物水域行为79起,避免搁浅和触损险情。实施海上施工现场"驻点检查",驻点检查28次62天97人次,现场消除安全隐患300余项。开展联合执法,清退内河船21艘,处置违法行为62起。

(吴军谊)

【地方海事】 行政执法　2017年,南通地方海事规范海事执法权力清单、责任清单运行,全年办理行政许可3500件,实施行政处罚7287件。推行行政处罚"一案一图一光盘"、船舶检验"一船一档一光盘"新举措,实现船舶现场执法、船员管理、船舶检验等海事船检执法领域全程留痕和可追溯全覆盖,被省地方海事局在全省地方海事系统推广。"连心桥"政务服务品牌获评江苏省交通运输优质服务品牌。按照长江三角洲船舶排放控制区建设要求,启动辖区船舶燃油质量抽样送检,完成船舶燃油取样、检测104艘次。落实环境保护部对江苏水污染防治要求,在连申线海安船闸水域设置危险品运输船舶检查站,检查危险品船舶329艘次,查纠船舶防污染缺陷247项。

安全监管　2017年,南通地方海事开展"平安海事"专项行动,出动海巡艇11360艘次、执法人员上航执法34534人次,检查船舶53879艘次,打击船舶违规航行、作业行为7093起,清理全市内河水域无主沉船498艘。参与长江南通段非法码头和小杂船整治,驱离营船港河、通扬河两大通江口门水域19处非法码头靠泊船舶66艘次(含浮吊设施8艘次),清理杂船93艘(其中拆解83艘,驶离南通辖区10艘)。对辖区53家航运公司进行安全检查,指导督促企业落实安全生产主体责任。在全市设置水位监测点19个、船舶限航管制点21个,在干线航道和重点水域新增高清视频监控探头30个,防范超限船舶进入低等级航道1279艘,实现内河水运大通道畅通。

水上搜救　2017年,南通地方海事参与各类水上搜救演练9场次,水上"12395"搜救电话24小时畅通,发布极端天气预警16期,实施水上搜救行动118次,救助船舶32艘次,挽回直接经济损失880万元,搜救成功率100%。处置"1·11"连申线航道如皋段水上服务区水域浓硫酸船触损、"8·24"江海大道兴仁路口油罐车碰撞泄漏入河、"11·9"如皋市船舶碰撞高速公路碾砣港桥等事故险情,避免次生灾害发生。

船舶检验　2017年,南通地方海事完成检验船舶1960艘、计99.22万总吨、主机总功率55.69万千瓦,比上年分别增长18.7%、55.7%、34.3%。开拓LNG动力船舶检验新领域,检验新建LNG动力船舶35艘、首批LNG动力整体更新改造船舶4艘,完成省地方海事局下达计划量200%。船检质量管理体系运行连续第七年"零缺陷",通过江苏省船舶检验局审核。

(肖　虎)

※企业选介※

南通港口集团有限公司

【概况】 2017年,南通港口集团有限公司(简称"港口集团")完成货物吞吐量7025万吨,比上年增长5.6%;集装箱吞吐量完成62.3万标准箱,比上年增长8.5%;营运总收入完成8.98亿元,比上年增长4.8%。作业开普通船154艘次,比上年增长7.7%,作业20万吨级大船24艘次,比上年增长26.3%,最大实载量11.47万吨,全年完成吃水超过11.8米船舶89艘次。主要货种金属矿石4449万吨、非金属矿石600万吨、矿建材料260.4万吨、化肥231万吨、水泥175.3万吨、粮食126.6万吨、钢铁178.9万吨、煤炭118万吨。调整营销策略，与重庆果园港、四川威钢等开展战略合作，开发四川峨铁等锰矿客户，全年新增客户中转量210万吨。制定港区环保预案，环保投入600余万元，在狼山港区新增冲洗平台、沉淀池，添置多台雾炮车，控制减少扬尘，初步形成港区防尘降噪体系。

【集装箱运输】 2017年，港口集团完成集装箱吞吐量62.3万标准箱，比上年增长8.5%，创下南通港开港后最高纪录。其中，完成外贸集装箱36.7万标准箱，比上年增长4.6%；完成内贸集装箱25.6万标准箱，比上年增长14.8%。开展"散改集""陆改水"业务，全年拆装箱2.35万标准箱，比上年增长174.9%。联合中国外运集装箱运输有限公司开通南通—日本第二条国际集装箱航线，开发南通—营口国内贸易直达航线。

【资产重组】 2017年，香港保华集团有限公司、国投交通控股有限公司所持有南通港口集团股权退出。9月底，保华集团向南通国投公司转让其持有港口集团45%股权；10月26日，国投交通控股向南通国投公司转让其持有港口集团12.32%股权。11月3日，港口集团完成南通国投法人独资企业工商变更，港口集团成为国有法人独资企业。

（王龙华）

南通汽运实业集团有限公司

【概况】 2017年，南通汽运实业集团有限公司（简称"汽运集团"）实现总营业额157.27亿元（其中通农物流交易额143.3亿元），比上年增长12.9%。上缴各项税费8348.36万元，完成利润9596.64万元，比上年下降4.03%。至年底，资产总额43.6亿元，比年初增加386万元；净资产15.47亿元，比年初增加1.55亿元。有公路客运车辆1034辆，营运线路408条，公车公营率95.6%。全年基本建设及对外投资2.39亿元。集团持续位居"中国道路运输百强诚信企业（2017年）"前十名。

【公路客运】 2017年，受火车、飞机、私家车等运输工具冲击，汽车客运业务持续下滑，汽运集团实现营业收入7.65亿元，比上年下降4.61%。集团推进定制客运，开通14条县（市）际定制客运班线和南通至上海"非站务"定制客运班线。至年底，有定制班线31条，定制班线车辆96辆，定制平台车辆52辆。优化公交线路布局，新辟公交线路27条，增设站点459个，新购公交车88辆。有公交车1537辆，公交线路312条。推进旅游实体门店标准化建设，各县（市、区）利用客运站场资源设立旅游接待专区。

【农副产品物流中心】 2017年，南通农副产品物流中心实现总交易额143.3亿元，比上年增长14.07%；实现总营收1.16亿元，比上年增长7.03%。4月，1号冷库投入试运营。至年底，冷库客户总数300家，库存8000吨。提档升级直营店，部分直营店项目改为承包经营，转移用工风险和经营风险。中心加大蔬菜、肉类检测力度，实现"逢进必检"，全年检测各类农产品23.94万批次，不合格926批次，合格率99.61%。

【绿色汽运】 2017年，汽运集团新增新能源车辆74辆。至年底，集团有新能源汽车961辆，占总营运车辆37.38%。全年车辆更新改造投入6479万元。

（李志亮）

水　利

【概况】 2017年，南通市完成水利建设投资22.3亿元，占计划任务148%，其中争取省级以上资金5.5亿元。市、县资金配套到位率100%。制订《南通市水利治理规划》，完成长江治理专题研究成果3项。全市河长制工作、农村水利、节水型社会建设、水环境治理保护等工作全省领先。全市有国家级水管单位1家、省级水管单位19家。开展引江调水、生态补水工程，城市河道实施"大贯通、小循环"区域调水方案，改善城乡河道水环境。全市沿江主要涵闸引水量31亿立方米，沿海沿江排水33亿立方米。

【"河长制"工作示范】 2017年，南通市推进全省"河长制"工作示范区，5534名市、县、镇、村四级河长上岗履职，形成"巡河、治河、护河"同步实施交叉推进。设立四级"河长制"办公室113个，实现保障工作"六个全覆盖"（出台方案，四级体系构建，公示牌制作安装，出台六项制度，河长工作手册、"一河一策"编制，河长巡河全覆盖）。各级河长累计巡河1.5万余次，发现问题整改率90%。12月11日，《新华日报》头版头条报道南通"河长制"工作经验。12月13～14日，南通市"河长制"工作通过省级验收。

【《坚持三河先行　实施河岸共治》视频】 2017年，南通市以"河岸共治"为抓手，以如泰运河、通启运河、通吕运河三河为先行，以"河长制"促进"河长治"，全力打造"水韵江苏"南通样本基本过程和初步成效。制作、出品《坚持三河先行　实施河岸共治》视频（可扫封底二维码、链接查阅）。该视频分"党委领导　政府主导　全局谋划高站位""体系健全　责任落实　河长履职全覆盖""方向明确　举措扎实　标本兼治创特色""机制问效　方法多样　社会参与造氛围"四个篇章，时长13分43秒。

【水环境综合整治】（参见《生态环境·污染防治》）

【重点水利工程建设与管理】 2017年，南通市完成省水利重点工程建设投资1.25亿元，占计划任务105%。其中，启东市、如皋市、海安县等地建设任务完成，九圩港提水泵站工程、如东县四贯河北段贯通工程、通州区团结河（通州段一期）整治工程3项工程完成年度计划任务。组织如泰运河接通工程、长江干流江苏段崩岸应急治理

如泰运河整治现场。（市水利局 供图）

工程省级申报立项。上报省级区域治理水利竞争立项工程5项。出台《南通市水利工程建设质量与安全监督指导意见》《南通市水利工程建设质量工作考核评分细则》，质量安全与监督机构实现市、县全覆盖，获评全省水利工程建设质量考核优秀等级，安全生产工作经验在全省推广。强化水利信用管理，制订《南通市水利工程建设责任主体信用管理实施细则》。通州湾示范区设立“涉建问题投诉（举报）箱”制度，在建工程推行人脸识别智慧化考勤办法。

【城市水利建设】 2017年，南通市出台《南通市城市水系规划修编》，完成《南通市城市河道控制线规划（初稿）》。组织实施城市河道疏浚整治项目20条，完成为民办实事市区河道截污整治项目13条。崇川区采用生态型驳岸整治城市河道，建设亲水步行道和沿岸绿色景观。

【农村水利建设】 2017年，南通市推进小型水利工程管理体制和农田水利产权制度改革。完成小农水重点县、新增千亿斤粮食田间工程、如海灌区续建配套和改造等项目建设，更新改造小型灌溉泵站273座，新建防渗渠道760千米，完成小沟以上建筑物7900座、中沟以上建筑物1200座。推进452个行政村村庄河塘整治，疏浚整治县乡以上河道41条段。如皋市、海安县、通州区、如东县获评全省小型农田水利重点县项目优秀等级。如皋市、海安县、启东市、如东县获评全省小型农田水利工程管理绩效考评优秀等次。

【法治水利建设】 2017年，南通市在全省设区市中率先出台水利工程管理地方性综合水法规《南通市水利工程管理条例》。划界确权河道和水利工程管理范围，完成划界长度1698千米，现场埋设划界桩、公示牌11372个。联合开展河湖保护专项执法行动和长江采砂管理清江行动，各县（市、区）设立长江河道采砂船舶集中停泊点，严格监管吹填采砂项目。开展水管单位创建，如皋市、港闸区创成省二级水管单位，南通市节制闸管理所创成省档案五星级水管单位。开展安全生产标准化建设，市直3家水管单位以及全市10家水利二级总承包单位通过省级安全生产标准化二级审核。重点跟踪服务苏通园区永嘉航母世界、韩通赢吉LNG工程、南通综保区、京沪重工、崇启大桥至三和港长江岸线综合整治工程、淮南—南京—上海1000千伏交流特高压输变电工程苏通GIL综合廊道工程、如东—海门—崇明岛输气管道工程定向穿越工程、新通海沙综合整治围堤续建工程上下游取水闸站水下工程、九圩港二线船闸退建堤防工程、横港沙二期综合整治工程、南通港江海港区中化南通石化码头改扩建工程、江苏长源钢铁物流投资有限公司4万吨级通用码头工程、江苏吉宝重工、恒力码头、招商局重工15个重点项目。

（王春燕）

生态环境

责任编辑　浦文学

环境状况

【空气环境】 城市空气质量　2017年，南通市区（不含通州区）按照环境空气质量指数（AQI）进行评价，全年达到“优”72天、“良”194天、“轻度污染”82天、“中度污染”12天、“重度污染”5天。主要污染物为PM2.5和PM10，夏季主要为臭氧。其中PM2.5年均浓度为每立方米39微克，超二级标准限值0.1倍。全年空气质量达标率72.9%，空气质量综合指数4.99。

五县（市）、通州区空气质量达标天数占全年天数比例分别为：海安县中城街道73%、如皋市如城街道73%、如东县掘港街道77.7%、海门市海门街道81.1%、启东市汇龙镇81%、通州区金沙街道75.2%。影响环境空气质量主要污染物为PM2.5和PM10，其中各地区PM2.5年均浓度均超过二级标准。

酸雨　2017年，南通市收集有效降水样品数529个，其中酸雨样品数45个，酸雨频率8.5%。市区（不含通州区）收集降水样品数148个，其中酸雨样品数4个，酸雨频率为2.7%。五县（市）、通州区全年酸雨频率分别为：海安县中城街道0%、如东县掘港街道0%、如皋市如城街道7.6%、海门市海门街道24%、启东市汇龙镇34%、通州区金沙街道3.3%。

废气和主要污染物排放　2017年，南通市工业煤炭消耗量2005万吨，废气排放量2707亿立方米。废气中主要污染物二氧化硫排放量1.45万吨，二氧化氮排放量1.71万吨，烟尘（粉尘）排放量0.78万吨。其中，市区（不含通州区）煤炭消耗量1169万吨，工业废气排放量1260亿立方米，废气中主要污染物二氧化硫排放量0.41万吨，二氧化氮排放量0.66万吨，烟尘（粉尘）排放量0.15万吨。

【水环境】 饮用水源水质　2017年，南通市区和五县（市）城镇均以长江水作为饮用水源，4家水厂水源地总体水质符合国家地表水环境质量Ⅲ类标准，水质达标率100%。

地表水水质　2017年，南通市境内9条主要内河中，通吕运河、新通扬运河、焦港河水质在Ⅲ～Ⅳ类之间，其它河流水质以Ⅳ～Ⅴ类为主，部分河流断面出现劣Ⅴ类水质，主要污染物指标为氨氮、总磷、高锰酸盐指数。市区濠河总体水质在Ⅲ～Ⅳ类之间。

潜层水水质　2017年，南通市分别在市区、海安县、启东市、海门市设潜层水水质监测井。市区潜层水水质符合地下水Ⅴ类标准，海门市潜层水水质符合地下水Ⅳ类标准，海安县、启东市潜层水水质符合地下水Ⅲ类标准。

废水和主要污染物排放　2017年，南通市工业废水排放总量1.34亿吨，废水中主要污染物化学需氧量排放量0.8万吨，氨氮排放量570吨，总氮排放量0.15万吨，总磷排放量72吨。其中，市区（不含通州区）工业废水排放量0.57亿吨，废水中主要污染物化学需氧量排放量0.25万吨，氨氮140吨，总氮排放量450吨，总磷排放量16吨。

【声环境】 2017年，南通市区区域声环境平均等效声级别值56.6分贝。五县（市）城镇区域声环境平均等效声级别值分别为：海安县中城街道54.5分贝、如皋市如城街道51.7分贝、如东县掘港街道50.8分贝、海门市海门街道53.8分贝、启东市汇龙镇54.8分贝。市区4a类功能区（交通干线两侧等区域）夜间噪声超过标准5.3分贝，其它功能区均符合国家声环境质量相应功能区标准。五县（市）城镇除如皋市如城街道、海门市海门街道和启东市汇龙镇部分功能区声环境质量出现超标，其余均符合国家声环境质量相应功能区标准。

【辐射环境】 2017年，南通市辐射环境质量属天然本底水平，环境水、环境空气、环境土壤中天然放射性核素浓度和电磁辐射水平均在江苏省天然本底水平范围内。

（耿建生）

生态保护

【水资源保护】 水资源管理　2017年，南通市严格管理水资源，全方位、多维度、高效率管控水资源，考核列全省第二，连续第四年获评优秀等级，获评全国水资源管理工作先进单位，出台《南通市“十三五”最严格水资源管理制度考核实施方案》《南通市饮用水水源地安全保护工作方案》等6项制度。国家级水生态文明城市试点建设进入总结验收阶段。完成县（市、区）不达标水功能区达标整治方案编制，通过省水利厅审核并实施。31个考核水功能区水质达标率80.6%。老洪港应急水库水源地、长江狼山水源地、如皋市长青沙应急水库水源地达标建设通过省级技术核查。地下水压采工作通过省水利厅评估验收，封井758眼。开展入河排污口摸底排查，对规模以上入河排污口取样监测两次。通过省水利厅节水型载体复查54个。创新指导企业实施节水技改项目6个。市区地下水、地表水计划管理率100%，自来水计划管理率92.4%。如东县、通州区建成国家级县域节水型社会达标县。海门市建成省级节水型社会示范区。

水环境优化　2017年，海安县大公镇、如东县袁庄镇、启东市南阳镇、海门市常乐镇获评江苏省"水美乡镇"，海安县南莫镇高杨村、如皋市白蒲镇钱园社区、如东县大豫镇东安闸村、启东市南阳镇元祥村、海门市四甲镇四扬村、通州区刘桥镇长岸村等17个村（社区）获评江苏省"水美村庄"。至年底，全市累计创建省级"水美乡镇"21个、"水美村庄"151个，数量位居全省第二位。加强水文化载体建设，创建启东圆陀角、如东小洋口省级水利风景区。南通濠河获评"江苏最美水地标——水景观"，余东古镇获评"江苏最美水地标——水聚落"。

（王春燕）

2017年南通市获省"水美村庄"名录

表15-1

所在县(市、区)	村(社区)名称	数量
海安县	南莫镇高杨村、角斜镇五凌村、西城街道谭港村	3
如皋市	白蒲镇钱园社区、城南街道桃北村、搬经镇湖刘社区、东陈镇南东陈社区	4
如东县	大豫镇东安闸村	1
启东市	南阳镇元祥村、北新镇万安村、启隆镇永隆社区	3
海门市	四甲镇四扬村、悦来镇镇兴村、临江新区希圣村、正余镇五总村	4
通州区	刘桥镇长岸村、石港镇马道村	2

（王春燕）

【耕地保护】 2017年，南通市全面完成664.4万亩耕地保有量和578.25万亩永久基本农田保护任务，落实耕地和基本农田保护责任，市、各县（市、区）政府签订耕地保护目标责任书。全市整治土地面积17.07万亩，新增耕地占补平衡指标1.59万亩、农用地转用指标2.36万亩；新建高标准农田34.7万亩，超额完成省下达的33.5万亩考核任务；争取省级投资土地整治项目7个、6.51万亩、2.03亿元，分别比上年增长250%、213%、280%。

（沈金兵）

【森林资源保护】 2017年，南通市开展森林资源和野生动物保护系列宣传活动、打击破坏野生动物资源违法犯罪"亮剑2017"专项行动、林业安全生产大检查专项行动、采伐迹地更新检查等活动。查处林业案件13件，查处率100%；办理通启高速、锡通公路、宁启铁路、盐通铁路、海启高速等大型项目林地使用审核审批9件、林木采伐审核审批事项11件；全年签发木材运输证1.64万份。开展"森林防火宣传月""森林防火期训练月"等活动，组织狼山景区防火队伍集中培训和演练，参训人员120人次。完成南通首个"狼山风景区护林防火哨"建设。全年无重大森林火灾发生。强化目标管理，推行联防联治、群防群控，普及推广无公害防治技术，全年无重大林业有害生物疫情发生，《2015~2017年重大林业有害生物防控目标责任书》通过省政府验收。

（吴希从）

【湿地和自然保护区保护】 2017年，南通市恢复湿地面积301.6公顷，新增自然湿地保护面积1.04万公顷，自然湿地保护总面积18.83万公顷，全市自然湿地保护率45%。启东圆陀角滨海省级湿地公园获省林业局批准建设。启动全市湿地规划编制工作。县级林地保护利用规划年度变更通过省林业局审核。完成启东长江口（北支）湿地省级自然保护区内人类活动遥感监测结果实地核查。遥感监测到的28个地理坐标信息中，27个点位不在自然保护区内，1个点位为经上级部门批准建设的大堤涵闸。通过核查，未发现保护区内有违法构筑物。严格执行巡查管护制度，全年巡查12次，出动人员36人次，在碧海银沙大堤发现雁、鹭、鸥等40只成群候鸟栖息情况。开展"世界环境日"宣传活动，普及自然保护区知识，提升公众环境保护意识，受益群众300余人。

（吴希从　刘效农）

【海洋资源保护】 （参见《生态环境·海洋管理》）

【生物多样性保护】 2017年，南通市开展大市域生物多样性本底调查，组织编制《南通市生物多样性保护规划》《南通市城市生物多样性保护规划》，通过专家评审。开展"5·22"国际生物多样性日活动，举办狼山森林公园保护区图片展、"江苏省科普教育基地"绿博园实地参观、生物多样性保护知识进校园等活动。3月18日，南通首个以海洋生物为主题博物馆——"香鲸馆"在洋口港开馆。

（何　军）

【地质矿产资源保护】 2017年，南通城市地质调查稳步开展，压覆重要矿产资源调查基本实现县（市、区）全覆盖，进度居全省前列，出具建设项目未压覆重要矿产资源证明6个。开展区

3月18日，“香鲸馆”开馆。图为游客参观“香鲸馆”。（市旅游局　供图）

域地质灾害危险性评估试点，完成矿山地质环境调查，编制矿山地质环境恢复治理规划，明确狼山等五山山体为突发性地质灾害重点防治区，全市连续第17年实现地质灾害零伤亡。印发南通市矿山生态文明考核基数，关闭砖瓦窑厂63座，完成复绿治理253公顷。

（周竹军）

节能减排

【工业节能】 2017年，南通市单位地区生产总值能耗比上年下降6.85%。全年淘汰印染落后产能3.5亿米、钢丝绳落后产能16.7万吨、造纸落后产能2万吨、纺织落后产能336万米9500吨、铅蓄电池组装及极板落后产能各20万千伏安时。重点在化工、电力、纺织等高耗能行业实施节能项目127项，实施强制清洁生产审核企业72家。规模以上工业综合能源消费1480.3万吨标准煤，重点用能企业综合能源消费1161.03万吨标准煤，全市规模以上工业万元产值能耗0.0984吨标准煤，比上年下降10.7%；其中制造业万元产值能耗0.0536吨标准煤，比上年下降12.8%。电力、热力生产和供应业综合能源消费占规模以上工业综合能源消费46.11%，综合能耗比上年下降0.3%。南通帝人有限公司和先正达南通作物保护有限公司2家企业通过2017年能源管理体系认证（评价）。

（林　娜）

【建筑节能】（参见《建筑业·建筑科技》）

（陈荣华）

【公共机构节能】 2017年，南通市以节约型公共机构建设为主线，抓好生态文明示范创建，提高公共机构能源利用效率。获评省公共机构节能基础信息核查设区市综合核查优秀地区、设区市市本级核查优秀地区。海安县和海门市获评县（市、区）核查优秀地区。市公共机构节能工作获省考核所设全部优秀奖项。全市公共机构人均综合能耗、单位建筑面积能耗、人均水耗比上年分别下降3.1%、2.51%、4.2%。全市投入节能改造经费1519.3万元，能源审计面积60.1万平方米，实施办公建筑节能改造21.7万平方米；推广高效照明灯具7.3万只，年节约用电12.1万千瓦时；推广使用节能插座1553个，年节约用电2.26万度；推广使用节能型灶具73个，年节约39.24吨标准煤；实施太阳能热水项目集热面积7124.2平方米，太阳能光伏项目年发电11.4万千瓦时，实施地源、水源、空气源热泵项目年节能1336.6吨标准煤。全市创建江苏省公共机构节能示范单位9家，列全省第一。获评国家节约型公共机构示范单位5家、获评江苏省公共机构节能示范创建资格单位11家，列全省第一。

（方海燕）

【污染物减排】 2017年，南通市推进实施减排项目227个，其中水污染物减排项目131个、大气污染物减排项目96个。主要污染物化学需氧量排放量9.33万吨，氨氮排放量1.46万吨，二氧化硫排放量4.64万吨，二氧化氮排放量5.57万吨，分别比上年下降2.66%、2.68%、8.27%、4.01%。万元地区生产总值化学需氧量、氨氮、二氧化硫和二氧化氮排放强度分别为1.2千克、0.19千克、0.6千克和0.72千克，分别比上年下降15.2%、14.5%、20.2%、16.4%。

（曹　馨）

【循环经济】 2017年，南通市完成循环经济（清洁生产）审核企业72家。累计投入清洁生产项目资金2.38亿元，通过项目实施，节电5103万千瓦时，节水506万吨，减少煤炭消耗4.54万吨，减少废水排放385万吨，减少二氧化硫排放47.3吨，实现经济效益20987万元，比上年增长238.5%。

（张万翔）

污染防治

【“263”专项行动】 2017年1月19日，南通市印发《南通市“两减六治三提升”专项行动实施方案》，推动本地环境质量持续改善。至年底，“两减”方面：实现减煤153.6万吨，减幅7%；关停化工企业138家，化工生产企业入园进区率55.4%。“六治”方面：建立市、县、镇、村四级河长，制定实施“一河一策”方案；全面启动“三河三行业”整治，水质提升幅度超过20%的地区占50%；全市436个小区启动垃圾分类或建成示范小区，垃圾分类投放设施覆盖率33.1%；整治城市黑臭水体24条；新增城镇污水管网185千米；全市划定禁养区1257个，面积2387平方千米，占全市土地面积29.8%。关闭畜禽养殖场6558家，其中关停禁养区养殖场（户）703家，关停完成率100%；全市累计核查认定规模养殖场1820家，规模养殖场治理率72.3%。畜禽粪便综合利用率97.6%；完成VOC（挥发性有机物）整治项目402个；对215家较大及以上等级重点环境风险企业开展查改。“三提升”方面：市区新建小游园20个，新增沿江沿海生态防护景观带成片造林11.1万亩、农田林网27.5万亩，发放“绿能贷”“光能贷”6000余万元。

（高 蓓 王 磊 蔡建康）

【水污染防治】 2017年，南通市印发《南通市2017年水污染防治工作计划》，组织各县（市、区）推进水污染治理，达到年度目标水污染防治重点项目233项。完成产业结构调整项目28项、工业污染防治项目73项；完成全市703家禁养区养殖场（户）与5855家禁养区外治理不达标养殖场（户）关闭搬迁任务。实施“河长制”“断面长制”以及农村环境长效管护。制订《南通市水环境区域生态补偿暂行办法》，在全省设区市中率先建立覆盖全市主要河流水环境区域补偿制度。开展水环境区域双向生态补偿。1月，在原有5条河流、10个考核断面试点基础上，增加焦港河、如海运河等14条河流，焦港桥、碾砣港闸等26个断面，制订《河岸共治行动方案》，以16条市管骨干河道为重点，实施违章建筑拆除、违法排口查封、基础设施建设、产业转型升级、生态清淤疏浚、河网水系畅活、河道长效管护、河道绿化美化“八大工程”。全市拆除违章建筑2472处27.5万平方米，整治排口893处，入园进区企业19家，转型升级企业112家，新建、改建、扩建污水处理厂24座，新增污水管网477千米，新建村庄生活污水处理设施182处。海安县形成“水上种植、水下养鱼”新模式。南通开发区拆除通启运河码头堆场62家，生态修复岸线6千米。

（唐宝清 王春燕 李长群 曹建云）

【大气污染防治】 2017年，南通市制订《南通市2017年大气污染防治工作计划》，排定重点工作任务548项，确保大气污染防治稳步推进。至年底，实际完成567项，完成率103.5%。全市5家火电热电企业完成燃煤机组改造整治8台。全面推进燃煤锅炉整治，淘汰或清洁能源替代10蒸吨及以下燃煤锅炉1165台，10~35蒸吨锅炉14台。完成工业炉窑整治5台。加强挥发性有机物治理，完成化工园区VOC治理项目，完成重点行业VOC整治项目92个，石化、化工行业全面推广泄漏检测与修复技术218个，低VOC替代项目79个。加快推进油码头油气回收治理改造，制定南通市汽车维修行业VOC控制方案。协作建设全省VOC排放总量核算与排污收费系统。完成省下达老旧机动车和高污染车辆淘汰任务。完成堆场粉尘治理项目13家，推进主城区重污染企业搬迁（关闭），实施重污染企业搬迁（关闭）项目39项。完成港口岸电系统工程建设项目12个。修订《市政府办公室关于印发南通市重污染天气应急预案的通知》，完善市、县应急预案以及配套部门预案、企业预案，排出具体企业、工地分级管控名单。开展空气质量达标“百日攻坚行动”，推进全市大气污染防治项目建设，空气质量得到明显改善。制订《空气质量保障方案》，落实应急管控措施。

（李 玲）

【扬尘治理】 2017年，南通市开展建筑工地扬尘整治专项行动，建立长效管理机制。5月，印发《2017年南通市建筑工地施工扬尘专项治理工作方案》，进一步完善监管体系，提高全市建筑工地标准化文明施工管理水平。经整治，扬尘防控硬件设施配置到位；施工现场围挡实现硬质、连续、封闭；施工现场物料堆放日趋规范，工地沙土实现100%覆盖；施工区域主要道路、材料加工区地面硬化，落实动态管理；新开工项目现场出入口及重要部位视频监控设置工作稳步推进；出入口规范管理，车辆冲洗及周边道路保洁管理基本到位。9月底，开展建筑施工扬尘整治“百日攻坚行动”，强化建筑工地6个“100%”具体措施要求。评出市级标准化文明示范工地165个。

（李长群 曹建云）

【土壤和重金属污染防治】 2017年，南通市编制实施土壤污染防治工作方案，提出具体措施10条44项，明确土壤污染防治工作总体目标和重点任务。启动土壤污染状况详查，完成土壤污染问题突出区域排查、详查实验室筛选、土壤污染重点行业企业筛选及空间位置遥感核实、农用地详查点位布设与核实、样品流转中心建设。启动农用地详查采样，全年完成全部水稻样品采集和制备3558个。完成编制土壤污染治理与修复规划，明确5大主要任务和3项保障措施，排定重点工程项目14个。开展工业污染场地环境调查评估和治理修复。全市完成工业关闭搬迁场地环境调查24处，查明地块污染范围和环境风险情况。市区完成原南通耀荣玻璃厂场地污染治

施工场地周边道路保洁。 （冯泽钧 摄）

理修复、原南通印染片区等4幅工业用地环境调查评估。海安县20家关闭搬迁企业完成场地环境调查评估。严格用地准入，加强经营性用地出让多部门联合审查，严控污染地块流转，全年对4宗用地提出场地环境调查评估要求。加强重金属污染防治，编制实施《南通市重金属污染综合防治"十三五"规划》，完成重金属镍、锑、铊、汞等污染物排放调查，完成钢丝绳企业用地排查66处。

（施卫华）

【固体废物管理】 2017年，南通市工业固体废物产生量603.28万吨，其中综合利用量550.95万吨、焚烧填埋处置量44.44万吨，处置利用率98.7%。全市危险废物产生量48.58万吨，其中综合利用量18.15万吨、焚烧填埋处置量22.84万吨，贮存量11.55万吨。全市生活垃圾产生量为198.164万吨，无害化处理率100%。全市取得危险废物经营许可证单位24家，其中危废焚烧处置企业3家，焚烧危废28526吨、医废5253吨；另有18家自建焚烧设施企业焚烧处置危废45578吨。启东金阳光固废处置有限公司每年2.5万吨危废焚烧项目和南通喆瑞油品年处理5000吨废矿物油项目建成投运。南通国启环保科技有限公司每年2.5万吨危废焚烧项目和江苏优嘉植物保护有限公司每年1.5万吨危废焚烧项目基本建成，如皋污泥处置中心和通州污泥处置中心项目建成投运。

（杭子清）

环境监管

【环评审批】 2017年，南通市突出战略规划环评引领，探索建立"点、线、面"结合的规划环评体系，推进绿色发展；探索规划环评与项目环评联动，在已通过规划环评审查的崇川开发区试点建设项目环评适当简化，对未通过规划跟踪环评的4个化工园区实行区域限批。深化环评审批改革，提升行政审批效能，优化审批流程，实现沿江、沿海差别化、清单化准入。起草《南通市环评中介机构监管办法》，促进中介机构办事质量和效率双提升。全年批准建设项目31个，总投资380.1亿元。其中，化工项目17个，总投资约40.1亿元。验收项目52个，总投资80.95亿元。

（徐爱兰）

【突出环境问题整治】 2017年，南通市排查突出环境问题30个。全市完成突出环境问题整治50个。全市关闭污染企业97家，采取强制断电企业32家；开展污染治理企业484家，累计投入整改资金9.7亿元。全市依法查处环境违法行为355件，处罚金额2436万元；运用新环保法4个配套办法办理重点案件45件，其中按日计罚1件、限产停产14件、查封扣押22件、移送行政拘留8人；另有涉嫌污染犯罪案件移送公安机关侦办11件。

（葛　亮）

【排污权交易】 2017年，南通市范围开展排污权交易80笔，成交金额1087.89万元。其中，COD（化学需氧量）交易22笔，完成交易量440.48吨，成交金额572.62万元；氨氮交易22笔，完成交易量46.6吨，成交金额256.31万元；二氧化硫交易17笔，完成交易量28.68吨，成交金额32.12万元；氮氧化物交易19笔，完成交易量202.53吨，成交金额226.84万元。

（王　蕊）

【排污费征收】 南通市施工工地扬尘排污费开征始于上年。至2017年底，全市申报工程226个，其中建筑工程196个、市政公用工程9个、水利工程20个、园林绿化工程1个。开展考核工程219个，其中建筑工程191个、市政工程7个、水利工程20个、园林绿化工程1个。结束考核75个，到账135.6万元。全年，全市征收排污费1.68亿元，其中市区征收1713万元。

（单德贵）

【企业环境信用评定】 2017年，南通市环保部门对市区406家非国控企业进行环境信用评定，19家国控、省控企业进行初评。其中，非国控企业评出绿色企业50家，蓝色企业202家，黄色企业102家，红色企业43家，黑色企业9家。全市参评企业2896家，比上年增长21.6%，企业参评数量再创新高。市环保局与人行南通市中心支行、南通银监分局建立协作机制，实施绿色信贷政策，金融部门以信用评级结果为基础开展增贷或压贷。针对信用评级红、黑企业实施差别水价、电价政策，红色、黑色等级企业随自来水水费缴纳污水处理费和自备水源污水处理费，在规定标准基础上每立方米分别提高0.6元、1元，红、黑企业用电价格分别在现行目录销售电价基础上每千瓦时加价0.05元和0.1元。发布诚信红榜企业50家，失信黑榜企业9家。5月、7月，环境保护部先后2次组织召开全国环保系统专题会，市环保局作为唯一基层代表单位，受邀介绍企业环境信用等级评定工作经验。《南通日报》、江苏卫视等新闻媒体多次专题报道。

（刘华军）

【环境监测】 水质监测　2017年，南通市环保部门对全市饮用水源水、地表水、海水、地下水中109个断面开展例行监测。开展全市"水十条"考核断面同步监测10次、生态补偿断面同步监测24次。对全市5家集中式污水处理厂、市区124家污染源、89家涉及重金属污染企业、市区9个主要入江排口等定期监测；完成市区VOC排放企业废气监测10厂次，完成各类监督监测报告485份。

空气质量监测　2017年，南通市加强空气自动监测站运行维护和质量管理，国控空气站按要求上收至中国环境监测总站，其余省控、市控空气站运行平稳。南通市环保局官方网站按时发布空气质量预报信息，公众直观查看实时空气质量，了解48小时内空气质量变化趋势。

（耿建生）

【环保执法】 2017年，南通市环保局持续开展环保执法"亮剑行动"，全面提升环境监管执法能力，推动区域环境质量改善。环保执法工作首次跻身全省第一方阵。全市环境行政处罚立案1544件，比上年上升74.58%；处罚金额1.1亿元，比上年上升94.46%。环境污染犯罪案件侦办数67件，比上年上升272%。办理案件156件，其中按日计罚4件、查封扣押42件、限产停产81件、违法人员移送行政拘留29件。

（包玲玲　高　蓓）

海洋管理

6月6日，全国“放鱼日”江苏同步增殖放流主会场活动在通州湾示范区举行。

（省渔指　供图）

【概况】 2017年，南通市创建国家海洋经济创新示范城市、国家海洋生态文明示范市、国家海域综合管理创新发展示范市有序推进，深化海域管理制度改革，海域使用权“直通车”制度全面实施，海域使用权抵押累计153亿元，新增政策性银行贷款支持75亿元，在全国率先建成海域三维实景监管系统。省委宣传部和省海洋渔业局“两聚一高”沿海行采访团集中采访报道南通市海洋工作经验。

【海洋生态文明建设】 2017年，南通市推进国家级海洋生态文明示范区建设，突出抓好海洋产业提升、海洋资源高效利用、陆海生态一体化管理、海洋生态文明宣传教育普及、海洋管理与保障能力建设五大重点工作，实施重点项目40个。市海洋环境监测预报中心通过省质监局实验室资质现场考核，启东市海洋环境监测站投入运行，团结河入海河口、通吕运河入海河口水质浮标自动在线监测系统通过验收，通启河入海河口水质浮标在线监测系统和栟茶运河水质在线监测站完成招标。市近岸海域设立各类监测站位90个，获取各类监测数据6000余个。据省海洋渔业局监测，全市70%以上水质海域面积优良。至年底，获中央财政补助4300余万元的如东县海岸生态保护与生态廊道建设项目基本完成并对社会公众开放，获中央财政补助5200万元的启东兴隆沙生态保护与修复项目完工。6月6日，全国“放鱼日”江苏同步增殖放流主会场活动在通州湾示范区举行，全年放流大黄鱼等品种5000余万单位。

【海洋经济创新示范城市建设】 2017年，南通市印发《建设海洋经济创新发展示范城市实施方案》《海洋经济创新发展示范城市建设项目和中央专项资金管理办法》，推进示范城市项目建设，下拨示范城市首批中央补助资金1.78亿元，带动社会资金投入31.76亿元。

【海监执法】 2017年，南通市、县海监机构组织海岸线巡查17次，海岛巡查10次，海洋生态巡查9次，所辖用海项目检查覆盖率100%。全市查处海洋违法案件33件（其中15件为上年度立案案件），处罚款2.57亿元，收缴罚款5183.83万元。

（施百灵）

表15-2　2017年南通市下拨海洋经济创新示范城市项目首批中央补助资金一览表

单位：万元

序号	项目名称	实施牵头单位	总投资	下拨中央资金额度
1	深水半潜式起重平台的研发及配套产业链协同创新	招商局重工（江苏）有限公司	100000	6000
2	深远海立体观测、监测、探测系统关键装备产业链协同创新	江苏中天科技股份有限公司	91786	5100
3	海洋工程高端装备核心配套件产业链协同创新	上海振华重工集团（南通）传动机械有限公司	34248	2100
4	海洋天然气装备关键技术研究及产业化	惠生（南通）重工有限公司	22055	1200
5	海底网络平台产业链协同创新	通光集团有限公司	51548	1320
6	深蓝渔业南极磷虾资源开发利用产业链协同创新	江苏深蓝远洋渔业有限公司	8357	600
7	江苏海洋高端装备性能检测与应用公共服务平台	南通中远船务工程有限公司	9582	1500
合计			317576	17820

（市海洋渔业局）

※管理机构选介※

江苏省海洋渔业指挥部

【概况】 江苏省海洋渔业指挥部（简称“省渔指”）位于南通市跃龙路76号。2017年，省渔指着力开展渔政管理、海洋监察、海域管理、资源环保四大业务，增强依法治海、护海富民能力，获全国青年文明号、“亮剑2017”系列渔政专项执法行动工作成绩突出集体、2017年度海洋伏季休渔执法工作先进集体、东海区渔业执法协作机制先进单位等16项荣誉。

【海洋与渔业管理】 2017年，省渔指参加钓鱼岛专项维权巡航行动3个航次，完成领海内巡航等维权执法任务。打好“亮剑2017”伏休攻坚战，组织全省海洋渔政省调综合执法船队联合巡航8次，出动执法船舶执行海上巡航任务129航次，海上执勤993天、航程8.93万千米，登临检查各类渔船776艘次，扣港处置违规渔船119艘次，清理违规网具900套，立案渔业行政执法案件247件，移送海警部门启动“两法衔接”程序案件11件。获选全国渔政执法十大典型案例2件。组织江苏省渔业行政执法罚没涉渔“三无”（无船名船号、无船舶证书、无船籍港）船舶拍卖会，将罚没海洋涉渔“三无”船舶作为附加拆解条件标的物进行整体拍卖，该案例入选首批“江苏省省级机关法治实践优秀案例”、获全省海洋与渔业系统唯一提名奖。

【海监执法】 2017年，省渔指开展近岸海域巡查13次、海底光缆巡护50航次、海岛专项巡查2次、“两沙”（蒋家沙、竹根沙）养殖用海专项执法行动及海域普查9次、风电专项检查行动2次，开展海洋环保专项执法3次，完成江苏省已审批离岸排污管道全覆盖检查，查办海监案件12件，完成江苏海域海底光缆巡护警戒任务，确保海底光缆安全零事故。

【海洋生态文明建设】 2017年，省渔指组织海洋经济物种增殖放流，全年投放大黄鱼、半滑舌鳎、中国对虾等八类苗种3.8亿数量单位。完成“2016年度南黄海海洋牧场试验性人工鱼礁”项目，投放人工鱼礁单体352个，建成人工鱼礁规模6792.7空方，设置海洋牧场界点浮标4座，获批农业部第三批国家级海洋牧场示范区。常态开展吕四渔场小黄鱼、银鲳国家级水产种质资源保护区及“两沙”泥螺、文蛤国家级水产种质资源保护区管护。监测上报浒苔绿潮及马尾藻有关情况8次。完成“2017年度省财政海洋捕捞渔情信息采集分析”项目，开展春季、海蜇汛、开捕首汛等专项调查6次。举办2017年省“两沙”职业渔民培训班，培训用海企业、养殖户等百余人，为养殖户提供虾蟹养殖技术指导14次。

【“两沙”海域综合管理】 2017年，省渔指落实海域管理“三项制度”（海域权属管理制度、海洋功能区划制度、海域有偿使用制度），完成“两沙”海域年审142宗，征收海域金290.7万元、渔业资源增殖保护费35.6万元，年审完成率、征收完成率均为100%，受理小微企业免征渔业资源增殖保护费申请124宗，免征金额174.5万元。完成“两沙”海洋环境监测任务，采集、分析“两沙”海域水样60份，出具海洋环境监测简报12期。重点实施“两沙”风电项目动态监视监测，协调风电施工海上拆排，建设“两沙”海域海上应急救助平台。协调处理养殖用海、捕捞用海矛盾20余起。

（方　源）

生态创建

【生态市创建】 2017年，南通市按照国家生态文明建设示范市标准，开展《南通市生态文明建设规划（2015~2020）》修编，并报省评审。年内，在上年度生态文明建设工程综合考核中，南通市获基础分492.5分，附加分8.5分，总分501分，居全省第四；在省满意度调查中群众满意率91.6%，居全省第三。

（何　军）

【生态工业园区创建】 2017年，南通市推进海门工业园区、崇川开发区省级生态工业园区创建，海门工业园区完成评估后整改和资料更新，崇川开发区完成省级评估工作。至年底，全市有国家级生态园区1个，省级生态园区4个。

（张万翔）

【环保宣传教育】 2017年，南通市召开环保宣传教育新闻发布会（通气会、座谈会）16场次，在各级各类新闻媒体发播稿件600余篇（条），《南通日报》、南通电视台开设“263在行动”专栏，南通广播电台“环保之声”播出52期，南通电视台播放环保公益短片10余条，《南通日报》“通博士讲环保”栏目刊发26期，《江海晚报》刊发环保公益广告12则。建成“公众看生态”品牌活动，51家环保科普基地全部对公众开放，累计组织学校师生及社区居民等走进环保科普基地161场次、5700人次。编发《环境舆情专报》54期99条。“江海绿舟”微信公众号上线，全年推送微信55期110条。

（仇晓琴）

【农村环境综合整治】 至2017年底，南通市累计建成农村污水处理设施85套，新增污水处理能力每日5405吨，铺设污水配套收集管网721.51千米；建成畜禽粪便处置中心10座，日处理能力1010吨，配套建设农户、田间蓄粪池3502个；新增垃圾房2106个。

（高　磊）

【再生资源回收】 2017年，南通市有效对接《南通市区再生资源回收网点布局规划》《生活垃圾分类处理规划》，促进再生资源回收与生活垃圾分类处理“两网衔接”。港闸区万达广场获商务部确定为2017年绿色商场创建单位。

（张　明）

综 述

【概况】 2017年，南通市全社会研发经费占地区生产总值2.7%，达到全省平均水平；科技进步贡献率62.6%，居全省第四；全市专利申请量54742件，居全省第三，其中发明专利申请量1.34万件，比上年增长43.89%；PCT专利申请量988件，比上年增长78.99%；专利授权量1.91万件，发明专利授权量2630件；全市有效发明专利1.74万件，万人发明专利拥有量23.81件，比上年增加5.49件；全市高新技术产业产值7564亿元，比上年增长6.95%，占规模以上工业产值50.3%，占比比上年提高3个百分点，总量和占比均居全省第二；高新技术企业数1045家，首次突破1000家。

2017年，南通创新之都建设全面启动。南通市获批国家中小企业知识产权战略推进工程试点城市；启东市、海安县、通州区、崇川区、如皋市、港闸区获批国家知识产权强县工程示范县，全市有国家知识产权强县工程示范县7个，数量全国第一；海门市获批江苏知识产权强省示范市；如皋开发区、海门开发区获批国家知识产权试点园区和省知识产权示范园区；南通智慧技术众创社区、南通高新区数字产业众创社区获批首批备案试点省级众创社区。

【科研载体建设】 2017年，南通市新增省级企业工程技术研究中心18家、企业院士工作站3家、企业研究生工作站31家、市级科技公共服务平台2家、企业工程技术研究中心65家，累计362家、42家、206家、111家、1036家。全市新增科技企业孵化器国家级2家、省级4家，累计建有科技企业孵化器47家，其中国家级14家、省级26家。全市科技企业孵化器场地总面积216.2万平方米，入孵企业1809家。加速器总面积56.4万平方米，其中已建成面积41.8万平方米，通州湾科创城科技企业加速器、海安高新区高科技创业园科技企业加速器、聚恒科技园科技企业加速器获评省级科技企业加速器。获江苏省“苗圃—孵化器—加速器”科技创业孵化链条试点工作立项2家。江苏省如皋特高压输变电装备科技产业园、江苏省苏通信息技术科技产业园、江苏省南通高新区人工智能科技产业园获批省级科技产业园。至年底，全市省级科技（文化）产业园累计21家。

【科技政策扶持】 2017年，南通市印发《关于组织实施2017年市本级财政科技资金支持科技发展若干专项的通知》，突出聚焦重点、政策引导、绩效考核，推进科技资金管理改革，建立科研项目分类管理和差别化支持机制，实现科技资金由事前引导为主向事后补助为主转变、无偿资助为主向有偿使用为主转变、项目为主支持向普惠制政策为主转变，实现市本级科技资金三分之二用于支持企业创新，90%用于资助市级重大、重点项目，90%用于扶持战略性新兴产业创新。首次普遍性采用后补助资助方式组织实施市本级科技计划，立项172项，计划资助5203万元。全年获省企业研究开发费用普惠性奖励企业372家，获奖励资金5050万元。

【科技人才扶持】 2017年，南通市出台《关于进一步鼓励高层次人才创新创业的若干政策意见》及22个配套实施细则，重点聚焦人才引进、创业扶持、体制机制、使用评价、人才服务等环节。围绕建设青年和人才友好型城市，打造创新之都，出台《关于支持中央创新区集聚高层次创新创业人才的若干政策意见》《南通市中央创新区人才安居工程实施办法》。实施江海英才计划、产业人才发展“312”行动计划，新引进省“双创人才”61人，列全省第二；7个高层次人才团队入选省“双创计划”人才，列全省第一。全市累计引进国家“千人计划”专家158人，省“双创人才”322人，市江海英才计划281人（团队），4位院士到南通创办企业。培养乡土人才，全市220名乡土人才入选首批省“三带”行动计划。

（汪兵兵）

创业创新

【概况】 2017年，南通市线上整合“创新南通”平台资源，实现创新创业精准导航；线下建设特色众创空间，高效承载创新创业活动；定期开展“通创荟”系列活动，辅导和展示创新创业项目；发放“通创币”种子基金，给予创业团队启动支持；服务创新创业投资机构，促进创新创业项目对接天使投资、风险投资；打造“孵化器+加速器”模式，加快服务项目落地；开展形式多样宣传推广，吸聚市内外更多创新创业资源，形成支持创新创业全过程服务链。

表16-1

2017年南通市新增省级企业工程技术研究中心一览表

序 号	项目名称	承担单位	所在地区
1	江苏省(繁华)功能性玻璃工程技术研究中心	江苏繁华玻璃股份有限公司	海安县
2	江苏省(昌荣)电梯智能安全悬吊装置工程技术研究中心	南通昌荣机电有限公司	
3	江苏省(联科)高性能汽车玻璃升降器电机工程技术研究中心	南通联科汽车零部件股份有限公司	
4	江苏省除草剂类环保型农药工程技术研究中心	江苏瑞邦农药厂有限公司	如东县
5	江苏省抗肿瘤药物工程技术研究中心	精华制药集团南通有限公司	
6	江苏省高性能纤维工程技术研究中心	江苏锵尼玛新材料有限公司	
7	江苏省农药污染控制与清洁生产工程技术研究中心	江苏优嘉植物保护有限公司	
8	江苏省陆地方舟新能源纯电动汽车工程技术研究中心	江苏陆地方舟新能源车辆股份有限公司	如皋市
9	江苏省创源酸性镍锌合金表面处理工程技术研究中心	南通创源电化学科技有限公司	
10	江苏省斯密特森高精密天文望远镜工程技术研究中心	南通斯密特森光电科技有限公司	
11	江苏省海上风电嵌岩施工工程技术研究中心	江苏龙源振华海洋工程有限公司	崇川区
12	江苏省新型弹性纺织材料工程技术研究中心	江苏金秋弹性织物有限公司	港闸区
13	江苏省智能立体停车工程概念技术研究中心	江苏金冠停车产业股份有限公司	
14	江苏省电容器引出线工程技术研究中心	南通南铭电子有限公司	
15	江苏省高速电子连接器工程技术研究中心	富加宜电子(南通)有限公司	通州区
16	江苏省高效环保节能型电梯工程技术研究中心	江苏蒙哥马利电梯有限公司	
17	江苏省高分子环保材料工程技术研究中心	南通亿华塑胶有限公司	
18	江苏省高效低能耗换热器工程技术研究中心	江苏通盛换热器有限公司	

表16-2

2017年南通市新增省级企业研究生工作站一览表

序 号	承担单位	合作高校	所在地区
1	南通百盛精密机械有限责任公司	南通大学	通州区
2	南通华夏飞机工程技术股份有限公司	南京航空航天大学	
3	沃太能源南通有限公司	南京财经大学	
4	江苏宝缦家纺科技有限公司	苏州大学	
5	新世嘉纺织品(南通)有限公司	南通大学	
6	江苏罗化新材料有限公司	厦门大学	
7	江苏业勤服饰有限公司	南通大学	港闸区
8	江苏斯得福纺织股份有限公司	南通大学	
9	江苏中天科技软件技术有限公司	南京理工大学	南通开发区
10	南通天盛新能源股份有限公司	南通大学	
11	南通励成生物工程有限公司	天津大学	
12	南通香地生物有限公司	江苏理工学院	如东县

（续表16-2）

序号	承担单位	合作高校	所在地区
13	江苏亚泰化工有限公司	江苏理工学院	如东县
14	南通新邦化工科技有限公司	上海应用技术大学	如皋市
15	南通超达装备股份有限公司	南通大学	
16	南通西马特机器制造有限公司	上海大学	海门市
17	江苏当升材料科技有限公司	南京航空航天大学	
18	油威力液压科技股份有限公司	中国矿业大学	
19	南通海发水处理工程有限公司	上海大学	
20	江苏飞拓界面工程科技有限公司	华东理工大学联合化学反应工程研究所	
21	江苏斯德雷特通光光纤有限公司	北京交通大学	
22	海门市东大能源科技有限公司	上海大学	
23	江苏三通科技有限公司	上海大学	
24	中兴能源装备有限公司	上海大学	
25	江苏嘉盟电力设备有限公司	华侨大学	启东市
26	南通宝凯化工有限公司	浙江科技学院	
27	启东市恒安防爆通信设备有限公司	西安电子科技大学	
28	江苏汉盛海洋装备技术有限公司	江苏科技大学	
29	启东优基食品有限公司	上海海洋大学	
30	启东市建胜水产食品有限公司	上海海洋大学	
31	南通迅达橡塑制造有限公司	常州大学	海安县

（汪兵兵）

【科创中心建设】 2017年，中央创新区科创中心完成规划建设蓝图，完成《科创中心建设初步研究》《科创中心规划建设初步方案》。招引集聚科创资源，结合对接服务上海大会、江海博览会、大院大所恳谈会、新一代信息技术博览会、专题产学研等活动，开展宣传招商，与中科院系统上海技物所、上海微系统所、北京自动化所3家单位签订入驻协议，与省产研院签订战略合作协议，与大连理工大学、俄罗斯圣彼得堡理工大学等8家单位签订入驻意向协议。

【“创新南通”平台建设】 2017年，“创新南通”平台点击量突破250万人次，“创新南通”粉丝创客超过2600人。平台汇聚22个众创空间、28个国家和省级科技企业孵化器、64位国内知名专家，以及全市13个产业34家省级院士工作站、35个院士团队；集聚创新创业项目1100余个，其中11个在国家科技创业大赛获奖、19个在省科技创业大赛获奖；发布科技成果3800余项、企业技术需求1150余项，促成产学研合作项目300余项。

【“通创荟”系列活动】 5月10日，“通创荟”走进海安高新区，从智能装备、新材料、新能源等领域遴选8个项目，面向市内外20余家投资机构、60余家相关企业现场路演，融资资金2100万元。7月7日，举办“巾帼”创新创业专场活动，展示南通女性创新创业者风采，8个项目进入决赛，推荐2个项目参加省“巾帼”创新创业大赛，均获企业组和团队组第五名。组织2017科创大赛暨“通创荟”创新创业大赛，298个项目报名参赛，推荐4个项目参加省赛、7个项目参加国赛，年度参赛项目获投融资金额5000余万元。组织系列通创训练营、通创分享汇17场次，参与人员3000余人。

【众创空间】 2017年，南通市新增众创空间11家，累计建成44家，其中国家级9家、省级18家。省级以上众创空间新增入驻科技型创业企业和团队415个，累计1080个。拨付众创空间扶持资金1000万元，拨付“通创币”1500万元扶持初创企业和创新创业团队。

（汪兵兵）

表16-3

2017年南通市国家级、省级众创空间建设一览表

序号	众创空间名称	所在地区	类别
1	江海圆梦谷	南通高新区	国家级
2	星火社区	通州湾示范区	国家级
3	青创E站	崇川区	国家级
4	晶e空间	港闸区	国家级
5	文创坊	南通开发区	国家级
6	创源创新实验室	崇川区	国家级
7	中南谷众创社区	崇川区	国家级
8	创新公园·南通	崇川区	国家级
9	橙子公社	港闸区	国家级
10	中国创纺e站	通州区	省级
11	E创空间	崇川区	省级
12	海安功能新材料产业众创空间	海安县	省级
13	YLAB五洲创意港	崇川区	省级
14	集创空间	港闸区	省级
15	523文化创意众创空间	海安县	省级
16	玲珑湾创客中心	海门市	省级
17	扶海创客	如东县	省级
18	梦想之家	如皋市	省级
19	大生众创空间	崇川区	省级
20	天安SPACE	港闸区	省级
21	创新江海众创空间	港闸区	省级
22	双创营	南通开发区	省级
23	蓝谷创客中心(如东生命健康众创空间)	如东县	省级
24	新店镇体育产业创客驿站	如东县	省级
25	海安梦工厂(创客4.0梦工厂)	海安县	省级
26	蜗壳道场·皋起点众创空间	如皋市	省级
27	集客空间(集客空间·南通)	通州湾示范区	省级

(汪兵兵)

高新技术产业

【概况】 2017年,南通市高新技术产业持续稳定增长,自主创新能力显著提升。全市高新技术产业产值7564亿元,比上年增长6.95%,占规模以上工业产值50.3%,占比比上年提高3个百分点,总量和占比均列全省第二位;新增高新技术企业374家,累计1045家。推动传统产业转型升级,全年争取省以上项目402项、资金3.74亿元,其中13个项目获省重大科技成果转化项目支持资金1.05亿元。完善"企业创新有投入、政府税收就减免"普惠性激励机制,落实高新技术企业所得税优惠、企业研发费用加计扣除税收优惠等科技税收政策优惠额18.53亿元。

【高新技术企业】 2017年,南通市新

增高新技术企业374家，累计1045家。新增省级民营科技企业536家，列入全省民营科技企业统计1.16万家，实现销售收入1.16万亿元。入选2017年“江苏省创新型100强企业”10家。其中，中天科技集团有限公司、通富微电子股份有限公司分别居第五、第六位，比上年均提升两位。全年省级高新技术产品927项。

（汪兵兵）

表16-4

2017年南通市高新技术产业发展情况一览表

地 区	高新技术产业产值占规模以上工业总产值比重(%)
全　市	50.30
海门市	58.44
通州区	54.92
海安县	49.98
启东市	54.39
如皋市	49.03
如东县	43.32
南通开发区	35.21
港闸区	44.48
崇川区	55.03

（市统计局）

2017年南通市高新技术企业和民营科技企业情况一览表

表16-5　　单位：家

序 号	地 区	高新技术企业		民营科技企业
		新认定数	总 数	
全　市		374	1045	11637
1	通州区	47	165	1500
2	海安县	50	150	1827
3	如皋市	58	137	1672
4	海门市	36	129	1113
5	如东县	44	108	1775
6	南通开发区	51	106	234
7	启东市	36	101	1362
8	港闸区	28	86	1144
9	崇川区	24	63	1010

注：按高新技术企业总数排序。　　（汪兵兵）

农业和社会事业科技

【概况】 2017年，南通市本级农业科技和社会事业科技经费支出863万元，全年获省以上农业和社会事业科技项目立项124项，获扶持资金7371.25万元。其中，获国家自然科学基金立项85项，获扶持资金3412.25万元；获国家研发计划1项，获国家拨付资金2685万元；获省基础研究计划（自然科技基金）立项22项，获扶持资金328万元，比上年增长43%；获省政策引导类计划（农业科技社会化服务奖补资金）项目立项4项，扶持资金51万元；获省农业科技支撑计划项目立项7项，获扶持资金250万元；获省社会发展（临床前沿专项）项目5项，获扶持经费645万元，比上年增长130%。

【国家农业科技园区建设】 2017年，国家农业科技园区如皋核心区举办第四届中国风盆景展，来自美国、德国、英国、日本等26个国家和地区参展，同时举办第三届国际风景园林设计峰会暨美丽乡村主题年产业融合大会。长江珍稀鱼类保护开发示范区举办全国河豚鱼源基地备案培训班，形成国家标准4项，质检总局国际合作交流教学基地落户。蚕桑产业科技园应邀参展中国江苏·大院大所合作对接会，中央电视台军事农业频道《科技苑》栏目专题拍摄种桑养蚕新创意。海门产业示范园举办江苏海门首届葡萄文化旅游节暨对接服务上海招商会、海门山羊节、羊家乐田园风光游、金盛游乐场、猕猴桃节等系列活动。

【科技下乡活动】 2017年，南通市组织科技下乡（进社区）活动66场次，发放各类技术资料15万余份，组织科技特派员参加活动521人次，举办各类培训91场，培训约2万人次，提供科技信息2000余条，媒体报道9次。至年底，全市有国家级星创天地6家，省级农村科技服务超市分店9家、便利店16家，其中优秀店6家。

（汪兵兵）

2017年南通市国家级星创天地一览表

表16-6

序号	店名	承担单位
1	如皋花木盆景星创天地	如皋市顾庄生态园建设开发有限公司
2	如皋创E园星创天地	南通市利德农工贸发展公司
3	鑫缘桑蚕茧丝绸星创天地	鑫缘茧丝绸集团股份有限公司
4	海门家禽星创天地	江苏京海禽业集团有限公司
5	通州设施蔬菜星创天地	江苏景瑞农业科技发展有公司
6	海门生态农业星创天地	南通市星期七旅游开发有限公司

2017年南通市省级农村科技服务超市分店、便利店一览表

表16-7

序号	店名	承担单位
分店		
1	启东设施蔬菜产业分店	南通恒昌隆食品有限公司
2	海安茧丝绸产业分店	鑫缘茧丝绸集团股份有限公司
3	启东海洋水产产业分店	江苏双林海洋生物药业有限公司
4	如东特种水产产业分店	南通海达水产食品有限公司
5	如皋特色畜禽产业分店	江苏长寿集团股份有限公司
6	海门特色畜禽产业分店	江苏京海禽业集团有限公司
7	通州农资产业分店	江苏通联农资连锁有限公司
8	海门主要农作物产业分店	南京苏诺农化有限公司海门分公司
9	如东主要农作物产业分店	南通中江农业发展有限公司
便利店		
1	汇龙镇设施蔬菜产业便利店	启东恺峰农副食品有限公司
2	王鲍镇设施蔬菜产业便利店	江苏新桃源农业发展有限公司
3	吕四港经济开发区海洋水产产业便利店	江苏双林海洋生物药业有限公司
4	东海镇海洋水产产业便利店	启东市金海岸水产研究所
5	吕四港镇海洋水产产业便利店	南通千鹤食品有限公司
6	洋口镇特种水产产业便利店	南通海达水产食品有限公司
7	肠衣城特色畜禽产业便利店	如皋坝新肠衣有限公司
8	搬经镇特色畜禽产业便利店	南通华多种猪繁育有限公司
9	李堡镇茧丝绸产业便利店	鑫缘茧丝绸集团股份有限公司
10	南莫镇茧丝绸产业便利店	鑫缘茧丝绸集团股份有限公司
11	三厂镇特色畜禽产业便利店	海门市绿源肉鸡专业合作社
12	岸角主要农作物产业便利店	南京苏诺农化有限公司海门分公司
13	卫东闸主要农作物产业便利店	南京苏诺农化有限公司海门分公司
14	悦来特色畜禽产业便利店	江苏京海禽业集团有限公司
15	孙窑主要农作物产业便利店	南通中江农业发展有限公司
16	岔河主要农作物产业便利店	南通中江农业发展有限公司

（汪兵兵）

科技计划项目

【省以上科技项目申报立项】 2017年，南通市争取国家、省科技计划项目156项。其中，国家“02专项”1项，国家重点研发计划1项，国家自然科学基金项目85项，省重点研发计划项目16项，省自然科学基金项目22项，省科技成果转化专项资金项目13项，省创新能力建设计划3项，省企业知识产权战略推进计划15项。全年争取省级以上科技资金3.74亿元，其中省级2.71亿元。

（汪兵兵）

2017年南通市获国家科技计划项目一览表

表16-8

序号	项目名称	项目类别	承担单位
1	28nmCPU封装及测试技术开发	“国家02”专项	通富微电子股份有限公司
2	基于干细胞的神经组织模块构建及神经损伤修复研究	国家重点研发计划	南通大学
3	高维Frenkel-Kontorova模型的第二类有序结构与异宿轨	国家自然科学基金	南通大学理学院
4	多参数奇异积分算子的加权有界性	国家自然科学基金	南通大学理学院
5	多尺度约化高效计算在多参数多相流奇异摄动问题的研究与应用	国家自然科学基金	南通大学理学院
6	压电结构无网格离散中结构化鞍点问题的高效预处理方法与收敛性理论	国家自然科学基金	南通大学交通学院
7	时滞耦合非线性振子的尺度效应及其分岔机理	国家自然科学基金	南通大学理学院
8	基于多齿膦配体的高核Mo（W）-S-Cu簇合物的合成、配体的原位硫化及其非线性光学性质研究	国家自然科学基金	南通大学化学化工学院
9	实时荧光成像的近红外光控水凝胶载药体系的构建研究	国家自然科学基金	南通大学神经再生重点实验室
10	纸基变构响应型三维传感界面的构建及其p53/MDM2相互作用抑制剂研究应用	国家自然科学基金	南通大学药学院
11	机械力致自由基机制摩擦电微电机设计、组装及其机理研究	国家自然科学基金	南通大学化学化工学院
12	microRNA-4458调控DAPK1在微囊藻毒素-LR诱发前列腺癌潜在风险中的作用及机制研究	国家自然科学基金	南通大学附属丹阳医院
13	CYP26A1在神经病理性疼痛中的作用及调节机制研究	国家自然科学基金	南通大学航海医学研究所
14	JAK2可变剪接异构体调控周围神经再生的机制研究	国家自然科学基金	南通大学神经再生重点实验室
15	白血病抑制因子ceRNA调控网络在周围神经损伤再生中的作用机制研究	国家自然科学基金	南通大学神经再生重点实验室
16	Kinesin-12/Myosin-IIB复合物调节神经元生长锥骨架动态重构的功能与机制研究	国家自然科学基金	南通大学神经再生重点实验室
17	SNAP25b介导的神经支配调控多疣壁虎断尾再生的机制研究	国家自然科学基金	南通大学神经再生重点实验室
18	细胞基质化组织工程神经修复神经缺损及神经再生微环境重建的机制研究	国家自然科学基金	南通大学神经再生重点实验室
19	基于微流控系统及多位点检测的植物抗病相关激素互作研究	国家自然科学基金	南通大学生命科学学院
20	Relb组建的Il9超增强子在Th9分化和哮喘中的作用及应用研究	国家自然科学基金	南通大学医学院
21	仿生梯度微纳拓扑化人工神经移植物修复周围神经缺损及其机制研究	国家自然科学基金	南通大学神经再生重点实验室
22	青少年慢性酒精暴露导致药物成瘾高风险的突触可塑性机制及其预防与治疗的探讨	国家自然科学基金	南通大学药学院
23	IL-17A经小胶质细胞外泌体ciRS-7机制促进帕金森病模型鼠的神经退变	国家自然科学基金	南通大学医学院
24	面向西北内陆河流域的InVEST模型优化及时空权衡研究	国家自然科学基金	南通大学地理科学学院
25	酚醛基ACF大孔-介孔-微孔多级孔结构的构建及调控机理研究	国家自然科学基金	南通大学纺织服装学院
26	基于聚合物修饰的纳米材料在天然纤维表面的协同自组装研究	国家自然科学基金	南通大学纺织服装学院

（续表16-8）

序号	项目名称	项目类别	承担单位
27	铁氧化物介导厌氧生物强化还原硝基芳香族化合物的调控机制	国家自然科学基金	南通大学化学化工学院
28	基于波导型光流体芯片的有序微结构制备及其SERS应用研究	国家自然科学基金	南通大学理学院
29	动态载荷下大型带式输送机调速协同控制方法研究	国家自然科学基金	南通大学交通学院
30	金属-三元半导体纳米异质结构的水相制备及其光催化应用	国家自然科学基金	南通大学电子信息学院
31	面向5G应用的认知车联网通信技术研究	国家自然科学基金	南通大学电子信息学院
32	面向近海广域覆盖的无线传输理论与关键技术研究	国家自然科学基金	南通大学电子信息学院
33	面向流量预测的交通智脑关键技术研究	国家自然科学基金	南通大学交通学院
34	工厂侵入市场的外包供应链运营决策研究	国家自然科学基金	南通大学商学院
35	miR-185调控PYK2-STAT5A通路在弥漫性大B细胞淋巴瘤CAM-DR中的作用及机制	国家自然科学基金	南通大学附属南通肿瘤医院
36	c-fos/EphA5信号轴参与先天性甲减神经发育障碍的机制研究	国家自然科学基金	南通大学附属医院
37	LL-37/CRAMP-FPR2介导的ERK通路调控Müller细胞活化促进糖尿病视网膜病变纤维血管膜形成的机制研究	国家自然科学基金	南通大学附属医院
38	MCPIP1负反馈抑制NLRP3炎症小体激活在糖尿病视网膜病变中的作用	国家自然科学基金	南通大学附属医院
39	聋病基因HARS2的听觉功能及致聋机制研究	国家自然科学基金	南通大学第五附属医院
40	miR-19a DNA去甲基化及其靶基因GRK6在肠易激综合征内脏痛的作用机制	国家自然科学基金	南通大学附属医院
41	脊髓水平HMGB1诱导自噬损伤活化小胶质细胞促进骨癌痛的机制研究	国家自然科学基金	南通大学附属医院
42	多巴胺对脊髓少突胶质细胞发育分化的时空调控及作用机制	国家自然科学基金	南通大学神经再生重点实验室
43	跨膜蛋白tmem63b对小鼠外周神经髓鞘发育的调控作用及机制研究	国家自然科学基金	南通大学神经再生重点实验室
44	Nrf2携带酸敏感离子通道（ASICs）出核在脑缺血星形胶质细胞损伤中的作用及分子机制研究	国家自然科学基金	南通大学第二附属医院
45	IL-6在产后疲乏影响泌乳信号通路中的作用机制研究	国家自然科学基金	南通大学护理学院
46	TGF-β1通过神经保护调节小脑性共济失调大鼠的免疫功能	国家自然科学基金	南通大学医学院
47	电子健康档案系统中临床医生信息的集成与可视化研究	国家自然科学基金	南通大学医学院
48	壳聚糖神经移植物降解产物壳寡糖调控周围神经髓鞘形成的作用研究	国家自然科学基金	南通大学神经再生重点实验室
49	lncRNA CCAL作为ceRNA调控MAPK促进胃癌进展的机制研究	国家自然科学基金	南通大学附属医院
50	GRP94/HAX-1在脊髓损伤修复过程中的作用及其对内质网应激的调控	国家自然科学基金	南通大学第二附属医院
51	高压氧抑制创伤性脑损伤后TRAF6介导的神经炎症反应机制	国家自然科学基金	南通大学附属医院
52	慢性应激在β2-AR介导下促进胃癌进展的机制及去神经术干预作用的研究	国家自然科学基金	南通大学附属医院
53	sCLU调控Wnt/β-catenin通路促进肝癌干细胞样特性的机制研究	国家自然科学基金	南通大学附属医院
54	ATPIF1促进三阴性乳腺癌转移的机制研究	国家自然科学基金	南通大学附属医院
55	Keap1负向调控p62抑制乳腺癌增殖及分子调控机制的研究	国家自然科学基金	南通大学附属南通肿瘤医院
56	利用斑马鱼模型研究FGF19通过促进血管生成影响鼻咽癌转移的机制	国家自然科学基金	南通大学附属医院
57	HMGB1在肿瘤恶病质发生发展中的作用及机制	国家自然科学基金	南通大学神经再生重点实验室
58	miR-133a-1/USH1G轴促进胃癌转移的分子机制研究	国家自然科学基金	南通大学航海医学研究所

（续表16-8）

序号	项目名称	项目类别	承担单位
59	硫化氢对瘢痕疙瘩纤维化的影响及机制研究	国家自然科学基金	南通大学附属医院
60	肺泡上皮细胞p62聚集在超细颗粒物诱导肺纤维化中的作用及机制研究	国家自然科学基金	南通大学公共卫生学院
61	PPARγ介导的保护性自噬在4-硝基苯酚诱导生殖毒性中的作用	国家自然科学基金	南通大学医学院
62	长链非编码RNA与胃癌易感性的分子流行病学研究	国家自然科学基金	南通大学公共卫生学院
63	雷公藤内酯酮抑制淋巴瘤原癌基因Lyn转录的机制研究	国家自然科学基金	南通大学医学院
64	基于PKCδ介导的自噬调控探究黄葵胶囊对顺铂肾毒性的保护作用及分子机制	国家自然科学基金	南通大学药学院
65	肝星状细胞来源的胞外囊泡在肝细胞肝癌肿瘤微环境形成中的作用和机制研究	国家自然科学基金	南通大学医学院
66	hsa_circ_0003183/miR-224/CD59信号通路在利妥昔单抗耐药弥漫大B细胞淋巴瘤中的机制研究	国家自然科学基金	南通大学附属医院
67	PDCD4/Nrf2相互作用在心肌缺血再灌注损伤中的反应性保护作用	国家自然科学基金	南通大学附属医院
68	SIRT3在硫化氢抗心肌肥大中的作用机制研究	国家自然科学基金	南通大学药学院
69	G蛋白偶联受体激酶2在精氨酸加压素诱导心衰中的作用及机制	国家自然科学基金	南通大学药学院
70	MDM2介导RXRβ泛素化降解在动脉粥样硬化血管内皮线粒体稳态失衡中的作用及机制研究	国家自然科学基金	南通大学药学院
71	LncRNA-WATB促进米色脂肪组织棕色化的作用及机制研究	国家自然科学基金	南通大学神经再生重点实验室
72	凋亡小体miR-30a介导破骨细胞-成骨细胞“对话”在成骨细胞骨形成中的作用机制	国家自然科学基金	南通大学第三附属医院
73	LncRNA对年龄相关性白内障氧化损伤基因表观遗传和microRNA的调控及干预研究	国家自然科学基金	南通大学附属医院
74	NFAT1在脊髓背角小胶质细胞中调节神经病理性疼痛机制的研究	国家自然科学基金	南通大学航海医学研究所
75	E3泛素连接酶Triad1促进脊髓损伤后神经功能的恢复及其作用机制	国家自然科学基金	南通大学第二附属医院
76	circ-Phkb在坐骨神经轴突再生修复中的作用机制	国家自然科学基金	南通大学神经再生重点实验室
77	星胶细胞炎症活化后释放携带IGF-1外泌体经PBK调节PI3K-AKT通路介导ucMSCs增殖的分子机制	国家自然科学基金	南通大学附属医院
78	周围神经再生过程中髓鞘形成研究	国家自然科学基金	南通大学神经再生重点实验室
79	高热与GABAA受体离子通道在原发性癫痫的作用	国家自然科学基金	南通大学附属医院
80	E3泛素连接酶Skp2通过促海马PPARα降解参与抑郁症发生的机制研究	国家自然科学基金	南通大学药学院
81	脐带间充质干细胞circHEM9调控VEGF修复子宫内膜损伤的研究	国家自然科学基金	南通大学附属医院
82	基于Smad-7和VEGF基因修饰的脂肪干细胞复合生物补片构建功能性阴茎白膜的可行性研究	国家自然科学基金	南通大学附属医院
83	基于植入前胚胎SLC2As表达和调控，探讨肥胖损伤胚胎发育的机制	国家自然科学基金	南通大学第五附属医院
84	跨膜丝氨酸蛋白酶TMPRSS11B在肺鳞癌中的作用及机制研究	国家自然科学基金	南通大学医学院
85	血清来源的Exosomes通过MicroRNA let-7a参与狼疮肾炎的机制研究	国家自然科学基金	南通大学医学院
86	MicroRNA-17-92 cluster缓释微球组织工程化神经移植物的构建及其应用于修复大鼠周围神经缺损的研究	国家自然科学基金	南通大学神经再生重点实验室
87	免疫治疗阻断tau朊样传播及其分子机制研究	国家自然科学基金	南通大学神经再生重点实验室

（汪兵兵）

科技成果

【概况】 2017年，南通市获省科学技术奖励14项。按奖项类别分，省科学技术进步奖13项、省企业技术创新奖1项；按承担项目分，南通市为第一完成单位承担科学技术奖项目10项、参与完成项目3项。全年获省重大科技成果专项资金扶持项目13个，为企业争取省科技经费资助1.05亿元。

【国家科技进步奖】 南通企业江苏神马电力股份有限公司作为主要完成单位，完成"特高压±800kV直流输电工程"项目，获2017年度国家科技进步奖特等奖，董事长马斌为项目主要完成人。在"特高压±800kV直流输电工程"中，江苏神马电力股份有限公司承担系统复合外绝缘的研制任务，通过技术创新，在国际上首创特高压直流支柱复合绝缘子，有力支撑项目实施。

（汪兵兵）

表16-9

2017年南通市获省科技进步奖项目一览表

序号	项目名称	完成单位	完成人员
省科技进步奖一等奖			
1	面向制浆造纸废水零排放的膜集成技术与应用示范	南京工业大学 南京九思高科技有限公司 南通能达水务有限公司	邢卫红　杨　刚　汪　勇　汪朝晖　崔朝亮 陈　强　丁晓斌　范益群　刘　飞　汪效祖
2	装配式混凝土结构创新与应用	东南大学 南京长江都市建筑设计股份有限公司 江苏中南建筑产业集团有限责任公司 龙信建设集团有限公司 南京工业大学 江苏华江祥瑞现代建筑发展有限公司	郭正兴　汪　杰　刘家彬　朱张峰　陈锦石 龚咏晖　朱　丹　李　宁　管东芝　张　军 黄　新
3	超高强度钢丝制备技术研究及产业化	东南大学 江苏宝钢精密钢丝有限公司 盛利维尔（中国）新材料技术股份有限公司 江阴华新钢缆有限公司 南京信息工程大学	方　峰　蒋建清　闵学刚　盛荣生　陈华青 周立初　王林烽　张年春　周雪峰　胡东辉 崔世云
省科技进步奖二等奖			
1	移动智能终端用12吋28纳米圆片级先进封装及高密度凸点制造全制程成套工艺研发及产业化	通富微电子股份有限公司	石　磊　王自台　戴锦文　丁万春　缪小勇 沈海军　高国华　施建根　陶玉娟
2	面向新一代长途传输的超低损耗光纤及产品关键技术应用	中天科技光纤有限公司 中天科技精密材料有限公司 南通大学	沈一春　曹珊珊　刘志忠　钱宜刚　徐海涛 张士兵　吴椿烽　王　震　陈娅丽　张　帆 朱晓军
3	低滚动阻力绿色轮胎成套清洁生产工艺及装备应用	双钱集团（江苏）轮胎有限公司	樊学锋　刘玉彩　俞春华　石太平　杜正华 纪　斌　王　俊　花成钰　陈东菊
4	致盲性白内障的遗传因素及环境因素的临床研究	南通大学附属医院	管怀进　周　婧　张俊芳　胡　楠　朱蓉嵘
5	TLR3激活剂dsRNA干预肝癌的作用与机制的研究	南通市肿瘤医院 南通大学 百奥迈科生物技术有限公司	陈　莉　何　松　王桂兰　朱远源　王建力 张一心　鄂　群　李铁军
省科技进步奖三等奖			
1	单元模块化大型生活垃圾焚烧炉及烟气净化成套技术装备	江苏天楹环保能源有限公司 中国科学院过程工程研究所 盐城工学院	严圣军　黄　云　刘平成　陈　竹　李　军 何志刚　杨　栋　韩飞飞
2	高效洁净螺旋速冻装备的研发与产业化	南通四方冷链装备股份有限公司 南京理工大学	楼晓华　孙　宇　周鸣惠　梁惠华　孙锦明 杨晓燕　曹春平　朱金祥　钱　丹　陆卫华 施洪流

（续表16-9）

序号	项目名称	完成单位	完成人员
3	长征系列火箭多式联运高端物流装备	南通中集特种运输设备制造有限公司 北京航天发射技术研究所	李爱华 郑 夏 王爱军 黄昊飞 谢业波 李江锋 陆新林 许新祥 滕志斌 袁文清
4	高纯晶体六氟磷酸锂规模化稳定生产工程	江苏必康制药股份有限公司	朱建军 李文建 陆建兵 周新基 李珣珣 于天鹏 吴小强 王雪洋
5	宽温幅高容量车用锂离子动力电池	江苏海四达电源股份有限公司 南京航空航天大学 合肥工业大学	唐琛明 王兴威 茅海忠 沈晓峰 何 耀 周建新 窦 辉 丁 兵 刘新天

2017年南通市科技进步奖特等奖、一等奖项目一览表

表16-10

序号	项目名称	完成单位	完成人员
市科技进步奖特等奖			
1	新型高效蒸汽压缩机	江苏金通灵流体机械科技股份有限公司	陆建军 刘德泼 陈 军 季啸天 徐荷花 王晓晨
2	三芯110kV ~220kV超高压交联聚乙烯绝缘光纤复合海底电缆的研发及产业化	中天科技海缆有限公司 上海交通大学 上海电缆研究所	张建民 薛建林 赵囿林 马志金 王丽媛 付长琦 朱井华 张洪亮 刘利刚
3	再生障碍性贫血的发病机制及治疗对策探讨	南通大学附属医院	刘 红 林赠华 姜胜华 刘海燕 宋国齐 杨 力 孙 峰 周 鹭 钱文辉
市科技进步奖一等奖			
1	载重汽车底盘悬架关键零部件轻量化制造技术与应用	江苏汤臣汽车零部件有限公司 江苏大学	吴华锋 陈 刚 毛永峰 刘金华 朱劲松 方国兴 李 强
2	智能化环保型制革机械关键技术研究与应用	南通思瑞机器制造有限公司 南通大学	张亚楠 张 华 曹万健 倪红军 丁亚军 裴林林 王志高
3	配电系统智能电能质量优化控制装备研发及产业化	江苏现代电力科技股份有限公司 国网江苏省电力公司南通供电公司	顾曹新 傅 靖 王生强 姚卫东 沈卫峰 徐晓轶 王春华
4	高比能长寿命方型多极耳磷酸铁锂离子汽车电池	江苏海四达电源股份有限公司 江苏省新动力电池及其材料工程技术研究中心有限公司	王兴威 沙永香 赵 冲 张慕容 黄佳俊 蔡坤容 陈 睿
5	12000tph 伸缩回转型装船机研制	南通振华重型装备制造有限公司	孙泳涛 何华文 黄叶锋 朱 娟 黄水英 宋美芳
6	基于TGase酶改性的功能羊毛关键技术	南通大学 江苏顺远新材料科技股份有限公司 东华大学	张瑞萍 蔡再生 张贤国 洪约利 张小丽
7	胶质瘤诊治中相关分子靶点的筛选及应用研究	南通大学附属医院	施 炜 黄庆锋 施金龙 苏 星 沈剑虹 刘倩倩 陈 建

（汪兵兵）

科技合作

【科研院所】 2017年，南通市24家科研院所实际投资6.48亿元，其中地方政府投资5.45亿元，有研发办公场所面积25.98万平方米，研发设备1055万元，专职研发和管理人员408人，兼职人员393人。开展科技合作项目97项，合作经费4967万元；服务企业393家，服务收入3049万元；获科技计划立项22项，经费1891万元；申请发明专利421件、实用新型专利86件，累计获授权发明专利141件、实用新型专利62件；孵化科技型企业12家。中科院上海技术物理研究所启东光电遥感中心、北京大学生命科学华东产业研究院建设项目获省创新能力建设计划立项支持。

【产学研合作】 2017年，南通市按照“3+3+N”产业领域进行分类，梳理汇编企业技术需求1072项，实施产学研合作项目624项，合同金额4.23亿元，实际发生金额1.25亿元。受理产学研合作备案项目40项，备案合同总额2859.8万元，对其中符合要求15项补助经费303.65万元。全年全市开展重大产学研活动45场次，政府部门、园区与高校院所共建研发载体和工作机构33个，组织开展“2017南通大院大所合作对接恳谈会”“中国江苏·大院大所合作对接会——高端纺织推介会”“2017南通—上海理工大学产学研合作洽谈会”、上海应用技术大学产学研合作交流座谈会、“2017南通·兰州高校院所产学研合作洽谈会”、东北地区高校院所对接洽谈、武汉地区高校院所对接洽谈等产学研活动。全市新入选省“科技副总”特聘专家21人，累计159人。市科技局与浙江大学、西安交通大学等4家高校签订共建技术转移中心协议。

（汪兵兵）

表16-11

2017年南通市新入选省“科技副总”特聘专家名录

序号	姓名	聘用单位	原学习或工作单位	聘用地区
1	张广宇	江苏丽洋新材料股份有限公司	南通大学	崇川区
2	刘其霞	江苏苏通碳纤维有限公司	南通大学	南通开发区
3	郁　钱	海安华达石油仪器有限公司	江苏理工学院	海安县
4	汤嘉立	江苏振强机械科技股份有限公司	江苏理工学院	海安县
5	郑　焱	南通贝思特机械工程有限公司	江苏理工学院	海安县
6	夏于旻	江苏鸿顺合纤科技有限公司	东华大学	海安县
7	赵小荣	南通市苏中纺织有限公司	江苏理工学院	海安县
8	刘　坤	南通龙鹰真空泵业有限公司	东北大学	海门市
9	何纬峰	南通中船机械制造有限公司	南京航空航天大学	南通开发区
10	王　波	南通三信塑胶装备科技股份有限公司	上海理工大学	启东市
11	舒　莉	南通瑶华纤维有限公司	江苏理工学院	如东县
12	张曼莹	江苏如东金友机械有限公司	江苏理工学院	如东县
13	赵大球	江苏城中园林股份有限公司	扬州大学	如皋市
14	罗千福	江苏恒祥化学股份有限公司	华东理工大学	如皋市
15	袁家德	江苏华灿电讯股份有限公司	福州大学	如皋市
16	夏晓峰	上海制皂(集团）如皋有限公司	江南大学	如皋市
17	蒋栋磊	如皋市永兴肠衣有限公司	扬州大学	如皋市
18	李世云	南通亿华塑胶有限公司	江苏科技大学	通州区
19	王　丽	南通百盛精密机械有限责任公司	南通大学	通州区
20	张　磊	南通海狮船舶机械有限公司	南通大学	通州区
21	董　震	南通江潮纺织科技有限公司	南通大学	通州区

（汪兵兵）

【企业研发机构】 2017年，南通市新增省级企业工程技术研究中心18家、企业院士工作站3家、企业研究生工作站31家，市级企业研究院2家、企业工程技术研究中心65家。全市13家省重点企业研发机构获绩效后补助经费730万元，获补助机构数和金额均列全省第四。组织实施大中型企业研发机构全覆盖工程，全市大中型工业企业和规模以上高新技术企业研发机构有效建有率87.7%。

【国际科技合作】 2017年，南通市广益机电有限责任公司、江苏力星通用钢球股份有限公司、南通升环木业有限公司3个国际科技合作项目获省科技厅立项经费支持240万元。5月16日，2017中·韩生物医药和高新技术商业化对接洽谈会在海门市举行，10余家韩国企业及研究机构参加洽谈，发布20余项科研成果及产品。6月，中美化学与化学生物学教授会议在如东县召开，波士顿大学、加利福尼亚大学、清华大学、北京大学等92家国内外高校200名教授会会员出席会议，会上发布12项科技成果，60余家企业参与现场对接。10月，如皋市获评"促进中国燃料电池汽车商业化发展示范城市"；11月9~10日，第二届国际燃料电池汽车大会在如皋开发区国际科技合作基地召开，20余个国家和地区新能源领域近1000名政学精英和业界巨头参会。

（汪兵兵）

知识产权管理

【概况】 2017年，南通市出台《南通市"十三五"知识产权发展规划》《南通市加快建设知识产权强市工作方案（2017~2020年）》，成立南通市知识产权强市建设领导小组，全面开展县（市、区）专利助推产业创新发展行动实施绩效评价，形成各县（市、区）专利助推产业创新发展行动绩效评价报告，推动知识产权强市建设。启东市、海安县、通州区、崇川区、如皋市、港闸区获批国家知识产权强县工程示范县，立项数列全省第一，累计7家，总数全国第一；海门市获批江苏知识产权强省示范市；如皋开发区、海门开发区获批国家知识产权试点园区和省知识产权示范园区，南通市国家知识产权试点园区数列全省第一，省知识产权试点示范园区数列全省第二。

【知识产权创造】 2017年，南通市调整优化专利资助奖励政策，将资助重点向高质量发明专利、PCT专利倾斜；将万人发明专利拥有量、专利申请量、PCT专利申请量等指标纳入"四个全面"综合考核，引导县（市、区）进一步优化专利创造结构。全年全市专利申请量5.47万件，列全省第三，比上年增长35.69%。其中，发明专利申请量1.34万件，比上年增长43.89%；PCT专利申请量988件，比上年增长78.99%。专利授权量1.91万件，发明专利授权量2630件；全市有效发明专利1.74万件，列全省第四；万人发明专利拥有量23.81件，比上年增长29.97%。全市企业专利申请量和授权量占比分别为79.76%、80.72%，发明、实用新型和外观设计专利申请占比接近1:1:2。全市获国家专利优秀奖11项，创历史新高；获省专利金奖2项，优秀奖6项；评选第二届市政府专利奖金奖10项、优秀奖20项、发明人奖8人。

（汪兵兵）

表16-12 **2017年南通市各县（市、区）专利申请量、授权量、万人发明专利拥有量一览表**

单位：件

县(市、区)	专利申请		专利授权		万人发明专利拥有量
	总 数	发明专利	总 数	发明专利	
海安县	7911	1967	4236	447	30.46
如皋市	7834	3565	1944	298	20.42
如东县	2544	417	1147	144	12.29
海门市	6206	1481	2333	347	22.39
启东市	7286	2437	1858	203	22.77
通州区	7103	824	2724	208	27.56
崇川区	7790	1253	2495	532	26.13
港闸区	5832	616	1079	175	29.96
南通开发区	2076	762	1179	270	56.35
其 他	160	64	62	6	
全 市	54742	13386	19057	2630	23.81

（汪兵兵）

表16-13

2017年南通市获国家专利优秀奖一览表

序 号	专利号	专利名称	专利权人
1	ZL200910091716.6	一种集装箱	南通中集特种运输设备制造有限公司
2	ZL201010533819.6	一种铁系催化剂失活再生方法	南通星辰合成材料有限公司
3	ZL201110109070.7	一种适用于平泡发泡工艺的MDI体系的非温感记忆绵	梦百合家居科技股份有限公司
4	ZL201110412380.6	电梯平衡补偿链冷定型自动盘绕装置	江苏兴华胶带股份有限公司
5	ZL201210067489.5	提高聚酯成形网亲水性的方法及聚酯成形网	江苏金呢工程织物股份有限公司
6	ZL201210350652.9	高精度数控矫圆机	南通超力卷板机制造有限公司
7	ZL201210461214.X	一步法成型玻璃纤维连续原丝毡生产工艺	江苏九鼎新材料股份有限公司
8	ZL201310724859.2	一种光纤预制棒外包层高效制备方法及其设备	中天科技精密材料有限公司
9	ZL201410000276.X	织物PH值和温度响应光固化单向	江苏联发纺织股份有限公司
10	ZL201510017763.1	一种水泥窑协同处理生活垃圾系统及其方法	江苏鹏飞集团股份有限公司
11	ZL201110242847.7	一种低镝含量高性能烧结钕铁硼的制备方法	南京理工大学、江苏晨朗电子集团有限公司

（汪兵兵）

表16-14

2017年南通市获省专利奖一览表

序 号	专利号	专利名称	专利权人	获奖类别
1	ZL201110109070.7	一种适用于平泡发泡工艺的MDI体系的非温感记忆绵	梦百合家居科技股份有限公司	金奖
2	ZL201110242847.7	一种低镝含量高性能烧结钕铁硼的制备方法	南京理工大学、江苏晨朗电子集团有限公司	金奖
3	ZL201410051250.8	一种大型船舶的半串联建造方法	南通中远川崎船舶工程有限公司	优秀奖
4	ZL200910091716.6	一种集装箱	南通中集特种运输设备制造有限公司	优秀奖
5	ZL201010244630.5	一种绝缘管缠绕挂纱系统	江苏神马电力股份有限公司	优秀奖
6	ZL201110412380.6	电梯平衡补偿链冷定型自动盘绕装置	江苏兴华胶带股份有限公司、常州大学	优秀奖
7	ZL201210350652.9	高精度数控矫圆机	南通超力卷板机制造有限公司	优秀奖
8	ZL201310724859.2	一种光纤预制棒外包层高效制备方法及其设备	中天科技精密材料有限公司	优秀奖

（汪兵兵）

【知识产权服务】 2017年，南通市崇川区获批江苏省首批知识产权服务业集聚发展区建设项目，南通高新区获批江苏省首批专利审查员实践基地。推进知识产权服务机构备案管理，及时掌握知识产权服务机构从业状况，健全中介机构信用档案制度，引导知识产权服务业健康快速发展，全市备案服务机构38家。印发《南通市知识产权服务机构星级评定办法》，在江苏省率先启动市级知识产权服务机构星级评定，评选服务机构四星级2家、三星级6家、二星级1家。引进北京智呱呱、苏州威世博、扬州浩邦知识产权品牌服务机构3家。根据市场主体需要，先后组织开展专利信息分析、专利挖掘布局、专利代理人信息检索、外向型企业知识产权风险控制等专题培训15期，培训企业1200余家。

【知识产权保护】 2017年，南通市开展上下级、跨部门联合执法检查13次，出动执法人员120余人次，检查商品8万余件。全年全市办理专利案

南通家纺城鸟瞰　　（卑多敏　摄）

件823件，比上年增长20.3%，结案率95%以上，其中专利侵权纠纷253件，比上年增长25.2%。中国南通（家纺）知识产权快速维权中心与阿里巴巴合作建立网络知识产权侵权案件处理委托机制，全年受理外观设计专利申请4212件，案件受理量全国快速维权中心领先。南通家纺城获认定为第二批国家级知识产权保护规范化市场。南通市知识产权维权援助中心及3个分中心、工作站累计接听“12330”电话咨询1878次，比上年增长23.6%，受理举报投诉案件84件，全部移交执法机关，立案率100%。南通市连续第四年在国家专利行政执法工作考核和维权援助举报投诉工作考核中位居前十。

【知识产权运用】 2017年，南通市根据企业发展阶段和知识产权基础，分类指导、逐级培育知识产权优势企业。培育专利强企试点企业328家，示范企业45家，新增贯标绩效评价合格企业43家、国标认证企业25家，全市国标认证企业累计140家。全市获评国家知识产权示范企业7家，国家知识产权优势企业21家，获评数列全省第二。全市获批省企业知识产权战略推进计划重点项目5项、一般项目9项，获资助770万元。推进国家知识产权投融资试点城市建设工作，支持服务机构联合金融机构、保险、企业等共同推动专利权质押融资工作。完善专利权质押登记绿色通道，指导各县（市、区）制定专利权质押贷款贴息、评估费补贴等扶持政策。全年全市完成专利权质押贷款65笔，质押贷款额1.95亿元。

（汪兵兵）

科技普及

【科普阵地建设】 2017年，南通市推进科普教育基地建设，海安县老坝港小学等21家单位被命名为2017~2021年度南通市科普教育基地。其中，李昌钰刑侦科学博物馆、老坝港小学等9家单位被命名为2017~2021年度江苏省科普教育基地。海门科技馆土建结构封顶，港闸区建设户外科普园、安全主题馆等特色社区科普馆。海门市科协开展科普大篷车进校园活动，通州区科协举办流动科技馆巡展活动，在8所学校进行巡展。推动各类科技场馆、高校、科研院所、学会组织、企业及农村科普资源对外开放，科普周、科普日期间开放各类场馆45家。7月22日，全国首家以滩涂为主题科普教育展览馆江苏滩涂馆在如东县开馆；8月6日，全市首个“海洋文化长廊”在崇川区建成；11月18日，启东市生态文明科普教育馆开放。

【青少年科技创新教育】 2017年，南通市举办大中小学生航海车辆模型比赛、南通市教育机器人比赛、“智能杯”小巧手比赛、“南通市智能物联网竞赛”等活动，参赛青少年1942人次。举办市第29届青少年科技创新大赛，选拔推送《不同强迫游泳方式及不同场合下小鼠抗抑郁行为的观察》获第32届全国青少年科技创新大赛一等奖、高士其科普奖和英特尔少年英才奖。海门市代表队获第29届全国中小学生（江苏地区）金钥匙科技竞赛团体特等奖。在第12届全国青少年教育机器人奥林匹克竞赛中，南通科技馆获1金1银2铜4枚奖牌，一等奖6个、二等奖3个、三等奖2个。12月3日，市科协、市教育局联合主办南通市智

9月21日，南通市科普中国“百城千校万村行动”入校园活动启动。

（顾 甦 摄）

能物联网竞赛，近800名中小学生参加。如皋高等师范学校附属小学、如东县洋口镇古坳初级中学入选第二批省科学综合示范学校，江苏省南通师范学校第二附属小学等18所学校入选江苏省第二批STEM教育（科学、技术、工程、数学教育）试点单位。全年各类科技竞赛活动参与学校和学生人数均比上年增长10%以上，参加国家、省级以上青少年科技创新大赛及各类科技比赛198人次。

【科普宣传活动】 2017年，南通市以“科普宣传到基层·创新发展走帮服”为主题，组织开展全国科技活动周、全国科普日科普宣传活动。其间，开展全国金融科技活动周、安全生产月、防灾减灾日等宣传活动；市科协、市民防局等单位在南通航运学院举办江苏省民防应急科普文艺巡演。9月21日，举办2017南通·崇川全国科普日活动，启动科普中国“百城千校万村行动”，崇川区科协向全区14个科学教育特色学校赠送科普大屏。全市在网上系统申报重点活动项目200余个，其中市级单位和部门20余个、科普教育基地20余个，基层科普行动计划和科普示范体系获奖单位40余家。市科协获评省科协2017全国科普日活动工作考核优秀组织单位。市科协赞助如东县新店镇2万元在全镇行政村修建科普画廊，赠送价值5000元科普宣教品；资助3个经济薄弱村各2万元建设科普图书室。

【科普信息化】 2017年，市科协利用科普信息大屏、电子科普画廊、科普动视等公共设施，定期播放科普知识。南通市及崇川区、通州区、海门市、如皋市、启东市科协利用科普微信公众号及时更新科普信息。至年底，全市有各类科普大屏404块，崇川区、港闸区、通州区、海门市实现城镇社区全覆盖。

（徐 燕）

专业科技

气象测报

【概况】 2017年，南通市0～24小时气象预报准确率89.28%，24～48小时气象预报准确率84.93%，48～72小时气象预报准确率81.66%，72～96小时气象预报准确率79.49%，96～120小时气象预报准确率76.16%。24小时晴雨预报准确率89.09%，最高气温预报准确率89.58%，最低气温预报准确率89.17%。

1～4月，全市地面综合气象探测业务质量指标99.94%。按照最新考核办法，5～12月全市地面综合气象探测业务质量指标95.15%。国家级气象站、区域自动气象站、自动土壤水分观测数据资料传输及时率、天气雷达业务可用性等均达省定标准，总错比均为零，各项观测业务质量维持在较高水平。

【气象服务】 2017年，南通市气象局（简称“市气象局”）发布各类决策气象服务材料138期，预警信号61次，决策服务用户1964人，发送预报重要信息205条。全年为春运、中考、高考等时段和江海博览会、濠河国际龙舟邀请赛、环太湖国际公路自行车赛第五赛段南通—海门段等重大活动提供专项气象服务141次。市气象台获评全省重大气象服务先进集体。

环境气象服务 2017年，市气象局制作空气质量分析材料365份，提供气象基础数据365份。市气象局与市环境监测中心站建立每天2次网络会商制度，联合发布48小时空气质量预报，全年发布重污染天气预报预警2次。

农业气象服务 2017年，农业气象服务和农村气象灾害防御体系纳入南通市农业农村工作主要目标考评。加强关键农时、农事气象服务，全年制作发布农业气象服务专题材料7期，水稻、小麦产量预报及病虫害趋势预报7期，土壤墒情监测报告36期，制作发布春耕春播、夏收夏种、秋收秋种、生态与农业气象等各类服务材料186期。

防雷气象服务 2017年，南通市扩大防雷安全检查覆盖面，检查242家重点单位，查出隐患245项，整改217处。推进“不见面审批”制度改革，优化审批流程，13项气象行政依申请事项全部网上办理，实现审批信息和监管信息公开透明。全年审核防雷装置设计建设项目32个、防雷装置竣工验收项目166个，按时办结率100%。

【气象科普宣传】 2017年，市气象局开展气象科普进校园、进社区及走上街头活动40余次。南通气象博物馆接待各省、市行业内、外专家学者400余人，接待四川大凉山、甘肃虎关师生及当地市民36批次4000余人。

（武思维）

表16-15 2017年5～12月南通市地面综合气象探测业务质量指标一览表

台站	国家级站				区域站			ASMO信息反馈(%)	综合质量指标(%)
	及时率(%)	到报率(%)	数据可用率(%)	错情率(‰)	及时率(%)	到报率(%)	数据可用率(%)		
南　通	100.00	100.00	100.00	0.0108	99.90	99.88	100.00	100.00	97.72
海　安	100.00	100.00	100.00	0.0073	99.97	99.68	99.99	100.00	96.47
如　皋	99.90	100.00	100.00	0.0000	99.95	99.95	100.00	100.00	97.86
如　东	99.60	100.00	99.99	0.1426	99.95	99.92	100.00	100.00	92.98
通　州	99.67	100.00	99.99	0.0537	99.95	99.95	100.00	99.58	91.93
海　门	99.72	100.00	100.00	0.0240	99.93	99.96	100.00	96.77	88.94
启　东	99.89	100.00	100.00	0.0624	99.95	99.93	100.00	100.00	97.55
吕　四	100.00	100.00	100.00	0.0059	99.90	99.88	99.98	100.00	97.74
全市平均	99.85	100.00	100.00	0.0386	99.94	99.89	100.00	99.54	95.15

注：ASMO为综合气象观测系统运行监控平台。

（市气象局）

水文水资源勘测

【汛期水情水文勘测】 2017年，南通市平均雨量797.4毫米，比常年同期偏多15.8%。其中，9月降雨量最大，为244.5毫米，占汛期雨量30.7%；5月降雨量最小，为56.9毫米，占汛期雨量7.1%。市区（含通州区）、海门市降雨量相对较大，分别为884.9毫米、854.2毫米，海安县、启东市降雨量相对较小，分别为730.3毫米、732.6毫米；单站降雨量最大为营船港闸站980.5毫米，最小为向阳站622.5毫米。

长江大通站平均流量每秒3.9万立方米，比上年同期平均流量偏少18.9%。最大流量发生在7月6日，流量为每秒7.02万立方米，最小流量发生在6月2日，流量为每秒2.8万立方米。5月1日～6月9日，大通流量维持在每秒2.8万～3.1万立方米之间；6月10日开始，受长江上游来水影响，流量继续上涨，至6月28日，突破每秒5万立方米；至7月2日，突破每秒6万立方米。受长江一号洪水影响，7月6日，达到洪峰流量每秒7.02万立方米；之后随着上游来水减少和三峡蓄水削峰，至7月18日，流量回落到每秒6万立方米以下；7月27日，流量回落到每秒5万立方米以下至9月20日，流量回落到每秒3万立方米以下。

天生港站最高高潮位5.63米，发生于7月26日，为天文大潮影响，最低低潮位1.65米，平均高潮位4.44米，平均低潮位2.37米；青龙港最高高潮位5.12米，发生于7月26日，为天文大潮影响，平均高潮位4.1米；大洋港站最高高潮位5.5米。6月10日前，主要河道水位在警戒水位以下，6月11日，受第一场强降雨影响，海门市、通州区等地内河水位快速上升，货隆监测点、常乐监测点水位分别比10日上涨0.65米、0.59米；9月25日起，受又一轮持续强降雨影响，内河水位急剧上升，如皋市、通州区等地多站超警戒水位；至9月27日，全市主要内河水位全部回落至警戒水位以下。汛期全市沿江各闸引长江水17.03亿立方米，比上年偏多10.9%，排水量9.04亿立方米，比上年偏少56.9%。排水量主要集中在8月、9月，排水量分别为2.59亿立方米、4.84亿立方米，分别占整个汛期排水量28.6%、53.5%。其中受9月底强降雨影响，9月25～28日排水量3.35亿立方米，占整个汛期排水量37.1%。

【水文水资源监测与服务】 2017年，江苏省水文水资源勘测局南通分局发送水情报文23万余份，水情短信1.48万余条，水情传输准确率99.9%，编写水情简报和专题报告14份，完成全市主要浅层和深层地下水井基础资料收集分析。应对“8·24”通吕运河水污染事件、“8·27”兴石河水污染事件，快速组织应急监测，及时编制监测报告。完成4个集中式饮用水源地、187个水功能区、重点企业排污口及行政交界断面等水质监测；编制集中式饮用水源地情报24期、重点水功能区通报12期。开展农田灌溉水利用系数率测定工作，完成启东市、海门市、如皋市、通州区及南通市《农田灌溉水测试分析》及报告编制；组织编制《南通市水土保持公报》《南通市水土保持监测报告》。完成《南通市及6县（市、区）水功能达标整治方案》编制。《南通沿海特异高潮位规律研究》《中小河流生态修复技术研究及应用》课题分获2017年江苏省水利科技进步二等奖、三等奖。

（朱友银）

地震监测

【概况】 南通辖区内地震监测网包括强震（9个）、测震（7个）、地磁（2个）、水位（2个）、水温、降雨量、短水准、体应变、陆态网GPS、电磁波、地电阻率、地电场12类监测项目。2017年，在推进轨道交通工程和五山核心景区提升项目过程中，依法保护地震监测设施及其观测环境，避免或减轻对南通地震台地磁和短水准等测项观测环境影响。在全国地震监测资料质量评比中，南通地震台断层形变观测获第一名，海安地震台地电场获第二名，海安地震台地磁FHD获第三名。加强群测群防网络建设，调整充实“三网一员”（地震宏观测报网、地震灾情速报网、地震知识宣传网和防震减灾助理员）队伍，所有镇（街道）配备防震减灾助理员，形成地震宏观测报网点36个。全年南通及周边地区发生有感地震2次，即5月31日海门2.6级地震和9月6日盐城东台与海安交界处3.0级地震。

（陆红飞）

※科研机构选介※

江苏沿江地区农业科学研究所

【概况】 江苏沿江地区农业科学研究所（简称“沿江地区农科所”）又名南通市农业科学研究院，起源于1914年张謇创办的“全国第二棉业实验场”，原址位于南通市南郊狼山旁。1956年更名为“江苏省棉花试验站”，搬至如皋市薛窑镇（现长江镇薛窑社区）。1983年，更名为“江苏沿江地区农业科学研究所”。1989年，增挂“南通市农业科学研究所”牌子。2012年，增挂名更名为“南通市农业科学研究院”。沿江地区农科所是南通市委、市政府和江苏省农科院双重领导的省属公益一类事业单位，主要承担国家、省、市各级各类农业科研项目，开展农作物新品种选育、耕作栽培技术、高效种植模式、特色蔬菜苗木、农牧结合循环农业、盐土农业、农产品加工和农业资源综合利用等方面的创新研究、成果转化及科技服务工作，为江苏沿江地区尤其是南通市现代农业产业和农业经济发展服务。占地面积36.47公顷，其中试验用地19.73公顷。

至2017年底，沿江地区农科所有在职职工105人，在职科技人员79人。其中，高级职称人员占58.2%，硕士以上学历人员占39.2%。设粮食作物研究、蔬菜研究、农业资源与环境研究、园林研究、农产品加工与检测研究、科技服务6个研究室（中心）以及办公室、科研管理、知识产权管理、财务与资产管理、后勤管理5个管理与服务部门；建有“国家沿江农区农作物品种试验站”“国家食用豆产业技术体系南通综合试验站”“国家（江苏省南通市）优质粳稻原原种扩繁基地”“国家（江苏沿江地区）四青作物产业化示范基地”“科技部中小企业农产品深加工与育种技术创新服务平台”“江苏省优质玉米工程技术研究中心”“江苏省玉米种质资源库”“江苏省小杂粮研究协作组首席专家单位”“江苏省耐盐植物产业技术创新战略联盟副理事长单位”“南通市农作物分子育种重点实验室”“南通主要农作物种质资源综合利用公共服务平台”等16个国家、省、市级科技创新及公共服务平台。

【科研项目】 2017年，沿江地区农科所获各级各类科研项目立项36项，新增财政拨款项目经费854.9万元，其中国家级项目3项、省级项目17项、市级项目14项、横向委托项目2项。

【科研成果】 2017年，沿江地区农科所获科技成果奖16项，其中省农业科技推广二等奖1项、省科技三等奖1项；获省级鉴定成果2项。审（鉴）定品种4个，获植物新品种权2个，入选省主推品种7个、省农科院主推技术1个。申请发明专利11件，获授权发明专利6件。制订南通地方标准16项。发表期刊论文56篇，其中SCI《科学引文索引》论文8篇。

【科技服务】 2017年，沿江地区农科所以项目为依托，推广应用新品种、新技术、新模式以及农产品加工新工艺，开展种养加、产供销全方位科技服务。推进挂县强农富民工程项目建设，建立“万年”香沙芋艿核心示范基地、设施蔬菜高效安全生产产业示范基地，带动临近乡镇种植芋艿4500余亩，推广地膜栽培、宽窄行栽培等10项新技术。推进省农科院科技服务项目“沿江地区特经特粮示范基地建设”，推广省农科院系统育成品种30余个、新模式新技术15项。开展集中培训26期，培训示范户近2500人次。发挥产业体系服务功能，借助食用豆产业技术体系南通试验站、2个省现代农业产业技术体系基地（鲜食玉米、鲜食豆类）平台，开展示范基地建设、技术培训和技术指导，主推自主创新成果。推广蚕豆春化处理及早熟配套生产技术，全年推广面积3000余亩，技术影响覆盖整个南通市，辐射浙江、江西、福建、云南、重庆等省市。

（王奎山）

教 育

责任编辑 浦文学

综 述

【概况】 2017年，南通市有普通高等学校8所，在校生9.95万人，教职工7449人；成人高等学校2所，在校生1.81万人，教职工314人；普通高中43所，在校生7.45万人，专任教师9005人；中等职业学校17所，在校生5.95万人，教职工4398人；技工学校12所，在校生1.86万人，教职工1165人；初中159所，在校生16.18万人，专任教师1.53万人；小学325所，在校生33.29万人，教职工2.06万人；特殊教育学校7所，在校生1333人，教职工369人；幼儿园486所，在校生17.05万人，教职工1.75万人。全市学前三年教育毛入园率99.2%，义务教育巩固率100%，高中阶段教育毛入学率100%。

2017年南通市各级各类教育基本情况一览表

表17-1　　　　单位：所、个、人

项 目	学校数	班数	毕业生数	招生数	在校学生数	毕业班学生数	教职工数	
							小 计	其中：专任教师
总 计	1059	18134	245704	260973	936687	251887	79758	64590
高等教育小计	10	—	33703	41003	117580	36417	7763	5248
普通高等学校	8	—	26026	32865	99525	29175	7449	5029
成人高等学校	2	—	7677	8138	18055	7242	314	219
基础教育小计	1020	17663	188086	192636	740973	191594	66432	54569
普通中学	202	5190	76978	77833	236291	77294	27951	24299
高 中	43	1730	26590	24008	74515	25523	10790	9005
初 中	159	3460	50388	53825	161776	51771	17161	15294
小 学	325	7397	54088	59162	332874	53512	20613	19947
特殊教育学校	7	113	169	218	1333	—	369	313
幼儿园	486	4963	56851	55423	170475	60788	17499	10010
中职教育小计	29	471	23915	27334	78134	23876	5563	4773
中等职业学校	17	—	18690	19425	59511	19487	4398	3812
技工学校	12	471	5225	7909	18623	4389	1165	961

（市教育局）

【教育投入与支出】 2017年，南通市教育经费总收入176.41亿元、总支出176.49亿元。在全市教育经费总支出中，工资福利支出84.8亿元，占总支出48.05%；个人和家庭补助支出37.93亿元，占总支出21.49%；公用经费中事业性经费支出18.36亿元，占总支出10.4%；其他资本性支出34.63亿元，占总支出19.62%；其他支出0.77亿元，占总支出0.44%。各地制定公办幼儿园生均财政拨款制度，市区生均820元。寄宿制学校寄宿生增加公用经费补助，年生均200元；特殊教育学校生均公用经费按当地普通同级学校生均公用经费8倍以上拨付。市区义务教育学校生均预算内公用经费为小学800~850元、初中1100元、普通高中1400元。推进全市高中阶段债务化解工作，全市债务化解1.45亿元，其中如皋市7781万元、通州区6700万元，超额完成年度计划。

【教育现代化建设】 2017年，南通市推进教育现代化示范区建设，教育现代化监测综合得分87.72分，高于全省综合得分7.48分，居苏中苏北首位，海安县、如皋市、崇川区超过90分。如东县成为全省首批10个基础教育装备现代化示范县（市、区）之一。全市所有学校接入南通基础教育专网，50%学校采用多协议标记转换技术接入专网；建成市、县两级教育信息中心，实现骨干网全覆盖，"宽带网络校校通、优质资源班班通、学习空间人人通"，每个教室具备"一网、一机、一控、一板、一播"基本设施；建成"智慧校园"52所，完成《南通市"智慧校园"建设指南》。

【师资队伍建设】 *师德建设* 2017年，南通市深化师德建设，开展在职教师有偿补课治理专项行动。评选2017市师德标兵100人、优秀教师群体20个。表彰南通市第14届"园丁奖"10人、第七届"感动南通·教育人物（群体）"10个。获"感动江苏教育人物——2017最美职教教师"1人。加强师德考核，在职称评审、评优评先中实行师德"一票否决制"。建立新教师入职宣誓制度。

乡村定向师范生培养 2017年，南通市加大乡村定向师范生培养，补充紧缺薄弱学科教师，开展乡村教师教学比赛。组织各县（市、区）教育局与南通大学签订乡村定向师范生培养协议，量身定制培养计划。召开各县（市、区）教育局与2017级乡村教师定向师范生见面会。全年，南通市录取乡村定向师范生357人，占全省16.4%。

乡村骨干教师培育站建设 2017年，南通市制定《南通市"江苏省乡村骨干教师培育站"建设管理规程》，注重学员遴选、研训主题申报、活动过程管理、培育计划推进、活动台账建设、工作室考核。至年底，全市有市级乡村骨干教师培育站18个，县级乡村骨干教师培育站24个，累计为乡村学校培养骨干教师1170人。张宏云、於德甫、储冬生3个市级乡村骨干教师培育站和凌宗伟、傅贵成、朱洁芬3个县级乡村骨干教师培育站获评省优秀站；获评省优秀指导教师18人；获评优秀学员163人。培育站成员参加省优课比赛获一等奖5人、二等奖2人。4月4日，《中国教育报》以《系统设计、制度保障、政策倾斜，江苏南通市乡村骨干教师培育站——乡村教师"学得苦"却"抢着去"》为题对相关经验进行专题报道。

教师培训管理 2017年，南通市印发《南通市教师培训学时认定和登记管理办法》。组建教师培训学时认定管理网络，全市近6万名教师开展培训学时认定。推进中小学教师培训管理信息化，规范使用"江苏省中小学教师（校长）培训学时认定和管理系统"，全市教师培训学时达标率提高至93.51%。加强所属县（市、区）教师发展中心建设，全市9所教师发展中心率先通过江苏省教师发展中心示范现场评估，通过率全省第一。

名师名校长培养 2017年，南通市制定《教育家型教师、卓越教师发展行动计划（2017~2021年）》。组织名师、名校长培养对象和市学科带头人高级研修，开设"南通市名师公益大讲堂"，加强教师发展共同体建设，推进33个南通市中青年名师工作室开展专题研讨活动。李庚南、黄美华、崔志钰获评国家"万人计划"教学名师。《南通市名师培养项目的设计与实践》入选江苏省教育厅组织编写的《江苏省教育改革创新典型案例》一书。

"中国好老师"公益行动 2017年，通州区实验小学获批"中国好老师"公益行动计划省级基地校。11月，"中国好老师"公益行动计划2017江苏省基地校文化育人活动在通州区实验小学举行。通州区实验小学获评"中国好老师"优秀育人案例全国学校组一等奖，海安实验小学3名教师获全国教师组一等奖。

教学比赛 2017年，南通市获江苏省青年教师基本功大赛一等奖25个，列全省首位；获全国一等奖3个、省组织奖3个，获省"领航杯"教育信息化应用能力大赛特等奖2个、一等奖30个。获省职业教育教学大赛一等奖12个。在国家、省优课竞赛中，信息技术获全国优课评比特等奖，英语、数学获全国优课评比一等奖第一名，思想品德获"长三角"优课评比一等奖第一名、职教信息化教学大赛获全国一等奖。获省级优课评比一等奖25个。

【教师聘用和资格认定】 2017年，南通市统筹教师资格考试、认定，组织1156名教师参加注册。开展事业单位工作人员公开招聘，市直学校（单位）新录用教师23人。推进"县管校聘"改革，建立教育部门统筹教师资源配置、学校负责岗位聘用新机制，打破教师聘用管理、交流轮岗制度壁垒，全市3363名教师参加交流。

【中小学德育】 2017年，南通市推进德育品牌建设，江苏省南通中学、江苏省如皋师范学校附属小学、海安县海陵中学、南通大学附属中学、通州区通州小学5所学校通过江苏省首批中小学品格提升工程立项。10月，全国生活德育区域推进研讨会在如皋市举办，如皋"生活德育"品牌向全国推广。陈桥中学"世纪少年献礼青春"获评教育部优秀德育案例。20项市规划德育专项课题立项并开展研究。推进家校共育，成立南通市教育系统家长学校总校。参加江苏省弘扬社会主义核心价值观情景剧大赛，南通市获省级优秀组织奖。

【基础教育教学改革】 2017年，南通市组织召开基础教育（高中、初中、小学）课堂教学改革现场推进会，举办分层走班教学探索研讨活动4次，建立创客教育联盟。组织教师参加教育部、中央电教馆主办的2017年度"一师一优课、一课一名师"活动，新增部级优课165节、省级优课270节，至年底，获部级优课总数775节、省级优课总数1637节。《中国教师报》以《区域

6月18日，第五届"夏青杯"朗诵大赛南通分赛区决赛暨颁奖仪式在南通开放大学举办。（市文联　供图）

课改推进的实践探索——以江苏省南通市初中课改为例》为题专题报道南通课改经验。

【"中华经典诵写讲"活动】 2017年，南通市开展中小学教师中华经典诵写讲能力展示和论文评选活动，参加全省展示比赛，获特等奖1人、一等奖2人。开展第二届"韬奋杯"经典诵读大赛及优秀节目展演、第四届中小学生读书节主题演讲和征文评选活动。参与主办中央人民广播电台第五届"夏青杯"朗诵大赛南通分赛区活动。举办"我们的节日·端午"中小学生经典诵读和规范汉字书写大赛。向获评"江苏省书香校园建设示范点"的江苏省南通第一中学、海安县海陵中学、江苏省南通师范学校第二附属小学、南通市通州区实验小学、海门市东洲小学、江苏省如皋师范学校附属小学、海安县实验小学、南通市通州区石港小学、海门市实验小学9所中小学校授牌。

【普通话普及情况调研】 2017年，南通市首次开展普通话普及情况调研，以县域为单位，以学校、镇区和农村地区为重点，以学生和劳动力人口为主要对象，对6个县（市、区）劳动力人口和学生样本进行调查录音和短文录音。调研数据显示，南通市60周岁及以下居民用普通话顺畅交流比例96.39%。其中，城市居民用普通话顺畅交流比例99.62%，农村居民95.72%。

【体育特色学校建设】 2017年，南通市出台《关于强化学校体育促进学生身心健康全面发展的实施意见》，加强体育特色学校建设。江苏省南通中学（排球）、江苏省南通师范第二附属小学（乒乓球）、海门市悦来小学（排球）、南通市第二中学（足球）、江苏省南通第一中学（排球）、启东市海复小学（排球）、南通市通州区川港小学（击剑）、南通市通州区实验小学（田径）、海安高级中学（田径）、江苏省海门中学（排球、田径）、海门市海南小学（足球）、如东县实验小学（田径）、南通市跃龙中学（篮球）、如东栟茶高级中学（田径）、如皋市石庄镇石庄小学（田径）、江苏省通州高级中学（田径）、南通市北城中学（篮球）、江苏省南通师范第一附属小学（乒乓球）、如东县马塘中学（田径）、南通市朝晖小学（羽毛球）、南通大学附属中学（篮球）、南通田家炳中学（排球）、如皋经济技术开发区何庄小学（乒乓球）、海门市三星初级中学（自行车）24所学校获评省体育传统项目学校；江苏省南通师范第二附属小学、南通市海安县实验小学、南通市北城小学、南通市跃龙中学、南通市北城中学、南通大学附属中学6所学校获评全国校园篮球特色学校。192所学校开展"一校一品"体育特色建设，涉及体育项目60余个。

【足球特色学校建设】 2017年，南通市新增全国校园足球特色学校57所，省足球特色幼儿园10所。获全省小学校园足球优秀课评比活动一等奖2个。区域、班级联赛1万余场次，覆盖学生5万余人。获2017年"省长杯"青少年足球联赛总决赛初中男子组、高中男子组冠军。6月，全省校园足球工作现场推进会在南通市召开。

【民办教育机构管理】 2017年，南通市组织对572所民办学校年检、工作检查和专项督查，促进民办教育亮证办学、规范办学、质量办学、诚信办学，推进公示承诺制度。开展切断公办学校与校外培训机构关联专项行动。举办民办教育法律法规培训11场次、600余人次，召开民办幼儿园规范收费专题会议。北京外国语大学附属如皋龙游湖外国语学校完成建设并招生。如东小洋口的南通爱德文民办高中建设与运营有序推进。

【法治教育建设】 2017年，南通市印发《关于全面推进依法治教的实施意见》，创建第八批市级依法治校示范校113所，市级示范校比例90%以上。崇川区成为全市首个省级依法治教改革试点区。

【安全教育平台建设】 2017年，南通市整合多方教育资源，开发应用"南通市学校安全教育平台"和手机APP，落实安全教育课程计划，优化安全平台运用与管理考核机制，及时推送安全资讯、预警通知、节假日安全提醒等，专题开展安全教育日、防校园暴力、防溺水、平安暑假、开学安全第一课、国家安全、"119"消防安全、"122"交通安全等教育活动，95%以上在校生家庭、74万名学生通过安全教育平台学习安全知识。

【精准助学】 2017年，南通市开展精准助学，提高特殊困难学生资助标准，为普通高中家庭经济困难学生建档立卡采集数据，全市免除472名公办普通高中学生学杂费，发放各类助学金6000余万元。开展"江海阳光·慈善助学"行动，资助贫困大学生212人，发放助学金83.2万元。至年底，全市累计资助贫困学生进入大学学习1644人。

【教育督导】 2017年，南通市开展县级政府教育工作督导，如皋市、启东市、崇川区高分通过省级督导。推进责任督学挂牌督导创新县（市、区）创建。开展市直学校综合性督导，对南通市第一初级中学、南通市启秀中学、南通田家炳中学、南通市第二初级中学、南通市小海中学初中部开展综合督导评估，形成综合督导评估报告。建立市区督学工作联动机制，对崇川区、港闸区所属学校进行督导。

【教育合作交流】 2017年，南通市举办首届江苏南通·台湾新北家庭德育教育交流对话活动，签署《德育教育交流备忘录》，建立中小学互访合作交流机制。南通与香港开展教育交流合作，选派28名优秀中学生到香港交流。举行“通港姊妹学校”缔结仪式，江苏省南通第一中学与香港观塘福建中学、南通市第二中学与香港天水围香岛中学、南通市小海中学与香港小西湾福建中学、如东县实验中学与香港汉华中学（初中部）、南通市北城小学与香港汉华中学（小学部）分别签订《通港姊妹学校缔结计划教育交流合作意愿书》。组织师生出国（境）培训交流43批次329人，14所学校1109人参加修学旅行。全年，48名海外华裔青少年到南通开展寻根之旅夏令营活动，中小学校接待外国到访1000人次。江苏省南通中学、南通大学附属中学、南通市长江青少年素质教育实践基地获评“江苏省华文教育基地”。

（虞谷生　祝杭斌）

学前教育

【概况】 2017年，南通市有幼儿园486所，其中公办园312所、民办园174所；班级4963个，适龄幼儿入园数5.54万人，在园幼儿17.05万人，其中在公办园就读幼儿11.31万人，占比66.32%；全市学前三年毛入园率99.2%。全市幼儿园有教职工1.75万人，其中专任教师10010人、保健医生408人、保育员4391人。专任教师中，大学专科毕业及以上9719人，占比97.09%；大学本科毕业及以上4649人，占比46.44%。

【幼儿园布局规划】 2017年，南通市规划幼儿园布局，推进住宅小区配套幼儿园规划建设，制定《南通市居住区配套建设幼儿园管理实施办法》。按照“幼有所育”目标，实施第二期学前教育五年行动计划，构建优质普惠学前教育体系。举办公办幼儿园，引导和扶持普惠性民办园，推动县（市、区）建立幼儿园服务区制度，全市新开工建设幼儿园18所。

【省优质幼儿园创建】 2017年，南通市落实公办幼儿园独立法人制度，开展江苏省优质幼儿园创建和复审，全市新增省优质幼儿园25所，通过省优质幼儿园复审179所，省优质幼儿园占比73.5%。

（林　栋　祝杭斌）

表17-2　　2017年南通市幼儿园基本情况一览表　　单位：所、个、人

项目	园数	班数	入园幼儿数	在园幼儿数	教职工数		办学规模		
					合计	其中：专任教师	平均每校学生	平均每校班级	平均每班学生
合计	486	4963	55423	170475	17499	10010	350.8	10.2	34.3
崇川区	68	680	7404	21764	2662	1393	320.1	10.0	32.0
港闸区	28	306	3051	9737	1224	631	347.8	10.9	31.8
南通开发区	21	256	2880	8646	1016	518	411.7	12.2	33.8
通州区	62	678	8286	24794	2489	1423	399.9	10.9	36.6
通州湾示范区	7	50	450	1590	184	100	227.1	7.1	31.8
海安县	52	516	5959	17439	1733	1068	335.4	9.9	33.8
如东县	51	431	5289	15580	1332	750	305.5	8.5	36.1
启东市	62	517	5578	17003	1485	833	274.2	8.3	32.9
如皋市	77	937	10063	32468	3143	1949	421.7	12.2	34.7
海门市	58	592	6463	21454	2231	1345	369.9	10.2	36.2

（市教育局）

义务教育

【概况】 2017年，南通市有义务教育阶段学校484所。其中，小学325所、7397个班级，毕业生数54088人。初中159所、3460个班级。全市义务教育阶段在校学生49.47万人，其中小学生33.29万人、初中生16.18万人。义务教育阶段在职专任教师3.52万人，其中小学专任教师1.99万人、初中专任教师1.53万人。

【义务教育学校标准化建设】 2017年，

南通市统筹推进城乡义务教育一体化，促进优质均衡发展。加强义务教育学校标准化建设，改善办学条件，新建中小学10所。落实《义务教育学校管理标准》，开展省小学特色文化和初中质量提升工程项目建设，加强对现有项目的建设管理。深化义务教育联合办学，促进学校内涵发展和质量提升。出台《关于做好2017年南通市义务教育招生入学工作的通知》，保障农村留守儿童及进城务工人员随迁子女平等入学；义务教育学校不得出现大班额现象，基本消除66人以上超大班额，起始年级消除56人以上大班额。

【"改薄"工程】 2017年，南通市推进义务教育学校"改薄"工程（改善贫困地区义务教育薄弱学校基本办学条件），开展全面改善贫困地区义务教育薄弱学校基本办学条件项目双月报工作，对各县（市、区）建设内容和项目实行动态监控和全程管理，至10月底，投入资金38.35亿元，完成5年总规划（2014~2018年）投入资金89%，超过省教育厅提出的完成85%任务目标，校园校舍开工率、竣工率、设备采购进度排名均居全省前列。相关经验在全省"改薄"工作推进现场会上作经验交流。

【课堂教学改革】 2017年，南通市加强区域课改整体谋划，突出"核心素养"统摄、"课改要素"整合、"教研转型"支撑，探索"分层走班"课堂教学改革。全年举办课改推进活动200余场次，举办第14次课改现场会。培植课改示范校、典型校，出台"南通市课改样板学校评审方案"，完成对29所小学、25所初中课改样板培育学校调研与考核。通过"分层走班"课改项目研究、学科基地活动、"课堂品牌"打造、课改联盟学校建设、乡村课改校群组建设、《南通教育研究》专题研讨等途径，放大南通课改效应。3月15日，《中国教师报》以《区域课改推进的实践探索——以江苏省南通市初中课改为例》专题报道南通课改经验。10月，江苏省中小学教学研究室到南通调研，推介如东县景安初中等课改经验。

【国家级教学成果推广】 2017年，南通市做好"二李"（教学成果曾获教育部特等奖和一等奖的李吉林老师、李庾南老师）国家级教学成果宣传推广，举行中国情境教育儿童学习范式国际研讨会暨李吉林儿童情境学习专著（英文版）首发式，美国、法国、德国、澳大利亚及国内30余位知名教育专家、近500名代表，对中国情境教育儿童学习范式进行研讨，江苏省南通师范学校第二附属小学开设儿童情境学习观摩课及主题大单元活动课程，全方位呈现中国情境教育儿童学习范式理论研究和实践探索成果。举办初中数学"自学·议论·引导"教学法第二期研修活动，甘肃、广东、湖北、黑龙江、辽宁、陕西、重庆、天津、新疆、江苏等省（自治区、直辖市）"自学·议论·引导"教学实验区、实验校近700人参加。

【学业质量监控】 2017年，南通市组织质量监测命题教师及质量监测管理者培训。义务教育阶段六年级2.25万名学生、七年级1.3万名学生、八年级1.2万名学生参加学业质量抽样测试。采用学科抽测和调查问卷两种抽样测试。测试学科为语文、数学、英语、综合。其中综合分别抽测物理、思想品德、历史、地理、生物、信息技术、音乐、劳动技术中部分科目，构建区域义务教育质量体系。

【中招模式改革】 2017年，南通市制定《南通市深化中等学校考试招生制度改革实施方案》，组织2017年南通市中等学校招生考试改革业务培训。首次实现中考网上缴费。建立全市阅卷教师库，采用网上阅卷，规范中考成绩公布流程，实现零差错。体育中考首次实现全部智能化考试、确保考生成绩公平公正。中招录取严格规范，实现"零差错、零争议、零失误、零投诉"目标。

（祝杭斌）

表17-3

2017年南通市小学基本情况一览表

单位：所、个、人

项目	学校数	班数	毕业生数	招生数	在校学生数	毕业班学生数	教职工数							办学规模		
							合计	其中，专任教师						平均每校学生	平均每校班级	平均每班学生
								小计	中高	小高	小一	小二	未定级			
合计	325	7397	54088	59162	332874	53512	20613	19947	1044	11669	5384	610	1240	1024.2	22.8	45.0
崇川区	25	851	6642	7229	41706	6683	2084	2119	87	1022	818	90	102	1668.2	34.0	49.0
港闸区	10	300	1872	3241	15284	1880	737	714	23	392	233	22	44	1528.4	30.0	50.9
南通开发区	6	273	1786	2927	14117	1910	705	700	30	325	281	7	57	2352.8	45.5	51.7
通州区	43	1062	8178	9426	50586	7729	3078	2896	217	2033	427	75	144	1176.4	24.7	47.6
通州湾示范区	7	82	537	519	2923	455	241	216	10	155	39	5	7	417.6	11.7	35.6
海安县	45	779	6222	5376	31416	5436	2566	2301	142	1221	690	121	127	698.1	17.3	40.3
如东县	44	754	4141	4915	29965	4959	2524	2225	147	1101	730	87	160	681.0	17.1	39.7

（续表17-3）

项目	学校数	班数	毕业生数	招生数	在校学生数	毕业班学生数	教职工数							办学规模		
							合计	其中，专任教师						平均每校学生	平均每校班级	平均每班学生
								小计	中高	小高	小一	小二	未定级			
启东市	49	872	6120	6503	37742	6445	2743	2649	89	1718	678	121	43	770.2	17.8	43.3
如皋市	55	1400	10695	10971	61551	10073	3186	3432	187	2081	679	82	403	1119.1	25.5	44.0
海门市	41	1024	7895	8055	47584	7942	2749	2695	112	1621	809	0	153	1160.6	25.0	46.5

（市教育局）

2017年南通市普通初中基本情况一览表

表17-4　　单位：所、个、人

项目	学校数	班数	毕业生数	招生数	在校学生数	毕业班学生数	初中专任教师情况						办学规模		
							小计	中高	中一	中二	中三	未定级	平均每校学生	平均每校班级	平均每班学生
合计	159	3460	50388	53825	161776	51771	15294	3427	8080	3484	2	301	1017.5	21.8	46.8
市直	3	222	3459	4085	12308	3793	812	223	431	151	0	7	4102.7	74.0	55.4
崇川区	8	160	2187	2486	6961	2183	601	180	270	140	0	11	870.1	20.0	43.5
港闸区	7	109	1421	1915	5194	1522	435	82	182	136	1	34	742.0	15.6	47.7
南通开发区	3	84	1296	1552	4320	1290	329	55	139	121	1	13	1440.0	28.0	51.4
通州区	25	501	7204	7774	22963	7125	2218	603	1207	395	0	13	918.5	20.0	45.8
通州湾示范区	1	24	422	367	1144	373	93	24	50	17	0	2	1144.0	24.0	47.7
海安县	23	427	5783	6250	18146	5905	1974	546	996	390	0	42	789.0	18.6	42.5
如东县	22	370	5395	4397	15525	5367	1790	454	844	442	0	50	705.7	16.8	42.0
启东市	18	394	6136	6084	18956	6269	2093	401	1218	474	0	0	1053.1	21.9	48.1
如皋市	23	641	10134	10716	32883	10721	2681	464	1665	464	0	88	1429.7	27.9	51.3
海门市	26	528	6951	8199	23376	7223	2268	395	1078	754	0	41	899.1	20.3	44.3

（市教育局）

※学校选介※

南通市启秀中学

【概况】 南通市启秀中学（简称“启秀中学”）位于跃龙路74号，占地2.29公顷，建筑面积1.99万平方米。2017年，启秀中学中考成绩领跑市区各校，学校获评“全省厂务公开民主管理先进单位”。

【课程研究】 2017年，启秀中学依托李庚南老师创建的“自学·议论·引导”教学法，组织校本培训，开设“以专业的情怀做教育”“再谈‘三学’，建构有规则的自由课堂”“做学生健康成长的幸福守望者”等专题讲座，研讨“基于素养培养的初中语文”。创新集体备课模式，开设“启秀学堂”，推行以“学材再建构、学法三结合、学程重生成”为核心的“三学课堂”，数学学科汪健老师获全国第10届初中青年数学教师优秀课展示与培训活动一等奖。实行“课题引领课改”战略，3个省级课题开题。在《江苏教育》刊发《诚恕惟启，博约成秀——启秀中学学校文化解读》，出版《自学·议论·引导》校刊。11月30日～12月2日，启秀中学承办“自学·议论·引导”教学法第二期全国研修班。

【社团活动】 2017年，启秀中学全面开展家政、采风、艺术、集邮、棋类、人文、地理等社团活动。启秀棋队连续第10次夺取江苏省中学生棋类比赛初中组团体总冠军。获“七彩语文杯”江苏省“中学生与社会”作文大赛一等奖3人。获省中小学生数字书画比赛大奖39人，其中获特等奖1人、一等奖4人。获第二届全国葛兰诵读文化比赛最高奖葛兰奖（初中组）1人。获第12届全国青少年教育机器人奥林匹克竞赛一等奖1人。获2017年全国中小学生幼儿优秀美术书法摄影作品大赛金奖3人。获“三独”（独唱、独舞、独奏）比赛、绘画、书法、陶艺、体育、邮票设计、未来之星创意大赛等奖项100余个。

（胡　璇）

南通市第一初级中学

【概况】 南通市第一初级中学（简称“市一初中”）位于崇川路9号，占地5.87公顷，建筑面积2.7万平方米。2017年，市一初中有教职工205人，其中专任教师189人、高级职称教师54人、中级职称教师104人、初级职称教师31人，省特级教师3人、省“333工程”培养对象1人、市名师培养对象2人、市学科带头人4人、市骨干教师7人，硕士29人。有教学班44个，在校生2219人，比上年减少42人。开展“真文化”建设及“问学课堂”研究与实践，在优课、基本功等教学竞赛活动中，获省级一等奖3项、二等奖1项，市级一等奖7项；在“一师一优课”评比活动中，获部级优课3节、省级优课2节；获省教学成果奖（基础教育类）一等奖2人。4项省级课题、6项市级课题开题，1项省级课题、2项市级课题结题。承办江苏省教科研基地学校（教学组）主题研修活动。

（张　建）

南通市第二初级中学

【概况】 南通市第二初级中学（南通市第二初级中学教育集团总校）位于南通市港闸区公园路4号，占地6.7万平方米，建筑面积1.7万平方米。2017年，学校有教职员工134人，其中专任教师119人；具有中学高级职称40人，中级职称45人，初级职称34人；市学科带头人1人，市骨干教师4人；研究生学历7人。现有教学班29个，在校学生1506人。2017年，学校获“中华灯谜传承学校”称号，省市科研课题增至12个。在省市级青少年足球联赛中，学校男队获市总决赛一等奖、省总决赛第四名。在省笼式足球青少年比赛中，学校获第三名。

（陈铭卿）

特殊教育

【概况】 2017年，南通市有特殊教育学校7所，班级113个，在校学生1333人，专任教师313人。发挥市、县二级特殊教育指导中心示范引领作用，分区域制定特殊教育资源中心建设布局规划，建立、完善随班就读和送教上门制度，全面推进随班就读和送教上门。加强特殊教育师资培训，设立南通市特殊教育研训基地，举办南通市首届中小学（幼儿园）特殊教育资源教师高级研修班。申报省级办学条件改善项目4个，其中区域特殊教育资源建设项目2个、送教（康）上门项目2个。

【阳光体育运动会】 12月，南通市举办第五届特殊教育学校学生阳光体育运动会，全市7所特殊教育学校及市社会福利院近150名孩子参加。通州区特殊教育学校代表队、海门市特殊教育学校代表队、启东市特殊教育学校代表队分获一等奖。

【特殊教育才艺大赛】 2017年，南通市第三届特殊教育学校师生才艺大赛在海门市特殊教育学校举行。比赛设特殊教育学校教师组和康复机构组教师演讲、教师粉笔字比赛、听障组主题绘画、智障组水果拼盘和智障组手工制作5个项目。评选出学生一等奖7人，二等奖9人，三等奖10人；教师一等奖7人，二等奖9人，三等奖10人。

（祝杭斌）

表17-5

2017年南通市特殊教育学校基本情况一览表

单位：所、个、人

项目	学校数	班数	毕业生数	招生数	在校学生数	教职工数		办学规模		
						小计	其中，专任教师	平均每校学生	平均每校班级	平均每班学生
合　计	7	113	169	218	1333	369	313	190.4	16.1	11.8
崇川区	1	36	53	45	243	104	99	243.0	36.0	6.8
通州区	1	14	6	57	251	50	41	251.0	14.0	17.9
海安县	1	10	39	4	113	48	31	113.0	10.0	11.3
如东县	1	12	0	10	118	50	41	118.0	12.0	9.8
启东市	1	14	18	13	223	41	36	223.0	14.0	15.9
如皋市	1	15	40	79	205	40	33	205.0	15.0	13.7
海门市	1	12	13	10	180	36	32	180.0	12.0	15.0

（市教育局）

普通高中教育

【概况】 2017年，南通市有普通高中43所，招生2.4万人，全市15~17岁人口高中阶段学校毛入学率100%。在校生7.45万人，专任教师9005人，师生比为1∶8.27。专任教师学历达标率87.8%，其中具有研究生学历者占12%、具有中学高级职称者占38.9%。

【特色学校建设】 2017年，南通市加强普通高中特色学校（项目）建设，修订完善《南通市特色学校（项目）建设评估标准》，建设普通高中特色学校（项目）18个。组织中小学优秀学生社团评选展示活动，评选优秀社团100个。南通大学附属中学通过“江苏省四星级高中”晋星评估，海门市四甲中学通过省专家组现场考察。至年底，全市有四星级高中25所。

【2017年高考】 2017年高考，南通市有3人进入全省高考成绩前10名，42人进入全省前100名，总分400分以上人数91人。本一上线率，文科33.28%、理科51.73%；本二上线率，文科90.8%、理科97.9%；生均分，文科319.2分、理科331.2分。

【招飞工作】 2017年，南通市跟踪做好合格学生“思想保苗”“文化保苗”“身体保苗”“心品保苗”，形成“事事有人管、层层抓落实”责任体系和“学生积极参与招飞（招录飞行员）、家长支持招飞、学校配合招飞、社会关注招飞”局面。全市录取空军、海军飞行学员11人，其中空军飞行学员3人、海军飞行学员8人，空军青少年航空学校招收学员10人。

10月9日，南通中学高一学生向国旗宣誓入学仪式。（南通中学　供图）

【教育援助】 2017年，南通市教育援助新疆伊宁7人，教育援助西藏拉萨10人，教育援助青海贵德2人。组织援疆和援藏教师赴任前对受援地教育现状进行调研，明确发展目标和专业发展方向。指导伊宁县二中优化管理机制，2017年，该县高考取得历史最好成绩，本科上线率49.18%。协助拉萨江苏实验中学诊断课堂教学，归纳教学十大薄弱环节，定制十大优化举措。组织教育专家团到伊宁交流研讨，深入课堂听课40余节，开设公开课15节，主讲专题讲座9次。开展“苏中杯”教学比武，累计赛课167节，专任教师参加比例70%。张翊翔获评中组部2017年度全国对口支援新疆先进个人。11月，中新网以《江苏南通百位名师援疆“十个一”点亮学生未来》作专题报道。

（祝杭斌）

2017年南通市普通高中基本情况一览表

表17-6　　　　单位：所、个、人

项目	学校数	班数	毕业生数	招生数	在校学生数	毕业班学生数	中学教职工数（含初中）	高中专任教师情况						办学规模		
								小计	中高	中一	中二	中三	未定级	平均每校学生	平均每校班级	平均每班学生
合　计	43	1730	26590	24008	74515	25523	27951	9005	3500	3119	2260	0	126	1732.9	40.2	43.1
市　直	7	242	3391	3316	10412	3574	2029	1000	515	358	108	0	19	1487.4	34.6	43.0
崇川区	—	—	—	—	—	—	805	—	—	—	—	—	—	—	—	—
港闸区	—	—	—	—	—	—	488	—	—	—	—	—	—	—	—	—
南通开发区	2	39	577	632	1818	583	567	179	70	75	30	0	4	909.0	19.5	46.6
通州区	4	208	3936	2829	9113	3322	4152	1161	492	379	285	0	5	2278.3	52.0	43.8
通州湾示范区	1	26	365	467	1412	451	249	107	25	33	45	0	4	1412.0	26.0	54.3
海安县	6	215	3027	2928	8856	2915	3807	1375	625	460	283	0	7	1476.0	35.8	41.2
如东县	4	184	2982	2607	8237	2870	3327	1008	368	382	250	0	8	2059.3	46.0	44.8
启东市	4	194	3102	2870	8905	3009	3338	986	325	389	265	0	7	2226.3	48.5	45.9
如皋市	8	364	5485	4970	15377	5182	5159	1861	672	671	484	0	34	1922.1	45.5	42.2
海门市	7	258	3725	3389	10385	3617	4030	1328	408	372	510	0	38	1483.6	36.9	40.3

（市教育局）

※学校选介※

江苏省南通中学

【概况】 江苏省南通中学(简称“南通中学”)位于南通市中学堂街9号,占地6.9公顷,建筑面积7.03万平方米。2017年,学校有高中教学班60个,学生2521人,教职工249人。高考本一上线率91%,本二上线率100%。高二学业水平测试4A率22.8%,583人获加分资格,占比91.1%,人均加分2.6分。推进“五大学习中心”建设,入选江苏省首批STEM(科学、技术、工程和数学英文简称)项目学校。学校获评“2017~2018中国高中教育50强”(全省3所)、“2017~2018中国十大名牌高中”(全省唯一)、首届“全国文明校园”(全省5所、江苏电视台教育频道专程录制《文明校园风采》宣传片)、国家级“节约型公共机构示范单位”、全国“国防教育特色学校”、全省“百佳学生资助工作单位典型”;通过江苏省四星级高中复审,被命名为第五批“全国民族团结进步创建示范单位”,是唯一全国内地班重点高中;受邀参加“2017年全国内地西藏班(校)德育工作会议暨校长年会”,是唯一连续两年在大会上做专题发言的学校;先后接待教育部和江苏省“民族教育工作调研组”到校调研,西藏班师生群体积极乐观、团结奋进精神气质被称“通中现象”。

【文化建设】 2017年,南通中学总结出新时期“一训三风”(校训和校风、教风、学风),《通中报》获江苏省首届中小学优秀校园报刊评比一等奖,艺术学科获“2017年江苏省巾帼文明岗”称号;获“中国好教师”称号1人、“江苏省五一劳动奖章”1人,获中共西藏自治区教育工委、自治区教育厅颁发“四有好老师”称号1人。

【学生品格提升】 2017年,南通中学“难忘生涯教育体系建构”项目入选“2017年江苏省中小学生品格提升工程项目”,获A等级。学校“八礼四仪”(仪表之礼、餐饮之礼、言谈之礼、待人之礼、行走之礼、观赏之礼、游览之礼、仪式之礼,入学仪式、成长仪式、青春仪式、成人仪式)养成教育经验,在2017年“全省深化未成年人文明礼仪养成教育暨文明校园创建工作推进会”上作交流发言,是全省唯一受邀发言的高中学校。打造“难忘教育”品牌,系统编制《南通中学难忘教育活动手册》;学生参加中央电视台《中学生眼中的十九大》专题视频拍摄。

【教学案工程】 2017年,南通中学全面优化教学案工程,强化特色课程建设,编制“南通中学课程图谱”,开展“学导式难忘课堂”研讨,组织“基于现代技术的学导式难忘课堂”主题教学研讨活动,全年开展学科研究课近100节。获省基础教育教学成果一、二等奖2项;在全国、省市教学课比武中,获部级优课4个、省一等奖2个、大市一等奖4个。

【人才培养】 2017年,南通中学首届“创新实验班”招生,学校系统研究创新实验班课程体系和培养机制,落实“双高协同”计划。组建五大奥赛教练团队,在全国中学生奥林匹克竞赛中获全国一等奖6人,获省一等奖63人。获评第28届江苏省青少年科技创新大赛创新成果类“十佳科技创新学校”;获省一等奖3项、省二等奖6项,列全省普通高中之首。

(孙　晨)

江苏省南通第一中学

【概况】 江苏省南通第一中学(简称“南通一中”)位于人民西路38号,占地4.68公顷,建筑面积5.25万平方米。2017年,南通一中高考本一上线人数413人、上线率70.1%、比上年增长30%,本二上线人数586人、上线率99.6%。普通高中学业水平考试一次性通过率100%,获A数900余人次,获A率83.5%,人均得分1.6分。PGA及A-Level国际课程班毕业生均被世界百强名校录取。学校获评江苏省书香校园建设示范点、江苏省高中物理教学研究基地学校、江苏省课程基地示范学校,江苏省STEM教育项目试点学校。“基于大数据的教学管理策略研究”项目被确定为省基础教育前瞻性教学改革试验项目。

【智慧校园建设】 2017年,南通一中利用大数据、云计算、移动互联网等新一代信息技术打造智能高效课堂,通过课前、课中、课后全过程应用,实现大数据背景下精准教学,完成智慧管理、智慧教学、智慧生活等智慧校园一期项目建设。建设具有学校特色个性化管理平台,包括协同办公系统、教务综合管理系统、教科研管理系统、后勤管理系统、电子班牌系统、智能一卡通系统。在高一开设4个平板教学实验班,实现立体化交互和个性化教学的全新课堂生态。推进学业大数据系统使用,实现以学定教。通过平台数据分析发现学生共性和个性问题,针对每个学生不同需求量身定制学习对策,实现共性教学与个性辅导相结合教学新模式和实现错题个性化智能推

3月27日,南通中学举行学生成人仪式。　　(南通中学　供图)

送，培养学生自主学习意识和能力。

【学生综合素质培养】2017年，南通一中校排球队获江苏省第24届中小学排球锦标赛高中男子组第三名。在江苏省第15届中学生田径锦标赛中，1人夺得800米第一名、400米第二名，获一级运动员称号。1人获全国中学生运动会网球比赛第三名、省第二名。南通一中代表队获2017中国服务机器人大赛暨中国机器人大赛服务机器人专项赛龙争虎斗项目冠军和季军，在两个参赛项目中获一等奖4个、二等奖3个。在“世界学者杯”（上海赛区）比赛中，32人获奖牌48个、入围世界学者杯全球总决赛30名。1人获省英语口语高中组总决赛特等奖第一名。

【师资队伍培养】2017年，南通一中加大名师培养，1人获评江苏省人民教育家培养对象、正高级教师，其《格调语文》获评省级教学成果二等奖。2人被确定为南通市第一梯队名师培养对象，1人当选2017年南通市师德标兵。组织教师参加各类基本功大赛，开展优课评比活动。获省优课和基本功大赛一、二等奖4人，获第二届江苏省中学中职学校“微团课”大赛决赛教师组二等奖1人，获“一师一优课、一课一名师”活动部级优课奖励3人、省级优课奖励1人。

【国际交流】2017年，南通一中PGA项目和A-Level项目的2017届毕业生均被世界百强大学录取。PGA项目2017届毕业生中，20%被全球排名前50强大学录取，A-Level项目2017届毕业生20%被全球排名前30大学录取，其中被英国帝国理工学院、英国伦敦大学学院、加拿大麦吉尔大学录取学生各1人。常态开展与友好学校师生互访活动，全年度在高一年级普通班开设意大利语选修课，下半年在高一年级增设英语外教口语课两门。

（吴丽雅）

南通大学附属中学

【概况】南通大学附属中学（简称“通大附中”）位于南通大学北侧，世纪大道南侧，占地面积13.8公顷，总建筑面积7.4万平方米。2017年，学校有教学班41个，学生1788人，教职工222人。高考本科录取率97.32%。学校高分通过省四星级普通高中评估，获评第一批全国青少年校园篮球特色学校、江苏省华文教育基地、江苏省STEM教育项目试点学校。

【课程基地建设】2017年，通大附中建成数学与科学、星火创客空间2个省级课程基地，江海文化美育课程基地通过省级评估，成为南通市唯一拥有3个省级课程基地学校。举办市初高中信息技术创客与教学专题研讨暨星火创客空间成果展示活动、市创客教育论坛，协办省高中课程基地项目培训班、市教师Stem课程引智培训班。星火创客空间举办面向市区初中学生的创客嘉年华活动，并以高分通过省中期评估。“基于学院制的校本课程协同创新实践研究”入选江苏省教育科学“十三五”规划课题。

【博雅教育】2017年，通大附中开设博雅讲坛20场，举行“勇毅青春”30千米远足活动、成立“雅正”爱心基金，开展全国自救互救日（南通站）救护培训等活动，构筑具有通大附中特色的雅正德育系统工程。获评中小学教师系列（专业）正高级教师资格教师1人；各类教学比赛中获奖教师人名，其中获优课评比省级一等奖3人、市级一等奖5人；获“一师一优课”晒课活动部级优课3人。学生获国际青少年创客挑战赛一等奖2人，全国中学生作文大赛特等奖1人，省中小学书法展示赛一等奖1人，省国学达人赛一等奖1人，省微团课比赛一等奖1人；校“悦动之声”合唱团获第八届中国魅力校园合唱节中学组银奖，校健美操队获省第17届中小学生啦啦操、健美操锦标赛高中组一等奖。

（张　平）

南通西藏民族中学

【概况】南通西藏民族中学位于江海大道469号，是经江苏省教育厅和南通市人民政府批准，于1997年7月创办的一所内地西藏中学。2017年，学校有初中班8个、高中班12个，学生759人。教职工104人，其中藏文教师4人。有省特级教师1人、市“226工程”培养对象1人。中考均分列全国内地班（校）前茅，本科录取率99.19%、居内地西藏班（校）前列。获“西藏自治区民族团结进步模范集体”，获“江苏省好青年”“西藏自治区民族团结进步模范个人”“感动南通·教育人物”等省、市荣誉10余人。

【亲情结对】2017年，南通西藏民族中学“我在南通有个家”汉藏亲情牵手活动获评“文明江苏”志愿服务行动创新案例一等奖。深化民族团结教育品牌活动，拓展为“我在南通传递爱”“我为社会奉献爱”系列实践。

【办学20年系列活动】2017年，南通西藏民族中学举办“全国内地西藏班教研活动暨南通西藏民族中学教育教学成果展”等办学20年系列活动，开设教学改革优质汇报课47节。结合省前瞻性课题“家国情怀，五个认同”，举办以“家文化”为主题的德育论坛，获国家督学、中国现代教育专家成尚荣肯定。

（施　娟）

南通市第二中学

【概况】南通市第二中学（简称“南通二中”）始建于1919年，由中国近代著名实业家、教育家张謇胞兄张詧捐其次子张敬孺遗资创立，初名“私立敬孺高等小学校”，1946年建成完全中学，1956年改私立为公立，定名“南通市第二中学”。2014年9月，位于港闸区市北高新区高中独立校区建成使用，学校占地8.71公顷，建筑面积6.35万平方米。2017年，学校有高中教学班31个，学生1616人，专任教师135人。高二学业水平测试一次性通过率99.2%；高考本科达线率77.5%。获评全国校园足球特色学校。全面实施“助学式”课堂教学改革，加大校际课改交流力度。

【校园足球】2017年，南通二中获“省长杯”男足冠军、女足季军；市校园足球联赛冠军；获“2017江苏省

‘省长杯’青少年校园足球联赛”高中男子组一等奖、高中女子组一等奖、最佳赛区奖。获评“2016~2017年度江苏省青少年校园足球工作”先进个人、优秀教练员、最佳运动员各1人。11月份，韩国忠清南道足球代表团到校开展“中韩青少年体育文化交流”活动。学校应邀赴同济大学国际足球学院介绍校园足球管理经验。

（许 娟）

江苏省南通田家炳中学

【概况】 江苏省南通田家炳中学（简称“南通田家炳中学”）原为南通市第三中学，为中华人民共和国成立后，南通市人民政府在市区兴办的第一所中学。学校位于崇川区南园路21号，占地面积6公顷，为江苏省四星级普通高中、江苏省园林式学校。2017年，学校有教学班93个，学生5500余人，教职工380余人。

【情感项目】 南通田家炳中学为教育家朱小蔓领衔“教师情感表达与师生关系构建”项目合作学校（全国两所）。2017年，学校“普通中学情感德育实践形态的探索”课题通过全国教育科学规划课题评审，成为南通基础教育新亮点。以项目为依托，构建关注生命成长和情感发育“三单”教学体系，承办全国初中语文“情感——交往”型课堂专题研修活动，该课型成为全国田家炳学校课堂改革参考案例。以诚信教育为基础，引入香港田家炳基金会“共创成长路”项目，形成滋养心灵情感德育课程。

【师资队伍培养】 2017年，南通田家炳中学推进师资队伍建设，获南通市先进工作者、南通市园丁奖称号1人，获江苏省美术最高奖1人，获省、市、市直教育教学竞赛一等奖24人。通过国家、省、市级评审课题14项。至年底，有市“226工程”培养对象4人，南通市学科带头人、骨干教师30人，市直中学学科带头人、骨干教师111人，教师承担国家、省、市级在研课题36个。

（鞠久香）

中等职业教育

【概况】 2017年，南通市有职业学校17所，招生1.94万人，毕业1.87万人，在校学生5.95万人，专任教师3812人。通过省现代化示范性职业学校评审验收3所，获评省现代化专业群7个、省现代化实训基地6个、省级职教名师工作室4个。

【专业内涵建设】 2017年，江苏省南通中等专业学校、江苏省如东中等专业学校、江苏省如皋中等专业学校3所中等职业学校通过省现代化示范性职业学校评审验收，江苏省南通卫生高等职业技术学校护理专业、江苏省海安中等专业学校机电技术应用专业、江苏省如东中等专业学校计算机应用专业、江苏省如皋第一中等专业学校计算机应用专业、江苏省如皋中等专业学校软件与信息服务专业、江苏省通州中等专业学校会计电算化专业、江苏省南通中等专业学校客户服务专业7个专业群获评省现代化专业群，江苏省如东中等专业学校机电技术应用、江苏省南通中等专业学校计算机网络技术、江苏省海门中等专业学校数控技术应用、江苏省通州中等专业学校工艺美术、江苏省如皋中等专业学校计算机应用与软件技术、江苏省如皋第一中等专业学校加工制造6个实训基地获评省现代化实训基地，江苏省南通中等专业学校施捷醒目知色服装设计工作室、江苏省南通卫生高等职业技术学校沈爱明康复治疗技术工作室、江苏省海门中等专业学校陈海滨数控技术应用工作室、江苏省启东中等专业学校耿一波电子电工名师工作室4个工作室获评省级职教名师工作室。

【教学比赛】 2017年，南通市组织开展职业学校课堂教学比赛、技能大赛，在全国职业学校技能大赛中获金牌4枚、银牌3枚、铜牌1枚。开展江苏省教学成果奖申报，18个项目获奖，其中一等奖7个、二等奖11个，一等奖项目数列全省第三。

（祝杭斌）

2017年南通市中等职业学校基本情况一览表

表17-7　　单位：所、个、人

项目	学校数	毕业生数	招生数	在校学生数	毕业班学生数	教职工数	专任教师情况						平均每校学生
							小计	正高	副高	中级	初级	未定级	
合 计	17	18690	19425	59511	19487	4398	3812	10	1347	1441	859	155	3500.6
市 直	5	6305	6864	21497	6947	800	599	6	209	239	114	31	4299.4
通州区	3	1637	998	3581	1225	555	460	0	163	190	102	5	1193.7
海安县	2	2827	3420	9971	2994	597	524	0	205	176	114	29	4985.5
如东县	1	1214	1176	3620	1204	432	365	0	172	131	50	12	3620
启东市	2	1809	1448	4534	1712	525	477	0	101	170	205	1	2267
如皋市	2	2957	3460	10176	3304	772	733	2	284	285	113	49	5088
海门市	2	1941	2059	6132	2101	717	654	2	213	250	161	28	3066

（市教育局）

※学校选介※

江苏省南通中等专业学校

【概况】 江苏省南通中等专业学校（简称“南通中专”）位于南通市区北翼新城，占地16公顷，建筑面积10.23万平方米，为国家重点中等职业学校。有全日制学历教育学生3770人，其中高职生1665人、中职生2105人。教职工263人，专任教师206人。2017年，新增教授级高级讲师1人、副教授1人、高级讲师8人，高级职称教师113人；新增省级和市级名师工作室各1个；新增江苏职业学校现代化专业群和现代化实训基地各1个。3月14日，与德国不莱梅手工业协会商定在南通中专筹建德国不莱梅手工业协会中国培训考试认证基地。8月10日，南通中专获评“江苏省现代化示范性职业学校”。

【智慧校园建设】 2017年，南通中专师生全部注册国家教育资源公共服务平台，成为教学或学习空间会员；参与中国中职学校世界大学城云平台建设，实现网络学习空间人人通；承办江苏省职业学校信息化能力建设及信息技术类人才培养专题研讨活动、南通市信息化教学大赛和信息化教学观摩活动；2人在全国职业院校信息化教学培训等活动中作信息化专题讲座；连续第三年获全国职业院校信息化教学大赛金奖。6月5日，南通中专获评“江苏省职业学校智慧校园”。

【教学工作诊断与改进】 2017年，南通中专率先在国家中等职业教育改革发展示范学校展开中等职业学校教学工作诊断与改进建设。建立教诊改工作组织机构，开展管理者、教职工、学生及家长、利益相关方四级培训；在学校官网设立教诊改专栏，制定教学工作诊断与改进实施细目表，开展自主诊断；建立和完善内部质量保证制度体系和运行机制及数据管理系统，改进重点诊改工作，做好数据采集、上报、完善和修正。“基于质量提升的中职学校教学工作诊断与改进实践研究”课题立项。

【教学成果】 9月，在江苏省教学成果奖（职业教育类）评选中，南通中专陈建明“基于‘商教一体’客户信息服务专业人才培养探索与实践”获一等奖；施捷“校企合作视域下服装专业‘雁阵’教学团队建设研究与实践”与李跃兵“基于现代职业人培养的中职学生‘成功教育’探索与实践”获二等奖；教学成果作为主要完成单位之一，“江苏省中等职业教育专业教学标准体系研发与实施”获特等奖。

（施建国）

江苏省南通卫生高等职业技术学校

【概况】 江苏省南通卫生高等职业技术学校（简称“南通卫生高职校”）有南通、海安2个校区，占地24.47公顷，建筑面积18.9万平方米，为江苏省高水平现代化职业学校。开设五年制高职护理、药学、药品经营与管理、医学检验技术、康复治疗技术、中药学、老年保健与管理、中医养生保健、助产和四年制中职护理、药剂、农村医学等12个专业，其中护理为江苏省品牌专业，药学、医学检验技术为江苏省特色专业。至2017年底，学校有教职工306人，其中专任教师223人（副高以上职称77人、中级职称人104人）。在校学生7767人。年内招生1577人，毕业1250人，毕业生就业率99.6%。

【现代化专业群建设】 2017年，南通卫生高职校新增助产专业。基础护理学（综合模拟实训）、康复医学（治疗技术）团队被列入南通市“十三五”科教强卫工程“医学创新团队”，药学被列为“南通市医学重点学科”。由护理（含临床、涉外与社区护理三个专门化方向）、老年保健与管理专业组成的护理专业群通过江苏省职业学校现代化专业群验收。

【师资队伍建设】 2017年，南通卫生高职校沈爱明康复治疗名师工作室通过省级名师工作室评估。至年底，学校有省级名师工作室2个、校级名师工作室6个。教师获全国首届康复相关专业青年教师课堂教学比赛一等奖1人、“最佳教案奖”1人、“伯乐奖”1人；获全国卫生职业院校教师检验技能大赛微生物检验项目一等奖、生化检验项目二等奖；获全国首届职业院校护理教师技能大赛二等奖、优秀奖各1人，并获团体三等奖；获江苏省课堂教学大赛三等奖1项。作为“省级优秀青年骨干教师培养对象”结业1人，获评江苏高校“青蓝工程优秀青年骨干教师”培养对象1人，获评南通市第五期“226工程”培养对象3人，获评南通市医学重点人才1人。

【教学模式改革】 2017年，南通卫生高职校牵头完成论证江苏省五年制高职护理专业指导性人才培养方案，滚动修订15个专业（五年制高职专业12个、四年制中职专业3个）2017版实施性人才培养方案。推进现代学徒制试点改革。康复治疗技术专业形成“一师多徒、多师一徒”带教模式以及六融合（校长与院长融合、教师与治疗师融合、教室与病房融合、实训室与治疗室融合、学生与学徒融合、理论与临床融合）双主体育人模式，通过2017年市教育局首批现代学徒制试点中期验收。其实践成果获江苏省教学成果一等奖，入围教育部成果奖评选。

【学生素质提升】 2017年，南通卫生高职校坚持立德树人。高职护理学生参加全国执业护士资格考试通过率99.84%，中职护理学生通过率100%。护理专业学生100%报考METS（全国医护英语等级考试），二级以上达99%，列全国同类学校之最。参加第四届全国卫生职业院校检验技能竞赛，获中职组个人综合一等奖、三等奖、优秀奖和团体三等奖；参加第三届全国康复治疗技术专业技能大赛，获团体三等奖；参加江苏联合职业技术学院安全知识竞赛，获个人赛一等奖3人、团队赛一等奖第一名；参加南通市创业能力大赛，获创业实践挑战赛中职组一等奖。

【教科研工作】 2017年，南通卫生高职校有省、市级立项课题12项，含国家自然科学基金资助项目在内在研课题36项。获江苏省教学成果奖一、二等奖各1项。教师发表省级以上论文101篇，核心以上期刊论文30篇，其中

SCI论文1篇。

（顾　铭）

南通工贸技师学院

【概况】 南通工贸技师学院（简称“工贸技师学院”）创建于1979年，隶属于南通市人力资源和社会保障局，占地14.73公顷，建筑面积10.6万平方米。学校以培养中、高级技术工人和技师、高级技师为主，集学历教育、职业培训、技能鉴定为一体，是国家重点技工学校、国家高级技工学校、全国职工职业技能实训基地、国家级高技能人才培训基地、“国家中等职业教育改革发展示范学校建设计划”项目建设学校、江苏省首批创业培训定点机构、江苏省高级技师统一鉴定定点机构、江苏省技工院校技能大赛集训基地、江苏省校企联合实训中心。至2017年底，在校生5000余人，教职员工244人。学生就业率98%以上。

【专业建设】 2017年，工贸技师学院冲压模具设计与制作、汽车电器构造与维修2个课程获评江苏省技工院校精品课程。至年底，学院有省级特色专业1个、示范专业3个、重点专业17个、精品课程13门。完成“高端制造”省专项公共实训基地、仇晓燕技能大师工作室等项目建设。

【师资队伍建设】 2017年，工贸技师学院有专任教师191人。其中，高级职称51人，年内新增7人；中级职称84人，年内新增1人；省级教学名师7人，年内新增1人；专业带头人24人，年内新增3人；省中青年学术技术带头人1人。2名教师获全国第七届数控技能大赛江苏选拔赛第六名，获市级技能比赛一等奖6人、二等奖6人、三等奖6人。获“江苏省技术能手”称号1人、“第七届全国数控技能大赛江苏选拔赛优秀教练”称号3人。64项教研成果获市级以上奖。开展课题研究，省级课题结题5个，校级课题结题15个。全年学院教师编写出版教材8部，在省级以上期刊发表论文71篇，其中核心期刊3篇。

【教育教学】 2017年，工贸技师学院获评江苏校企联合实训中心，新增合作企业15家，合作企业累计138家。申报2017年江苏省技工院校重点建设项目——南通爱贸智能制造校企联合实训中心。学院获评江苏省青年志愿服务行动组织奖，2个班级获评江苏省先进班集体。组织学生参加省、市各类技能大赛，在全国职业学校技能比武中，2个项目选手进入省队集训；获全国工业机器人大赛江苏赛区选拔赛第二名，并被推荐参加全国大赛。对口高考本、专科上线率100%。全年完成校内外培训5032人次，组织开展初、中、高、技师4个等级技能鉴定，涉及2714人次、19个工种。

【国际合作】 2017年，工贸技师学院组织8名教师分赴德国、奥地利培训。签约奥地利经济促进学院、德国莱比锡经济技术职业学校、德国埃尔福特培训中心，举办“多轴数控加工”“工业机械师”专业国际合作班。

（康　楠）

南通市旅游中等专业学校

【概况】 南通市旅游中等专业学校（简称“旅游中专”）位于崇川区狼山街道，占地6.8公顷，建筑面积5.1万平方米。2017年，旅游中专有教学班级40个，在校学生1125人，教职工100人。学校获省、市教学大赛一等奖9人，二、三等奖35人。《中职旅游类专业“紫琅寻梦”创业教育探索与实践》获教学成果奖二等奖。学校获省、市技能大赛金牌8枚、银牌13枚、铜牌13枚。学校当选江苏省餐饮行业协会副会长单位。学校烹饪名师工作室申报的南通“八碗八”制作技艺被列入南通市第四批非遗项目。

【专业建设】 2017年，旅游中专开设旅游管理、中餐烹饪、西餐烹饪、中西式面点制作、国际商务、美容和形象设计等专业20个。学校和南通大饭店联合开办的市首批现代学徒制试点项目——烹饪班开班；分别和江苏工程职业技术学院、江南影视艺术职业学院签订联办“艺术设计”“摄影艺术”“3+3”大专班协议。

【合作交流】 2017年，学校与陕西汉中宁强职业高级中学签订结对帮扶合作协议和专业办学协议，定于2018年进行南通班招生。人民大会堂管理局、京西宾馆管理局等单位选调服务生和厨师28人，和上海浦东机场日上免税行有限公司签订建立教学实训基地协议书，选调10人赴上海实习。5月，赞比亚教育高访团一行5人到旅游中专参观考察，商谈项目合作。

（陈伟军）

高等教育

【概况】 2017年，南通市有综合性大学1所、民办本科院校1所、高职高专校6所、成人高职院校2所、五年制高职校5所。全市高等院校招生41003人，研究生招生893人，比上年增加94人，本专科招生40110人。年底，高等院校在校生11.76万人，其中研究生2340人、本专科生115240人；专任教师5248人，其中副高以上职称2460人。

【现代学徒制试点】 2017年，南通市推进国家级现代学徒制试点，出台《南通市现代学徒制专项建设经费奖补意见》等8项办法和制度，立项市级现代学徒制试点专项课题10个，审定17个试点专业人才培养方案，形成具有南通实践特色的制度体系，全市2所学校、1个地区被确定为省级试点项目，开展市级“优秀中青年教师进企服务”遴选，确认35名中青年教师到有现代学徒制试点项目的企业服务，首批认定5个由企业技师领衔的现代学徒制试点专项“技能名师工作室”。4月，在全省现代学徒制试点工作现场推进会作经验介绍；12月，承办全省现代学徒制推进会。

【职业教育活动周】 2017年5月，南通市第三届“职业教育活动周”启动仪式在南通理工学院举行。其间，召开全市轨道交通人才培养研讨会和6个政产学研协作基地工作推进会议，组织职业院校师生、中小学师生代表、企业界和社区居民代表现场参观南通理工学院3D打印、汽车检测和科技展，开展面向社会开放校园、面向社会开展职业体验活动、展示职业院校师生风采和为民服务等活动192项。

【产教融合】 2017年，南通市制定《南通市职业教育服务“3+3+N”重点产业发展意见》《关于建立南通市职业教育服务“3+3”重点产业政产学研协作基地的通知》，新组建产教联盟3个，成立协作基地6个。组织召开南通台湾高校产学研项目恳谈会，与台湾9所高校签订合作协议21项。开展通高校服务经济贡献奖评选，遴选成绩显著、贡献突出的协作基地，牵头高职、中职院校组建产教集团4个。指导南通高校对接产业调整专业，新增专业38个，淘汰专业8个。

【国际合作办学】 2017年，南通市支持在南通高校开展多形式国际合作办学。南通大学与欧洲设计学院签订学分互认项目协议。成立天津大学—密西根大学（南通）联合研究院。南通科技职业学院与孟加拉国北部大学签订合作办学协议，招生10人入学。南通航运职业技术学院与比利时安特卫普海事学院、缅甸MES海事培训学校、斯里兰卡卡林顿技术学院、马克朗国际工程技术公司签署合作备忘录。

（祝杭斌）

※学校选介※

南通大学

【概况】 南通大学是江苏省人民政府和交通运输部共建的综合性大学。有4个校区，占地面积246.67公顷，建筑面积167.57万平方米。2017年，南通大学有二级学院23个、独立学院1个、大型综合三级甲等附属医院1所，全日制本科在校生2.7万人（不包括杏林学院），设本科专业100个，涵盖文学、理学、工学、医学、艺术学、经济学、法学、教育学、历史学、管理学10个学科门类。学校是国务院批准的博士学位授予单位，有基础医学、临床医学2个博士后流动站，基础医学、临床医学、信息与通信工程3个一级学科博士学位授权点，22个一级学科硕士学位授权点，10个硕士专业学位授权点。临床医学、神经科学与行为学进入ESI学科全球排名前1%。至年底，学校有教职工3206人。其中高级职称以上1528人，博士、硕士生导师1571人。2017年，学校入选“江苏省高水平大学建设培育高校”，通过教育部本科教学工作审核评估。至年底，南通大学累计培养院士7名。

【人才强校】 2017年，中国工程院院士、南通大学顾晓松获首届全国创新争先奖。南通大学83届校友、著名肝脏肿瘤专家樊嘉教授被增选为中科院生命科学和医学学部院士。通过教育部评估博士点3个。“四有”（有远见卓识、有创新精神、有责任担当、有文化品位）大学建设成效被《新华日报》头版载文宣传。学校师生获首届全国高等学校医学检验技术中青年教师讲课竞赛一等奖，全国统计建模大赛一等奖，江苏省第12届大学生职业规划大赛特等奖，世界旅游小姐总决赛中国区亚军。ACM国际大学生程序设计竞赛奖项实现零突破。

【专业建设】 2017年，南通大学新申报经济与金融、机器人工程、数据科学与大数据技术、儿科学4个专业，停止电子信息科学与技术、电气工程与智能控制2个专业招生；通过秘书学、翻译、商务英语、机械电子工程4个专业学士学位授权专业审核；通过新闻学、小学教育、建筑电气与智能控制3个新专业评估。开展“本科教学质量工程”，电子信息工程专业接受国际工程教育专业认证。通过江苏省“十二五”重点专业建设项目校内验收；参加品牌专业教学学术周活动，遴选推荐公共课、专业课6名教师参加全省课程说课展示。11个学科入选“中国最好学科排名”榜。新增一级学科硕士学位授权点11个，其中学术型6个、专业型5个。

【课程建设】 2017年，南通大学立项建设精品在线开放课程（MOOC）8门、微课51门、教改课题104项、教材21部；获省教改课题9项，省重点教材8部；获教育部产学合作协同育人项目6项；获江苏省教学成果特等奖1项、一等奖4项。

【科学研究】 2017年，南通大学“安全防护用特种纤维复合材料研发中心”获批国家地方联合工程研究中心，“基于干细胞的神经组织模块构建及神经损伤修复研究”获批国家重点研发计划项目。获省部级以上纵向项目108项，其中国家级项目90项，获纵向经费6900万元，创历史新高，国家自然科学基金项目总经费进入全国高校百强。获省部级科技奖励12项。其中，科技部创新争先奖1项，教育部优秀成果奖（科学技术）科技进步二等奖2项，江苏省科技进步二等奖3项，省部级行业协会奖6项。获国家社科基金项目9项，其中重点项目1项。获教育部人文社科项目10项，进入全省高校前十、全国高校前百；获省社科基金项目6项；获省教育厅高校哲学社会科学研究项目44项，其中重点项目4项。获教育部哲学社会科学研究重大课题攻关项目1项，实现零突破。全年获各级各类人文社科科研项目155项，获科研经费620余万元。获“首届中国高校科技成果交易会”成果创新奖1项、学校获优秀组织奖，获中国工博会高校展区一等奖、优秀创新创业展品奖，获中国产学研合作创新成果奖一等奖1项、二等奖2项。被SCIE（科学引文索引扩展版）收录论文1224篇，其中以第一单位被收录826篇；被EI（工程索引）收录论文427篇，其中以第一单位被收录255篇；被CPCI-S（科技会议录引文索引）收录论文122篇，其中以第一单位被收录101篇；论文获三大检索收录1773篇，其中以第一单位发表论文1182篇。获中国发明专利授权257件，美国发明专利1件，均创历史新高。出版学术专著40部，其中在人民出版社、商务印书馆出版各1部。发表CSSCI（中文社会科学引文索引）期刊论文151篇。“TDP-43病变在老年痴呆致病中作用机制”“Zika病毒对不良妊娠的发病机制及其治疗研究”等一批科研成果获学界及媒体关注。举办国际组织工程与再生医学亚太年会、TCCT网络化控制系统国际研讨会、国际能源利用研讨会等国际会议。举办“江海高层论坛”7场，邀请国内外著名专家学者讲学；资助开展人文社科类学术交流60余场。组织“挑战杯”青年才俊创业论坛。举办第三届长江经济带发展论坛。

【地方服务】 2017年，南通大学瞄准国家和地方产业发展需求，与港闸区合作共建“南通大学通科微电子学院”，与港闸区、青软实训、阿里云四方共建“南通大学阿里云大数据学院”，争取建设资金5400万元，首批到账建设资金500万元。收集和发布各类合作需求信息近2000条，与各县（市、区）及盐城、淮安、连云港、泰州、镇江、无锡、苏州、重庆市万州经济开发区等地开展产学研对接活动。与中天科技、通富微电、陕西元丰等龙头企业开展校企对接。13名教师入选2017年省“双创博士”（科技副总类）。全年新增校企联盟40个、产学研基地42个。全校横向科研项目立项342项，合同金额9913.14万元，到账金额9750.77万元，合同额与到账额均创历史新高。获平台人才类经费140万元。获批江苏省技术转移专业机构补助50万元，入选全省科技服务业“百强”机构。

【国(境)外交流与合作】 2017年，南通大学新增友好学校12所，海外友好学校和单位增至91个。接待境外各类到访200人次。与澳大利亚阿德莱德大学洽谈建筑学3.5+1.5（国内三年半加国外一年半）本科合作办学项目，于7月底获教育部批准，为该校历史上第一个获批本科中外合作办学项目。加入“1+2+1中美人才培养计划”（大一在国内，大二、大三在美国，大四在国内），与美国北阿拉巴马大学共同开展会计学专业双学位培养项目。在高考第一批次中招收学生59人。5月，学校被授予“中国政府奖学金来华留学生培养院校”资质并获第一批资助。组织实施64个海外学位项目、学分项目和短期交流项目，拓展美国科罗拉多州立大学双学位项目、德国500强企业实习项目、巴厘岛国际志愿者项目、泰国文化体验项目、南通大学首届精英培训冬令营等项目9个。全年通过校际交流项目赴海外交流学习学生332人次。接受日本桃山学院大学、京都学院大学及韩国大邱大学等校40余名交流生到校交流学习。聘请到校讲学外国专家34人；聘请长期外籍教师14人。全年申请因公出国出境团组及个人出访185批次，总计304人次，实际出行288人次。其中教师出国访学、研修、培训、参加国际学术会议、学术交流、合作科研占比近80%。发展研究生层次留学生教育，招收第一位博士研究生，实现学校博士层次留学生教育零突破，硕士留学生专业从1个扩展到5个；留学生在“学在中国——首届来华留学生临床思维与技能竞赛”中获得优秀团队奖、最佳风貌奖及妇产科技能单项优秀奖；人体解剖学课程获评省英语授课精品课程。至年底，学校医学领域有国家级英文授课精品课程1门、省级英文授课精品课程3门，形成英文授课精品课程群。

（陈亚利）

南通理工学院

【概况】 南通理工学院是经教育部批准建立的全日制普通本科院校，前身为紫琅职业技术学院，创建于2000年6月。2014年5月，升格为应用型普通本科高校。学校建有南通本部校区和海安校区，总占地64.26公顷，教学科研行政用房面积17.73万平方米，校舍面积32.5万平方米。2017年，南通理工学院有教职工635人，其中专任教师446人；全日制在校生9522人，其中本科生8874人。设有机械工程学院、汽车工程学院、建筑工程学院、商学院、电气与能源工程学院、计算机与信息工程学院、基础教学学院、继续教育学院和创新创业学院9个二级学院，设置本科专业21个，实验（实训）室84个。有中央财政支持实训基地1个。年内，学校获评中软国际有限公司“教育部·中软国际产学合作协同育人项目深度合作伙伴”。

【学科专业建设】 2017年，南通理工学院获批金属材料工程、工程造价、金融工程、计算机科学与技术、自动化、健康服务与管理6个本科专业，本科专业数增至21个；获批机械设计及自动化、软件工程、物流管理、汽车服务工程4个成人教育专业。机械工程、工商管理获批省“十三五”重点建设学科。新建、改扩建实验室21个。组建95支队伍参加省级及以上学科专业竞赛30个大项，获奖317人次。其中，国家级7项，获奖62人次；省级23项，获奖255人次。

11月3~5日，第八届江苏省大学生机器人大赛在南通理工学院举行。

（许丛军 摄）

【师资队伍建设】 2017年，南通理工学院有专任教师446人，其中具有正高级职称61人、副高级职称114人，博士研究生学历40人、硕士研究生学历304人。年内引进人才86人，其中副高级及以上职称25人，博士研究生6人、硕士研究生62人。评定教授1人，副教授17人，中级职称37人。继续实施期权激励制度，80余名教师共获期权奖励120万元。

【科研与社会服务】 2017年，南通理工学院获纵向科研项目64项（省部级6项）、横向科研项目10项。获科研立项资助经费278.9万元。取得授权发明专利40件、实用新型专利18件、外观设计专利22件，获政府专利资助、奖励36.66万元。教师在核心期刊发表论文28篇，出版论著2部，软件著作权授权3件，转让发明专利1项。举办教科研讲座4场。成立南通理工学院科技协会。年内新增校企合作企业23家，成立安莱设计学院、智能制造技术有限公司、三维科技有限公司。南通理工学院开设职业培训项目10项，开展培训9期3235人次、技能鉴定1227人。3D打印技术研究所获批江苏省科普教育基地，通沪产业协同发展研究基地获批江苏省高校人文社科校外研究基地，筹建南通市新能源与新能源汽车政产学研协作基地。

【学生创新创业】 2017年，南通理工学院学生创新创业项目立项19项，参加2017江苏省大学生创新创业优秀成果交流展，其中“卷扬装置结构优化设计”获“最具潜力创意奖”，“激光水晶内雕个性化工艺品”获“最具潜力创业奖”，实现大学生创新创业项目交流展奖项零突破。举办南通理工学院第五届创新创业大赛；与江苏省自动化学会共同承办第八届江苏省大学生机器人大赛，获一等奖8项、二等奖4项、三等奖6项。

（王振兴）

南通职业大学

【概况】 南通职业大学（简称“南通职大”）建于1973年，是一所经江苏省政府、教育部批准设置的综合性全日制普通高校，是全国办学历史最长的高等职业院校之一。建有本部和海门两大校区，校园面积67公顷，建筑面积41万平方米。南通职大开设全日制高职教育、继续教育、中高级技工教育、职业培训等多种教育，与国内外多所本科、中高职院校合作办学，形成“上下衔接、左右沟通、内外交流”职业教育立交桥。2017年，南通职大设机械工程、电子信息工程、化学与生物工程、建筑工程、艺术设计、经济管理、国际合作教育等12个二级教学院部51个专业。有教职工823人、全日制高职在校生10782人、成人教育在校生1877人。录取新生4097人、报到率92%，毕业生3657人、年底就业率98.71%。

【学科专业建设】 2017年，南通职大通过江苏省高水平高职院校评审。启动“十三五”重点专业群建设，对接南通“3+3+N”产业体系发展方向，构建智能制造、互联网应用技术、汽车技术与服务、现代建筑、互联网电子商务、创意设计等7大专业集群，开设计算机、食品药品、财务管理专业，申报移动通信、工业设计、广告、化妆品新专业4个。入选江苏省骨干专业建设项目4个、江苏省在线开放课程建设项目1个、江苏省“十三五”重点教材建设项目3个。与浙江工业职业技术学院共同牵头建设新能源汽车技术项目入选教育部国家职业教育专业教育资源库、与中兴通讯股份有限公司合作共建ICT行业创新基地建成并投入运行，教育部上海通用汽车有限公司ASEP项目落户南通职大并启动建设。推进现代职教体系试点项目建设，与南通大学合作举办土木工程专业“4+0”高职与普通本科联合培养试点项目，与淮阴工学院合作举办机械制造与自动化专业“3+2”高职与普通本科分段培养试点项目，与如皋中专等7所中职学校合作举办9个“3+3”中高职衔接项目。教育部首批现代学徒制试点项目建设通过教育部2017年度检查，有南通市现代学徒制试点专业2个、技能大师工作室1个、校企共建校内实训基地1个、示范性职工培训中心1个。师生获省级以上各类大赛奖项240项，毕业生技能证书获取率93.4%，毕业设计（论文）获省一等奖1项、二等奖4项、团体奖2个。南通职大“绿之声”环保协会当选全国学生最具影响力公益社团，“学生校长助理制”入选江苏省共青团工作创新创优项目，“情满书海”获江苏省公益项目大赛优秀志愿项目奖。

【师资队伍建设】 2017年，南通职业大学有专任教师511人、校外兼职教师330人。专任教师中有高级职称者227人，占比44.42%；具有双师素质者449人，占比87.87%。新增教授3人、博士7人，当选“江苏工匠”1人、江苏省职业院校产业教授3人、南通市第五期“226工程”培养对象5人。

【科学研究】 2017年，南通职大获纵向课题立项54项、项目资金91.63万元，承担横向项目15项、合同经费81.89万元。完成国家重大课题“职业教育校企合作双主体办学的治理结构和实现途径”子课题研究，作为典型案例入选课题报告。出版学术专著2部；发表论文254篇，其中核心期刊79篇；授权专利48件，其中学生授权专利1件，实现学生授权专利零突破。南通职大通州湾江海联动发展研究院入选江苏省高校人文社科校外研究基地培育点，高教研究所获评江苏省优秀高等教育研究机构。

【校企合作】 2017年，南通职大与盐城市亭湖区、海安县曲塘镇和海门市正余镇及宜家环保木业制造（南通）有限公司等20余家政府企业建立政府校企合作关系，新开订单班27个，新增引企入校项目2个、校企共建学院1个。推进南通建筑产教联盟建设，成立绿色建筑等专业委员会6个，设立联盟发展资金，获企业注资50万元。获评“江苏省产业人才培训示范基地”，开展职业培训和社会服务5000余人次、技能鉴定600余人次。

【国（境）外交流与合作】 2017年，纳米比亚驻华大使一行到访南通职大，首批41名纳米比亚留学生全部通过汉语水平考试（HSK）三级，完成第二批80名纳米比亚留学生招生。新增中德汽车和中德机电国际合作办学项目2个，引进“美国混凝土”“德国汽车检测与维修”“德国机电一体化”国际通用资格证书3个。教师赴印度尼西亚“南通职业大学中国中心”教学2人，赴国（境）外研修教师21人，赴国（境）外交流学习学生29人。

【技师学院】 江苏省南通技师学院（简称“南通技师学院”）始建于1956年，是中国首批七所技师学院之一。2017年，南通技师学院开设专业23个，机械设备装配与自动控制专业获评江苏省技工院校示范专业，物联网专业获评江苏省高技能人才专项公共实训基地，入选江苏省精品课程2门。南通技师学院有专职教师130人、外聘教师41人；在校生3688人，招收新生1187人，823名毕业生职业技能证书获取率、一次性就业率均为100%，477名学生首次通过注册入学升入大专部学习。全年，南通技师学院面向社会开展培训2251人次。

（崔　超）

江苏工程职业技术学院

【概况】 江苏工程职业技术学院（简称“江苏工院”）是国家示范性高职院校、省属公办全日制普通高等学校。学院占地58公顷，在市区和海门市设有2个校区。2017年，学院设有纺染工程、机电工程、服装设计、艺术设计、建筑工程、航空工程、商（社会管理工程）学院7个二级学院和素质教学部，高职专业62个。有教职工600余人，其中专任教师404人；有国家级优秀教学团队1个、国家教学名师1人、国务院特殊津贴专家2人。全日制在校生9085人，成人专科在校生376人，留学生151人。设有各类实验、实训室193个。拥有中央财政支持实训基地1个，国家级职业资格培训中心、职业资格鉴定所各1个，国家级高技能人才培训基地1个，省级工程技术中心、工程技术研发中心3个，省级示范性实训基地、基础课实验教学示范中心、高等教育人才培养创新试验基地各1个，厅、市级科技平台11个。年内，学院获评江苏省高等学校信息化建设先进集体、省信息化大赛优秀组织奖。11月9日，中国纺织服装职教集团在江苏工院成立。

【教育教学】 2017年，江苏工院新增江苏省高等职业教育高水平骨干专业建设项目5个。SPOC（小规模限制性在线课程）学院上线课程105门，注册教师184人，在线学习人数近9000人。继续与南通大学、南京工业大学开展高职与本科“3+2”分段培养试点项目、与南通大学开展高职与本科“4+0”联合培养试点项目，与如皋第一中等专业学校等10所中职校开展中高职“3+3”分段培养试点项目。推进实训基地建设，新增校企共建实训基地“联发高端纺织创新中心”。新增省级大学生实践创新训练项目29项。全年组织教师参加省级以上教学比赛58人次，获高职院校信息化教学大赛全国一等奖1项，省一等奖2项、二等奖5项；获省首届高校教师公共艺术课程微课大赛一等奖1项、三等奖1项。组织学生参加省级以上职业技能竞赛105人次，获全国职业院校技能大赛高职服装设计与工艺赛项一等奖4个，全国职业院校市场营销技能大赛团体一等奖1项，全国职业院校技能大赛“飞机发动机拆装调试与维修”三等奖1项。获省部级技能大赛一等奖1项、二等奖2项、三等奖1项。获中国纺织工业联合会“纺织之光”教师奖1人、学生奖5人。

【师资队伍】 2017年，江苏工院引聘“大国工匠”、企业技术负责人担任产业教授4人。优化教师专业技术职称结构，新增中级职称23人、高级职称12人。加强师资培训，组织专任教师参加各类省培项目39人次，安排教学科研骨干教师和专业负责人赴新加坡学习培训35人次，入选省教育厅青年骨干教师境外研修项目4人。新增江苏高校青蓝工程中青年学术带头人2人、骨干教师3人、优秀教学团队1个，中国纺织工业联合会教师奖1人，全国纺织服装行业职业教育先进工作者2人，高级访问学者和工程师2人。

【科学研究】 2017年，江苏工院新增校级科技创新团队5个，累计17个。江苏省先进纺织工程技术中心二期建设方案获批。新增“南通市新能源汽车电源技术重点实验室”。全年取得市级及以上纵向科研项目67项，到账经费215万元；完成横向科技项目54项，到账经费182万元。新增各类专利215件，其中发明专利72件。教师在省级以上期刊发表学术论文392篇，其中核心期刊79篇、三大索引收录论文13篇。

【就业创业】 2017年，江苏工院开展校级就业创业教育活动27场，举办大型综合校园招聘会3场，各类专场招聘会59场，为毕业生提供就业岗位2.4万个。至年底，实际派遣应届毕业生3149人，毕业生就业率98.59%。学校通过2017年高校毕业生就业创业工作专项督查，大学生创业园再次获评江苏省大学生创新创业示范基地。海门校区大学生创业园建成并投入使用，“一园两区”格局初步形成，常驻项目36个，其中成功孵化项目3个。获江苏省第七届大学生就业创业竞赛优胜奖学生244人，学校获优秀组织奖。获江苏省第三届“互联网+”创新创业大赛三等奖1项、江苏省大学生创新创业优秀成果交流展示“最具潜力创意奖”。获评江苏省优秀创业项目1个。

【国（境）外交流与合作】 2017年，江苏工院应邀赴泰国、柬埔寨参加国际教育展，参加“一带一路”到江苏留学教育峰会并作主旨发言。接受荷兰萨克逊应用科技大学到校研修本科留学生11人，到学院学习老挝留学生137人。接待国（境）外到访团组14批67人次，邀请意大利艺术与设计大学教授到校，开展中意“时尚艺术设计”实验性课程2期。派遣2名学生赴荷兰萨克逊大学、5名学生赴澳大利亚中央技术学院交流学习。

【社会服务】 2017年，江苏工院新增成人学历教育2046人，成人学历教育在籍人数3831人。举办各类培训班142期，开展各类培训1.12万人次，涉及培训项目65个。组织纺织行业技能鉴定、纺织服装教育技能鉴定、计算机信息高新技术鉴定、化工鉴定等技能鉴定2607人次。建筑工程技术专业获批省教育厅成人高等教育重点专业。

（徐　磊）

南通航运职业技术学院

【概况】 南通航运职业技术学院（简称“南通航院”）是经江苏省人民政府批准设置的全日制普通高等学校，隶属于江苏省交通运输厅，校园占地面积63.2公顷。2017年，南通航院设有航海、轮机工程、船舶与海洋工程、交通工程、管理信息、机电、人文艺术7个系，1个基础教学部和1个继续教育学院。设置专业49个，其中国家骨干重点建设专业4个、中央财政支持专业2个、全国职业院校交通运输类示范专业3个，省级重点专业群4个、省级品牌专业3个、省级特色专业3个、江苏省高水平骨干专业6个。有国家级教学资源库1个、国家级精品课程2门、国家级精品资源共享课程2门、省部级精品课程19门，职业教育国家规划教材9部。建有校内各类实训基地42个，其中国家级职业教育实训基地2个、省级职业教育实训基地3个、南通市重点实验室3个；省、市级科技服务平台及省、市级培训机构各10余个；校外实习就业基地215个。至年底，全日制在校生7580人，成人教育学历学员895人，教职员工605人，在校留学生11人。应届毕业生2785人，初次就业率95.15%，年底就业率98.64%。2017年，学院龙舟队实现南通濠河国际龙舟邀请赛四连冠；获第四届中国海员技能大比武院校组团体二等奖；获评全国高职院校国际影响力50强、全国高职高专竞争力50强、全省共青团工作先进单位，入选江苏省高水平高等职业院校建设单位。

【教师队伍】 2017年，南通航院有专任教师382人。其中，教授33人，新增3人；副教授148人，新增5人；教育管理研究员6人。新增江苏高校青蓝工程优秀教学团队1个、中青年学术带头人1人、优秀青年骨干教师3人、南通市高校青年教学名师1人、院级教学名师2人。

【教育教学】 2017年，南通航院与江苏科技大学合作开展高职本科联合培养“4+0”项目，与南通大学合作开展“3+2”联合培养试点项目，联合11所中职院校开展“3+3”试点项目。联合国内外航海职业院校、行业协会、航运企业、科研院所等单位牵头成立“新海上丝绸之路航海职业教育集团”，协助市交通局成立南通市通用航空产业发展联盟，参与成立“江海联运”产教联盟，与上海中船海员管理公司、海澜集团、苏州轨道交通集团、盐城港大丰引航站等企业签订现代学徒制订单培养协议、就业实习基地协议和校企合作协议。申报城市轨道交通专业（群）实训基地、新能源汽车检测与维修实训基地以及智慧港航一体化实训中心3个项目。赵孔标焊接技术名师工作室获评“南通市名师工作室”，船舶与海洋工程焊接与检测实训基地获批南通市职业教育校企共建校内实训基地；“海上货物运输”等6门课程获批江苏省成人高等教育精品资源共享课程。6项教学成果在江苏省教学成果奖评选中获奖；9项成果获中国交通教育研究会“2015~2017年度交通职业教育科学研究成果奖”；10项成果获中国交通教育研究会职业教育分会“2015~2017年度交通职业教育科学研究成果奖”；学生获2017年江苏省职业技能大赛一等奖1项、三等奖3项。

【科学研究】 2017年，南通航院获市厅级以上科研项目立项67项。全年获科研与技术服务经费600余万元。院级课题立项61项，其中重点项目15项。申请各类专利32件（获授权专利28件）。其中，发明专利9件，实用新型专利15件，外观设计专利6件，软件著作权2件。获江苏省社科应用研究精品工程奖二等奖1项。“涉水工程基础冲刷远程实时监测技术”创新团队入选2017年度“江苏省高等学校优秀科技创新团队”计划项目。

【社会服务】 2017年，南通航院开设无限和沿海航区各等级船员适任证书考前培训、海船专业培训、特殊证书培训、内河船员适任证书考前培训等培训120余个班次。培养各类专业人才2万人次，创收1000余万元，办理各类证书3000余本。获评江苏省产业人才培训示范基地。对中远船务、上海航道局等单位100余艘船舶进行磁罗经校正和无线电设备检测。

（胡亮华　李　进）

南通科技职业学院

【概况】 南通科技职业学院（简称“南通科院”）始建于1945年，先后为南通农业专科学校、江苏省南通农业学校、南通农业职业技术学院等。学校总占地47公顷，建筑面积21.2万平方米。2017年，南通科院设环境与生物工程学院、园艺与景观工程学院、机电与交通工程学院、信息与智能工程学院、工商管理学院5个二级学院，以及继续教育学院、国际教育学院、素质教育部等教学机构。开设专业（方向）45个，其中中央财政支持专业2个、省“十二五”重点专业群3个（含重点专业8个）、省品牌专业1个、省高水平建设专业5个、特色专业4个、南通市学徒制试点专业2个、校重点专业9个。有实验实训室130个，其中国家级教育实训基地2个、省级实训基地3个；省级精品课程8门。2017年，新增江苏省高水平骨干专业5个。至年底，南通科院有教职工353人，在校生6620人；录取新生2854人，报到率87.95%；毕业生1989人，就业率98.94%。

【科研教学】 2017年，南通科院申报纵向课题105项，横向课题20项；成果申报53项，立项纵向课题41项、横向课题20项，教科研成果获市厅级及以上奖33项，纵向科研到账经费133.05万元，横向135.95万元，有效专利123件。新增省高水平骨干专业5个、市学徒制改革专业2个、在建省产教融合平台1个；牵头建设国家专业教学资源库1个，建设省级在线开放课程2门；学生获市级以上各类技能大赛奖150多人。与300余家知名企业深度合作培养人才，开设特色冠名院班。牵头成立“南通市跨境电商职业教学联盟”1个、建设“南通‘3+3+N’智能装备产学协作基地”1个，省产教融合平台（环境分析测试中心）完成阶段性建设。与帝奥电梯公司、海尔公司、淘金电商公司合作，共建帝奥电梯工程学院、海尔智能化学院、淘金跨境电商学院。

植保专业探索“按季节，多阶段”生态农业教育教学模式改革，引入“互联网+农业”，建设省级品牌专业；园艺技术专业与金土地农业生态有限公司合作，实施“课堂+园区”现代农业类教学实训互通；环保类专业以省职教联盟为支撑，探索形成“课程三类型、实践三形式、能力三层次”环保类人才培养方式；建筑智能化工程技术与电梯工程技术专业以国家学徒制试点改革城市为契机，实践现代学徒制；汽车类专业通过引进并消化吸收，形成本土化德国双元制；电梯工程技术专业通过共建电梯工程学院，形成校企共育；物流商贸类专业通过“识岗—跟岗—顶岗”能力递进培养过程，实施物流与商贸专业群校企互融互通人才培养；电子商务专业形成以淘金学院为平台的创业人才培养方式；软件技术专业与东软等软件名企合作形成校企嵌入式模式。

【社会服务】 2017年，南通科院依托省“挂县强农富民工程”项目，实施精准扶贫，如皋等市（县）实现农业增收亿元以上；依托学校技术积累和转移中心、协同创新（服务）平台，打造服务“万众百企”工程，建设罗克韦尔“智能制造协同创新中心”。继续教育成人大专在籍学生6000余人，成人教育毕业生7000余人，专接本学生800余人，退役士兵技能培训学员400余人，服务各类行业企业、“三农”培训4.8万余人次，继续教育办学规模列南通市同类院校第一。年内，学校获评江苏省农业委员会“2017年度新型职业农民培育工作先进集体”、江苏省成人教育协会“优秀成人继续教育院校”。

【创新创业教育】 2017年，南通科院编写《高职生创新创业思维与行动训练》等双创规划教材，先后培养创业实训师、创业咨询师近100人，聘请职业经理人、公司CEO以及创投领域精英人才等50人担任校外导师。通过举办创业活动、构建参赛体系、加强创业项目库建设、培育和宣传创业典型、打造平台，“双创”学生比例达4.5%，中央电视台、《光明日报》《中国青年报》《中国教育报》《新华日报》对该校创新创业工作做专题报道。学校获批“江苏省大学生创新创业示范基地”、科技部星创天地“农业创e园”。

【国（境）外交流与合作】 2017年，南通科院推进职业教育国际交流与合作，招收印度尼西亚、老挝、柬埔寨、孟加拉国、塔吉克斯坦、土库曼斯坦、蒙古等国家留学生36人。引进美国饭店协会教育学院黄金服务资格证书，与德国海德堡园艺学校合作，开发国际化园艺课程，引进德国园艺职业资格证书。扩大与“一带一路”沿线国家职业教育合作，与孟加拉国北部大学、越南TCT中文学校开展合作，同时与中航集团合作，参与肯尼亚教育部的大中专升级改造项目。赴德国、法国、美国、加拿大等地交流教师18人次，研修学生17人次。

（龚玲玲）

江苏商贸职业学院

【概况】 江苏商贸职业学院（简称“江苏商院”）创办于1956年，隶属于江苏省供销合作总社。学校位于港闸区江通路48号，占地面积33.47公顷，规划总建筑面积32.9万平方米，建成建筑面积17.1万平方米。2017年，江苏商院设有会计与金融学院、经济与贸易学院、电子商务与物流学院、电子与信息学院、建筑工程与管理学院、世博艺术与传媒学院和基础教学部、社科教学部、体育教学部、继续教育学院10个教学院（部），涵盖信息技术、经济贸易、财会金融、电商物流、建筑工程与管理、艺术设计6大专业集群，开设33个三年制及五年制高职专业，形成服务“三农”行业特色专业群、现代物流专业群、技术服务外包专业群。建有物流、商贸、计算机、财会、电子实训中心5个，各类实验、实训室75个，校外实习实训基地89个。教学科研仪器设备总值7702.35万元。有教职工446人，其中专任教师329人、外籍教师2人，高级职称教师占比27.35%、“双师”型专业专任教师占比80%；全日制在校生8495人，毕业生就业率98.73%。学校成为全国商贸职业教育集团常务理事单位、全国高职计算机与电子商务大数据校企合作联盟副理事长单位、江苏省农村电商发展联盟副理事长单位。获评全国供销合作社系统先进集体，学校团委获评全国五四红旗团委。2月，江苏商院列入全国供销合作社示范性高职院校建设计划。

【教育教学】 2017年，江苏商院选拔教师参加省信息化教学大赛和微课教学大赛，获省信息化教学大赛奖4项、省微课教学大赛奖4项。推进省、校级精品在线开放课程建设，立项校本教材12项、校企合作教材3项，评选学校教学成果奖。申报省优秀青年骨干教师2人、省青年学术带头人1人。推进高职院校创新发展行动计划19项任务（项目），完成江苏省高校报关与国际货运品牌专业建设年度报告。推进校企合作、产教融合人才培养模式，与山东世博华创动漫传媒有限公司合作建设混合所有制世博艺术与传媒学院，“双主体”合作育人构建校企合作新模式获中国高校产学研合作优秀案例。获全国职业院校会计技能大赛团体一等奖第一名。全年，学生参加省级以上技能大赛项目31个，获全国奖12人次，获省级奖88人次。

【科学研究】 2017年，江苏商院加强科研项目申报及质量管理，立项省教育科学“十三五”规划课题、省高校哲学社会科学研究项目、省高等教育教改研究课题等项目19项，校级课题16项；签订横向科研项目合同12项，到账合同金额18.1万元，获授权实用新型专利5件、软件著作权2件、发明2件。全年有4项省级课题通过结题验收。学校获省教学成果奖一等奖1项。举办供销合作社综合改革专题报告会，开展第五届“苏商论坛”文稿评比活动。

【创新创业教育】 2017年，江苏商院开展创新创业课程培训，邀请校内外专家开展“就创业指导进院系”活动，举办各类讲座35场。举办创新创业大赛6场，选拔7个项目入驻大学生创业园孵化，提高学生创新创业实战能力，参加省第12届大学生职业生涯规划大赛获一等奖。探索立体化双创教育模式，打造"一园N个专业创客空间"，充实就创业导师库，为创客空间配备指导教师，助推项目成功孵化。科创空间实现成果转化近500万元，创新创业项目获省第三届"互联网+"大学生创新创业大赛二等奖，大学生创业园获评江苏省大学生创业示范基地、江苏省大学生创新创业示范基地。

【服务行业与社会能力提升】 2017年，江苏商院提升服务行业与社会能力，承办全国供销行指委校企合作及集团化办学专门委员会工作会议，省第19届运动会、市第11届运动会分项赛事，市首届叉车司机职业技能大赛。完成省供销合作总社"农产品经纪人高级技能培训班"任务，举办全国会计信息化师资研修班、省职业院校会计骨干专业研修班；承办江苏省公务员和国家二级建造师、助理经济师考试。完成与市公安局交通安全教育学校合作项目、学生叉车司机考证培训及鉴定。全年，举办、承办各类社会培训班55期，培训学员5800余人次，校内学生培训2900余人次，社会考试6000余人次，累计服务1.47万余人次。

【国（境）外交流与合作】 2017年，江苏商院遴选25名骨干教师，赴德国开展为期15天职业教育理论与实践研修学习。完成AP（美国大学预修课程）考场建设，首次完成教育部考试中心认可授权的AP项目考试考点工作。推进与英国奇切斯特学院合作办学项目，与上海泰尔弗教育集团合作海乘邮轮项目，与上海欧文教育集团（EEC）合作专升硕项目，与美国西来大学合作交换生项目，与新加坡叶水福集团物流人才培养企业培训项目。与韩国牧园大学洽谈交换生、暑期游学项目，签署合作协议；与日本一般社团法人日中科学技术文化中心洽谈学生赴日企业实践项目，签署合作协议。

（万建军）

南通师范高等专科学校

【概况】 南通师范高等专科学校（简称"南通师专"）设新校区、南通校区、如皋校区3个校区，分别在南通市经济技术开发区育贤路2号、南通市崇川区城山路24号和如皋市学宫路1号。全校占地面积63.65公顷，建筑面积20.35万平方米。2017年，南通师专通过"江苏省廉政文化示范点""江苏省廉政教育示范基地"考核验收，获市级以上荣誉30项。南通师专计划招生2190人，录取完成率98%，新增高招专业6个，新增招生计划15.3%。拓展西藏、四川、重庆、贵州、云南、贵州、安徽等省（自治区）生源市场。首次参与省高职院校提前招生改革试点。开展职业生涯规划教育，完成2017届毕业生就业派遣工作，就业率98.68%。

【师资建设】 2017年，南通师专实施高层次人才引进工程、教授与博士培养工程及中青年教师培养计划，引进教授2人。在职教师中，晋升教授2人，遴选省"青蓝工程"培养对象3人，在读博士1人，在读硕士4人，获硕士学位22人，青年教师中，具有硕士学位（学历）或硕士在读人员比例超过86%。

【继续教育】 2017年，南通师专获批示范性项目"国培计划"2个，取得省市合作项目5个、市级培训项目2个、外省市非指令性教师培训项目3个。保持四川、西藏、吉林、江西、新疆等省（自治区）西部国培项目份额。拓展学历教育、社会培训项目，开展各类考证考级服务3万余人次。学校获评江苏省培训工作先进单位。

【教育教学】 2017年，南通师专承办省第六届师范生教学基本功大赛小学教育组赛事，参赛成绩和获奖率列小学教育组第一名。师范生参加国家教师资格考试成绩优异，"5+2"专转本升学率省内领先。《乡村教师定向培养的南通样本》获2017年江苏省高等教育教学成果一等奖。成立"李吉林情境教育研究所"。全国教育科学规划课题、教育部人文社科项目、省社科基金项目等48项获准立项。教师发表核心以上论文期刊40篇。推进高雅文化进校园活动和文体、科技社团及志愿者活动，学校合唱团、舞蹈团、民乐团参加省大学生艺术展演获特等奖1项、一等奖1项、二等奖2项，学校获优秀组织奖。红色师范纪念馆及刘瑞龙纪念馆建成并开馆。接受省古籍保护中心对学校古籍馆藏考察评估，完成馆藏古籍文献原纸质目录数字化录入。

（樊　健　殷淑萍）

成人教育与社会教育

【概况】 2017年，南通市有成人高校2所，市社区大学1所、社区学院7所。有社区教育专职教师866人、兼职教师5117人。发展社会教育，建成全国社区教育示范街镇12个、全国城乡社区教育特色学校8所，建成省标准化社区教育中心19个、省级居民学校204所、省教育服务"三农"高水平示范基地2个，启东市、通州区建成省级社区教育示范区，通州区成为第四批国家级农村职业教育和成人教育示范县，港闸区学习型村居建设经验全国交流，南通开发区社区学院成立，南通开放大学获评省首批社会教育百强单位，南通市老年大学获评全国示范老年大学。

【学习型社会建设】 2017年，南通市推进学习型社会建设，发展继续教育和非学历培训，举办全民终身学习活动，市民学习活动20.19万人次。建设数字化市民学习系统，提升南通市民学习网功能，市教育局与南通开放大学合成建成市社会教育智慧学习平台。

【农民教育培训】 2017年，南通市，以服务劳动者素质提高和促进经济社会发展为出发点，助力新农村建设和城镇化发展，建成省教育服务"三农"高水平示范基地2个（海门工业园区优质葡萄示范基地、海安县大公镇优质梨栽培示范基地），开展农民教育培训10.97万人次、农村妇女技能培训活动1700人次。

【社区教育艺术节】 2017年，南通市制定社区教育艺术节活动方案，举办第三届社区教育艺术节，设合唱、广场舞、戏曲等7个项目。评选表彰2017年度省“百姓学习之星”“社区教育先进工作者”“社区教育品牌项目”“社区教育优秀志愿者”。

【老年教育】 2017年，南通市提升老年教育办学水平，建成老年学习示范苑14家，老年教育师资队伍913人，服务老年人学习20万人次；老年学历教育学员226人，列全省第一。5月，举办全国示范老年大学研讨会，近200名老年教育工作者交流全国示范老年大学教学成果与办学经验，探索老年教育规律，拓展老年教育发展新途径。

（祝杭斌）

※学校选介※

南通开放大学

【概况】 南通开放大学（原南通市广播电视大学）是承担全日制高职教育、成人学历教育和社区教育3项职能的市属成人高校，属国民教育系列，颁发国家承认学历。学校占地5.03公顷，建筑面积5.8万平方米。2017年，南通开放大学在校生近1万人，全日制高职学生与开放教育成人学生各占50%；教职工343人，其中专任教师188人；专任教师中高级职称53人、中级职称124人，攻读博士学位7人，晋升副高以上职称5人，获评南通市首届青年教学名师1人。成人教育招生1552人。通过省级平台，统一管理全市开放大学奥鹏教学点，进一步拓展招生面和辐射深度。获评“江苏省工人先锋号”“江苏省社会教育百强单位”“南通市文明单位”。

【教学工作】 2017年，南通开放大学新增优秀合作企业7家（其中上市公司、准上市公司3家），2项成果获评上年市科协厂校合作项目二等奖。围绕南通市“3+3+N”产业发展，申报“新能源汽车技术”“物流管理”“建设项目信息化管理”高职专业3个。完成国家数字化资源中心南通分中心课程更新，新增课程资源100余门；获国家资源中心录用微课程6门。全年组织教师参加各类培训162人次。开展教育教学科研，新立项课题43项，其中省级及以上课题11项，教科研成果获奖55项；发表教科研论文154篇，结题44项；申请专利12件，出版专著及教材10部。全年，获省级以上技能竞赛奖88人次。获2017南通科技创业大赛暨“通创荟”创新创业大赛三等奖2项。

【社区教育】 2017年，南通开放大学开课社区100余个，开设课程200余门，社区教育建设课程20门，直接服务社区居民20万人次，新上线南通市民学习网提供优质微课程资源758个。学校老年学历教育招收新学员71人，累计226人，总数全省第一，教育成果获中央电视台教育频道报道。南通开放大学秦灶学习苑、海门三厂学习苑、如东袁庄学习苑通过江苏省社区教育服务指导中心中期检查，海安曲塘社区教育中心、如东开放大学成功申报建设省级老年学习苑。省校立项课程《盆景》获江苏电视台教育频道播放；“乡村记忆”——南通乡村影像志文化工程获中央电视台专题拍摄；承办江苏省首届摄影大赛，并在中央电视台综艺频道《文化十分》栏目报道；第三届社区教育艺术节戏剧比赛被《人民日报》海外版报道；社区教育经验在全国东西部社区学院院长论坛会议上交流。

（丁　参）

南通市老年大学

【概况】 南通市老年大学（简称“市老年大学”）于1986年9月建校，归口南通市教育局管理。2016年9月迁入南通市启秀路4号通师一附小学原校区办学。学校占地2公顷，校舍建筑面积1.25万平方米。2017年，学校有教师154人，管理人员（含班主任）53人，专业89个，班级298个，学员1.13万人次，比上年增长16%。承办“全国示范老年大学办学经验交流与研讨会”，并在会上进行教学成果汇报展演。获评江苏省优秀老年教育工作者2人，获评江苏省“十佳优秀文化老人”1人；获评江苏省“百佳”优秀文化老人3人。

【专业设置】 2017年，市老年大学设音乐舞蹈系、书画系、摄影系、计算机系、医学保健系、文史系、综合系7个系。其中，音乐舞蹈系设歌咏、舞蹈、戏剧、器乐等15个专业；书画系设书法、中西绘画等9个专业；摄影系设摄影、图像处理、旅游等12个专业；计算机系设计算机、智能手机、摄像等10个专业；医学保健系设中西医保健、老年病防治等9个专业；文史系设中、外历史，英语，诗词，文学等10个专业；综合系设瑜伽、拳操、烹饪、养花、乒乓球、手工工艺等17个专业。教学层次分初级、中级、高级、演练、研修班。

【研修班与学历教育】 2017年，市老年大学有太极拳、钢琴、绘画、图像处理等专业研修班15个，学员470人。与市开放大学合作建立老年学历教育基地，年内开设诗词赏析和摄影本科学历班2个，在籍学员61人。

【文化艺术节】 11月29日～12月22日，市老年大学举办第二届校园文化艺术节。全年举办歌咏、舞蹈、朗诵、器乐、综艺专场演出7场，诗词、书画、摄影、摄像、手工工艺、烹饪文化展览6场，书法艺术、老年健康、智能家居等讲座3场，体育表演广场艺术、乒乓球赛4场，参加演出人数超过3500人次。

（陈鑫楠）

公共文化

综 述

【概况】 2017年，南通市全力推进现代公共文化服务体系建设，壮大文化产业规模，提升文化遗产保护水平，文化市场繁荣有序。10月30日，“推动文化建设迈上新台阶”重大文化事业项目——南通大剧院和南通美术馆开工建设。推进基层综合性文化服务中心建设，完成镇（街道）50个、村（社区）1000个综合性文化服务中心建设任务，覆盖率全省领先。完成第六次全国公共图书馆评估定级，新建市图书馆分馆4家，全市以县馆为总馆、镇（街道）为分馆、村（社区）为支馆总分馆体系初步形成。下发《南通市“十三五”应急广播体系建设实施方案》，市、县（市、区）文化广电新闻出版局签订《南通市“十三五”应急广播体系建设目标责任书》。崇川区文化馆和图书馆破土动工，港闸区文体中心内部装修，南通开发区公共文化服务中心设计方案通过评审，如东县和启东市文体中心建设有序推进。以为民、利民、惠民为主线，以欢庆党的十九大胜利召开为主题，举办南通市第四届公共文化服务展示月活动、“濠滨夏夜”“文化江海行”等群众文化品牌活动。举办“喜迎十九大 幸福舞起来”广场舞大赛，选送优秀作品参加省级比赛，获省委宣传部、省文化厅等部门颁发优秀组织奖。承办第28届苏锡常通群众文化信息交流暨理论研讨会。参加2017浦东新区首届公共文化产品服务采购大会，交流学习公共文化服务体系建设经验。全年送戏1443场、送书212450册、送电影16351场、送展览400场、免费培训105659人次，群众文化活动受益367.47万人次。

【全民阅读活动】 2017年，南通市组织开展第14届南通韬奋读书节活动，张嘉佳当选“南通市书香形象大使”。启动南通首个朗读亭。完成市区电子书借阅机建设30台，设立图书漂流“鸟巢书屋”40个。围绕迎接党的十九大召开、建军90周年、香港回归20周年，组织第二届“韬奋杯”中华经典诵读大赛、江海大讲堂、静海讲坛、韬奋大讲堂等阅读品牌活动，开展书香行业示范点创建评比，推进全民阅读“六进”活动（进机关、进社区、进校园、进企业、进农村、进家庭）。开展全民阅读手拉手春风行动，在南通火车站、汽车站开展“送一本书回家过年”活动。组织开展2017年南通市全民阅读领读者培训班。海门市获评“江苏省书香城市建设先进市”，市中院等3家单位获评“江苏省书香机关建设示范点”，南通一中等9所中小学获评“江苏省书香校园建设示范点”，南通江海电容器股份有限公司等7家企业获评“江苏省书香企业建设示范点”。开展星级农家书屋创建，市文化广电新闻出版局获评全国农家书屋全面建设十周年先进集体。

（张 湨）

【邮政文化活动】 2017年，南通市举

8月20日，南通邮政博物馆落成。（市邮管局 供图）

办"邮缘在一起·文明在社区"广场舞大赛，历时6个月，组织赛事69场，参赛人数9336人。11月25~26日，江苏省第11届集邮展览在海安县举办，展出各类别展品122部385框、集邮文献16部，展出评审员类邮集4部20框，参与人数142人。其中，南通市展出17部61框，参与人数15人。8月20日，南通邮政博物馆落成，建筑面积320平方米，设古代至民国、地下交通、新中国邮政、爱心邮路、集邮专馆、成就梦想6个专题，藏品2194件，全方位展示南通邮政历史文化。

（曹筱草）

图书馆

【概况】 2017年，南通市有南通市图书馆、通州区图书馆、如皋市图书馆、如皋市少年儿童图书馆、如东县图书馆、海安县图书馆、海门市图书馆、启东市图书馆8家公共图书馆，均为国家一级图书馆。建成南通市图书馆黄庄分馆、高店分馆、税务分馆等特色分馆。8所高校均建有图书馆。

【南通市图书馆】 南通市图书馆是近代著名实业家、教育家张謇于1912年创办的公共图书馆。南通市图书馆新馆于2010年奠基建设，2015年10月1日开馆。建筑面积2.8万平方米，设计文献藏量200万册、阅览座位1680席、日接待读者3000人次。2017年，南通市图书馆办理借书证26542张，接待读者121万人次，借书96.91万册次，还书96.79万册次。全年采购图书21181种、54967册。入选江苏省珍贵古籍名录27部。10月1日，394册外文图书上架，借出外文图书80余册。多媒体阅览室接待上网10.33万人次，借出光盘1037张。网站点击量17.64万次，移动图书馆总访问量（PV）2816.26万次，读者登录次数81.21万次。"流动"图书馆出车220次。微信平台推送37期，编辑图文信息131篇。解决市民卡新增用户和老用户信息共享兼容并用问题，完成市民卡、身份证、读者证三证合一。开通"江苏快借"服务。完成客流统计系统升级改造。10月，智慧空间体验区运行。完成2016~2017年度数字资源联合建设项目，完成政府公开信息2万条、250个政府网站收录编辑。在南通市图书馆微信端推出"微课堂"服务。开展"静海讲坛"讲座16场，视频讲座37场，播放电影22场。开展静海书院教学10期。举办英语沙龙9场。举办主题展览17场。举办"亲子共读，诚实守信""苗苗悦读坊——倾听绘本故事""星星姐姐讲故事"、2017年度江苏省红领巾读书征文评奖、"国学经典——声律启蒙"、南通市"亲子朗读声音档案大征集""我眼中的少儿图书馆"摄影大赛等活动。

【南通市图书馆税务分馆建成】 10月27日，南通市图书馆税务分馆开馆，建筑面积近400平方米，设置书刊借阅区、电子阅览区、阅读休闲区三大功能区域，提供文献资源借阅、数字库资源查询、多媒体阅读、阅读推广等服务。馆藏图书近5000册、期刊80余种。建立"中国知网"南通地税数字资源库，收录税收相关文献2000万余篇，涵盖税收政策、热点解读、税收政策研究等内容。税务分馆配备馆员工作站、自助借还系统、双通道安全监测系统，与南通市图书馆形成资源共享、协同采编、统一认证、一卡通用、通借通还总分馆体系。

（张　淯）

【高校图书馆】 2017年，南通市8所普通高校图书馆进一步提升教育与信息服务功能，增强数字化程度。

南通大学图书馆　馆舍总面积6.45万平方米，阅览座位2919席。2017年，馆藏纸质文献总量270.16万册，中外文期刊8553种。购中外文大型数据库50余个，自建数据库6个，购电子图书188.76万册，硕、博士学位论文708.97万篇。全年出具查证查引报告886份，传递各类文献854篇（部）。发布学科快报、论文目录40期。接待读者106万人次，借出图书18.11万册，电子文献数据库点击率1920万次。建立南通大学科技查新站，完成查新课题190项。收集通大文库、张謇特色数据库实体文献116册，TPI平台元数据增加71种，电子书上传20种。编目加工赠送及零采图书3292种，完成全校硕士学位论文提交审验。完成约72000册图书清查。图书馆微信公众平台累计关注16903人次，全年新增关注5007人次，通过微信公众平台发布18次，编辑发布文章45篇。举办人文讲坛3场、"我最喜爱的国学经典读书沙龙"2场，在大屏和微信上发布弘扬中华优秀传统文化主题导读8期。全年授课班级总数274个，学生总数8754人，总学时数2916个，新生入馆培训75场。

南通理工学院图书馆　馆舍总面积1.8万平方米。其中，本部校区0.96万平方米，海安校区0.84万平方米。2017年，馆藏纸质图书79.18万册，

10月27日，南通市图书馆税务分馆开馆。

（市文化广电新闻出版局　供图）

生均图书81.26册；中文纸质期刊近1500种；外文原版期刊14种。建有现代电子图书系统和计算机网络系统，电子书刊有中国知网中国期刊全文数据库、超星数字图书馆、中科VIPExam考试学习资源数据库、南通市科技信息平台等中外文数据库25个，近100万册电子图书和1万余种中外文期刊供师生查阅。全年接待读者122891人次。

南通职业大学图书馆 馆舍总面积1.64万平方米。2017年，馆藏纸质图书106.13万册，电子图书135万册，优秀博、硕士论文40余万篇，APABI（方正阿帕比）电子图书3万种，学术视频1500余部。中文数据库有中国知网中国期刊全文数据库、读秀知识库、人大报刊全文复印资料、维普期刊资源整合服务平台、百链云图书馆、中文社会科学引文索引、优秀博硕士学位论文、超星数字图书馆、中国标准全文数据库、计算机技能自助式网络视频学习系统、CIDP制造业数字资源平台、“51CTO学院”IT技能学习、就创业数字图书馆；外文数据库有Springer Link全文数据库、CALIS外文期刊目录数据库等。图书馆被命名为江苏省科普教育基地。

江苏工程职业技术学院图书馆 馆舍总面积1.04万平方米。2017年，馆藏纸质文献60万册、中外期刊8424种、报纸85种，有数据库19个，购电子图书301万册。全年接待读者10万人次，借出图书2.5万册，电子资源检索250万次。

南通航运职业技术学院图书馆 馆舍面积1.5万平方米。2017年，馆藏纸质图书60万册，常用数据库30个，阅览座位2500余个，建有信息共享空间、移动图书馆和微信公众平台，订阅期刊960余种、报纸80种，接待读者18万人次，借阅图书5万册，电子资源使用180万人次。

南通科技职业学院图书馆 馆舍总面积6000余平方米。2017年，馆藏印刷版图书文献近50万册，阅览座位近500个。引进汇文图书馆集成管理系统，业务管理实现自动化。有大量与学科专业相关的专业数据库网络电子资源，包括中国知网、维普中文科技期刊数据库、移动图书馆、读秀学术搜索、中科VIPExam考试学习资源数据库、万方数据（公网）、万方数据知识服务平台，基本完成智慧校园数字化工程。

江苏商贸职业学院图书馆 馆舍总面积1.03万平方米。2017年，馆藏纸质图书42万余册，电子图书65万册，订购纸质期刊756种，购买中国知网中国期刊全文数据库、维普期刊服务平台、超星学术发现系统、读秀学术搜索、软件通自助学习平台、中科VIPExam考试学习资源数据库、名师讲坛、随书光盘数据库、移动图书馆、超星电子书10个电子资源数据库，自建特色数据库2个。

南通师范高等专科学校图书馆 由原南通师范、海门师范、如皋师范3校图书馆组建而成。2017年，馆藏纸质文献74.8万册，其中独立古籍书库藏有古籍文献（含中华民国文献）1.5万册，电子图书50万册，订阅杂志1010种（1383份）。建成文献资源共享平台，开通图书馆微信公众号，实现书目查询、新书推介一体化。学校入选江苏省古籍保护单位。

（陈亚利 王振兴 崔 超 徐 磊 刘军军 李 进 龚玲玲 万建军 樊 健 殷淑萍）

【农家书屋建设】 2017年，南通市农家书屋纳入村综合文化服务中心，推进农家书屋数字化建设。完成农家书屋延伸服务调研及数字化农家书屋调研。完成全市1632家农家书屋基本信息采集、核查、汇总上报，完成启东市250家、通州区184家农家书屋电脑配送，开展2017“我的书屋、我的梦”农村少年儿童暑期阅读实践活动。开展农家书屋提升工程试点，推进通借通还“一卡通”、书屋硬件环境改善、出版物更新、管理员队伍建设、读书活动开展、与校外辅导站和村文化室共建融合等建设，新增通借通还书屋231家，全市农家书屋通借通还“一卡通”突破1200家，通借通还总覆盖率75%。新建“四星级”示范农家书屋30家。

（张 涢）

博物馆

【环濠河博物馆群】 2017年，南通环濠河博物馆群助推公共文化服务，带动旅游及相关产业发展，促进非物质文化遗产保护和传承。中国珠算博物馆、南通纺织博物馆展览提升改造获江苏省文物局经费支持180万元，南通蓝印花布博物馆、南通中医药文化博物馆等民办博物馆获各项补助经费170余万元。启动环濠河博物馆群建设现状及提升发展对策研究课题。

（张 涢）

【南通博物苑】 2017年，南通博物苑“南通古代文明陈列”“南通博物苑精品文物陈列”“江海鲸类及生物资源专题陈列”“中国现代化的先驱——张謇”“南通博物苑史迹暨早期藏品展”“孙钺生平事迹展”、张謇纪念馆“张謇专题展及故居陈列”以及谯楼“南通老城掠影展”8个基本陈列正常开放。主办或承办临时展览10个，举办讲座65场，接待观众60万人次。征集文物293件（套），包括沈寿艺术馆藏沈寿绣品《马头》《张謇行水看云》等藏品，苑藏文物增至42052件（套）；入藏自然标本44件，苑藏自然标本增至7413件。年底，南通博物苑拓展提升工程启动。

百灵第一声——南通博物苑2017年少年民乐会 1月1日，南通博物苑举办“百灵第一声——南通博物苑2017年少年民乐会”。演奏民族乐器有古琴、古筝、二胡、竹笛；演奏曲目有古筝独奏《林冲夜奔》、古琴独奏《潇湘水云》、竹笛合奏《姑苏行》等中国传统民族音乐。青少年在听觉、视觉、体验与认知中认识民族音乐。该项目入选2017年江苏省博物馆青少年教育示范项目。

东方既白——徐卫写意花鸟画展暨丁酉生肖文化活动 1月20日～2月19日，“东方既白——徐卫写意花鸟画展暨丁酉生肖文化活动”在南通博物苑开展。展出徐卫近十年水墨写意花鸟画80余幅。

西京印迹——大同辽金文物展 3月31日～5月1日，“西京印迹——大同辽金文物展”在南通博物苑展出。展览由大同市博物馆和南通博物苑共同主办。展览分民俗风情、窑火神韵、魂归之所、壁彩丹青四部分，展出文物109件（套），涵盖铜器、陶器、木器、壁

西京印迹——大同辽金文物展。（南通博物苑 供图）

画、金银器等类别。展现辽金少数民族春夏耕作、秋冬射猎、茶酒饮宴、家居逸乐等胡风汉韵之色。

盛世归瓷——奚建军、吴培外销瓷收藏展 12月22日，“盛世归瓷——奚建军、吴培外销瓷收藏展”由中国华侨历史博物馆和南通博物苑共同主办，在南通博物苑展出，为期1个月。展览精选“康乾盛世”时期所产外销瓷及少量同时期欧洲本土产瓷器，展示几百年前中国与西方社会在商贸文化交流方面的历史图景。展出各类外销瓷器200余件。

（陈 艳）

【中华慈善博物馆】 中华慈善博物馆于2013年开工建设、2016年9月1日开馆，是经国务院办公厅批准冠名、民政部和江苏省政府合力推进、南通市具体承建的首个国家级慈善专题博物馆，建于张謇创办的大生纱厂副厂旧址，占地面积2.67万平方米，总建筑面积2.49万平方米，其中地面建筑面积1.6万平方米，总投资2.78亿元。馆内有实物类藏品2900余件、图片8300余张。中华慈善博物馆官方网站设“博物馆介绍”“参观指南”“馆藏精品”“慈善微阅读”“对外服务”等栏目，主要功能定位为中华慈善思想文化展示窗口、先进慈善理念教育课堂、慈善名人名企交流平台、公益慈善事业活动阵地和慈善学术理论研究基地。

2017年，中华慈善博物馆征集藏品近100件，赴江西征集慈善相关牌匾28件（套），其中最早一块为清康熙五十四年（1715），已有300余年历史；从后续征集牌匾中挑选16件（套）替换原先展示仿真牌匾。购买与慈善相关徽章、劝善书约50余件（本）。接收爱心人士无偿捐赠慈善藏品近20件。全年发布“慈善微阅读”36期，接待游客10万余人次，举办、承办结对共建、道德讲堂、社会教育等大型活动60余场次。申报“儒家伦理与慈善精神”课题入选中国慈善联合会培养青年慈善学者“竹林计划”。被中国慈善联合会确定为“卓越合作伙伴”。

（陶徐华）

【南通中医药文化博物馆】 南通中医药文化博物馆为江苏省首家民办中医药文化博物馆，建筑面积1000平方米，有藏品1000余件。馆内收集南通中医药历史文物、文献、史料和南通历代名医名录，全面展示南通中医药发展的历史和现状。2017年，南通中医药文化博物馆免费开馆300余天，参观人数近2万人次。举办“良春中医大师百年——国医大师朱良春学术思想研讨会暨百年诞辰纪念”活动。组织纪念开馆一周年系列活动，举办“南通籍中医名家处方展”，先后接待南通友好城市德国托斯道夫市市长、意大利锡耶纳代表团、致公党江苏省委调研组等到访、考察、调研。

（张 溟）

群众文化

【群众文化系列活动】 2017年，南通市围绕党的十九大召开，开展公共文化服务展示月、濠滨夏夜、文化江海行等群众参与文化品牌活动。成立南通市广场舞协会，引导群众文化健康发展，推动南通市广场舞活动有序开展。举办“喜迎十九大 幸福舞起来”广场舞大赛。开展“最美足印”南通市走帮服文艺作品征集活动。举办“江海雅韵”音乐公益品鉴活动，全年举办音乐活动7场次、受众近5000人次。如东县做优“蠙城之夏”品牌，推出“港城之春”“欢乐送万家”“文化惠民沿海沿边行”“百姓大舞台・周周演”等品牌活动，举办“红十字会・人道的力量”“如东首届青年歌手大赛”“喜迎十九大激越江海风・风从黄海来”等活动10余场。海安县开展戏曲进校园活动11场次，举办“乐一天”农民艺术节158场，“行万里路、进千家门”文艺演出695场，举办“身边好人”主题晚会、“第七届河豚节”等活动。如皋市开展“爱书巢”图书募捐活动。启东市举办“扬清风颂廉洁5・10”专场文艺演出、“诗画启东・越韵江海”第四届越剧折子戏专场文艺演出、“正能量加油站”活动现场观摩会、庆祝建军90周年主题文艺演出、“喜迎十九大、红歌献给党”合唱等主题活动12场次，举办文化进军营、民歌戏曲进校园、“启吾大讲堂”等活动。

（张 溟 高 尘）

【公共文化服务展示月】 10月17日，2017南通市公共文化服务展示月活动开展。该活动以欢庆党的十九大胜利召开为主题，以为民、利民、惠民为主线，分资源共享、区域联动、精准服务、对接上海四大板块。其间，开展重点活动200余项，直接受众100余万人次。市文化馆开展“百姓戏台周周演”，演出京剧、越剧、沪剧、锡剧、黄梅戏等14场次。市少儿图书馆开展“七色花国学坊——魏晋穿越指南”活动。南通博物苑举办“我们的传统节日：浓情中秋”社会教育活动。南通艺术剧院在南通航院、如皋高等师范学校等高校演出话剧《张謇》。市图书馆举办“铭记历史　开创未来——喜迎党的十九大图文展”“喜迎十九大——南通市市级机关优秀党建服务品牌巡展”“中国共产党廉洁资料图片展”等专题展览。南通书法国画研究院举行院藏“海派”精品展。市文化广电新闻出版局与南通大学艺术学院举行2017公共文化服务战略合作，开展文化惠民活动26项，其中系列讲座8场、巡回展览5场、文艺演出9场、社会培训4期。市文化艺术创作研究中心举办话剧《寺街风雨》剧本朗读汇报演出。

（张　湨）

表18-1

2017年南通市公共文化服务展示月活动项目一览表（市直单位）

类别	单位(部门)	活动名称	时间	地点
资源共享	南通博物苑	一握清风——南通博物苑藏扇面书画艺术展	9月28日~10月15日	博物苑临展一厅
	南通博物苑	藏品于民 收藏江海——南通藏家藏品展	9月28日~10月12日	博物苑临展二厅
	南通博物苑	2017年江苏省馆藏文物巡回展项目：布一样的美丽——祁竞布贴画展	10月20日~11月20日	博物苑临展一、二厅
	南通博物苑	“知南通·爱家乡”人文历史知识公益巡讲	10~11月	社区、学校
	南通市文化馆	“群星耀江海”全国群众文艺优秀作品展演	10月	更俗剧院
	南通市文化馆	“舞在江海”长三角地区优秀广场舞展演	10月	南通职业大学体育馆
	南通书法国画研究院	南通籍书画名家系列展“花里藤中”赵渐明作品展	9月28日~10月8日	1895文化创意产业园7号馆
	南通书法国画研究院	创作与研究系列——罗祺林白优秀作品展	10月18日~11月18日	崇川美术馆
	南通市个簃艺术馆	相约崇川——赵梅林书画篆刻展	9月12~22日	个簃馆展厅
	南通市个簃艺术馆	城市之光——华俊山画展	9月24日~10月9日	个簃馆展厅
	南通市个簃艺术馆	南通印社社员刻王个簃诗句作品展	10月10~18日	个簃馆展厅
	南通市文化艺术创作研究中心	文化艺术公开课(书画艺术鉴赏)	10月	市老干部活动中心
	南通市文化艺术创作研究中心	剧本朗读会	10月	进剧场
区域联动	南通市文化馆	“喜迎十九大　高歌南通美”文化江海行走进县(市、区)	10月	各县(市、区)
	南通市文化馆	第28届苏锡常通群众文化信息交流暨理论研讨会	10月	南通
	南通更俗剧院	农村公益电影如皋江安行	8月28日~12月	如皋市江安镇
	南通更俗剧院	农村公益电影通州五接行	10月	通州区五接镇
	南通市文化艺术创作研究中心	文化艺术公开课(小品培训辅导)	10月	如皋市江安镇
精准服务	南通博物苑	博物馆中的白色手杖：世界盲人日特别体验活动	10月15日	博物苑多功能报告厅
	南通艺术剧院	艺术家走基层文艺演出	10~12月	崇川区、港闸区等
	南通市图书馆	真人图书馆	国庆期间	市图书馆四楼休闲区
	南通市图书馆	智慧空间体验区试运行	10月1日	市图书馆二楼
	南通市图书馆	特色分馆(黄庄、高店、地税)开馆	9~11月	如皋市黄庄村、港闸区高店村、市地税局
	南通市图书馆	技术神助攻、智慧答题赛——新技术培训	10月中旬	市图书馆二楼报告厅
	南通市图书馆	书式生活系列活动	9~12月	市图书馆四楼休闲区

（续表18-1）

类别	单位(部门)	活动名称	时间	地点
精准服务	南通市图书馆	南通市“亲子朗读声音档案大征集”活动	9~12月	市少儿图书馆
	南通市图书馆	“我眼中的少儿图书馆”摄影大赛	9~12月	市少儿图书馆
	南通市文化馆	“一带一路”沿线国家艺术节负责人走进南通	10月	南通
	南通市文化馆	伶工学社——百姓戏台周周演	9月下旬~11月上旬	南通伶工学社
	南通更俗剧院	放映公益电影	9月	更俗剧院
	南通更俗剧院	开展读者见面会	9月22日，11月23日	更俗剧院
	南通更俗剧院	引进多部高雅艺术演出类目	9~10月	更俗剧院
	南通市文化市场综合执法支队	“不忘初心 共筑未来”——青少年心理健康公益讲座	11月上旬	如皋市江安镇
对接上海	南通市文化广电新闻出版局	聘请上海公共文化领域高层人士，知名专家、学者担任南通文化顾问	10月下旬	市行政中心
	南通艺术剧院	话剧《张謇》	10~12月	上戏实验剧院
	南通书法国画研究院	院藏海派书画精品展	10月2~30日	南通书画院心源堂美术馆
	南通市个簃艺术馆	王个簃·王公助·王葵三代书画展	9月24日~10月9日	个簃馆展厅
	南通更俗剧院	上海评弹艺术传习所评弹《林徽因》	9月12日	更俗剧院
	南通更俗剧院	大型多媒体原创沪剧《绿岛情歌》	10月27日	更俗剧院

（张　溟）

【市外文艺团体演出】 2017年，南通市邀请外省市和国外优秀演出团体上演钢琴小提琴二重音乐会《春天鸣奏曲》、意大利马戏团喜剧二人组《受惊吓的面包师》、美国男子芭蕾舞剧、西班牙弗拉明戈舞蹈秀、江苏女子民族乐团“一带一路”民乐巡演、越剧《红丝错》、意大利“马希米亚诺·华伦帝钢琴音乐会”、大型俄罗斯歌舞晚会、法国幽默趣乐剧《连体兄弟打击乐器秀》、加拿大巴兹铜管五重奏音乐会、第14届文华奖优秀剧目——大型原创现代沪剧《挑山女人》、法式经典幽默音乐会“疯狂萨克斯”、上海评团评弹《林徽因》、京剧名家名段折子戏专场、京剧《青衣》《天籁赞歌》、明星版越剧《青藤狂歌》、大型多媒体原创沪剧《绿岛情歌》。10月17~23日，艺术剧院演出团开展2017“一带一路”东南亚艺术文化交流及《梦·江海》巡演，在马来西亚吉隆坡、马六甲等地巡演10场次，中国驻外机构、马来西亚艺术文化交流协会负责人及1.5万余名华人观看演出。12月18~22日，大型歌舞秀《梦·江海》赴日本东京进行商业巡演，在千叶县市川市文化会馆、新宿区纪伊国屋剧场、千叶县船桥市勤劳市民中心演出7场。

（张　溟）

【文艺惠民】 2017年，南通市开展文艺惠民服务50余场，4000余名文艺工作者赴镇（街道）、社区、企业、校园开展惠民活动，受众1万余人次。举办南通市文艺界“深入生活、扎根人民”新春慰问演出暨百名书法家万幅春联送百姓惠民活动走进港闸、第三届南通市文艺界新春联谊会、“江海丹青 金鸡唱韵”南通市迎新春美术作品展等新春文化惠民系列活动，开展第12届“五月风”文艺展示月系列活动，举办演出、展览、比赛、研讨等文艺活动32场。举办“喜迎十九大 文化走帮服”专场文艺演出走进海门市三厂街道，南通市文艺界学习宣传贯彻党的十九大精神文艺巡演走进沪通大桥建设工地、任港街道，受众500余人次。举办江苏省文联书画考级南通考区辅导教师认证资格培训、首届江苏省舞蹈家协会（南通片区）考级展演、2017南通书画考级考生作品展、第15届少儿书画展等考级惠民活动。

（沈婵媛）

文化艺术

【艺术生产】 2017年，南通市组织和创作话剧《张謇》、越剧《红丝错》。电视纪录片《张謇》完成实地摄制，电视剧《张謇》形成摄制方案。中国文联文艺创作资助项目如东大型原创多媒体杂技剧《海星花》赴德国演出20场。情景杂技剧《伊甸园童话》赴美国演出9个月。现代通剧《瓦匠女人》、海门山歌剧《临海风云》入选2017年江苏省地方戏曲基层院团优秀现代戏交流展演。歌曲《心贴心》入选国家艺术基金资助项目。在《词刊》发表音乐作品2首、在《新歌诗》发表歌词1首。歌曲《记住乡愁》《溜溜的水乡》先后在中央电视台播出。新创歌曲《乡里乡亲》制作完成，青歌赛金奖获得者、著名女歌唱家王莉应邀演唱。创作演出小品小戏《老抠的钱包》《夕阳情》《邻里情》《五朵金花》《孟姜女过关》等。创作新剧本《同心同行》。至年底，话剧《风雨银杏树》《回头一望》、广播剧《潮涌南黄海》《中国话1946》、情景歌舞秀《水村印象》等重点题材作品进入基本框架创作或修改阶段。

【话剧《张謇》创作演出】 6月12日，话剧《张謇》在更俗剧院首演。话剧《张謇》由南通艺术剧院和港闸区委宣传部联合出品，是南通市"十三五"期间重点打造艺术精品、2016年度国家艺术基金资助项目，在国家艺术基金资助项目中期验收中获评优秀，并获第三届江苏省文华优秀剧目奖、导演奖和表演奖。该剧用戏剧手段演绎以张謇为代表的南通文化和江海精神，两轮公演累计演出50场次。

（张　湏）

【作品获奖】 2017年，南通市152件文艺作品在全国、省级赛事中获奖。电影《那些女人》、电视剧《刑警队长》《长征大会师》、电视纪录片《寻找1895》、动画片《动物乐园之鼠狗大战乐翻天》、京剧《青衣》、越剧《仁医寸心》、音乐儿童剧《田梦儿》、广播剧《花子街》、歌曲《我家住在长江边》6个艺术门类10部（件）作品获江苏省第十届精神文明建设"五个一工程"奖，获奖总数列全省设区市首位。儿童文学《布罗镇的邮递员》获第十届全国优秀儿童文学奖、2017陈伯吹国际儿童文学奖年度图书（文字）奖、中宣部第14届精神文明建设"五个一工程"优秀作品奖、第六届江苏省紫金山文学奖；中国画《幽塘聚禽图》获江苏省文华美术奖；中国画《秋风十里》、水彩（粉）画《存在系列之二隐》获第二届江苏美术奖；长篇小说《消失》、报告文学《支教：在小凉山的28年》、中篇小说《连理枝》获江苏省紫金山文学奖；微电影剧本《地铁口的音乐大师》获全国首届微电影大赛十佳剧本奖；蓝印花布印染技艺获江苏省乡土人才技能大赛一等奖；摄影作品《香鲸重生》入选第26届全国摄影艺术展；曲艺小品《二嫂争媳》获第三届江苏省曲艺、喜剧小品邀请赛决赛一等奖，第七届江苏省曲艺芦花奖综合大奖节目奖；鼓曲《老街坊》获第七届江苏曲艺芦花奖综合大奖剧目奖；南通方言说唱《散花》入围省民间艺术展演暨江苏民间文艺"迎春花奖"民间艺术表演奖终评、获"中华颂"第八届全国小戏小品曲艺大展金奖。

（高　尘　沈婵媛）

9月22日，海门市廉政山歌剧《临海风云》参演第八届"江苏廉洁文化周"剧目展演。（虞垒钧　摄）

【艺术作品展】 2017年，南通市开展各类文艺展览、展示、展演活动近1000场次，举办各类作品展30余场，展出作品2000余幅，参观群众近万人次。围绕"喜迎十九大——艺术走进生活"主题，举办2017艺术南通博览会。开展"文艺与时代同行"系列文化活动，举办庆祝党的十九大胜利召开艺术成果展。举办"江海丹青——南通书法国画研究院作品展""金鸡报春——南通市书画名家作品邀请展""吴沐初、刘子美、刘嵩樵、邱丰作品展""尤无曲作品展""顾云璈优秀作品展"。举办"江海意境——2017南通美术书法艺术大展"、2017南通工艺美术精品展、"问道江海"南通籍名家邀请展、"抱朴守真"如东民间绘画展、南通市第二届摄影艺术展、南通藏家藏品展、"墨舞江海"北京西城区·江苏南通市书法作品联展、中国沈寿宫廷仿真绣精品展、当代文化学者郭谦书画展、"美的回归"2017南通油画提名展、陈云书法展暨《陈云书法作品集》首发式、"地中海的风"南通摄影以色列摄影交流采风展、"清风徐来"南通市扇面装裱艺术展、"万华归一"陆强水墨作品展、胡宁娜协奏曲邀请展、"写意一族"全国高校学术交流巡回展、"春华墨韵"第六届南通市女画家作品邀请展、"刀笔耕耘人生"丁立松版画生涯60年回顾展、"意写新时代 丹青鉴初心"江苏省国画院书画作品展、清风徐来——"雁行"书画批评展等。举办南通籍书画名家系列展：花里藤中——赵渐明作品展，江海丹青·记忆——南通书画院创作与研究系列展。举办"纪念王个簃诞辰120周年系列活动启动仪式暨南通市妇女书法家书王个簃诗作品展""翰墨传家——王个簃、王公助、王葵三代书画联展暨《王个簃篆刻集》首发式""金石长存——南通印社社员篆刻王个簃诗句邀请展"，编印、出版《中国历代画家佳作品鉴——王个簃》《纪念王个簃诞辰120周年——王个簃篆刻集》《纪念王个簃诞辰120周年——馆藏作品宣传手册》。打造"城市之光""城市记忆""相约崇川"品牌专题展览6期。在山东举办纪念张汀百年诞辰系列之"锦绣它山"展，在北京森林中国美术馆举办"别样表达"张卫当代水墨展。

（高　尘　张　湏　沈婵媛）

【艺术研讨】 2017年，市文联召开“红色记忆”创作题材规划会，组织各门类文艺家参观苏中四分区反“清乡”斗争资料陈列馆，并专题研讨。举办《扬子江诗刊》——南通诗歌改稿会，40余名诗歌写作者参加。实施重点文学、音乐作品创作扶持和推介，朱一卉长篇小说《仿真时代》、更俗网络小说《大地产商》分别入选中国作协重点扶持项目，刘剑波非虚构作品入选2017年中国作家协会定点深入生活项目，宋海峰长篇网络小说《砺刃》入选2017年度全国网络文学重点园地工作联席会议重点作品扶持选题。举办大型原创杂技剧《海星花》《支教：在小凉山的28年》《寻找张思德》、“首届长三角风筝文化艺术论坛”“萧伯纳与中国”等专题研讨会。全年开展现实主义创作与理论研讨、“身边好人”创作、话剧110周年等主题艺术沙龙11场，300余人参加。

【“文艺与时代同行”采风创作】 2017年，市文联组织开展“文艺与时代同行”——南通文艺界“深入生活，扎根人民”采风创作活动。3月底，组织40余名艺术家赴革命圣地韶山采风创作。5月21日，组织30名作家走进如皋水绘园、红十四军公园、丝毯博物馆等地采风创作。6月20日，组织近百名艺术家赴沪通长江大桥建设工地采风创作。9月26日，组织19名书画家现场创作书画作品，装裱成19米书画长卷向党的十九大献礼。《三角洲》《江海晚报》陆续刊登诗歌、散文等采风作品。11月20日，美术、摄影采风成果展在市行政中心二楼大厅展出，书法创作成果展在南通文化艺术展览中心展出，展出作品150件，观众近1000人。

【艺术讲座】 2017年，市文联举办文联大讲坛4期，400余名南通文艺家聆听讲座。讲坛内容为：南京大学教授潘知常讲授《艺术的终极关怀》，中国丝绸博物馆技术部主任汪自强讲授《古代书画的传统手工装裱与修复》，北京大学艺术学院副院长陈旭光讲授《艺术创造的创意力、想象力与抽象力漫谈》。举办南通市中青年编剧培训，依托上海戏剧学院编剧学南通教学基地，邀请上海戏剧学院编剧学教授陆军通过工作坊教学模式，对学员集中培训。8月11日，第19期南通市文艺家读书班在全国干部教育培训浙江大学基地举办，为期3天，90人参加。

（沈婵媛）

表18-2

2017年南通市部分文艺创作获奖（省级及以上）情况一览表

类别		作品名称	奖项	主创者
文学	小说	《布罗镇的邮递员》	第十届全国优秀儿童文学奖 全国第十四届精神文明建设“五个一工程”奖 2017陈伯吹国际儿童文学奖年度作品奖 第六届江苏省紫金山文学奖荣誉奖	郭姜燕
	报告文学	《支教：在小凉山的28年》	第六届江苏省紫金山文学奖报告文学奖	蒋　琏
	小说	《消失》	第六届江苏省紫金山文学奖长篇小说奖	刘剑波
	小说	《风乐桃花》	江苏省优秀版权作品二等奖	李新勇
	文学评论	《别具一格诗评的魅力——王耀东先生诗评之我见》	第六届“长江杯”文学评论奖三等奖	王美春
	报告文学	《双合村的守望》	江苏省作家协会主办“两岸一家亲”主题征文特别奖	杨雪燕
戏剧曲艺	儿童剧	《田梦儿》	江苏省第10届精神文明建设“五个一工程”优秀作品奖	张　锋
	京剧	《青衣》	江苏省第10届精神文明建设“五个一工程”优秀作品奖	港闸区文联
	鼓曲	《老街坊》	第七届江苏曲艺芦花奖·节目奖	黎　化　张　杰 顾昊迪
	小品	《二嫂争媳》	第七届江苏曲艺芦花奖·节目奖 第三届江苏省曲艺、喜剧小品大赛一等奖	姜冬云
	评话	《火烧城隍庙》	江苏省第三届曲艺、喜剧小品邀请赛优秀奖	崔世莹
	小品	《一个闺女四个爹》	江苏省喜剧小品优秀奖	於国鑫
	朗诵	《你是人间四月天》	“为你诵读”平台全国方言诵读比赛第一名	杨　洁
	小品	《审舅舅》	中央电视台《一鸣惊人》栏目“梦想微剧场”第二季大赛团队金奖 首届“常平杯”全国小戏小品邀请赛一等奖 第七届全国优秀小戏小品展演优秀剧目奖 “中华颂”第七届全国小戏小品曲艺大展金奖	刘天文　张　山 葛　豪　张　莉

（续表18-2）

类别		作品名称	奖项	主创者
戏剧曲艺	小品	《村支书的星期天》	中央电视台《一鸣惊人》栏目“梦想微剧场”第二季大赛团队金奖	何婷婷
	方言说唱	《散花》	“中华颂”第八届全国小戏小品曲艺大展金奖	张黎化
	群口快板	《大旗高高飘》	全省优秀基层理论宣讲文艺作品征集一等奖	张黎化
	小品	《拜见岳母》	第三届江苏省曲艺、喜剧小品大赛一等奖 “中华颂”第七届全国小戏小品曲艺大展金奖	姜冬云　张　山 倪　敏　马跃峰 李汉芳　易　彬
	群口快板	《五人》	江苏省第二届快板大赛一等奖（少儿组）	强英秀
美术	中国画	《幽塘聚禽图》	第三届江苏省文华奖——文华美术奖	王　法
	中国画	《秋风十里》	第二届“江苏美术奖”优秀奖	张　卫
	版画	《即将远去》	第二届“江苏美术奖”优秀奖	章水雄
	水彩(粉)画	《存在系列之二隐》	第二届“江苏美术奖”优秀奖	冯卫军
	中国画	《溪山行》	第二届“江苏美术奖”提名奖	蔡志中
	油画	《江南园林》	第二届“江苏美术奖”提名奖	王人佼
	版画	《大美新疆——喀纳斯》	第二届“江苏美术奖”提名奖	王　帅
	水彩(粉)画	《那一片海》	第二届“江苏美术奖”提名奖	余沐人
	版画	《听涛路口》	江苏省第六次新人美术作品佳作奖	向　园
	插画	《闲趣》	江苏省第六次新人美术作品佳作奖	冯冠文
	版画	《朝阳奔梦》	江苏省第六次新人美术作品佳作奖	周文新
	水彩(粉)画	《情至深处》	江苏省第六次新人美术作品佳作奖	李万华
	油画	《码头》	江苏省第六次新人美术作品佳作奖	李小兵
	油画	《那晚我们说了些什么》	江苏省第六次新人美术作品佳作奖	邱皓波
	油画	《空寂》	江苏省第六次新人美术作品佳作奖	田娅萍
	中国画	《老兵新传》	江苏省第七届企业职工美术书法作品大展优秀奖	杨　林
	中国画	《和谐》	江苏省第七届企业职工美术书法作品大展优秀奖	曹德新
	油画	《2015——感动中国人物吴锦泉》	江苏省第七届企业职工美术书法作品大展优秀奖	刘　军
	版画	《舷窗外的热土》	入展第22届全国版画作品展 入展香港版画协会40周年纪念展 入展伦敦第32届国际原创版画博览会（英国伦敦） 入展英国河岸艺术交流系列展·中英版画交流展（英国伦敦） 入展中国江苏·文化艺术交流展演（俄罗斯圣彼得堡） 入展“容量与张力”第四届上海国际版画双年展 入展紫气东来·一带一路2017国际美术交流展（乌克兰基辅） 入展“中国制造”第二届全国工业美术作品展览（重庆）	朱建辉

（续表18-2）

类 别		作品名称	奖 项	主创者
美术	版画	《大美新疆——月亮湾》	入展第22届全国版画作品展	王 帅
	版画	《都市·2017》	入展第22届全国版画作品展	宋燕辉
	版画	《凝固时刻》	入展第九届中国体育美术作品展览	朱海燕
	版画	《如皋第一位共产党员吴亚鲁》	入展 以版说画——2017首届江苏省青年版画作品展	冒朝霖
	中国画	《青·凝》	入展江苏省第六届新人美术作品展览	冒海云
	中国画	《水绘揽胜》	入展江苏省第六届新人美术作品展览	刘秀春
	中国画	《春归》	入展江苏省第六届新人美术作品展览	吴 珂
	油画	《西藏记忆之午后闲暇》	入展江苏省第六届新人美术作品展览	黄斌斌
	丙烯画	《哎呀系列之一》	入展江苏省第六届新人美术作品展览	郑曦媛
	工笔画	《嫁·妆》	入展"丹青扬州"第三届全国中国工笔重彩画作品展	徐 晖
书法	论文	《怀珠被褐黄楚桥》	第五届"孤山证印"西泠印社国际印学峰会优秀论文一等奖	刘聪泉
	隶书	隶书六尺对联	入展全国第四届隶书作品展	施惠新
	行书	行书对联	第二届江苏书法奖	施惠新
	草书	草书	入展全国第四届草书展	张建军
民间工艺	木雕组件	《守拙田园》	入围第13届中国民间文艺山花奖·优秀民间工艺美术作品	刘承林
	工艺美术	《宁静致远——致敬蓝染时尚系列》	江苏省第四届"紫金奖"文化创意设计大赛金奖	顾 鸣
	工艺美术	现代创意家具《茶房》	江苏省第四届"紫金奖"文化创意设计大赛金奖	王金祥 王 曦
	工艺美术	《布同》	江苏省第四届"紫金奖"文化创意设计大赛铜奖	高月梅
	木雕	《丹凤朝阳》	江苏省第四届"紫金奖"文化创意设计大赛铜奖	朱 宇
	工艺美术	《晕韵》	江苏省第四届"紫金奖"文化创意设计大赛铜奖	徐艳芳
	工艺美术	《简意随行》	江苏省第四届"紫金奖"文化创意设计大赛铜奖	耿雪妹
	工艺美术	《琅香古法香道手作系列——"林溪藏香"随身香粉盒组合》	江苏省第四届"紫金奖"文化创意设计大赛优秀奖	南通天联文化传媒有限公司
	工艺美术	《淡淡一抹》	江苏省第四届"紫金奖"文化创意设计大赛优秀奖	刘燕凌
	工艺美术	《听到南通——南通生活馆》	江苏省第四届"紫金奖"文化创意设计大赛优秀奖	王 朋
	工艺美术	《水底闲云》	江苏省第四届"紫金奖"文化创意设计大赛优秀奖	曹晓峰
	工艺美术	《"暮光影"——三维褶皱欧根纱印染艺术服装设计》	江苏省第四届"紫金奖"文化创意设计大赛优秀奖	邢 颖
	工艺美术	《云出岫屏风》	江苏省第四届"紫金奖"文化创意设计大赛优秀奖	华 雍
摄影		《看这里》	上海国际"郎静山摄影艺术奖"慈善摄影大赛金像奖	捷 飞
		《风从海上来》	2017"水韵江苏"摄影图片展作品征集入选奖	曹 松
		《快乐的祖孙俩》	"喜迎十九大 全景看江苏"系列视觉作品大赛佳作奖	卑多敏
		《群英荟萃》	2017年度全国摄影大展优秀作品	宋协培
		《心灯》	首届"慈云寺杯"佛教文化主题摄影大赛一等奖	欧阳良跃

（续表18-2）

类 别		作品名称	奖 项	主创者
摄影		《灯火璀璨南通州》	“东源杯·多彩南通州”全国摄影作品展入选奖	欧阳良跃
		《回向》	首届“慈云寺杯”佛教文化主题摄影大赛二等奖	吴霄云
		《心系诸佛，珠可助道》	首届“慈云寺杯”佛教文化主题摄影大赛三等奖	吴霄云
		《古刹寻幽》	首届“慈云寺杯”佛教文化主题摄影比赛二等奖	朱国兴
		《古刹又重阳》	首届“慈云寺杯”佛教文化主题摄影比赛三等奖	吴　娟
		《建设者》	河南省南阳市影友联谊会三级佳作	林　红
		《欢奔》	“喜迎十九大·新江苏新辉煌”摄影作品大赛金奖	顾伟杰
		《我运动我快乐》	“中国梦·我心中的梦”摄影作品征集优秀奖	顾伟杰
		《华能海上风电》	喜迎十九大《强富美高新江苏》铜奖	黄　海
		《特高压跨越苏南苏北》	江苏省第22届摄影艺术展优秀奖	黄　海
		《走出大山的彝族兄弟》（组照8）	第二届中国工业摄影展（沈阳）纪录类金奖	黄　海
		《现代滨江》	江苏省“喜迎十九大，新江苏新辉煌”摄影作品大展银奖	陆　冰
		《窗内窗外》	“聚江苏 最工行”主题摄影大赛二等奖	施　敏
		《请把书打开》	中国摄影家协会网站江苏电信影友联谊会评选三等奖	施　敏
		《天堑宏图》	畅行江苏优秀奖	顾卫国
歌曲		《我家住在长江边》	江苏省第10届精神文明建设“五个一工程”优秀作品奖	Y音乐家协会
		《心贴心》	入选国家艺术基金管理中心小型节目资助项目	缪新华　戚建波
		《新竹楼》	童心向党 幸福成长——第八届“童声里的中国”少儿歌谣创作大赛最佳校园歌曲奖	周耀斌
		《信仰之歌——雨花颂系列歌曲》	江苏省第10届精神文明建设“五个一工程”优秀作品奖	卢辉荣
		《南通号子新唱（打麦号子）》	苏北地区民歌邀请赛总决赛金奖	张　杰
舞蹈		《父亲》	第三届江苏省文华奖文华优秀节目奖	葛志华
		《舞菊花台》	江苏省第12届“五星工程”奖优秀作品奖	殷晓莉
		《幸福舞起来》	江苏省“喜迎十九大幸福舞起来”广场舞大赛二等奖	殷晓莉
		《丝绸之路》	江苏省“喜迎十九大幸福舞起来”广场舞大赛二等奖	殷晓莉
		《中国是条富强船》	江苏省“喜迎十九大·幸福舞起来”广场舞大赛银奖	杨撼宇
影视	电影	《那些女人》	江苏省第10届精神文明建设“五个一工程”优秀作品奖	市委宣传部
	电视纪录片	《寻找1895》	江苏省第10届精神文明建设“五个一工程”优秀作品奖	港闸区文联
	广播剧	《花子街》	江苏省第10届精神文明建设“五个一工程”优秀作品奖	港闸区文联
	微电影	《心愿》	全国首届平安中国微电影大赛三等奖	南通影视艺术家协会
	广播长消息	《通州骄子孙钱团队研发的光明“中国芯”荣获国家技术发明一等奖》	全国县级广播电视节目广播长消息一等奖	严　冰　王云峰 张雪松　徐艳梅
	广播新闻专题	《童声里，梦想飞扬》——通州打造“童声里的中国”少儿文化活动品牌10周年纪实	全国县级广播电视节目广播新闻专题类三等奖	王云峰　严　冰 张雪松　查钰洁
	广播社教专题	《张锋：塑造少儿“文化自信”的“中国好人”》	全国县级广播电视节目广播社教专题三等奖	王云峰　严　冰 张雪松　马　俊

（续表18-2）

类 别		作品名称	奖 项	主创者
影视	广播电视节目	《“义举妈妈”实现爱子遗愿120万抚恤金慈善助困》	江苏省新闻出版广电政府奖特别奖	严 冰 王云峰 张雪松 戴素华
	广播剧	《田梦儿》	江苏广播剧奖儿童剧二等奖	王云峰 薛 梅 严 冰 张雪松 李 果 张舒悦
	广播电视节目	《琼海硬汉》	江苏播音社教作品三等奖	张舒悦
	广播电视节目	《田梦儿》	江苏省广播电视协会省三等奖	胡 云 张淋丽
杂技	魔术	《纸飞机》	第三届江苏省文华奖——文华表演奖	朱明珠
			中国大陆唯一获得2018年FISM世界魔术大赛入场券节目	
			江苏省艺术基金（小型）资助项目	
	大型原创励志杂技剧	《海星花》	江苏省艺术基金（大型）资助项目	如东县少年杂技团（南通市少年杂技团）
	杂技	《抖空竹》	江苏省第六届农民体育节金奖	李 婧 夏 雪
装裱	装裱技艺	《惠风和畅》	2017“艺博杯”江苏省工艺美术精品大奖赛金奖	王建高
	装裱技艺	《鹿鸣青墩》	2017“艺博杯”江苏省工艺美术精品大奖赛金奖	仲 明
	古旧字画修复	《清·石竹图》	2017“艺博杯”江苏省工艺美术精品大奖赛银奖	范志辉
	剪纸	《大圣菩萨》	2017“艺博杯”江苏省工艺美术精品大奖赛银奖	李 彬
	装裱技艺	《远古的呼唤》	2017“艺博杯”江苏省工艺美术精品大奖赛铜奖	仲天霖
	装裱技艺	《清风徐来》	2017“艺博杯”江苏省工艺美术精品大奖赛铜奖	陈 容
	现代字画修复	王个簃作品《花卉图》	2017中国“苏艺杯”国际艺术美术精品博览会金奖	王建高
	古旧字画修复	民国“韩国钧”扇面书法	2017中国“苏艺杯”国际艺术美术精品博览会金奖	仲 明 仲天霖
动漫	动画片	《动物乐园之鼠狗大战乐翻天》	江苏省第10届精神文明建设“五个一工程”优秀作品奖	南通市动漫艺术家协会 港闸区文联

（徐媛媛）

遗产保护

【概况】 至2017年底，南通市有全国重点文物保护单位10处，省级文物保护单位22处，市级文物保护单位59处。制定《南通市历史文化街区保护管理办法》，提升历史文化街区保护规范化、法制化水平。开展“通派建筑”及《南通传统建筑修缮技术图集》研究，启动寺街、西南营历史文化街区保护修缮工程，开展《寺街西南营历史文化街区保护修建性详细规划》研究。完成天生港老镇、狼山老镇和通扬运河廊道整治等历史文化保护。推进唐闸历史工业城镇申遗，开展唐闸地区历史街区及历史建筑修缮、环境整治，筹备唐闸工业遗产展示陈列馆。启动南通博物苑提升拓展工程。开展南通市第八批省级文保单位推荐，海安青墩遗址入选第三批江苏大遗址名录。开展古建筑类国保单位重大险情排查和文物安全大检查。推荐南通博物苑参加2017“中国故事——全国博物馆优秀讲解案例展示”项目。开展“5·18”国际博物馆日和“文化与自然遗产日”活动。南通博物苑被省文化厅、省文物局公布为省文化文物单位文化创意产品开发试点单位，南通博物苑、南通蓝印花布博物馆、南通沈寿艺术馆、南通风筝博物馆等单位文创产品参加全省文创产品系列展。开展第四批市级非物质文化遗产名录和第五批市级非物质文化遗产代表性传承人推荐申报和评审，评选第四批市级非物质文化遗产名录19个，评选市级非物质文化遗产名录扩展项目6个，评选第五批市级非物质文化遗产代表性传承人84人。开展2017年“文化和自然遗产日”南通非遗宣传展示活动。开展非遗传承人记录整理，启动《薪火相传——南通市非物质文化遗产项目代表性传承人风采》撰写，完善南通市非物质文化遗产传承人数据

表18-3

南通市第四批市级非物质文化遗产代表性项目名录

序号	项目类别	项目名称	申报地区或单位
1	传统舞蹈	九狮图	海安县
2	传统舞蹈	大凳舞	
3	传统舞蹈	河蚌舞	
4	传统技艺	陡锅米榈饼制作技艺	
5	传统技艺	如皋酱油酿造技艺	如皋市
6	传统技艺	白蒲姜丝肉制作技艺	
7	传统医药	陈氏骨伤疗法	
8	传统美术	青石雕刻	如东县
9	民俗	哭九千七	
10	传统技艺	石港窨糕制作技艺	通州区
11	传统技艺	平潮红糖京枣制作技艺	
12	传统技艺	南通薄荷油提炼技艺	港闸区
13	传统技艺	南通艾蓝染色技艺	
14	传统技艺	古旧家具修复技艺	南通市工艺美术学会
15	传统技艺	鸟笼制作技艺	
16	传统美术	掐丝珐琅画	
17	传统技艺	南通“八碗八”制作技艺	南通市旅游中等专业学校
18	传统技艺	锔瓷技艺	南通市秀上锔瓷艺术馆
19	传统医药	肿溃灵膏制作技艺	南通市朱斌中医烧伤诊所

（市文化广电新闻出版局）

表18-4

2017年南通市级非物质文化遗产代表性项目名录扩展项目名录

序号	项目类别	项目名称	申报地区或单位
1	传统戏剧	僮子戏	如皋市
2	传统美术	南通灯彩（如皋灯彩）	如皋市
3	传统技艺	南通棕编	如皋市
4	传统技艺	南通板鹞风筝制作技艺（哨口制作技艺）	如东县
5	传统美术	红木雕刻（南通红木小件制作技艺）	南通市工艺美术学会
6	传统美术	红木雕刻（丝翎檀雕）	南通市工艺美术学会

（市文化广电新闻出版局）

库。启动国家级非物质文化遗产代表性传承人王振兴抢救性记录工程。组织国家级和省级非遗代表性项目补助资金申报。启动全市水文化遗产摸底调查，梳理工程建筑类水文化遗产174项，文献资料类22项，非遗类22项。

（张　湞　杜明东　王春燕）

【文物普查】 2017年，南通市开展第三次全国不可移动文物普查点核查，完成全市范围内第三次全国不可移动文物普查登记点保存状况核查740处，登记不可移动文物数量、分布、特征、保存现状、环境状况等。历时五年，完成第一次全国可移动文物普查，参与普查文博收藏单位近40家、藏品2000余件。全市采集、登录文物27900号，计63172件（套）。南通博物苑等5家单位和11名个人分别获评江苏省第一次全国可移动文物普查先进集体和先进个人。6月30日～9月18日，南通博物苑举办“南通市第一次全国可移动文物普查成果展”，展出文物、标本183号，计200余件（套）。

（张　滪　陈　艳）

【《菊花盛会》雕塑（底样）捐赠】 6月20日，《菊花盛会》雕塑（底样）捐赠仪式在南通博物苑学术报告厅举办。《菊花盛会》雕塑由孟舒与中国美术学院张海军、张小山共同设计完成，坐落于通州区实验小学蕊春园内菊寿堂前，雕塑再现孙儆、张蓥陪同张謇品茗赏菊历史。

【法轮寺碑刻】 南通法轮禅寺位于龙王桥东，始建于明代，清乾隆年间改名为“法轮禅寺”，曾盛极一时，堪称南通首刹，是南通地区唯一有资格为僧众皈依授戒寺院。2010年，法轮寺拆迁过程中，发现清咸丰与民国年间碑刻各1块。据考证，这2块碑刻全面记录法轮寺兴衰及历史上学田地域政治、经济、文化等方面情况，其中还有张謇、张詧等人修寺布道珍贵史料，是难得的历史见证，也是近年来崇川地域鲜见文化遗存，为国有文物。2017年9月15日，崇川区文化广电新闻出版局从南通市久发绿色休闲农庄内取回碑刻，并会同市有关单位启动石刻碑面保护修复工作。

（张　滪）

大众传媒

报　纸

【《南通日报》】 2017年，《南通日报》开设“项目建设”“接轨上海”“263行动”“富民行动”“走帮服”等专题专栏，常态化刊发报道。加强重点课题策划组织，提升宣传报道质量。推出《逐梦江海 畅游南通——2017南通江海国际旅游节特刊》12版、《通商达天下 江海连五洲》2017江海国际博览会暨首届通商大会特刊20版、《服务大上海 建设北大门》2017南通对接服务上海大会特刊20版；推动实施“内容生产提升年”活动。年内，获省报纸好新闻26篇。其中，一等奖作品4篇、二等奖作品8篇、三等奖作品14篇，位居全省设区市党报前列。年发行量8.3万份。

【《江海晚报》】 2017年，《江海晚报》开设《跨江融合接轨上海》《南通老区故事》等反映南通地方特色专栏；开展《将星闪耀》《新南通人赞新南通》等大型新闻行动；推出《不忘人党初心》《新时代新气象新作为》等党的十九大特别报道。获江苏好新闻（论文）评选二等奖4件、三等奖2件。获2016～2017中国报刊经营价值百强榜全国晚报20强。年发行量7.8万份。

（唐彦云　毛玉冰）

【《南通周刊》】《南通周刊》前身为创刊于1981年《南通广播电视报》，2012年9月改版并启用现名，由南通广电传媒集团出品。改版后《南通周刊》成为提供新闻资讯、生活服务文化周报。2017年，《南通周刊》组织“创建国家森林城市”等公益活动数十场。在全国和江苏省城市广电报优秀作品评比中，获奖作品36件，其中获一等奖6件，在全国同行中继续保持领先。年发行量6万余份。

（王义群）

期　刊

【《三角洲》】《三角洲》杂志创刊于1972年，原为市文联主办刊物。2011年4月，改为由南通日报社主办运营综合文化期刊，半月1期。2017年，《三角洲·江海体育》全面展示体育之乡风采成就，是宣传南通体育动态窗口，第13届全运会期间，推出南通籍健儿风采展示专刊。《三角洲·南通画报》用图片反映南通社会、经济、文化等各领域亮点风貌，推出《138封状元家书真迹由本刊首次公布》《追忆余光中先生：江海大地曾留下他的足迹》等独家稿件。月发行量2万本。

（唐彦云　毛玉冰　倪丽斯）

【高校学报】《南通大学学报》系列刊物　2017年，《南通大学学报》系列刊物有社会科学版、自然科学版、医学版、《交通医学》《廉政文化研究》5种，出版发行期刊28期。《南通大学学报（社会科学版）》刊发文章149篇，入选中文社会科学引文索引“CSSCI”来源期刊（2017～2018）。《长三角与长江经济带发展论坛》栏目发表论文18篇，《新华文摘》摘登2篇，《高等学校文科学术文摘》全文转载1篇，《人大复印资料》全文复印3篇。《南通大学学报（自然科学版）》按期出版学报4期，约计70万字，发表论文76篇。《南通大学学报（医学版）》出版6期，发表论文214篇，128.8万字，刊登各级课题资助论文102篇，其中国家自然科学基金资助25篇、省部级项目37篇。《交通医学》刊发论文251篇，140万字，刊登各级课题基金资助项目论文59篇，其中国家“863基金”项目、自然科学基金等国家级项目19篇。《廉政文化研究》发行6期，刊发文章82篇，其中资助来源国家社科基金项目11篇、省部级基金项目21篇。2篇论文获中国人民大学复印报刊资料系列刊之一《中国共产党》全文转载。

《南通航运职业技术学院学报》《南通航运职业技术学院学报》是由江苏省教育厅主管、南通航运职业技术学院主办综合性学术刊物（季刊），属省一级期刊，国内外公开发行。学报主要刊登人文社会科学、航海技术、船舶工程、机电工程、交通运输管理等领域的研究论文，是“中国期刊网”“中国学术期刊（光盘版）”“万方数据——数字化期刊群”“中文科技期刊数据库”“中文电子期刊服务——思博网”全文收录期刊，是“中国学术期刊综合评价数据库”来源期刊，是“中国核心期刊（遴选）数据库”收录期刊。2017年，编辑出版4期，刊载学术论文108篇，约60万字。

《江苏工程职业技术学院学报》《江苏工程职业技术学院学报》是由江苏省教育厅主管、江苏工程职业技术学院主办国内外公开发行综合性学术季刊，江苏省一级期刊、全国高职高专特色学报，是“中国学术期刊综合评价数据库”统计源期刊、“中国期刊全文数据库”“中国核心期刊（遴选）数据库”全文收录期刊、“中文科技期刊数据库”收录期刊。2017年，设有“职教论坛”“技术应用”“张謇研究”“区域发展”“旅游经济”“管理纵论”“教育研究”等栏目，主要刊登基础科学、工程科学、经济管理、教育研究及人文社科等学科类文章，出版4期，刊发文章110篇。

《南通职业大学学报》 至2017年底，《南通职业大学学报》总发行第112期，复合影响因子0.215，被引总次数5084次，获评“RCCSE中国高职高专成高院校学报类核心期刊”，成为南通市唯一获国家期刊库收录高职院校学报；获国家哲学社会科学学术期刊数据库全文收录，《数学与建模》栏目获评江苏期刊最高奖“明珠奖”特色栏目。

（陈亚利 乔红宇 李 进 徐 磊 崔 超）

广播电视

【概况】 南通广电传媒集团于2015年7月在南通广播电视台基础上组建，为市政府直属正处级建制自收自支型事业单位。2017年，南通广电传媒集团有新闻综合频道（一套）、都市生活频道（二套）、影视频道（三套，含江海明珠频道）3个电视频道；广播FM97.0、FM92.9、FM91.8、FM106.1 4个频率，信号覆盖包括南通全境在内长江三角洲20余个市、县；周报《南通周刊》；互联网视听网站“江海明珠网”；手机客户端“掌上南通”。新闻高清频道对外播出，新媒体端口与传统广播电视技术端口实现互联互通。全年实现各项经营收入4.3亿元，比上年增长2.4%。其中，广告收入2.2亿元，产业经营等其他经营收入2.1亿元。至年底，有固定资产3.5亿元。

【新闻宣传】 2017年，南通广电传媒集团展示南通改革成果、发展前景，推出一系列重大主题报道，编发稿件400余篇。集团创作对接服务上海两大城市宣传片点击率超过60万次。其中，《风从海上来》移动客户端总点击量超过40万次，旅游形象片《追江赶海 逐梦南通》点击量超过20万次。电视黄金时段平均市场份额33%以上，广播累计市场份额82%以上。电视新闻频道在省电视台发稿1000余篇，在中央电视台发稿100篇，其中《新闻联播》15篇，均创对上级媒体发稿最高纪录。省级以上广播媒体用稿234篇，其中《全国新闻联播》用稿1篇。

【作品创优】 2017年，南通广电传媒集团获省级以上奖项78件，其中电影《那些女人》、歌曲《我家住在长江边》获江苏省第十届精神文明建设“五个一工程”奖，与其他55家城市台联合制作的电视新闻作品《血铸河山》获中国广播影视大奖。与省台联合摄制，反映普通建筑工人中国梦的电视剧《春天里》，作为党的十九大献礼片在中央电视台综合频道晚间黄金时段播出。

（王义群）

新媒体

【概况】 2017年，南通市推动新媒体融合发展。南通日报社（南通报业传媒集团）开展重大主题融合报道，携手县（市、区）新闻中心，开展“砥砺奋进的五年·强富美高南通实践——1+9党报全媒体新闻行动”，获评中国报业十九大融合传播优秀作品十佳（创新类）。南通日报社获评江苏报业年度融合发展先进单位。南通广电传媒集团从“融合态”业务场景出发，完成高清演播室技术系统、全媒体高清制播网络、高清播出系统搭建；内容汇聚云平台系统进入试运行，实现新媒体端口与传统广播电视技术端口互联互通。“南通发布”微信公众号发布信息760余条，微博发布3000余条，入选2016~2017年全国政务新媒体（发布）“最具影响力品牌”50强。

（高 尘 王义群 唐彦云 毛玉冰）

【南通报业新传媒】 2017年，南通市报业新传媒深化移动优先、融合发展，形成报、端、微、网平台齐备，新闻产品齐全传播格局。“南通发布”APP广泛运用网络直播、视频、H5（超级文本标记语言）、VR（虚拟现实技术）、航拍等手段，完善传统栏目，推出“创新、协调、绿色、开放、共享”系列街拍、“代表委员说”系列访谈，将新闻立体化、视听化、悦读化。网络直播成为常态，直播南通“对接服务上海大会”“通商峰会”“2017新一代信息技术博览会开幕式”等全市重大活动15次。与新华社客户端、交汇点客户端等媒体合作，扩大关注度和影响力。至年底，“南通发布”APP用户激活量99.41万次。

【《江海晚报》新传媒】 2017年，《江海晚报》全媒体中心实现新老媒体融合、线上线下共通，完成“跨江融合接轨上海”“中心城市建设”“江海博览

9月29日，“灵秀南通·飞阅江海”全国晚报无人机摄影联盟大型航拍采风活动开镜。图为无人机飞手团队。

（徐培钦 摄）

会暨世界通商大会”“砥砺奋进的五年”“党的十九大”等宣传报道，策划“老将军的情怀”“灵秀南通 飞阅江海”“全国晚报无人机联盟大型航拍采风”“江苏书法名家精品巡回展”等活动报道。至年底，《江海晚报》官方微博、《江海晚报》微信公众号下载量分别为30万人次、25万人次，《江海晚报》微信公众号继续列江苏省纸质媒体微信公众号排行榜十强。

（唐彦云　毛玉冰）

【江海明珠网】 江海明珠网（www.ntjoy.com）原为南通广播电视台创办的“南公园网站”，2012年9月更名上线，集新闻、视听、生活于一体，是南通地区访问量最大的综合性门户网站，获江苏“十大最具影响力新闻网站”称号。江海明珠网推出“掌上南通”APP和南通广播电视台官方微博、微信，与头条号等优质平台建立良好合作关系。2017年，江海明珠网连续第三年获省“文明办网”先进单位，是南通地区唯一获奖的新闻网站。官方微博点击量近50万次。微信公众号“城市日历”点击量突破20万次；“FM92.9”交通广播点击量突破15万次；“江海南通”“南通周刊”“我爱大南通”点击量均突破10万次。

【“掌上南通”APP】 “掌上南通”APP是南通广电传媒集团新媒体中心开发的本地新闻视听生活移动应用平台，2013年6月上线。至2017年底，终端用户突破50万户，遍布全球60余个国家和地区。总下载量位列全国第78名，是南通地区唯一上榜APP、列华东地区媒体APP第34名。

（王义群）

社会科学

社科研究

【社科课题研究】 2017年，南通市社科联实施市级立项课题60余项，其中青蓝工程项目4项、重点课题24项、一般课题36项；实施省社科院重大课题1项。编发《社科专报》1期、《南通发展研究报告》14期，刊发课题研究成果近20篇。承担省社科院年度重点课题《江苏促进智能制造发展政策研究》结题。完成《南通对接扬子江城市群建设、推进沿江一体化发展》课题，该课题参加省社科联主办“扬子江城市群建设”智库论坛，课题成果主要内容获《新华日报》报道。至年底，收到年度热点重点课题研究成果60项，优选39项成果汇编成《南通市经济和社会发展蓝皮书》。

【社科学术研讨】 4月1日，市委宣传部、市社科联联合邀请上海社科院、复旦大学学者教授和江苏省委研究室领导，与本地有关部门、高校、市委党校专家12人，召开南通对接服务上海座谈研讨会，提出针对性对策建议。举办“1+3”重点功能区战略专家研讨会，宣传阐释省、市委重大决策部署。

（王鹤远）

【长江经济带研究】 2017年，南通市继续开展江苏省长江经济带研究。4月，主题为“长江经济带绿色发展”的第三届长江经济带发展论坛暨长江经济带绿色发展学术研讨会在南通举行。组建长江经济带特色数据库，开设数据库模块栏目8个。南通大学江苏长江经济带研究院获评省重点培育智库优秀等次，首席专家成长春应邀出席第二届江苏智库峰会并交流发言，研究院提交5篇论文全部入选峰会成果集。研究院与中国国际经济交流中心、上海社会科学院以及长江沿线省级社科院建立合作联盟，与复旦大学、武汉大学长江经济带研究机构建立合作关系，加入长江经济带智库联盟。研究院江苏沿海沿江发展研究中心获批江苏高校人文社会科学校外研究基地；“推动长江经济带发展重大战略研究”获教育部2017年度重大攻关项目立项；获省社科联重大应用研究课题1项、江苏省社科专项基金1项。发表学术论文3篇，其中CSSCI来源期刊1篇、北大核心期刊2篇；获江苏省社科联第11届学术大会论文评比二等奖1项，三等奖2项；出版《2016年江苏沿海沿江发展研究报告集》，提交省委政策研究室决策咨询报告1篇，在省委宣传部《智库专报》发表决策咨询报告6篇，在省社科联《决策参阅》发表决策咨询报告1篇，在《群众》《新华日报》等报刊发表决策咨询文章12篇，在《人民日报》发表理论文章1篇，2篇决策咨询成果报告获省委肯定。

（陈亚利）

张謇研究

【概况】 2017年，《张謇研究年刊（2017）》《张謇研究年刊（1926~2001）3》《大生集团档案资料选编·盐垦编Ⅴ》相继出版，张謇研究中心与上海辞书出版社合作出版《张謇日记》、与华中师范大学近代史研究所合作编纂《张謇全集索引》初稿、《大生纺织公司年鉴》收入中国年鉴网络出版总库。南通大学张謇研究所培养张謇研究硕士生4人，至年底招收10届、每届2~3人。江苏工程职业技术学院张謇职教思想研究会获纪念近现代职业教育发轫150周年全国论文征集评比一等奖。

【张謇研究书刊编纂】 《张謇研究年刊》编辑出版　至2017年底，《张謇研究年刊》连续编印15年，基本囊括15年间在全国各地报刊上刊登有关张謇研究重要论文。2017年，张謇研究中心编辑出版《张謇研究年刊（2017）》《张謇研究年刊（1926~2001）3》两种。《张謇研究年刊（2017）》设11个栏目，收录首届张謇研究全国青年学术研讨会等论文19篇、张謇佚文14篇等。《张謇研究年刊（1926~2001）3》收录1926~2001年期间张謇研究文章32篇，填补2001年及之前张謇研究论文搜集空缺。

《大生集团档案资料选编·盐垦编Ⅴ》出版　2017年5月1日，《大生集团档案资料选编·盐垦编Ⅴ》出版发行。《大生集团档案资料选编·盐垦编Ⅴ》收录经募通泰盐垦五公司（大有晋、大豫、大赉、大丰、华成）债票银团于民国时期形成的档案资料，包括合同文书、章程制度、来往函件、调查报告等，按文件形成时原始状况分8个部分，对研究张謇的盐垦事业、中国近代金融历史及银企关系具有较高参考价值。

《号信》编辑　大生沪账房号信由市档案馆收藏，号信卷帙浩繁，书写随意，辨认困难。2017年，张謇研究中心对1907年至1911年《号信》进一步辨识、录入，对疑难之处进行考订，完成释文初稿。

【学术活动与交流】 2017年，张謇研究中心举办"张謇与张詧""张謇与南通的早期摄影""结合张謇研究，培养学生家国情怀"学术茶座3次。5月27日，张謇研究中心与南通城市博物馆联合主办学术报告会，邀请南京大学历史学院马俊亚作学术报告。开展"张謇所创全国之最"课题研究。分别联合举办、协办"港闸区五水汇地域文化研讨会"、军山气象台建台一百周年纪念座谈会、张謇与辛亥革命学术研讨会、张仃百年诞辰纪念活动以及"张謇精神的时代意义——企业家精神与现代史命"。江苏工程职业技术学院筹办第二届张謇职教思想全国学术研讨会，邀请国（境）内外知名学者专家与会，打造学术论坛品牌。11月8日，通州区张謇研究会区举行张謇对外开放思想学术座谈会。

（戴致君）

江海文化研究

【概况】 江海文化是南通地域文化，历史悠久，博大精深，是南通人民数千年在江海平原上创造的物质成果和精神成果总和，集中体现南通城市个性和品格。包括不同源流、形成原因、外部环境、发展历程、丰富内容、个性特点、文化成果、人文精神、客观评价等方面。2017年，南通市建设江海特质文化品牌，提升文化竞争力和影响力。组织专家学者研讨港闸"五水汇聚"运河文化地域特色，举办"港闸区五水汇聚特色地域文化研讨会"。

【研究成果】《南通市文化遗产普查名录》　自2008年起，南通市江海文化研究会在全市开展农村文化遗产普查和初步研究基础上，整理编辑《南通市文化遗产普查名录》，摸清、抢救和保护农村文化遗产。至年底，如东卷、启东卷、海安卷、港闸卷、如皋卷、崇川卷内部出版，通州卷（约300万字）完成付印，海门卷（约200万字）付印内部出版，南通开发区卷编纂启动。

"江海文化丛书"　"江海文化丛书"由南通市江海文化研究会编纂，展现江海文化深厚积淀和丰富内涵。至年底，《李方膺》《东皋与西园》《江海食脉》《古镇石港》《胡逗洲民俗》《沙地民俗》6册书稿由苏州大学出版社出版。

《江海文化研究》　《江海文化研究》是南通市江海文化研究会精选会刊（双月刊），内部发行。2017年，编辑出版《江海文化研究文选》"学术探讨""应用研究""文史钩沉""编辑心得"4集170万字，由苏州大学出版社出版。至年底，《江海文化研究》出版75期约900万字。

《江海文化概论》　《江海文化概况》由南通市江海文化研究会承担、组织南通市学者为主纂著的大型学术类著作。2017年，《江海文化概论》编纂工作启动。

（沈玉成）

党史编研

【概况】 2017年，南通地方党史三卷本编写有序推进，形成一批基础文稿和专题成果。继续开展"史志大讲堂"和党史题材影视片展播，宣传教育影响广泛，《江海春秋》办刊质量不断提高，组织"新四军在江苏"图片展等大型活动，文献片展播全国获奖。编印《上海北大门·南通故事》，取得良好反响。

【党史资料征编】 2017年，南通市推进《中国共产党南通地方史（1978~2002）》（"三卷本"）资料收集整理、初稿编写，形成初稿20余万字；同步推进各县（市、区）"三卷本"编写。做好民主革命时期党史资料编研，组织撰写罗亦农、赵世炎、刘瑞龙、何坤、吴亚鲁党史人物传记5篇，整理《人民斗争的胜利——苏中四分区反"清乡"斗争》《江海大地战旗红——战斗在通、海、如、泰地区的红十四军》党史专题2篇，完成《大江南北军旗红》南通图文专题资料组稿。完成"深化行政改革""社区自治""交通和市政设施建设"建设"强富美高"新江苏南通专题3篇。在全省率先启动《革命老区县发展史》编写。开展《江海骄子》系列丛书道德模范篇编纂。完成中央党史研究室、省委党史工办抗日战争口述资料、人物资料征集，全市征集101位老战士口述资料、回忆录55本；统计健在老战士787人。

【党史宣传】 2017年，南通市以纪念中国人民解放军建军90周年、新四军成立80周年为主体开展党史宣传系列活动，举办新四军历史专题报告会、"新四军在江苏"图片展、"抗日铁军"大型摄影展，指导市新四军研究会后代分会组织"父辈足迹"图片展。承办《朱理治小丛书》和电视传记片《信念》座谈会。反映苏中抗日根据地（解放区）建设3集文献片《基石》开播。拍摄党史题材微电影《信仰的力量》（播出2集），协助中央电视台拍摄反映人民海军起源电视专题片《蛟龙出海》。文献片《人民斗争的胜利》参与展播获评中国广播影视电视类节目集体奖。《南通日报》连续推出8个专版系列专题报道《军旗猎猎——寻访江海大地的军史足迹》。组织撰写纪念周恩来诞辰120周年征文，完成全省党史系统迎接党的十九大召开理论研讨会、"十八大以来党在江苏的新实践""江苏党组织的创建及其历史贡献"等主题征文活动。全年报送史志类工作信息50余条次，其中省委党史系统信息录用1篇、"方志江苏"微信公众号用稿6篇。

【《江海春秋》编辑出版】 2017年，《江海春秋》（双月刊）加强组稿策划，召开编审会6次，办刊质量再上台阶，挖掘和抢救革命战争史料，开辟改革开放以来南通经济社会发展专题。全年出版6期，近36万字。全年"江海春秋"微信公众号上传文章67篇，近15万字，图片近120幅；累计上传文章近200篇、55余万字，图片近420幅。

【"新四军在江苏"图片展】 "新四军在江苏"图片展展出展板63个，图片516张、2.2万余字。除主题板外，其余62个展板按时间顺序，分新四军挺进江南、开辟苏北发展华中、华中抗战领导中心转移到江苏、巩固抗日民主根据地、夺取抗战最后胜利5部分20个单元，再现新四军在江苏暨南通地区战斗的历程。图片展历时24天，分别于7月17~28日、7月30日~8月10日在南通市行政中心和南通市图书馆展出。

【《基石》开播】 10月13日，市委组织部、市委党史办、南通广播电视台联合摄制，反映苏中抗日根据地（解放区）建设的3集文献专题片《基石》在南通电视台开播。《基石》以文献专题片呈现方式，从不同侧面和视角，反映1940~1949年中国共产党领导苏中抗日根据地和解放区建设、发展历程，内容涉及民主政权建设、党的建设、减租减息、"三冬"运动、生产运动、地下斗争、土地改革、参军支前等，展示中国共产党领导抗日根据地（解放区）人民开展民族民主革命斗争所取得的光辉业绩。

（通　鉴）

地方志编纂

【概况】 2017年，南通市围绕规范和管理地方志工作开展地方志立法工作专题调研。市、县两级二轮修志成功扫尾。启动《南通简志》编纂，推进首批名镇名村志编纂。《南通市志》获市哲学社会科学优秀成果一等奖。市、县两级年鉴在全省评比中赢得"满堂红"，《南通年鉴（2016）》蝉联一等奖。方志馆新馆选址确定。推动和支持崇川区、港闸区新建史志部门机构、人员、经费落实和工作正常运行。

【志书编修】 2017年，南通市在全面吸收市、县一、二轮志书成果基础上，启动《南通简志》修编。组织《港闸区志》终审和验收。《南通市志（1983~2005）》获市第13届哲学社会科学优秀成果一等奖。推进名镇名村志修编，如东县《栟茶镇志》等5部镇志和海安县《泰宁村志》列入首批江苏名镇名村志编纂出版计划。海安县《城东镇志》、如皋市《白蒲镇志》先后通过复审，海安县《泰宁村志》完成复审。筹备《江苏援藏援疆建设志》南通篇征编工作。召开《濠河志》评审会，参与《工会志》《水利志》评审会。完成《江苏省志》"政府""人物"等篇资料提供和协助审核。完成《南通红十字志》编审。11月23~26日，中央电视台《文化十分》栏目组在南通拍摄"乡村记忆"——南通乡村影像志文化工程。

【年鉴编纂】 2017年，《南通年鉴（2017）》如期付印出版。《南通年鉴（2016）》获第四届江苏省优秀年鉴奖评比综合优秀一等奖第一名，蝉联地方综合年鉴省级评比最高奖；南通报送的六县（市、区）年鉴全部获综合优秀奖。梳理《南通年鉴》创刊20年发展历程和工作经验，探索创新发展方向，完成南通年鉴事业发展报告。《海安年鉴》入选中指组精品年鉴工程（全国8部）。《〈南通年鉴〉框架设计的自我演变与创新研究》参与全国精品年鉴与年鉴编纂创新研讨会交流，《关于地方综合年鉴资源开发的几点思考》参加首届全国年鉴论坛交流。

【平台建设】 2017年，南通市规范方志馆管理，加强书库整理和借阅服务。加强旧志和家谱征集与收藏。全年收集《南京市志》《苏州市志》《扬州市志》《镇江市志》《张家港市志》《酒泉市志》《只楚镇志》《石家庄市志》《连云港市志》《天津市志》地方志书10部、《栟茶四总（东祠）周氏宗谱》（四卷加附卷共九册）、《顾氏铭宗通州派策勋堂宗谱》（原江苏南通州顾氏宗谱 重修更名版）、《范氏家乘》（古版、2014年版各一册）、《胡氏家谱》（如皋胡氏家谱·下原支系增谱一册）4套。加强地情数据库上传，"南通地情网"累计上传党史、地方志、年鉴和各类地情书200部，新出版刊物做到同步上传。

（通　鉴）

档案工作

【概况】 2017年，南通市设档案行政管理部门9个，档案馆13家，其中国家综合档案馆10家、国家专门档案馆1家、部门档案馆2家，专职档案人员102人，档案馆总建筑面积7.69万平方米。至年底，全市省级以上中小学档案教育社会实践基地7家，"通城印迹——历史文化特色主题展"接待社会各界人士及大中小学生60余批次2000余人次，南通历史文化展示中心挂牌香港大学等6所大学"非遗实践创意中心"。举办"记住乡愁"照片档案展，《百年沪通两地缘——张謇和近代上海》《大生资本集团档案资料选编（盐垦编Ⅴ）》出版。

【档案资源】 至2017年底，南通市13家档案馆馆藏2380个全宗、376.36万卷，以件为保管单位档案218.79万件，录音、录像档案1061盘，照片档

通城印迹——历史文化特色主题展。（冯泽钧　摄）

案14.92万张，底图7.39万张，缩微卷片1.35万幅。南通市档案馆全年新进馆纸质档案2.95万卷（件），实物档案496件，馆藏总量146.67万卷（件）。

【接待利用】 2017年，南通市各级各类档案馆接待利用档案20.04万卷次、2.7万件次；举办展览24个，接待参观档案展览1.54万人次；公开出版编研资料6种193.1万字，编印参考资料7种190万字；利用资料760人次、1279册次，利用现行文件1227人次、2869件次。南通市档案馆服务窗口接待人员查档4142人次，档案利用2.8万余卷（件、册）。

（郦懿清）

【档案信息化建设】 2017年，南通市档案馆通过省AAAAA级数字档案馆测评，成为省内第三家地级市AAAAA级数字档案馆。全市创建省AAAAA级数字档案室5家，省AAAA级数字档案馆1家，省AAAA级数字档案室7家，科研项目《依托电子政务平台的电子文件一体化管理研究与应用》获江苏省档案优秀科技成果二等奖。通过省公安厅验收公安数字化档案室7家，总数列全省第一。5月31日，南通市档案局“记忆南通”微信公众号上线。

（郦懿清　陈　峰）

【档案业务督导】 2017年，南通市档案局对全市31个省级重大项目和市级“双百工程”重大项目逐个梳理，依法开展档案登记、严格落实提醒制度，夯实重大项目建设基础。对南通国投公司、沿海集团等省、市重大建设项目提供档案工作现场指导、培训。提前介入指导新成立的南通市轨道交通公司开展档案工作。全程参与通洋高速公路南通至洋口港区高速公路一期工程、连申线海安船闸工程等项目档案专项验收。推进全市农村土地确权档案工作，召开全市农村土地确权档案工作专题研讨会，联合市委农办对县（市、区）农村土地确权档案工作开展实地指导和专项督查，全市农村土地确权建立“一组一图一档”档案管理模式。

【电影档案展示馆】 2017年，“江苏省档案馆如皋电影史料馆”“江苏电影档案展示馆”挂牌成立，为全省首家省级民营专业档案馆。该馆与“中国丝绸档案馆”“江苏乡镇企业档案展示馆”并列成为江苏三大区域性档案保护中心，向国家知识产权局提交专利、发明申请8件（均受理），其中专利项5件、发明创造3件，“基于电影胶片档案社会保管的文化产业建设研究”课题通过国家档案局验收，电影胶片档案社会化保管方式和途径部分研究及做法在国内外领先。

【城建档案管理】 2017年，南通市城市建设档案馆签订责任书89份，参加市政工程档案专项验收25次，出具《建设工程档案专项意见书》98份。其中，房建工程95份，建筑面积519万平方米；市政工程3份，造价约14亿元。档案整理入库长度约150米。全年接待查档924人次，提供档案1651卷次，底图2527张，复制档案凭证16553张，图纸3175张。对如皋市顾庄村、大明村、钱长村3个村进行首次航拍，记录特色田园乡村建设现状。获省住房城乡建设厅表彰为“全省建设档案管理工作先进单位”。

（郦懿清）

文化产业

【概况】 2017年，南通市文化产业主要门类有广播影视、出版发行、文化信息传输等优势产业，文化旅游、演艺娱乐、工艺美术等传统产业，创意设计、新兴媒体、动漫游戏、广告会展等新兴产业。全市有各类文化经营场所1562家。其中，互联网上网服务营业场所（即网吧）727家，歌舞、游艺娱乐场所618家（歌舞娱乐场所249家，游艺娱乐场所369家），演出单位和场所92家（文艺表演团体33家，演出场所39家，演出经纪机构20家），数字影院87家，艺术品经营场所27家，互联网文化单位11家。全市文化产业增加值385亿元，占地区生产总值比重5%以上，列全省第五位、江北第一位。

（张　湏）

【文化产业活动】 2017年，南通市建立全市文化产业重点项目库，印发《2017年度市文化产业重点项目任务书》。编印《2017年南通文化产业招商项目手册》，在“南通文创网”和“文创南通”微信公众号开辟招商项目专栏。做好对接服务上海大会文化产业招商项目编报工作。加强招商推介，组织企业参加广西南宁东盟博览会、深圳文博会、海峡两岸（厦门）文博会、南京文交会、苏州创博会、扬州文博会和无锡文博会等全国知名展会。在深圳会展中心举办南通市文化产业推介会暨合作项目签约仪式，签约文化产业项目16个、总投资12亿元。开展“一对一”招商，与北方电影集团洽谈“戏曲音像工程基地”落户，与旅法国际服装设计师许茗洽谈南通蓝印花布等家纺创意品走上国际舞台方案，赛格动漫基地招引企业入驻。参加第四届省“紫金奖”文化创意设计大赛，获奖作品24件。举办第二届南通文化创意设计大赛，评选获奖作品154件。举办“江海百工·非遗产品交易会”，现场交易额23.8万元，评选金银铜奖参展作品30个。

【项目建设】 2017年，南通市完善《南通市关于促进文化产业发展若干政策意见实施细则（2017年版）》，制定《全市文化产业重点项目建设综合考核办法》，纳入全市“四个全面”考核体系，通过项目推进会、现场督查、定期通报等加快推动项目进度。全年安排市级文化产业重点项目77个，总投资499亿元，实际投资完成率100.12%。市“十三五”文化发展重点规划建设项目和文化标志性工程南通大剧院、南通美术馆开工建设，项目位于中央创新区，总建筑面积约13.7万平方米。其中大剧院包括歌剧院、音乐厅、戏剧场和儿童活动中心。

（张　湏　高　尘）

【广播影视业】 2017年，南通市新增影院23个、银幕148块。至年底，有影院87个、银幕500块。全年放映电影90.92万场次，比上年增长50.1%；观影1382.34万人次，比上年增长18.75%；全市票房总额3.84亿元，占全省票房7.91%，居全省第五位，比上年增长18.2%；平均票价27.83元，比上年下降0.5%。全年播出公益广告26.92万条次，时长1.7万分钟。组织播出机构制作播出知识产权保护、禁毒、环保等公益广告，播出“社会主义核心价值观”“中国梦”、纪念建军90周年、宣传党的十九大相关主题公益广告。如皋市广播电视台《善待动物》获全省广播电视公益广告广播类优秀作品三等奖，并纳入全省广播电视公益广告共享节目库。南通广播电视台作品《南通三塔》获“俯瞰——航拍中国单元”二等奖。

（张　湏）

7月，执法人员开展流通领域“问题地图”专项检查。　（姜新春　摄）

文化市场管理

【概况】 2017年，南通市加强文化市场管理，出动检查人员5.59万人次，抽查文化场所1.48万家次，查处违法经营单位252家，罚款98.03万元。

【出版管理】 报刊管理　2017年，南通市有报刊出版单位16家，其中报纸7家、期刊9家。加强重点报刊使用网络低俗语言监测、监督和检查，专项治理新闻报道“标题党”问题。开展年度报刊核验和新闻记者证核验，完成全市96家连续性内部资料准印证年度换证，召开连续性内部资料管理工作会议；加大报刊审读，编发报刊审读报告20期34篇。

印刷管理　2017年，南通市完成全市933家印刷企业年度核验及全市新闻出版统计年报。7~10月，开展全市印刷复制发行业专项整治行动，发出整改通知书51份，取缔无证印刷企业2家、无证出版物零售企业3家，立案行政处罚案件7件。全年出动行政执法人员3112人次，检查印刷企业1287家次。组织市区印刷企业观摩上海2017年国际印刷三展联展和第九届北京国际印刷技术展；组织12家印刷企业参展江苏印刷业创新发展博览会，全市700余名印刷企业专业人员参观。

发行管理　2017年，南通市完成1190家出版物发行单位年度核验、换证。开展春节、两会期间及迎接党的十九大出版物市场专项检查，开展文明城市创建迎查、校园周边出版物市场专项治理，开展“问题地图”专项排查，全市出版物发行网点、校园书店建设调查统计，实体书店情况调研。

版权管理　2017年，南通市免费登记版权作品13.29万件，占全省总数47%，一般作品登记数量列全省第一。组织16家企业参展省版博会，获最高荣誉奖。加大版权保护，查处案件19件、受理投诉181件、立案120件、调解49件、移送司法机关35件。建设家纺花型数据库，推动版权交易向“互联网+”转变，版权贸易带动家纺产值1600亿元。

【广播电视管理】 2017年，市文化广电新闻出版局加强广播影视管理，实施优秀广播电视节目评选活动，获省级以上奖项67件，通州台广播剧《田梦儿》获第17届中国广播剧研究会专家评析儿童剧三等奖，《动物乐园之鼠狗大战乐翻天》获江苏省第十届精神文明建设“五个一工程”奖，海安台广播连续报道《521个河长守护5年，千条河重现水清景美》获第20届江苏新闻奖。开展广播电视净化荧屏声频和安全播出专项检查行动。加强广播电视监管，编发《南通收听收看》专刊41期。开展境外卫星电视传播专项治理，约谈涉嫌违规播出机构3次、下达整改通知书4份，责令整改、停播违法违规广告（含挂角广告）36条次、停播违规播出医药养生类节目1档。加强网络视听节目管理，江海明珠网获准开展移动互联网视听节目服务。加强无线频率、频道管理，取缔“黑广播”11个，收缴发射机11台、天馈线11套作案设备。

【“扫黄打非”】 2017年，南通市开展打击政治性非法出版物及有害信息、扫除淫秽色情出版物及不良信息、查处侵权盗版出版及网上侵权盗版行为、整治非法报刊及网络报刊等专项行动，出动检查人员7821人次，检查经营单位2636家，查缴非法书刊10万余册，检查印刷复制企业987家，取缔或关闭出版物经营点、店档摊点51个。南通某公司擅自从事出版物印刷经营活动案被文化部列为2016~2017年度全国文化市场十大案件。南通非法印刷《萌宝修行记》被列为全国督办案。

（张　湏）

综 述

【概况】 2017年，南通市实施体育惠民工程、人才培养工程、品牌赛事工程、产业发展工程、强基固本工程“五大工程”，各项工作苏中、苏北领先。举办2017南通濠河龙舟国际邀请赛，开展第九个全国“全民健身日”“南通体育日”系列活动。出台《南通市全民健身实施计划（2016~2020年）》。下发《2017年南通市青少年体育比赛竞赛规程》，举办青少年年度常规赛15项次。9月29日，以“激情市运、健康南通”为主题，举行市第11届运动会暨第二届全民健身运动会，设置7个部别、45个比赛项目，其中全民健身项目24项，参赛人数9716人。南通市体育局获评2014~2017年度“全国群众体育先进单位”。

（倪丽斯）

体育设施

【体育健身工程】 2017年，南通市持续推进全民健身设施建设，海安县体育中心、南通开发区全民健身中心相继建成并对社会开放，如东县体育中心一期工程、港闸区全民健身中心建设工程稳步推进。优化“城市社区10分钟健身圈”，市区更换到期健身路径78套，新建社区室内体育活动室53个，建成社区多功能运动场3个；提升农村公共体育设施，新建镇农民体育公园6个，累计“提档升级”村健身设施200余个；争取省体育局项目补助，全市22个多功能运动场、4个笼式足球场和2个拼装式游泳池达到补助标准，获省级补助资金360万元。10月，南通市体育运动学校新校区竣工。

9月29日，南通市第11届运动会暨第二届全民健身运动会在市体育运动学校新校区开幕。（市体育局 供图）

【体育场馆公共服务】 2017年，南通市推进体育场馆免费、低收费开放，通州区体育馆、通州区游泳馆、如皋市体育中心体育馆、南通体育馆4家单位获中央补助资金90万元。通州区体育馆等7家单位获省级补助资金285万元。

（倪丽斯）

群众体育

【国民体质测试和社会体育指导培训】 2017年，南通市将国民体质测试站（点）和国民体质监测车有机结合，到沪通大桥建设工地、港闸区环卫所、海安县李堡镇、全民健身活动启动仪式现场等地，进行免费体质测试并开具运动“处方”。市区全年完成测试人数5380人。崇川区、港闸区、通州区、如皋市完成省级专项国民体质测试任务，累计测试不同年龄组别人员2880余人。海安县、海门市、港闸区创建省级国民体质测试和健身指导站。加强社会体育指导员培训，全年安排二级和一级社会体育指导员培训班16期、培训各项目指导员1000余人。承办省级各类培训班3期，各县（市、区）均展开培训，全市累计培训2000余人次。做好体育健身消费券发放，全市确定消费券定点消费场馆29家，累计享受全民健身消费补贴近300万元，涉及健身群众6331人次。

【全民体育健身系列活动】 2017年，

在第九个全国“全民健身日”“南通体育日”期间，南通市以“推进全民健身，共建健康南通”为主题，组织开展全民体育健身系列活动93项次。先后开展市级足球改革图片展、全民健身三项赛、濠滨夏夜、木兰扇精英交流比赛等各类赛事活动57场次，县(市、区)开展全民健身活动26项次，参与健身爱好者10万余人次。1月24日，“风尚南通·温暖新春”——2017年红红火火过大年全民健身活动启动仪式在学田街道荷兰街中庭广场举行，体育社团展示太极养生杖、木兰花样单圈、健身气功大舞、双拍双球柔力球等体育健身活动。参与启动仪式近300人。

【体育社团】 2017年，南通市成立市属羽毛球、广场舞、龙舟、排球、啦啦操单项运动协会5个，新增江海冬泳俱乐部、明侠武术俱乐部、锋度击剑俱乐部、隆炬武术俱乐部4个民办非企业单位，市属体育社团累计43个、俱乐部23个。各类体育社团利用节假日和双休日举办各类体育竞赛和健身活动150余项次。其中，华东地区越野场地争霸赛、南通市羽毛球锦标赛、第九届“城市嘉苑”杯乒乓球俱乐部联赛等赛事社会影响广泛。

(倪丽斯)

表19-1

2017年南通市市区体育社团、俱乐部一览表

序号	社团、俱乐部名称	地址
1	老年人体育协会	桃坞路44号
2	农民体育协会	世纪大道6号
3	自行车运动协会	市体育运动学校
4	徒步运动协会	通富北路52-1号
5	羽毛球运动协会	南通大学钟秀校区
6	掼蛋协会	南大街33号2210室
7	信鸽协会	园博园内信鸽俱乐部
8	风筝协会	外环北路348号
9	网球协会	青年西路82号
10	篮球协会	青年西路80号
11	足球协会	寰亚体育公园
12	乒乓球协会	青年中路16号
13	棋类协会	南大街118号名都广场3幢412室
14	武术协会	狼山静海商贸街13N幢15室
15	棒垒球协会	世纪大道6号市行政中心综合楼5楼
16	钓鱼协会	人民中路老年大学内
17	桥牌协会	环城南路11号
18	体育舞蹈协会	桃坞路89号
19	台球协会	南大街118号名都广场
20	体操协会	市儿童体育学校
21	健美操协会	南通大学体育科学学院
22	高尔夫协会	城山路111号
23	陆海空模型协会	健康路64号
24	无线电协会	青年西路80号
25	射击射箭协会	外环西路209号
26	游泳协会	跃龙南路1号通明大厦A座5楼
27	围棋协会	世纪大道6号市行政中心综合楼412室
28	跆拳道协会	外环西路209号

（续表19-1）

序号	社团、俱乐部名称	地址
29	裁判员协会	市体育运动学校
30	体育科学学会	市体育运动学校
31	南通市门球协会	跃龙路93号南通市退休人员管理中心
32	南通市截拳道协会	崇川路88号国际贸易中心2701室
33	南通市健美协会	青年中路173号南星会馆
34	陈华国际象棋俱乐部	南大街118号名都广场3幢308室
35	欣欣乒乓球俱乐部	人民中路73号（齿轮厂4楼）
36	华尔舞蹈俱乐部	桃坞路89号
37	雄通信鸽俱乐部	园博园内信鸽俱乐部
38	新天地体育俱乐部	跃龙南路1号通明大厦A座5楼
39	爱玛会体育俱乐部	桃园路7号（爱玛会）
40	明星五子棋俱乐部	北城中学
41	武术研究院	狼山静海商贸街13N幢15室
42	山地情怀自行车俱乐部	五一路天润家园5号
43	健雄青少年体育俱乐部	市体育运动学校
44	健康路青少年体育俱乐部	健康路64号
45	体育馆青少年体育俱乐部	青年西路80号
46	小鱼儿健身俱乐部	建设路47号
47	水世界体育俱乐部	南园路21号
48	虞楼垂钓健身会馆	园博园内信鸽俱乐部
49	尚舞体育舞蹈俱乐部	任港路44号飞跃百度文化广场1幢3楼
50	左右乒乓球俱乐部	果园村二组
51	双赢射箭俱乐部	任港新村68号

（倪丽斯）

竞技体育

【概况】 2017年，南通市21个项目1600人通过省体育局青少年运动员注册审核；组织802名运动员参加省级年度乒乓球、羽毛球、网球等21个项目比赛，获金牌73.5枚、银牌59枚、铜牌80枚。

【南通籍运动员战绩】 2017年5月，在第15届苏迪曼杯世界羽毛球混合团体赛上，南通籍运动员石宇奇和队友获羽毛球混合团体赛亚军。8~9月，在第13届全运会上，85名南通籍运动员闯进决赛，获金牌9枚、银牌6枚、铜牌9枚，并在多个项目实现历史突破。

第13届全运会上，南通籍运动员成淑（左）、张雪倩（右）分别夺取女子羽毛球团体金牌、女子佩剑团体金牌。（顾晓平 制图）

表19-2

南通籍运动员获第13届全运会奖牌一览表

序号	项目	姓名	参赛项目	金牌	银牌	铜牌
1	击剑	仲满	男子佩剑个人赛	1		
2	排球	陈展 姜倩雯	排球女子	1		
3	自行车	袁中	男子场地团体追逐赛	1		
4	自行车	薛赛飞	男子场地麦迪逊赛	1		
5	田径	吴健	男子铁饼	1		
6	羽毛球	成淑	羽毛球女子团体	1		
7	击剑	张雪倩	女子佩剑团体	1		
8	摔跤	张高泉	古典式摔跤男子66公斤级	1		
9	帆船	吴佳楠	帆船男子激光级	1		
10	自行车	包赛飞	男子场地争先赛		1	
11	体操	孙炜	体操男子团体		1	
12	田径	肖霞	女子400米栏		1	
13	田径	肖霞	男女混合4×400米接力		1	
14	跆拳道	余小慧	女子67公斤级		1	
15	羽毛球	石宇奇	羽毛球男子单打		1	
16	皮划艇	李彤	皮划艇激流回旋			1
17	体操	何新宇	蹦床男子团体			1
18	击剑	仲满 黄露露	男子佩剑团体			1
19	击剑	陆亚珠	女子花剑团体			1
20	击剑	吴海艳	女子重剑团体			1
21	羽毛球	石宇奇 徐一鸣 任治钧	羽毛球男子团体			1
22	击剑	石高峰 朱逸臣	男子重剑团体			1
23	足球	许燕露 翟晴苇	足球女子			1
24	田径	肖霞	女子4×400米接力			1
总计				9	6	9

（倪丽斯）

【足球改革发展】 2017年是南通市《足球改革发展三年行动计划（2015~2017年）》收官之年，南通市以中小学校为重点，加强和规范“足球后备人才基地学校”管理，出台《南通市校园足球后备人才基地学校管理办法（试行）》。深化足球改革发展体教结合，市体育局与教育部门共同开展校园足球活动，举办南通市校园足球联赛小学、初中和高中组总决赛。5月20日，举办第六届“朗姿珂缔缘”杯校园足球国际邀请赛暨“丝绸之路”U14国际少儿足球邀请赛，巴西、西班牙、俄罗斯、韩国、泰国、朝鲜和中国7个国家12支球队240余名球员在海门展开为期一周比赛。南通支云职业足球俱乐部在中乙联赛中排名较上年大幅提升，闯入中乙联赛决赛，获南区第四、全国第八。

【濠河龙舟国际邀请赛】 5月30日，南通市举办2017年南通濠河龙舟国际邀请赛，俄罗斯、荷兰、新西兰、伊朗、加拿大等国和中国香港及南通20

支龙舟队，500余名运动员展开竞技，现场观众5万余人。经过小组预赛、半决赛、决赛三轮比赛，南通航院队以2分34秒977成绩，夺得濠河龙舟赛男子500米直道竞速赛四连冠。新西兰威灵顿女孩龙舟队获女子组500米竞速赛冠军。

【体育赛事承办】 2017年，南通市区及各县（市、区）承办或举办国际比赛5项次、全国比赛3项次、省级比赛6项次、市级比赛55项次。6月20~23日，中国沙滩排球大满贯（南通站）在南通滨江公园举行，全国男、女各16支沙滩排球队、100余名运动员参赛。中央电视台体育频道对中国沙滩排球大满贯（南通站）决赛以及颁奖仪式进行现场直播。6月23~25日，2017国际排联世界沙滩排球巡回赛（"一带一路"系列赛）在南通滨江公园举行，全球五大洲24支女子沙滩排球队伍、48名运动员参赛。中央电视台体育频道对巡回赛三四名比赛、决赛和颁奖仪式进行直播。连续第五年举办环太湖国际公路自行车赛，中央电视台及海外媒体直播。完成南通历史上举办水平最高俱乐部篮球比赛——2017"体彩杯"四国篮球挑战赛办赛任务。市体育局组织举办田径、排球、篮球、乒乓球等14个项目二级裁判员培训，参培人员800余人、参培人员合格率高于90%。

（倪丽斯）

表19-3

2017年南通市承办省以上竞技体育赛事一览表

序号	赛事名称	时间	地点	级别
1	"体彩杯"四国篮球挑战赛	5月19~20日	南通市	国际
2	2017南通濠河国际龙舟邀请赛	5月30日	南通市	
3	"一带一路"世界沙滩排球巡回赛	6月23~25日	南通市	
4	第20届亚洲老将田径锦标赛	9月24~29日	如皋市	
5	2017第八届环太湖国际公路自行车赛第五赛段南通—海门段	10月15日	南通市	
6	全国射箭邀请赛	4月29日~5月1日	南通市	全国
7	全国沙滩排球大满贯赛	6月20~23日	南通市	
8	2017年全国男子排球冠军赛	7月5~13日	南通市	
9	江苏省第二十四届中学生排球锦标赛暨体育传统项目学校排球比赛(决赛)	7月10日	南通市	省级
10	江苏省少年儿童羽毛球冠军赛(总决赛)	7月21~24日	通州区	
11	江苏省青少年沙滩排球锦标赛	7月31日~8月5日	启东市	
12	江苏省青少年射箭锦标赛	8月17~20日	南通市	
13	江苏省青少年自行车锦标赛(场地赛)	9月14~18日	海门市	
14	江苏省青少年击剑冠军赛(总决赛)	11月22~27日	如东县	

（倪丽斯）

体育产业

【概况】 2017年，南通培育体育产业发展，出台《关于加快发展体育产业促进体育消费的实施意见》《南通市体育产业十三五发展规划》。体育特色小镇取得一定成效，海门国际足球小镇入选省级特色小镇创建名单，是该批创建项目中唯一体育类特色小镇建设单位；通州开沙岛入选体育总局运动休闲特色小镇试点项目。全年全市实现体育产业增加值99亿元，占全市地区生产总值1.3%，位居全省前列。

【专项资金】 2017年，市体育局组织申报体育总局、省体育局专项资金补助，南通荣威娱乐用品有限公司、南通铁人运动用品有限公司、如东丰利机械有限公司等6家单位6个项目通过省级体育产业发展专项资金审核，获省体育局体育产业引导资金600万元。加强往年获省级体育产业发展专项资金项目监督检查，配合省体育局专项检查，对全市申报项目进行抽查。

【体育彩票】 2017年，南通市销售体育彩票14.08亿元，比上年增长3.42%，为市本级筹集体育彩票公益金7694.27万元。

（倪丽斯）

医疗卫生

责任编辑 陈 磊

综 述

【概况】 2017年，南通市有各级各类医疗卫生机构3184个，比上年增加53个。其中，医院222家，卫生院103家，疾病预防控制中心（站）9家，妇幼保健院（所、站）7家，卫生监督所7家，专科疾病防治院（所、站）3家。医疗卫生专业技术人员4.47万人。年内，市直医疗卫生单位招录卫生专业技术人员396人，其中硕士116人、博士6人。全市每千人拥有床位5.6张、执业（助理）医师2.57人、注册护士2.65人。居民人均期望寿命81.86岁，其中男性79.44岁、女性84.36岁。在2017年度全省三级医院患者满意度调查中，南通市综合满意度95.73%，居全省第一。启东市开展县级公立医院综合改革，获国务院办公厅表彰为“真抓实干”成效明显地区。

【基础设施建设】 2017年，南通市继续推动医疗资源科学布局。中央创新区上海仁济南通医院开工建设，市中医院新院、市儿童医院建设项目完成方案论证。市二院提档升级、市四院改扩建辅楼完成土建工程。

（石红梅）

表20-1

2017年南通市卫生计生基本情况一览表

项 目	数 量	与上年比增长数	与上年比增长率(%)	项 目	数 量	与上年比增长数	与上年比增长率(%)
卫生机构(家)	3184	53	1.70	卫生人员(人)	57138	2367	4.32
医 院(含卫生院)(家)	325	4	1.20	卫生技术人员(人)	44715	1005	2.30
床 位(张)	42064	3189	8.20	乡村医生(人)	3502	-29	-0.82
医院床位(张)	40942	3068	8.10	个体开业人员(人)	1715	211	14.02
平均每千人医院床位(张)	5.60	0.40	7.65	平均每千人卫生技术人员(人)	6.12	0.28	4.69
人口	常住人口总数(万人)	730.50		卫生费用	卫生事业费(万元)	240971.80	
人口	出生率(‰)	7.99		卫生费用	卫生事业费与上年比增长率(%)	3.06	
人口	死亡率(‰)	10.68		卫生费用	卫生事业费占财政支出百分率(%)	2.97	
人口	自然增长率(‰)	-2.69		卫生费用	卫生系统固定资产(万元)	1003714.50	
医疗服务	诊疗总人次(万人次)	4143.36		卫生费用	卫生系统基建投资(万元)	73109	
医疗服务	门诊人次(万人次)	3820.78		卫生费用	平均每一门诊人次医疗费用(元)	197.80	
医疗服务	急诊人次(万人次)	243.13					
医疗服务	住院总人次(万人次)	124.90		卫生费用	平均每一出院病人医疗费用(元)	9632	
医疗服务	出院总人次(万人次)	124.79					

（王 晗）

【医学科研】2017年，南通市推动医学重点学科培育工程，实施青年医学科研基金项目。市直医院申报国家自然科学基金项目53项，获立项5项；申报省卫生计生委课题11项，获立项7项。获省级课题12项，省新技术引进奖一等奖1项、二等奖27项；市新技术引进奖一等奖12项、二等奖19奖、三等奖61项；市科技进步奖特等奖1项、一等奖1项、二等奖16项、三等奖35项。编著出版科技和科普著作15部，国家专利229件。医疗卫生机构发表中文核心期刊论文321篇，获SCI收录论文155篇。

【人才培养】2017年，南通市实施“十三五”科教强卫工程，推进省级医学重点人才培育工程和市医学重点人才培育项目建设。入选省特聘专家1人，入选第五期省“333工程”第二层次人才1人、第三层次人才28人，入选省重点学科3项、省创新团队2项、省重点人才1人、省青年医学人才48人，培养市“226工程”第一层次人才6人、第二层次人才30人、第三层次人才73人。全市有取得住院医师规范化培训合格证书782人，取得全科医师规范化培训合格证书基层医生120人，取得全科医生转岗培训合格证书基层医师86人。全市医疗卫生单位参加全国卫生专业技术考试5523人，比上年增长23%，其中初级士449人、初级师2745人、中级2329人；全国卫生人才评价考试110人；全国护士执业资格考试1027人。组织2017年度全省卫生高级实践能力考核，申报卫生高级专业技术资格1441人，其中申报正高级职称282人、副高级职称1159人。

（石红梅）

【智慧医疗】（参见《城乡建设·智慧城市建设》）

医疗卫生体制改革

【概况】2017年，南通市制定《市属公立医院绩效考核实施办法（试行）》《市属公立医院总会计师制度实施方案（试行）》，8家市属公立医院全部实施总会计师制度。出台《关于推进医疗联合体建设的实施意见》，分类推动市域专科联盟、市区医联体、县域医疗集团等形式医联体建设。以三级专科医院为龙头，组建精神卫生、肿瘤防治、妇幼健康、中医医疗、传染病防治5大联盟。组建县域医联体或医疗集团13个，以县医院为龙头，推进县乡村一体管理、均衡发展。出台《关于深入推进家庭医生签约服务的实施意见》，将老年人、孕产妇、儿童、残疾人作为重点服务对象，重点人群签约率65.63%，普通人群签约率39.35%，建档立卡低收入人口签约率98.67%。崇川区通过双选招募方式，将社区卫生服务中心全面托管给三级综合医院，推动社区卫生服务改革。

【医养融合试点】2017年，南通市继续推进国家医养融合试点工作，推动护理站与社区居家养老服务中心功能互补，与家庭医生签约服务等有机融合，促进医养深度融合。支持康复医院、护理院等养老服务机构建设，全市护理型养老机构35家，其中专业护理院15家，开放护理型床位22364张，占养老机构总床位数46.4%。

（石红梅）

公共卫生服务

【公共卫生服务项目】2017年，南通市组织实施基本公共卫生项目12类45项。国家基本公共卫生服务项目筹资提标工程继续列入市委、市政府为民办实事项目，全市人均基本卫生服务项目经费提高至80元。实施“两癌”筛查项目，确诊宫颈癌70例、乳腺癌85例，全部落实跟踪管理服务。全年对市区2.5万人进行癌症早诊早治筛查。加强慢性病管理服务，高血压、糖尿病规范管理率分别达58.27%和57.21%，有国家级慢性病防控示范区1个、省级慢性病防控示范区8个。传染病防控持续保持平稳态势，甲、乙类传染病发病率每10万人中128.25人，艾滋病全人群筛查覆盖率超过14%，未发生重大传染病流行。通州区、崇川区、港闸区、如皋市和海安县通过省级血吸虫病消除考核评估。推进预防接种门诊等级化建设，建成一级门诊60家、二级门诊66家、三级门诊2家，疫苗接种率97%以上。加强严重精神障碍患者管理，报告患病率4.53‰，管理率96.09%，位居全省前列。海门市通过省卫生应急规范县（市、区）评估，海安县、通州区通过省级卫生应急示范县（区）复核，全市新增卫生应急规范化镇（街道）26个。处置全省首例输入性寨卡病毒疫情，全年有效处置突发公共卫生事件（含未分级事件）30起。开展突发公共事件医学救援44起，为全市86项重大活动提供医疗卫生保障。投放自动体外除颤器40台，培训投放点师资72人，为2000人进行自救互救技能培训。

（王新生　杨卫超　杨德蓓）

2017年，南通市加强慢性病管理服务。图为农村卫生所开展高血压慢病自我管理讲座。（冯泽钧　摄）

【妇幼保健】 2017年，南通市妇幼保健服务网络健全率100%，市、县（市、区）两级妇幼保健和计划生育技术服务资源整合到位率95%（非建制南通开发区和通州湾示范区除外）。建成省级孕产妇救治指导中心和新生儿救治中心各1家、市级危重孕产妇和新生儿急救中心各1家，县级孕产妇危急重症救治中心建成率100%、新生儿危急重症救治中心建成率83.3%。基层妇幼健康门诊规范化建设率86.08%。完成全市90名助产（计划生育技术人员）考核换证，母婴保健技术服务机构和人员持证率100%。加强出生缺陷综合防治，全市免费婚前医学检查率84.76%，产前筛查率92.32%，早孕检查率97.89%，产妇保健管理率99.99%，孕产妇系统管理率97.19%，产后访视率98.52%；出生缺陷发生率5‰；全市孕产妇死亡率每10万人中7.32人，婴儿死亡率2.91‰；新生儿访视率99.49%，儿童健康管理率97.55%。托幼机构卫生保健合格率100%，通州区、如东县通过省级妇幼健康优质服务示范创建评估。

（王新生）

【药政服务】 2017年，南通市基层医疗卫生机构全部使用基本药物。全年全市通过省药品招采平台采购药品65.89亿元，其中基本药物占10%，药品配送率97.93%。制定《南通市医用耗材和检验检测试剂集中采购实施方案》，发布采购公告，2798家企业报名，其中486家为经营企业、2312家为生产企业，有效提交产品80779条。印发《南通市公立医疗机构药品采购推行“两票制”实施意见》（“两票制”：即药品从生产企业到流通企业开一次发票，流通企业到医疗机构开一次发票），加强对公立医疗机构执行“两票制”指导和管理。

（苏　青）

【基层医疗机构建设】 2017年，如东县中医院建成三级医院，南通市12家县级医院累计建成三级医院9家（海安县人民医院、海安县中医院、如皋市人民医院、如皋市中医院、启东市人民医院、启东市中医院、海门市人民医院、通州区人民医院、如东县中医院）。有政府举办一般镇卫生院40家、中心卫生院32家、社区卫生服务中心35家、村卫生室1485家。全市有省级示范镇卫生院45家、省级示范村卫生室133个，累计建成省级镇卫生院特色科室10家、市级特色科室32家、群众满意镇卫生院25家。海门市滨江街道第一社区卫生服务中心获评国家级优质示范社区卫生服务中心。

（王新生）

如东县中医院鸟瞰。　　（周宜兵　摄）

【卫生城市建设】 2017年，南通市建成江苏省健康镇（街道）6个、健康村（社区）34个、健康单位32家。启东市区、海安县城和如皋市城南街道通过国家复评，全年建成国家卫生镇3个、省级卫生镇6个、省级卫生村184个，省级以上卫生镇、村普及率分别达76%和84%。全市完成居民健康素养评估学习系统41万人次，建成健康主题公园3座，累计建成健康支持性环境450个。强化控烟宣传和监管，全年组织督查6375家单位。城乡生活饮用水监测网络全覆盖，城市、农村水质合格率分别达100%和99.83%。完成改厕任务1.5万座，全市无害化卫生户厕覆盖率95.21%。启东市区和海安县城通过江苏省病媒生物防制4项技术复评。在全省纪念爱国卫生运动65周年现场知识竞赛活动中，南通市获团体第一名。

（王霞东）

疾病预防控制

【概况】 2017年，南通市报告甲乙类传染病16种7893例，报告发病率每10万人中108.09人，比上年上升0.11%，以血源及性传播传染病、呼吸道传染病为主（分别占50.23%、38.65%），报告发病数居前5位病种为梅毒、肺结核、肝炎、淋病、猩红热，报告死亡数36例（艾滋病14例、肺结核14例、狂犬病3例、人感染H7N9禽流感5例），报告死亡率每10万人中0.49人，比上年下降39.5%；报告丙类传染病5种7489例（主要是手足口病），报告发病率每10万人中102.56人，比上年下降29.1%，无死亡病例报告。报告输入性寨卡病毒病病例1例，为江苏省报告首例，未发生二代病例；报告输入性登革热病例3例（病例输出地为马来西亚、印度、泰国），未发生二代病例；报告人感染H7N9禽流感确诊病例7例，未发生二代病例；急性肝炎发病数比上年下降2.38%，无明显“春峰”；报告手足口病5127例，比上年下降51.4%，重症病例20例，无死亡病例报告。全市未发现不明原因肺炎病例。

【免疫接种】 2017年，南通市实施扩大儿童免疫规划，免疫规划疫苗基础免疫和加强免疫接种率均大于98%，免疫规划相关疫苗接种率和及时接种率均达省级要求。全市报告急性弛缓性麻痹病例20例（外地报告本地6例），报告发病率每10万人中2.6人。报告乙型病毒性肝炎（简称“乙肝”）1623例，报告发病率每10万人中19.91人，其中急性乙肝100例。报告乙型脑炎病例3例，无流行性脑脊髓膜炎、新生儿破伤风、白喉等其他免疫规划相关疾病病例报告。报告疑似预防接种异常反应1054例，其中一般反应923例、异常反应127例、偶合症4例，疫苗质量事故、接种事故和心因性反应均为零。报告麻疹监测病例146例，较上年下降34.23%，报告麻疹确诊病例6例，发病率每10万人中0.08人，比上年下降77.78%，对6例麻疹确诊病例密切接触者麻疹疫苗应急免疫接种806人次。7月1日起，在全市范围内开展水痘监测与报告。至年底，疫情直报系统报告水痘病例3261例，发病率每10万人中44.66人，报告水痘暴发疫情18起，收集76份疱疹液标本，其中水痘-带状疱疹病毒核酸阳性70份。完成南通市预防接种单位（包括一般预防接种单位、医院产科、狂犬病暴露预防处置门诊、成人预防接种单位）分类设置。全市128家一般预防接种单位中，一级门诊60家，二级门诊66家，另有2家达三级门诊标准，向省卫生计生委提交验收申请；全市85家产科医院中，有76家设置新生儿预防接种室；全市167家狂犬病暴露预防处置门诊中，一级门诊164家，二级门诊3家；设置成人预防接种单位110家。开展预防接种证查验和疫苗补种，春秋两季预防接种证查验覆盖幼托机构和小学854所，查验儿童189875人，查验率100%，补证679人，补种率达省级要求。

【艾滋病防制】 2017年，南通市检测各类人群艾滋病病毒抗体112.07万人次，人群抗体筛查率15.35%，新发现艾滋病病毒阳性469例，其中艾滋病病人125例。艾滋病哨点监测任务完成率100%，监管场所筛查5005人，高危人群监测1230人，女性性工作者监测800人，出入境人员监测14054人。各高危人群行为干预项目累计干预女性性工作者54643人次，覆盖率92.24%，检测7879人；累计干预男男同性恋人群4795人次，检测1119人。全市艾滋病自愿咨询检测（VCT）门诊接待咨询人员检测6582人，发现阳性117例。全市累计诊断2123名艾滋病病毒感染者，累计在南通治疗艾滋病病毒感染者和病人2057人，死亡131人。南通市疾病预防控制中心（简称“市疾控中心”）为艾滋病病毒感染者和病人提供免费CD4细胞（一种重要免疫细胞）检测1435人次、病毒载量检测1265人次。

【结核病防制】 2017年，南通市全程监督短程化疗（DOTS）覆盖率保持100%。全年发现、治管活动性肺结核患者2636例，通过病原学诊断结核病患者1150例，其中涂阳诊断695例，结核病分子生物学阳性、涂阴患者培养阳性及病理学诊断455例，肺结核可疑症状者和疑似患者查痰率98.1%，重点人群肺结核筛查率59%，肺结核患者病原学诊断率43.6%，病原学阳性患者分子生物学耐药检测比例75.1%、肺结核患者管理率96.3%。肺结核患者治疗成功率94.7%，耐多药肺结核患者纳入治疗率75%，耐多药肺结核患者治疗成功率52.9%。推广新诊断技术半巢式全自动实时荧光定量核酸扩增耐药结核病快速检测（简称“Xpert”），南通市7家医院开展该项检测，为全省唯一对疑似及确诊肺结核患者开展免费Xpert检测设区市。11月，南通市8家结核病实验室通过全国第四轮结核病实验室分子生物学检测技术能力验证，成为全省中盖结核病项目三期电子药盒3个试点地区之一。

【血吸虫病防制】 2017年，南通市在海安县、如皋市、如东县、通州区、海门市、崇川区、港闸区7个县（市、区）35个镇134个村完成查螺面积1076.9万平方米，查到复现钉螺环境7500平方米。如皋市采用提水浸杀法和泼浇法完成药物性巩固性灭螺2次，灭螺面积32470平方米。血防查病23976人（其中DDIA血清学检测20844人、粪检3132人），血清学阳性69人，粪检结果均为阴性，未发现当地感染急性血吸虫病病人，港闸区报告1例输入性慢性血吸虫病病人，经正规抗虫治疗康复出院。通州区、崇川区、港闸区、如皋市和海安县通过省血吸虫病消除考核评估，达到国家血吸虫病消除标准。

【地方病防制】 2017年，南通市完成盐样监测2400份，碘盐监测覆盖率100%，碘盐覆盖率97.67%，碘盐合格率96.89%，合格碘盐食用率94.62%，盐碘均数每千克23.9毫克。完成1600名8~10岁学龄儿童和800名孕妇尿碘含量及其家中食盐碘含量检测，儿童尿碘每升203.5微克、孕妇尿碘每升125.8微克，均处于正常范围。如东县、海门市和启东市完成600名小学生甲状腺B超检测任务。在全市开展生活饮用水水碘监测，水碘值范围为每升1.54~61.75微克，中位数为每升4.51微克。

【寄生虫病防制】 2017年，南通市报告疟疾病例39例，发病率每10万人中0.51人，均为当地在非洲打工感染回国者，其中恶性疟27例、卵形疟6例、三日疟3例、间日疟3例，均康复出院。发热病人血检12741人，血检率1.61%。通州区和如东县省级肠道寄生虫病监测点检测农村居民粪样2051份，阳性7份（蛔虫6份、鞭虫1份），总感染率0.34%。

【劳动卫生与职业病防制】 2017年，市疾控中心对辖区内存在职业病危害因素企业进行日常职业卫生检测34次，开展建设项目职业病危害评价2个。接受职业病诊断相关咨询2600余人次，向用人单位、市安监局发函228份，受理并出具诊断证明书125份，出具职业病诊断意见书17份，诊断职业病33人，其中尘肺病肯定诊断6人（新病例4人，复诊断未晋级病例2人）、急性职业中毒4人、慢性职业中毒6人（其中1人为维持原结论）、物理因素所致疾病4人、职业性耳鼻喉口腔疾病13人。

【麻风病防治】 2017年，南通市报告麻风病疑似病例103例，新发现麻风病例1例，判愈2例、现症死亡2例。至年底，麻风现症病人4例，每10万人中0.054人，进行联化化疗1例、麻风反应治疗1例，检查现症病人密切接触者56人，调查存活麻风病人畸残情况、康复护理等1482例。举办市级麻风病防治知识培训班，100余人参训。

【慢性非传染性疾病防制】 2017年，南通市继续实施国家重大医改专项、国家重大公共卫生项目城市癌症早诊早治四期项目，全面启用南通市城市癌症早诊早治信息管理系统PAD端，开展问卷调查15120份，“五癌”（肺癌、肝癌、上消化道癌、结直肠癌、乳腺癌）临床筛查5000余人次，发现疑似患者68例，癌前病变患者66例，确诊患者4例。南通市6个肿瘤登记处提交数据库均被国家癌症中心收录，启东市、海门市获评2017年度全国肿瘤登记工作杰出贡献奖、2017年度全国肿瘤登记工作特别贡献奖，海安县获评2017年度全国肿瘤登记工作优秀奖，南通市辖区获评2017年度全国肿瘤登记工作进步奖。年内，南通市新增高血压患者23857例，新增糖尿病患者8459例，高血压、糖尿病患者管理率分别为76.17%、53.83%，规范管理率分别为58.27%、57.21%，血压、血糖控制率分别为60.09%、54.88%，均达到省控指标。

【健康教育与健康促进】 2017年，南通市继续开展健康素养监测，崇川区、启东市完成调查任务。调查结果显示，南通市居民健康素养水平超过20%，达到《健康中国2030规划纲要》要求。继续开展减盐、减油、减糖，健康口腔、健康体重、健康骨骼全民健康促进活动。9月1日，全国第11个全民健康生活方式日，举办主题为“共建共享·健康南通”第三届江海健康美食厨艺大赛，16支居民代表队和16家餐饮单位参赛。11月20日，开展“中国健康知识传播激励计划（健康骨骼）——江苏省健康生活方式指导基地建设项目”，成立首支南通市健康生活方式巡讲团队，在港闸区、如东县、海安县开展健康生活方式巡讲活动9场。开展健康促进学校创建，累计创建健康促进学校489所，健康促进学校覆盖率90%。其中，金奖学校34所、银奖学校146所、铜奖学校309所，年内申报金奖学校9所。“江海健康教育”微信公众号开通上线，作品《为什么要控油减脂？看完就明白了》获2017中国健康科普大赛活动图文类作品优秀奖。

（李　勇）

9月1日，第三届江海健康美食厨艺大赛在星湖101广场举办。

（许丛军　摄）

卫生监督

【概况】 2017年，南通市办理卫生行政许可6722件，按时办结率100%。落实日常卫生监督责任制，经常性卫生监督覆盖率100%。重点实施医疗机构依法执业、放射治疗规范化、口腔器械消毒灭菌专项监督，游泳场所、学校卫生综合监督，以及打击生活美容机构非法提供医疗美容服务、打击违法违规应用人类辅助生殖技术等专项整治。重点加强公共场所、生活饮用水、消毒产品等抽检，全年抽检住宿、美容美发、洗浴场所等公共场所用品用具578份，沐浴场所、候车（机）室等场所空气样品246份，游泳池水362份，生活饮用水及二次供水243份，涉水产品25份，消毒产品102份，抽检结果及时通过新闻媒体向社会公告。严格依法行政，全年查处一般程序违法案件110件，罚款31.52万元。接处各类群众投诉举报76起，按时办结率100%。

【公共场所卫生监督】 至2017年底，南通市直属管理各类公共场所单位983家，其中住宿业270家、美容美发业331家、浴室（含足浴）210家、游泳场所47家、其他场所125家。全年对住宿、美容美发、洗浴、游泳场所开展量化分级评定，确认A级单位7家、B级单位237家、C级单位588家，不予评价单位15家。对468家住宿、美容美发、洗浴场所、游泳场所等公共场所开展监督抽检，合格率70.94%。立案查处公共场所违法违规经营单位42家，罚款7.7万元。

【消毒产品卫生监督】 2017年，南通市监督消毒产品生产企业54家，日常监督覆盖率100%。六一国际儿童节、重阳节期间，开展卫生用品监督抽检，全市抽检消毒产品102份，依法查处案件6件，罚款1.5万元。开展商场、超市、药店等消毒产品经营单位专项检查活动，检查经营单位267家，抽查消毒产品1224个。

【传染病防治监督】 2017年，南通市开展传染病防治分类监督综合评价试点，完成医疗卫生机构评价339家，实现全行业、全过程、全环节监督。开展医疗废物处置执法监督专项检查，全市检查医疗机构404家，实现二级以上医疗机构全覆盖、传染病防治“双随机”单位全覆盖，立案查处34家，罚款

5.45万元。开展病原微生物实验室生物安全专项检查，推进病原微生物实验室备案工作。实施口腔器械消毒灭菌规范化管理项目，对385家口腔诊疗单位口腔器械消毒灭菌开展专项整治行动，立案查处27家，罚款5.93万元。改善诊疗环境卫生条件，全市31家单位进行较大规模整改，投入整改资金100余万元。

【学校卫生综合监督】 2017年，南通市推进学校卫生综合监督量化评价管理，立足“管、测、教、报、评”5个方面，开展学校传染病防控、学生常见病和多发病、突发公共卫生事件、学校生活环境卫生、教室环境卫生、学生用品卫生及学校卫生监测等卫生综合监督。监督检查263所幼儿园、546所各类学校传染病与常见病防控情况。监督检查179所学校环境噪声、室内微小气候、采光、照明以及黑板、课桌椅等教学环境。开展学校供水、饮水卫生监督检查和饮水专项抽检，检查自建设施集中式供水2所、二次供水学校7所。监督检查546所学校饮用水情况，监督覆盖率100%，抽检102所学校饮用水，管道直饮水和净水器合格率均为76.5%。对27所中小学健康促进金奖学校、152所银奖学校开展卫生综合监督评价，获优秀等级学校23所、合格等级学校156所。

【生活饮用水卫生监督】 2017年，南通市实行“抓制水源头、控管网末梢”监管模式，对4家市政自来水厂源水、出厂水进行水质监测4次，末梢水水质监测2次，合格率100%，全年全市未发生重大饮用水突发公共卫生事件。抽检二次供水单位37家，抽检涉水产品18件，合格率100%。开展全市净水器标签标识专项监督检查，检查20个品牌108个品种净水器，合格品种数98个，立案查处销售无卫生许可批件净水器经营单位6家。完成全市《生活饮用水卫生监督执法技术指南》追踪评价。

【放射防护监管】 2017年，南通市监督市直属管理放射卫生单位70家，监督覆盖率100%。全年发放放射诊疗许可证9家、核换证36家，开展新建、改建、扩建项目预防性卫生监督18家，依法查处违法案件6件。全年对352家开展放射诊疗工作医疗机构进行放射防护现场监督检查，立案查处16件，罚款3.99万元。实施放射治疗规范化管理专项监督检查，规范医疗机构在开展放射治疗过程中诊疗行为和质量安全。

【非法行医监测监控体系打击】 2017年，南通市推进打击非法行医监测监控体系建设，建立打击非法行医监测哨点1823个，其中一级哨点118个、二级哨点1705个，报告非法行医信息142条。全市查处非法行医案件163件，罚款125.77万元，移送公安部门追究刑事责任22件。

【医疗机构精神药品规范化监管】 2017年，南通市开展医疗机构精神药品规范化监督管理，落实医疗机构精神药品使用管理制度，规范精神药品处方专册管理，实现组织制度到位、培训到位、设施设备到位、管理到位。推动医疗机构自律管理。全市98家医疗机构添置监控设备，38家医疗机构添置保险柜，添置设施设备总额22.2万元。

【母婴保健和计划生育监督】 2017年，南通市监督检查发证母婴保健和计划生育技术服务机构19家，督查计划生育档案建档、信息系统档案建立完成情况，一户一档建档率100%。建立覆盖全市城乡打击“两非”（非法进行非医学需要胎儿性别鉴定和非医学需要选择性别人工终止妊娠）哨点监测监控体系，全市建立一级哨点110个、二级哨点1675个，未发现“两非”现象。

（陈晓东　陈　潇）

医政管理

【医疗服务改善】 2017年，南通市继续实施改善医疗服务行动计划。二级及以上公立医院全部推行预约诊疗服务，预约诊疗率44.32%，门诊患者分时预约率40.5%、住院患者分时预约检查率96%。实施临床路径管理，落实“三合理”（合理检查、合理治疗、合理用药）规范。开展优质护理服务，优化病人出入院和转院工作流程，提高护理服务质量。全市开设伤口造口和糖尿病等专科护理门诊39个，举办社区健康大讲堂300场次，受益群众3.5万人次，建立专科专病患者及家属QQ群228个、群成员3.47万人，开展专科护理小组“社区行”微公益活动275场次，受益群众2.52万人次。妇幼保健院新生儿科获评全国优质护理先进病房，市一院重症监护室倪娟和市四院精神科包铃灵获评全国优质护理先进个人。

【平安医院创建】 2017年，南通市组织开展医疗安全专项整顿，检查重点科室366个，梳理安全隐患842个，立行整改654个，持续整改122个。加强感染管理培训，推广启东市可复用诊疗器械同质化集中管理模式，为基层提供专业化消毒供应服务，严防医院感染事件发生。规范医疗废物分类收集、运送、暂存，交由有资质单位集中处置。推行以医疗责任保险为主体、医疗风险互助金和医疗意外险为补充风险分担机制，全市一级以上公立医疗机构参保率100%，非公立医疗机构参保率70%以上。全年接待各类投诉190余起280人次，市医患纠纷调处中心调处50起，累计金额544万元；委托省、市和中华医学会进行医疗事故鉴定41起。通大附院、市一院获评全省首批平安示范医院。

【无偿献血】 2017年，南通市加强无偿献血宣传，强化血液质量安全管理，未发生输血感染事故。全年无偿献血82505人次，比上年下降0.55%；采集全血26.6吨，比上年增长0.79%；机采血小板4185人次，比上年增长7.2%；6975治疗单位，比上年增长8.3%；临床供血25.28吨，比上年增长4.0%；机采血小板6952治疗单位，比上年增长7.5%，制备冷沉淀23897.25单位，比上年增长8.9%；成分分离率99.94%，比上年增长0.22%；检测标本8.26万份。其中，市区无偿献血35842人次，采集全血10.47吨，机采血小板3560人次，5915治疗单位，临床供血11.23吨，制备冷沉淀15535.75单位，成分分离率100%，无因血液安全引发医疗事故。12月，南通市中心血站搬迁至观阳路115号，总占地面积1.31万平方米，总建筑面积1.55万平方米，总投资1.05亿元。

（汤蓉蓉）

中医药事业

【中医药服务】 2017年，南通市实施《基层中医药服务能力提升工程“十三五”行动计划实施方案》，全市17个中医馆建设项目通过省级验收。海门市海门街道第二社区卫生服务中心通过江苏省中医药特色社区卫生服务中心建设单位验收。全市95%以上社区卫生服务中心、镇卫生院建成中医馆（或中医药综合服务区）。如东县中医院创成三级乙等中医院，如皋市通过全国基层中医药工作先进单位国家复审。被确定为第六批全国老中医药专家学术经验继承工作指导老师2人、继承工作继承人4人。1人为第四批全国中医临床优秀人才研修项目培养对象，3人为第三批省级培养对象。南通市中医院中医脾胃病学、中医外科通过江苏省中医药重点学科验收。全市申报全国基层名老中医药专家传承工作室建设项目3个，申报江苏省全面提升县级中医医院临床专科服务能力建设项目20个。

【中医药文化弘扬】 2017年，南通市组织“中医中药中国行——中医药健康文化推进行动”，开展第七届“中医药就在你身边”健康巡讲195场次，发放科普资料2.3万余份。推动中医药文化进校园、进课堂，扩大中医药文化传播与推广。全年，南通中医药文化博物馆开馆300余天，累计接待游客近2万人次。8月，南通市在南京举办“良春中医 大师百年——国医大师朱良春学术思想研讨会暨百年诞辰纪念活动”，传承传播南通市中医院首任院长朱良春学术思想。

（杨壹婷）

※医疗卫生单位选介※

南通大学附属医院

【概况】 南通大学附属医院（简称“通大附院”）位于崇川区西寺路20号，由清末状元张謇创建于1911年，是省属综合性教学医院，苏中地区医疗保健中心。1994年获批卫生部首批三级甲等医院，1998年被确定为国际紧急救援中心网络医院。医院占地面积9.1万平方米，建筑面积16.5万平方米。2017年，医院完成总诊疗人次198.3万次，比上年增长9.38%；出院病人10.11万人次，比上年增长14.53%；住院手术44354台，比上年增长10.59%；年平均住院日8.5天，比上年下降0.7天。年内，通大附院获评国家胸痛中心、高级卒中中心、母婴友好医院、中国心衰中心、中国房颤中心、省级基层特色科室孵化中心等，通过教育部本科教学工作审核评估。

【学科建设与人才队伍】 2017年，通大附院临床医学ESI排名在全球前1%基础上前移至1513位，国内排名第41位。年内，通大附院获国家自然科学基金19项、中国博士后科学基金5项，获江苏省科学技术奖二等奖1项、中华预防医学科技奖三等奖1项、江苏医学科奖3项、江苏省卫生计生委医学新技术引进奖18项；发表SCI收录论文120余篇、中华系列论文17篇；新增江苏省医学会专科分会候任主任委员2人，新增省特聘医学专家1人，省“六大人才高峰”类项目资助2人，省“333高层次人才培养工程”培养对象科研资助项目1人，省高层次卫生人才“六个一工程”科研资助项目1人。

【医疗服务质量提升】 2017年，通大附院推进康复医学科、病理科、儿科省级临床重点专科申报及现场评估；推进疑难病人诊治能力提升工程申报，爱婴医院通过复评；胃肠外科手术团队获大中华腹腔镜外科手术全国比赛一等奖，选送主题品管圈活动项目获全国医院品管圈大赛二等奖、江苏省一等奖。对普通外科、妇产科进行三级分科；平均住院日、出院患者、三四级手术率提升，产科剖宫产率下降10%以上。制定《临床诊疗新技术、新项目资助和成果奖励办法》，评出新技术新项目64项，资助27项159万元。扩大临床路径覆盖范围，开展实施临床路径试点专业数31个，试点病种数246个，收治病例数37558例；开展日间手术病种数21个，开展日间手术1423例，日间手术开展率3.28%。

【教学培训】 2017年，通大附院加强国家级住院医师规范化培训基地协同基地同质化建设，对协同基地医院（通州区人民医院、海门市人民医院、启东市人民医院）规范化培训进行交流指导。通过集体备课、青年教师预试讲等方式，加强师资队伍建设，提高临床教师教学能力和水平，推进临床教学改革。年内，医院4名临床医学专业实习生参加全国大学生技能竞赛，获华东赛区二等奖、全国三等奖和1项单项优胜奖，首次参加全国总决赛。

（倪　歌）

南通市第一人民医院

【概况】 南通市第一人民医院暨南通大学第二附属医院（简称“市一院”）位于崇川区孩儿巷北路6号，是市属三级甲等综合医院，为江苏省博士后创新实践基地，国家级住院医师规范化培训基地、临床药师培训基地、急救教育示范基地和心肺复苏教研基地。2017年，开放床位1642张，设病区43个，临床专科33个，医技科室18个，专科门诊55个。有职工1835人，其中高级职称281人。有教授4人，副教授21人，硕士生导师46人；有硕、博士342人，占医师总数60.64%。总诊疗94.5万人次，比上年增长12.8%；出院病人5.79万人次，比上年增长9.7%；手术1.95万台次，比上年增长11.6%；平均住院日9.7天。年内，市一院获评全国巾帼建功先进集体、省纪检监察系统先进集体、省健康促进医院优秀单位、省母婴友好医院等。12月1日，市卫生计生委和上海仁济医院签署合作协议，共建中央创新区南通市第一人民医院新院。

【学（专）科品牌建设】 2017年，市一院聘请33名国内知名医学专家担任高级顾问，指导学（专）科建设。骨科再次被确立为江苏省医学创新团队（共建）。经省级临床重点专科现场测评，产科被认定为省级临床重点专科，儿科、病理科为省级临床重点建设专科。至年底，市一院有省级创新团队1个、省级临床重点专科9个（含2个建设单位）。

【服务优化】 2017年，市一院新增诊疗面积1800平方米，改善儿科、眼科、产前门诊及病理科诊疗环境。建设特色专家、专科、专病门诊，新增美容门诊、泌尿科碎石门诊等。优化自助服务，新增外科诊间报到系统、门急诊药房全自动发药机、手机自助充电设备、自动售货机、门诊楼免费Wi-Fi。开展人文护理，开启居家护理服务新模式，将服务延伸到社区、家庭。建成紧密型医联体，推行医院—社区慢病一体化管理。更新远程会诊一体式视频终端系统，实现专家远程会诊、远程培训和学术交流等功能一体化。

【科研教育与人才培养】 2017年，市一院获国家自然科学基金项目4项，省级课题7项；获中华预防医学会科学技术奖1项；获省医学科技奖2项；省医学新技术奖6项。举办国家级继续医学教育项目6项。拓宽科研院所合作模式，与南通大学签署战略合作协议，成立南通大学第二附属医院临床医学研究中心；与南京医科大学康达学院建立合作关系，选派骨干至中科院上海巴斯德研究所进修并参加项目合作。出台《关于高层次人才引进与管理办法》，19名首批符合条件医学博士获310万元奖励与住房补贴。引进优秀博士2人，与南京医科大学、南通大学联合招收博士后研究生3人、硕士研究生32人，其中1人获中国博士后科学基金二等资助、1人获省博士后日常资助及南通市博士后创新实践大赛二等奖。新增省级专业学会副主任委员2人，累计4人次；首获省创新争先奖1人；新增省青年医学人才11人，累计11人；新增省“333工程”第三层次培养对象9人，累计28人次。全年管理和医疗骨干16批34人次出国（境）交流学习。

（施建红）

南通市妇幼保健院

【概况】 南通市妇幼保健院（南通大学附属妇幼保健院）位于崇川区世纪大道399号，是集医疗、保健、科研、教学于一体三级甲等妇幼保健院。医院总建筑面积5.9万平方米，规划床位1000张，开放床位500张。2017年，在职职工978人，其中专业技术人员864人、高级职称152人。全院诊疗75.4万人次，比上年增长9.44%；出院2.73万人次，比上年下降3.68%；出院病人平均住院日7.48天，比上年上升0.05天。医院获评江苏省巾帼建功先进集体、江苏省母婴友好医院。

【合作交流】 2017年，南通市妇幼保健院选派1人赴美国南加州大学短期研修儿童康复治疗专业，3人赴美国加州圣何塞圣克拉拉山谷医疗中心短期研修新生儿治疗专业。继续与上海复旦大学附属妇产科医院、上海复旦大学附属儿科医院、上海第一妇婴保健院在技术引进、科研教学等领域深度合作。外聘专家到医院门诊60次，接待各类患者1500人次，讲座10次，课题合作3项。邀请上海专家举办上海名医大讲堂2次，组织33名医疗、护理及行政管理人员前往上海进修学习。选派研究生赴南京市妇幼保健院科研基地进行科研进修学习。延续上年“美国无痛分娩中国行”南通妇幼站公益活动，第二阶段“高级产科麻醉1+2+3”国际专家组进驻产房指导。

【学科建设与人才培养】 2017年，南通市妇幼保健院产科、新生儿科、儿童保健科获评第二周期江苏省妇幼保健重点学科。举办继续教育项目10项，其中国家级2项、省级1项、市级7项，培训1500人次。组织市住院医师规范临床技能考核工作78人次。接收医院进修53人次，承担南通大学10个班10个专业课程教学工作，全年派出280人次参加各级各类培训学习。

【信息化建设】 2017年，南通市妇幼保健院在全市首家启动医院信息集成平台及临床数据中心建设，智慧医疗项目在“2017中国南通新一代人工智能技术博览会”参展。便民服务信息化自助挂号率45%，自助缴费率58%。“南通市妇幼保健院”微信公众号作为全国首批、全省首家上线微信在线进行商业保险理赔服务，打通医院、微信、商保环节，实现无纸化、手机端快捷理赔，被腾讯公司评为“微信力量——2017年度优秀微信智慧生活服务”。

【妇幼保健】 2017年，南通市妇幼保健院成立南通市妇幼健康专科联盟，建成妇幼健康规范化门诊62家，其中通过省级示范化门诊验收评估2家。建成县级孕产妇危急重症救治中心6家、县级新生儿危急重症救治中心5家。新增2家省级妇幼健康优质服务示范县（区）。全年围绕孕产妇和新生儿危急重症救治、高危孕产妇管理、出生缺陷综合防治等内容，举办培训班8期，培训2000余人次。全年完成宫颈癌筛查19.3万人次，乳腺癌筛查19.5万例。医院通过省卫生计生委专家评估组考核验收，重大妇幼卫生服务项目获评优秀等次。

（朱　剑　陆　蓉）

社会保险

【概况】2017年，南通市城乡基本养老保险、城乡基本医疗保险、失业保险参保率分别为97.5%、97.75%、97.95%。养老保险社会化发放率保持100%。至年底，全市企业职工养老保险参保人数153.5万人（不含已退休人员），比上年增加3.7万人。全市基本医疗、生育、工伤、失业保险参保人数分别为200.18万人、113.94万人、130.7万人、106.36万人，分别比上年增加12.26万人、3.97万人、1万人、3.06万人。推进社会保险扩面征缴，扩面参保人数2.4万人，征缴基金1.55亿元。扩容升级社保"网上大厅"，覆盖5600余家规模企业和30余万人群，线上业务占总业务量65%以上，开通社保缴费"电子证明"功能，实现网上自助打印并加盖电子印章。

【养老保险】2017年，南通市深化机关事业养老保险改革，完成3480家单位、22万人参保登记任务，实现业务上线运行，省人力资源社会保障厅将如皋市确定为全省机关养老保险参保登记、系统测试试点单位，并在如皋市召开全省现场推进会。调整市区被征地农民社会保障政策，取消农龄折算一次性补缴、将被征地农民纳入企业职工养老保险做法。市人力资源社会保障局、市地税局建立数据交换共享机制，健全欠费信息台账，清理养老保险欠费2602万元。加强社保缴费基数与计税工资数据比对，核查差额较大、明显存在缴费不足单位1000家。城乡居民养老保险人均年缴费水平856元，比上年增加31元；城乡居民养老保险选择500元以上缴费档次参保人数占93%。统筹调整企业退休人员和机关事业单位退休人员基本养老金，全市企业退休人员人均月养老金由2056.52元增加到2204.42元。城乡居民基础养老金连续第六年增调，崇川区、港闸区、南通开发区由每月180元提高至200元；各县（市）、通州区及通州湾示范区由每月115元提高至125元。

【医疗保险】2017年，南通市全面实现省内、市内异地就医联网结算，率先接入全国跨省就医平台，与27个省市实现跨省联网结算，三级医疗机构接入率100%，南通跨省双向住院结算834人次。至年底，累计760.85万人参加大病保险，年内8.97万人享受大病保险待遇，大病保险基金支出4.52亿元。职工、医保政策范围内住院报销比例分别为85.65%和73.05%，分别比上年提高0.65%和0.05%。医疗保险智能稽核系统全市覆盖率100%。加强医疗保险费用管控，门诊、住院费用均保持6%左右，公务员基金、民政救助基金、离休费用等实现负增长，达到历年最好水平。出台支持医联体建设和家庭医生制度实施意见。海安县、海门市、如东县出台城乡居民基本医疗保险实施细则，整合城镇居民医保和新农合制度。

【生育保险】2017年，南通市出台生育保险办法，实现生育保险市级统筹。全市生育保险参保人数113.94万人，比上年增长3.15%，其中市区45.13万人，比上年增长4.08%。全市基金收入3.5亿元，基金支出3.9亿元，当期赤字4067万元，累计结余3.09亿元。

【工伤保险】2017年，南通市印发《关于机关事业单位参加补充工伤保险有关问题的通知》，3月1日起，全市所有机关事业单位工伤保险费率统一调整下降0.19%，用于建立补充工伤保险。在国内首创建筑项目参加工伤保险实名制管理系统，覆盖全市建设项目800余个、建筑业从业人员8万余人。至年底，南通在建和新开工建设项目参保率100%，以项目形式参保建设项目2574个，其中在建项目901个、新开工项目1673个，参保新开工项目数全省第一。参保范围扩大到交通运输、水利行业，实现建设工程领域工伤保险全覆盖。试点推动农村经济合作组织从业人员职业伤害保障工作，参保人数近2600人。为兼顾效率公平、提高企业参保积极性，修订完善《超过法定退休年龄从业人员从业伤害保险实施办法》，全市1.2万人参保，累计承保保额297.69亿元，发放赔偿1120.95万元。全年组织300家企业开展工伤预防参与式培训，培训35283人次，分别为上年4.5倍和6倍。全年完成劳动能力鉴定9489件，再次鉴定申请率0.17%、全省最低。9月20日，人力资源社会保障部在银川市召开全国工伤保险研讨会，南通作"工伤保险预防试点"经验介绍。

【失业保险】 2017年1月1日起，南通市失业保险缴费比例统一从1.5%下降至1%，其中用人单位应缴纳失业保险缴费比例从1%下降至0.5%，个人缴费比例仍为0.5%。全市为3338家企业发放稳岗补贴1.16亿元。根据最低工资和城乡最低生活保障标准调整失业保险金上下线。至年底，全市失业保险金平均标准1148元，比上年增长5.5%。

【基本照护保险】 2017年，南通市在国内率先建立以居家照护、生活照料为主，以机构护理、医疗服务为辅，集“专业上门、义工服务、津贴补助、辅助器具服务”四位一体照护保险模式。照护保险保障范围由重度失能人员扩展至中度失能人员，并适度提高待遇标准，在护理机构、养老院享受照护保险服务的重度失能人员分别按每天50元、每天40元标准享受待遇，中度失能人员按每天10元标准享受待遇。制定《辅助器具服务意见》，试点义工上门服务，开发照护保险APP。建立服务质量考评机制和服务市场退出机制，居家上门服务19万人次，满意度98.8%。至年底，市区5539名失能人员申请长护保险待遇，其中通过评定5230人，年龄跨度从3岁到105岁。通过政府购买服务方式，推动社会资本向新型养老产业转移，建成长青乐龄、北阁、安体等护理院，吸引社会资金6亿余元，同时带动人力资源培训市场繁荣，新设置居家服务公司10余家，从业者2000余人，形成一支专业化、规范化照护服务队伍。照护保险“南通模式”先后8次获中央电视台、新华社等国家媒体专题报道，5次在全国会议上交流，30余家国家部门及外省市到南通考察。

（许　可）

社会福利

【儿童福利】 2017年，南通市完善孤儿供养机制，提高全市孤儿养育标准，其中市、县（市、区）集中供养标准分别提高到每人每月2020元、1968元，散居供养标准分别提高到每人每月1218元、1192元。制定全市“明天计划”孤儿体检方案，127名孤儿参加体检，住院医疗6人，康复医疗1人。加强市、县（市、区）儿童福利服务指导中心建设，围绕养育、医疗、康复、特教、培训等服务内容，为孤儿及部分社会困境儿童开展福利服务。

（包国祥　顾　玉）

【老年人福利】 2017年，南通市完善养老服务体系，拓展服务功能。制定《全市养老机构火灾隐患及冬季独居老人防火工作整改方案》，对112家存在火灾隐患养老机构按照“三个一”（每家整改养老机构制定1套完整整改方案，排出1个周密实施计划，明确1名具体责任人）原则，分类推进整改。出台《南通市养老服务机构安全管理指导意见》《南通市养老机构安全管理规范》，明确养老机构安全管理主体责任和各级民政部门行业安全监管责任。召开全市社区居家养老服务工作现场推进会，出台《南通市城乡社区居家养老服务工作三年行动计划（2017~2019）》，推进社区居家养老服务中心（站）标准化建设。出台《关于加快推进我市养老服务业放管服改革的实施办法》，简化、优化养老机构审批手续等一系列措施，调动社会力量参与养老服务业发展。召开全市农村养老服务工作现场推进会，出台《关于进一步加强全市农村养老服务工作的若干意见》，推进农村养老服务转型升级。全市完成养老机构整改107家，关停取缔39家，整改完成率95.6%。

城镇“三无”老人、农村“特困人员”供养保障　2017年，南通市加强城镇“三无”（无劳动能力、无生活来源、无赡养人和扶养人）老人和农村五保老人等“特困人员”供养保障。全市21441名“特困老人”全部纳入政府供养。其中，集中供养9370人，集中供养率43.7%；分散供养12071人。城镇“三无”老人供养标准每人每年16800~18720元，农村五保供养标准每人每年7728~12480元。全市集中和分散供养对象救助标准以县（市、区）为单位，达到或超过当地上年度城镇居民和农村居民人均可支配收入45%。

老年优待政策　2017年，南通市以县（市、区）为单位，建立为困难、高龄、失能等老年人政府购买养老服务制度，全市累计购买养老服务覆盖23628人，支出购买服务经费2835万元。实施老年人意外伤害保险制度，全市参保103万人。

养老服务　至2017年底，南通市有各类养老机构243家，其中注册民办养老机构140家。各类养老机构床位数48249张，其中护理型床位22364张，占比46.35%。全市养老床位数71101张，数量居全省第二。其中，公办养老机构床位数5467张，农村敬老院床位数22985张，社会力量兴办养老床位数44472张。每千名老人拥有养老床位数35张。全市92家农村敬老院在全部加挂养老服务中心牌子基础上，拓展社会寄养、日间照料、康复护理、精神慰藉、文化娱乐等多种功能，提高床位使用率，逐步将农村敬老院转型升级为区域性养老服务中心。全市73家农村敬老院面向社会老人开放，床位使用率52.75%。推进社区居家养老服务中心（站）标准化建设，全市新增标准化社区居家养老服务站169家，老年人日间照料中心17家，老年人日托助餐点147家。重点发展医养融合服务，完成全市10个护理型养老机构项目建设，新增护理型床位1687张。举办“中德养老护理培训班”，引进国际先进养老护理理念，提升南通养老护理水平。出台《关于加强社区护理站建设与发展的指导意见》，推进优质护理服务延伸至社区和家庭，建成社区老年护理站试点6家。鼓励乡镇卫生院将闲置床位转型为养老护理床位，增设老年护理院。为农村敬老院发放护理型轮椅500张，配置安装空调1000台。全市持证在岗养老护理员3085人，持证上岗率89.92%。

（娄为民）

【残疾人福利】 2017年，南通市享受困难残疾人生活补贴8.42万人，发放金额超4.28亿元；享受重度残疾人护理补贴6.33万人，发放金额0.66亿元。年内，制定实施残疾人“5+N”（就业服务精准化、康复服务规范化、托养服务便利化、文体服务多样化、维权服务法制化和N项各地特色亮点工作）服务品牌创建3年行动计划。

残疾人就业服务　2017年，南通市新增残疾人实名制就业1199人，培训1444人次。开展残疾人职业技能培训56场次、职业教育规划培训8场次，开展用人单位（雇主）培训8场次。组织就业援助月、专场招聘会等活动20余场，组织电商、烘焙、盲人高级按摩等10余个项目培训班。7月28~31日，中国残联在南通市召开“千企万人”残疾人就业创业工作经验交流会。在全省残疾人就业服务能力竞赛中，南通市获团体总分第二名，获个人冠亚军2人，并代表江苏省参加全国残疾人就业服务能力竞赛，获团体总分第三名。在全省残疾人职业技能竞赛中，南通市获团体总分第三名。年内，市残联获评全省残疾人就业工作先进单位。

残疾人体育　2017年，南通市举办特殊教育学校学生阳光体育运动会。承办全国残疾人自行车（场地）锦标赛，1人获C1级女子3000米个人追逐赛金牌。承办省盲人足球队集训任务，在全国盲人足球锦标赛上获第五名。南通市负责训练的运动员在第23届夏季听障奥运会上获2枚金牌，1人获墨西哥世界残奥举重锦标赛80公斤级银牌。南通市在全省第七届特奥会暨残疾人田径锦标赛中获17枚金牌、7枚银牌、3枚铜牌。

残疾人维权服务　2017年，南通市继续实行“阳光信访”，坚持领导信访接待日制度和每月10日律师值班制度，化解信访难题。开展《南通市完善法律援助制度的实施办法》修改报审工作。举办残疾人法律援助月和年度助残法律援助案例评选等活动。南通市入选全国20个残疾人法律服务优秀案例1件，获评江苏省维护残疾人合法权益十大典型案例1件。

残疾人证动态管理　2017年，南通市举办残疾人证管理工作培训班，推进残疾人证年审工作，继续清理假、错、空残疾人证，清理注销残疾人证3092份。更新残疾人基本服务状况和需求信息数据动态情况，组建1900余个调查组更新187909名持证残疾人数据动态情况，入户率98.21%。

残疾人之家建设　2017年，南通市出台进一步加强和规范残疾人之家建设的指导意见。全年建成运行残疾人之家56个，辅助实现就业残疾人1261人、接纳日间照料残疾人1384人。《新华日报》等主流媒体记者专程到南通采访报道残疾人之家建设情况。

14周岁以下残疾儿童康复训练全覆盖　2017年，南通市制定精准康复行动方案，开展康复机构评估认证工作，确认全市23家机构通过等级认证，兑现市区民办儿童康复机构奖补政策。全年训练残疾儿童1378人，是全省唯一实现14周岁以下残疾儿童康复训练全覆盖设区市。

（周爱兵）

11月8~9日，《新华日报》、中国江苏网等主流媒体记者到南通开展残疾人之家专题采访活动。（市残联　供图）

社会救助

【城乡低保】 2017年7月，南通市提高城乡低保标准，市区城市低保标准提高至每月640元，比上年增加20元；海安县、如东县、如皋市、启东市、海门市城市低保标准提高至每月600元，比上年增加10元。市区（不含通州区）农村低保标准提高至每月640元，比上年增加20元；海安县、如皋市、如东县农村低保标准提高至每月550元，比上年增加70元；通州区、启东市、海门市农村低保标准提高至每月600元，比上年增加70元。全市城市低保标准平均每月618元，比上年增加15元；农村低保标准平均每月597元，比上年增加54元。至2017年底，全市4229户6619人享受城市低保，全年发放低保金4014.78万元，人均月补差491.36元，比上年增加38.24元；42942户68960人享受农村低保，全年发放低保金3.18亿元，人均月补差397.6元，比上年增加60.57元。

（吴雪松）

【困难群众大病医疗救助】 2017年，南通市实施医疗救助109.23万人次。其中，资助参加基本医疗保险15.85万人，住院救助32.22万人次，门诊救助61.16万人次。医疗救助资金总支出2.41亿元。其中，参保资金3919.32万元，住院救助资金16798.65万元，门诊救助资金3429.4万元。

【流浪乞讨人员救助】 2017年，南通市开展流浪乞讨人员寻亲服务，全年为403名无身份信息受助人员找到家人，成功率92%。建立公安联络员制度，加强对无身份信息人员身份查询、信息甄别，对滞留和长期安置人员采取DNA数据比对。开展夏日送清凉和寒冬送温暖活动。全市出动救助车辆2748次、人员6449人次，救助3755人次，其中站内救助1772人、站外托养27人、长期安置65人。街面救助1745人；联动救助350次，救助623人次；日巡救助1317次，救助1069人，夜巡救助589次，救助707人；站内临时滞留272人次。发放棉衣、棉鞋、棉被等御寒物品467套，饮用水、方便面等食品1098件。

（包国祥　顾　玉）

【**慈善救助**】2017年，南通市开展首届“南通慈善奖”评选活动，获评最具爱心捐赠单位12家，获评最具爱心慈善楷模2人，获评最具爱心捐赠个人6人，获评最具影响力慈善项目10个。推进基层慈善组织建设，建成基层慈善组织1862个，募集善款3695.68万元，救助支出1949.76万元，结存村（居）级慈善基金1.39亿元。全年慈善系统募集善款1.54亿元，救助支出善款1.2亿元，结存账面资金7.33亿元，救助各类困难群众11.71万人次。其中，市本级募集善款到账2293.98万元，救助支出善款1144.22万元，结存账面资金1.01亿元，救助各类困难群众2.4万人次。

情心助困项目　2017年，南通市慈善总会出资130万元，联合各县（市、区）慈善会开展“慈善情暖江海”春节系列慰问活动，惠及救助困难群众1.75万人次。“中华慈善日”期间，市、区两级慈善会出资70余万元，向市区2678户城镇低保家庭发放慈善“爱心包”，为困难对象提供帮助。

爱心助学项目　2017年，南通市开展“江海阳光”“金秋圆梦”慈善助学活动，资助全市272名高校贫困学子107.2万元。动员和引导社会爱心单位、爱心人士为贫困学子开展“一助多、多助一”（“一助多”指1个爱心人士或者爱心企业资助多名困难学生；“多助一”指多名爱心人士联手资助1名困难学生）助学活动，市五度空间爱心基金、港闸市政、华芬基金、华丰基金、南通周刊、杭开电力、邵敏等单位和个人主动参与，结对帮扶贫困学生84人，占资助总量30%。在南通职业大学、江苏工程职业技术学院、南通科技职业学院等9所大、中专院校投入63万元，建立“高职院校慈善超市”，为1500名贫困家庭在校生免费发放日用品。

仁心助医项目　2017年，南通市、县两级慈善联合行动，救助1037名重大疾病患者655.4万元。对市区低保、低收入家庭尿毒症患者透析医疗费自费部分实行全额救助，资助患者857人次88.46万元。全市救助贫困家庭重大疾病患儿128人次150.31万元。全年承接发放中华慈善总会援助药品18833.14盒，发放药品价值2.2亿元，获益8594人次。“微笑列车”项目全年资助唇腭裂患者免费实施修补手术17例。

暖心助孤项目　2017年，南通市投入41.8万元，对市区385名困境儿童实施帮扶“爱心护蕾”行动。为160名困境儿童提供心理、健康、教育等方面关爱。

爱心助老项目　2017年，南通市对市区120名家庭贫困老科技工作者开展慰问，发放慰问金20万元。继续实施爱心“黄手环”（防失智老年人走失手环）项目，对55名“黄手环”使用对象进行回访。

西部扶贫项目　2017年，南通市对陕西省汉中市镇巴县、略阳县进行对口帮扶，提供帮扶资金20万元。

【**慈善宣传及服务**】2017年，市主流媒体播报慈善动态信息100余篇次，在《江苏慈善》《慈善公益报》等慈善专业报刊发表稿件18篇次。围绕慈善典型、品牌项目、慈善活动等进行微信推送，年点击量1.5万人次。策划“60名困境儿童节日礼物认领”“双11我为慈善买单”“江海阳光·慈善·福彩助学”等微公益活动。坚持志愿服务常态化，全年组织志愿服务活动8次，志愿服务时长740小时。5月17日，南通市慈善总会成立20周年座谈会暨南通“慈善之星”表彰会在中华慈善博物馆举行。

（钱　芳）

【**老区扶贫**】南通老区面积占全市总面积90%以上。2017年，南通市老区开发促进会（简称“市老促会”）募集老区扶贫基金2200万元，争取17个上级扶贫示范项目210万元，资助贫困学生44人，扶持就业人数366人，带动农户2158户。在海门市、如皋市试点开展扶贫志愿者活动。至年底，全市募集老区扶贫基金总规模1.11亿元。

产业扶贫　2017年，市老促会实施产业扶贫项目123个，比上年增长17.14%，其中种植业52个、养殖业30个、加工服务业16个；投入扶贫资金1249.58万元，比上年增长61.85%；项目扶持3982户贫困户8601人，人均增收3420元；带动农民1.1万户2.4万人，人均年增收4000余元。

助学扶贫　2017年，市老促会选送优秀贫困生报考广东国华纪念中学，录取13人，录取数在全省保持领先，其中如东县录取10人，录取数居全省县级市之首。黄桥老区人才培训中心录取农村贫困家庭学生38人，海安双楼职业高级中学被确定为黄桥老区人才培训基地。8月19日，“国华15周年江苏学子成长报告会暨碧桂园沪苏一对一帮扶基金发放仪式”在中华慈善博物馆举行。打造“润苗助梦”助学扶贫品牌，8月28日，举办“润苗助梦”助学项目启动暨港闸分会2017年助学金发放仪式，资助108名贫困生32万元。10月25日，市老促会为黄桥老区人才培训中心158名贫困生发放助学金47.5万元。全年全市组织发放助学资金304.52万元，比上年增长25.61%；资助贫困生1526人，比上年增加26人，其中大学生348人、高中（中专）957人，初中及以下221人。

（胡际春）

优抚安置

【**优抚优待**】2017年，南通市优抚对象人员70783人，其中残疾军人5221人、在乡复员军人5146人、带病退伍回乡军人6375人、烈士遗属1744人、参战人员4402人、年满60周岁农村退役人员43477人、烈士子女3728人、其他优抚人员690人。完善全市重点优抚对象抚恤补助标准自然增长机制，提高各类重点优抚对象补助标准，一级因战伤残金每年74081元、十级因战伤残金每年12538元，参战涉核退役人员每年9752元，带病回乡退伍军人每年9055元。为1095名企业“两参”人员发放专项慰问金每人每年4000元，为全市享受抚恤补助优抚对象每人每月发放水电煤气补贴55元。

9月21日，南通市首期军转干部进高校专项培训在南通大学开班。

（市人力资源社会保障局　供图）

完成540名重点优抚对象短期疗养和1000名优抚对象医疗巡诊。受理残疾军人和带病回乡退伍军人体检鉴定材料310份。全市完成6个慰烈工程新建修缮改造。

（刘志春）

【退役士兵安置】 2017年，南通市发放退役士兵自主就业补助金1.26亿元。对符合政府安排工作条件重点安置对象，实行“积分选岗、阳光安置”，80%以上安置在事业单位和国有企业。规范退役士兵职业教育和技能培训，退役士兵参加各类职业技能培训和学历教育1936人次。发挥退役士兵在加强基层组织、推动基层发展中的作用，选拔聘用到村（社区）优秀退役士兵119人，充实到村（社区）综治、城管等10余个岗位。

（崔建新）

【军转干部安置】 2017年，南通市适应国防和军队改革需要，采取“特殊岗位竞争选拔”“省部属驻通单位双向选择”“共性岗位集中积分选岗”相结合，完成军转干部安置任务，为全省第一批完成非相应安置团职以下军转干部安置任务设区市，96.8%的军转干部被安置在各级党政机关及参公事业单位。首次选拔29名优秀青年军转干部到南通大学开展为期1年进高校专业培训，提高军转干部适应地方、驾驭工作能力。调整全市在岗（失业）和退休企业军转干部解困补助标准，江苏铁军消防服务有限公司获评江苏省自主择业军队转业干部就业创业示范基地。

（许　可）

住房保障

【保障性住宅建设】 2017年，南通市出台《关于公布南通市市区住房保障标准的通知》，提高中等偏下收入家庭申请经济适用房、公租房收入线标准。经济适用房申请条件，从家庭人均月收入1600元提高到2100元；公租房申请条件，从家庭人均月收入2200元提高到2400元。全年市区发放公共租赁住房租赁补贴3910人次570.08万元。市区住房保障申请对象全部获保障，实现当年申请、当年保障、“应保尽保”。全年，市区完成3个、新启动6个城中村（危旧房）改造项目。其中，崇川区新启动城中村（危旧房）改造项目3个（城港小学西侧地块、原百花水果批发市场及周边地块、钟秀派出所新址），港闸区新启动城中村（危旧房）改造项目3个（北市街一弄二弄地块、北市街北菜市场、棉机路北河东路东地块）。完成老小区整治14个，其中综合整治8个、单项整治6个。

棚户区改造　2017年，南通市棚户区改造新开工24256套（户），完成年度目标任务103.2%，其中市区新开工5594套（户），完成目标任务101.7%；棚户区改造基本建成34147套（户），完成目标任务188.7%，其中市区基本

2017年南通市区老小区整治项目完成一览表

表21-1

类型	区域	项目名称	类型	区域	项目名称
综合整治	崇川区	虹桥新村	综合整治	港闸区	华能新村3幢楼
		城南二村	单项整治	南通开发区	富新园
		光明南村			富民新村
		板桥东村			中兴花园
	港闸区	大南新村（一期）			民主新村
		新华园			爱玛花苑
		唐闸教工楼			新开中苑

（单亚东）

建成17388套（户），完成目标任务173.9%。至年底，南通市棚改获政策性贷款391.3亿元，获中央、省各类棚户区改造奖补资金7.1亿元，其中市区2.7亿元，获奖补规模继续居于全省前列。11月24日，全省棚户区改造政策性贷款现场会在南通召开。南通棚户区改造工程获评"江苏省人居环境范例奖"。

房屋征收 2017年，南通市深化房屋依法征收、透明征收，强化行业管理，强化服务民生和服务重大工程。崇川区、港闸区、南通开发区完成轨道交通1号线动迁，完成寺街西南营历史文化街区首批动迁。推进"三城同创"、中央创新区、五山及滨江地区等重点项目动迁扫尾。市区全年完成房屋动迁面积438.17万平方米，民居10539户，非居住房屋552户。

物业管理 2017年，南通市深化物业企业年度信用评价"红黑榜"制度，在网络平台实时记录和公开评价企业信用状况，年终按信用记录分值发布"红黑榜"，取消"黑榜"企业下一年度投标资格。坚持物管小区"421"（每月对物业企业检查4次、通报2次、召开点评会1次）常态检查模式，全年累计检查46批次，涉及159个小区、97家物业服务企业。对市区34家企业进行"双随机"抽查，对检查中发现问题的现场发放整改通知单，并责令限期整改。建立"管行业""管人员"并行双轨制监管体系，将考核向项目经理延伸。

（单亚东）

【住房公积金管理与服务】 *公积金缴存提取* 2017年，南通市住房公积金新增开户单位2697家，比上年增长28.37%；实现新增开户职工14万人，比上年增长7.69%；实现归集102.99亿元，比上年增长11.32%；职工提取住房公积金84.29亿元，比上年增长22.94%，占当年归集额81.84%。至年底，全市有23682家单位、80.2万名职工缴存住房公积金，累计归集住房公积金695.16亿元，归集余额255.78亿元，分别比上年增长17.39%、7.89%。

公积金运营 2017年，南通市实现公积金业务收入9.05亿元，比上年增长11.59%；业务支出5.13亿元，比上年增长4.48%；实现住房公积金增值收益3.92亿元，比上年增长22.5%；向市财政上缴资金1.28亿元，支持市政府住房保障建设。

公积金贷款 2017年，南通市为19830户职工家庭发放个人住房公积金贷款79.06亿元，比上年下降19.52%，其中公转商贷款4383笔19.98亿元，比上年下降15.63%；个贷比率110.5%，贷款逾期率0.41‰，无违规发放贷款情况发生。至年底，全市累计发放公积金贷款24.72万笔596亿元，其中公转商贷款14389户61.39亿元，贷款余额344.93亿元（含公转商54.93亿元）。在全市范围内认房认贷，出台《关于申请住房公积金贷款中住房情况认定的意见》《关于调整南通市住房公积金贷款购买二套住房最低首付款比例的意见》。调整购买二套房公积金贷款首付款比例，调整后，首套房、二套房最低首付比例分别为30%、40%，5年内、5年及以上公积金贷款利率分别为2.75%、3.25%，普通职工最高可贷款额度40万元。

公积金管理 2017年，南通市调整单位公积金缴存基数，办理基数调整68.9万人次，月缴存额增长8281.6万元，实现"控高保低"。下发行政处罚决定1家，责令限期缴存15家，追缴公积金2800.32万元。强化银行清理逾期责任和相关奖惩措施，全年通过诉讼收回逾期贷款26笔250.36万元。推进银行直连系统建设，实现住房公积金提取业务资金实时到账和信息实时查询，全年绑卡人数9.6万人。接入全国异地转移接续平台，职工公积金可通过该平台转移到现工作所在地。全年办理转入1100人、转出496人。加入《沪苏浙三地住房公积金信息·共享多方合作协议》框架，成为沪苏浙三地全面信息共享成员单位，建立公积金中心之间信息共享机制，实现与上海公积金中心缴存信息共享和账户资金线上转移接续。

（吴荣蓉）

2017年南通市住房公积金缴存、贷款情况一览表

表21-2　　单位：亿元、户

项 目	缴存情况			贷款情况（不含公转商）				
	缴存额	缴存总额	缴存余额	发放额	发放总额	发放余额	发放户数	总户数
市 区（不含通州区）	47.04	329.75	112.25	21.68	258.48	131.19	5083	119833
海安县	7.95	53.08	20.85	5.40	39.81	21.50	1818	20114
如皋市	10.39	66.85	27.73	9.45	53.48	32.35	2710	22042
如东县	8.03	49.91	21.05	4.19	38.92	19.58	1211	17092
通州区	10.12	67.17	25.19	8.80	48.82	28.03	2234	17970
海门市	10.15	66.18	24.49	4.61	48.52	25.91	1190	18366
启东市	9.31	62.22	24.22	4.97	43.71	24.08	1202	17265
合 计	102.99	695.16	255.78	59.10	531.74	282.64	15448	232682

（吴荣蓉）

公共安全

责任编辑　浦文学

防灾减灾

【灾害性天气】 2017年，南通市主要灾害性天气有寒潮、暴雨、强对流（强雷电、雷暴大风）、高温、台风、雾和霾等。

全年出现区域性寒潮天气过程2次，与常年持平。

全年暴雨日为11天，出现区域性暴雨过程4次，其中达到区域性大暴雨过程2次，市区暴雨日5天，多于常年（常年平均3.4天），比上年少1天。

全年出现区域性强对流过程21次，其中伴有雷暴大风15次。8月7日，海门国家观测站瞬时极大风速每秒24.8米（十级），突破建站以来历史纪录（九级，2005年8月7日）。

全年出现高温日22天（启东）至27天（市区、海门）。市区高温日比常年明显偏多（常年平均7.2天）。7月11~28日，全市出现持续35℃以上高温天气。连续高温日14天（如东、启东）~18天（南通）。

全年有6次台风影响南通市，分别为1709号台风“纳沙”、1710号台风“海棠”、1718号台风“泰利”、1720号台风“卡努”、1721号台风“兰恩”、1722号台风“苏拉”，均未造成强降水过程，最大风力陆上为7级，沿海地区为8级。

6月22日，南通市入梅，较常年略晚（常年6月20日）；7月11日出梅，较常年略早（常年7月13日）；梅期长19天，较常年偏短（常年24天）。梅雨期系统性降水少，以局部地区雷阵雨天气为主，梅雨量比常年明显偏少，且空间分布不均匀。

全年能见度小于1000米雾日11天（通州）~36天（如东），其中市区20天。1月1~4日，南通市连续出现区域性浓雾或强浓雾天气，雾情严重时能见度不足50米。

全年重度霾较常年明显减少，仅出现1次典型重度霾过程。12月31日，受北方污染物输送影响，加上本地污染扩散条件差，南通市出现重度霾，能见度一度下降至1000米左右。

（武思维）

表22-1

2017年南通地区梅雨量与常年梅雨量对照表

（单位：毫米、%）

站点	南通	海安	如皋	如东	通州	海门	启东
2017年梅雨量	20.9	101.7	106.8	89.2	34.5	121.6	39.7
常年梅雨量	249.2	203.9	214.5	227.8	243.1	234.1	224.5
2017年梅雨量距平百分率	-92	-50	-50	-61	-86	-48	-82

（武思维）

【自然灾害】 2017年，南通市自然灾害相对平稳、灾害影响总体偏小。全年累计发生各类自然灾害108次，总数接近常年。启动重大气象灾害应急响应4次，其中Ⅳ级2次、Ⅲ级2次，主要灾害类型有风暴潮（1次）、寒潮（2次）、区域性暴雨（4次）、强对流（21次）、连续高温（18天次）、大风（9次）、台风（6次）、雾（20天次）、地震（6次）等。

（陆　新）

【防灾减灾活动】 2017年5月12日是全国第九个防灾减灾日，南通市开展形式多样宣传教育和示范演练活动。在港闸区唐闸镇街道新园社区和南通开发区新开街道通盛社区举行市级防灾减灾综合示范演练，市民政局、民防局、地震局、市红十字会、南通消防支队等部门参与活动。演练以地震应急处置为主线，辅助于应急避震、紧急疏散、自救互救、医疗救护、消防灭火及防化、高空救援等内容。通州区金霞社区、崇川区鲍家桥社区、港闸区新园社区、海安县复兴社区、海安县谭港村、如皋市孔庙社区、启东市香榭水岸社区获评民政部、国家减灾委全国综合减灾示范社区。

（吴雪松）

【赈灾救济】 2017年，南通市先后遭受风雹、洪涝灾害袭击7次，因自然灾害累计受灾人口2125人次，因灾受伤4人，紧急转移安置人口284人次，

7月13日，2017全国渔业水上突发事件应急演练在如东县举行。

（省渔指　供图）

农房倒塌50间，农房严重损坏92间，一般损坏农房364间。直接经济损失402.1万元，均为家庭财产直接经济损失。省下拨县（市、区）自然灾害临时生活困难补助资金17万元。

（陆　新　吴雪松）

【防汛应急减灾】 2017年，南通市重点实施2017年省级防汛项目，整改长江防总检查发现的12处险工险患，并加强监测。投资1000万元升级改造市防汛指挥系统，全市防汛视频会商系统实现全覆盖。市、县两级储备防汛编织袋139.44万只，块石3.6万吨，土工布22.88万平方米，木材335立方米，钢管46吨。全市累计撤离各类船只1839艘。市防汛防旱指挥部办公室获评全省防汛防旱先进集体。

（王春燕）

【海洋预报减灾】 2017年，南通市继续推进南通海洋预报减灾示范区建设，完善观测站点，新增海门和蛎蚜山2个观测浮标，观测站点增加到16个。“南通海洋预服”手机APP上线，丰富预警报产品和发布形式，为社会公众展示南通海洋预报减灾示范区的海洋预报成果。

【全国渔业水上突发事件应急演练】 7月13日，农业部、交通运输部、江苏省人民政府在如东县洋口港阳光岛联合举行“2017全国渔业水上突发事件应急演练”。演练运用现代高科技手段，实行海、陆、空协作联动，共调集海上渔政、海监、海巡、海警、渔船、商船等20余艘，以及空中直升机、陆上救护车等。中央电视台、中国政府网、农业部官网、新浪网等媒体对演练进行报道。

（施百灵）

农业安全

【农业病虫草害防治】 2017年，南通市农作物病虫草害发生面积3287万亩次，防治面积5289万亩次。其中，小麦病虫草害防治面积1090万亩次，挽回损失2.58亿千克；油菜病虫草害防治面积76万亩次，挽回损失2500万千克；水稻病虫草害防治面积2653万亩次，挽回损失6.18亿千克；蔬菜病虫草害防治面积381万亩次，挽回损失3.52亿千克。全市重大病虫害专业化统防统治覆盖率67.9%。推进病虫害绿色防控，新建蔬菜、粮食绿色防控示范区17个，示范区核心示范面积3.19万亩。全市设置有害生物阻截带监测点15个，实现疫情监测点建设县级全覆盖，重点监测苹果蠹蛾、小麦一号病、黄瓜绿斑驳花叶病毒等检疫性有害生物。加拿大一枝黄花折实发生面积1.04万亩，全年累计防除面积2.59万亩次。全市发布《病虫情报》177期，发布电视预报88期。

（程枫叶）

【动物疫病防控】 2017年，南通市开展重大动物疫病防疫行动，生猪口蹄疫免疫1612.01万头次，猪瘟防疫1588.94万头次，高致病性猪蓝耳病761.48万头次，家禽禽流感免疫17270.57万羽次，鸡新城疫防疫17592.04万羽次，羊小反刍兽疫145.65万只次，重大动物疫病免疫密度100%。产地检疫生猪466万头、禽16964万羽，生猪屠宰检疫217万头，检出不合格生猪637头，家禽屠宰检疫3588万羽，未检出不合格家禽。养殖屠宰环节“瘦肉精”检测样品15.4万个，其中养殖环节检查样品4.3万个、屠宰环节检查样品11.1万个，养殖环节病死猪无害化处理79.37万头。

（查　勇）

食品药品安全

【概况】 2017年，南通市食品药品监督管理局（简称“市食药监局”）加强食品药品安全过程监管，打造“食安南通”“用南通药放心”品牌，食品药品安全形势持续稳定向好。全市未发生较大以上级别食品安全事故和药品、医疗器械安全事件。全年收到县级报送和主动监测到相关食品安全突发事件7起，其中舆情事件1起，比上年下降63%。全市各级监管部门抽检食品42472批次，合格率98%，抽检率每千人5.82批次。其中，市食药监局完成市区食品安全动态监测3300份，合格率98.2%；完成食品监督抽检3150份，合格率97.6%。完成药品监督抽验1200批次，合格率93.7%。抽检化妆品111批次，合格率100%。上报药品不良反应报告9001份、医疗器械不良事件4899份、化妆品不良反应报告416份。完善食品生产许可工作机制，资料审查131家，现场核查464家，审核发放食品生产许可证书425张。市食药监局获评G20杭州峰会食品药品安全保障工作先进集体。

【食品安全示范城市创建】2017年，南通市食品安全示范城市创建工作列入市委常委会工作要点和市政府重点工作，市委常委会、市政府常务会先后6次听取、研究重点难点工作，市人大、市政协组织代表、委员开展专题视察、评议监督，推进创建工作。食品安全纳入各县（市、区）“四个全面”综合绩效考核。全年梳理交办创建重点问题116项，制定整改措施203条。全市96个食品药品监管分局硬件设施和装备均达到创建标准，快检设备配备率、快检工作开展率100%。市级财政下达食品安全经费6637万元，比上年增长38%。在食品安全群众满意度调查中，群众对食品安全总体状况满意度79.6%，比上年提高1.8%；对食品安全监管工作满意度81.8%；食品安全示范城市创建工作知晓率79.1%、支持率97.6%。通州区创成首批省级食品安全示范区；港闸区通过省级创建复评。

【食品安全全过程监管】食品生产环节监管 2017年，市食药监局完成全市食品生产企业风险分级1150家，出动执法检查人员5102人次，检查食品生产企业1122家、2299次，发现违规问题791个，移交稽查立案查处38起。67家食品生产企业完成追溯体系建设，比上年增长34%，新增数和追溯企业总数列全省第二位。召开食品小作坊登记管理现场推进会，发放食品小作坊登记证401张，列全省第三位，食品小作坊登记率44.75%。276家食品小作坊建立食品安全信息公示栏。关停、取缔无证食品小作坊156家。

食品流通环节监管 2017年，南通市创新实施“四联创”（放心肉菜示范超市、放心肉菜示范基地、放心肉菜示范市场、放心肉菜示范经营户）工程。申报参评国家级“放心肉菜示范超市”3家；培育创建市级“放心肉菜示范基地”9个、市级“放心肉菜示范超市”9家、市级“放心肉菜示范市场”9个、市级“放心肉菜示范经营户”36户。创建单位客流量比上年增长8.1%，肉菜销售比上年增长11%。建成市区农贸市场食用农产品快检室48个，农贸市场快检每天不少于30批次，南通农产品物流中心快检每天600余批次。全年快检43万余批次，其中疑似阳性1580批次，下架处置11.06吨，检测结果公示率100%，全市食用农产品监督抽检合格率97.8%。

餐饮消费环节监管 2017年，南通市实施中小餐饮食品安全规范提升工程，出台《关于实施全市中小餐饮食品安全规范提升工程的意见》。实施学校食品安全提升工程，投入资金2716万元，标准化改造升级学校食堂244家，占比21.9%。实施“明厨亮灶”工程，在学校食堂粗加工区、切配区、洗消区、备餐间、烹调间等关键部位安装高清摄像头，对食堂餐饮加工与服务实时监控和联网监管。全市学校食堂实施“五常、六T”（“五常”：常分类、常整理、常清洁、常检查、常自律。“六T”：天天处理、天天整合、天天清扫、天天规范、天天检查、天天改进）等管理模式385家，占比34.6%，比上年增长77.4%。开展学校食品安全专项检查，出动餐饮服务食品安全监管人员2885人次，对1114家学校食堂、155家校内食品销售单位食品安全开展全面检查，培训2501人次，抽样77批次，责令整改182家，排查消除风险隐患290个。调研全市养（托）老机构食堂、建筑工地食堂、旅游景区餐饮单位、农村集体聚餐管理等基本情况，建立综合治理长效机制，落实食品安全主体责任、行业主管责任与监督管理责任。

【药品安全全过程监管】药品生产环节监管 2017年，南通市实施新版《药品生产质量管理规范》（GMP），通过GMP首次认证药品生产企业2家；通过GMP复认证药品生产企业9家。实施药品生产分类监管，开展药品生产日常监管检查200余次，其中“飞行检查”（事先不通知被检查单位实施现场检查）103次。对精华制药集团股份有限公司等14家全部基药生产企业开展基本药物监督检查2次。对全市16家医疗机构制剂室监督检查64家次，覆盖率100%。

药品流通环节监管 2017年，南通市药品批发企业日常监管率、药品零售连锁企业日常监管率均达100%。强化互联网药品信息服务及交易服务企业监督管理，打击网络违法发布药品信息、非法销售药品行为，监督检查率100%。开展城乡接合部和农村地区药店、诊所药品质量安全集中整治行动，累计出动执法检查人员4864人次，检查零售药店和诊所2432家次，检查覆盖率100%。开展疫苗流通和使用管理专项监督检查，全市疫苗配送企业和各级疾病预防控制机构检查覆盖率100%，接种单位检查覆盖率63.4%。强化“药品经营企业约谈制度”，约谈质量管理薄弱药品批发连锁企业3家。开展药品经营企业信用等级评定和药品零售企业信用记分，所有药品零售企业（含连锁门店）信用等级评定情况向社会公布，并在药店店堂醒目位置公示。

医疗器械监管环节监管 2017年，南通市出动医疗器械检查人员7651人次，对86家医疗器械生产企业、1980家医疗器械经营企业、202家医疗器械使用单位开展日常监督检查。出动检查人员1368人次开展无菌和植入性医疗器械监督检查，检查无菌和植入医疗器械生产企业5家、经营企业217家，责令整改20家。对所有高风险三类器械生产企业开展“飞行检查”，发现7家企业缺陷76项。

保健食品、化妆品监管 2017年，南通市开展保健食品欺诈和虚假宣传专项整治，探索保健食品会议营销监管，摸排保健食品会销企业108家，对会销企业合法性进行检查，抽检会销产品43批次，均未检出非法添加。发放保健食品经营企业诚信守法宣传展板200份，提倡规范经营、守法经营、诚信经营。开展非特化妆品备案审核和现场检查，审核备案化妆品845个次，对53家生产企业和委托企业备案产品开展现场检查，现场检查率95%。对检查中发现宣称用语不规范等违规行为予以现场检查不通过，督促企业整改到位后再行备案。

【食品药品安全专项整治】2017年，南通市开展农村食品安全“扫雷”行动“回头看”、婴幼儿配方乳粉标签标识、桶装纯净水、学校食品安全、中药饮片生产领域和中药提取物、城乡接合部和农村地区药店、诊所药品质量

4月，市食药监系统开展居民用药安全宣传。（市政府新闻办 供图）

安全集中整治。全年查办食药类行政处罚案件2222件，比上年增长27.6%。受理办结各类食品药品投诉举报1968件。建立市食药监局与公安、检察院、法院“四方联席会议”制度，定期召开工作例会。侦办各类破坏食品药品安全刑事案件203件，比上年增长79.6%；抓获犯罪嫌疑人355人，比上年增长30%；公诉279人，比上年增长125%。公安部挂牌督办案件5件，省公安厅挂牌督办案件13件。

【生物医药和食品产业发展】 2017年，南通市将生物医药和食品产业纳入全市重点新兴产业行列，制定2017年生物医药和食品产业发展推进工作方案，完成生物医药和食品产业专题调研报告，成立南通市生物医药产业联盟，组织开展企业家面对面交流活动2次。启动启东市生命健康科技城建设。对20家重点扶持企业实施全过程、“保姆式”服务，全年帮助重点企业解决难题120余件。推动审批制度改革，市食药监局承担20个服务审批事项全面实施“不见面审批”；执业药师注册、化妆品生产企业许可证办理承诺时限分别由原来20天、60天压缩到5天、30天；执业药师注册审批事项实现全程网上办理，全省唯一。全年全市生物医药和食品产业累计规模以上产值1108.3亿元，比上年增长13.1%。

【食品药品行业诚信体系建设】 2017年，南通市推进药品行业诚信体系建设，开展信用记分和等级分类管理。制订《南通市食品药品行业诚信体系建设实施方案》，落实企业主体责任。举办首届“南通好药店”公众网络评选，评出“南通好药店”30家，打造“诚信药业”品牌。开展“食安南通”文艺创作大赛和文艺演出进社区、进学校活动，全市巡演30余场、观众2万余人、参与微信互动10万余人。开展“江海风 食药情”书画展和“你点我检”“我为食品安全献一计”活动，调动社会各方参与积极性。加大日常监管、监督抽检、案件查办公开力度，回应群众关注的食品药品热点问题。通过网站、微信公众号、新闻发布会等渠道发布年度食品药品安全白皮书，公开抽检信息公告39期，处置不合格公告25次，公开各类信息、文件1100余条。

（王军燕）

公共卫生安全

【公共卫生事件】 2017年，南通市接报突发公共卫生事件30起（均为Ⅳ级）、比上年增长75.5%，发病868例、比上年增长138.4%，无死亡病例。其中，水痘暴发疫情18起、流感暴发疫情8起、布鲁氏菌疫情2起、诺如病毒感染性腹泻暴发疫情1起、输入性寨卡病毒疫情1起。全市接报突发公共卫生事件相关信息（未分级）流感疫情2起。

（陆 新 李 勇）

【公共卫生监测】 传染病监测 2017年，南通市321家传染病诊疗机构运行正常，报告法定传染病报告卡2.26万张，法定传染病报告质量综合率99.99%。在全市医疗机构推行HIS系统（医院管理信息系统）传染病监测报告，实现“传染病报告提示”功能医疗机构205家、实现“传报卡自动填报”功能176家、实现“传染病相关信息查询”功能185家、具备传染病报告管理功能175家，完成率57%。市疾控中心检测流感哨点监测样品1648份，检出核酸阳性标本270份，分离鉴定标本270份；采集并检测禽流感外环境标本431份，检出阳性标本96份；检测10起流感暴发疫情监测样品129份，检出核酸阳性标本78份。南通市3家国家级流感哨点监测医院报告住院肺炎5398例，送检住院肺炎病例标本122份，检出流感病毒核酸阳性标本31份。全市报告腹泻病例3.24万例，开展疫情检索5378例，检测各类外环境标本265份，其中水体44份、水产品182份、食品39份，结果均为阴性，未有霍乱病例报告。南通市各疾病监测点收集伤寒菌株4株、副伤寒菌株3株、痢疾菌株10株、流感病毒毒株33株，完成戊肝、人感染猪链球菌病、感染性腹泻等监测。

食品安全风险监测 2017年，南通市实现食品安全风险监测所辖县（市、区）全覆盖，现场采样均运用IPAD定位及信息录入。完成食品安全风险采样监测707份。其中，寄生虫、食源性致病菌监测303份，阳性结果25份（检出异尖线虫、溶藻弧菌、沙门氏菌、副溶血性弧菌）；化学性污染物和有害因素监测404份，其中常规监测采样245份、专项监测159份，检测项目涉及重金属、毒素（真菌、交链孢霉、贝类）、农药残留（杀虫剂、杀菌剂）、有机污染物（多环芳烃、双酚A、双酚S）等，以及肉制品中兴奋剂、含硒食品中硒含量、冬笋中二氧化硫、黄酒及米酒中防腐剂监测，在1份茼蒿中检出杀虫剂甲拌磷亚砜超标、冬笋中二氧化硫检出率52%、黄酒中防腐剂检出率18.9%。食品放射性污染风险监测采集13类（本地种植蔬菜、本地产生鲜乳、本地产家畜肉、本地产家禽肉、本港海产品、市售奶粉、市售装有脱氧剂/干燥剂包装类干果、脱氧剂/干燥剂、本地主要饮用水、水源水、气溶胶、沉降灰、环境地表）73份样品、日本产食品6份样品，检测结果无异常，符合《核或辐射应急准备与响应通用准则》（GBZ/T271-2016）标准。以县（市、区）为单位，食源性疾病监测覆盖率100%，18家食源性疾病主动监测哨点医院完成病例报告2377例（省下达任务数1320例），标本采集414例（省下达任务数360例），其中阳性病例22例。

饮用水监测　2017年，南通市开展饮用水常规监测，每月检测管网末梢水（常规项目8项）2次，每次检测监测点14个、水样168份，累计检测1344项次，合格率100%。检测二次供水水样370份，合格率99.19%。开展城市生活饮用水卫生监测项目，完成50个监测点、206份水样检测，合格率100%。监测点涵盖崇川区、港闸区、南通开发区、苏通科技产业园区、通州湾示范区市政供水，水样类型包括出厂水、末梢水和二次供水。海安县、如皋市、如东县、海门市、启东市、通州区累计完成农村水样监测577份，合格率99.83%。形成《南通市生活饮用水监测分析报告》。

空气质量检测　2017年，南通市继续开展空气污染（雾霾）对人群健康影响监测，市疾控中心对上年监测数据汇总分析，形成《南通市2016年空气污染对人群健康监测工作技术报告》：南通市人群总死亡数、呼吸系统疾病死亡数和循环系统疾病死亡数在PM10、PM2.5、二氧化氮浓度超标日内均显著大于达标日；随着PM10、PM2.5、二氧化氮浓度升高，总死亡数、呼吸系统疾病死亡数和循环系统疾病死亡数均呈上升趋势；市一院、港闸区永兴社区卫生服务中心呼吸系统疾病门诊量与PM2.5、PM10日均浓度呈正相关。对新从事和核验许可证的213家公共场所服务单位室内空气质量等监测，合格率100%。

学生因病缺课监测　2017年，南通市547所学校开展因病缺课监测，监测学生61.15万人。因病缺课主要疾病为一般感冒，占缺课总人次66.34%，其次为胃肠道疾病、水痘、气管炎和肺炎、意外伤害，水痘有增加趋势。开展学生重点常见病及健康危险因素监测试点，在崇川区、启东市、海安县选择17所学校，完成重点常见病监测学生3347人、健康危险因素网络问卷调查学生2590人、教室环境卫生监测102间。

辐射防护监测　2017年，南通市完成5家哨点医院33台放射诊断设备监测，常规监测医用放射工作单位57家，监测医用放射场所182处，放射设备质控监测104台，出具放射诊断项目职业病危害放射防护评价报告书24份，完成65家放射单位2060名放射工作人员个人剂量监测8704人次。

鼠、蚊、蝇和蟑螂密度监测　2017年，南通市规范开展鼠、蚊、蝇和蟑螂密度监测，3～10月，每月开展蚊媒密度监测2次，每月开展蝇密度监测1次，全年开展鼠、蟑螂监测6次，监测结果显示，南通市“四害”密度符合国家卫生城市相关标准。开展登革热媒介伊蚊监测，选择崇川区虹桥、城东2个街道和通州区金沙街道2个自然村作为监测点，在蚊虫发生高峰季节（5～10月），每月开展1次，6次监测结果显示布雷图指数（评价一个地区伊蚊密度指标，指数在5以下属于安全范围，如果高于20，则一旦有外部病例输入，就可能造成该地区登革热的流行）均小于5。8月，在启东市北新、吕四港、惠萍3个镇，于晚间6～8时在牲畜棚（猪圈或牛棚等）、农村自然村等环境捕捉库蚊及时装入无菌冻存管（共3管，每管100只），记录编号后送至省疾控中心进行乙脑病毒核酸检测，结果均为阴性。

消毒质量监测　2017年，南通市对172家医疗机构消毒质量采样监测5493份，合格率98.9%。受医疗机构委托检测压力灭菌器37台，对8家卫生用品生产企业生产环境进行现场监测，检测卫生用品67份，结果均合格。完成市区10家不同类型（优质、标准、一般）幼儿园消毒质量监测，采样293份，合格率90.1%。

（李　勇）

互联网信息安全

【概况】2017年，南通市党政机关互联网网络运行总体平稳，安全状况整体评价良，未发生一般及以上网络与信息安全事件。通过南通市政务网络与信息安全综合管理平台，监测全市重要信息系统和网站网络安全情况，开展月度信息安全事件通报、网络与信息安全情况季度分析。全年累计月度通报14次，开展季度分析4次，通报网络安全事件224起，比上年减少86%，通报党政机关、事业单位55家，比上年减少67%。督促相关单位整改，整改及时率91%，比上年提升7%。全市党政机关互联网总体风险平均值12.75分，比上年提升2分。举办全市经信系统网络安全工作座谈会2次；

市工商局加强网络交易常态化监管。　（市工商局　供图）

开展工业控制系统网络与信息安全培训1期，参加人员115人次；开展工业领域工控系统网络安全情况调查，推动全市208家工业企业建立网络信息安全管理体系；部署开展重点企业网络安全试点示范培育，提升工业领域网络安全意识、管理水平和技术防范能力。下发《关于加强我市智慧城市网络安全管理工作的意见》，促进智慧城市健康可持续发展。

（顾　炜）

【网络舆情信息安全管理】 2017年，南通市下发《关于贯彻落实〈党委（党组）网络意识形态工作责任制实施细则〉的通知》，明确全市各级党委（党组）领导班子和领导干部意识形态工作责任。制作发布相关微博、微信100余篇，微博总阅读量2700万人次，微信内容总转发量超400万人次。15篇网评文章获中央网信办全国推送、178篇网评文章获全省推送，数量居全省设区市前列。开展重点互联网企业"隐患清零"专项检查，督促互联网数据中心（IDC）、云平台和网站加强用户实名管理，建立违法有害信息快速处置和黑客攻击线索通报机制，全省率先实现IDC对违法网站、域名"一键关停"能力。全年召开信息安全等级保护业务培训等专门会议5次，开展全市重要信息系统安全大检查3次，发现中、高危安全隐患37处，下发整改通知书26份；全市备案二级以上信息系统605个，其中三级信息系统76个；新增备案二级以上信息系统82个，其中三级信息系统15个。

（高　尘　陈　峰）

【网络违法犯罪打击】 2017年，南通市公安局网络安全保卫支队（简称"市公安局网安支队"）升级网侦手段建设应用，推动打击网络犯罪能力实现新提升。全年破获各类涉网违法犯罪案件453件（其中公安部督办案件7件），抓获犯罪嫌疑人792人。牵头侦破特大仿冒国家机关网站制售假证案，获公安部发电祝贺、中央电视台《新闻联播》等媒体集中报道。

【网络舆论环境净化】 2017年，市公安局网安支队构建市、县两级联动、本地网络全覆盖巡查执法格局，完善网上公开发声、教育警示制度，加大对造谣传谣、挑头滋事等网上乱象整治力度。"南通网警"累计公开执法756次，依法教育警示网民152人次；受理网民举报、求助685件，根据网民提供线索破获各类案件69件。8月，公安部在南通召开全国网警巡查执法工作现场推进会，推广"南通网警"相关工作经验；人民网、法制网等媒体相继报道"南通网警"工作成效。

（陈　峰）

社会治安

【概况】 2017年，南通市重大刑事犯罪发案总量略升，全市累计发生重大刑案（杀人、强奸、抢劫、伤害、贩毒、放火、投毒、爆炸）440件，破案率97.3%。一般刑事案件和八类重大刑事案件破案率继续保持全省领先，涉及民生各类侵财性案件大幅下降。经济与食药环领域犯罪案件增幅较大，全市报立经济犯罪刑事案件716件，比上年增长20%，涉案总金额17.6亿元；立案侦办食药环刑事案件553件。

（陆　新）

【公共安全维护】 （参见《政治·中共南通市委·政法》）

【治安防控】 2017年，南通市深入推进社会治安防控体系升级版建设，构建完善覆盖城乡、打防一体、动静结合"大防控"格局。全市建立警务服务站12个、应急响应点43个，由巡特警值守；市区和县城镇以28个商贸繁华路段、12个车站、19个路边夜市以及机场、人员密集等部位为重点，每天投入民警1496人、巡逻车322辆、枪支151支，提升社会面控制力。推进公共安全视频监控建设联网应用"雪亮工程"和"升级版"技防城建设。建成投用人脸识别门禁系统智能安防小区20个，在全省率先全部通过县级"技防城"验收。建立健全社会保安联勤联防机制，发动保安员6955人，组建保安巡逻防控队伍286支，形成崇川区中央商务区、南通开发区星湖101街区、海门市叠石桥家纺城等联勤联防亮点品牌。

（陈　峰　彭红宇）

安全生产

【概况】 2017年，南通市严格落实安全生产责任体系，健全安全风险管控和隐患排查治理双预防机制，深化社会共治体系，安全生产形势继续保持平稳可控。全市发生各类生产安全事故426起、死亡329人，比上年分别下降0.7%、1.2%。其中，工商贸事故150起、死亡154人，比上年分别下降0.66%、0.65%；道路运输事故275起、死亡175人，比上年分别下降0.72%、1.13%；道路交通较大事故1起、死亡3人，比上年分别下降50%、57%。重点时段、重要活动、重大节日期间未发生有影响生产安全事故。南通市被安全监管总局列为全国工贸行业企业安全生产标准化建设样板地区；"二道门"（化工企业厂区范围内用于隔离生产区域和办公、生活等非生产区域设施）被编入2017年全国安全生产月典型经验系列宣教片，并在全省推广；省政府召开现场会全省推广"落实企业主体责任南通经验"；编制的安全生产自由裁量标准上升为省级标准。

【安全生产责任制】 党政同责形成共识　2017年，具有南通特色"党政同责、一岗双责、齐抓共管、失责追责"安全生产责任体系初步形成。市委常委会议3次、市政府常务会议8次听取汇报、研究部署安全生产工作。市委常委实行分块包干，重点督查联系板块安全生产。新一届政府组成后，第一次常务会议专题研究安全生产工作，明确市长、副市长安全生产职责。市纪委，市委、市政府督查室组织督查安全生产6次。市委组织部将安全生产列入年度机关事业单位市管领导班子和领导干部考核内容。

属地部门同频共振　2017年，南通市行业安全生产监督管理职责部门强化监管执法，查处违法违规行为3.42万起；行业领域主管部门从行业规划、产业政策、法规标准、行政许可等方面加强行业安全生产管理；其他部门在职责范围内为安全生产工作提供保障，形成安全生产监管合力。

主体责任提升 2017年，南通市建立“责任清单、三级复核、典型示范、考核问责”四项机制，构建“政府主导、部门联动、行业自律、企业自治”管理体系，激发企业安全生产内生动力；开展责任落实网络化、现场管理规范化、隐患排查治理常态化、安全生产投入制度化、宣传教育培训标准化、应急救援实体化“六化活动”，全面落实企业全员安全生产责任制。至年底，全市递交落实主体责任承诺书企业3.27万家、完成安全生产基本情况登记建档企业3.24万家、开展自查自改企业（单位）3.25万家，累计命名市级示范企业223家、县级示范企业1630家、镇级落实安全生产主体责任示范企业3118家。

【安全生产基层基础建设】 *安全生产标准化建设* 2017年，南通市建立“达标—升级—再达标”“按比例淘汰”安全生产标准化动态管理机制，推动企业提档升级；开展安全生产标准化运行质量审计，提升企业达标贯标质量。至年底，全市达标工贸企业数1.33万家，其中一级标准化企业10家、二级标准化企业190家、三级标准化企业4585家、小微企业8485家。开展三级标准化企业运行质量审计165家、取消存在安全标准化运行缺陷三级标准化证书企业21家，推荐升级标准化运行质量高的企业15家。

基层安监机构能力建设 2017年，南通市抓好基层安全监管机构规范化建设，配齐配强安全监管人员，稳定镇（街道、园区）安全监管队伍；完善各类开发区、工业园区、风景区等功能区安全监管体制，确保安全监管有机构、有人员编制、有经费保障。至年底，全市88个镇（街道、园区）、14个省级以上开发区均独立设置安全监管机构。基层安全监管人员732人，其中行政编230人、事业编403人；67个镇（街道、园区）配备监管执法车辆76台。

危险化学品安全综合治理 2017年，南通市印发《南通市危险化学品安全综合治理实施方案》，提出10个方面50项具体任务。开展危险化学品安全风险全面摸排，涉及危化品企业（单位）7258家；开展化工（危险化学品）企业一级、二级重大危险源专家会诊检查，完成一级、二级重大危险源专家会诊企业15家，排查隐患207个；全面实施人口密集区危险化学品生产企业搬迁工程，至年底，全市关停化工企业138家。开展化工企业特殊作业、危险化学品重点部位和重点环节风险防控专项整治，复核检查企业504家、责令停产停业12家、依法关闭2家、行政处罚17家、罚款31.7万元。开展危险化学品装卸作业专项整治，复查企业206家、责令停产停业3家、行政处罚11家、罚款25万元。推进动火作业第三方技术服务，全市通过聘请第三方或结对共建等方式签订作业第三方技术服务协议危险化学品生产、经营单位304家。

【安全生产风险防控】 *区域性安全风险防控* 2017年，南通市建立事故多发镇（街道、园区）重点监管机制，全市13个事故多发镇（街道、园区）作为2017年安全生产工作重点监管对象，开展安全生产“走帮扶”、市县联动执法检查、定期通报点评等形式，提升重点镇（街道、园区）安全生产管理水平。13个事故多发镇（街道、园区）发生生产安全事故33起、死亡35人，比上年分别下降44.07%、43.55%。

企业安全风险防控 2017年，南通市在冶金、有色、建材、机械、化工、轻工、纺织七大行业开展安全风险分级防控，推进企业岗位危险因素辨识，从人、物、管理、环境四个方面，组织全员参与风险辨识和管控措施制定，做到“一企一标准、一岗一清单”。全市完成风险等级划分企业2724家，其中红色企业66家、橙色企业368家、黄色企业1879家、蓝色企业411家；海安县、如东县、海门市等地965家企业完成“一图、两单、三卡”制订。

【安全生产隐患排查】 2017年，南通市建立健全事故隐患闭环管理制度和隐患排查治理工作流程，加大企业执行隐患排查“自查、自改、自报、公示”制度监督检查，实行事故隐患分级管理和层级挂牌督办制度，构建安全生产隐患排查治理体系。全市排查各类安全生产隐患238682个，整改224336个、整改完成率93.99%，按期整改率100%；市、县挂牌督办重大隐患375个，其中全部整改到位373个、按序时进度整改2个。

【安全生产专项整治】 *道路交通专项整治* 2017年，南通市围绕“两客一危”“营转非”、工程车辆、校车、农村面包车等重点车型，严查严治“三超一疲劳”、酒驾毒驾、无证驾驶、货车违法载人以及高速公路违法占用应急车道、违法停车等重点违法行为，形成

6月，南通市对危险化学品企业开展安全监督检查。（市气象局　供图）

"大整治、大管控"态势。全市查处各类交通违法行为467万起，突击检查各类重点运输企业73家，重点监管事故多发、违法严重运输企业15家、重型工程车辆138辆、驾驶人员84人。

水上交通专项整治　2017年，南通市组织开展航运市场安全秩序、船舶超载运输、内河船参与海上运输、水上交通安全突出违法行为等专项整治。检查船舶5742艘次、处罚超载船舶133艘、罚款37.6万元，查处内河船参与海上运输（施工）行为14起、实施行政处罚8.8万元。

建筑施工专项整治　2017年，南通市组织开展深基坑、脚手架、高支模、建筑起重机械安全专项整治。抽查基坑工程67个、塔吊187台、施工升降机69台、模板支撑工程97个、脚手架工程190个，下发督办函18份、通报5份、责令停工整改27个。

消防专项整治　2017年，南通市组织开展"三合一"（人员住宿场所与加工、生产、仓储、经营等场所在同一建筑内混合设置）、老旧建筑、人员密集场所、电气火灾专项整治。检查单位5.09万家，整改火灾隐患12.3万余处，临时查封536处，责令"三停"（停产停业、停止施工、停止使用）505家，行政拘留71人。

海洋渔业专项整治　2017年，南通市组织开展海洋渔业企业落实安全生产主体责任专项整治。全市成立海洋捕捞渔业公司化组织机构31家、滩涂养殖企业52家；查处浮子筏107条，处罚40条、拆解22条；办理涉渔"两法衔接"案件13起。

特种设备专项整治　2017年，南通市组织开展电梯、气瓶叉车、涉危化品特种设备安全专项整治。全市2.3万台电梯全部开通二维码扫描功能，对78家使用、维保单位主要负责人进行行政约谈，对31家单位实行行政处罚；气瓶张贴上传新二维码信息167万只，查处立案气瓶违规案件28起。

港口码头专项整治　2017年，南通市组织开展危险化学品集装箱作业、危化品码头防泄漏防污染、沿江非法码头专项整治。53家非法码头企业均整治到位。

职业病危害专项整治　2017年，

6月30日，南通市举办"全面落实企业安全生产主体责任"主题安全生产知识竞赛活动。　（市安监局　供图）

南通市组织开展"职业卫生基础建设年"活动，对陶瓷生产、耐火材料制造、铸造冶炼和船舶修造企业开展职业病危害专项治理。全市检查用人单位3072家，下达执法文书2309份，责令停产整顿59家，提请关闭1家，行政处罚209.54万元。

旅游安全专项整治　2017年，南通市开展旅行社租用旅游车辆安全管理专项整治，检查旅游包车895辆，查处违法营运车辆1起；联合检查旅游包车旅行社149家，下发整改通知6家；对违规旅行社和负责人实施行政处罚2起。对承包商、检维修、有限空间、动火作业等薄弱环节和粉尘涉爆、液氨使用等重点企业开展专项检查。

【安全生产大检查】　7～10月，南通市建立安全生产大检查"责任清单制、三级复核制、定期督查制、问题交办销号制"四项机制，对全市所有地区、所有行业领域、所有生产经营企事业单位和人员密集场所全面开展安全生产大检查、大排查、大整治。其间，全市开展自查自改企业（单位）3.25万家，镇级普查企业3.65万家，县级复查企业（单位）3.35万家。共排查安全生产事故隐患14万个，整改13.54万个，整改率96.67%；排查安全生产重大隐患541个，整改492个，整改率90.94%。惩治严重违法违规行为1968起，处罚金额1779.14万元，关闭取缔生产经营单位56家，停产整顿生产经营单位342家，暂扣吊销证照生产经营单位8家，追究刑事责任7人，问责曝光工作不力的生产经营单位145家、人员58人。

【安全生产行政执法】　2017年，南通市安监系统实际检查企业9722家，事前立案2460件，处罚金额1936.31万元，事前立案数占实际检查企业总数25.3%。办理5万元以上大案70件，提请关闭企业数20家，责令停产停业整顿企业数68家；追究刑事责任24人，党纪政纪处分6人。印发《对南通市安全生产领域失信行为开展联合惩戒和纳入安全生产不良记录黑名单管理的实施办法》，全年通报曝光企业84家。

【安全生产宣传教育培训】　安全生产主题宣传活动　2017年，南通市抓好安全生产法律法规宣传，举办安全生产法律法规知识竞赛、安全生产法律知识"七进"（进机关、进乡村、进社区、进学校、进企业、进单位、进家庭）等活动；开展"安全生产月""安康杯"竞赛、安全生产微电影微视频评选、创建"青年安全生产示范岗"等活动，营造安全氛围。加大安全文化建设示范企业培育创建，在重点行业领域培育一批国家、省级安全文化建设示范企业。招商局重工（江苏）有限公司等4家企业通过省级安全文化示范企业验收，34家企业通过市级安全文化示范企业验收。

安全生产教育培训　2017年，南通市开展安全生产培训专项督查、对小微企业集中开展全员安全培训、增加"三项岗位"人员培训频次、组织市安全生产讲师团进企业等形式，提高安全培训质量。全年培训“三项岗位”人员8.09万人次。

（季雪锋）

消　防

【概况】 2017年，南通市发生火灾1599起，死亡9人、伤2人，直接财产损失591.8万元，受灾369户，过火面积18034.5平方米。未发生较大以上火灾事故。火灾四项指标比上年有所下降。市消防支队获评“江苏省文明单位”。天生港消防中队获评中宣部全国学雷锋活动示范点，市消防支队连续第15年获评省消防总队先进支队。

【灭火救援】 2017年，市消防支队构建信息化支撑、扁平化运行的指挥体系，破解“一高、一低、一大、一化”（高层建筑、地下空间、大跨度大空间建筑、化工企业）灭火救援难题，分类组建高层、石化、地震、水域、地下5类专业攻坚队伍7支，组织中队指挥员、攻坚组队员开展基地化轮训，开展“全过程、全要素”灭火救援实战演练11次，执勤岗位练兵考核竞赛5次。投入150万元对培训基地模拟训练设施进行提档升级，投入20万元专项经费制作立体全景数字化预案，推进“863”熟悉演练工作模式。全市处置各类火灾和应急救援任务1万余起，扑救“2·18”博览城冷库、“5·27”海安浩池、“6·4”启东乾朔等较有影响火灾。

【消防执法及宣传】 2017年，南通市开展单位消防安全“四个能力”和“明白人”队伍建设，推进重点单位“户籍化”管理、高层建筑楼长制度、落实“三项”报告备案制度和“6+1”工作措施。集中举办单位责任人、管理人消防安全大培训5000人次，召开大型企业、重大隐患和不放心单位主要负责人恳谈会200余次，3000余人次，强化单位消防安全主体责任落实。深化两级消防宣传培训，全市80%学校、企业、社区完成面对面培训任务，居民消防安全知识知晓率95%以上。开展暑期消防安全宣传教育、消防安全示范学校创建、全市119消防宣传月集中活动暨百名优秀消防楼长表彰会、首届消防儿童萌歌会、全民消防我代言等活动。全年，市消防支队培训各类人员2.8万余人次，宣传受益群众16.8万人次，市消防支队“双微”（微信、微博）进入全国消防“双微”排名前30名，获公安部“全民消防我代言”优秀作品3部，获全国中小学消防安全示范课一等奖1个。

【消防信息化建设】 2017年，市消防支队推进大数据二期建设及实体化运行，攻克DCS系统接入技术难题，完善群租房、“三合一”系统模块预警规则及功能，集中攻坚化工集中区数字化预案7项，研发隐患随手拍处置平台等应用模块。全年对20余家化工单位发布预警3.26万次，其中一级预警2.78万次、二级预警4804次。利用“三合一”监测平台发现疑似“三合一”场所（住宿与生产、仓储、经营一种或一种以上使用功能违章混合设置在同一空间内的建筑）621家次，核实524家次，督促整改502家次。与供电、供水以及燃气公司合作，获取水、电、燃气数据2000余万条，构建“群租房”应用主题数据库，排查群租房674家。

（徐天宇）

民　防

【概况】 2017年，南通市印发《关于深入推进人民防空改革发展的实施意见》。组织“9·18”防空警报试鸣，组织“5·12”“9·18”人口疏散实战化演练，参演70余万人。市民防局获评江苏省人防工程普查先进单位，连续第17年获评全国人防通讯报道先进单位，获江苏省民防局批准建设南通城市地下空间综合开发利用融合发展示范区。

【指挥通信体系建设】 2017年，南通市安装电声警报器8台、多媒体警报器4台，固定警报点安装自动供电系统5个，形成防空防灾通信警报完备系统。组织“9·18”防空警报试鸣，鸣响率98%以上。海安县、如皋市、如东县、通州区、海门市、启东市人防机动指挥通信系统（车）全面建成，海安县人防指挥所通过省级验收，在全省率先实现基本指挥所及机动指挥所全覆盖。5月，机动指挥通信系统赴南通机场保障国产大飞机C919首飞。

【地下空间开发利用】 2017年，市民防局与中央创新区建设指挥部签订合作协议，参与中央创新区《地下空间开发利用总体规划》《人防专项规划》《人防工程建设控制性详细规划》编制。全年，南通市人防工程提供停车泊位9892个。夏季开放“人防纳凉工程”23处，提供Wi-Fi、茶水、娱乐服务。

【民防知识宣传】 2017年，市民防局通过打造民防知识教育平台，在全省率先实现中小学民防知识学习教育、考核管理网络化、信息化。联合江海晚报社开展民防知识竞赛，收到答题卡2500余份。举办民防知识进校园主题活动，将民防知识编成文艺节目，近1000名师生观看。江苏省防空防灾应急科普文艺巡演在南通召开，开通网络现场直播，近100万人在线上线下观看互动交流。

（吴黄旭）

无线电管理

【概况】 2017年，南通市各类无线电台（站）总数630万部，纳入管理专业无线电台4.1万余部，全年规费征收85万元，征收率98%。全年完成普通高考、公务员招录笔试等重大考试无线电安全保障任务13次。完成国际禁止化学武器公约组织在南通核查期间、第八届环太湖国际公路自行车赛第五赛段南通—海门段无线电安全保障任务。组织开展春运、“一带一路”国际高峰论坛、党的十九大等时段无线电应急值班及应急保障。全年受理和查处无线电有害干扰26起，检测GSM、

CDMA基站等无线电发射设备557部。完成国家和省无线电管理局部署的广播电视频段频谱使用评估专项活动任务。

【频率台站管理】 2017年，南通市受理无线电频率使用行政许可21件，协调、指配频率69个，收回频率31个，新增台站242个，撤销台站221个。全年核查固定无线电台54个，规范校园电台、广播电视等专业台站和业余电台管理。全年组织A类和B类业余无线电台操作资格上机验证考试各2次。

【无线电违法违规应用打击】 2017年，南通市开展无线电管理执法监督检查16次，取缔黑广播12个。加强源头管理，对宝隆电脑城等4个市场开展无线电发射设备销售市场专项检查；对启东优思通信有限公司开展无线电发射设备生产监督及产品抽检。全年受理和查处无线电有害干扰26起，其中查处并纠正违规行为15起。

（周建明）

10月17日，南通市查获两台“黑广播”发射机。

（市经济和信息化委　供图）

应急管理

【应急管理体系建设】 2017年，南通市应急管理“三大机制”（信息报送、隐患排查、联动协作）、“四大载体”（应急队伍、应急平台、物资保障、基层基础）等重点工作完成年度目标任务，相关经验在全省应急管理工作会议上书面交流。至年底，市“十三五”应急体系建设规划确定的14个重点项目中，13个项目取得实质性进展，其中主体竣工验收项目1个、超过序时进度项目3个、在建项目3个、进行招投标项目3个、编制建设方案项目3个。市突发事件预警信息发布平台、市综合应急指挥平台（二期）等应急体系建设项目完成可行性研究报告、专家论证。在全省率先完成新一轮预案修编，全面推行预案“简本化”，形成“一本一图一表”（预案简本、处置流程图和应急通讯表），市级专项预案实现全覆盖。在全省率先全面推开预案桌面推演，市、县（市、区）分别开展综合演练77场次、310场次，其中桌面推演分别达31场次、94场次。结合全市应急信息系统升级改造，率先试点预案数字化应用，为突发事件处置提供智能辅助决策支撑。

【应急反应机制建设】 2017年，南通市创新建立预警信息发布机制，实现党委政府统一领导、部门分工负责、应急办事机构组织协调、气象部门技术支撑、新闻媒体全面参与，成立市预警信息发布中心。总投资996万元的预警信息发布平台建设项目纳入市智慧城市建设。每季度召开1次突发事件隐患评估与防范对策会商会议，强化信息共享会商。完善突发事件信息扎口上报机制，建立多元结合、联动反应突发事件信息运转模式，提高信息运转水平。年内，编辑《昨日要情》249期，市领导批示80余条次。严格执行24小时值班、领导带班等制度，严肃信息报送纪律，加大抽查和通报力度，强化国庆、中秋和党的十九大等时段巡查、暗访，保障应急指挥渠道畅通快捷。

【应急防范处置】 2017年，南通市建成消防大数据系统，加快防汛排涝风险源实时监控系统建设，完善农业突发事件监测预警网络，增强综合预警能力。加强火灾隐患治理，整改隐患12.3万余处，其中重大隐患28家、区域性隐患3处。完成五山山体地质灾害隐患点调查，安装智能监测设备，至年底，完成或正在进行隐患点治理34处，基本消除安全威胁。排查发现沿江沿海防汛险工隐患12处，完成整改6处，其他6处督促责任单位制定落实度汛措施和预案。处置“3·12”锦航海6号沉船事故、“7·4”海门336省道叠港路交通事故、“9·17”苏如渔04536号沉船事故、“10·20”222省道交通事故等较大以上突发事件。完成C919首飞及转场、江海博览会等重大活动安保任务。

【应急保障体系建设】 2017年，南通市整合民政、红十字会等部门资源，建成集物资储运、救护培训、志愿服务、示范演练、防灾体验于一体救灾备灾中心。强化各级综合应急队伍和专业救援队伍实战备勤拉练，在突发事件易发、多发领域和地区试点开展“双盲”（事前不通知参演单位演练时间、地点和演练内容）拉练；建立健全快速调动机制，应急响应速度和处置水平明显提高；加强市综合应急救援支队、南通军分区民兵应急营建设，强化日常备勤和演练，增强非传统领域和重特大突发事件应急救援能力。在市区建立由政府全额买单自然灾害保险制度，覆盖87万户籍居民、32万户籍家庭。县（市、区）《城市抗震防灾规划》修编全面完成。

（陆　新）

【公共卫生应急】 2017年，南通市疾

病预防控制中心开展突发事件公共卫生风险评估，日常监视疫情和突发公共卫生事件苗头，每月提交风险评估报告1次，编写南通市人感染H7N9禽流感、2017南通江海国际博览会暨首届通商大会、南通濠河国际龙舟邀请赛、南通市虫媒传染病、南通市流感专题风险评估5期，修订、完善突发公共卫生事件应急处置预案4个、技术方案17个。增加技术方案6个，制订、完善应急管理制度6项。8月2~4日，市疾控中心承办南通市卫生应急技能竞赛，全市9家疾控机构、16家综合性医院32支代表队96名选手参赛。

（李　勇）

8月23~24日，市民防局赴启东沿海开展沿海跨区域联合拉动训练。

（市民防局　供图）

【环境应急】 2017年，南通市应对可能导致环境污染突发事件12起。开展年度南通市突发环境事件暨南通市集中式饮用水源地突发环境事件应急演练。编制完成县（市、区）区域环境风险评估，成为全省首家完成全区域环境风险评估设区市。完成环境风险企业隐患排查591家，建立风险源数据库。开展重点风险企业环境安全达标建设和“八查八改”（查改企业环境应急管理机构与人员、企业突发环境事件风险等级识别情况、企业突发环境事件隐患排查治理情况、企业监测预警机制建设情况、企业环境风险防控措施、企业环境应急预案备案工作、企业环境应急演练工作、企业环境应急保障体系建设情况）活动，纳入环境安全达标建设“八查八改”企业326家，完成率65.95%。增补环境应急专家14人，累计64人，涵盖环境管理、环境监测、石油化工等行业。全市完成突发环境事件应急预案备案1060家。获省环保厅“有能力、有准备、有担当”环境应急大比武团体第二、个人第一，5名参赛队员均获评先进个人。

（崔　军）

【民防应急】 2017年，南通市、县两级建立人防专业队4456人，成立全市第一支民间专业救援队——蓝天救援队。“5·12”防灾减灾日活动期间，市民防局、市应急办、市教育局、市民政局、市建设局（地震局）、市红十字协会等单位，在南通大学附属中学、港闸区新源社区、南通开发区通盛社区组织开展防灾减灾人口疏散实战化演练，3000余人参演，出动机动指挥通信系统6台次、无人机4架次、特种车辆12台次，制作宣传展板20块，印发《民防知识手册》3000册、宣传挂图100份、制作发放《应急救援》光盘2000张。8月23~24日，市民防局赴启东沿海开展沿海跨区域联合拉动训练。9月18日，开展人口疏散实战化演练，市民防局首次采用市、县（市、区）联动、可视化指挥、全要素参演、一体化协同方式，组织全市中小学、幼儿园师生和社区群众开展防空袭人员疏散隐蔽、应急救援、抢险救灾演练，在港闸区天生港街道隆兴佳园社区、南通市第二中学、八一中学和崇川中学组织防空袭疏散演练，在华能南通电厂开展重要经济目标消防空袭后果演练，全市70余万人参加，中央电视台军事农业频道进行报道。10月，市民防局代表队参加第六届“民防杯”江苏省业余无线电应急通信演练比赛获单项第一名。11月29日，市民防局组织“通防—2017”人防指挥部综合演习，市、县两级人防指挥部、人防指挥信息保障中心230余人参演。

（吴黄旭）

【应急宣教与培训】 2017年，南通市依托网格化管理模式，推广预警信息发布、应急科普宣教等应急服务，初步建成“全覆盖、无盲区、均等化”应急服务网络。在“5·12”防灾减灾日、安全生产宣传月期间，结合中小学生公共安全教育轮训、农村普法活动和示范社区创建，开展应急知识“进社区、进学校、进企业、进农村、进基层”活动，普及应急知识和自救互救技能。全市创建全国综合减灾示范社区7个，获评省级以上地震安全示范社区3个，与中国教育学会共建全国首个国家级学校安全教育示范区。邀请知名专家、教授开展桌面推演等专题讲座，与上海交大合作举办应急骨干专题研修班。率先在全省开展镇（街道）、村（社区）负责人应急管理专题轮训，实现市区轮训对象全覆盖。全年组织各类应急培训53次，参训近5000人。

（陆　新）

国防动员和民兵预备役

【概况】 2017年，中国人民解放军江苏省南通军分区（简称“南通军分区”）学习贯彻党的十九大精神，落实习近平总书记“7·26”、“八一”等重要讲话精神，开展教育活动。举办纪念建军90周年系列活动。组织两级战备值班培训，常态化开展不打招呼值班抽查和战备拉动。开展民兵情报信息员、民兵防汛分队骨干和冲锋舟操舟机手集训。开展“学条例、学法规、正秩序”“百日安全竞赛”等活动，定期组织形势分析和安全大检查。邀请军队专家到通州湾实地指导，组织部分企业到部队开展军民融合对接交流活动，促进军民融合发展。规范民兵哨所建设。年内，某海军护卫舰命名为“中国人民解放军海军南通舰”。

【军分区党委扩大会】 3月10日，南通军分区党委召开十二届十一次全体（扩大）会议，传达东部战区和省军区党委扩大会议精神，部署年度工作任务。5月8日，南通军分区党委召开十二届十二次全体（扩大）会议，选举苏西群为江苏省第十三次党代会党代表。8月18日，南通军分区党委召开十二届十三次全体（扩大）会议，传达贯彻东部战区和省军区党委扩大会议精神，推动南通军分区全面建设。

【市委常委议军会】 12月6日，市委书记、南通军分区党委第一书记陆志鹏主持召开市委常委议军会暨县（市、区）人武部党委第一书记述职讲评会。会议听取各县（市、区）人武部党委第一书记党管武装述职。会议听取南通军分区年度工作任务完成情况。会议部署下年度军事工作任务。

【建军90周年系列纪念活动】 7月9日，南通军分区与市政协联合开展庆祝建军90周年书画联谊活动。7月31日，市四套班子成员到31609部队开展“军营一日”活动。9月1日，南通军分区集中收看庆祝中国人民解放军建军90周年大会，组织学习交流活动。

【驻地预备役队伍建设】 2017年，南通市加大驻地预备役队伍建设，开展民兵组织整顿。2月，各县（市、区）开展民兵潜力调查。3月，召开全市民兵整组任务部署电视电话会议，下达民兵编组方案。4月，各县（市、区）依托人民武装工作管理系统开展预备级队伍编组。至4月底，全市民兵整组工作结束。5月15日，省军区工作组检查如皋市民兵组织整顿情况并给予好评。

【征兵工作】 2017年上半年，南通军分区组织兵役登记，开展征兵体检、政治考核业务培训及征兵宣传。建立廉洁征兵监督员制度和“零报告”制度，全市首次选聘廉洁征兵监督员373名，参与征兵体检、政考和定兵全过程。首次组织对体检、政审双合格预定兵员进行服役前训练，围绕“五率”（报名率、上站率、合格率、择优率、退兵率）实施考评，完成新兵征集任务，

8月，南通市首次组织体检、政审双合格应征青年进行役前训练。
（黄建华 摄）

其中大学生征集比例72.8%。

【国防动员潜力调查】 10月20日，南通军分区派员赴南京参加省军区国防动员潜力数据调查业务培训。10月31日，组织全市国防动员潜力数据动员部署暨业务培训。11月，依据中央军委国防动员部《国防动员潜力指标体系（试行）》，采取人工采集和信息系统录入相结合方式，完成相关潜力统计调查审核和汇总上报工作。

（黄建华）

武装警察

【概况】 中国人民武装警察部队南通市支队（简称“武警南通市支队”）于1983年1月重新组建，主要担负看押、看守、城市武装巡逻、处置突发事件和反恐等任务。2017年，武警南通市支队完成火车站春运执勤等安保任务和各类临时押解勤务230余起。至年底，连续第11年执勤安全无事故，获评武警部队安全工作先进单位和暑期百日安全竞赛优胜单位，连续第三年获评武警江苏省总队基层建设先进支队、新闻工作先进单位，获评武警江苏省总队强军杯足球赛总冠军。武警启东市中队获评江苏省委宣传部学雷锋活动示范点、武警江苏省总队党风廉政建设先进单位，连续第18年获评基层建设标兵中队。

【训练竞赛】 2017年，武警南通市支队紧贴实战要求，推进新军事训练大纲试训，严密组织教练员、勤训轮换、狙击手、手榴弹投掷等集训。8月，承办武警江苏省总队第三季度苏中片区“魔鬼周”训练。获武警江苏省总队特勤分队干部骨干比武竞赛团体第五，新训骨干集训总评第二，预任参谋业务竞赛团体第五。获评武警部队“中级反恐人才”1人，获评武警江苏省总队“优秀教练员”1人，获评武警江苏省总队男子80公斤组搏击冠军1人，获评武警江苏省总队“勇士勋章”5人。

【综合保障能力提升】 2017年，武警南通市支队按照后勤变前勤要求，修订完善跨区增援、处突反恐和抢险救灾等应急保障预案2类12项。拓展社会化保障渠道，与地方医院、加油站、运输公司、超市等签订应急保障协议10余份。开展装备物资送基层、医疗巡诊和节日慰问到一线活动，落实党委承诺基层10件实事。后勤处获评武警江苏省总队指导和服务基层先进处。

（方绍强）

双拥共建

【拥军优属】 2017年，南通市出台《关于完善拥军政策增强军人荣誉感的实施意见》。全年组织双拥专题文艺晚会、军民联欢会、“双拥杯”乒乓球邀请赛等活动50余场次。加强双拥工作宣传，8月1日，在《南通日报》推出《保持本心跟党走不忘初心勇担当——南通市退役军人风采录》专版，宣传全市双拥工作成果，《新华日报》先后4个专版介绍南通国防教育。参加全国双拥模范城长城军民融合展，扩大南通双拥工作影响。市委、市政府领导在春节、八一建军节前夕走访驻通部队，慰问优抚对象、孤寡老人等。全年市本级慰问部队经费200余万元，嘉奖部队立功官兵61人、发放奖金26.79万元。推动全市行政村（社区）拥军工作站标准化建设，落实“六必访”（现役军人参战、抢险救灾、执行戒严等重大任务必访，探亲必访，重大节日必访，军属等优抚对象家庭发生重大变故困难必访，发生家庭、邻里纠纷必访，重病、住院必访）制度，执行“重点优抚对象四项优待政策”（市内公交车、市区景点门票、水电煤气、数字电视收费优待）。完成5238名下岗志愿兵专项慰问金和1990名企业退休“两参”人员生活困难补助金发放。发放“光荣人家”荣誉牌388192块。

（罗　蓓）

【拥政爱民】 2017年，驻通部队支持地方经济建设，参加各类公益活动。开展结对帮扶贫困户（生）活动，团以上干部每人结对帮扶1户或1名学生。1月24日，南通军分区组织开展南通市军政联谊活动。8月，南通军分区与市委办公室、市民政局等8家单位开展结对共建，制定长效机制，签订共建协议。9月，南通军分区在市区6所初中、小学开展帮建活动。10月，组织江苏省百名优秀退役军人创业之星评比推荐工作，组织驻通部队推荐江苏省双拥模范单位和双拥先进个人，组织官兵观看“欢庆十九大、银龄展风采”文艺汇演。

（黄建华　罗　蓓）

辖区概况

责任编辑 陈 磊

崇川区

【概况】 崇川区是南通市主城区，自古有“崇川福地”美誉，全区总面积100平方千米，下辖12个街道（竹行街道、小海街道由南通开发区管理）、1个省级开发区，是南通市人口最密集、生产要素最集中、城市化水平最高的区域。2017年底，全区户籍人口53.45万人，常住人口72.2万人。2017年，崇川区实现地区生产总值772.23亿元，按可比价计算（下同），比上年增长8.2%。一般公共预算收入71.77亿元，比上年同口径增长4%。外贸进出口总额420亿元，比上年增长16.3%。居民安全感满意度98.75%，列全省第三。获评国家知识产权强县工程示范区、全国中小学校责任督学挂牌督导创新区，“能评环评+”改革试点经验在全省推广。

【经济发展】 工业 崇川区完成规模以上工业产值325.26亿元，其中电子信息产业产值93.06亿元、机械制造产业产值22.93亿元。有高新技术企业15家，完成高新技术产业产值178.98亿元，占规模以上工业产值比重55.27%，比上年提高3.07个百分点；完成技改工业投资14.42亿元。完成工业应税销售415.6亿元，40家“3+3+N”重点工业企业实现应税销售270亿元，比上年增长15%。设立30亿元崇海产业发展母基金，新增江苏赛辉等上市入轨企业3家。

建筑业 2017年，崇川区完成建筑业产值192亿元，比上年增长4%。全年引进建筑企业5家，引进资金规模3.72亿元。

服务业 2017年，崇川区实现服务业增加值587.09亿元，按可比价计算（下同），比上年增长8.7%，占地区生产总值75%。实现服务业应税销售1622亿元，比上年增长15.7%。实现社会消费品零售总额430亿元，比上年增长8.5%。其中，批发零售业390亿元，比上年增长8.3%；住宿餐饮业40亿元，比上年增长9%。实现电子商务交易额225亿元，网络零售额105亿元，分别比上年增长20%和19%。全年规模以上服务业企业29家，限额以上批发零售、住宿餐饮企业59家。全区123幢单体3000平方米以上商务楼宇入驻企业7458家，实现全口径税收32亿元，税收超1亿元楼宇8幢，创成市星级主题楼宇14幢。

开放型经济 2017年，崇川区新批协议注册外资3.84亿美元，实际到账注册外资0.91亿美元，新设外资企业52家。全年完成进出口总额66亿美元，其中出口额40亿美元、进口额26亿美元。

【招商引资与项目建设】 2017年，崇川区组建200余人招商队伍，聚焦科技研发、现代金融、文化创意等重点产业领域，引进华为软件云、商客通尚景等268个优质项目。全年新开工云创中心等1亿元以上产业项目73个，年度投资超百亿元。4个中央预算内项目全部达到序时，13个市级“双百工程”项目开、竣工率均为100%，推进7个10亿元以上重特大项目和21个科技研发类项目建设。全年新竣工1亿元以上工业项目8个、服务业项目20个。

【科技创新】 2017年，崇川区全社会研发投入占地区生产总值比重2.66%，万人发明专利拥有量25.59件。龙源振华获批省企业技术中心。南纤公司、通富微电等5家企业11个项目获评省级重点技术创新项目，金通灵、万达锅炉等24家企业产品获评省高新技术产品。崇川科技园被列为国家小微企业创业创新示范基地，智慧技术众创社区获省首批众创社区试点。全年引进两院院士、国家“千人计划”专家8人，入选省“双创人才”12人，富士通研发团队入选省战略性新兴产业“双创团队”，新增高技能人才1633人。

【城市建设】 2017年，崇川区围绕“三城同创”、中央创新区、轨道交通1号线等重点工程完成房屋征收3000户120万平方米，竣工安置房47.4万平方米，安置6500户。实施虹桥新村等综合整治类项目6个和老小区整治项目53个，实施危房解危项目26个。启动寺街、西南营历史文化街区保护，首批腾迁居民90户。实施崇海路等市政道路建设项目19个，完成学田南路等积水点整治项目26个。新增机动车泊位3184个。完成观音山新城市场、江景苑市场和三里墩市场标准化建设并对外营业。完成城管综合执法改革，全面启动流动摊点“333”治理提升行动。推进生活垃圾分类处置，7个街道

271个居民小区和43家企事业单位开展试点。开展建筑垃圾专项整治，免费为居民清运装饰垃圾65万吨。全年拆除违法建筑18.2万平方米。

【生态建设】 2017年，崇川区推进“263”专项行动，完成中央、省环保督查40项交办任务。关停印染企业52家，23家畜禽养殖场关停清迁全部完成，完成濠北路餐饮一条街油烟扰民整治，搬迁污水处理厂安全防护距离内民居。开展大气污染防治“百日攻坚”，实施扬尘管控、露天烧烤整治、秸秆禁烧。完成14项燃煤锅炉整治任务，实现年度减煤目标。PM2.5年均浓度每立方米36微克，比上年下降18.9%；空气质量指数达标率76.9%，比上年提高1.9个百分点。落实“河长制”，全区147条等级河道设河长240名；推进“断面长制”，加密34条河道断面监测，排查排口2100个，省考以上断面全部达标。全面排查通吕运河入河污染源，完成沉船打捞、渔网清理。完成工农河、南涧河、红星二河等黑臭水体生态治理，疏浚贯通河道16条，新建生态护岸5.1千米。清理沿江非法码头3家，完成沿江水域船舶治理。

【社会事业与民生保障】 社会事业 2017年，崇川区推进新区学校、新城小学、新桥中学等新建、改建、扩建工程。推进集团化办学，试行“区有团聘校用”管理模式，开展特教教师培训。健全学前教育优质机制，推进幼教课程改革。发展社区教育、老年教育。开工建设区图书馆、区文化馆，建成社区综合性文化服务中心示范点68个。组织开展“走帮服”活动专场文艺演出、传统文化校园传承等活动，实施文化惠民“五送”工程。完善城市社区“10分钟体育健身圈”建设，开展形式多样全民健身活动。推进卫生服务均等化，完善社区卫生服务体制，创新区属医院发展模式。建立居民健康档案54.6万份，建档率76.3%。连续第四年开展“两癌”筛查，完成预防性健康体检约3万人次。依法落实各项计划生育奖励扶助政策，登记生育服务3642例，登记率98%。

民生保障 2017年，崇川区全年举办各类主题招聘会100场，提供就业岗位3.2万个，新增就业1.3万人，开展“一对一”就业困难人员援助1433名。全年帮扶成功创业1300人，带动3000余人就业。申请创业担保贷款5300万元，落实创业担保贷款贴息472万元，发放初始创业补贴164万元。年底城镇登记失业率1.83%。提高退休人员社会化管理率，引导转保退休被征地农民及时纳入社会化管理范围。全年净增企业职工养老保险2000人，完成企业职工养老保险基金征收5750万元。提高基础养老金发放标准，每人每月增发20元。推进居家养老服务模式创新工程，推行覆盖式、互助式居家养老，试点“嵌入式”居家养老。完成居家呼叫服务中心建设，为近5000名老人安装“一键通”应急呼叫设备。创新社会治理，社区邻里基层治理“四位一体”不断深化，辖区居民安全满意度98.75%，列全省第三位。健全食品监管体系，辖区27家菜市场全部实施初级农产品快检。

（魏　乐）

9月，崇川区开展妇女“两癌”免费筛查。　（市政府新闻办　供图）

港闸区

【概况】 港闸区位于南通市区西北翼。全区面积134平方千米，辖1个省级开发区、1个省级高新区、4个街道。2017年底，全区户籍人口19.56万人，常住人口38万人。2017年，港闸区实现地区生产总值378.51亿元，按可比价计算（下同），比上年增长7.8%；实现地方公共财政预算收入40.06亿元，比上年同口径增长12%。全年城镇居民家庭人均可支配收入45345元，农村居民人均可支配收入22080元，分别比上年增长8.9%和9.2%。

【经济发展】 农业 2017年，港闸区实现农林牧渔业总产值2.64亿元。全年粮食产量2.1万吨，油料产量554吨，蔬菜产量3.3万吨，牛奶产量551吨；生猪饲养量0.77万头；家禽饲养量13.72万羽，年底存栏4.82万羽；水产品产量1237吨。

工业 2017年，港闸区完成规模以上工业增加值116.3亿元，按可比价计算（下同），比上年增长6.7%。完成规模以上工业总产值524.2亿元，比上年增长6.7%。其中，非金属矿物制品业产值36.5亿元、比上年增长22.1%，占规模工业7%、比上年提高1个百分点。全区实现规模以上工业主营业务收入501.5亿元，比上年增长6.8%。实现主营业务收入10亿元以上企业11家，比上年减少1家；5亿～10亿元企业10家，比上年增加2家；1亿～5亿元企业78家，比上年减少11家。恒力包装“新三板”挂牌，全区上市（挂牌）企业累计8家。大地电气、通机股份、斯得福纺织股权融资近1亿元，实现区内挂牌企业股权融资零突破。智能装备产业实现产值52亿元，比上年增长20%。

建筑业　2017年，港闸区完成建筑施工产值244.94亿元，比上年同期增长12.41%；在建施工面积1958万平方米，高层建筑（10层及以上）426幢，其中超高层（29层以上）80幢。年内获中国建设工程“鲁班奖”参建项目1项，国家优质工程奖1项，中国铁建杯奖1项，中国建筑工程装饰奖3项，省级优质工程“扬子杯”10项。获国家级QC二等奖1项、三等奖1项，获省级QC一等奖1项、三等奖3项；获省新技术应用示范工程5项。

服务业　2017年，港闸区完成服务业增加值166.1亿元，按可比价计算（下同），比上年增长9.5%，占地区生产总值比重比上年提高1个百分点。实现服务业应税销售收入734.85亿元，比上年增长15%，其中好盈能源产业园应税销售突破60亿元。完成服务业投资241.86亿元。实现互联网和相关服务业、软件和信息技术服务业、租赁和商务服务业、居民服务、修理和其他服务业和文化、体育和娱乐业5大服务业行业营业收入18.02亿元，比上年增长28.1%。新增市星级主题楼宇8座，其中市五星级楼宇1座，万达广场创成省级放心消费示范单位，伙伴人力资源获评省级生产性服务业领军企业。完成服务外包执行额1.32亿美元，比上年增长30%。商品房去化率99.03%。实现物流主营业务收入55亿元，比上年增长15%，其中林森集团完成物流主营业务收入32亿元。唐闸民族工业风情小镇获批省级培育单位，南通探险王国获评国家AAA级旅游景区。唐闸印象馆开馆，飞悦观光园、郊野公园加快建设。10月28日～11月28日，举办第二届菊花展，展出菊花2600余个品种、30余万株。全年接待游客120余万人次，实现旅游收入1.2亿元，分别比上年增长6.2%、11%。酒店入住人次19.5万人次，比上年增长25%。

10月28日~11月28日，港闸区举办第二届菊花展。（冯泽钧　摄）

开放型经济　2017年，港闸区实现进出口总额158.3亿元，按可比价计算（下同），比上年减少11.5%。其中，出口123.2亿元，比上年减少9.7%；进口35.1亿元，比上年减少17.4%。出口额中，纺织品出口48.5亿元，比上年增长7.2%；机电产品出口62.9亿元，比上年减少19.5%。进口额中，高新技术产品进口7.9亿元，比上年减少22.4%。全年新批外资项目6个，增资1个，实际到账注册外资0.92亿美元。全年签订对外承包工程和劳务合作合同金额648万美元，完成营业额1305万美元，派出人员123人，期末在外人数467人。

【招商引资与项目建设】2017年，港闸区深入对接上海、北京、深圳，举办专题招商活动20余次。招引凯木金科技、易康泰科等重点项目72个，总投资超300亿元。出台集成电路产业专项扶持政策，设立智能装备、集成电路两大产业基金，吸引钰泰科技、芯泽科技等10余家企业入驻。全区首个央企区域总部中交华东城签约，国内汽车电子、无线充电行业领军企业涵润科技、有感科技落户。全年新开工1亿元以上产业项目69个，完成投资65.1亿元，其中10亿元以上重特大项目7个。新帝克、凯璞庭等34个项目竣工，会田二期、美亚等24个项目实现转化。

【平台载体建设】2017年，港闸区六大产业板块加快建设。市北科技城格陆博科技等项目开工建设，科技城众创空间投入使用，招引入驻浪潮科技、秦淮数据中心等项目11个。南通科学工业园标准厂房一期封顶，智芯科技、爱浦克施等7个项目开工。唐闸古镇保护修缮汤家巷、新民巷等历史建筑近2万平方米，景澜酒店签约落户。现代农业产业园与省农垦集团合作建成万亩优质稻米种植区，全国一流粮食烘干中心——港闸区顺捷粮食烘干中心投入使用。南通综合物流示范园新增AAAA级物流企业1家，汽车365、卡行天下、圆通物流等8个项目开工建设，省交通物流公共信息服务交易平台——森通网交易额突破30亿元，中小型物流企业公共服务与管理平台——物流汇入驻企业超300家，铭源智慧物流港获评省级重点物流基地。南通市检验检测认证产业园管委会获市批准设立，与国际权威认证机构——中国合格评定委员会签订战略合作协议，招引北京国体、华测检测等企业10家，南通市纤维检验所获批省级功能性床品质检中心。

【城市建设】2017年，港闸区实施重点城建工程216项。完成高店横路、都市绿洲东侧路南延等道路工程12条。推进宁启复线电气化铁路二期、沪通铁路工程保障施工和盐通铁路前期工作。综合交通干线综合环境整治工作通过省级验收，开展非法码头和长江过驳浮吊整治。完成东曙界河、尖闸南界河2条黑臭水体整治，推进通扬运河整治改造前期工作。全年新建或续建绿化工程48项，完成竣工验收26项，建成公园绿地24.2万平方米，完成郊野林地建设520公顷、占领性绿化19幅80公顷。收储经营性土地68.7公顷，出让55.3公顷。完成华能新村、新华园、大南新村、唐闸小学教工楼4个老小区整治，改造房屋11.9万平方米，惠及住户1070户。完成危旧房改造504户。开工建设安置房54万平方米，竣工交付110万平方米，安置4535户。新增省优秀物业管理小区1个。

【科技创新】2017年，港闸区全社会研发投入占GDP比重2.56%，通过国家知识产权强县工程试点区验收。市北高新区在全省27个筹建高新区综合评价中排名第九位。港闸经济开发区创成省知识产权试点园区。新增市级以上科技创新平台11家，产学研合作项目50个。南京邮电大学南通研究院、南通大学通科微电子学院运营。格陆博获评全国创新创业大赛优秀企业，全省唯一。至晟微电子参与国家科技重大专项课题。晶城科创园获评国家级科技企业孵化器，“橙子公社”获评国家级众创空间。中集特箱获第19届中国专利优秀奖、获评“知识产权示范企业”，大生集团数字化纺纱项目获工业和信息化部认定为智能制造试点示范项目。万人发明专利拥有量全市领先，PCT专利申请65件。新增省、市级首台（套）企业8家，省级技术中心企业3家，省级融合创新示范（试点）企业3家。获国家和省、市科技扶持资金2332万元。新增国家“千人计划”专家等高层次人才12人，新入选省“双创计划”人才5人。新增国家高新技术企业28家，发明专利授权159件，万人发明专利拥有量29.04件。

【社会事业与民生保障】 社会事业　2017年，港闸区新增省优质幼儿园2所，启秀市北学校、越江中学三期投入使用，市二中晋升四星级高中，全区净增中小学生2100余人。省级食品安全示范城市创建通过复评。区级公共卫生服务中心投入使用，陈桥街道社区卫生服务中心完成改扩建。与三级甲等医院建成医联体2家，三级卫生信息化网络全覆盖。人均基本公共卫生服务经费提高到100元。新增市图书馆高店分馆，市北文体中心具备运营条件，基层综合文化服务中心实现全覆盖。新增规模以上文化产业项目5个。广播剧《花子街》等6部作品获省“五个一工程”奖。现代创意设计《茶房》获省“紫金奖”金奖。老年体协获国家体育总局表彰为全国群众体育先进单位。南通越江中学女足获2017年中国初中女子校园足球联赛总决赛亚军。区档案馆创成省中小学档案教育社会实践基地。

民生保障　2017年，港闸区出台《关于全面加强富民增收工作的实施意见》，全面落实5大类20项具体措施。建成省级创业示范基地1家、市级创业孵化基地2家。扶持1012人创业，发放小额担保贷款2177万元。开展技能培训5300人次，组织招聘活动5场次，提供就业岗位7000个，帮助城镇失业人员再就业5621人，城镇登记失业率1.8%。养老保险扩面征缴3750万元，发放基础养老金1309万元、社会保障资金8840万元。深化农村集体资产股份制改革，持股农民人均分红795元，比上年增长8%。提高医疗救助、爱心助学标准，发放各类救助资金2900万元。市北护理院、万福护理院运营，新增老年人日间照料中心2家。新增“残疾人之家”3家。征地安置7255人，与企业职工养老保险衔接3195人，发放被征地农民保障金、基础养老金1.02亿元，城乡居民医保覆盖面98.5%。

（何璧妍）

10月20日，市图书馆高店分馆开馆。图为市民在高店分馆借书。

（江建华　摄）

通州区

【概况】 通州区位于南通市域中部，三面环绕南通中心城区，东临黄海，海岸线长15.97千米；西南濒临长江，江岸线长10.77千米。2017年底，通州区辖建制镇12个、街道4个，国家级高新区1个，户籍人口126.06万人。2017年，通州区实现地区生产总值1169.41亿元，按可比价计算（下同），比上年增长7.9%。一般公共预算收入72.75亿元，比上年增长5.8%。城镇居民人均可支配收入44366元，农村居民人均可支配收入21794元，分别比上年增长8.9%和9.4%。年内，江海智汇园、江海圆梦谷集聚创新企业90家，新增省级企业研发中心11家，实施产学研合作项目52个，获评国家知识产权强县工程示范区。新建高标准农田近8万亩，新（扩）建规模以上农业项目112个，培育家庭农场40家、“全托管”服务组织106家。连续第14年获评省平安县（市、区），获评省首批食品安全示范区。

【经济发展】 农业　2017年，通州区实现农林牧渔业（现价）总产值102.09亿元，比上年增加4.45亿元，增长4.6%。全年粮食播种面积113.07万亩，比上年下降6%，亩产431千克，比上年下降1.4%，粮食总产量48.75万吨，比上年下降7.3%；油料作物播种面积35.91万亩，比上年下降12.2%，亩产221千克，比上年增长1.4%，油料总产量7.93万吨，比上年下降11.1%；棉花播种面积0.92万亩，比上年下降65.3%，亩产87千克，比上年增长2.4%，棉花总产量800吨，比上年下降64.5%。生猪出栏48.4万头，比上年下降7.5%；猪肉产量3.66万吨，比上年下降7.5%；家禽出栏1015.5万羽，比上年下降7.7%；山羊出栏26.2万只，比上年下降5.1%。水产品产量3.6万吨，比上年增长0.6%。新（扩）建规模以上农业项目84个，完成项目投入量30.15亿元。新增设施农业面积1.15万亩，累计21万亩，占耕地面积20.1%。农业龙头企业新增销售收入5.5亿元。新认定省级农业龙头企业1家，市级农业龙头企业4家。

工业　2017年，通州区实现规模工业增加值508.8亿元，比上年增长8.3%；完成工业投入373.9亿元，比上年增长7.9%。新开工1亿元以上产业项目129个，其中10亿元以上项目12个，新江海动力电子、深南电路、展华电子等重大项目开工。海星电子申报国家级企业技术中心通过专家评审。甬金金属申报工业和信息化部中国制造2025重点新材料产业链技术提升项目，获中央资金扶持2000万元。紫罗兰、江海电容器入选省首批“双百品牌”企业，圣夫岛入选全国工业品牌培育示范企业；有全国专业标准化工作组5个。

建筑业　2017年，通州区建筑企业完成施工总产值1755.36亿元，在建施工面积16402.6万平方米。新增特级资质建筑企业2家，5家企业入选中国建筑业双200强。全年获鲁班奖2项、国家优质工程奖3项、中国钢结构金奖1项，获省级优质工程36项。

服务业　2017年，通州区实现社会消费品零售总额375.07亿元，比上年增长10%。其中，批发零售业实现零售额346.3亿元，比上年增长10%；住宿和餐饮业实现零售额28.77亿元，比上年增长9.4%。规模以上服务业企业实现营业收入150.52亿元，比上年增长13.9%。拥有省级旅游度假区1家，国家AAA级旅游景区2家，国家AA级旅游景区2家，省五星级乡村旅游区1家，省四星级乡村旅游区1家，省三星级乡村旅游区5家，全国工业旅游示范点1家，省工业旅游区（点）3家。全年实现旅游总收入50.81亿元，比上年增长17.5%，接待旅游总人数384.77万人次，比上年增长12.2%。新增国家A级物流品牌企业3家、省重点物流企业2家，国家A级物流品牌企业总数29家。引进总投资20亿元京东电商物流产业园项目。

开放型经济　2017年，通州区实现进出口总额35.06亿美元，比上年下降3.5%。其中，出口总额30.83亿美元，比上年下降5.9%；进口总额4.23亿美元，比上年增长18.6%。全年贸易顺差26.6亿美元，比上年减少3.45亿美元。实际到账外资3.74亿美元，新批外商投资项目50个，新批协议注册外资8.23亿美元。全区境外投资注册新设立企业4家，境外中方协议投资总额5874万美元，比上年下降75.6%。全年新签对外承包劳务合同额1647万美元，比上年下降38.1%；完成对外承包劳务营业额3336万美元，比上年下降39.4%；新派劳务人员429人，比上年增长10.3%；年末在外劳务人员179人，比上年下降45.6%。

【园区开发】 2017年，南通高新技术产业开发区新开工产业项目28个，其中10亿元以上重大项目7个，固定资产投资257.8亿元，列全国高新区科学发展综合评价排名第48位。全年新增高新技术企业12家、“新三板”挂牌企业1家（江苏汉天智能科技股份有限公司）。锡通科技产业园完成固定资产投资87.2亿元，一般公共预算收入1.39亿元，规模以上工业产值35.29亿元，高新技术产值4257万元，签约项目35个，总投资105亿元，其中签约1亿元以上内资项目26个。滨江新区实现地方公共财政预算收入2.1亿元，与阿里体育有限公司共同举办通州体育旅游“梦幻之春”，开展体育旅游主题活动近20项。南通家纺城拥有中国驰名商标6个，微供市场销售额超60亿元，有家纺电商企业3000余家，电商从业人员近1万人，电子商务交易额200亿元。空港产业园开工建设尊翔公务航空、顺丰速运二期、空港商务酒店等一批超1亿元项目，跨境电商监管中心、兴东商贸街、圆通速递等1亿元项目竣工。石港科技产业园梦吉妮家纺、万佛健身器材、博强机械等6个项目竣工达产，累计32家、完成工业项目投资59.5亿元。

【科技创新】 2017年，通州区全社会研发投入占GDP比重2.6%，高新技术产业产值占规模以上工业产值54%。军民融合产业促进中心运营，天津大学—密歇根大学（南通）联合研究院揭牌运作，“江海数字”入围省级众创社区，科技新城建成省级人工智能产业园。引进高层次创新创业人才75人，入选省“双创计划”16人。加快科技与金融对接，新备案创投基金5家。新增省级企业研发机构12家，实施产学研合作项目52个，新认定国家高新技术企业47家。万人发明专利拥有量27.4件，获评国家知识产权强县工程示范区。

【城乡建设】 2017年，通州区保障沪通铁路、轨道交通1号线等重点工程建设，机场大道、G345北接线等骨干道路加快建设，金富路北延、新金东路等5条新（改）建道路建成通车。提档升级农路205千米。“一河两岸”示范段南岸工程竣工，改造老小区11个。推进“三城同创”，加快进鲜港鲜花小镇项目建设，建成高速一环绿色景观廊道32千米，全年新增绿化766.67公顷、城镇绿地364公顷。新建城镇污水管网25千米，全区城镇污水处理监控系统投入运营，获评国家节水型社会达标县。美食广场主体建成，新增公交线路4条，新增停车位376个，投放公共自行车400辆，提升改造星级公厕17座，推进违建治理“5320”行动，垃圾分类收集处置试点工作全省示范。年内通过全国文明城市复查。

【生态建设】 2017年，通州区落实中央和省环保督察整改要求，开展“263”专项行动，完成97项年度重点任务。推进通灵桥区域环境综合整治，拆除涉污企业11家。落实“河长制”“断面长制”，开展“三河三行业”综合整治，实施河岸共治，关闭畜禽养殖场226家。农村河道整治三年行动收官，累计疏浚河道1158千米，建成“水美乡镇”3个、“水美村庄”22个。落实长江流域（通州段）生态环境保护责任，开展非法码头、水上过驳、沿江船舶等专项整治。关停砖瓦窑29座，淘汰燃煤锅炉482台，强化秸秆禁烧和综合利用，空气质量达标天数率75.2%。实施环境保护和生态文明建设规划，出台生态环境保护工作责任规定，执行差别化环境价格政策。开展环境执法“亮剑”行动，全年立案查处214起。

【社会事业与民生保障】 社会事业　2017

7月25日，国家基本公共卫生服务项目宣传月暨家庭医生签约服务启动仪式。

（市政府新闻办　供图）

年，通州区推动教育优质均衡发展，新（扩）建中小学校4所、幼儿园6所，美育艺术教育全国领先，入围国家级农村职业教育和成人教育示范区。深化医药卫生体制改革，区中医院纳入财政预算管理，区三院托管运行，先锋街道社区卫生服务中心实施紧密型医联体改革，重点人群家庭医生签约率超60%。区六院、七院新址启用，刘桥镇创成省卫生镇。南山颐养中心投入运营，完成15家社区居家养老服务中心标准化建设。实施文化惠民工程，新建村级示范文体广场40个，组织精品惠民演出200余场，观众超1万人次。儿童音乐剧《田梦儿》获省“五个一工程”奖，通剧《瓦匠女人》等原创作品入选省级展演。推进全民健身运动，举办开沙岛“梦幻之春”体育旅游节、区第三届运动会等活动，获评全国群众体育工作先进单位。

民生保障　2017年，通州区办好10件32项民生实事，财政民生支出比重78%。促进就业和支持创业并举，发放创业担保贷款2140万元、稳岗补贴377.7万元，扶持自主创业2020人，新增城镇就业9195人，转移农村劳动力3589人。育才社区创成国家级充分就业社区，金羽农民创业园入选全国首批农村创业创新园区。实施新一轮脱贫致富奔小康工程，年收入7000元以下低收入人口脱贫率68%。推进城乡居民医疗保险制度整合，基本社会保险覆盖率均超98%。建成规范化“残疾人之家”13个，获评省级残疾人工作先进区。全年发放生活救助金1.1亿元，发放各类慈善救助金1014.91万元，受惠困难群众1万人。

（陈　菊）

海安县

【概况】 海安县位于南通市北部，地处南通、泰州、盐城三市交界地区，东临黄海，东南与如东县相交，西与泰州市姜堰区、泰兴市毗邻，南连如皋市，北依东台市。全县总面积1183.57平方千米，耕地面积5.41万公顷。境内海岸线长8.55千米。辖9个建制镇和4个街道，有207个行政村、32个社区，有国家级海安经济技术开发区、省级海安高新技术产业开发区、老坝港滨海新区、江苏海安商贸物流产业园区、雅周现代农业园区和省属国营海安农场各1个。2017年底，全县户籍总人口93.25万人，比上年减少5803人，常住人口86.55万人，城镇化率58.98%。2017年，全县实现地区生产总值868.3亿元，按可比价计算（下同），比上年增长8.2%。三次产业结构比例为6.8∶47.5∶45.7。全年财政总收入156.04亿元，其中一般地方公共财政预算收入60.01亿元，比上年增长4.2%。财政总支出160.92亿元，其中一般公共财政预算支出86.47亿元，比上年增长6.3%。完成固定资产投资609.82亿元，比上年增长10.2%。年内获评全国文明城市提名城市、国家知识产权强县工程示范县、国家农村产业融合发展试点县、全国平安渔业示范县、全国农村集体“三资”管理示范县、省扶持村级经济发展试点县。土地节约集约利用、闲置土地处置和PPP模式推广获国务院通报表彰。政府和社会资本合作工作获国务院点名表扬，全省唯一。

【经济发展】 农业　2017年，海安县农业现代化水平、高标准农田占比均位居苏中苏北第一。新开工1亿元以上种养项目9个。新增家庭农场117家。新增全托管服务主体163个，服务面积3.47万亩。新增高效设施农业面积2.77万亩、连片设施栽培面积3853亩。新认定省级农业龙头企业2家。新认证绿色食品1个、无公害农产品67个。雅周现代农业园获批省级现代农业科技示范基地。邓庄村入选全国“一村一品”示范村。“海安大米”获省十大人气地理标志品牌第三名。全年实现农林牧渔业总产值119.6亿元，比上年增长3.2%。全年粮食播种面积117.7万亩，总产60.71万吨。稻麦年单产连续10年过1吨，连续12年保持全省第一。建成2个省级蔬菜园艺术标准园和1.2万亩“菜篮子”基地，城东镇华辉蔬菜专业合作社被上海市商务委员会授予上海市外延蔬菜基地。全年利用中央及省级财政资金1541.99万元，推广农业机械2000多台套。建成市级烘干中心31家、县级烘干点16家。全年水利建设投入1.79亿元。

工业　2017年，海安县实现工业应税销售1348.2亿元，按可比价计算（下同），比上年增长17.5%。有规模以上企业909家。规模工业企业实现主营业务收入2516.75亿元，比上年增长14.5%；实现利润181.63亿元，比上年增长14.7%。实现规模以上工业增加值576.08亿元，完成工业设备投入202.36亿元。实现高新技术产业产值1259.21亿元，比上年增长26.6%，占规模以上工业产值49.98%。实现新兴产业产值1004.1亿元，比上年增长20.7%，占规模工业产值39.9%。鹏飞集团获全国制造业单项冠军示范企业，连续第三年入选省工业自主品牌50强。联发纺织、铁锚玻璃、通润汽车3家企业获省制造业单项冠军。获评省制造业突出贡献奖优秀企业2家，获评省小巨人企业3家，通过省级“专精特新产品”审核企业2家。新增省级企业技术中心4家。新增新三板挂牌企业2家，上市入轨企业4家。常安纺织科技园入围全国纺织产业转移试点园区，海安高新区获评国家锦纶功能纤维新材料基地、江苏制造突出贡献奖先进单位。海安开发区通过省两化融合示范区复核。联发纺织高档色织面料后整理过程的实时管控能力建设通过工业和信息化部两化融合管理体系贯标认证，获批省两化融合管理体系贯标试点企业4家。11家企业获批省工业互联网“企企通”建设试点，9个产品或装备列入省重点推广应用的新技术新产品目录及公告目录内有效新技术新产品名单。南通奥普机械工程有限公司UPHP4828新型烘干锤式破碎机获省经济和信息化委认定为江苏省装备制造业重点领域首台（套）重大装备。

建筑业　2017年，海安县完成建筑业施工产值1228.23亿元，列全省第三位。苏中集团承接南宁恒大国际中心项目建筑高度305米，是海安建筑企业历史上承建最高建筑工程。全县有施工产值超500亿元企业1家，超100亿元企业2家。获鲁班奖3项、国家优质工程奖2项、詹天佑工程奖4项，获评全国安全生产标准化建设工地4个、全国绿色施工科技示范工程2项、国家级QC成果67个。苏中集团、华新集团、达欣集团进入“江苏省建筑业综合实力50强”。苏中集团、达欣集团获评全国工程建设安全质量标准化示范单位。苏中集团成为江苏省首批工程总承包试点单位，5家企业进入江苏省装配式建筑部品构件生产基地名录。

服务业　2017年，海安县完成服务业增加值397亿元。完成服务业应税销售943.6亿元，按可比价计算（下同），比上年增长22.2%；新增规模以上服务业企业33家，总数242家。实现社会消费品零售总额300.98亿元，比上年增长10%。全年实现市场成交额315.93亿元，其中26个亿元市场成交额218.6亿元。华强棉纱期货库获批，保税物流中心（B型）封关验收，铁路海关监管站场主体封顶，高铁海安快运作业站投入运营。商贸物流园区蝉联全国优秀物流园区，获评全国品牌价值百强物流园区、省级示范物流园区，获全国物流行业最高奖“飞马奖”。全年新增电子商务企业517家，电商销售额160.2亿元。鑫缘集团获评国家电子商务示范企业。亚太亿发物流园项目成为省首批商贸物流示范企业。全县有国家A级以上旅游景区13家；星级饭店24家；旅行社16家。全年接待县内外游客410.12万人次，实现旅游总收入52.92亿元，分别比上年增长12.5%、16.8%。年末，全县金融机构本外币存款余额1378.99亿元，比年初增加79.98亿元；本外币贷款余额958.22亿元，比年初增加158.34亿元。全县财产保险机构17家，全年财产险保费收入6.74亿元，比上年增长15.2%；赔付金额4.16亿元，赔付率61.7%。人寿保险机构24家，全年人寿险保费收入14.15亿元，比上年增长10.7%；理赔给付及其他各类给付5.86亿元，短险赔付率34%。

开放型经济　2017年，海安县实现进出口总额127.24亿元，按可比价计算（下同），比上年增长16.2%。其中，出口总额105.01亿元，比上年增长13%；进口总额22.23亿元，比上年增长34.2%。全年实际利用外资2.67亿美元，协议外资额8.8亿美元，新批外资项目58个，新批及净增资3000万美元以上项目25个。新批境外投资项目7个，完成境外投资中方协议额8.6亿美元。新签对外承包劳务合同额1.92亿美元，完成营业额1.73亿美元。新派劳务人员1004人，年末在外1754人。实现服务外包执行额3.16亿美元，其中离岸外包执行额5061.81万美元。新增服务外包企业8家，新增从业人员1744人，引进知名服务外包企业1家，新增服务外包企业资质认证2项。获省立项国际合作项目2个。全年有进出口实绩企业554家，比上年增加36家。4家企业获评2017~2019年度省级国际知名品牌。

【科技创新】2017年，海安县全社会研发经费22.92亿元，占地区生产总值2.64%。列全国创新创业百强县（市）第33位。全年新增10万元以上产学研合作项目241个，引进成果转化项目57个，支付合作经费1.1亿元。实施国际科技合作项目15个，县政府与国投（上海）科技成果转化创业投资基金企业签订战略合作协议。全年完成高新技术产业投入174.14亿元，占工业投资50.3%。企业研发费用省级财政奖励企业102家。招引国家级顶尖人才10人，上海高层次领军人才15人，高层次创新创业人才252人，入选省“双创人才”8人，全省唯一现代农业“双创团队”落户海安，人才综合竞争力居全省第七位。新认定国家高新技术企业50家，新增省级科技企业加速器、省级众创空间2家，省级工程技术研究中心3家，省级企业研究生工作站4家。获省企业技术创新奖1个、省科学技术奖1个。全年专利授权4236件，其中发明授权447件，万人发明专利拥有量30.46件。新增国家知识产权优势企业1家、国家知识产权示范企业1家，4家企业通过知识产权管理标准国际认证。获中国专利优秀奖5项，省专利金奖1项、优秀奖2项，品牌江苏建设“金风奖”。新增省高新技术产品240个。开展省科技创新体制综合改革试点，在全省县域科技体制改革经验交流会上介绍经验，省政府专门发文推广海安做法。获评国家知识产权强县工程示范县，鑫缘集团获评国家知识产权示范企业。

【项目建设】2017年，海安县在建产业项目946个，比上年增长10.4%；新开工项目302个，其中1亿元以上项目164个、10亿元以上重特大项目17个。入选省重大项目投资计划4个，全省领先。列入省重点工业投资项目16个、市级“双百工程”重大项目27个。8个项目获批中央预算内资金9040万元。列入省级PPP项目库13个，其中落户8个。全年向上申报产业振兴、技术改造、转型升级项目290余个，争取上级补助资金19.7亿元。

龙源风电、合源纺织、合迪科技、深圳铭利达、上海圣德曼、乐百年小镇、华兴压力容器等重大项目落地建设。

【城乡建设】 2017年，海安县组织实施城市建设重点工程94项。建成丽景美域、如意紫都、盛世名门等安置小区9个，面积166.13万平方米，交付8628户。全年完成房地产投资45.68亿元。房屋施工总面积1985.5万平方米、竣工总面积426.9万平方米。商品房施工面积513.65万平方米，销售面积167.1万平方米。新增绿化面积108.42万平方米。完成火车站前广场、老通扬河北岸、小焦港河西岸，如海河景观大道与江海西路、黄海大道连接处等景观亮化工程建设，实施中坝南路、曙光西路、宁海北路等10余条道路、节点589杆路灯建设。建设生态停车场所6处，建成和施划停车泊位1783个。完成公厕建设10座。曲塘镇崔母村、李堡镇中凌村通过市"美丽乡村"验收，城东镇壮志村创建省级特色田园乡村。改造供水管网154千米，改造户用水表11260户，安全供水2699.4万吨。建成中压管线59.52千米，低压管线155.47千米，安全供气6450.17万立方米。

【交通运输】 2017年，海安县入选江苏省综合交通物流枢纽重点区域中心。海安火车站综合客运枢纽汽车客运站建成并投入使用，沈海高速（G15）海安北互通开通，连申线航道二期江海大桥、黄海大桥建成通车。353省道海安段绿色通道完成，获评国家级公路水运建设平安工程。江海路、宁海路、曙光西路、长江西路改造完成并通车，安平路、江海西路改造完成，高庄路、新安路实施改造，海启高速实现无障碍施工。完成85座农村公路桥梁改造以及150千米农村公路提档升级，完成海安县公路运输综合服务中心（城西公交枢纽站）建设，开通火车站客运枢纽至城西公交枢纽站公交专线、滨海新区至了凡庄园定制公交专线。新建公交站亭4座、公交站牌80块，维修老旧站亭42座，标准化建设公交首末站9个。开通"大美海安一日游"旅游专线和"沪海企业汽车通勤专线"。全县干线公路优良路率100%，路面行驶质量优良率100%，一、二类桥梁比例100%，公路机械清扫率100%。全年完成公路客运量481万人次，客运周转量3.9亿人千米；公路货运量1968万吨，货物周转量31.27亿吨千米；水路货运量604万吨，周转量45.96亿吨千米；铁路货运量80万吨，其中铁路物流基地53万吨。

【生态建设】 2017年，海安县加强栟茶运河沿线污水处理厂运行监管，恒发、联发等污水处理厂尾水达到一级A排放标准。推进城区雨污分流，新建污水管网52.8千米，实施丹凤路、江海路、黄海大道等道路污水管网提升改造。获批中央秸秆综合利用试点县。建成生活垃圾、建筑垃圾、餐厨废弃物3大处置中心。新增造林绿化1066.67公顷，林木覆盖率25.1%。推进生态健康养殖，畜禽类粪便综合利用率95%。开展大气环境治理，淘汰燃煤锅炉180台，全年PM2.5平均浓度每立方米0.045毫克，比上年下降12.2%，空气质量良好天数257天。实施覆盖拉网式工程建设，建设提升井2座、生活污水处理设施4个、污水管网9024米，农村生活垃圾收集覆盖率、无害化资源化处置率均达100%。

【社会事业与民生保障】 社会事业　2017年，海安县推进教育现代化建设，城南实验小学二期、第一实验幼儿园二期、长江路幼儿园华新分园建成使用。年末，全县有各级各类学校131所，在校学生85941人，在职教职工8751人。推进分级诊疗制度，家庭医生签约覆盖率34.2%。全县有医疗卫生机构392家，总床位5174张，卫生技术人员4830人。区镇文化站10家，农家书屋221家，其中省五星级农家书屋4家、市四星级农家书屋68家。全年，5个区镇132个村新建成达标基层综合性文化服务中心。博物馆、纪念馆6家，文物保护单位16处，其中全国重点文物保护单位2处、省级文物保护单位5处。拥有省级非物质文化遗产7项、市级非物质文化遗产14项。图书馆藏书量51.55万册，全年图书流通总册次18.99万册、阅读量15.57万人次。数字电视用户26.44万户。新增市级体育公园2个，区镇覆盖率90%；完成东洲公园和体育中心智能健身步道建设；县体育中心开放。

民生保障　2017年，海安县一般公共预算中民生投入69.84亿元，占一般公共预算总支出80.3%，15项民生实事工程完成。脱贫家庭2960户，建档立卡低收入农户累计脱贫率62%。全年新增城镇就业7565人，城镇失业人员再就业3528人，就业困难人员再就业412人，城镇登记失业率低于1.9%。城乡劳动者就业技能培训3928人，城乡新成长劳动力技能培训1473人，创业培训851人，企业职工岗位技能提升培训14450人。新增高技能人才4696人，新增转移农村劳动力4100人，支持成功自主创业1654人。墩头镇成为首批省级创业型乡镇，新增市级创业孵化基地1个。年末，全县市民卡人数86.2万人。城镇职工养老、医疗、失业保险参保人数分别为25.6万人、26.27万人、10.73万人，分别比上年增长1.1万人、0.52万人、0.53万人。城乡居民养老保险参保人数38.53万人，城乡居民基本医疗保险参保人数56.89万人，城乡基本养老、基本医疗保险覆盖率分别为97.1%、97.6%，居全市第一位。年末，全县养老机构总床位10953张。全县重点优抚对象10298人，农村低保对象11254人，城镇低保对象750人，农村五保对象4428人。

（李国良）

如皋市

【概况】 如皋市位于南通市域西部，是长江、黄海"T"型交汇处节点城市。南临长江，北与海安县、东与如东县相邻，西与泰兴市接壤，是世界长寿之乡、中国花木之乡、中国建筑之乡、江苏省历史文化名城。全市总面积1476.63平方千米（不含长江水面）。其中，陆地面积1223.16平方千米，占82.8%；水域面积253.47平方千米，占17.2%。辖国家级经济技术开发区1个、省重点工业园区1个、省

11月17日，如皋市获评“全国文明城市”。图为参会人员留影。
（如皋市政府办　供图）

高新技术开发区1个、镇11个、街道3个，社区181个、行政村166个、场圃4个。2017年底，辖区总人口142.55万人。2017年，全市实现地区生产总值1025.8亿元，按可比价计算（下同），比上年增长8.2%；人均地区生产总值82149元，比上年增长8.4%。三次产业结构调整为6.4∶48∶45.6。全年财政总收入135.7亿元，比上年下降5.6%，其中一般公共预算收入71.31亿元，比上年增长0.1%。全年财政总支出148.38亿元，比上年增长2.7%，其中一般公共预算支出109.41亿元，比上年增长13.5%。全社会研发投入占地区生产总值2.59%，实现高新技术产业产值1107.68亿元，比上年增长17.7%，占全市规模以上工业总产值49%。万人发明专利拥有量20.5件。人才数量竞争力列全省县（市）第一位，综合竞争力保持全省第八位。全年科技项目获各级立项373个，获扶持资金3840万元，如皋经济技术开发区获批国家火炬如皋新能源汽车特色产业基地。年内，如皋市获全国文明城市、全国人居环境奖，被命名为国家节水型城市、中国绿色发展与生态建设优秀城市，在苏中苏北县级市中率先跻身全国文明城市行列。

【经济发展】 农业　2017年，如皋市优化花木盆景、生鲜果蔬、特色水产、优质稻米、优质畜禽、优质蚕桑和创意休闲“6+1”农业产业结构，实现农林牧渔业总产值114.47亿元，按可比价计算（下同），比上年增长3.5%。新增设施种植农业面积2022万亩、设施渔业1995亩。至年底，全市设施种植农业、设施渔业面积分别为21万亩、2.45万亩。新增规模农业项目58个，实际投入38.43亿元。获“三品”（无公害农产品、绿色食品、有机食品）认证31个。全市出口农产品加工企业49家，出口额3.64亿美元，比上年增长43.2%，其中肠衣出口企业39家，出口额3.52亿美元，比上年增长43.4%。年内，如皋市获评全省粮食生产全程机械化示范市。如皋黄酒获批国家地理标志保护产品，长江镇长青社区获评省休闲观光农业示范村，如城街道盆景旅游风情小镇入选省农业特色小镇创建目录，长江药用植物园获评省主题创意农园，白蒲镇蒲新生态园获评省四星级乡村旅游区。全市有省四星级乡村旅游区5家、三星级乡村旅游区10家、二星级乡村旅游点区9家。

工业　2017年，如皋市应税销售收入2000万元以上规模企业845家，完成规模以上工业总产值2259.15亿元，按可比价计算（下同），比上年增长11.9%；新兴产业产值733.74亿元，比上年增长18.6%，占全市规模以上工业总产值32.5%，比上年提高1.6个百分点。全市规模以上工业主营业务收入2233.98亿元，比上年增长11.7%；规模以上工业利润总额137.16亿元，比上年增长6.5%；工业产品产销率99.3%。全部工业应税销售收入1142.36亿元，比上年增长24.7%；全部工业实缴税金40.66亿元，比上年增长17.1%。船舶海工、新材料、高端纺织、新能源及新能源汽车、智能装备、电子信息六大产业实现应税销售总额700.81亿元，比上年增长31.05%；实缴税金总额27.01亿元，比上年增长18.89%。江苏力星通用钢球股份有限公司入围全国第二批制造业单项冠军企业名单，主营产品精密轴承钢球2017年市场占有率位居全球第三、国内第一。

建筑业　2017年底，如皋市拥有特级、一级、二级、三级资质建筑企业分别为3家、26家、99家、76家；注册一级建造师938人、二级建造师2987人。境外建筑业劳务人员2000余人。全市建筑队伍人数25.05万人，遍布全国30个省（区、市）、10余个国家和地区，其中工程技术人员1.72万人。年内，如皋市实现建筑业增加值78.41亿元，按可比价计算（下同），比上年增长9.2%。实现建筑业施工总产值1074亿元，居全省第五位，比上年增长15.3%。一级资质以上企业累计完成施工产值910.5亿元，占施工总产值84.8%。全年建筑企业承建施工面积1.35亿平方米，比上年增长8%。获鲁班奖1项、国优奖2项、省优质工程奖22项。如皋市获评江苏省建筑强市。

服务业　2017年，如皋市实现服务业应税销售（不含小规模纳税人）1030.27亿元，按可比价计算（下同），比上年增长35.52%；实现服务业税收42.51亿元，比上年增长1.11%。完成服务业规模以上投入284.12亿元，比上年增长13%。实现服务业增加值467.45亿元，比上年增长9.1%，占地区生产总值45.6%，比上年提高0.6个百分点。完成社会消费品零售总额376.26亿元，比上年增长10%，其中限额以上消费品零售额137.66亿元，比上年增长5.2%。完成软件服务外包执行额24.8亿元，比上年增长38.86%。实现农林牧渔服务业产值7.89亿元，比上年增长8.1%。年内，如皋港现代综合物流园区获批省级示范物流园区，如皋软件服务外包产业园获批省级生产性服务业集聚示范区。至年底，全市省级服务业集聚区2家（如皋港现代综合物流园、如皋软件外包产业园）。

利用外资及港澳台资　2017年，全市新批外资项目21个，完成工商注册外资3.46亿美元，实现到账外资2.86亿美元。新批港澳台资项目21个，注册资金3.74亿美元，实现到账1.25亿美元。新批项目中，超1000万美元项目29个，超3000万美元项目18个；先进制造业项目34个、现代服务业项目5个，占项目总量92.86%。年末，如皋市与152个国家和地区建立进出口贸易关系，全市有出口超1亿元企业38家。全年完成进出口总值212.54亿元，比上年增长27.5%，其中自营出口总额169.21亿元，比上年增长27.4%。实现外经营业额3.22亿元，比上年下降24.77%。新派出国劳务人员5491人，年末在外劳务人员11371人。新批境外投资企业2家，增资3家，境外投资协议额7000万美元。实现离岸外包执行额5974万美元，比上年增长38.4%。

【项目建设】　2017年，如皋市加大项目建设力度，以"3+3+4"（新能源及新能源汽车、船舶海工、新材料，高端纺织、智能装备、电子信息，大物流、大旅游、大数据、大健康）现代体系为重点，以各类园区为平台，加快提升产业竞争能力、创新能力和配套能力。全年新开工1亿元以上产业项目186个，其中10亿元以上项目19个。完成投资总额188亿元，其中省级重大项目投资41亿元、南通"双百工程"投资147亿元。全年固定资产投资600.27亿元，比上年增长14.3%。其中，工业投资312.19亿元，比上年增长7.3%；第三产业投资262.03亿元，比上年增长24.1%；旅游业投资36.94亿元，比上年增长12.0%。技改投入216亿元，比上年增长7.5%，占规模工业投入68.5%。

【城乡建设】　2017年，如皋市完成综合交通、城市水系等专项规划编制，完成《如皋市城市总体规划（2013~2030）》编制并获省政府批准实施。全年中心城区完成基础设施投入8.92亿元，新建改造道路12条，新增道路9.85千米；铺设雨污管网6.5千米；建成小游园2个，新增绿地60万平方米，城市绿化覆盖率41.2%；新增燃气管道50千米，新增用户0.85万户，年供气量1.61亿立方米；新增自来水管网66.68千米；新装路灯、景观灯1006盏，城市亮化率99%。推进城市交通疏堵工程，启动建设停车场4个，新增停车泊位697个。全年新开工房地产200万平方米，竣工175万平方米。销售商品房211.5万平方米，比上年增长18.7%；商品房销售额119.62亿元，比上年增长97.1%；完成房地产交易税收11.01亿元，占全市一般预算收入15.4%。全年完成交通建设投入10亿元。盐通高铁"如皋南"站获批，通皋大道开工建设，宁启铁路如皋段完成绿化工程。加快镇村建设步伐，城镇化率58.5%。优化国土空间开发格局，新增基本农田储备3162亩、城市周边永久基本农田5377.5亩。年内，如皋市被列入省农村公路"建养一体化"试点市。搬经镇入选全国特色小镇；城北街道平园池村获全国美丽乡村百佳范例奖，跻身省"美丽乡村"建设示范村；城北街道平园池村等3个村（社区）入选省级传统村落保护村庄；如城街道顾庄社区顾家庄、大明社区大缪马和钱长村夏家庄3个村庄（组团）被列为省特色田园乡村建设首批试点村庄。

【生态建设】　2017年，如皋市完成《如皋市生态文明建设规划（2017~2020）》修编并通过专家评审。推进化工企业"四个一批"专项整治，关停化工生产企业42家，化工企业主要污染物总量削减2.5%。禁养区关闭拆除养殖场（户）5101家、182万平方米；加强畜禽养殖场粪便综合利用，推广"沼气工程"模式，建成沼气治理工程90个、种养循环示范点14个，规模化养殖场畜禽粪便综合利用率95%，实现"养—沼—种"生态种养循环。取缔、关闭不达标砖瓦生产企业45家。落实"河长制""断面长制"，与光大水务合作开展全域水环境治理，完成全流域河道污染源核查，整治黑臭河道161条。完成镇级污水处理厂工艺和管网评估19家，推进污水管网建设，新建污水管网42.7千米，改造老旧管网10千米，新建控源截污管网8.7千米。实施重点减排项目28个，其中水体减排项目16个、大气污染减排项目12个；压减粗钢产能80万吨、印染落后产能400万米。至年底，化学需氧量和氨氮排放总量（含工业、生活、农业）分别削减754吨、101吨，二氧化硫和二氧化氮排放总量分别削减970吨、440吨。14家化工、水泥、进口废塑料等重点行业企业实现清洁生产，投入资金9098万元，获经济效益6289万元。打造城市绿色景观核心，完成海阳南路绿化景观提标工程、文化广场海绵体建设工程、茅雉河综合整治一期土建工程，完成如师河东小游园等4个小游园建设。建设沿江生态防护景观带，贯通率90%；新增沿江地区湿地自然保护区面积600公顷，自然湿地保护率52%。拆除沿江27家非法码头港口吊机。打造道路绿网、滨水蓝网和农田林网，新增河道绿化380.6千米（单面），河道绿化率58.5%；新建、更新农田林网面积3333公顷。

【社会事业与民生保障】　社会事业　2017年，如皋市加快教育现代化建设。教育现代化建设水平监测综合得分91.5分；获县级政府教育工作省级督导考核全省第一。普通高考本一上线率53.2%、本二以上上线率98.2%；职教对口高考本科上线660人，占全省本科计划七分之一。实施村卫生室（社区卫生服务站）规范化建设，村卫生室（社区卫生服务站）全部实现公有化。建成村（社区）基层综合文化服务中心203家。建成全国中小学责任督学挂牌督导创新县（市、区）、国家农村职业教育和成人教育示范县、全国群众体育先进单位，通过全国基层中医药工作先进单位复审。

民生保障　2017年，如皋市结对帮扶低收入农户1.63万户，58%建档立卡，低收入人口人均纯收入7000元。调整各类社会保障标准，城乡居民基础养老金由每人每月115元增至125元；企业退休人员养老金人均每月增

9月24~28日，第20届亚洲老将田径锦标赛在如皋市举办。

（许丛军 摄）

资154.32元，调整后人均每月养老金2298.8元；提高医疗救助限额至12万元，累计救助16825人次。实施困难群众救助，拨付危房改造补助资金170万元、困境儿童保障资金78万元、建档立卡低收入户农村合作医疗个人筹资627.21万元。发放重度残疾生活补贴和护理补贴1.83亿元。实施积极就业政策，推进创业就业工程，落实企业稳定岗位补贴资金657.44万元、促进就业专项资金582万元、创业贷款贴息18.75万元，全年新增创业2918人，创业带动就业14595人，劳动力回（外）引6270人，城镇登记失业率为1.87%。创新实施“晚霞行动”，新增女50周岁以上、男60周岁以上人员再就业2万人。推进养老服务体系建设，全年服务低保、重残等80周岁以上困难老人和95周岁以上高龄老人2668人次，累计服务时长6.95万小时。实施老小区改造21万平方米，惠及居民1733户。公共租赁住房保障新就业无房职工356户、外来务工人员1955户，实现应保尽保。

【第20届亚洲老将田径锦标赛】 9月24~28日，由亚洲老将田径联合会主办，中国田径协会、省体育局和如皋市政府共同承办的第20届亚洲老将田径锦标赛在如皋市奥体中心举办。该项赛事首次在县级城市举办，设男子组比赛项目26个、女子组比赛项目23个，19个国家和地区1984名选手参加比赛，其中年龄最大101岁、最小35岁。如皋市老年文体协会组队参加比赛，获金牌6枚、银牌8枚、铜牌4枚。

（姜小燕）

如东县

【概况】 如东县东临黄海，南与通州区为邻，西靠海安县、如皋市。全县总面积1872平方千米，2017年底户籍人口102.79万人，比上年减少7438人；常住人口98.03万人。城镇化率57.89%。辖12个镇、3个街道办事处、47个居委会、209个村。2017年，如东县实现地区生产总值852.5亿元，按可比价计算（下同），比上年增长7.9%。三次产业增加值比例为8.4∶45.9∶45.7。完成一般公共预算收入55.56亿元，比上年增长7%。实现工业应税销售1216亿元，比上年增长21.7%。完成固定资产投资545亿元，比上年增长9%。财政用于民生支出85亿元，比上年增长5%。城镇居民人均可支配收入40416元，农村居民人均可支配收入18683元，比上年分别增长8.8%、9.1%。年内，获评省优秀管理城市、国家卫生县城、全国文明城市提名城市、国家级节水型社会达标县、省村庄生活污水处理试点县。

【经济发展】 农业 2017年，如东县实现农林牧渔业现价总产值148亿元，按可比价计算（下同），比上年增长3.7%。新增高效设施农渔业面积6.96万亩，新认定农渔业龙头企业国家级1家、省级3家，获评首批国家农村产业融合发展示范园。新增高标准农田1.8万亩，总投资6.2亿元。入选国家畜禽粪污资源化利用整县推进专项储备项目单位，全省唯一。新增综合社试点2家，新培育民宿社1家，劳务社2家。新培育市级“五好”示范社16家。建成镇（区）合作社代理记账服务点2个，扶持合作社项目4个，争取上级资金171万元。农村产权交易网络实现15个镇（街道）全覆盖，农村产权交易平台成交项目494个，交易额2.02亿元，资源交易总面积2035万平方米、资产交易面积4.96万平方米，实现溢价总额184.91万元。农村土地确权登记颁证工作全面完成，数据入库29.29万户，占应确权农户98.8%。新建改造农路630千米、农桥219座。农机总动力93.85万千瓦，农业机械化水平85.5%，拥有大中型拖拉机2953辆，联合收割机2398台，插秧机3866台。机插秧面积69.78万亩，机插率81%以上。新增市级粮食烘干中心75家（其中扩建6家），累计116家；新增粮食烘干机408台，累计601台；新增日烘干能力5760吨，粮食产地烘干率40.99%。全年新增农机合作组织6家，建设省级农机库、农机维修点项目3个。

工业 2017年，如东县有规模以上工业企业688家，实现规模工业总产值2161.45亿元，按可比价计算（下同），比上年增长11.97%；规模工业增加值454.61亿元，比上年增长8.1%；全部工业应税销售收入1216.54亿元，比上年增长21.75%；工业入库税金41.43亿元，比上年增长20.39%。工业用电38.29亿千瓦时，比上年增长9.5%。新增应税销售收入1亿元以上企业54家，累计206家。全县158家高新技术产业企业实现产值938.58亿元，比上年增长20.18%，占规模工业比重43.42%；131家新兴产业企业实现产值478.97亿元，比上年增长15.53%，占规模工业比重22.16%。如东县政府与江苏省高投公司合作设立如东县东汇产业发展基金，规模10亿元。新增创业板在会企业1家、IPO入轨企业13家。

建筑业　2017年，如东县建筑业总产值433.9亿元，按可比价计算（下同），比上年增长8.2%。施工面积4440.6万平方米，比上年下降8.9%；竣工面积1298万平方米，比上年下降26.9%，竣工率29.3%，其中住宅竣工面积861.6万平方米，比上年下降40.4%。全县建筑行业从业人员12.07万人，比上年增加2300人。建筑市场分布全国20余个省份和澳门地区，以及阿尔及利亚、日本、新加坡等国家，全年外出施工产值1860万美元。拥有1亿元以上国内市场30个，其中10亿元以上规模市场12个。至年底，有建筑业资质企业175家，其中特级资质企业2家、一级资质企业15家、二级资质企业58家、三级资质企业100家。年内获鲁班奖及国优工程奖2项，扬子杯等省优工程奖17项。获华夏建设科学技术奖1项，创省级工法5项，省级文明工地16项。

服务业　2017年，如东县实现服务业增加值389.9亿元，按可比价计算（下同），比上年增长8.8%，占地区生产总值45.7%。实现服务业应税销售535.8亿元，比上年增长14.3%。完成社会消费品零售总额347.5亿元，比上年增长9.1%；完成批零增值税2.52亿元，比上年增长18.3%。完成服务业固定资产投资233.4亿元，比上年增长14%。完成设备抵扣款5495万元，比上年增长159.8%。有1000万元以上服务业企业330家，1000万～5000万元企业213家，5000万～1亿元企业43家，1亿元～10亿元企业61家，10亿元以上企业13家。其中，江苏中石油国际事业部完成应税销售144.3亿元，为全市唯一超百亿元服务业企业。全年新增规模以上服务业企业30家，新增限上贸易企业35家。年内，小洋口旅游度假区获评江苏水利风景区和十大休闲度假旅游目的地。

开放型经济　2017年，如东县实现进出口总值38.62亿美元，按可比价计算（下同），比上年增长53.8%。其中，出口总值17.66亿美元，比上年增长21.7%；进口总值20.96亿美元，比上年增长97.9%。新批外商投资项目18个，其中1000万美元以上项目11个；新批协议注册外资3.07亿美元，比上年下降58%；实际到账注册外资2.27亿美元，比上年下降22.7%。完成外贸进出口总额240亿元，比上年增长44.3%。如东县政府出资5亿元参股省“一带一路”发展投资基金。与“一带一路”沿线65个国家全部建立贸易往来，完成对外投资超1亿美元。全年新批设立境外企业7家，中方协议投资额1.02亿美元。签约对外承包劳务合同额8679万美元，比上年增长101.5%；完成对外承包劳务营业额5424万美元，比上年增长7.3%；新派劳务人员449人次，比上年增长2.5%；年末在外劳务人员2667人，比上年增长2.7%。

【项目建设】 2017年，如东县开工1亿元以上工业项目95个、服务业项目42个，累计完成投资163.6亿元。总投资450亿元金光高档生活用纸项目和总投资200亿元香江集团东湖旅游区开发项目签约。引进上海或通过上海引进总投资超1亿元项目12个。台中化环己酮和尼龙6项目、福瑞达新材料、天洋热熔胶、爱森丙烯酰胺、森博新材料、万博新材料、氧化石墨烯粉体等新材料项目加快推进和建设。新（扩）建农产品加工项目45个，单体投入超1亿元项目2个，列入市项目农业考核1000万元以上前10个项目，投入5.47亿元。正大肉鸡屠宰项目建成投产。

【科技创新】 2017年，如东县全社会研发投入占地区生产总值2.55%。新认定高新技术企业44家，高新技术产业产值占比42.5%。实施“扶海英才计划”资助科技创新项目3个。列入省重点技术创新项目计划40个。全年新增省级以上企业研发机构6家，省级众创空间2家，省级高新技术产品77项；新建省级工程技术研究中心4家；获江苏省科技进步奖三等奖科技成果1项。通过工业和信息化部“两化融合”管理体系贯标认证企业4家，获评省贯标试点企业3家，获评省级互联网与工业融合创新示范企业、省级试点企业各1家，新认定省级智能车间3个。中天科技无金属自承式光缆（ADSS光缆）获评全国单项冠军产品。至年底，全县建成科技孵化器8家，其中国家级1家、省级4家。全年专利申请量2544件，比上年下降25.2%；专利授权量1147件，比上年下降19.5%。万人发明专利拥有量12.29件，比上年增长12.5%。

【园区建设】 2017年，如东六大园区实现地区生产总值442亿元，比上年增长13.6%，占全县51.8%；公共财政预算收入29.6亿元，占全县53.2%；工业应税销售收入771亿元，占全县63.4%。其中，沿海经济开发区、如东开发区、如东高新区工业应税销售收入均超200亿元。六大园区开工1亿元以上工业项目70个，占全县73.68%；竣工1亿元以上工业项目25个，占全县73.5%；实现1000万元以上工业投入266亿元，占全县72%；实现1000万元以上服务业投入115亿元，占全县70%。洋口港经济开发区围绕“四个一”（一枚印章管审批、一支队伍管执法、一个平台管信用、一张网络管服务）推进筹建工作。如东开发区大唐恩智浦保税仓库通过如东海关验收，实现如东保税载体零突破。洋口镇入选省新一轮经济发达镇行政管理体制改革名单。如东开发区与上海青浦工业园区签约共建。洋口港经济开发区与上海有色金属行业协会签订合作框架协议书，与上海青浦共建洋口港青浦产业园。沿海经济开发区成立复旦大学科技成果转化基地、上海医工院技术研究中心中试基地。南通外向型农业综合开发区创立上海农科院国家蛋品营养研究中心。沿海经济开发区加快静脉产业园建设，小洋口旅游度假区温泉水世界、海韵城等重点旅游项目加快建设。栟茶镇入选第二批全国特色小镇。

【生态建设】 2017年，如东县空气环境质量优良天数277天，PM2.5平均浓度比上年下降11.7%。新增绿化造林870公顷，森林覆盖率24.37%。新增城市公共绿地16.14万平方米，城镇绿化覆盖率42.38%。全县畜禽禁养区706家规模养殖场全部关闭或搬迁。开展“全国畜禽粪污资源化利用整县推进”工作，规范整治南美白对虾养殖。疏浚农村河道260千米，新建污水管网30.7千米，城镇污水达标处理率87.2%，用水普及率、生活垃圾无害化处理率均为100%。获评国家级节水型社会达标县、省村庄生活污水处理试点县。全县规模以上工业企业万元产值能耗下降6.62%，七大高耗能行业产值占比下降1.5个百分点，应税销售耗电下降8.92%。

【社会事业与民生保障】 社会事业　2017年，如东县新中医院、洋口港实验学校等建成投入使用；县文体中心、人民医院外科大楼、掘港中学迁建等民生工程有序推进。全县有小学44所、普通初中22所、普通高中4所、中等职业教育学校1所、特殊教育学校1所，在校生57464人。新增幼儿园5所，幼儿园总数51所，在园幼儿15160人。全县公办园占比76.5%，省优质园占比78.8%。有医院、卫生院58个，妇幼保健所1个。全县卫生机构床位数4062张，卫生技术人员4485人。有疾病预防控制中心1个，卫生技术人员61人；卫生监督所1个，卫生技术人员24人。累计建成农村社区卫生服务站、村卫生室243个，行政村覆盖率100%。农村自来水普及率100%。有文化馆1个，文化站15个，公共图书馆1个，“农家书屋”256个，获评江苏省农家书屋提升工程试点工作示范县。全县有市级以上文物保护单位3处，市级以上非物质文化遗产12项，其中国家级1项、省级3项。自来水综合生产能力每日25万立方米，水质综合指标合格率100%。县城燃气普及率98.4%，城市道路亮灯率95%。

民生保障　2017年，如东县提供就业岗位4.78万个，新增城镇就业人数8193人，城镇失业人员再就业4108人。新增转移农村劳动力10055人，新建益农信息服务社207家。就业困难人员再就业459人，城镇登记失业率低于1.7%。年末，全县参加职工基本养老保险人数16.86万人，比上年增加0.52万人；参加失业保险人数8.46万人，比上年增加0.34万人；参加职工基本医疗保险人数20.18万人，比上年增加2.34万人；参加工伤保险人数12.8万人，比上年增加0.86万人；参加生育保险人数7.2万人，比上年增加0.84万人。全县城镇居民人均住房建筑面积55.7平方米，比上年增长1.1%；农村居民人均住房面积63平方米，比上年增长4.1%。年末有各类养老床位总数（含社区养老）10882张。有各类养老机构28家，床位数7860张。全县新增低收入农户252户485人，实施建档立卡户危房改造518户，脱贫3948户6311人，累计脱贫率58%。年末农村特困人员（五保户）5118人，城镇特困人员（三无）41人，城镇低保319户448人，农村低保4980户7312人。

（周云霞）

海门市

【概况】 海门市位于南通市域中部偏东，东接启东市，东北濒临黄海，东南角部分与上海市崇明区接壤，西、北与通州区相邻。全市总面积1148.71平方千米，辖3个街道、9个镇、63个社区、231个村。2017年底，全市户籍人口99.82万人，比上年底减少0.28万人。全市实现地区生产总值1135.9亿元，按可比价计算（下同），比上年增长7.7%，人均地区生产总值12.5万元，比上年增长7.6%。全年实现一般公共预算收入72.5亿元，比上年同口径增长8.6%。全市居民人均可支配收入3.3万元，比上年增长9.8%。其中，城镇居民人均可支配收入4.4万元，农村居民人均可支配收入2.3万元，比上年分别增长9%、9.3%。6月，海门政务服务网上大厅与江苏省政务服务网对接联网，在全省县级市率先实现“网上办事、指尖办公”，建立江苏政务服务网“海门综合服务旗舰店”，全年“不见面审批”事项1200余件，占比超92%。12月，国内唯一以江海文化为主题的省级国家中型主题博物馆——江海博物馆建成试运行。海门市获评省首批书香城市，跻身全国首批“四好农村路”示范县。

【经济发展】 农业　2017年，海门市实现农业总产值99.99亿元，按可比价计算（下同），比上年增长3.2%；农业增加值62.91亿元，比上年增长3.1%。全市农业“三品一标”总数432个，其中无公害农产品395个、绿色食品20个、有机食品12个、地理标志农产品5个。高标准农田比重67.1%，家庭农场745个，农民专业合作社1137个。举办海门农产品微电商发展论坛、枇杷文化旅游节、海门市农业对接服务上海招商推介会等农业对接服务上海合作交流活动6次，邀请上海客商考察交流500余人次。农业项目吸引上海投资14.05亿元，全市农产品在上海销售额超30亿元。三厂山羊文化小镇获省农委列入农业特色小镇名录。

工业　2017年，海门市实现规模以上工业增加值467.12亿元，按可比价计算（下同），比上年增长8%。全年实现应税销售775.3亿元，比上年增长21.7%；完成入库税金38亿元，比上年增长16.5%；完成规模工业产值2163.3亿元，比上年增长4.5%；完成新兴产业产值768.9亿元，比上年增

江海博物馆全景。　（戴跃华　摄）

长5.7%。南通振康焊接机电有限公司“机器人RV减速机数字化车间”获批工业和信息化部2017年智能制造综合标准化与新模式应用项目。完成高新技术产业产值1264.3亿元，比上年增长7.8%，占规模工业总产值58.4%。全市工业骨干企业总数238家，实现应税销售481.1亿元，当年入库税金2000万元以上企业43家、1000万～2000万元企业22家、500万～1000万元企业62家。

建筑业　2017年，海门市有资质建筑企业170家。其中，特级资质建筑企业4家，一级资质建筑企业52家，二级资质建筑企业45家。全市建筑业施工人数30.88万人。全年完成建筑业总产值1728.59亿元，按可比价计算（下同），比上年增长11.4%。全年施工面积1.58亿平方米，比上年增长8.5%；竣工面积0.37亿平方米，比上年下降7.9%。南通三建、中南集团、龙信集团3家企业入围2017年中国企业500强，中联世纪晋升特级资质，新增鲁班奖、国家优质工程奖各3项。年内获评全国首批装配式建筑示范城市。

服务业　2017年，海门市实现服务业增加值516.8亿元，按可比价计算（下同），比上年增长7.4%，占地区生产总值45.5%。完成服务业投资261.6亿元，比上年增长11%；完成服务业应税销售356.7亿元，比上年增长9.3%；完成限额以上社会消费品零售总额117亿元，比上年增长5.9%。净增应税销售超1000万元服务业企业97家，新增规模以上服务业企业22家。新增境外上市企业1家、“新三板”挂牌企业4家，累计有上市（挂牌）企业19家。有各类银行22家，金融机构本外币存款余额1433.7亿元，比上年增长4%，住户存款余额813.3亿元，比上年增长5.5%。发展港口物流产业，打造海门港、江海港和叠石桥“无水港”三港联动开放格局。全年，海门市实现旅游收入37.5亿元，累计接待游客405.8万人次，比上年分别增长16.8%、16.3%。张謇文化旅游景区通过江苏省旅游资源规划开发质量评定委员会资源评审，列入2018年国家AAAA级旅游景区创建名单，金盛生态度假村通过省五星级乡村旅游区资源评审，天籁村生态主题庄园、都市玫瑰园获评省三星级乡村旅游区，蚵岈山1号俱乐部获评省级自驾游基地。

开放型经济　2017年，海门市进出口总额345.48亿元，按可比价计算（下同），比上年增长34%。其中，出口额324.06亿元，比上年增长37.5%；进口额21.42亿元，比上年下降3.4%。新批外资项目27个，新批增资项目7个，其中1000万美元以上项目15个。实际到账注册外资2.93亿美元，比上年增长6.6%。新批境外投资企业8家，境外投资中方协议投资额1.31亿美元，比上年下降6.4%。深化市场采购贸易方式试点，家纺产业销售额突破1000亿元。新签对外承包劳务合同额3.13亿美元，比上年下降27.6%；完成对外承包劳务营业额7.89亿美元，比上年增长8.9%；新派劳务人员645人，比上年减少700人；年末在外劳务人员5475人，比上年减少374人。

【项目建设】 2017年，海门市新签超1亿元项目248个，其中10亿元以上重特大项目31个。新开工1亿元以上产业项目166个。其中，工业项目112个，完成投资额61.7亿元；服务业项目54个，完成投资额93.8亿元。謇公湖科创中心、大生创业园、银庭现代家纺产业园、临江新区现代医疗器械产业科技加速中心等13个10亿元以上重特大产业项目开工，建设振康机器人、中联风能实验室、当升材料科技、通光海底线缆、中兴精密五轴联动加工中心等优质项目。通海港区集装箱物流项目水域部分工程完成，海门港5万吨级通用码头平稳运营。

【城乡建设】 2017年，海门市建成区面积28.8平方千米。人均拥有道路面积20.97平方米。年内新增建成区绿化面积53.52公顷，建成区绿化覆盖率39.9%。市区新增园林绿地面积6.55公顷，园林绿地面积348.13公顷。全年新安装路灯336盏，路灯总数2.76万盏。城区污水日处理能力12万立方米，年污水处理总量3074万立方米。年内新增供水管道61.41千米，新增用户2030户，全年供水总量3582.83万立方米，售水量2993.71万立方米。全市液化气用气普及率100%。天然气供气管道长度478.49千米，用气人口30.36万人。

【生态建设】 2017年，海门市区环境质量保持稳定，环境空气主要污染物二氧化硫、二氧化氮、PM2.5每立方米浓度分别为0.017、0.024、0.037毫克。全年环境空气质量指数良好以上天数296天。区域环境噪声平均值53.8分贝，交通干线噪声平均值68.4分贝。出台全市生态红线区域保护规划，依法关停化工企业26家、关停整顿砖瓦生产企业26家；完成10蒸吨及以下燃煤锅炉整治143台、化工企业挥发性有机物整治42家。拆除禁养区内畜禽养殖场87家，畜禽养殖场粪便综合利用率98%。完成19个试点村拉网式农村环境综合整治工程，完成主管网建设31.6千米，支管网建设23千米，塑料井2106个，砖砌井2290个，污水处理设施12个，进户4334户。开展“农村环境百日整治”“沿主要道路、河道两侧环境整治”活动，全市垃圾无害化处理率100%。

【社会事业与民生保障】 社会事业　2017年，海门市推进养老机构建设。市养老中心建筑面积2.8万平方米，床位640张；三厂弘謇养老服务中心建筑面积1.5万平方米，年内完成装修工程及设备配置；海永红磡养老产业基地二期建成，新增养老床位300张，煜雅颐养老年公寓新增床位70张。至年底，有各类托老机构43家，床位7252张，入住老人3427人。深化教育综合改革，组建教育集团4家。启动实施教育装备提升工程三年行动计划。第一实验小学、新教育小学、能仁小学、实验初中4所新建学校投入使用。本一、本二上线率分别高于全省平均上线率24.5、23.7个百分点，清华大学、北京大学达线17人。推进医疗卫生体制改革，三级医疗服务体系逐步完善，基层卫生院总诊疗人次增长12.48%。人民医院新院土建主体结构完成，临江新区卫生院建成投入使用。建成国家级卫生镇2个、省级卫生镇5个。公共文化体育服务体系建设全省领先，获评全国群众体育先进单位、省首批

“书香城市”。足球小镇入围省首批特色小镇创建名单。

民生保障 2017年，海门市民生支出占一般公共预算支出78%。城乡基本养老保险覆盖率98.3%，养老保险基金收入22.64亿元，比上年增长5.6%。城乡基本医疗保险覆盖率98.97%，医疗保险收入16.12亿元，比上年增长34%。失业保险覆盖率98.75%，城镇失业保险参保12.21万人，比上年增长1%。年末城镇登记失业率1.79%。城乡居民基本养老保险基础养老金最低标准由每人每月115元提高至125元。城乡居民医保人均财政补助最低标准提高至每人每年650元。创业服务中心投入运行，全年开展创业培训1093次，发放创业担保贷款2124万元，新增创业人员2018人，带动就业人员1.2万人。实施全民参保登记计划，城乡居民基本医疗保险整合并轨运行。年内，职工医保和居民医保在政策范围内住院医疗费用报销比例分别为82%和72%。城乡低保标准实现一体化。开展精准扶贫，省建档立卡低收入户累计脱贫率71.9%。

（丁强强）

建设中的启东恒大五国温泉城。 （潘 杨 摄）

启东市

【概况】 启东市位于南通市域东部，东临黄海，西与海门市相连，南侧与上海市崇明区隔江相望，部分地段与之接壤。全市总面积1208平方千米，辖12个镇。至2017年底，全市户籍总人口111.59万人，比上年底减少3602人。人口自然增长率为-2.27‰。常住人口95.18万人，城镇化率59%。2017年，启东市实现地区生产总值989.5亿元，按可比价计算（下同），比上年增长7.7%。按常住人口和户籍人口计算，全市人均地区生产总值分别为103950元和88530元。三次产业比例为7∶48∶45。全市实现一般公共预算收入71.13亿元，比上年增长0.1%，其中税收收入53.73亿元，比上年下降2.2%，税收占比75.5%。全市居民人均可支配收入31208元，比上年增长9.7%。其中，城镇居民人均可支配收入40759元，比上年增长9%；农村居民人均可支配收入21691元，比上年增长9.1%。全市居民人均生活消费支出23292元，比上年增长6.9%。城乡居民人均住房面积分别为46.3平方米和65.2平方米。至年底，启东市在全国综合竞争力百强县市中列第23位。新增省农业特色小镇3个，获评全国平安渔业示范县。

【经济发展】 农业 2017年，启东市实现农林牧渔业总产值137.94亿元，比上年增长4.7%。全年粮食播种面积110.66万亩，比上年增长3.9%；粮食总产量27.81万吨，比上年增长6.4%。全年猪牛羊禽肉产量5.58万吨，比上年下降1.5%；禽蛋产量2.03万吨，比上年下降3.2%；水产品产量35.95万吨，比上年下降1.2%。新扩建农业项目118个，其中新扩建农产品加工类项目53个；新增高效设施农业面积1.5万亩；建设高标准农田19万亩。“绿皮蚕豆”“沙地山药”获评国家农产品地理标志。

工业 2017年，启东市列全国工业百强县市第24位，全年实现规模以上工业总产值1874.15亿元，按可比价计算（下同），比上年增长11.8%。“三优三新”（海工及重装备、电力及能源装备、精密机械及电子三大优势产业集群，新材料、新医药和通用航空三大新兴产业集群）产业产值占规模工业总产值77%，比上年提高1.3个百分点。全年新增规模工业企业45家，净增应税销售2000万元以上企业105家。50强企业应税销售正增长面达68%。全年新增上市挂牌企业5家，林洋新能源通过国家“两化融合”管理体系贯标评定，神通阀门获评省“两化深度融合”创新示范企业。全市获质量管理体系认证企业82家，新增国标委工作组2家，申报省级名牌产品15个、著名商标8件。

建筑业 2017年，启东市完成建筑业总产值816.7亿元，比上年增长6.4%，第六次同一年度获评鲁班奖、国优奖、詹天佑奖3项国家级优质工程奖。全年房屋建筑施工面积7841万平方米，比上年增长8.5%，其中新开工面积3158万平方米，比上年增长33%；房屋竣工面积2006万平方米，比上年增长28%；竣工产值546.8亿元，比上年增长4.1%。

服务业 2017年，启东市实现社会消费品零售总额352.97亿元，比上年增长8.8%。分地区看，城镇消费品零售总额241.11亿元，比上年增长8.8%；乡村消费品零售总额111.86亿元，比上年增长8.6%。在限额以上批发零售企业零售总额中，出行类商品零售总额比上年增长10.9%；家居类零售总额比上年增长2.6%；大众消费类和文化及消费升级类商品零售总额分别比上年下降1.9%和5.3%。恒大五国温泉城、绿地长岛梦幻岛2个项

市民在"漂流书屋"借阅书籍。　　（姜雨蒙　摄）

目纳入2017年江苏省50个重大旅游项目库；惠萍水果小镇列入省旅游风情小镇创建培育名单；江天生态园通过省五星级乡村旅游区资源评审；金港农庄、印象沙地分别获评省四星级、五星级乡村旅游区。全年接待游客455.21万人次，实现旅游总收入58.96亿元。

开放型经济　2017年，启东市实现进出口贸易总额169.87亿元，比上年下降14.5%。其中，出口总额138.57亿元，比上年下降20.5%；进口总额31.3亿元，比上年增长28%。累计总投资超3000万美元重大外资项目28个，比上年增长115.4%。其中总投资超1亿美元外资项目7个，比上年增长133.3%。日立金属、雅威科技、新城万博、国瑞置业、恒大童世界、新湖置业、龙信置业7个项目获南通市认定为外资大项目。全年新批境外投资企业2家，完成中方协议投资额2166万美元；实现对外承包劳务营业额3188万美元。至年底，启东市与154个国家和地区建立进出口贸易关系，有进出口业绩企业350家，比上年增长2%。

【招商引资】 2017年，启东市引进并开工建设1亿元以上项目59个，其中10亿元以上内资项目6个（国动通信、长泰海滨城、霓辉物流、武船重工、港龙家居、中集太平洋），1亿美元以上外资项目2个（雅威科技、新城万博）。

【城乡建设】 2017年，启东市加快丁仓港路北延、永兴路东段等交通干线道路建设，推进345国道启东段和335省道吕四改线段前期工作，宁启铁路启东段完成工程量90%，海启高速启东段土路基部分完成90%。加快区域供水通久线、崇启线建设。推进"西气东输"工程建设。新安变35千伏线路改造工程完工，110千伏久隆输变电工程、国信热电热电联产项目开工建设，推进110千伏匡吕线、汇志线改造及农网升级改造工程。

【生态建设】 2017年，启东市淘汰燃煤锅炉234台。落实"河长制"，推进河道、水系治理。全年新增成片造林绿化面积1233.33公顷、新增城市绿地面积66.7万平方米。森林覆盖率、城市绿化覆盖率分别为35%和41.8%。全市空气质量优良天数282天，优良率81.5%，PM2.5平均浓度比上年下降14.6%。集中式饮用水备用水源地水质达标率100%。圆陀角滨海湿地获批省级湿地公园，吕四港镇获评"中国最美渔村"。

【文化社会事业】 2017年，启东市有文化馆1个、公共图书馆1个，图书总藏量60余万册。全市12个镇综合文化站、72个农家书屋完成一卡通系统硬件建设。"共乐东疆"百项文体活动开展率近85%，活动场次3400场，参与人数近70万人次。20余个"漂流书屋"、24小时自助数字图书馆投入使用。启东版画先后在第32届伦敦国际原创版画博览会、香港版画协会四十周年纪念展上展出。李新勇《风乐桃花》第三版加印上市，获评江苏省优秀版权作品二等奖。全市有医疗卫生机构425家，执业（助理）医师2163人、注册护士2078人，每千人拥有卫技人员4.7人、床位数4.19张。60岁以上老年人免费健康体检率90.2%，全市数字化儿保门诊建成率72.7%，规范化妇保门诊建成率63.6%。全市基层首诊、分级诊疗、双向转诊、急慢分治就医新格局逐步形成，人均基本公共卫生服务项目补助提高到80元。

（陆金红）

新任市领导

【黄巍东】 黄巍东，男，1961年11月出生，汉族，江苏启东人，省委党校研究生学历，1983年1月加入中国共产党，1983年8月参加工作。1979年9月至1983年8月南京大学经济系经济学专业学习；1983年8月至1985年5月南通市委党校经济学教师，干训班年级副主任；1985年5月至1987年6月南通市委组织部干部、副科级组织员（其间：1986年12月至1987年6月借调江苏省委组织部工作）；1987年6月至1989年9月江苏省委组织部干部、副科级组织员；1989年9月至1990年9月南通市委办公室副科级秘书；1990年9月至1994年2月南通市委办公室正科级秘书；1994年2月至1995年4月南通市委办公室主任助理；1995年4月至1996年1月南通市政府富民港办事处常务副主任（副处级，主持工作）；1996年1月至1996年7月南通市经济技术开发区党工委委员，党工委、管委会办公室主任；1996年7月至2000年12月南通市经济技术开发区党工委委员、管委会副主任（其间：1997年9月至1999年5月参加南京大学国际商学院国际工商管理专业研究生班学习）；2000年12月至2001年5月南通市科委副主任、党组副书记（正处级）；2001年5月至2003年3月南通市科技局局长、党组书记（其间：2002年8月至2003年1月江苏省第六期高级管理人才经济研究班赴美培训）；2003年3月至2008年11月南通市委副秘书长、办公室主任（其间：2002年9月至2004年1月省委党校政治经济学专业研究生学习毕业）；2008年11月至2009年12月南通市委秘书长、办公室主任；2009年12月至2010年2月南通市委常委、秘书长、办公室主任；2010年2月至2016年5月南通市委常委、秘书长；2016年5月至2016年6月南通市委副书记、秘书长，市委党校校长、市社会主义学院院长；2016年6月至2016年9月南通市委副书记，市委党校校长、市社会主义学院院长；2016年9月至2017年2月南通市政协党组书记；2017年2月起南通市政协主席、党组书记。省第十三次党代会代表、省政协十一届委员，十二届南通市委委员、市第十二次党代会代表、市十五届人大代表。

【庄中秋】 庄中秋，男，1963年8月出生，汉族，江苏张家港人，大学学历，1989年5月加入中国共产党，1984年8月参加工作。1980年9月至1984年8月南京师范大学中文系中文专业学习；1984年8月至1991年3月张家港县（市）党史办办事员；1991年3月至1992年10月张家港市委政研室秘书科秘书；1992年10月至1993年9月张家港市委政研室秘书科副科长；1993年9月至1994年3月张家港市委政研室调研科科长（副科级）；1994年3月至1995年3月张家港市委办公室秘书科科长；1995年3月至1995年6月张家港市委办公室副主任（正科级）；1995年6月至2000年7月张家港市委办公室副主任、市保密局局长（其间：1996年9月至1998年7月苏州大学财经学院经济管理专业研究生课程进修班学习）；2000年7月至2001年6月张家港市晨阳镇党委书记、人大主席，农工商总公司董事长；2001年6月至2004年9月张家港保税区管委会副主任、党工委委员（正处级）（其间：2001年6月至2004年6月援藏任拉萨市林周县委书记）；2004年9月至2008年4月张家港市委副书记（正处级）；2008年4月至2011年5月苏州市纪委副书记；2011年5月至2016年9月南通市委常委、市纪委书记；2016年9月至2017年2月南通市人大常委会党组副书记；2017年2月起南通市人大常委会副主任、党组副书记。江苏省第十三次党代会代表，十二届市委委员、市第十二次党代会代表、市十五届人大代表。

【刘　浩】 刘浩，男，1973年5月出生，汉族，江苏邳州人，在职研究生学历，硕士学位，1994年1月加入中国共产党，1996年8月参加工作。1992年9月至1996年8月，南京大学国际经济贸易学院国际贸易专业学习；1996年8月至2000年4月江苏省委办公厅综合处、经济处科员；2000年4月至2003年12月江苏省委办公厅经济处助理秘书（其间：2000年12月至2003年5月南京大学与荷兰马斯特里赫特管理学院联合办学工商管理专业在职研究生学习）；2003年12月至2005年12月江苏省委办公厅经济处秘书；2005年12月至2008年7月江苏省委办公厅经济处副处级秘书、副调研员；2008年7月至2011年7月江苏省委办公厅综合处副处长；2011年7月至2016年9月江苏省委办公厅综合处处长；2016年9月至2017年7月江苏省委研究室副巡视员；2017年7月至2017年8月南通市委常委；2017年8月起南通市委常委、宣传部部长，市社科联主席。

【孙建华】 孙建华，男，1960年7月出生，汉族，江苏如皋人，省委党校研究生学历，硕士学位，1985年6月加入中国共产党，1977年7月参加工作。1977年7月至1980年9月如皋县胜利公社西燕大队插队；1980年9月至1982年9月如皋县新华书店工作；1982年9月至1986年7月苏州大学财经学院财政专业学习；1986年7月至1990年12月南通市财政局工作；1990年12月至1993年12月南通市财政局财政研究所副所长；1993年12月至1994年12月南通市财政局预算科副科长、财政研究所副所长；1994年12月至1998年8月南通市财政局预算科科长；1998年8月至1999年12月南通市财政局局长助理、预算科科长（其间：1997年3月至1999年4月苏州大学经济管理专业研究生课程班学习）；1999年12月至2002年11月南通市财政局副局长、党组成员（2002年8月高级会计师）；2002年11月至2003年1月启东市委副书记，市政府常务副市长；2003年1月至2006年1月启东市委副书记，市政府常务副市长、党组副书记（其间：2002年9月至2004年1月省委党校世界经济与政治专业研究生学习）；2006年1月至2006年2月启东市委副书记，市政府代市长、党组副书记；2006年2月至2006年3月启东市委副书记，市政府市长、党组副书记；2006年3月至2008年2月启东市委副书记，市政府市长、党组书记；2008年2月至2008年4月启东市委副书记（主持市委工作），市政府市长、党组书记；2008年4月至2010年1月启东市委书记（其间：2006年10月至2008年9月长江商学院学习，获高级管理人员工商管理硕士学位）；2010年1月至2011年1月启东市委书记、市人大常委会主任；2011年1月至2012年6月启东市委书记，市人大常委会主任、党组书记；2012年6月至2012年9月南通市政府副市长、党组成员，启东市委书记，启东市人大常委会主任、党组书记；2012年9月至2017年2月南通市政府副市长、党组成员；2017年2月起南通市人大常委会副主任。市第十二次党代会代表。

【董正超】 董正超，男，1963年2月出生，汉族，江苏泗阳人，研究生学历，博士学位，2003年12月加入中国民主促进会，1986年8月参加工作。1982年9月至1986年8月北京师范大学物理系物理专业学习；1986年8月至1992年9月淮阴师范专科学校物理系教师；1992年9月至1995年7月南京大学凝聚态理论物理专业硕士研究生学习；1995年7月至1999年2月淮阴师范专科学校物理系教师；1999年2月至2003年2月淮阴师范学院物理系教师（其间：2000年2月至2003年2月南京大学凝聚态理论物理专业博士研究生学习，2001年2月至2002年1月香港大学物理系访问学者）；2003年2月至2005年3月淮阴师范学院物理系副主任（2003年8月教授）；2005年3月至2008年11月淮阴师范学院物理系主任（其间：2003年9月至2006年6月南京大学电子科学与技术专业博士后研究，2006年11月民进淮安市委副主委，2008年1月淮安市人大常委会委员）；2008年11月至2011年10月南通大学副校长（2009年10月二级教授）；2011年10月至2017年2月民进南通市委主委，南通大学副校长；2017年2月起南通市人大常委会副主任，民进南通市委主委，南通大学副校长。江苏省政协十一届委员、民进九届江苏省委常委。

【黄卫成】 黄卫成，男，1962年7月出生，汉族，江苏南通人，省委党校研究生学历，1984年7月加入中国共产党，1984年8月参加工作。1981年9月至1984年8月南通师范专科学校中文科学习；1984年8月至1985年5月南通市生物化学制药厂工作、专职团总支书记；1985年5月至1986年5月南通市委组织部干部一科工作（其间：1986年3月至1986年5月南通市委党校青年干部班学员）；1986年5月至1987年6月南通市委组织部审干办公室工作人员；1987年6月至1990年4月南通市委组织部审干办公室副科级组织员；1990年4月至1992年11月南通市委组织部干部培训科副科级组织员（其间：1988年9月至1991年7月省委党校干部函授学院行政管理专业本科学习）；1992年11月至1993年9月南通市委组织部干部培训科副科长；1993年9月至1998年9月南通市委组织部干部培训科副科长、正科级组织员（1994年12月政工师）；1998年9月至2001年11月南通市委组织部干部调查审理科科长（其间：1997年9月至1999年7月苏州大学世界经济专业研究生课程进修班学习）；2001年11月至2002年1月南通市委组织部干部调查审理科科长、市党员电化教育中心主任；2002年1月至2004年12月南通市委组织部副部长、市委组织员办公室主任、市党员电化教育中心主任（其间：2002年9月至2004年1月省委党校政治经济学专业研究生学习，2004年3月至2004年5月省委党校第21期县处级干部进修班学习，2004年5月至2004年7月借调中组部组织局工作）；2004年12月至2005年7月南通市委组织部副部长、市委组织员办公室主任、市党员电化教育中心主任；2005年7月至2006年7月南通市委组织部副部长、市党员电化教育中心主任；2006年7月至2008年2月南通市委组织部副部长；2008年2月至2012年2月南通市委组织部副部长、市委新经济新社会组织工作委员会书记；2012年2月至2017年2月南通市委组织部常务副部长、市编办主任；2017年2月起南通市人大常委会副主任，市委组织部常务副部长、市编办主任；2017年2月至2017年5月南通市人大常委会副主任，市委组织部常务副部长；2017年5月起南通市人大常委会副主任。十二届市委委员、市第十二次党代会代表、市十五届人大代表。

【葛玉琴】 葛玉琴，女，1963年10月出生，汉族，江苏南通人，省委党校研究生学历，1985年6月加入中国共产党，1979年11月参加工作。1979年11月至1982年3月南通市绣衣二厂缝纫车间工人；1982年3月至1988年4月南通市绣衣二厂幼儿教师，团支部副书记、书记（其间：1981年9月至1985年12月南通市工人业余大学汉语言文学专业大专学习）；1988年4月至1991年6月南通市绣衣二厂工会主席；1991年6月至1992年4月南通市绣衣二厂党支部副书记；1992年4月至1994年11月南通华翔皮塑制品有限公司党支部副书记；1994年11月至1994年12月南通华翔皮塑制品有限公司副总经理、党支部副书记（其间：1992年8月至1994年12月中央党校函授学院经济专业本科学习）；1994年12月至1997年4月南通华翔皮塑制品有限公司总经理、党支部书记；1997年4月至1998年8月南通华翔皮塑制品有限公司董事长、总经理、党支部书记；1998年8月至2000年12月南通市轻工业局局长助理，南通华翔皮塑制品有限公司董事长、总经理、党支部书记（2000年8月高级政工师）（其间：1997年9月至1999年7月苏州大学世界经济专业研究生课程进修班学习）；2000年12月至2001年9月海安县委常委、宣传部部长；2001年9月至2003年8月海安县委常委、宣传部部长，县文联主席；2003年8月至2006年6月海安县委常委、组织部部长（其间：2001年9月至2004年7月省委党校政治经济学专业研究生学习）；2006年6月至2007年11月崇川区委常委，区政府常务副区长、党组副书记；2007年11月至2007年12月崇川区委副书记，区政府代区长、党组书记；2007年12月至2008年6月崇川区委副书记，区政府区长、党组书记；2008年6月至2013年2月崇川区委副书记，区政府区长、党组书记，狼山风景名胜区党工委书记、管委会主任；2013年2月至2013年12月南通市总工会党组书记、副主席；2013年12月至2017年2月南通市总工会主席、党组书记；2017年2月起南通市人大常委会副主任，市总工会主席、党组书记。江苏省十二届人大代表，十二届市委委员、市第十二次党代会代表、市十五届人大代表。

【陆卫东】 陆卫东，男，1968年3月出生，汉族，江苏海门人，省委党校研究生学历，1987年1月加入中国共产党，1987年8月参加工作。1984年9月至1987年8月南通师范学校普师班学习；1987年8月至1990年7月南通师范学校教师；1990年7月至1994年9月共青团海门市委干事、学少部副部长；1994年9月至1997年5月共青团海门市委副书记（其间：1993年10月至1995年10月兼任海门市三阳镇镇长助理、龙北村党支部副书记）；1997年5月至1998年10月共青团海门市委书记、党组书记；1998年10月至1999年12月海门市天补镇党委副书记、镇长（其间：1997年7月至1998年12月挂职任陕西省长武县县长助理）；1999年12月至2000年12月海门市天补镇党委书记；2000年12月至2002年11月通州市副市长；2002年11月至2006年6月启东市副市长（其间：2001年9月至2004年7月省委党校政治经济学专业研究生学习）；2006年6月至2007年4月启东市委常委、副市长；2007年4月至2007年12月启东市委常委、副市长，启东开发区党工委书记；2007年12月至2008年6月启东市委常委，市政府常务副市长、党组副书记，启东开发区党工委书记；2008年6月至2011年6月启东市委常委，市政府常务副市长、党组副书记；2011年6月至2012年3月海安县委副书记，县政府代县长、党组书记；2012年3月至2013年12月海安县委副书记，县政府县长、党组书记；2013年12月至2014年6月海安县委书记，县政府县长、党组书记；2014年6月至2017年2月海安县委书记；2017年2月至2017年9月南通市政府副市长，海安县委书记。2017年9月起南通市政府副市长。党的十九大代表，江苏省第十三次党代会代表、江苏省十二届人大代表，十二届市委委员、市第十二次党代会代表、市十五届人大代表。

【吴永宏】 吴永宏，男，1969年2月出生，汉族，江苏如皋人，研究生学历，博士学位，1996年12月加入中国共产党，1991年8月参加工作。1987年9月至1991年7月苏州大学财经学院财政专业学习；1991年8月至1996年4月如皋市财政局国资科、预算科办事员；1996年4月至1997年10月如皋市财政局农发办副主任（其间：1995年9月至1997年8月苏州大学行政管理专业研究生课程进修班学习，1997年5月如皋市高明乡财政所副所长）；1997年10月至1999年11月如皋市财政局农财农税科副科长（其间：1997年3月至1998年3月挂职任如皋市高明乡刘岱村村民委员会副主任）；1999年11月至2000年4月如皋市财政局局长助理；2000年4月至2001年2月如皋市财政局副局长、党组成员，市国资局副局长、党组成员（其间:1998年5月至2000年5月如皋市花园乡党委副书记）；2001年2月至2002年8月如皋市柴湾镇党委副书记、镇长；2002年8月至2002年10月如皋市柴湾镇党委书记、镇长；2002年10月至2004年3月南通市审计局副局长、党组成员;2004年3月至2008年12月南通市经济贸易委员会副主任、党组成员，市乡镇企业管理局副局长（2004年11月高级审计师，2004年12月高级会计师）（其间：2001年9月至2004年6月苏州大学管理学院行政管理专业硕士研究生学习，2004年5月兼任市民营经济发展办公室副主任、服务组组长，2005年6月兼任市民营经济发展办公室副主任）；2008年12月至2009年2月南通市经济贸易委员会副主任、党组成员，市乡镇企业管理局副局长（正处级）；2009年2月至2010年4月南通市经济贸易委员会副主任、党组成员，市乡镇企业管理局副局长兼市政府驻西南办事处主任；2010年4月至2011年5月南通市经济和信息化委员会副主任、党组成员，市政府驻西南办事处主任（其间：2008年8月至2010年6月南通市对口援建四川绵竹新市地震灾区指挥部总指挥、党委书记）；2011年5月至2011年6月南通市经济和信息化委员会副主任、党组成员（正处级）；2011年6月至2012年2月南通市崇川区委常委、常务副区长（正处级）；2012年2月至2017年2月南通市住房保障和房产管理局局长、党组书记（其间：2008年9月至2013年6月苏州大学政治与公共管理学院政治学理论专业博士研究生学习毕业）；2017年2月起南通市政府副市长。十二届市委委员、市第十二次党代会代表、市十五届人大代表。

【吴　旭】 吴旭，男，1962年8月出生，汉族，江苏如皋人，中央党校研究生学历，硕士学位，1984年1月加入中国共产党，1980年12月参加工作。1978年12月至1980年12月南通师范专科学校如师专科班学习；1980年12月至1982年9月如皋县石庄中学教师；1982年9月至1986年3月共青团如皋县委干事、秘书；1986年3月至1988年6月共青团如皋县委副书记；1988年6月至1994年3月共青团如皋县委书记（其间：1988年9月至1991年7月省委党校行政管理专业本科学习毕业）；1994年3月至1996年12月如皋市城乡建设委员会副主任、党组成员；1996年12月至1997年2月如皋市建委副主任、党组成员；1997年2月至1998年10月如皋市建委副主任、党委委员（其间：1994年11月至1995年12月兼如皋市城西乡党委副书记，1995年1月至1998年9月兼如皋经济技术开发区管委会副主任）；1998年10月至1999年12月南通市建委副主任、党组成员（试用期一年）；1999年12月至2001年6月南通市建委副主任、党组成员；2001年6月至2002年1月南通市城市管理局局长、党组书记、市城市管理行政执法局局长；2002年1月至2008年2月南通市规划管理局局长、党组书记（其间：2002年9月至2005年7月中央党校经济管理专业研究生学习，2005年6月至2007年11月同济大学经济管理学院EMBA专业学习，获管理学硕士学位）；2008年2月至2008年3月崇川区委书记，市规划管理局局长、党组书记；2008年3月至2008年6月崇川区委书记，市规划管理局党组书记（其间：2001年6月至2008年6月兼南通市建设局副局长）；2008年6月至2009年1月崇川区委书记；2009年1月至2012年6月崇川区委书记、区人大常委会主任；2012年6月至2016年8月崇川区委书记，区人大常委会主任、党组书记；2016年8月至2017年1月崇川区委书记，区人大常委会主任；2017年1月至2017年2月崇川区委书记；2017年2月起南通市政协副主席，崇川区委书记。江苏省第十三次党代会代表，十二届市委委员、市第十二次党代会代表、市十五届人大代表、市政协十二届委员。

【陈本高】 陈本高，男，1964年8月出生，汉族，江苏如皋人，省委党校研究生学历，1986年6月加入中国共产党，1985年7月参加工作。1982年9月至1985年7月盐城工业专科学校机械制造专业学习；1985年7月至1987年7月海安县双楼乡政府乡长助理；1987年7月至1988年5月南通经济技术开发区管委会政治处干部；1988年5月至1991年5月南通经济技术开发区团委书记（正科级）；1991年5月至1992年4月兼任南通经济技术开发区机关党总支副书记；1992年4月至1994年6月南通合板工业有限公司党支部书记、工会主席；1994年6月至1996年5月共青团南通市委副书记、党组成员；1996年5月至1997年10月共青团南通市委副书记、党组副书记；1997年10月至2000年9月共青团南通市委书记、党组书记；2000年9月至2002年1月启东市委副书记（正处级）；2002年1月至2005年7月南通市城市管理局局长、党组书记，市城市管理行政执法局局长（其间：2002年9月至2004年1月省委党校政治经济学专业研究生学习）；2005年7月至2010年4月南通市建设局局长、党组书记；2010年4月至2013年2月南通市城乡建设局局长、党组书记；2013年2月至2017年2月南通经济技术开发区党工委副书记，苏通科技产业园区党工委副书记、管委会主任；2017年2月起南通市政协副主席，南通经济技术开发区党工委副书记，苏通科技产业园区党工委副书记、管委会主任，江苏省通州湾江海联动开发示范区党工委书记。十二届市委委员、市第十二次党代会代表、市政协十二届委员。

【金　元】 金元，男，1963年6月出生，汉族，江苏南通人，研究生学历，硕士学位，1983年6月加入中国共产党，1984年7月参加工作。1980年9月至1984年7月武汉地质学院地质系岩石矿物学专业学习；1984年7月至1986年9月中国地质科学院水文地质工程地质研究所工作；1986年9月至1989年8月中国地质大学研究生院岩石学专业学习；1989年8月至1996年1月南通市建筑设计院工作，历任南通市岩土工程测试所副所长、所长，南通市建筑设计院勘察队副队长、队长；1996年1月至1997年3月南通市建筑设计院院长助理兼勘察队队长；1997年3月至1998年6月南通市建筑设计院副院长；1998年6月至1998年12月南通市市政工程设计院院长、党总支书记；1998年12月至1999年1月南通市地震局副局长，市市政工程设计院院长、党总支书记；1999年1月至2000年3月南通市地震局副局长；2000年3月至2001年5月南通市地震局副局长、党组副书记；2001年5月至2003年3月南通市地震局局长、党组书记（其间：2000年10月至2002年10月东南大学马克思主义理论教育专业研究生课程班学习，2002年2月至2002年5月江苏省第五期高研班赴美国培训，2002年9月至2002年12月省委党校第24期县处级干部进修班学习）；2003年3月至2008年6月南通市人民防空办公室主任、党组书记；2008年6月至2010年4月南通市规划管理局党组书记、副局长；2010年4月至2012年2月南通市规划局党组书记、副局长（其间：2010年10月至2011年1月省委党校第50期县处级干部进修班学习）；2012年2月至2014年5月南通市民政局局长、党组副书记，市老龄委办主任；2014年5月至2017年2月南通市民政局局长、党组书记，市老龄委办主任；2017年2月至2017年3月南通市政协副主席，市民政局局长、党组书记，市老龄委办主任。2017年3月起南通市政协副主席。十二届市委候补委员、市第十二次党代会代表、市政协十二届委员。

【马啸平】 马啸平，男，1961年11月出生，汉族，山东烟台人，研究生学历，硕士学位，2016年7月加入中国民主建国会，1982年8月参加工作。1978年10月至1982年8月南京工学院建筑系建筑学专业学习；1982年8月至1986年3月盐城市建筑设计院工作；1986年3月至1987年9月海安县建工局驻上海工程处工作；1987年9月至1990年4月东南大学建筑研究所建筑设计与理论专业硕士研究生学习；1990年4月至1994年9月南通市建筑设计院工作（其间：1991年2月至1993年2月中建总公司海外部派往美国关岛太平洋有限公司从事施工技术和管理工作）；1994年9月至1994年12月南通市国土规划局城市规划总图室工作；1994年12月至1997年12月南通市国土规划局城市规划总图室主任；1997年12月至1999年11月南通市国土规划局副总工程师；1999年11月至2001年6月南通市国土规划局总工程师；2001年6月至2002年1月南通市规划管理局总工程师；2002年1月至2003年8月南通市规划管理局副局长、总工程师；2003年8月至2008年3月南通市规划管理局副局长；2008年3月至2010年4月南通市规划管理局局长；2010年4月至2016年8月南通市规划局局长；2016年8月至2016年11月南通市规划局局长，民建南通市委副主委；2016年11月至2017年2月民建南通市委主委，南通市规划局局长；2017年2月至2017年3月南通市政协副主席，民建南通市委主委，南通市规划局局长。2017年3月起南通市政协副主席，民建南通市委主委。

（通　鉴）

新闻人物

【顾东风】 顾东风，男，汉族，江苏启东人，1958年出生。现任中国协和医科大学教授、博士生导师，美国杜兰大学医学中心流行病学兼职教授。英国南安普敦大学人类遗传系客座教授。科技部人类遗传资源管理专家委员会成员，中华预防医学会全国理事。青海省人民政府医学科技顾问。国际冠心病预防专题委员会成员、国际遗传流行病学学会会员。

1983年南京医科大学毕业，1986年中国协和医科大学研究生毕业。1990~1992年在美国明尼苏达大学研究，1994~1998年任中国医学科学院阜外心血管病医院流行病学研究室主任。1997年在加拿大多伦多大学心脏分子遗传实验室研究，1999~2000年在英国南安普敦大学人类遗传学系研究，英国皇家学会访问教授。获1999年北京市科技进步二等奖、卫生部科技进步三等奖。研制高血压降压大豆饼干获2000年国家发明专利1件。2015年7月31日入选中国科学院院士增选初步候选人名单。2017年11月当选中国科学院院士。

他主要从事高血压和冠心病等疾病易感基因定位、基因和环境交互影响致病作用研究；开展群体遗传学和遗传流行病学研究。他是国家"九五"攻关课题"心脑血管病社区人群综合性防治研究"主要负责人之一；承担"中国冠心病、脑卒中发病和死亡影响因素的前瞻性研究""中国心脏健康多中心合作研究""高血压干预的遗传学和遗传流行病学研究"。参与8部专著编写，在国内外重要杂志上发表学术论文100余篇。

【王　曦】 王曦，男，汉族，江苏南通人。1966年8月出生，材料科学家。现任中国科学技术协会第九届全国委员会副主席，中国科学院上海微系统与信息技术研究所所长，研究员。党的十八大、十九大代表，中国共产党第十九届中央委员会候补委员。1987年毕业于清华大学工程物理系，1990年、1993年先后获中国科学院上海冶金研究所（现上海微系统与信息技术研究所）硕士、博士学位。2009年12月当选中国科学院院士。2010年8月26日当选第十一届全国青年联合会副主席，任科学技术界别工作委员会主任委员。2016年6月2日当选中国科学技术协会第九届全国委员会副主席。2017年5月2日任中国科学院上海高等研究院院长。2017年5月25日获全国创新争先奖状。

他长期致力于载能离子束与固体相互作用物理现象研究，并将研究成果应用于电子材料SOI（Silicon-on-insulator）开发。在对离子注入SOI合成过程中的物理和化学过程研究基础上，自主开发一系列将SOI材料技术产业化关键技术，建立中国SOI材料研发和生产基地。在载能离子束与固体相互作用以及离子束辅助薄膜沉积技术研究方面，揭示载能离子作用下薄膜表面微结构、相组分、电子学、光学、生物学特性，实现载能离子束薄膜生长可控制性。

【朱美芳】 朱美芳，女，汉族，江苏如皋人。1965年出生，东华大学与德国德累斯顿工业大学联合培养博士、教授、博士生导师，东华大学材料科学与工程学院、聚合物纤维及纳米复合材料专业教授，第七届"中国青年女科学家奖"（2010年度）获得者、长江学者特聘教授。东华大学材料学院院长、纤维材料改性国家重点实验室主任、材料学院教授委员会成员。2017年5月25日获全国创新争先奖状。

她长期致力于纳米复合材料与智能材料、纤维成形理论、功能纤维及高分子材料、生物纤维等方面研究。主持完成国家自然科学基金、国家863计划、国家科技攻关等项目22项，申请发明专利26件。获中国青年科技奖、桑麻纺织杰出青年学者奖、上海巾帼创新奖。被评为国家有突出贡献中青年专家，入选"新世纪百千万人才工程"国家级人选、教育部"跨世纪优秀人才计划"等。

【崔维成】 崔维成，男，汉族，江苏海门人，1963年5月出生，上海交通大学第一批"长江学者奖励计划"特聘教授，中国载人潜水器"蛟龙号"5000米海试现场海试副总指挥，3名试航员之一。上海海洋大学深渊科学与技术研究中心主任、教授，主要负责研制1.1万米全海深载人潜水器和深渊科学技术流动实验室。1986年7月获清华大学工程力学系固体力学专业学士学位。1986年9~11月中国船舶科学研究中心攻读硕士。1990年1月获英国布里斯托大学土木系博士学位。1990年2月至1993年1月，在英国布里斯托大学航空系从事博士后研究。1993年初回国，在中国船舶科学研究中心从事船舶与海洋结构强度方面研究。1999年享受政府特殊津贴。2009年作为优秀留学回国人员代表受邀国庆60周年天安门观礼并受到党和国家领导人接见。2013年5月17日，作为"蛟龙号"研制和海试团队代表，受到党和国家领导人接见，并获"深潜英雄"勋章和证书。2017年5月，获全国创新争先奖状。

他在船舶结构可靠性分析、极限强度计算和疲劳寿命预报等方面取得重要成就。负责完成7个科研项目，获中国船舶工业总公司科技进步二等奖2项、江苏省科学技术进步三等奖1项以及多项称号，发表论文100余篇。他提出的变截面结构脱层强度工程预测方法及整个破坏过程数值预报方法有重要应用价值，被英国西部直升机公司引入设计手册。在船舶结构强度、疲劳和可靠性研究方面，所提出的区间概率论和模糊二次规划数学模型对解决工程实际问题有重要应用价值。获部级科技成果二等奖2次，三等奖1次。被英国剑桥IBC授予“二十世纪成就奖”。

【程海林】 程海林，男，汉族，江苏如皋人，1973年出生，现任中国人民解放军某部队部队长。他安全飞行2100余小时，成长为一名优秀战斗机飞行员。2008年底，程海林成为某战机试飞团队一员，被安排试飞某型战斗机教练机。2014年底，他驾驶某战斗机在某舰上成功阻拦着舰和滑跃起飞。2017年7月28日，中央军委主席习近平签署通令，给程海林记一等功。

【赵　欣】 赵欣，男，汉族，江苏南通人，1977年8月出生，省公安厅某处处长。先后完成3次重要内宾任务和“16+1”法院院长会议、省党代会等重要会议、大型活动任务40余次，以“无缝对接”和“零差错率”工作要求完成年度南京大屠杀遇难同胞死难者国家公祭活动。在警卫岗位上辛勤耕耘、默默付出，践行人民忠诚卫士的承诺，充分诠释当代革命军人核心价值观。先后立个人三等功4次，2017年立二等功1次。

【黄海洲】 黄海洲，男，汉族，江苏启东人，1983年12月出生，现任海军某舰舰长，少校军衔。2002年考入某舰艇学院学习。在他带领下，该舰5次获评基层建设先进单位、4次获评先进基层党组织，2015年获评“基层建设先进舰连标兵”，2016年立集体三等功。黄海洲获表彰为“全军优秀参谋”，多次获评某部优秀共产党员、优秀基层干部和“训练标兵”，立个人三等功2次。2017年获评“东海强军先锋”。

（通　鉴）

道德楷模

【吴锦泉】 吴锦泉，男，汉族，江苏南通人，1928年12月出生，中共党员，南通市港闸区闸西乡五星村村民。他以磨刀为生，每天骑着一辆破旧的自行车，走街串巷为大家磨菜刀、剪刀，人们都亲切地称他为“磨刀老人”。他是南通市最年长的红十字志愿者，多次向灾区、残疾儿童及需要帮助的人捐款。吴锦泉一次又一次地通过南通市红十字会向汶川、玉树、舟曲等灾区捐款，给残疾儿童、智障孩子和身边有困难的人提供力所能及的帮助。他自己生活却十分俭朴，磨刀挣得的微薄收入几乎都用于慈善公益。

2011年3月，吴锦泉入选“中国好人榜”。2012年4月，吴锦泉以排名第三的成绩，获第七届中华慈善奖“最具爱心慈善楷模”。2014年11月25日，在北京举办的第三届中国公益论坛上，获首届中国公益良心奖。入围2014年“感动中国年度人物”候选人。2015年，再次入围“感动中国年度人物”候选人，以近300万的得票，当选2015年度“感动中国人物”。2017年11月，获第六届全国道德模范提名奖。

作为南通公益慈善形象代言人，吴锦泉倡导成立“锦泉一元爱心社”，带动他人投身公益行动。同时，“磨刀老人”由南通市红十字会申请注册为公益商标，策划建立南通“磨刀老人”微公益基金。

【苏晓琳】 苏晓琳，女，汉族，江苏启东人，1984年4月出生。苏晓琳因双腿先天畸形只能靠拄板凳走路，但身残志坚的她不肯向命运低头。成年后，苏晓琳坚持自食其力，先后在电子厂、服装厂打过工，开过卖内衣的商店，做过淘宝店店主，还和丈夫开了一家电脑店。

闲暇时，苏晓琳还在残疾人公益网站——“生命之歌”从事公益工作。通过网络平台在心理上和经济上帮助许多残疾人，对于内心自卑的残疾人和健全人进行思想开导，并且帮助一部分有志创业的残疾人开网店，寻找创业之路。在实体店中，苏晓琳还免费教授残疾人学习电脑技能，帮助残疾人找到工作。

苏晓琳自强不息的精神得到全社会认可，2012年获评“首届感动启东十大人物”，2014年获评启东市妇联“巾帼之星”，2015年获评“南通市十大女杰”、南通市“三八红旗手标兵”，2016年入选“中国好人榜”。2017年，获评“2016感动中国·江苏十大感动人物”，获第12届“江苏青年五四奖章”，苏晓琳家庭获评首届江苏省文明家庭。

【吴　建】 吴建（1985—2015），男，汉族，江苏如东人，1985年8月出生，2004年7月加入中国共产党，2002年12月入伍。2005年，考取某军事学院侦察与特种作战指挥专业，毕业后逐渐成长为一名优秀特种部队连长。2012年，他赴约旦第37反恐营参加反恐训练。2014年，获评某部优秀指挥官。2015年7月6日，某部在高原组织武装伞降训练，受气流影响，吴建身体发生倾斜，伞衣右侧与战友相撞，部分伞衣伞绳缠在战友脖子上。情况紧急，他并没有按照常规立即飞掉主伞，而是和战友一起拼尽全力排除险情。距地面400米时，两人主伞终于分离，战友脱离危险，他大腿却被伞绳缠绕坠落地面，英勇牺牲，年仅30岁。吴建牺牲后，被某集团军评为烈士，生前所在部队为他追记二等功。2017年7月24日，被评为德耀中华第六届全国道德模范候选人。10月17日，被中国人民解放军陆军追授“献身强军实践的模范连长”称号。11月，获第六届全国道德模范提名奖。12月，获第四届“长征人物奖”。

【高广喜】 高广喜（1969—2017），男，汉族，江苏海安人，1969年10月出生，1998年4月加入中国共产党，1993年8月参加工作。生前为海安县公安局城南派出所所长，二级警督警衔。2017年7月1日，高广喜因长期超负荷连续工作36小时后，突然累倒在工作岗位上，因公殉职，年仅48岁。7月2日，中央电视台新闻客户端以《"七一"他把生命献给党》为题，报道他的先进事迹，法制网、《人民公安报》《新华日报》等媒体相继对他的事迹作报道。12月，高广喜获"江苏最美警察"特别奖。

2005年4月，高广喜任城南派出所任副所长，推行公调对接调处机制，被称为"公调对接的海安城南模式"。至2017年6月，该所矛盾纠纷调处站调处矛盾纠纷5万余起，调处成功率99%。2007年，他创建"爱心港湾"，结对帮扶466人，资助失学儿童、孤寡老人、贫困户和下岗特困职工800余人，资助金额50余万元；其中，高广喜结对帮扶19人、捐款近5万元。

从警24年，他先后获评江苏省人民满意警察、全省公安派出所工作"111工程"优秀所长，立三等功4次。城南派出所连续14年获评公安部一级公安派出所，先后被记集体二等功3次、集体三等功9次，获省公安厅表彰为江苏省人民满意派出所、全省公安机关执法示范单位、全省优秀公安派出所、全省公安机关平安创建工作先进基层单位、全省公调对接工作先进集体。

【曹建帮】 曹建帮，男，汉族，江苏海门人，1934年3月出生。2016年1月25日，海门市遭遇极端寒潮天气，温度降-10℃。一名9岁男孩在河边玩耍时不慎掉进2米深冰窟中，时年82岁的曹建帮路过看见后，毫不犹豫地跳进河中，一边敲开冰面，一边游向孩子。拉到孩子后，他奋力游向岸边。闻讯赶来的村民协助施救，将2人拉上岸。他是村子里有名的好人，曾积极为邻居孩子筹措学费，将自己种的粮食分给收成不好的村民，为村里造桥主动腾出自家竹园。2017年9月18日，曹建帮获评江苏省见义勇为模范。

【赵风和】 赵风和，男，汉族，江苏海安人，1930年1月出生。1946年11月起，赵风和一直为赵坚烈士义务守墓，累计70余年。1946年11月，南京籍地下党员赵坚，因叛徒出卖，不幸被捕，被国民党反动派残忍杀害，年仅23岁。当时，赵风和等4人接到党组织通知后，深夜将赵坚遗体安葬在栟茶运河河南。16岁的赵风和亲眼目睹赵坚牺牲场景，受到震撼，在赵坚坟前默默许下承诺，每隔一段时日，就要到赵坚墓前看看，擦拭墓碑，除去杂草。他结婚生子后，每年清明节都带上儿女一起祭扫烈士墓。为扫墓的学生们讲解革命烈士事迹，把革命精神一代代传承下去。为便于守墓，赵风和先后三次拒绝搬迁盖房，至今仍住在偏僻的烈士陵园旁边。2014年起，海安县民政局每年补贴赵风和800元辛苦费，老人把这些钱全部购买牡丹、月季、菊花、玫瑰等花草，种植在陵园内。2017年9月18日，赵风和获评江苏省诚实守信模范。

【苏宏裕】 苏宏裕，男，汉族，江苏如皋人，1957年12月出生。他高中毕业后回家务农，开过拖拉机，做过搬运工、水电工等工作，却情系国家献血事业。2000年6月20日～2017年12月16日，他累计无偿献血194次（其中全血5次、成分血189次），折合全血25.6万毫升，接近47个成年人血液总量，是南通市献血次数和献血总量第一人。2017年12月16日，是苏宏裕60周岁生日，也是他献血生涯中"最后一献"。他多次获国家级无偿献血奉献金奖，获评"江苏好人""如皋市道德模范""如皋市爱心大使"等称号。

（通　鉴）

已故人物

【黄彤光】 黄彤光（1916—2017），女，汉族，福建福州人，1916年10月出生，国民党息峰集中营走出来的幸存者之一，南通市食品二厂离休干部。2017年2月6日逝世，享年100岁。

1942年，由于宣传抗日、追求真理，黄彤光被国民党特务秘密逮捕，监禁在重庆望龙门拘留所。1943年3月，被押解到贵州省息烽县阳朗坝集中营。在那里，她第一次见到被难友们称作"小萝卜头"的宋振中。在狱中，黄彤光常帮助"小萝卜头"母亲徐林侠照顾孩子，把狱中最有营养的水煮黄豆省给他吃。而黄彤光自己患有严重胃病，吃不下又冷又硬的粗糙米饭，徐林侠母子就尽量把稀饭留给她。1946年夏，黄彤光获释。她为营救难友出狱四处奔波未果。她帮助宋绮云夫妇与远在西安的子女取得联系，使他们先后通信11封。重庆解放后，黄彤光先后在西南公安部和最高人民法院西南分院工作。20世纪60年代初，她撰写《黄显声将军在敌特集中营的斗争》《我所经历的蒋特三个集中营的内幕》等万余字的回忆录，并捐献珍藏的烈士血衣等珍贵文物。又撰写《思露萍》等回忆文章。20世纪60年代后，她一直生活在南通，后从南通市食品二厂离休。离休后，她成为一名革命传统教育宣讲员，为青少年讲述革命传统故事，宣传英烈精神。

【袁运开】 袁运开（1929—2017），男，汉族，江苏南通人，1929年2月出生，1955年6月加入中国共产党，著名教育家，中国自然科学史与自然辩证法学科奠基人之一，国际欧亚科学院院士，华东师范大学原校长、教授，中国高等学校师资管理研究会第一届副理事长，上海市物理学会第四届、第五届副理事长，上海市科技史学会第一届副理事长，上海高等教育学会第三届副会长。2017年4月12日逝世，享年88岁。

1941年至1947年，袁运开在南通中学学习。1947年9月考入国立浙江大学理学院物理系学习。1951年8月大学毕业后进入华东师范大学物理系任教。任华东师范大学讲师，历任物理系主任，常务副校长、校长，华东师范大学自然辩证法暨自然科学史研究所负责人。1978年5月晋升为副教授。1979年8月，被教育部任命为华东师大副校长，是中华人民共和国成立后第一位民选副校长。1984年6月至1992年12月，担任华东师大校长。1986年1月晋升为教授。1992年获国务院颁发的有突出贡献专家的特殊津贴。

1998年6月28日，当选为国际欧亚科学院（IEAS）院士。

袁运开长期从事物理学史、自然辩证法和理论物理的教学和研究。他是中国最早开展自然辩证法研究之一的华东师范大学自然辩证法学科的开创者和带头人，先后担任普通物理、电动力学、原子核理论与自然辩证法以及科学史本科及硕士专业的教学与研究生培养工作。他长期关注高等教育特别是高等师范教育，以及中小学教育事业的发展，在高师教育的体制、办学方向、师资培养、教学改革、课程设置、学科教育以及中小学教育的学生质量目标和课程、教材改革等方面开展深入研究，主持编写《中学物理课本》《物理教育学》，合写《试论中国古代物理学的产生、发展及其特点》《高等师范必须改革》《对师范大学本科教育改革的几点意见》等论文。

【季修甫】 季修甫（1924—2017），男，汉族，江苏南通人，1924年11月出生。江苏省书协会员，原南通市书协理事，江苏省集邮协会常务理事，南通市集邮协会副会长，南通印社顾问，著有《季修甫文集》，对地方历史文化有广泛深入的研究，被誉为“老南通活词典”。2017年7月18日逝世，享年94岁。

1946年10月，季修甫赴南京国立东方语文专科学校读书。1949年后，在南通师范学院任教，先后任政治学科组长、工会副主席。1956年2月起，在江苏省南通中学任政治教师至退休。退休后，他依然关心社会经济和国计民生，撰写《迫切呼吁妥善保存南通城隍庙建筑》《切实保护南通濠河内西北、西南两区明清居民文物建筑》等文章。2015年，他出版《季修甫写真集》，收录一大批当代著名画家为他本人所作的画像。

【陆焕生】 陆焕生（1932—2017），男，汉族，江苏南通人，1932年8月出生，1954年5月加入中国共产党，天津市原副市长、市政协原副主席，第十三次全国代表大会代表。2017年8月23日逝世，享年85岁。

1950年9月，陆焕生考入北洋大学（1951年更名为天津大学）水利系。1955年8月大学毕业留校从事教学和管理工作，参加河北省潘家口水库、贵州省梭筛水电站等国内大中型水利工程设计。1966年4月，支援“三线”建设，赴甘肃天水燎原风动工具厂工作，先后参与桥涵、隧洞、防洪堤等多项工程结构设计及施工，主持设计建造近10千米盘山路，多次获评先进工作者、技术能手。1975年11月起，先后担任天津市水利中等专业技术学校教师、副校长，市水利局副局长、局长等职务。1981年华北地区爆发严重旱灾，他组织打井780眼，有效缓解旱情。参与引滦入津工程建设，组织设计相关水利设施，实现全面通水。推进计算机在天津市水利事业上应用，在输水、防汛、抗旱工作中实现计算机控制监测，实时监控雨量、河道水位等信息。他编著中国第一部《德汉水利水电工程词典》，翻译《艰难地基条件下的基础工程》《坝工手册》《跨流域调水》等业务著作。1988年5月，他当选天津市副市长，兼任市委政法委副书记。1993年6月，当选政协天津市第九届委员会副主席。1998年离开领导岗位后，先后担任天津市慈善协会会长、《慈善》杂志社社长、中国慈善总会副会长、荣誉副会长，广泛开展困难群体的慈善助困活动。

【袁运甫】 袁运甫（1933—2017），男，汉族，江苏南通人，1933年5月出生，曾任清华大学美术学院教授、博士生导师，第九届全国政协委员，中国国家画院公共艺术院院长，中国国家画院院士，中国美术家协会理事。2017年12月13日逝世，享年84岁。

1949年至1952年，袁运甫在杭州国立艺专（今中国美术学院）学习。1954年8月毕业于北京中央美术学院。1956年中央工艺美术学院成立即在该院任教，直至合并清华大学。自20世纪60年代起，袁运甫潜心于水墨、彩墨画研究。他以墨为基础，彩为载体，将中国传统绘画中的笔墨技巧和现代艺术表现方法相结合，展现风格独特中国彩墨画艺术。20世纪70年代，袁运甫开始公共艺术的研究和实践。1972年创作大型壁画《长江万里图》稿。1979年创作首都国际机场壁画《巴山蜀水》。他分别为毛主席纪念堂、邓小平故居陈列馆、人民大会堂、全国政协、最高人民法院、最高人民检察院、中华世纪坛、北京地铁、桂林七星公园等地创作大型公共壁画艺术作品。

他的绘画作品曾在中国美术馆、国家大剧院、何香凝美术馆、南通市中心美术馆、清华大学学院美术馆、江苏南京艺术学院、北京798百雅轩艺术中心，以及纽约、洛杉矶、西雅图、巴黎、东京、新加坡、吉隆坡等地展览。

（通　鉴）

重要文献

在市委十二届五次全会上关于市委常委会工作的报告（摘要）

中共南通市委书记　陆志鹏

（2017年12月28日）

今年以来，我们以习近平新时代中国特色社会主义思想为指导，认真贯彻党的十九大精神，全面落实省、市党代会决策部署，深入践行新发展理念，围绕统筹推进“五位一体”总体布局和协调推进“四个全面”战略布局，扎实做好改革发展稳定和党的建设各项工作，推进“两聚一高”新实践、建设“强富美高”新南通迈出坚实步伐。

一、以迎接十九大召开、贯彻十九大精神为主线，扎实推进“强富美高”新南通建设

今年是党的十九大召开之年，我们深入贯彻习近平总书记系列重要讲话特别是视察江苏重要讲话精神，紧扣“两聚一高”发展主题和省委赋予南通建设上海“北大门”的新使命，围绕推进“强富美高”新南通建设，及时细化分解省、市党代会目标任务，推动中央和省委决策部署在南通落地生根。牢固树立聚焦富民的鲜明工作导向，召开市委十二届四次全会专题研究部署富民工作，以推进高水平全面小康社会建设的实际成效，为党的十九大胜利召开营造良好环境。坚持以“钉钉子”精神抓落实，完善协调推进“四个全面”战略布局综合考核办法，开展“四个全面”抓落实“两聚一高”争标兵月度工作点评，进一步健全重大项目考核推进、改革创新容错纠错等机制，全市上下担当作为、真抓实干的氛围更加浓厚。

党的十九大胜利闭幕后，我们把学习宣传贯彻十九大精神作为首要政治任务，第一时间召开全市传达党的十九大精神大会、市委常委（扩大）会议，对学习宣传贯彻十九大精神进行部署。实现了“三个全覆盖”：即干部培训全覆盖，开展市管干部党的十九大精神全员轮训，各地各部门分级分批对党员干部进行系统培训；宣讲活动全覆盖，精心做好省委宣讲团到我市宣讲的组织工作，组建由市委常委、十九大代表、市有关部门领导和专家学者组成的市委宣讲团，在全市开展集中宣讲125场，带动全市各级宣讲活动近2000场；社会宣传全覆盖，市主流媒体多角度阐释、多渠道宣传十九大精神，采取多种形式推动十九大精神进企业、进农村、进机关、进校园、进社区、进军营、进网络，全市迅速兴起学习宣传贯彻的热潮。组织开展市级党政领导干部学习贯彻十九大精神“学习调研月”活动，细化9大类31个课题，群策群力、集思广益，科学谋划事关南通未来发展的全局性、战略性、前瞻性问题，进一步丰富提升了建设“经济中心、交通枢纽、创新之都、花园城市”的发展定位，优化完善了推进产业、城市、交通转型升级的发展路径，明确了决胜高水平全面建成小康社会的思路和举措。

二、以“三大转型升级”为抓手，提升发展质量和效益

我们坚持稳中求进工作总基调，重点推进产业、城市、交通转型升级，实现发展量增质更优。预计实现地区生产总值7750亿元，增长8%；一般公共预算收入590.6亿元，同口径增长6%。

着力推进产业转型升级，加快构建“3+3+N”先进制造业体系，“3+3”产业产值预计达到9200亿元、占规模以上工业产值比重达60%。全省唯一被国务院表彰为工业稳增长和转型升级成效明显市。加快发展现代服务业，服务业增加值占比持续提升。大力发展现代农业，推进国家现代农业示范区“863”工程，全国“一村一品”示范村镇数、农产品出口额全省第一。建筑业产值全省第一，新获“鲁班奖”9个，总数保持全国地级市第一。推进质量强市建设，江苏省质量奖总数全省第一。把实体经济作为产业转型升级的重点，实施“5215”工业大企业培育计划，开展“南通企业家日”、“张謇杯”杰出企业家评选、“企业家面对面”等活动，弘扬企业家精神，引导企业坚守实业、创新转型。把项目建设作为产业转型升级"牛鼻子"，完善"一月一通报、两月一会办、一季一点评、半年一观摩、年度一述职"推进机制，聚焦10亿元以上重大项目，每季度与县（市）区委书记"一对一、面对面"加强统筹指导。举行2次重大项目集中开工活动，引进南通历史上单体规模最大、总投资450亿元的金光纸业项目，全省信息领域企业投资最大、总投资180亿元的阿里江苏云计算数据中心等一批重特大项目，全年新开工亿元以上产业项目数量同比增长53.6%，省级重大项目数全省第二。把创新作为产业转型升级的驱动力，全面推进创新之都建设，加快构建以中央创新区为核心的全市域创新网络。全市高新技术企业突破1000家，高新技术产业产值、占比均位居全省第二，预计全社会研发投入占比、科技进步贡献率分别提高到2.69%、62%，国家创新型城市试点通过评估验收。围绕建设青年和人才友好型城市，落实"人才八条"新政，实施"归雁计划"，新增省"双创"人才61名、团队7个，分别位居全省第二、第一。

着力推进城市转型升级，加快推动城市由外延型向内涵型、功能型向功能生态融合型、管理型向管理服务融合型转变。被列为新一轮城市总体规划编制、"城市双修"、城市设计国家试点。推进中心城市"一主五片两重点"建设，中央创新区建设全面启动，医学中心、大剧院、美术馆等功能性项目和基础设施项目开工建设。深入开展"三城同创"，实施五山及沿江地区生态修复保护工程。全市城域网出口带宽达5764G，城乡光纤覆盖率达100%。城市环境综合整治深入实施，省级城市管理示范路和示范社区数居全省首位。加快推进城乡协调发展，实施6项新型城镇化试点，2个镇入选第二批全国特色镇，3个镇成为全省第二批扩权强镇试点镇。

着力推进交通转型升级，高起点编制综合交通发展规划，深化江海空铁综合交通枢纽研究，进一步优化综合交通网络布局和结构功能，加快构建"外成环、内成网"的综合交通体系，推动区域性综合交通枢纽向全国性综合交通枢纽迈进。开展城建交通项目大会战，城市轨道交通1号线一期工程开工建设，跃龙路拓宽改造等十大工程顺利竣工，啬园路快速化改造等十大工程全面开工，沪通铁路长江大桥天生港航道主拱合龙，宁启铁路二期、海启高速等项目有序推进，盐通高铁开工建设，宁通高速改扩建、通苏嘉城际、南通绕城高速等工程前期工作进展顺利。农村公路建养一体化模式全国推广，镇村公交开通率达到90%。文明交通指数全省第一。

三、以对接服务上海为重点，推动形成开放开发新格局

我们按照省委赋予南通建设上海"北大门"的新使命，主动融入"一带一路"、长江经济带、上海"1+6"大都市圈、江苏"1+3"重点功能区建设等战略，全力做好对接服务上海大文章，构筑开放开发新优势。

《南通建设上海大都市北翼门户城市总体方案》获省政府批复，确立了"三港三城三基地"全市域对接服务上海空间格局。成立对接服务上海工作协调委员会和专门工作办公室，建立9个工作推进小组并制定专项实施方案，形成了系统化组织推进体系。在上海举办2600多人规模的对接服务上海大会，现场签约项目32个，总投资520亿元。推动交通互联互通，成立沪通交通对接工作联合领导小组，推进北沿江过江复合通道、崇海通道等前期工作和市域铁路、新机场建设等规划研究取得突破。开通国际互联网专用出口通道并与上海直达互联。推动平台合作共建，启动通州湾临港产业城沪苏合作示范区、启东生命健康科技城规划建设，新增沪通产业合作平台10个。推动生态共保共治，主动策应崇明世界级生态岛建设，编制《东平—海永—启隆城镇圈协同规划》。推动公共服务同城化，与上海交通大学医学院附属仁济医院合作共建市第一人民医院新院。

坚持"走出去"和"引进来"相结合，成功举办江海国际博览会暨首届通商大会、新一代信息技术博览会、台商产业转型升级峰会，在北京、上海、粤港澳大湾区、台湾等地举办各类招商活动，形成市领导牵头拜访、各板块主体推进、项目签约跟踪的招商引资工作新模式。全市注册外资实际到账25亿美元，实际到账超1000万美元项目56个。抓好省"走出去"先行先试改革试点，实施跨国并购项目8个，新增境外投资项目52个。与"一带一路"沿线国家和地区贸易额增长22.6%，全市进出口总额达2340亿元。发挥园区开放主阵地作用，出台支持开发园区创新转型发展政策意见，全面落实国家级开发区220项全链赋权清单，省级以上开发园区新增亿元以上产业项目286个。

深入落实江苏"1+3"重点功能区战略，推进优江拓海、江海联动、陆海统筹发展。推进港口一体化建设，组建南通港集团，通海港区与中远海运达成战略合作，集装箱码头主体结构通过交工验收。以建设海洋经济创新发展示范城市为抓手，加快打造沿海经济带，通州湾港区总体规划正式获批，洋口港15万吨级航道工程加快推进，吕四港10万吨级进港主航道一期工程完工，沿海前沿区域新开工10亿元以上重特大项目数占全市50%，省列沿海开发重大项目数、计划总投资额均位居全省第一，全市海洋经济生产总值超过2000亿元。

四、以全面深化改革为引擎，加快释放发展活力

我们坚持把全面深化改革作为发展的动力源泉，坚决贯彻、全面落实中央和省委改革部署，研究制定市委全面深化改革领导小组2017年工作要点，明确7个方面33项重点改革任务，今年以来14次召开深改组会议对改革工作进行研究部署，全面深化改革呈现全面发力、多点突破、纵深推进的良好态势。

深入推进供给侧结构性改革，全面落实"三去一降一补"重点任务。运用市场化和法治化办法，加快淘汰落后产能，完成省下达的钢铁、水泥去产能任务，关闭化工、印染、钢丝绳等行业低端低效产能企业164家。加强市场监管，增加有效供给，房地产市场总体保持平稳。加大金融改革创新，新增上市企业2家、"新三板"挂牌企业12家，新增直接融资620亿元，信用风险水平保持全省低位。实施政府投融资体制改革，加快国有融资平台市场化转型。落实七大类降成本措施，降低企业成本超120亿元。实施基础设施、民生保障等6大类70个补短板重点项目，完成投资360亿元。

深化“放管服”改革，设立全省首家大数据管理局，强化大数据体系支撑，“不见面审批、零缺陷服务、精准化监管”成为南通“放管服”改革升级版。在全省率先公布“不见面审批”清单，90%的审批服务事项实现网上办理，投资项目“代办制”普遍建立，不动产登记实现“一窗受理、集成服务”，“3550”目标初步实现。“一支队伍管执法”改革入选国务院“放管服”改革丛书，是全省唯一入选城市。

推进以陆海统筹发展综合改革试点为重点的各项改革。深化陆海统筹土地利用管理创新，海域使用证累计换发土地权证11.5万亩，推进村庄建设用地布局调整、工业用地先租后让等试点。国有企业改革有序推进，成立轨道交通公司、通创投公司等4家市属国有企业（集团），全市国有资产总额达4800亿元。全面完成农村土地承包经营权确权登记颁证工作，农村集体资产资源流转全部进场交易，农村“两权”抵押贷款等试点加快推进。民生领域改革逐步深入，入选第二批中央财政支持开展居家和社区养老服务改革试点，综合医改成效逐步显现，医保支付改革取得实质性突破，13个县域医联体建成运行。市县文化市场综合执法改革稳步推进。民主法制、生态文明和党建制度等各领域改革都取得了明显成效。

五、以完善富民“五大机制”为突破，着力提升民生幸福水平

我们认真贯彻以人民为中心的发展思想，抓住群众最关心最直接最现实的利益问题，一件事情接着一件事情办，一年接着一年干，让群众更好地分享改革发展成果。

全力打好富民主攻仗，完善“五大机制”，实施“五大行动计划”，落实50项政策措施，加快推进富民增收。把产业作为最大支撑，大力推进各领域创业就业，实施“万人创业计划”，帮扶创业1.5万人，城镇新增就业8.7万人，城镇登记失业率1.82%，低于去年和全省平均水平。把农民作为重点对象，出台促进农民持续增收行动方案，农村居民收入增速持续高于城镇居民收入增速。把土地产出作为重要来源，整市推进高标准农田建设，新开工67.7万亩，全市高标准农田占比达到70%，高标准农田、适度规模经营、社会化服务联盟“三个全覆盖”试点镇建设启动实施，土地产出效益提升有力促进了农民增收。加强对低收入群体的精准帮扶，推进新一轮脱贫致富奔小康工程，全市建档立卡低收入户脱贫率达到64.75%。预计城乡居民人均可支配收入分别达到42661元、20428元，同比分别增长8.7%、9%，全市居民人均储蓄存款位居全省第一。

持续改善民生福祉，制定基层基本公共服务功能配置标准实施方案，全市公共财政用于民生比例达77%。教育现代化建设水平继续位居苏中苏北首位，2017年高考总均分、本一本二录取率等指标保持全省领先。文体惠民力度加大，完成50个镇（街道）、1000个村（社区）综合性文化服务中心建设，成功举办市第十一届运动会暨第二届全民健身运动会。智慧卫生工程加快推进，率先接入全国跨省异地就医平台，三级医疗机构患者满意度全省第一。大力推进健康扶贫，系统谋划推进医养结合试点，养老服务网络不断健全。五大保险覆盖率稳定在97%以上。棚户区改造顺利推进，保障性安居工程超额完成。南通食品安全治理模式得到国家食药监总局肯定并向全国推广，食品安全群众满意度持续提升。

加强和创新社会治理，全面落实综治、法治、信访“三个领导责任制”，扎实开展矛盾纠纷和安全隐患大排查大整治专项行动，强化信访积案化解“百日攻坚”，圆满完成十九大期间安保维稳任务，全年未发生重大群体性事件、重大公共安全事件、个人极端事件、有影响的负面舆情炒作事件。不断加强社会治安防控，呈现刑事案件、侵财案件发案率下降、破案率上升的良好态势，公众安全感居全省前列。市县镇村四级综治中心建设全覆盖，新一轮城乡社区网格化服务管理全面启动，基层治理“三所共建”、寄递行业安全监管“南通模式”、“四位一体”基层治理体系、警务机制改革等特色工作全国推广，全省基层社会治理创新推进会在我市召开。

六、以打造美丽南通为目标，深入推进生态文明建设

我们深入践行“绿水青山就是金山银山”的理念，把生态文明建设融入经济社会发展的全过程，推动生态环境质量持续改善。

加快推进绿色低碳发展，贯彻“共抓大保护，不搞大开发”要求，制定沿江生态带发展规划、绘制沿江生态“一张图”，打造五山森林公园和国家AAAAA级旅游景区，狼山获批省级生态旅游度假区，军山森林公园即将竣工。完成中心城区高速一环、宁启铁路一期生态景观廊道工程，新增成片林面积11.1万亩。深化节能减排和资源循环利用，实施100个重点减排项目、127个节能技改项目、83个循环经济重大项目。

坚持铁腕治污，抓好中央环保督察反馈的174个、省环保督察反馈的373个环境问题的整改，启动“散乱污”企业综合整治，责令整改企业341家。深入开展“263”环保专项行动，滚动交办41个突出环保问题。扎实推进“三河三行业”整治，大力实施河岸共治行动，全面落实“河长制”“断面长制”，整改问题2万多个。组织“两代表一委员”、市民巡访团等参与“三河三行业”整治专项督察，形成行政督察、司法督察、民主督察、舆论督察相结合的综合督察体系。坚持农村环境“四位一体”长效管理，重点整治畜禽养殖污染等农村面源污染，累计关闭畜禽养殖场6500多家，建成省级以上美丽康居乡村92个、江苏最美乡村6个。大力推进环保“亮剑行动”，由环保、公安联动执法转变为公安主动执法，环境执法威慑力显著增强。全市PM2.5平均浓度全省最低，空气质量优良天数实现省考奋斗目标，31个省考以上断面水质优Ⅲ比例超过省考目标3.2个百分点。

大力加强生态文明制度建设，建立生态保护红线、环境质量底线、资源利用上线和环境准入负面清单“三线一单”机制，为源头防范环境污染和生态破坏提供了保障。落实生态环境保护工作责任制，形成生态环境保护责任“清单”。生态环境经济政策进一步完善，排污许可“一证式”管理试点启动实施，环境信用评级不断深化，绿色信贷、差别水电价等政策联动实施。

七、以建设文化强市为引领，加强宣传思想工作和文化建设

我们高度重视意识形态和宣传思想工作，突出以文化引领风尚、教育人民、服务社会、推动发展，加快建设“三强两高一前列”的文化强市，为全市发展提供强大精神动力和文化支撑。

大力弘扬社会主义核心价值观，广泛开展中国梦宣传教育，推进理论讲堂、道德讲堂、社科讲堂“三堂融合”，建立全国首家理论武装工作室，形成“小院课堂”“板凳讲习所”等一批宣讲品牌。意识形态工作责任制得到进一步强化，传统媒体与新兴媒体融合发展取得实效，坚守网络舆论阵地，网上网下的正面声音相互呼应，传递与放大了正能量。

深入开展文明创建，“六大专项整治行动”有力实施，摘得全国文明城市“四连冠”，如皋成为苏中苏北首个获评全国文明城市的县级市。文明行业、文明村镇、文明社区、文明单位创建活动广泛开展、成效显著。精心组织“江海志愿20年”系列活动，省级志愿服务典型评选获奖总数全省第一，磨刀老人吴锦泉获第六届全国道德模范提名奖。

推动文化事业、文化产业和文艺创作繁荣发展。文化科技卫生“三下乡”、文艺惠民服务等公益文化活动深入开展，成功举办艺术南通博览会，“濠滨夏夜”“文化江海行”等品牌影响力进一步提升。文化产业加快发展，全年实施文化产业重点项目77个、总投资130亿元。原创大型话剧《张謇》演出50场，10部（件）作品获省精神文明建设“五个一工程”优秀作品奖，获奖总数全省第一。

八、以建设法治南通为追求，深化社会主义民主政治和法治建设

我们坚持党的领导、人民当家作主和依法治市有机统一，大力发展社会主义民主政治，全面推进法治南通建设，进一步巩固发展了生动活泼、安定团结的政治局面。

支持市人大及其常委会依法履行职权，对“一府两院”实施工作监督和法律督查，对政府部门履职情况进行评议测评，推动“走帮服”与“小康行”深度融合、取得实效。支持人民政协履行政治协商、民主监督、参政议政职能，出台《加强和改进人民政协工作的意见》，推进协商民主广泛多层制度化发展。加强统战工作，党委统一领导、统战部牵头协调、有关方面各负其责的大统战工作格局基本形成。民族、宗教、侨务和对台、对港澳工作得到提升，加强对工会、共青团、妇联等领导，推动群团深化改革取得明显成效。

深入推进法治南通建设，依法治市走在全省前列。完成《南通市城市建筑垃圾管理条例》《南通市水利工程管理条例》立法工作。出台《规范和加强行政机关负责人出庭应诉若干规定》，深入推进“千名领导干部观百庭”活动，行政机关负责人出庭应诉水平明显提高。扎实推进司法责任制改革，司法公信力进一步提升。市委法律顾问、公职律师配备到位，各项工作全面展开。全市县、镇公共法律服务中心全部建成，实现法律服务与群众“零距离”。法治文化建设不断深化，我市被列为全国“七五”普法依法治理工作首批联系点。

九、以政治建设为统领，推动全面从严治党迈上新台阶

认真履行全面从严治党主体责任，深入推进“融合党建”，实现党的建设与经济社会发展互促并进。市委常委会全年研究党建工作54次，市委主要负责同志切实履行第一责任，每季度分别听取各县（市）区委书记抓党建工作情况，市委常委每月点评分管领域党建工作，推动管党责任落到实处。

坚持把党的政治建设摆在首位，举办学习习近平总书记系列重要讲话精神专题读书班、“旗帜鲜明讲政治”专题培训班、党的十九大精神轮训班，推动党员干部树牢“四个意识”，坚定“四个自信”，做到“四个服从”，自觉在政治立场、政治方向、政治原则、政治道路上同以习近平同志为核心的党中央保持高度一致。推进“两学一做”学习教育常态化制度化，突出以上率下，常委会每季度开展专题交流研讨，常委会成员带头学习，带头讲党课，带头深入联系点进行指导，充分发挥领学促做作用。严格执行新形势下党内政治生活若干准则，推动“主题党日”、“三会一课”、领导干部双重组织生活等制度落实到位。

坚持正确的选人用人导向，切实加强领导班子和干部队伍建设。把党的领导贯穿十九大代表推选和人大、政府、政协换届工作全过程，推行责任、任务、整改、负面“四张清单”制度，实现换届风清气正。认真落实省委青年干部培养计划，统筹选配优秀年轻干部。深入实施“九大任务”系列研修计划，累计举办18个专题研修班，培训干部1071人次，有效提高了干部能力和专业化水平。加大干部管理监督力度，严格执行领导干部填报个人有关事项制度，对274名拟提拔重用人选进行核查。健全干部经常性教育提醒机制，市县两级共开展提醒谈话164人次，函询131人，诫勉14人，咬耳扯袖、红脸出汗成为常态。

坚持抓基层打基础，深入实施基层党建“六大工程”，细化实施30个重点项目、100个具体任务。全面推进省委12个党建创新重点项目，并结合南通实践，实施领导班子成员“一岗双责”抓党建等创新项目。持续推进基层党建“书记项目”，市县镇三级实施“书记项目”208个。出台推动基层党组织建设全面进步、全面过硬实施意见，分层分类推进基层党组织建设，召开农村、国企党建工作会议，各领域基层党建工作得到加强。突出基层带头人队伍建设，举办“支部书记大讲坛”，创新开展村党组织及其书记“双星”评定，明确镇村党组织书记“一轴四轮”主要职责。开展基层党组织“五有一化”建设，统一规划建设村（社区）“党建领航服务站”，统一亮出“江海先锋”党建标识，基层党组织规范化建设水平进一步提升。探索流动党员“磁铁工作法”“风筝工作法”，推行“我是共产党员”记实管理制度，党员精细化管理水平持续提升。

坚持作风建设永远在路上，大力弘扬密切联系群众的优良作风，以“四个精准”为重点，扎实开展富民强企奔小康“走帮服”活动，全市5.6万名党员干部走访企业2.4万余家、村居1900个、城乡居民254万户，解决问题5.9万个，走访率、问题解决率居全省前列。持之以恒反“四风”，全年共查处违反中央八项规定精神的问题260件，处理350人，4批通报28件典型问题。始终保持惩治腐败高压态势，全市各级纪检监察机关立案3389件，其中立案审查县处级干部31人。用好监督执纪"四种形态"，创新建立市县联动巡察机制，对43个单位和4个专项资金、2个专项开展巡察。深入推进纪律检查体制改革，设立19个综合派驻纪检组，实现市一级党和国家机关全覆盖。认真落实中央和省监察体制改革试点要求，各项工作有序推进。

认真抓好党管武装工作，市委常委议军会等各项制度规定全面落实，全民国防教育不断深化，国防和后备力量建设得到加强，推进军民融合发展取得新的成效，大力支持驻通部队建设，巩固和发展军政军民团结，双拥共建工作迈上新台阶。

市委常委会高度重视自身建设。常委同志以高度的政治自觉，带头深入学习党的十九大精神，坚决贯彻中央政治局关于加强和维护党中央集中统一领导《若干规定》精神，认真落实地方党委《工作条例》，不断提升常委会班子谋全局议大事的能力水平。带头严格执行民主集中制，制定出台《关于进一步提高市委常委会科学民主依法决策水平的意见》，认真执行《市委常委会议事决策规则》《关于加强"三重一大"事项决策的议事规则》等制度。带头执行中央八项规定精神和省市委十项规定，作风建设取得新成效。带头严格执行廉洁自律各项规定，自觉接受各方面监督。带头参加"走帮服"活动，沉下心去摸实情、扑下身子办实事，共走访群众302户，企业128家，解决各类突出问题近50个。

政府工作报告（摘要）

在南通市第十五届人民代表大会第二次会议上

南通市人民政府市长　韩立明

（2018年1月8日）

一、2017年工作回顾

2017年，我们在省委省政府和市委的正确领导下，以习近平新时代中国特色社会主义思想为指导，认真贯彻党的十九大精神，围绕推进"两聚一高"新实践、建设上海"北大门"新定位，坚定不移抓项目促发展，持之以恒惠民生防风险，较好完成全年目标任务，实现十五届市政府工作的良好开局。经济运行平稳健康，完成地区生产总值7734.6亿元，增长7.8%；一般公共预算收入590.6亿元（消化"营改增"因素，基本持平）；固定资产投资4959.2亿元，增长8.9%；社会消费品零售总额2873.4亿元，增长9.1%；进出口总额2360.2亿元，增长16%。"三大转型升级"取得重大进展，高新技术产业产值7564.3亿元，占规模以上工业比重50.3%，均居全省第二；标注南通制造新高度的"天鲲号"、"龙源振华3号"和2万标箱超级货轮先后亮相；服务业增加值增长9.4%；《南通建设上海大都市北翼门户城市总体方案》获省政府批复实施，中央创新区建设全面启动，轨道交通1号线一期工程正式开工，沪通长江大桥投资量达60%，城市和交通格局加速提升。生态环境状况积极改善，市县镇村四级河道都有了"河长"，"263"专项行动和"三河三行业"整治扎实推进，PM2.5平均浓度降至40微克/立方米、全省最低，地表水省控断面优Ⅲ比例64.5%。居民收入稳步提高，城镇居民人均可支配收入42756元，农村居民人均可支配收入20472元，分别增长8.9%和9.2%，6.23万省标以下低收入人口收入全部超过6000元。

（一）坚持稳中求进，发展基础更加厚实。深化供给侧结构性改革。依法依规淘汰落后产能，开展化工"四个一批"专项行动和沿江化工园区整治，保持打击"地条钢"高压态势，完成省下达钢铁、水泥去产能任务，关闭化工、印染、钢丝绳等行业低端低效产能企业164家。采取分类调控、增加供给、规范秩序等措施，有效稳定房地产市场。支持企业去杠杆，新增直接融资624亿元；实施政府投融资体制改革，力推国有融资平台市场化转型，规范举债融资行为，制定地方债务化解方案，新增地方政府债券及置换债券330亿元。落实七大类降成本措施，仅减税降费就减轻企业负担70亿元。量质并举抓好项目建设。完善"五个一"推进机制，举行重大项目集中开工等活动，加强定期会办、及时协调、跟踪推动，紧盯实物工作量，省级重大项目、市级"双百工程"项目分别完成投资230亿元、830亿元，新开工亿元以上产业项目增长53.6%。举办江海国际博览会暨首届通商大会、海外通商峰会和台商产业转型升级峰会等活动，在谈、签约、新开工50亿元以上重特大工业项目29个，注册外资实际到账24.2亿美元，新引进超亿美元项目38个、超亿元市外民资项目160个。推动需求结构优化升级。实施十大扩消费行动，培育"互联网+商贸"，电子商务交易额增长33%。制定落实外贸稳增长政策，市场采购贸易方式、跨境电商、外贸综合服务等新业态贡献出口增量60亿元，飞机部件航空维修再制造加工贸易业务展开。

（二）强化创新驱动，实体经济更有质量。出台《建设国家创新型城市打造创新之都行动方案》，通过国家创新型试点城市评估，全社会研发投入占地区生产总值比重2.69%。提高科技创新能力。落实通创币、创新券等政策，新增省级以上研发机构34家，高新技术企业突破1000家。整合高新区、南通产研院等"双创"资源，规划建设众创社区，入选省首批备案试点2家。发挥大院大所对接、江海英才创业周等效应，深化产学研合作，新建技术转移中心4家。落实"人才八条"新政，制定22个配套政策和中央创新区专项政策，新增省"双创"人才61名、团队7个，均居全省前列。新增PCT专利申请量全省第二。推进产业创新转型。组建产业技术创新联盟，举办"企业家面对面"活动，"3+3"重点产业产值占规模以上工业比重60.4%。船舶海工、电子信息、高端纺织加快智能化改造，新增国家试点示范企业3家、制造业单项冠军企业3家、技术创新示范企业1家。举办新一代信息技术博览会，率先建立大数据工作体系，IP城域网出口带宽5764G。建筑业特级资质企业达20家，"鲁班奖"总数达100个。支持企业创新创业。整合财政专项资金，制定实施促进经济发展提质增效10项政策措施、"5215"工业大企业培育计划。开展江海创投行、金融帮服万企行等活动，建立融资担保风险分担、投贷联动风险补偿机制。新增省名牌企业84家，获评省商标战略实施示范市。评选表彰“张謇杯”杰出企业家、“三名”人物和“杰出通商”。

（三）落实战略定位，开发开放更具活力。积极策应“一带一路”建设、长江经济带发展和以扬子江城市群为龙头的“1+3”功能区战略，拓展双向开放新空间。全面对接服务上海。举办对接服务上海大会以及科技、旅游对接和农产品展销等系列活动，承接亿元以上产业项目236个，落户高层次研发服务平台6家。围绕构建“三港三城三基地”，制定9个专项实施方案，成立沪通交通对接联合工作组，深化沪通空港物流协作，城域网实现与上海直达互联，全市新增沪通产业合作平台10个。呼应崇明世界级生态岛建设，编制海永－启隆－东平城镇圈协同规划。攻坚突破改革难点。抓好陆海统筹发展综合改革，推进沿江沿海港口一体化，组建南通港集团，通海港区集装箱码头主体结构通过交工验收，通州湾港区总体规划获批；深化陆海统筹土地利用管理创新，推进村庄建设用地布局调整、工业用地先租后让等试点。探索供给侧结构性改革金融创新，打造省股权交易南通分中心，推进企业上市，陆海统筹发展基金实质性运作。绘制沿江“一张图”，沿海新开工10亿元以上产业项目22个，港口航道、江海河联运和海洋经济创新发展示范项目扎实推进。提升经济国际化水平。抓好省“走出去”先行先试改革试点，境外投资增长12.5%，实施跨国并购项目8个，3家企业进军以色列建筑市场。蝉联“中国服务外包风采城市”。出台支持开发园区创新转型发展的政策意见。口岸平台功能和通关便利化水平持续提升。

（四）推动布局优化，城乡发展更趋协调。成为住建部城市总体规划编制改革和“城市双修”、城市设计试点，形成全市域“多规合一”初步成果和38项专项规划。扎实推动城市和交通转型升级。推进中心城市“一主五片两重点”建设，寺街西南营历史文化街区保护修缮有序展开，中央创新区医学综合体等5个功能性项目开工，五山及沿江地区实施7项生态修复工程。跃龙路拓宽改造等十大工程竣工，啬园路快速化改造等十大工程开工。“三城同创”扎实推进，建成中心城区高速一环、宁启铁路生态廊道，市区新增绿地620公顷，全市新增造林11.1万亩。编制现代综合交通运输体系发展规划，苏通二通道等过江通道列入省级规划。59个重点交通项目完成投资101.6亿元，宁通直达动车开通。盐通铁路前期工作顺利推进，南通动车所纳入同步实施项目。稳步实施农业供给侧结构性改革。整市推进高标准农田建设，新建高标准农田67.7万亩。推进国家现代农业示范区“863”工程，建成高效设施农（渔）业10.3万亩，新增省级示范家庭农（渔）场33家、农业产业化龙头企业5家，“一村一品”示范村镇数、农产品出口额全省第一。粮食机械化烘干能力建设三年行动任务过半。优化城乡一体化体制机制。推进市区6项新型城镇化综合试点，建立财政与农业转移人口市民化挂钩机制。3个镇成为第二批全省经济发达镇改革试点镇。农村集体资产资源流转全部进场交易，农民合作社综合社、农村“两权”抵押贷款等试点有序推进。完成农村土地承包经营权确权登记颁证。培育特色小镇，重视特色田园乡村建设，3个村庄跻身省特色田园乡村首批试点。

（五）聚焦难题破解，生态治理更显铁腕。坚决整改中央、省环保督察反馈问题。标本兼治整改中央环保督察交办事项，持续整治41个突出环境问题，彻底解决通灵桥等区域污染。以接受省环保督察为契机，展开突出问题大排查快整治，启动“散乱污”企业综合整治，责令整改企业341家。扎实抓好水环境等突出问题整治。推进河岸共治，通过省级“河长制”验收，统筹落实“断面长制”，实施水污染治理项目210个，关闭禁养区内畜禽养殖场703家。完成548个大气治理项目，空气质量优良天数比例72.9%。垃圾分类和治理“六个一”行动有序开展。深入推进长江“共抓大保护”行动。制定实施长江流域（南通段）生态环境保护工作方案，对沿江新上化工项目实行“三个一律不批”，扎实开展水上过驳作业、沿江船舶和取水口、排污口等专项治理，彻底整治长期存在的53个非法码头。强化生态红线区域保护和管理，率先开展生物多样性调查，实施60个重大生态保护与修复工程。配合国家海洋督察，推进海洋生态文明示范区建设。持续深化污染减排措施。坚持总量和强度“双控”，完成节能减排目标任务。新增城镇污水管网185公里、危废年处置能力3.5万吨，83个循环经济重大项目完成投资81.7亿元。加快生态文明改革措施落地。出台生态环境保护工作责任规定、工业企业资源利用绩效综合评价办法，开展战略环评、生态环境损害赔偿、污染物排放许可等试点，积极发展绿色金融，建立覆盖全市的水环境区域补偿制度。

（六）突出精准发力，民生保障更好完善。实施富民增收“五大行动”，推进基层基本公共服务功能配置标准化，民生支出占一般公共预算支出的77%，完成11件50项重点民生实事。推进富民增收和精准脱贫。着力促进农民增收，支持返乡人员创业，发放创业担保贷款2.2亿元、稳岗补贴1.1亿元，城镇登记失业率1.82%、新增就业8.7万人。推进社会救助制度与扶贫开发政策衔接，实施健康扶贫工程，年收入7000元以下的建档立卡低收入人口脱贫率64.75%。老区建设持续加强。健全社会保障制度。五大基本社会保险新增参保29.1万人。调整完善职工生育保险等政策，城乡居民医保整合到位，企业退休人员养老金、城乡低保、特困人员供养等标准继续提高。医养、医护结合的照护保险覆盖120万人，新增护理型养老机构10家、床位1687张。“救急难”制度进一步完善。加快教育现代化市级示范区建设。优化中小学、幼儿园布局，推进城乡义务教育一体化发展，加快普通高中特色学校建设，4所高校入选省高水平大学（高职）建设单位，天津大学—密西根大学（南通）联合研究院成立。深化综合医改。推进分级诊疗，组建五大专科联盟、市区紧密型医联体和13个县域医疗集团，推行家庭医生签约服务。实施市属公立医院绩效考核和总会计师制度。与上海交大仁济医院开展合作。提升文体惠民能力。深化公共文化服务体系建设，群众性文化活动和全民阅读扎实开展，话剧《张謇》、越剧《仁医寸心》获好评，10部作品获省“五个一工程”奖。成功举办市第十一届运动会暨第二届全民健身运动会。妇女、儿童、青少年、关心下一代、老龄、残疾人等事业长足发展。完善社会治理体系。落实综治、法治、信访领导责任制，开展社会矛盾和安全隐患大排查大整治，提升立体化、智能化社会治安防控水平，完善城乡社区网格化服务管理体系，市县镇村四级综治中心全覆盖，公众安全感、法治满意度继续位居全省前列。加强安全生产责任落实与隐患治理。推进国家食品安全示范城市创建。实现全国文明城市“四连冠”，如皋成为全省江北首个县级全国文明城市。推动军民融合创新示范区创建，民族、宗教以及国家安全等工作取得新成效。落实扶贫协作和对口支援任务，全域结对帮扶陕西汉中10个县、区。

（七）加快转变职能，从严治政更为扎实。把全面从严治党贯穿政府工作全过程，推动“两学一做”学习教育常态化制度化，深入开展富民强企奔小康“走帮服”活动。实施“不见面审批（服务）”改革，优化集中审批、联合审图、代办帮办等机制，建成政务服务“一张网”，服务事项90%可网上办，实现“3550”目标，首轮“双创”环境评价全省第一。启动承担行政职能事业单位改革，推进文化、城管领域综合执法体制改革，全面推广“双随机一公开”。落实法治政府建设实施方案，健全重大行政决策程序规定，开展行政执法三项制度试点。实施城市建筑垃圾管理、水利工程管理条例。认真办好市人大代表议案、市政协建议案，完成市人大代表建议、政协提案办理任务。严格落实党风廉政建设“两个责任”，构建政府投资工程建设领域阳光防范体系，推进公共资源交易市县一体化，行政监察和审计监督全面加强。

二、准确把握2018年工作的总体要求

建议今年全市发展的主要预期目标为：地区生产总值增长8%左右，一般公共预算收入超过600亿元，全社会研发投入占地区生产总值比重2.74%左右；固定资产投资增长8%以上，高新技术产业投资增长10%左右，工业投资、技改投资分别增长8%、10%左右，社会消费品零售总额增长10%以上，进出口总额增长6%以上；城乡居民收入增长与经济增长同步，居民消费价格涨幅3%左右；城镇登记失业率控制在3%以内、新增就业8万人以上；节能减排完成省下达目标任务，大气、水环境质量持续改善。

工作中，要紧扣新时代要求，更加注重做到：

（一）始终把学习贯彻党的十九大精神作为首要政治任务。自觉用习近平新时代中国特色社会主义思想武装头脑、统一思想、指导实践，全面贯彻基本理论、基本路线、基本方略，提高系统化思维、项目化实施、精准化落实的能力，一步一个脚印，踏踏实实干好工作，以接续奋斗的定力、敢于攻坚的担当、务实扎实的行动，把党的十九大描绘的宏伟蓝图转化为生动现实，在谱写中国梦南通篇章中展现新气象新作为。

（二）始终把握稳中求进工作总基调。科学把握工作的策略和方法、节奏和力度，正确处理“有守”与“有为”的关系，聚力打好防范化解重大风险、精准脱贫、污染防治攻坚战，全力守住经济持续健康发展的底线、社会大局安定和谐的底线、人民生活和生态环境质量持续改善的底线，着力在转换增长动力、推动改革突破、拓展发展空间等方面抢占先机，着眼长远、立足当前、稳扎稳打，全力保持经济社会发展良好势头。

（三）始终坚持高质量发展的根本要求。坚定不移落实新发展理念，坚持质量第一、效益优先，以供给侧结构性改革为主线，推动质量变革、效率变革、动力变革，抓牢项目建设“牛鼻子”，打造实体经济、科技创新、现代金融、人力资源协同发展的现代产业高地，让创新成为第一动力、协调成为内生特点、绿色成为普遍形态、开放成为必由之路、共享成为根本目的，努力实现更高质量、更有效率、更加公平、更可持续的发展。

（四）始终践行以人民为中心的发展思想。把满足人民日益增长的美好生活需要作为奋斗目标，抓住老百姓最急最忧最怨的事情，尽力而为、量力而行，积极解决群众最关心最直接最现实的利益问题，富“口袋”与富“脑袋”结合，优化公共服务与丰富精神生活并举，关注弱势群体与促进公平正义同步，持续增进民生福祉，不断增强人民获得感、幸福感、安全感，不让一个人在全面建成小康社会、推动共同富裕的道路上掉队。

三、落实高质量发展要求，抓好2018年重点工作

按照中央、省委省政府和市委部署要求，围绕高质量发展，在抓重点、补短板、强弱项、增优势上下功夫，做好八方面工作：

（一）强攻产业转型升级，促进实体经济提质增效。以建设现代化经济体系为目标，加大转方式调结构力度。

做强先进制造业。积极创建中国制造2025国家级示范区，加快发展“3+3+N”重点产业。推动船舶海工向特种船舶、智能船舶和豪华邮轮转型，提升现代家纺品质，壮大光通信、集成电路、新材料、新能源汽车等产业集群，加快发展装配式建筑、绿色建筑和现代电力装备等特色产业，培育生物医药、节能环保等战略性新兴产业。深化“互联网+先进制造业”融合创新，新增市级以上智能车间（工厂）20个。推进军民融合创新示范区创建，打造军民融合产业集群。着力破除无效供给，加大落后产能淘汰力度，依法依规推进化工、印染、钢丝绳等落后低效产能退出，加快城镇人口密集区危化品生产企业搬迁。

培育新经济新动能。推动互联网、大数据、人工智能和实体经济深度融合，建设新一代信息技术产业“一核两区六基地”。聚焦数字经济、共享经济、生物经济和现代供应链等领域，壮大新产品新业态新模式。加快发展现代物流、金融、服务外包等现代服务业，培育电子商务、研发设计、数据服务等服务业创新平台。拓展全域旅游、医养结合、教育培训等中高端消费，增加品质、服务、绿色消费供给，培育省级品牌消费集聚区5个。

加大有效投入力度。突出抓好省级重大项目和市级“双百工程”项目，完成投入超1000亿元。实施重大产业项目突破工程，整合设立重大产业项目发展资金，健全10亿元以上重特大项目市县联动推进机制，引进50亿元以上项目不少于10个。更加注重抓好项目竣工与转化，新增规模以上工业企业300家以上。落实进一步激发社会领域投资活力“37条”，民间投资增长10%以上。

振兴实体经济企业。实施“5215”工业大企业培育计

划和企业上市三年行动计划，发挥陆海统筹发展基金作用，支持产业链整合和企业并购，50亿元以上销售工业企业达22家。提高金融服务能力，丰富现代金融产品，用好转贷基金，优化中小企业金融服务平台。落实降成本措施，重点降低企业制度性交易、税费负担、生产要素等成本。贯彻《中小企业促进法》，完善“张謇杯”杰出企业家和“三名”人物激励机制，创新“南通企业家日”活动内容和方式，营造企业家健康成长环境，传承优秀企业家精神，调动企业家积极性、主动性、创造性。弘扬劳模精神和工匠精神。推进质量提升和“标准化+”，制订、修订国家和行业标准50项。

（二）加快创新之都建设，持续提升科技创新竞争力。优化创新生态，提高创新浓度，科技进步贡献率达63%。

强化企业创新主体作用。实施创新型企业培强扶优行动，培育科技“小巨人”和“独角兽”企业，高新技术产业产值占规模以上工业比重达49.5%。支持规模以上工业企业增加研发投入，推动普遍建立研发准备金制度，新增国家级企业技术中心1家、省级以上研发机构20家。优化市级科技发展资金投向，引导企业加强应用研究、集成创新，突破收益分配和股权激励、技术转移开发等障碍，实施20个市级以上重大科技成果转化项目。

提升创新载体和平台功能。加快中央创新区科创中心一期和大学科创园建设，实施“5+5”重大科技创新平台建设工程。推动高新区在全省综合评价中争先进位，支持有条件的地区创建省级高新区。推进科技平台“十百千”工程，建设光电工程、先进通信、新材料等重大创新平台，新建和提升研发设计、先进封测、试验认证等公共服务平台。做强1到2个细分行业的产业创新中心，支持共建产业技术创新联盟，推动“两院”院士在企业、高校交叉建立工作站。推进规上高企产学研全覆盖，实施合作项目500个。发挥科技金融撬动创新的作用，探索投贷联动、投保联动、投债联动，扩大“苏科贷”“通科贷”规模。创建国家知识产权强市，每万人发明专利拥有量达25.5件。

集聚创新创业人才。落实人才发展促进条例，实施高端人才引领、青年人才倍增和通籍英才归雁计划，办好江海英才创业周暨青年人才发展大会，举全市之力引进1~2个具有重大原创技术的创新创业团队，新增省“双创”人才40名。优化人力资源配置，壮大知识型、技能型、创新型劳动者队伍。以国家级“双创”示范基地为目标，规划建设10个左右的众创社区，打造创新创业全过程服务链，提升“创新南通”平台功能。

（三）抢抓重大战略机遇，构建区域协调发展新格局。策应国家、省新一轮开放大布局，以落实扬子江城市群规划为契机，推进跨江协同、江海联动，加快对接上海、走向世界。

推动上海“北大门”建设。编制《南通·上海大都市北翼门户城市战略规划》，落实各项工作推进方案，举办对接服务上海大会。打造“南通成本、上海优势”品牌，构建“一核十区多园”的先进制造业协同发展布局。建立“1+3”离岸创新和技术集聚转移平台，争当上海新一轮科技资源转移承接地。提升濠河、狼山、圆陀角等龙头景区功能，精心建设旅游度假区、郊野公园、旅游风情小镇。建设10个优质农副产品保障示范基地，农产品在沪销售额超过150亿元。加强与上海共建崇明世界级生态岛和长江口生态保护战略协同区。深化公共服务同城化，丰富教育、医疗和文化等领域合作。推动通州湾临港产业城打造“一带一路”合作开发园区，支持启东生命健康科技城加快规划建设。

打造综合交通枢纽。以交通引领沪通同城化，加快沪通铁路（沪通长江大桥）、盐通铁路、宁启铁路二期建设，深化北沿江高铁、通苏嘉城际前期工作。推进海启高速、锡通高速北接线工程，力争绕城高速、宁通高速扩容开工。开辟国际国内客货运航线。开展加密过江通道、市域铁路、机场客运枢纽规划研究。加快通海港区集装箱码头、横港沙现代化散货码头和沿海港区航道建设。扩容沪通干线传输网络，IP城域网出口带宽达8000G。

勇当沿海经济带新增长极。制定发展现代海洋经济工作方案，推进国家海洋经济创新发展示范项目，海洋生产总值增长9%左右。加快沿海重特大项目建设，打造海洋生物医药与南极磷虾、海洋高端装备和能源装备三大产业基地，支持洋口港建设能源交割中心，发展远洋捕捞、海产品深加工和滨海旅游业。推进通州湾江海联动示范区高起点开发、高质量发展。着力培育省级以上船舶海工创新中心、海洋经济发展研究院等协同平台。

（四）着眼人的城镇化，提升城乡建设治理水平。切实提高城镇人口素质和居民生活质量，提升中心城市首位度，促进“四化”同步发展。

加快城市提质转型。着力做大做强做美做优城市，营造精致宜居的品质环境。提高规划科学化水平。推进2035城市总体规划编制改革，以主体功能区规划为基础统筹各类空间规划，建设“多规合一”信息平台。编制形成“城市双修”专项规划、城市设计总体规划，坚持“留白增绿”，推进生态修复、城市修补和海绵城市建设，加强天际线和色彩管控，提升建筑品质，彰显江风海韵的城市特色。加快“一主五片两重点”建设。推动主城区有机更新，加快棚户区改造、老小区整治、危房解危。提升中央创新区专项规划与建设水平，大力实施基础设施和功能性项目。加快五山国家森林公园建设和5A级景区创建，推进沿江片区生态修复。推动平潮高铁西站片区综合开发建设。支持通州区与主城区基本公共服务一体化。推进257项城建工程，完成“三城同创”三年行动计划。推动轨道交通1号线一期工程建设，力争2号线一期工程开工。增强治理和服务能力。开展城市环境“八整治八提升”行动，着力化解市民反映强烈的违章搭建、餐饮油烟污染、物业管理等突出问题，深化垃圾分类和治理。推进城市“微更新”，畅通“微循环”，优化“微服务”。保障城市公共安全。落实公交优先行动计划。制定和实施“厕所革命”工作方案。

实施乡村振兴战略。按照产业兴旺、生态宜居、乡风文明、治理有效、生活富裕的要求，推进农业农村现代化。坚持质量兴农、绿色兴农，调优种植业结构，新增高效设施农（渔）业7.2万亩。提升粮食安全保障水平，加强“菜篮子”工程建设。实施科技支农强农富农工程，推进粮食生产全程机械化、农业科技和信息进村入户。推动高标准农田、适度规模经营、社会化服务联盟“三个全覆盖”试点镇建设，新建高标准农田45万亩，新增市级以上示范家庭农（渔）场34家，建成农民合作社综合社50个。促进农村一、二、三产融合发展，推广“一村一品一店”，培育100个休闲农业精品景点。推进特色小镇健康发展，抓好特色田园乡村省级试点，培育10个市级示范村庄。振兴乡村文化，推动“乡村记忆影像志”工程成为留住乡愁、传播文化的载体。

夯实城乡协调基础。深化新型城镇化试点和经济发达镇改革试点，优化城镇空间布局，进一步放宽重点群体落户条件，常住人口城镇化率达66.6%以上。完善承包地“三权”分置制度，加强农村产权流转交易市场规范化建设。全面启动农村集体产权制度改革，有序推进经营性资产股份合作制改革。推进“四好农村路”、农村重点水利工程和农桥改造项目建设。开展农村人居环境整治三年行动，完善长效管理机制。健全乡村治理体系，培养懂农业、爱农村、爱农民的“三农”工作队伍。

（五）激发内生动力，推动改革开放重点任务落地。以深化改革、扩大开放、创新机制为重点，释放和集聚新动能。

深化陆海统筹发展综合改革。以第三次全国土地调查为契机，全面落实耕地保护责任，鼓励低效用地再开发、工业用地先租后让，建立海域使用权不动产统一登记制度。落实新一轮财政管理体制，抓好环保税开征和税收征管现代化。积极实施金融改革创新，壮大地方法人金融机构，推进专业金融集聚区建设。完善政府投融资决策机制，严格“借、用、还”闭环管理，依法开展存量债务置换，严格管控新增债务，杜绝违法违规融资行为，切实降低地方债务水平，有效防范化解政府债务风险。深化国资国企改革，加快国有融资平台公司市场化转型，完善国资监管体系，促进国有企业做强做优做大。加强价格机制改革。

大力促进双向开放。推进外贸强市建设，放大市场采购贸易方式试点效应，争创跨境电子商务综合试验区，建设外贸转型示范区、进出口基地和外贸集聚区，大力发展服务贸易。加快口岸功能建设，推进综保区与通海港区区港联动。实施外资“植根南通”行动，坚持引资和引技引智并举，加大产业链招商力度，引导现有外资企业增资扩股，力争注册外资实际到账25亿美元。加强与“一带一路”沿线国家和地区经贸合作，支持有条件的企业布局全球创新网络，建设境外产业集聚区，发展国际工程总承包，提升国际货运班列水平。深度融入长江经济带建设，推进以港口为重点的多式联运，深化与长江中上游地区合作。

推进开发园区创新转型。全面落实“六大工程”和政策意见，以“一县一园区一特色”为导向，有序推进园区整合优化，提升投资强度和产出效益。省级以上开发园区按照“产业集聚、企业集中、功能集成”的要求，提高核心区规划建设水平，重点打造1个主导产业、扶持壮大1个战略性新兴产业，培育一批500亿级以上特色产业集群。创新开发园区体制机制，扩大区域能评环评改革试点，深入实施全链条审批赋权清单管理。

（六）打好污染防治攻坚战，加快建设美丽南通。牢记只有恢复绿水青山才有金山银山，坚决不要“沾着灰”“带着毒”的GDP，下更大的力气补齐生态环境突出短板。

攻坚污染大整治。持续抓好中央环保督察整改“回头看”，以最坚决的态度、最有力的措施整改国家海洋督察和省环保督察反馈问题，以接受长江经济带生态环境保护审计为契机，挂牌督办区域性、流域性、行业性问题，坚决不容得过且过、虚假整改，全力攻坚污染防治十大专项治理。治理大气污染。“控煤、降尘、治企、管车、禁烧、联防”并举，推进重点行业挥发性有机物治理，加强工地扬尘、船舶污染等综合整治，PM2.5平均浓度不高于40微克/立方米，空气质量优良天数比例不低于72.5%。治理区域水环境。完善“河长制”和“断面长制”，落实生态河湖行动计划，深入推进河岸共治和“三河三行业”整治，强化16条骨干河道和城乡黑臭水体治理，非禁养区规模化畜禽养殖场治理率达75%，严控水产养殖污染，地表水省控断面优Ⅲ比例达67.7%。按照区域治污的理念，统筹环境基础设施规划建设，重点推进乡镇污水收集管网建设。治理土壤和固体废弃物污染。推进土壤污染详查和修复，建立污染地块名录和开发利用负面清单。加快工业产废处废规范化建设，危废年处置能力达32万吨以上。

创新治理大体制。坚持政府为主导、企业为主体、社会组织和公众共同参与，完善全面、全域、全民治理环境的体制。成立污染防治攻坚指挥部，整合市、县、镇、村四级力量，形成齐抓共管、强力推进格局。严格执行生态环境保护工作责任规定，建立督查考评机制，层层压实压紧污染防治责任。全面落实生态环境损害赔偿制度，实施工业企业资源利用绩效综合评价，落实差别化环境政策，发展绿色金融，完善环保信用制度，推动重点排污单位设立环保总监，督促企业把环保责任落到实处。健全行政督察、民主督察、舆论督察等相结合的综合督察体系，支持社会组织和公众当好环保“啄木鸟”，让污染无处藏身。

构建执法大机制。持续开展环境执法“亮剑行动”，保持“铁腕治污”高压态势。强化刑事司法。充分发挥司法机关职能，公安机关及时立案侦查涉嫌环境污染犯罪案件，提前介入、直接查处重点案件；加强行政执法与刑事司法衔接，推进环境公益诉讼，形成严惩环境污染犯罪的强大震慑。严格行政执法。深入推进环境监察监测执法垂直管理体制改革，推行突击执法、点穴执法、交叉执法。加大“三行业”企业专项执法力度，关停“散乱污”企业250家。深化综合执法。完善“大环保”综合执法机制，整合各方执法力量，加大联合执法力度，增强打击合力。

推动生态大创建。按照国家级生态文明建设示范市标准，推进创建工作。加快海洋生态文明示范区建设，加强入海河流和近岸海域污染防治。建设资源循环利用基地，提升园区循环化改造水平。实施长江经济带生态环境保护规划，强化饮用水源地保护和排污口管理，推进沿江重点规划区域化工企业关停并转迁，完成国家级水生态文明城市建设试点任务。完善生态红线区域保护规划，细化落实主体功能区战略和制度，统筹山水林田湖系统治理。完成国家森林城市创建任务，新增造林13.8万亩。

（七）大力繁荣江海文化，守护共同的精神家园。坚定文化自信，建设江海特色文化强市，让城市有根有魂、形神兼备。

强化核心价值引领。坚持用中国特色社会主义和中国梦凝聚共识，弘扬“包容会通、敢为人先”的新时期南通精神。实施公民道德建设工程，推动县级全国文明城市创建，光大精神文明“南通现象”。推进诚信建设制度化，开展“志愿江海20周年”系列活动。提升公民科学素质，繁荣哲学社会科学。落实意识形态工作责任制，推动全民阅读，营造清朗网络空间。健全社会心理服务体系，培育自尊自信、理性平和、积极向上的社会心态。

传承城市历史文脉。深化江海文化研究，充分挖掘利用地方文化资源。提升南通博物苑及环濠河博物馆群文化吸引力，稳妥实施寺街西南营等历史文化街区保护修缮。推进唐闸历史工业城镇申遗工作，扩大南通非物质文化遗产影响力。加强历史地段、文物古迹和古镇古村保护。

发展文化事业产业。完善公共文化服务体系，加快南通大剧院、美术馆等重大文化设施建设，推动基层综合性文化服务中心全面达标。针对不同群体需求，丰富群众性文化活动。深化文化事业单位改革，激发文艺创作活力，推出地域题材、百姓视角的精品力作，讲好“南通故事”。实施文化产业重点项目50个以上，推进重点文化产业示范基地建设，文化产业增加值占地区生产总值比重达5.2%。推动文化与体育、科技、金融等深度融合，培育创意设计、信息服务、休闲旅游等新业态。广泛开展全民健身活动，备战第十九届省运会，实施新一轮足球改革发展三年行动，创建全国青少年校园足球改革试验区。

（八）始终突出民生优先，更加注重共建共享。落实“七个有”要求，加大富民惠民安民力度，加快形成人人参与、人人尽力、人人享有的生动局面。

推动就业增收、脱贫攻坚。深入落实富民增收“五大机制”“五大行动”和50条政策措施。实施更加积极的就业政策，扩大重点群体就业空间，强化职业技能培训，加强对灵活就业、新就业形态的扶持。实施留学回国人员创业、大学生创业引领、农村创业富民、城镇失业人员创业四项计划，提升创业服务基地功能，支持1.2万名以上群众创业。构建和谐劳动关系，推进工资集体协商。针对不同致贫原因精准扶贫，抓好92个经济薄弱村扶贫项目建设，年收入7000元以下建档立卡低收入人口脱贫率达80%以上。加大健康扶贫力度，动态解决因病因残致贫。做好与陕西汉中的扶贫协作工作，拓展产业、劳务和人才合作。扎实推进与新疆伊宁、青海贵德的对口援建项目，加强与辽宁辽阳的对口合作。

推进公共服务标准化均等化。对照“十三五”时期基层基本公共服务功能配置清单，补好短板，优化供给。促进教育优质均衡多样发展。重视婴幼儿照护和儿童早期教育服务，推进义务教育改薄工程和标准化建设，促进普通高中分类发展，深化产教融合，支持在通高校建设省高水平院校。坚持立德树人，培养高素质教师队伍。普及残疾学生15年免费教育，发展继续教育，支持和规范社会力量兴办教育。推动健康南通建设。深化综合医改，加强紧密型医疗联合体建设，健全现代医院管理、分级诊疗、药品供应保障等制度。创新全科医生培养与使用激励机制，做实家庭医生签约服务。加快基层医疗卫生机构建设，完善急救体系，推动健康大数据平台开放应用。扎实开展计划生育暖心服务。深入实施居家和社区养老服务改革、医养结合两项国家试点。提升社会保障水平。持续推进社保扩面征缴，完善统一的城乡居民基本医疗保险制度和大病保险制度，农村最低生活保障标准提高到人均不低于600元/月。完善照护保险制度，扩大县级试点范围。健全房地产市场平稳健康发展长效机制，加强多层次住房供给和保障。时刻把群众冷暖放在心上，多搞雪中送炭，完善社会救助、福利、慈善和优抚安置等制度，实施残疾人服务关爱工程。积极发展妇女、儿童、青少年、关心下一代、老龄、红十字等事业。

营造安居乐业环境。完善党委领导、政府负责、社会协同、公众参与、法治保障的社会治理体制，健全矛盾纠纷多元化解机制，开展“人民满意信访建设年”活动。深化平安法治创建，优化社会治安防控体系，加强公共安全视频监控联网应用，积极防范、依法打击各类违法犯罪。深入推动城乡社区网格化服务管理，加强社会组织建设，融合推进“政社互动”“三社联动”，96.5%的城市社区、91.5%的农村社区达省级和谐社区标准。以安全生产风险管控为核心，以“一图、两单、三卡、八必须”和信息化管控为主线，坚决遏制重特大安全事故。深化国家食品安全示范城市创建，保障群众饮食用药安全。推进“七五”普法规划实施。强化国家安全和双拥、民族、宗教、档案、保密等工作。

四、致力建设人民满意的服务型政府

全面学习贯彻党的十九大精神，牢固树立“四个意识”，勤勉务实，艰苦奋斗，不断增强政府执行力和公信力，把南通建设成为行政效能最高、营商环境最好的地区之一。

（一）“严”字当头强作风。进一步严明责任、严肃纪律、严格管理，让求真务实、追求卓越、清正有为蔚然成风。严在标准质量。强化政府工作目标管理，提升推进、协调、督查实效，凡事力求做到细致、精致、极致，坚决克服低标准、过得去、图应付。严在作风硬朗。坚持敢抓敢管、一抓到底，层层落实责任、传导压力，坚决制止不作为、慢作为、乱作为。持续开展“走帮服”，哪里有困难、有矛盾，就到哪里去解决。严在自身要求。深入贯彻中央八项规定《实施细则》精神、省委《具体办法》和市委要求，力戒形式主义、官僚主义，驰而不息纠正“四风”。扎实开展“不忘初心、牢记使命”主题教育，塑造忠诚干净担当的政府形象。从严落实党风廉政建设责任制，支持行政监察向国家监察转变，发挥政府投资工程建设领域阳光防范体系、“阳光扶贫”监管系统等作用，坚决以零容忍的态度惩治腐败。着力建设高素质专业化干部队伍，落实鼓励激励、容错纠错等机制，倡导全体公职人员夙兴夜寐、激情工作、蓬勃向上。

（二）“实”字打底见成效。坚持目标导向、问题导向、结果导向，找准工作落点和抓手，说到做到，做就做好。务项目之实抓发展。坚持不懈怠、不急躁、不掺水的要求，更加注重抓好对转型升级有带动力的大项目好项目，严守环保、产出和技术标准等底线，加快催生新的经济增长点。务突破之实抓改革。健全重点改革任务动态跟踪机制，奔着问题去，盯着问题改，着力突破改革协同、要素配置、运作机制等方面的难点和痛点。务感受之实抓民生。坚持问政于民、问需于民、问计于民，让惠民政策和举措更加贴近群众需求。更多运用市场化、社会化、信息化手段提高服务能力，积极解决群众的操心事、烦心事。

（三）“改”字发力优环境。刀刃向内深化“放管服”改革，打造“不见面审批、零缺陷服务、精准化监管”品牌，建设一流营商环境。降低就业创业门槛。加大减权放权力度，推动“市县扁平管理、一层全链审批”，落实市场准入负面清单。巩固“3550”改革成果，推广投资项目信用承诺制、注册登记全程电子化等举措。推行高效便捷的智能化政务服务。建立统一的大数据管理体系和共享交换平台，提升“市民通（我的南通APP）”、拓展“政务通”、探索建设“全视通”，让数据多跑路、群众少跑腿。更好地联系群众、服务企业，推动政务服务“一张网”向基层延伸，完成市县“12345”平台一体化整合升级，进一步解决“办事难”“推绕拖”等问题。维护公平竞争市场秩序。深化综合行政执法体制改革，完善“双随机一公开”机制，推进包容审慎监管。

（四）“法”字在心重善治。牢固树立宪法法律至上的理念，落实法治政府建设责任。加强生态环保、城市管理等领域政府立法，健全依法决策机制，推行重大决策目录清单管理，严格政府合同审查和履约管理。全面实施行政执法三项制度，建立行政诉讼法律援助制度，支持行政诉讼集中管辖。依法接受党内监督、人大法律和工作监督、政协民主监督以及国家监察、司法监督，认真落实重大决策出台前报告和通报制度，切实办好市人大代表议案、建议和政协建议案、提案。完善层级监督机制，加大财政、经济责任、绩效等审计监督力度。强化社会监督、舆论监督，扩大重大建设项目、食品药品安全等领域政府信息公开。

组织机构及负责人名录

中国共产党南通市第十二届委员会

书　　记　陆志鹏
副 书 记　韩立明（女）
　　　　　张兆江
常　　委　陆志鹏
　　　　　韩立明（女）
　　　　　张兆江
　　　　　苏西群
　　　　　沈　雷
　　　　　单晓鸣（女）
　　　　　冯　军
　　　　　王剑锋
　　　　　韩　方
　　　　　姜永华
　　　　　宋乐伟（6月1日免）
　　　　　刘　浩（8月4日任）
市委秘书长　沈　雷
　副秘书长　王少勇（2月28日免）
　　　　　张建华（1月19日任）
　　　　　张　坤
　　　　　刘　锋（8月18日免）
　　　　　徐兴林
　　　　　缪　平（2月28日免）
　　　　　李欣彤（女）
　　　　　唐建泉（8月18日免）
　　　　　顾晓明
　　　　　任新峰（2月28日任）

南通市第十五届人民代表大会常务委员会

主　　任　陆志鹏
党组书记　陈　斌（2月17日免）
党组副书记　庄中秋
　　　　　曹　斌（2月17日免）
副 主 任　陈　斌（常务，2月17日免）
　　　　　庄中秋（常务，2月17日任）
　　　　　曹　斌（2月17日免）
　　　　　刘　璠（2月17日免）
　　　　　施建中（2月17日免）
　　　　　程　静（女，2月17日免）
　　　　　孙建华（2月17日任）
　　　　　董正超（2月17日任）
　　　　　黄卫成（2月17日任）
　　　　　葛玉琴（女，2月17日任）
党组成员　周剑浩（2月17日免）
　　　　　张彦武（2月17日免）
　　　　　孙建华（2月17日任）
　　　　　黄卫成（2月17日任）
　　　　　葛玉琴（2月17日任）
　　　　　杨　扬（2月17日任）
市人大常委会秘书长　杨　扬（2月17日任）
　副秘书长　张彦武（3月16日免）
　　　　　杨建忠（3月16日任）
　　　　　谢晓军（1月13日任）
　　　　　陈　雷（1月13日任，9月1日免）
　　　　　唐建泉（9月1日任）

南通市第十五届人民政府

市　　长　韩立明（女）
副 市 长　沈　雷（1月13日免）
单晓鸣（女，常务）
王剑锋
朱　晋（2月17日免）
赵闻斌
孙建华（2月17日免）
徐新民
陈　旭
陆卫东（2月17日任）
吴永宏（2月17日任）
杨海龙（挂职，5月31日任）
党组成员　朱　晋
王晓斌（5月22日免）
陈　俊（9月28日任）
市政府秘书长　王晓斌（5月31日免）
陈　俊（10月31日任）
副秘书长　倪永平
景　安
张建华（2月28日免）
瞿永国（2月28日免）
王国平（2月28日免）
王　智
周　健（1月6日任）
邵怀德（2月28日任）
蒋才茂（2月28日任）

中国人民政治协商会议南通市第十二届委员会

主　　席　王德忠（2月16日免）
黄巍东（2月16日任）
党组书记　黄巍东
副 主 席　杨展里（2月16日免）
秦剑平（2月16日免）
徐守铭（2月16日免）
陈宋义
尹建炉
殷　雄（2月16日免）
屈宝贤（2月16日免）
顾诺之
吴　旭（2月16日任）
陈本高（2月16日任）
金　元（2月16日任）
马啸平（2月16日任）
党组成员　朱　进
顾诺之（2月17日任）
吴　旭（2月17日任）
陈本高（2月17日任）
金　元（2月17日任）
市政协秘书长　朱　进
副秘书长　蔡惠忠
叶沈良（2月16日免）
王丽娟（女，1月12日免）
陈　亮（1月12日任）
刘才盛
朱明敏（女）

中共南通市纪律检查委员会

书　　记　韩　方
副 书 记　陈　锋
顾保红
桑建美（女）
常　　委　韩　方
陈　锋
顾保红
桑建美（女）
顾海勇
张　浩
朱　军
汤明文
周　斌
市纪委派驻第一纪检组组长　冯　斌（8月18日任）
市纪委派驻第二纪检组组长　姜荣芳（女，8月18日任）
市纪委派驻第三纪检组组长　沈振宇（8月18日任）
市纪委派驻第四纪检组组长　缪齐贵（8月18日任）
市纪委派驻第五纪检组组长　陆永生（8月18日任）
市纪委派驻第六纪检组组长　芮洁波（8月18日任）
市纪委派驻第七纪检组组长　李建国（8月18日任）
市纪委派驻第八纪检组组长　朱　晖（8月18日任）
市纪委派驻第九纪检组组长　张进文（8月18日任）
市纪委派驻第十纪检组组长　刘爱中（8月18日任）
市纪委派驻第十一纪检组组长　严卫飞（8月18日任）
市纪委派驻第十二纪检组组长　郝民立（8月18日任）
市纪委派驻第十三纪检组组长　赵　强（8月18日任）
市纪委派驻第十四纪检组组长　高玉林（8月18日任）
市纪委派驻第十五纪检组组长　耿建华（8月18日任）
市纪委派驻第十六纪检组组长　杜雪锋（8月18日任）
市纪委派驻第十七纪检组组长　徐　夏（8月18日任）
市纪委派驻第十八纪检组组长　白蕴慧（8月18日任）
市纪委派驻第十九纪检组组长　徐国新（8月18日任）

南通市中级人民法院

院　　长　陈荣庆（1月13日免）
曹忠明（2月17日任）
副 院 长　卢旭光
陈　专

徐　峰
李　莹（女）
政治部主任　刘碧波
纪检组长　何志新（8月18日免）

南通市人民检察院

检察长　俞昕水
副检察长　李　宁
何启明
唐旭东（8月18日免）
崔　勇（9月1日任）
政治部主任　房　栋
纪检组长　李建国（8月18日免）

市级机关

市委工作机构、直属单位

市委办公室（研究室与其合署）
主　任　王少勇（2月28日免）
张建华（2月28日任）
副主任　徐海燕
郝三旺（11月10日免）
徐晓梅（女，11月10日任）
蔡建军（8月18日任）
王　蓓（女，8月18日任）

市委研究室（市委全面深化改革领导小组办公室与其合署）
主　任　唐建泉（8月18日免）
任新峰（11月10日任）

市委全面深化改革领导小组办公室
常务副主任　任新峰（11月10日任）
专职副主任　姜海军（1月6日任）

市委巡察工作办公室
主　任　陈　锋（兼，9月15日任）
专职副主任　周莉梅（女，8月18日任）
黄燕姿（女，9月15日任）

市委组织部（市委新经济新社会组织工作委员会、市人才工作办公室与其合署，挂"市委党建工作领导小组办公室"牌子）
部　长　冯　军
副部长　黄卫成（常务，5月22日免）
杨曹明（常务，5月22日任）
王亚雄
张　辉
吴陈钢（8月4日任）
部务委员　吴陈钢（8月4日免）
张　莉（女，8月18日任）

市委新经济新社会组织工作委员会
书　记　张　辉（兼）
副书记　张　莉（女）

市人才工作办公室
主　任　王亚雄（兼）
副主任　吴陈钢（兼）

市委宣传部（挂"市精神文明建设指导委员会办公室"牌子）
部　长　张兆江（兼，8月4日免）
刘　浩（8月4日任）
副部长　陈慧宇（常务）
黄正平　顾　华
陈冬梅（女，2月28日免）
蔡　忠（2月28日任）
王一鸣

市精神文明建设指导委员会办公室
主　任　陈冬梅（女，2月28日免）
蔡　忠（2月28日任）
副主任　吴信林
马佩军（11月10日任）

市委统一战线工作部
部　长　冯　军（兼，8月4日免）
张兆江（兼，8月4日任）
副部长　姚国钧（2月28日免）
马建清（3月21日明确为常务）
王　虎
胡　凡

市委政法委员会（市社会治安综合治理委员会办公室与其合署）
书　记　姜永华
副书记　陈　旭（兼）
钱建华
焦广琪
政治部主任　马秀华（2月17日免）
杨兴标（8月18日任）

市社会治安综合治理委员会办公室
主　任　焦广琪（兼）
副主任　杨兴标（8月18日免）
王巧荣
江　英（女，8月18日任）

市委农村工作办公室（挂"市政府农村工作办公室"牌子）
主　任　吴晓春
副主任　张　坚
陆文杰
政治处主任　高银田

市委台湾工作办公室（挂"市政府台湾事务办公室"牌子）
主　任　蒋才茂（2月28日免）
郭晓敏（女，2月28日任，5月22日免）
赵男男（女，8月18日任）
副主任　沈　林　朱　鸿
陆建民

市机构编制委员会办公室
主　任　黄卫成（兼，2月28日免）
陆国强（2月28日任）
副主任　陆国强（2月28日止）

葛扬华
朱正俊（11月10日任）

市委市级机关工作委员会

书　　记　王　斌
副 书 记　俞　雷　张山山
谢丽霞（女，8月18日任）
纪工委书记　朱雪兵（女）

市委老干部局

局　　长　王亚雄
副 局 长　蔡宏伟（女）
主任（局长）　施　平

市委保密委员会办公室（挂“市国家保密工作局”牌子）

主任（局长）　孙伟晋

市委机要局（挂“市国家密码管理局”牌子）

局　　长　朱明亮

市委党史工作办公室（市地方志编纂委员会办公室与其合署）

主　　任　张鹏飞
副 主 任　张建明　茅建兵
陈　红（女）
陈延祥（12月19日任）

市委党校（挂“市行政学院”“市社会主义学院”“江苏省干部函授学院南通分院”牌子）

校　　长　张兆江（兼）
副 校 长　蒋　建（常务）
高良德
沈卫中
张笑春（女）
费　凡（女）
王书红
教 育 长　费　凡（女，兼，2月28日免）
康贻建（2月28日任）

市行政学院

院　　长　单晓鸣（女，兼）
副 院 长　蒋　建（兼）
高良德（兼）
沈卫中（兼）
张笑春（女，兼）
费　凡（女，兼，2月28日任）
王书红（兼，2月28日任）

市社会主义学院

院　　长　冯　军（兼，8月4日免）
张兆江（8月4日任）
副 院 长　蒋　建（兼）
高良德（兼）
沈卫中（兼）
张笑春（女，兼）
费　凡（女，兼，2月28日任）
王书红（兼，2月28日任）

江苏省干部函授学院南通分院

院　　长　蒋　建（兼）

市人大常委会下设机构

市人大常委会办公室

主　　任　陈　雷（9月1日免）
唐建泉（9月1日任）
副 主 任　曹星晖
徐永高（3月16日任）

市人大常委会研究室

主　　任　景　迅
副 主 任　马如山

市人大常委会财政经济委员会

主　　任　戴泽晖
副 主 任　张小健（女）

市人大常委会内务司法委员会

主　　任　瞿　刚
副 主 任　季汉清

市人大常委会人事代表委员会

主　　任　张　明
副 主 任　廖剑飞
崔拥政（1月23日任）

市人大常委会环境资源城乡建设委员会

主　　任　孙建国（3月16日免）
张松泉（3月16日任）
副 主 任　陆培玉（女）

市人大常委会农业和农村委员会

主　　任　潘　新（3月16日免）
戴　辉（3月16日任）
副 主 任　陆彩明（女）

市人大常委会教科文卫委员会

主　　任　谢晓军（1月23日免）
王世瑞（1月23日任）
副 主 任　张明莉（女）

市人大常委会外事民宗侨台委员会

主　　任　范　平（女，1月23日免）
朱德炎（1月23日任）
副 主 任　周小平（女）

市人大常委会法制工作委员会

主　　任　李　希（女，1月23日免）
孙建国（3月16日任）
副 主 任　王　成（9月1日免）
张爱萍（女）
王思健（9月1日任）

市人大常委会预算工作委员会

主　　任　陈　斌
副 主 任　王贵成

市人大常委会信访督办室

主　　任　吴建秋

市政府工作机构

市政府办公室（挂“市政府研究室”牌子）

主　　任　王筱融

副 主 任　陆建东（1月6日免）
徐加明（1月6日免）
周　健（1月6日免）
姜沁洋
朱红军（8月18日任）
陈海兵（8月18日任）
朱　猷（11月10日任）
纪检组长　姜荣芳（女，8月18日免）

市政府研究室

主　　任　徐加明（1月6日任）

市应急管理办公室

主　　任　陈海兵（8月18日免）

市发展和改革委员会（市沿海地区发展办公室与其合署）

主　　任　尹建勇
副 主 任　张乃华（兼）
赵京平（2月28日免）
谈育龙
李炜平（8月18日任）
唐国平（8月18日任）
徐晓梅（女，11月10日免）
郝三旺（11月10日任）
范剑卉（8月18日任）
纪检组长　李炜平（8月18日免）

市沿海地区发展办公室

主　　任　尹建勇（兼，8月18日免）
唐国平（8月18日任）
副 主 任　唐国平（8月18日止）
瞿祖平

市经济和信息化委员会（挂"市中小企业局"牌子）

主　　任　杨　扬（2月28日免）
凌　屹（3月16日任，9月1日免）
王　凯（9月1日任）
副 主 任　赵立新（2月28日免）
陆建新　贲友华
邱爱军
闫静翔（11月10日免）　周雪莹（女）
王晓红（女，2月28日任）
纪检组长　徐国新（8月18日免）

市中小企业局

副 局 长　施鹤滨
李　炜

市教育局（挂"市委教育工作委员会"牌子，市政府教育督导室与其合署）

局　　长　郭毅浩
副 局 长　葛苏强　姜学勤
金海清
纪检组长　刘爱中（8月18日免）

市委教育工作委员会

书　　记　郭毅浩（兼）
副 书 记　杨晓岗

市政府教育督导室

主　　任　秦建荣
副 主 任　李友龙

市科学技术局（挂"市知识产权局"牌子）

局　　长　李吉平
副 局 长　沈卫坚（2月17日免）
季晓雷（11月10日任）
林　伟　范　咏
沈风雷（挂职）
总工程师　季晓雷（11月10日免）
纪检组长　丁铁军（8月18日免）

市知识产权局

局　　长　沈卫坚（2月17日免）
李吉平（兼，11月10日任）

市公安局

局　　长　陈　旭
党委副书记　吴忠灿　王　华
陆玲玲（女）
副 局 长　王　华　陆玲玲（女）
何　峰（2月28日免）
陈　兵
徐　静　黄　忠
杜松华
陶　峰（11月10日任）
纪委书记　严卫飞（8月18日免）
政治部主任　顾　坚
警务督察长　陈　旭（兼）

市维护稳定工作领导小组办公室

副 主 任　顾　峰（2月28日免）

市监察局（与市纪委合署）

局　　长　陈　锋（兼，12月19日免）
副 局 长　顾保红（兼，9月15日免）
张利娟（女，12月19日免）

市民政局（"市老龄工作委员会办公室"设在市民政局）

局　　长　金　元（3月16日免）
王国平（3月16日任）
副 局 长　陈　坚
周海斌（女）
吴明华
沈　华（8月18日任）
纪检组长　沈　华（8月18日免）

市老龄工作委员会办公室

主　　任　金　元（兼，2月28日免）
王国平（兼，2月28日任）
副 主 任　倪向阳（女）

市司法局

局　　长　张武林（3月16日免）
缪　平（3月16日任）
副 局 长　周锦南（8月18日免）
刘继东（8月18日任）

祁建中
王　强
张劲松
纪检组长　刘继东（8月18日免）
政治处主任　谢丽霞（女，8月18日免）

市财政局

局　长　黄林华
副局长　李柏松
达培炎（女）
郭垂庆（11月10日任）
蔡　毅
纪检组长　陆永生（8月18日免）
总会计师　郭垂庆（11月10日免）
张　平（11月10日任）

市人力资源和社会保障局

局　长　凌建华
副局长　顾忠贤
朱正春
蒋洪涛
杭晓民
严红梅（女，8月18日任）
纪检组长　张进文（8月18日免）

市环境保护局

局　长　孙立新
副局长　顾晓彬
季红星
孙国林
纪检组长　白蕴慧（女，8月18日免）
总工程师　李建东

市城乡建设局（挂“市建筑工程管理局”“市园林管理局”“市地震局”牌子）

局　长　马建明（9月1日免）
王开亮（9月1日任）
副局长　沈卫星
吴益平
陈德华
杨　娟（女）
杨献忠
张建辉
纪检组长　朱　晖（8月18日免）
总工程师　顾　强

市建筑工程管理局

局　长　沈卫星

市地震局

副局长　陈冠军（2月28日免）
刁艾嵘

市规划局

局　长　马啸平（2月28日免）
刘宇红（女，挂职，3月16日任）
党组书记　鲁亚飞
副局长　鲁亚飞（8月18日任）
徐相东（2月17日免）
吴　刚
成媛媛（女，11月10日免）
冯　平
陆　成（11月10日任）
纪检组长　郝民立（8月18日免）
总工程师　孙　寰

市城市管理局（挂“市城市管理行政执法局”牌子）

局　长　张松泉（3月16日免）
何　峰（3月16日任）
副局长　朱桂华（2月28日免）
顾　斌
赵　国（11月10日免）
刘张华（8月18日任）
张小青（11月10日任）
盛　国
纪检组长　刘张华（8月18日免）

市住房保障和房产管理局

局　长　吴永宏（3月16日免）
刘　洪（3月16日任）
党组书记　曹　斌（2月28日任）
副局长　曹　斌
张建中
魏钦才
纪检组长　耿建华（8月18日免）

市交通运输局

局　长　周建飞
党委副书记　王开亮（兼，8月18日免）
袁　萍（女）
副局长　杨云贵
周玉兵（8月4日免）
曹建中
徐向阳（挂职）
曹晓见（11月10日任）
纪委书记　高玉林（8月18日免）
总工程师　曹建中（兼，8月18日免）
陈　宁（8月18日任）

市农业委员会（挂“市林业局”“市农业机械管理局”牌子）

主　任　朱进华
副主任　王　进
严新民
范袁斌
孙建坤
冯亚军
纪检组长　王海陵（8月18日免）

市水利局

局　长　刘新华（2月28日免）
司祝建（3月16日任）
副局长　刘　平

蔡　莉（女，11月10日任）
赵建华
陆建平
纪检组长　冯　斌（8月18日免）

市海洋与渔业局
局　　长　邵怀德
副 局 长　朱卫香
曹　军
殷淑芳（女）
纪检组长　单伟华（8月18日免）

市商务局（挂“市口岸管理委员会”牌子）
局　　长　李　玲（女）
副 局 长　左晓明
仇亦文
黄柳春
杨丁勇
储育新（8月18日任）
纪检组长　储育新（8月18日免）

市口岸管理委员会
主　　任　左晓明

市文化广电新闻出版局（挂“市文物局”“市版权局”牌子）
局　　长　陈　亮（1月13日免）
徐国祥（1月13日任）
党组书记　徐国祥
副 局 长　王倚海
陆　路
王　霞（女）
曹锦辉
倪小平
纪检组长　芮洁波（8月18日免）
总工程师　倪益新

市卫生和计划生育委员会
主　　任　王晓敏（女，3月16日免）
陈冬梅（女，3月16日任）
党组书记　葛维先（2月28日免）
陈冬梅（女，2月28日任）
副 主 任　葛维先（2月28日免）
陈宋义
张启芬（女，2月17日免）
顾　锋（8月18日免）
胡宁彬（11月10日免）
沈俊涛
丁国宁（8月18日任）
卢红建（8月18日任）
纪检组长　徐　夏（8月18日免）

市审计局
局　　长　顾宗瑜
副 局 长　陈铭新　张亚萍（女）
施宏伟　庄爱张
纪检组长　丁旭东（8月18日免）
总审计师　陆海燕（女）

市体育局（市体育总会挂靠市体育局）
局　　长　徐国祥（1月13日免）
杨　建（1月13日任）
党组书记　杨　建
副 局 长　姜海泉
张云飞
严少标
纪检组长　成　中（8月18日免）

市体育总会
主　　席　杨　建

市统计局
局　　长　凌　屹（3月16日免）
赵京平（3月16日任）
副 局 长　黄建新
顾国华
陆云飞
总统计师　许德华

市物价局
局　　长　赵永南
副 局 长　胡　平（2月28日免）
管怀林
徐奔石
胡权卫
纪检组长　姚红春（女，2月28日免）

市安全生产监督管理局
局　　长　邰江淼
副 局 长　张徐标　徐　荣
祁　凯
纪检组长　缪齐贵（8月18日免）

市食品药品监督管理局（挂“市食品安全委员会办公室”牌子）
局　　长　戴　辉（2月28日免）
张　兵（3月16日任）
副 局 长　郭武余
沈　美（女）
吴小平
曹淞云
崔晓勇
范耀辉（12月19日任）
纪检组长　杜雪锋（8月18日免）
食品安全委员会办公室副主任　邵　倩（女）

市工商行政管理局
局　　长　张建华（3月16日免）
瞿永国（3月16日任）
副 局 长　李菊生（2月28日免）
秦卫国
吴亚彬
秦　华（女）
陈　洁（女）
徐　聪

纪检组长　沈振宇(8月18日免)

市质量技术监督局

局　长　倪建明
副局长　柴志强
　　　　张　伟
　　　　刘　鹏
　　　　徐新华
　　　　张迎春(8月18日任)
纪检组长　张迎春(8月18日免)

市旅游局

局　长　葛锦坤
副局长　金志剑
　　　　沙向军
纪检组长　仲国华(8月18日免)

市粮食局

局　长　张　军
副局长　徐建文
　　　　孙尔良
　　　　周　云(8月18日任)
纪检组长　周　云(8月18日免)

市信访局

局　长　顾晓明
副局长　戴玉祥
　　　　朱琪建
　　　　张　健
　　　　吕敬荣
　　　　奚国新(8月18日任)
纪检组长　奚国新(8月18日免)
信访督查专员　戴　澄
　　　　沙福兴
　　　　成云新

市民防局(挂“市人民防空办公室”牌子)

局　长　耿荣泉(2月28日免)
　　　　朱桂华(3月16日任)
副局长　周为民　朱德宏
　　　　秦志兵　张小兵(11月10日任)
　　　　李　俊(挂职)
纪检组长　赵　强(8月18日免)

市政府国有资产监督管理委员会

主　任　陆雪松
副主任　宋建宏
纪检组长　尹红宇(8月18日免)
国有出资企业监事会主席　江　宏
　　　　肖兆山
　　　　凌美娟(女)

市机关事务管理局

局　长　钱志平
副局长　沈江海
　　　　沈　飞
　　　　周　伟
　　　　左国生
　　　　赵　剑(8月18日任)
纪检组长　陆　剑(女,8月18日免)

市民族宗教事务局

局　长　马建清
副局长　黄绍红
　　　　张锦炎

市政府外事侨务办公室(挂“市政府港澳事务办公室”牌子)

主　任　王浦坚
副主任　金志伟(11月10日免)
　　　　吴　瑕(女)
　　　　潘　强
　　　　孙泓冰
　　　　王　猛(11月10日任)

市政府港澳事务办公室

副主任　张智强

市政府法制办公室

主　任　殷　蓓(女)
副主任　肖建源
　　　　严尚军(8月18日任)
　　　　赵小兵(2月28日任)

市行政审批局(挂“市政务服务中心、市公共资源交易管理办公室、市政务服务管理办公室”牌子)

党组书记　孙宝军
局　长(主任)　施学雷(女)
副局长(副主任)　姚　毅
　　　　王一明
　　　　张　彤
　　　　陈金辉　沈国平
纪检组长　张文慧(女,8月18日免)
总工程师　郭志刚(8月18日任)

市政府金融工作办公室(挂“市地方金融监管局”牌子)

主　任　张乃华
副主任　张剑桥

江苏省南通狼山旅游度假区管理办公室

主　任　成　宾(11月10日任)
副主任　赵　国(11月10日任)
　　　　张栩龙(11月10日任)
　　　　王辉元(11月10日任)
　　　　王建明(11月10日任)
　　　　吕建华(12月19日任)

市接待办公室

主　任　袁　忠
副主任　江　华
　　　　刘　锋

市铁路办公室

主　任　薛祖健
副主任　顾欣荣
　　　　陈晓峰
纪检组长　傅士佳(8月18日免)

市港口管理局

局　　长　王开亮（8月18日免）
　　　　　周建飞（8月18日任）
副 局 长　王世秀（女）
　　　　　华　伟
　　　　　杨鸣慧（女）
纪检组长　顾才群（8月18日免）

市档案局（市档案馆）

局（馆）长　苏远明
副局（馆）长　许建华
　　　　　沈宇红（女）
　　　　　宋金湖

市供销合作总社

主　　任　葛志华
副 主 任　张金华
　　　　　马桂祥
　　　　　赵　勇
　　　　　陈昌锦（8月18日任）
纪检组长　陈昌锦（8月18日免）

市农业资源开发局

局　　长　顾汉忠
副 局 长　周金荣
　　　　　彭长青

市政府直属单位、派出机构

市政府驻北京联络处

主　　任　袁鸿飞
副 主 任　郭　辉

市政府驻南京办事处

主　　任　王正龙
副 主 任　朱　姝（女）
　　　　　徐宏军

市政府驻上海联络处

主　　任　陆春霞（女）
副 主 任　杨雪涛（8月18日任）

市政府驻深圳（海口）办事处

主　　任　汪　军
副 主 任　汤　池

市政协组织机构

市政协办公室

主　　任　叶沈良（2月17日免）
　　　　　刘才盛（2月17日任）
副 主 任　王洪波
　　　　　戴永臣

市政协研究室

主　　任　瞿卫东
副 主 任　傅　杰

市政协提案委员会

主　　任　朱　明（2月21日免）
　　　　　翟耀忠（2月21日任）
副 主 任　李春华

市政协委员工作委员会

主　　任　李仕春（2月21日免）
　　　　　马秀华（2月21日任）
副 主 任　袁建华

市政协文史委员会

主　　任　胡泓石（女）
副 主 任　王志宏（11月16日免）

市政协经济科技委员会

主　　任　刘才盛（2月21日免）
　　　　　沈卫坚（2月21日任）
副 主 任　翟耀忠（2月21日免）
　　　　　王兴华（11月16日任）

市政协文教卫体委员会

主　　任　蒋志群（2月21日免）
　　　　　徐爱民（女，2月21日任）
副 主 任　施作雄（12月20日免）

市政协城乡建设、社会法制委员会

主　　任　徐相东（2月21日任）
副 主 任　周新益

市政协人口资源环境委员会

主　　任　葛海祥（2月21日免）
　　　　　张启芬（女，2月21日任）
副 主 任　郭　青（女）

市政协港澳台侨委员会（外事委员会）

主　　任　张国华
副 主 任　包　进

民主党派　工商联

中国民主同盟南通市委员会

主　　委　刘　洪
副 主 委　吕广明
　　　　　张　军
　　　　　陈建云（女）
　　　　　赵明远（驻会）

中国民主建国会南通市委员会

主　　委　马啸平
副 主 委　周时和
　　　　　许映斌
　　　　　张一峰
　　　　　王　忠（驻会）

中国民主促进会南通市委员会

主　　委　董正超
副 主 委　刘志刚（驻会）
　　　　　徐　宾
　　　　　王　霞（女）
　　　　　郭垂庆

中国农工民主党南通市委员会

主　　委　陈宋义
副 主 委　吴鸿飞（驻会）
　　　　　郝传铮（女）
　　　　　宋　杰　张　卫

中国致公党南通市委员会

主　　委　施学雷（女）
副 主 委　江　明
　　　　　薛　驰
　　　　　陈翌冬（女，驻会）

九三学社南通市委员会

主　　委　尹建炉
副 主 委　陈伯森（驻会）
　　　　　季　平
　　　　　王　进
　　　　　吴启运

南通市工商业联合会（总商会）

主　席（会长）　徐守铭（兼，1月6日免）
　　　　　　　　赵闻斌（兼，1月6日任）
党组书记　王　虎
副主席（副会长）　姚国钧（1月6日免）
　　　　　　　　王　虎（常务，1月6日任）
　　　　　　　　葛鸣珏（女）
　　　　　　　　罗加宏　黄永华

群众团体

南通市总工会

主　　席　葛玉琴（女）
副 主 席　季金祥　杨哗鹃（女）
　　　　　葛　伟（女，11月10日免）
　　　　　叶新春（9月8日任）
纪检组长　叶新春（8月18日免）

共青团南通市委

书　　记　王鸣昊
副 书 记　杨晶晶（女，11月10日免）
　　　　　吴冰冰（8月18日任）
　　　　　卢　林（8月18日任）
　　　　　朱　静（女，挂职，8月18日任）
　　　　　马俊杰（兼，11月10日任）
　　　　　邱泽勇（兼，11月10日任）
　　　　　李楠楠（兼，11月10日任）

南通市妇女联合会

主　　席　钱锁梅（女，9月28日免）
　　　　　秦艳秋（女，11月29日任）
副 主 席　蔡　莉（女，11月29日免）
　　　　　钮　曦（女）
　　　　　储明星（女）

市妇女儿童工作委员会办公室

主　　任　沈水时（女）

南通市科学技术协会

主　　席　陆　军
副 主 席　缪建红
　　　　　薛　云（女）
　　　　　何艳军
　　　　　石　磊（兼，3月10日任）
　　　　　朱进华（兼，3月10日任）
　　　　　杜永朝（兼，3月10日任）
　　　　　李　荣（兼，3月10日任）
　　　　　李吉平（兼，3月10日任）
　　　　　杨　扬（兼）
　　　　　杨占平（兼）
　　　　　郭毅浩（兼）
　　　　　程　纯（兼）
　　　　　顾晓松（兼，3月10日免）
　　　　　潘　新（兼，3月10日免）
　　　　　蔡惠忠（兼，3月10日免）
　　　　　朱千波（兼，3月10日免）
　　　　　陈　强（兼，3月10日免）
　　　　　倪　涛（兼，3月10日免）

南通市文学艺术界联合会

主　　席　王一鸣（3月9日任）
党组书记　王一鸣
副 主 席　陈国强
　　　　　李中慧（女）
　　　　　宋红鑫
　　　　　吴元新（兼）
　　　　　沙雪芬（女，兼）
　　　　　郭　华（兼）

南通市哲学社会科学界联合会（挂“南通市社会科学院”牌子）

主　　席　刘　浩（兼，9月19日任）
党组书记　徐爱民（女，2月17日免）
　　　　　周锦南（8月18日任）
副 主 席　徐爱民（女，2月17日免）
　　　　　周锦南（9月19日任）
　　　　　李　军　曹小龙
　　　　　陈　俊（兼）
　　　　　缪　平（兼）
　　　　　黄正平（兼）
　　　　　周建忠（兼）
　　　　　沈卫中（兼）

南通市人民对外友好协会

会　　长　王德忠（兼）
副 会 长　王浦坚（兼）
　　　　　薛宜富（2月28日免）
　　　　　黄卫成（兼）
　　　　　顾　华（兼）
　　　　　王　斌（兼）
　　　　　郭毅浩（兼）
　　　　　顾淑英（女，兼）
　　　　　陈　亮（兼）

徐国祥（兼）
王　法（兼）
董克新（兼）
顾健新（女，兼）

南通市归国华侨联合会

主　　席　吴亚军
副 主 席　郝昌峰
沈更生（兼）
石　健（女，挂职，12月12日任）
朱仲辉（兼，12月12日任）
袁宏亮（兼，12月12日任）
李小萍（女，兼，12月12日免）
杨国强（兼，12月12日免）

南通市残疾人联合会

理 事 长　李振冲
副理事长　陶建华　唐向东

南通市红十字会

会　　长　朱　晋（兼）
党组书记、常务副会长　潘国华
副 会 长　王　斌（兼）
王国平（兼）
王晓敏（兼）
刘　锋（兼）
宋建宏（兼）
张　辉（兼）
陆玲玲（女，兼）
陈冬梅（女，兼）
金　元（兼）
胡　凡（兼）
郭垂庆（兼）
郭毅浩（兼）

南通市台湾同胞联谊会

会　　长　吴　琼（女）

各县（市、区）党政机关、市直属企事业单位、垂直管理部门、驻南通单位

各县（市、区、市直管园区）党政机关

崇川区

区委书记　吴　旭
副 书 记　陈　俊（9月28日免）
钱锁梅（女，9月28日任）
江建春
常　　委　吴　旭
陈　俊（9月28日免）
钱锁梅（女，9月28日任）
江建春
陈跃生
赵玉峰
郭晓敏（女，2月28日免）
田　桦
张亚洲
顾德华
张伟明
陈剑锋
张迎春（挂职，5月止）
张祖春（挂职）

区人大常委会主任　吴　旭（1月14日免）
陈中锋（1月14日任）
副 主 任　顾　军
朱克东
沙丽萍（女）
顾建华

区政府区长　陈　俊（10月9日免）
代 区 长　钱锁梅（女，10月9日任）
副 区 长　郭晓敏（女，4月26日免）
赵玉峰（12月7日任）
陈剑锋（1月6日任）
杨　建（1月14日免）
张一峰
杨春红（女）
陶高兵（12月7日免）
杜松华（1月14日免）
谭　真
成媛媛（女，12月7日任）
沈　勇（挂职，8月止）
张祖春（挂职，3月10日任）
李日葵（挂职，8月10日任）
张　涛（挂职，12月7日任）

区政协主席　俞汉林
副 主 席　李红霞（女）
金吉林
陈爱国
吴佳培
王学平

港闸区

区委书记　沈红星
副 书 记　曹金海
蔡　忠（2月28日免）
常　　委　沈红星　曹金海
蔡　忠（2月28日免）
成小红（女，8月18日免）
朱玉强
镇海洋
张光明
冯　斌
王　斌

谢小兵
杨晶晶（挂职，5月24日免）
区人大常委会主任 沈红星（1月15日免）
严崇明（1月15日任）
副主任、党组书记 陆 骥（1月15日免）
副 主 任 周明华（1月15日免）
朱 萍（女）
蒋 曦
毛 喆（1月15日任）
张 华（1月15日任）
区政府区长 曹金海
副 区 长 冯 斌
张 军
周卫平（女）
张洪晖（女）
陶 峰（11月10日免）
徐 斌（1月15日任）
薛晓华（挂职，9月15日免）
李玉琴（女，挂职，4月13日任）
吴亚峰（女，挂职，7月21日任）
郭彦铮（挂职，12月8日任）
区政协主席 曹金海（1月15日任）
副 主 席 严长新（1月15日免）
马晓辉（1月15日免）
宣志成（1月15日任）
袁继平（1月15日任）
马 俊
张东华
朱国强（1月15日免）
苏美云（女，1月15日任）

通州区

区委书记 宋乐伟（6月1日免）
陈永红（7月4日任）
副 书 记 陈永红（7月4日止）
凌 屹（8月4日任）
虞越嵩（8月18日任）
常 委 宋乐伟（6月1日免）
陈永红
凌 屹（8月4日任）
虞越嵩（8月18日任）
韩菊芳（女）
成小红（女，8月18日任）
葛卫民
胡卫东
李学义
张兴国
沈旭东
徐林锋
王 任（女，挂职）
吴永飞（挂职，4月13日任）
区人大常委会主任 明汉清（1月13日免）
陈 斌（1月13日任）
党组书记 陈 斌
副 主 任 曹国平（1月13日免）
瞿云峰（1月13日任）
昝圣达（1月13日免）
吴晓晖（1月13日免）
葛 涛（1月13日任）
朱卫民
顾祖林（1月13日任）
区政府区长 陈永红（8月9日免）
代 区 长 凌 屹（8月9日任）
副 区 长 虞越嵩（9月19日免）
成小红（女，9月19日任）
王 任（女，挂职）
刘 洪（2月28日免）
陈伟平
曹建新（1月13日任）
刘学军（1月13日任）
樊小燕（女）
杨 彬
陈 曦（挂职）
施益斌（挂职，7月28日任）
区政协主席 宋乐伟（1月12日免）
陈艳梅（女，1月12日任）
副 主 席 王沈康（1月12日免）
葛 涛（1月12日免）
季 平
顾建军
李均华（1月12日任）
吴建均（1月12日任）
张 勤（女，1月12日任）

锡通科技产业园

党工委书记 瞿云峰
管委会主任 （空缺）
副 主 任 廖文华（11月10日免）
诸培国
顾永林
蔡新明
陈泽华（11月10日任）
曹 锐（11月10日任）

南通高新技术产业开发区

党工委书记 （空缺）
副 书 记 周跃华
张兴国
钱国宾
纪工委书记 刁玉芬（女）
管委会主任 周跃华
副 主 任 张兴国（11月10日任）
叶 辉

徐　健
高锦陈
曹建新（11月10日免）
张连清（11月10日任）

海安县

县委书记　陆卫东（9月28日免）
顾国标（9月28日任）
副书记　顾国标（9月28日止）
于立忠（9月28日任）
成　宾（11月10日免）
华　旦（挂职，4月13日任，12月止）
常　委　陆卫东（9月28日免）
顾国标
于立忠（9月28日任）
成　宾（11月10日免）
华　旦（挂职，4月13日任，12月止）
盛慧琴（女）
张亚曦
丁　锋（2月28日免）
陈鹏军
张　浩
卢忠平
严长江
袁九胜
吴志明（挂职，7月止）
县人大常委会主任　孙进基（1月15日免）
周宗泉（1月15日任）
副主任　吉传稳（1月15日免）
储开泉（1月15日任）
肖正明
屈祖平
张忠宏（1月15日任）
县政府县长　顾国标（9月30日免）
代县长　于立忠（9月30日任）
副县长　张亚曦
彭为杰（1月15日免）
卢忠平
葛志祥
严长江（1月5日免）
秦艳秋（女，12月28日免）
张元春（1月15日任）
丁兴育（1月15日任）
张为峰（挂职）
孙　巍（挂职，7月28日任）
县政协主席　周宗泉（1月14日免）
李春旺（1月14日任）
副主席　储开泉（1月14日免）
彭为杰（1月14日任）
蔡祝平
赵剑波
周于红（女）
王　怀（1月14日任）

如皋市

市委书记　陈晓东
副书记　何益军
司祝建（2月28日免）
丁兴华
窦灿辉（挂职，5月22日任，8月22日止）
常　委　陈晓东
何益军
司祝建（2月28日免）
丁兴华
胡拥军（2月28日免）
马金华
缪小华
刘向阳
丁　锋（2月28日任）
史有根
缪爱诚
茅红宇（女）
祝国庆
吴　瑕（女，挂职，5月止）
桂万先（挂职）
窦灿辉（挂职，5月22日任，8月21日止）
卓么本（挂职，4月23日任，9月19日免）
市人大常委会主任　谢新民（1月15日免）
吴道健（1月15日任）
党组书记　吴道健
副主任　张元健（1月15日免）
陈万圣（1月15日任）
邵晓泉
张　勇（1月15日任）
钱志刚（1月15日任）
市政府市长　何益军（1月15日任）
副市长　胡拥军（2月28日免）
丁　锋（4月1日任）
桂万先（挂职，3月7日任）
杜永红（1月15日免）
陈万圣（1月15日免）
陈晓彬
黄文斌（1月15日任）
张亚鸾（女，1月15日任）
高　峰
张百璘（1月15日任）
程瑞琴（女）
吴志华（11月30日任）
陈　杰（挂职）
吕　兰（女，挂职，8月4日任）
市政协主席　李中林（1月14日免）
张元健（1月14日任）

副主席　魏祝明（1月14日免）
黄文斌（1月14日免）
张亚莺（女，1月14日免）
杜永红（1月14日任）
郑振明　钱志刚（1月14日免）
冒　平（1月14日任）
严世斌（1月14日任）
刘晓洁（女，1月14日任）

如东县

县委书记　潘建华
副书记　沈峻峰
任新峰（2月28日免）
陈　雷（8月18日任）
常委　潘建华
沈俊峰
任新峰（2月28日免）
陈　雷（8月18日任）
杨中坚
杨小军
于立忠（9月28日免）
张蓉蓉（女）
张栩龙（11月10日免）
蒋树建
曹雁卉
刘　瑞
闫静翔（挂职，5月止，11月10日任）
许金标（11月10日任）
顾志鹏（挂职，4月23日任）
县人大常委会主任　陈昌龙（1月13日任）
副主任　陈昌龙（1月13日止）
沈更生
冯力如（1月13日免）
唐国均
徐鸿斌（1月13日任）
刘旭峰（1月13日任）
县政府县长　沈俊峰
副县长　于立忠（11月27日免）
杨中坚（11月27日任）
程　军
许金标（12月29日免）
陈春柳（女）
杨晶晶（女，8月1日挂职，11月10日任）
徐东俊（1月13日任）
徐　炜
韩喜江（挂职）
县政协主席　陈建华
副主席　桑　健
余　科（1月12日免）
桑圣权
吴鼎皋（1月12日免）
陆　茵（女）
丛　俊（1月12日任）
蔡　东（1月12日任）

海门市

市委书记　陈　勇
副书记　杨曹明（5月22日免）
郭晓敏（女，5月22日任）
葛志娟（女）
何逢阳（挂职，5月22日任，8月止）
常委　陈　勇
杨曹明（5月22日免）
郭晓敏（女，5月22日任）
葛志娟（女）
何逢阳（挂职，5月22日任，8月止）
邵茂华
毛炜峰（女）
祁中伟
杨万平
施渠平（8月4日免）
姚　胜
施　俊
闫　勇
高洪军（11月10日任）
孙伟晋（挂职，5月止）
朱江胜（挂职）
市人大常委会主任　成　伟（1月13日任）
副主任　肖振时（女，1月13日免）
王兰平（女，1月13日免）
张　伟（1月13日任）
王拥军（1月13日任）
顾玉琴（女，1月13日任）
曹晓东（1月13日任）
市政府市长　杨曹明（6月1日免）
代市长　郭晓敏（女，6月1日任）
副市长　施渠平（8月31日免）
杨万平（8月31日任）
朱江胜（挂职，3月12日任）
王拥军（1月13日免）
张　伟（1月13日免）
张　华
胡文瑞
江永军（1月13日任）
黄　静（女）
陈　敢
周国强（1月13日任）
王术军（挂职）
李文斌（挂职，7月28日任）
张继稳（挂职，7月28日任）
市政协主席　陆一飞
副主席　姜晓静（女，1月12日任）

郁　斌
黄永成
李冠斌（11月10日免）
李鑫钊

启东市

市委书记　徐　锋（5月12日免）
王晓斌（5月12日任）
副书记　黄卫锋
汤　雄
常　委　徐　锋（5月22日免）
王晓斌（5月22日任）
黄卫锋
汤　雄
姜　平
赵男男（女，8月18日免）
龚心明
王康力（8月18日任）
朱志强
王　凯（8月18日免）
石光辉
沈良杰
陈延祥
葛　伟（女，11月10日任）
杨青霞（女，挂职，4月13日任）
市人大常委会主任　徐　锋（1月14日免）
顾云峰（1月14日任）
副主任　张建新
张卫生（1月14日任）
潘国红
黄松涛
市政府市长　黄卫锋
副市长　王　凯（9月5日免）
王康力（9月5日任）
黄　忠
孙建忠（1月14日免）
张卫生（1月14日免）
袁圣菊（女）
汤葱葱（9月5日免）
高红宇（1月14日任，11月29日免）
唐海兵（1月14日任）
高广军（11月29日任）
余德华（11月29日任）
朱晓阳（挂职）
袁　蕊（女，挂职，5月27日任）
郑琳琳（女，挂职，6月28日任）
许晓星（挂职，7月31日任）
市政协主席　顾云峰（1月13日免）
孙建忠（1月13日任）
副主席　蔡建平　宋　逵
龚建涛
潘双林（1月13日任）
徐永辉（1月13日任）

南通经济技术开发区

党工委书记　羌　强
副书记　顾淑英（女）
陈本高（2月28日免）
王少勇（2月28日任）
董克新
丁秉华
周　建
委　员　羌　强　顾淑英（女）
陈本高（2月28日免）
王少勇（2月28日任）
董克新
丁秉华
周　建
陈　强
范志强
李晓斌
刘　锋
周　静
成晓静
王康力（8月18日免）
曹海锋（11月10日任）
成　明
保德林（2月28日任）
曹维熙（2月28日任）
陈玉君（女，挂职）
苏　华（女，挂职，4月13日任）
纪工委书记　周　静
管委会主任　顾淑英（女）
副主任　董克新（2月28日免）
陈　强
范志强（2月28日免）
李晓斌
刘　锋（11月10日任）
成晓静
王康力（8月18日免）
陈玉君（女，挂职）
保德林（2月28日任）
曹维熙（2月28日任）

江苏南通苏通科技产业园区

党工委书记　羌　强
副书记　陈本高（2月28日免）
王少勇（2月28日任）
郑金龙
张　灵（11月10日任）
金志伟（11月10日任）
委　员　羌　强
陈本高（2月28日免）

王少勇（2月28日任）
郑金龙
张　灵（11月10日任）
金志伟（11月10日任）
陈如海
曹海锋（11月10日免）
黄晓峰
罗兴钱
王奇境
管委会主任　陈本高（2月28日免）
王少勇（2月28日任）
副 主 任　郑金龙
陈如海
曹海锋（11月10日免）
黄晓峰
王奇境

江苏省通州湾江海联动开发示范区

党工委书记　杨建忠（2月28日免）
陈本高（2月28日任）
副 书 记　羌　毅
曹苏宁
委　　员　杨建忠（2月28日免）
陈本高（2月28日任）
羌　毅
曹苏宁
曹海兵
施宏杰
陆忠华
安俊堂（挂职，11月止）
秦　剑
石　勇
梅德林
杨俊杰（11月10日任）
钱　进（11月10日任）
李　培（12月19日任）
赵金哲（挂职，4月13日任）
纪工委书记　石　勇（11月10日免）
杨俊杰（11月10日任）
管委会主任　羌　毅
副 主 任　曹海兵
施宏杰
陆忠华
石　勇（11月10日任）
梅德林
钱　进（11月10日任）
赵金哲（挂职，4月13日任）

市直属企事业单位

南通开放大学

党 委 书 记　刘启东（8月18日免）
张建锋（8月18日任）
校　　长　张建锋（8月18日免）
陆永明（8月18日任）
党委副书记　张建锋
陆永明
副 校 长　景圣琪
谢新安
周　昶（8月18日任）
陶　建
纪 委 书 记　姚卫兵

南通市工人业余大学

校　　长　朱雨石（2月21日免）

江苏省南通中等专业学校

校长、党委副书记　许振华（8月16日免）
李明生（8月16日任）
党委书记、副校长　陈　情
副 校 长　吴晓进
李跃兵
孙海如
党委副书记　葛增敏（女）

南通师范高等专科学校

党 委 书 记　丁兆雄（6月23日免）
刘　锋（6月23日任）
校　　长　朱月萍（女）
党委副书记、纪委书记　杭　斌
副 校 长　潘　健
孙国春
王志刚
都　樾

江苏省南通卫生高等职业技术学校

党 委 书 记　张　兵（2月27日免）
顾　锋（8月16日任）
校　　长　姜声扬
党委副书记　姜声扬（8月16日任）
副 校 长　沈建新
金琰斐（8月16日免）
顾锦平
王　琴（女，8月16日任）
葛玉军（8月16日任）
党委副书记、纪委书记　张佩武

南通工贸技师学院

院　　长　周荣健
党 委 书 记　顾　斌
副 院 长　葛小平
施　勇

南通市体育运动学校

校长、党支部书记　任学明

南通西藏民族中学

校长、党总支副书记　杨小凡

副　校　长　顾　宙
孙晓东
徐夕锋
党总支副书记　郁玉霞（女）

江苏省南通中学

校长、党委副书记　成锦平
党委书记、副校长　陈文辉
副　校　长　刘忠保
沈惠祥
陈建云（女）

江苏省南通第一中学

校长、党委副书记　张晓冰
党委书记、副校长　李明生（8月16日免）
副　校　长　徐　宾
刘建国
罗　飞
徐林华（8月16日免）

南通大学附属中学

校　　长　朱全中
副　校　长　范永梅（女）
成　平
张　勇

南通市教育考试院（挂“南通市高等学校招生委员会办公室”牌子）

院　　长　吉海波

南通日报社（南通报业传媒集团）

党委书记、社长、总裁　顾　华（兼）
党委副书记、总编辑、副总裁　康贻华
党委副书记、纪委书记　丁邦华
党委委员、副总编辑　王　霞（女）
王　炜
宋　捷
张　俊
周建江
党委委员、副社长、副总裁　孙卫国
党委委员、集团副总经理　裴立新

江海晚报社

社　　长　顾　华（兼）
总　编　辑　宋　捷

南通广播电视台（南通广电传媒集团）

党委书记　金星华
台长、总裁、总编辑、党委副书记　张　辉
党委副书记　施小镭
副台长、副总裁　孙　昱
季利民
季卫国
纪委书记　蔡　群

江苏沿江地区农业科学研究所（南通市农业科学研究院）

党委书记　邱启程（8月18日免）
胡加如（8月18日任）
所　　长　袁建华（挂职，8月18日免）
赵永前（挂职，8月18日任）
副　所　长　邱启程（8月16日免）
顾国华（1月9日免）
胡加如　马祥建
刘　建（8月16日任）
纪委书记　杨云斌（8月16日任）

南通艺术剧院

院　　长　（空缺）

南通博物苑

苑　　长　杜嘉乐（8月16日任）
党支部书记　周　昶（8月16日免）
顾　翔（8月16日任）

南通市第一人民医院

院长、党委副书记　陈建荣
党委书记、副院长　仲崇俊
党委副书记　王建军（3月16日任）
副　院　长　崔志明　缪　旭
储晓彬
纪委书记　王建军

南通市中医院

院长、党委副书记　施振东（8月16日免）
陆会均（8月16日任）
党委书记、副院长　陆会均（8月16日免）
张莉华（女，8月16日任）
党委副书记　张莉华（女，8月16日止）
丁志勤（8月16日任）
副　院　长　明顺华（8月16日免）
丁志勤
季雁浩（8月16日任）
纪委书记　张莉华（女，8月16日免）
施　忠（8月16日任）

南通市肿瘤医院

院　　长　强福林（8月16日免）
王高仁（8月16日任）
党委书记　王高仁
副　院　长　王高仁（8月16日止）
蔡　晶（女，8月16日免）
张　勇
施民新（8月16日任）
纪委书记　陈献东（8月16日任）

南通市第二人民医院

院　　长　卢红建（8月16日免）
杨建斌（8月16日任）
党委书记　杨建斌（8月16日免）
任建兵（8月16日任）

南通市第三人民医院

院　　长　蔡卫华
党委书记　夏照明（8月16日免）
蒋银华（8月16日任）

南通市妇幼保健院
院　　长　陈建华
党委书记　陈　松
南通市第四人民医院
院　　长　葛建新
党委书记　王　静（女）
南通市疾病预防控制中心
主　　任　许建军（8月16日免）
　　　　　曹　忠（8月16日任）
党委书记　杨自力（8月16日免）
　　　　　吴徐明（8月16日任）
南通市卫生监督所
所　　长　曹　忠
党总支书记　管　军
南通市医疗保险基金管理中心
主　　任　孙　华
党总支书记　徐　超
南通市住房公积金管理中心
主　　任　张建中
党总支书记　陈令健
南通市大数据管理局（挂“南通市信息中心”“南通市政府信息网络管理中心”牌子）
局长（主任）　李　俊（10月20日任）
副 局 长　戴兆斌（10月20日任）
　　　　　缪银山（10月20日任）
南通市人才服务中心
主　　任　张　泉
党委书记　唐晓春
南通市退休人员管理中心
主　　任　龚建祥
党支部书记　程海燕（女）
南通市劳动就业管理中心
主　　任　沈志和
党总支书记　吴　强
南通市社会保险基金管理中心
主　　任　顾　伟
党总支书记　邱小兵
江苏省南通市公路管理处
处　　长　陈　宁
党委书记　羌永芳（女）
南通市航道管理处
处　　长　孙　烨
党委书记　刘　忠
南通市地方海事局（南通市船舶检验局）
局长、党总支副书记　徐永元
党总支书记　祁学胜
南通市运输管理处
处　　长　周玉兵（兼，8月3日免）
党委书记　季　祥
南通交通建设投资公司
总 经 理　徐　中
南通市濠河风景名胜区管理处
主　　任　邹亚萍（女）
党总支书记　万建民
南通国际海员俱乐部
主　　任　（空缺）
南通中国珠算博物馆
馆　　长　卢　斌（兼）
副 馆 长　王海明
南通中华慈善博物馆
馆　　长　陈　坚（兼）
副 馆 长　胡　达
南通市中央创新区开发建设管理办公室（挂“南通市市级政府投资项目建设中心”牌子）
主　　任　陈　琦
副 主 任　陶高兵
　　　　　施　健
　　　　　倪勇兵
纪检组长　冯　强（8月18日免）
南通市市级政府投资项目建设中心
主　　任　陈　琦
党组副书记　陶高兵
南通市渔政监督支队
支 队 长　陆建新
政　　委　赵卫忠
南通市环境监察支队
支 队 长　丁年龙
政　　委　吴玉军
南通市事业单位登记管理局
局　　长　余　雷

垂直管理部门

江苏省南通市国家税务局
局　　长　郭瑞龙
副 局 长　陆秋丹（女）
　　　　　顾建平
　　　　　刘海林
　　　　　董正兴
纪检组长　杨　凯
总经济师　石慧宏
总会计师　韦玉华
江苏省南通地方税务局
局　　长　余元原
副 局 长　刘红梅（女）
　　　　　周宏建
　　　　　袁　宏
纪检组长　常永涛
总经济师　冒益慧（8月8日任）
总会计师　何瑜燊

南通市国土资源局

局　　长　魏钦稳（1月9日任）
副 局 长　魏钦稳（1月9日止）
　　　　　徐　晖
　　　　　徐凤英（女）
　　　　　吴　彪（6月10日任）
纪检组长　李万松（4月18日免）
　　　　　王明华（4月18日任）

中国银行业监督管理委员会南通监管分局

局　　长　朱明韬（6月21日任）
副 局 长　朱明韬（6月21日止）
　　　　　赵伟希
　　　　　姜弘杰
纪委书记　詹　青（女）

中华人民共和国南通海关

关　　长　沈建明（11月20日免）
副 关 长　王德平
　　　　　陆雪平
　　　　　张　进
　　　　　姜　铭

中华人民共和国南通出入境检验检疫局

局　　长　朱伟光（11月15日免）
　　　　　张　睿（11月15日任）
副 局 长　冉俊祥（2月9日免）
　　　　　王　震
　　　　　石卫国
　　　　　马新颐（8月7日任）
　　　　　刘振宇（12月8日任）

江苏渔港监督局（江苏渔船检验局）

局　　长　朱卫星
副 局 长　周伯春（2月24日任）
　　　　　刘夕明
　　　　　谈龙飙（10月27日任）
总工程师　凤要武
纪检组长　周伯春（2月24日任）
专职纪检员　周伯春（2月24日免）

南通市气象局

局　　长　徐为根
副 局 长　张　鹏

欧阳育红

纪检组长　裴善善

江苏省海洋渔业指挥部

指　　挥　丁汉明
政　　委　刘晓兵
副 指 挥　张文龙
　　　　　王志明
　　　　　沈成平（2月24日任）
　　　　　魏建国
纪检组长　魏建国（兼，2月24日任）
专职纪检员　沈成平（2月24日免）

农业部东海区渔政局南通站

站　　长　许太伟

江苏省海洋水产研究所

所　　长　陆勤勤
党委书记　仲霞铭
副 所 长　蔡永祥
　　　　　张志勇
　　　　　赵登峰（10月27日任）
总工程师　刘培廷

中华人民共和国南通海事局

局长、党组书记　周建华
政委、纪检组长、党组副书记　沈道明
副 局 长　韩光民（11月15日任）　叶建军
　　　　　薛建军
　　　　　顾立刚（11月15日免）

长江航运公安局南通分局

局长、党委书记　曹建平
政委、党委副书记、纪委书记　顾卫东
副 局 长　郭　斌（3月21日任）
　　　　　蒋　剑

中国人民银行南通市中心支行

行　　长　李丹瑾（女）
副 行 长　赵美华（女）
　　　　　胡永彬　周杨强
纪委书记　张国建

国家统计局南通调查队

队长、党组书记　申炳龙
副 队 长　施方明
　　　　　张莉云（女）
纪检组长　朱瑞华

驻南通单位

南通大学

党委书记　成长春（8月28日免）
　　　　　浦玉忠（8月28日任）
校长、党委副书记　程　纯（8月28日免）
　　　　　施卫东（8月28日任）
党委副书记、副校长　江应中
副 校 长　高建林
　　　　　董正超
　　　　　丁　斐（女）
　　　　　蒋乃华
　　　　　樊小东
　　　　　顾菊平（女）
纪委书记　陆国平（6月19日任）
总会计师　姜佩剑

江苏工程职业技术学院

党委书记　保刚健（女）
院长、党委副书记　王　毅（6月28日免）

陆锦军（6月28日任）
党委副书记　季跃东
副　院　长　徐晓红（女，6月28日免）
金卫东（6月28日免）
邓海龙
钱国军
孙　兵（6月28日任）
纪委书记　季跃东（6月28日免）
丛彬彬（女，6月28日任）

南通航运职业技术学院

党委书记　袁卫国
院长、党委副书记　陈　明
党委副书记　李　军（6月23日免）
施祝斌（6月23日任）
副　院　长　施祝斌
李　军
张晓拔（6月23日免）
吴丽华（女）
张　忠（6月23日任）
纪委书记　李　军（6月23日免）
王彤俊（6月23日任）

南通职业大学

党委书记　秦志林
校　　长　马成荣
党委副书记　马成荣　陈蔓生
副　校　长　顾力平（1月6日免）
刘金红（女，6月去世）
黄燕飞
汪　锋（7月4日任）
纪委书记　汪　锋（7月4日免）
王　建（7月4日任）

南通科技职业学院

党委书记　朱千波（6月23日免）
马建明（6月23日任）
院　　长　万　健
党委副书记　万　健
柯晓杨（女，7月4日免）
顾卫兵（7月4日任）
副　院　长　顾卫兵（7月4日免）
王彤俊（7月4日免）
柯晓杨（女，7月4日任）
金卫东（7月4日任）
汪水明
纪委书记　柯晓杨（女，7月4日免）
顾剑锋（7月4日任）

江苏商贸职业学院

党委书记　任　芳（女）
院长、党委副书记　冯志明
党委副书记、纪委书记　姚俊豪
副　院　长　堵有进
袁德宏
方季红（女）
倪志红（女）

（顾红霞）

年度荣誉

2017年度南通市获得的荣誉称号

全国工业稳增长和转型升级成效明显市
（1月工业和信息化部授予）

第二批国家工业经济运行重点联系城市
（5月16日工业和信息化部授予）

2017中国新型智慧城市创新50强
（6月11日第十一届中国电子政务高峰论坛公布）

第三批"城市双修"（生态修复、城市修补）试点城市
（7月12日住房城乡建设部公布）

全国第二批城市设计试点城市
（7月12日住房城乡建设部公布）

中国服务外包风采城市
（9月6日2017全球服务外包大会暨第二届中国服务贸易创新发展峰会公布）

城市总体规划编制改革全国试点城市
（9月住房城乡建设部公布）

2017年全国工贸行业企业安全生产标准化建设样板地区
（9月安全监管总局授予）

全国未成年社区服刑人员心理、行为教育矫正项目试点单位
（9月司法部授予）

第二批中央财政支持开展居家和社区养老服务改革试点地区
（11月民政部、财政部授予）

首批国家中小企业知识产权战略推进工程试点城市

（12月国家知识产权局、工业和信息化部授予）

2017年度各类先进集体选录

第三批全国学雷锋活动示范点
（2月中宣部表彰）
市消防支队天生港中队

第二届全国“敬老文明号”
（3月23日全国老龄工作委员会授予）
市医疗保险基金管理中心
阳光老年公寓
学田街道居家养老服务中心
海安县老干部活动中心

全国“青年文明号”
（5月共青团中央等联合授予）
市公安局交警支队一大队华联执勤岗

全国“巾帼文明岗”
（5月全国妇联授予）
市国土资源局会计服务中心

全国五四红旗团委
（5月共青团中央表彰）
江苏商院团委

全国优秀公安局
（5月19日全国公安系统英雄模范立功集体表彰大会授予）
海安县公安局

全国优秀公安基层单位
（5月19日全国公安系统英雄模范立功集体表彰大会授予）
市公安局出入境管理支队
如东县岔河派出所

全国社会治安综合治理先进集体
（9月19日人力资源社会保障部、中央综治委表彰）
市综治办

全国“最美渔村”
（10月农业部授予）
启东市吕四港镇

第三批全国中小学知识产权教育试点学校
（11月国家知识产权局、教育部授予）
通师一附

第十九届中国专利奖优秀奖
（11月中国专利奖评审办公室授予）
南通中集特种运输设备制造有限公司的一种集装箱
南通星辰合成材料有限公司的一种铁系催化剂失活再生方法
梦百合家居科技股份有限公司的一种适用于平泡发泡工艺的MDI体系的非温感记忆绵
江苏兴华胶带股份有限公司与常州大学合作的电梯平衡补偿链冷定型自动盘绕装置
江苏金呢工程织物股份有限公司的提高聚酯成形网亲水性的方法及聚酯成形网
南通超力卷板机制造有限公司的高精度数控矫圆机
江苏九鼎新材料股份有限公司的一步法成型玻璃纤维连续原丝毡生产工艺
中天科技精密材料有限公司的一种光纤预制棒外包层高效制备方法及其设备
江苏联发纺织股份有限公司的织物pH值和温度响应光固化单向
江苏鹏飞集团股份有限公司的一种水泥窑协同处理生活垃圾系统及其方法

全国基层公安文化工作示范点
（12月全国基层公安文化工作座谈会公布）
市消防支队

第二批全国中小学中华优秀文化艺术传承学校
（12月教育部授予）
通州区实验小学
通州区石港小学
启东实验小学

2017年江苏“最美家庭”
（10月11日省妇联授予）
王　新家庭
杨德英家庭
徐献高家庭
瞿建忠家庭
杜国元家庭
朱兴乔家庭
李春芳家庭
陆瑞康家庭

全省机关党建工作先进集体
（12月省级机关工委、省人力资源社会保障厅授予）
市公安局刑警支队党总支

2017年度各类先进个人选录

全国十大“带兵模范”战士，记个人一等功
（1月21日全国公安边防部队第三届“带兵模范”表彰大会）
李加立　南通边检站边检艇机电班班长

东海强军先锋

（3月2日第三届“东海强军先锋”颁奖典礼授予）

黄海洲　海军某舰舰长

全国向上向善好青年

（5月4日共青团中央授予）

张　锋　通州区文联副主席

全国特级优秀人民警察

（5月19日全国公安系统英雄模范立功集体表彰大会授予）

顾德伟　市公安局网安支队副支队长

全国优秀人民警察

（5月19日全国公安系统英雄模范立功集体表彰大会授予）

戴建锋　市公安局崇川分局刑警大队长

李百战　如皋市公安局如城中心派出所副所长

顾　光　启东市公安局合作中心派出所民警

我心中的警察英雄

（5月19日全国公安系统英雄模范立功集体表彰大会授予）

朱　达　通州区公安局二甲派出所民警

全国卫生计生系统劳动模范

（8月国家卫生计生委授予）

朱翠平（女）　海安县老坝港滨海新区汤灶村计生专干

全国百佳刑警

（9月22日全国公安百佳刑警推选宣传活动揭晓仪式公布）

贾东涛　市公安局刑警支队三大队大队长

支晓林　长航公安南通分局刑事侦查支队支队长

全国优质课特等奖

（10月第五届全国小学信息技术优质课展评活动评选）

周　进　海安县明道小学教师

“献身强军实践的模范连长”荣誉称号

（10月17日中国人民解放军陆军追授）

吴　建　陆军第76集团军某部一营三连原连长

基层理论宣讲先进个人

（10月中宣部授予）

黄正平　市委宣传部副部长

第六届全国道德模范提名奖

（10月中宣部等部门授予）

吴锦泉　南通市“磨刀老人”

当代教育名家

（11月中国教育学会等单位联合评选）

李吉林（女）

李庾南（女）

2017中国教育领军人物

（11月第十六届全国基础教育学习论坛公布）

张进荣　通州区教育局局长

2017年度“中国好校长”

（12月12日中国好教育盛典公布）

王笑梅（女）　通州区实验小学校长

左伯华　如皋中学校长

2017年度“中国好教师”

（12月12日中国好教育盛典公布）

杨建楠　南通中学教师

全省政法系统“忠诚卫士”

（2月26全省政法工作会议公布）

钱建华　市政法委副书记

顾德伟　市公安局网安支队副支队长

周德泉　市检察院控告申诉检察处副处长

戴红梅（女）　如皋市公安局迎春派出所副所长

周　云　如皋市人民法院执行局局长

赵丽和　海门市司法局办公室主任

第十二届“江苏青年五四奖章”

（5月4日团省委、省青年联合会评选）

苏晓琳（女）　启东“板凳姑娘”

江苏最美资助人

（6月省教育厅授予）

陈建忠　南通开放大学后勤处职工

江苏省见义勇为模范称号

（9月18日第六届江苏省道德模范颁奖仪式授予）

曹建帮　海门市悦来镇信民村村民

江苏省诚实守信模范称号

（9月18日第六届江苏省道德模范颁奖仪式授予）

赵风和　海安开发区洪旺村村民

江苏省孝老爱亲模范称号

（9月18日第六届江苏省道德模范颁奖仪式授予）

沈亚秋（女）　如东县掘港镇文化站站长

首届江苏省“外科泰斗　后辈楷模”

（9月江苏省第十四次外科学学术会议公布）

李厚祥　南通大学附属医院教授

全省脱贫致富奖

（10月16日全省脱贫致富先进典型表彰电视电话会议公布）

倪忠辉　启东市忠辉果蔬专业合作社理事长

全省扶贫济困奖

（10月16日全省脱贫致富先进典型表彰电视电话会议公布）

田茂娥（女）　如皋市政协常委、如皋苏田劳保用品厂厂长

2017年“江苏好青年”

（12月2017江苏好青年百人榜揭榜）

徐孙炜　南通西藏民族中学教师

第五届十大“江苏最美警察”

（12月全省政法综治维稳系统深入学习贯彻党的十九大精神会议授予）

肖　锋　海安县看守所所长

“江苏最美警察”特别奖

（12月全省政法综治维稳系统深入学习贯彻党的十九大精神会议授予）

高广喜　海安县公安局城南派出所原所长

江苏最美法治人物

（12月19日省委宣传部授予）

顾雪红（女）　如皋市人民法院副院长

“张謇杯”杰出企业家

（5月22日市委、市政府授予）

石明达　通富微电子股份有限公司董事长

十大杰出通商

（5月22日市委、市政府授予）

丁佐宏　月星集团有限公司董事局主席
王文其　上海森信建设集团有限公司董事长
朱仲辉　江苏赛城国际集团有限公司董事长
吴海军　深圳市神舟电脑股份有限公司董事长兼总裁
姜照柏　上海鹏欣（集团）有限公司董事局主席
施永雷　上海来伊份股份有限公司董事长
昝圣达　江苏综艺集团董事长
袁亚康　深圳市康成亨资本管理集团有限公司董事长
顾　伟　深圳市兆驰股份有限公司董事长
景　浓　香港祥龙集团投资有限公司董事长

南通“三名”年度人物

（2017年5月22日市委、市政府授予）

仇云龙　中兴能源装备有限公司董事长
方宜新　南通瑞慈医疗管理集团有限公司董事长
刘佳炎　江苏创斯达科技有限公司董事长
吴建新　江苏神通阀门股份有限公司董事长
吴赉华　江苏铁锚玻璃股份有限公司董事长
周新基　江苏必康制药股份有限公司董事长
耿裕华　南通四建集团有限公司名誉董事长
袁洪兵　江苏金太阳纺织科技股份有限公司董事长
蒋明泉　南通大地电气股份有限公司董事长
樊学锋　双钱集团（江苏）轮胎有限公司总经理

（通　鉴）

2017年度南通市改革创新奖获奖项目

一等奖（14个）

1. 探索“融合党建”实施“六大工程”构建党建与发展互促共进新格局
获奖单位：市委组织部
2. 南通获国务院表彰“国家工业稳增长和转型升级成效明显市”（省内唯一）
获奖单位：市经济和信息化委
3. 创新长效管理机制　实现全国文明城市“四连冠”
获奖单位：市委宣传部
4. 创新国土资源管理方式　实现要素保障六大突破
获奖单位：市国土资源局
5. 加快推进大气、水污染治理项目　持续改善生态环境质量
获奖单位：市环保局
6. 争取全国性综合交通枢纽定位 提升城市核心竞争力
获奖单位：市交通运输局
7. 南通市城市总体规划编制列入全国改革试点城市
获奖单位：市规划局
8. 河岸共治 城乡共管　加快以河长制促进河长治
获奖单位：市水利局
9. 加快推进中央创新区建设 奋力打造南通版科创特区
获奖单位：市市级政府投资项目建设中心
10. 研究制定《南通建设上海大都市北翼门户城市总体方案》
获奖单位：市委办公室
11. 创新立法机制　助推“两聚一高”
获奖单位：市人大办公室
12. 以政务公开标准化规范化推进政府治理体系和能力现代化
获奖单位：市政府办公室
13. 创新深化民主监督 助推党委政府中心工作
获奖单位：市政协办公室
14. 构建专责监督机制 压紧压实全面从严治党政治责任
获奖单位：市纪委

二等奖（14个）

1. 推进基层社会治理创新
获奖单位：市委政法委
2. 打造南通政务服务“一张网”，开启“不见面审批（服务）”新模式
获奖单位：市行政审批局
3. 首个“国家级学校安全教育示范区”创建南通模式全国推广

获奖单位：市教育局

4. 落实对接服务上海战略，全力打造跨江融合接轨上海新高地

获奖单位：市发展改革委

5. 打造全国领先的办照办证办项目"3550"南通样本

获奖单位：市编办

6. 高起点谋划中央创新区科创中心建设，打造"创新之都"强引擎

获奖单位：市科技局

7. 优化重组南通港口集团，构建"一市一港一集团"新格局

获奖单位：市国资委

8. 积极拓宽融资渠道，力推重大项目建设，切实防范债务风险

获奖单位：市财政局

9. 实施人民健康优先发展战略，创新建立长期护理服务"南通模式"

获奖单位：市人力资源社会保障局

10. 社保费税式管理新模式

获奖单位：市地税局

11. 以"做优局机关 做强派出所 做实警务室"为重点，着力构建现代警务机制，全面提升警务运行效能

获奖单位：市公安局

12. 城乡垃圾分类和治理工作南通模式

获奖单位：市城管局

13. 首创融合党建引领机制产生全国影响

获奖单位：市委市级机关工委

14. 全国率先启动 打造纺织行业质量提升样板

获奖单位：市质监局

三等奖（27个）

1. 推行行政执法公示制度执法全过程记录制度重大执法决定法制审核制度改革试点

获奖单位：市政府法制办

2. 打造劳动竞赛"升级版"，激发创新创造"新动能"

获奖单位：市总工会

3. 以举办首届海外通商峰会为契机，以侨为桥全面拓展对外交往合作新空间

获奖单位：市外侨办

4. 先行先试走出去综合服务体系，助力10万通商筑梦"一带一路"

获奖单位：市商务局

5. 聚焦精准救助，让困难群众更有"获得感"

获奖单位：市民政局

6. 举办首届通商大会，共创南通美好未来

获奖单位：市委统战部、市工商联

7. "送宝典 助融资"金融帮服万企行活动

获奖单位：市金融办

8. "巾帼挽霞"——空巢家庭关爱行动

获奖单位：市妇联

9. 涉案未成年人心理矫治工程

获奖单位：市检察院

10. 率先开展市属国有企业不动产出租出售全覆盖审计调查助推不动产管理体制改革

获奖单位：市审计局

11. 首创放心"菜篮子""四联创"工程 让百姓吃得安心

获奖单位：市食药监局

12. 实现几代人梦想，引发全城热潮 新创话剧《张謇》取得历史性突破

获奖单位：市文化广电新闻出版局

13. 打造网络驱动新引擎，增强经济发展新动力

获奖单位：市工商局

14. 实施健康扶贫工程

获奖单位：市卫生计生委

15. 沼气发电并网国内首创，畜禽养殖污染治理全省示范

获奖单位：市农委

16. 创新高标准农田建设新模式，打造头号富民工程

获奖单位：市农发局

17. 创建矛盾纠纷多元化解"三三三"治理新机制

获奖单位：市司法局

18. 深化农村土地"三权"分置改革 促进农民持续增收

获奖单位：市委农办

19. 全力争取通州湾港区规划获批，推动通州湾"一区一城"对接服务上海新突破

获奖单位：市港口局

20. 数据共享，管服并重 e联易审——南通开启"不见面多图联审"新模式

获奖单位：市建设局

21. "万名学子看南通"通籍大学生回归计划

获奖单位：团市委

22. 创建全省首批"台资企业电子商务服务示范基地"

获奖单位：市委台办

23. 注重夯实基层基础，实施"创千村无邪、助千家脱邪"的"双千工程"

获奖单位：市委610办

24. 构建对接服务上海咨政"智慧"平台，培养务实担当高素质干部队伍

获奖单位：市委党校

25. 披坚执锐落地生根，企业安全生产主体责任落实引领全省

获奖单位：市安监局

26. 构建全市域机关资产管理大平台

获奖单位：市机关事务局

27. 创立服务平台，助推联络新突破，实现南通对接服务上海新成效

获奖单位：市接待办、市政府驻上海联络处

（通　鉴）

统计资料

2017年南通市经济社会主要指标一览表

表26-1

指标名称	2017指标值	比上年增减±%
一、面积与人口		
辖区面积(平方千米)	8001	—
其中:市区	1521	—
年末常住总人口(万人)	730.50	0.04
其中:城镇人口	482.35	2.62
年末户籍总人口(万人)	764.47	-0.29
其中:市区	214.47	0.42
年平均户籍人口(万人)	765.57	-0.15
年末总户数(万户)	283.06	0.42
其中:市区	84.19	1.41
出生人数(人)	61204	—
出生率(‰)	7.99	—
死亡人数(人)	81737	—
死亡率(‰)	10.68	—
自然增长率(‰)	-2.69	—
人口密度(人/平方千米)	913	持平
其中:市区	1548	0.30
二、劳动力		
乡村实有从业人员(万人)	298.93	-0.20
其中:农林牧渔业	61.85	-2.70
三、经济总量		
地区生产总值(亿元)	7734.64	7.80
第一产业(亿元)	382.69	2.40
第二产业(亿元)	3639.81	6.80
其中:工业	3042.25	8.00
第三产业(亿元)	3712.14	9.40
人均地区生产总值(元)	105903	7.80
四、农业经济		
农林牧渔业增加值(亿元)	421.09	3.10
其中:农业	216.34	2.40
其中:林业	2.79	3.30

（续表26-1）

指标名称	2017指标值	比上年增减±%
其中：牧业	66.45	1.10
其中：渔业	97.11	3.50
粮食产量(万吨)	323.96	-0.40
棉花产量(万吨)	1.39	-41.70
油料产量(万吨)	35.23	-1.60
生猪出栏(万头)	372.85	1.50
家禽出栏(万只)	10963.71	1.40
猪牛羊肉(万吨)	28.56	0.80
禽蛋(万吨)	44.62	-0.30
蚕茧(万吨)	1.21	-7.60
水产品总产量(万吨)	87.50	-1.70
五、规模以上工业		
企业数(个)	5132	—
工业总产值(亿元)	15038.59	8.50
主营业务收入(亿元)	14751.14	8.10
总计中：国有控股企业	10.40	9.40
私营企业	7666.49	7.50
外商港澳台投资企业	4155.88	4.30
总计中：轻工业	4556.82	6.60
重工业	10194.32	8.80
利润总额(亿元)	1128.81	10.10
六、建筑业		
建筑业总产值(亿元)	7333.82	10.80
其中：在外省完成产值	4637.78	15.80
竣工产值(亿元)	5267.44	2.40
房屋建筑竣工面积(万平方米)	19901.58	3.90
七、交通运输		
公路总里程(公里)	18754	1.80
其中：高速公路	334.39	持平
客运量(万人)	7971.71	-8.80
货运量(万吨)	21821.39	9.40
南通港货物吞吐量(万吨)	23571.98	4.20
集装箱吞吐量(万标箱)	100.71	21.80
八、电力		

（续表26-1）

指标名称	2017指标值	比上年增减±%
全社会用电量(亿千瓦时)	400.55	6.90
其中:工业用电量	275.76	3.80
九、固定资产投资		
固定资产投资额(亿元)	4959.20	8.90
其中:工业投入	2397.75	6.20
其中:民营投资	3858.30	13.50
新增固定资产(亿元)	3958.89	32.60
十、国内贸易		
社会消费品零售总额(亿元)	2873.41	9.10
十一、对外经济		
进出口贸易总额(亿元)	2360.18	15.90
其中:进口总额	668.26	28.90
出口总额	1691.91	11.50
新批外商投资项目数(个)	348	5.80
新批协议注册外资额(亿美元)	53.61	-11.50
实际到账注册外资额(亿美元)	24.23	1.50
对外劳务承包合同额(亿美元)	9.56	-8.80
对外劳务承包营业额(亿美元)	18.10	-9.80
十二、旅游		
入境旅游人数(万人次)	18.57	3.10
其中:外国游客	15.21	-2.10
港澳台游客	3.36	35.60
十三、财政		
一般公共预算收入(亿元)	590.60	0.10
一般公共预算支出(亿元)	810.08	8.10
十四、金融		
金融机构本外币存款余额(亿元)	11718.16	3.40
其中:储蓄存款余额	5469.06	1.40
金融机构年末贷款余额(亿元)	7886.57	14.40
十五、价格指数(以上年为100)		
居民消费价格总指数(%)	107.70	1.70
商品零售价格总指数(%)	101.90	1.90
十六、人民生活		
城镇居民人均可支配收入(元)	42756	8.90

（续表26-1）

指标名称	2017指标值	比上年增减±%
农村居民人均可支配收入(元)	20472	9.20
十七、社会事业		
在校学生数(人)	936687	0.20
其中:普通高等学校	99525	4.90
中等专业学校	22318	-0.20
职业中学	37193	-1.70
普通中学	236291	0.20
小学	332874	1.80
毕业学生数(人)	188853	-4.10
其中:普通高等学校	26026	-0.40
中等专业学校	6631	—
职业中学	12059	—
普通中学	76978	-6.70
小学	54088	-3.80
卫生机构数(个)	3184	1.70
其中:医院、卫生院	325	1.20
卫生机构床位数	42064	8.20
其中:医院、卫生院	40942	8.10
卫生技术人员(人)	44715	2.30
其中:执业(助理)医师	18703	3.80

2017年南通各县（市、区）主要经济指标一览表

表26-2

	全市	崇川区	港闸区	南通开发区	通州区	海安县	如东县	启东市	如皋市	海门市
地区生产总值(亿元)	7734.64	772.23	378.51	540.47	1169.41	868.30	852.50	989.50	1025.80	1135.90
第一产业(亿元)	382.69	0.08	1.60	1.38	58.25	58.83	71.37	69.13	66.05	56.01
第二产业(亿元)	3639.81	185.06	210.81	324.98	574.46	412.45	391.21	475.10	492.30	563.06
工 业(亿元)	3042.25	126.92	177.23	305.37	481.12	341.42	332.15	380.97	413.89	470.29
建筑业(亿元)	597.56	58.14	33.58	19.61	93.34	71.03	59.06	94.13	78.41	92.77
第三产业(亿元)	3712.14	587.09	166.09	214.11	536.70	397.02	389.92	445.28	467.45	516.83
一般公共预算收入(亿元)	590.60	71.77	40.06	47.06	72.75	60.01	55.56	71.13	71.31	72.54
固定资产投资(亿元)	4959.20	325.44	320.45	552.31	680.80	609.82	563.33	634.60	600.27	633.65
新批协议注册外资(亿美元)	53.61	3.84	1.98	8.62	8.23	8.80	3.07	13.14	1.33	4.60

（续表26-2）

	全市	崇川区	港闸区	南通开发区	通州区	海安县	如东县	启东市	如皋市	海门市
实际到账注册外资（亿美元）	24.23	0.91	0.92	4.50	3.74	2.67	2.27	3.40	2.86	2.93
社会消费品零售总额（亿元）	2873.41	429.99	147.87	166.68	375.07	300.98	347.45	352.97	376.26	376.14
城乡居民储蓄存款（亿元）	5469.06	1066.43			849.33	677.20	613.83	771.59	725.68	765.00
城镇居民人均可支配收入(元)	42756	45312			44366	40656	40416	40759	39918	44138
农村居民人均可支配收入(元)	20472	22038			21794	19640	18683	21691	18463	22515

表26-3

2017年江苏省各市主要经济指标比较一览表

	全省	南京市	无锡市	徐州市	常州市	苏州市	南通市	连云港市	淮安市	盐城市	扬州市	镇江市	泰州市	宿迁市
地区生产总值(亿元)	85900.94	11715.10	10511.80	6605.95	6622.28	17319.51	7734.64	2640.31	3387.43	5082.69	5064.92	4105.36	4744.53	2610.94
第一产业增加值(亿元)	4076.65	263.01	135.18	600.54	157.10	221.98	382.69	313.42	339.44	564.18	262.06	142.42	264.08	292.14
第二产业增加值(亿元)	38654.85	4454.87	4964.44	2883.44	3081.19	8235.88	3639.81	1179.86	1412.39	2256.72	2475.86	2031.10	2238.13	1253.48
第三产业增加值(亿元)	43169.44	6997.22	5412.18	3121.97	3383.99	8861.65	3712.14	1147.03	1635.60	2261.78	2327.00	1931.84	2242.32	1065.32
一般公共预算收入(亿元)	8171.53	1271.91	930.00	501.64	518.81	1908.10	590.60	214.85	230.61	360.02	320.18	284.34	335.52	200.58
固定资产投资(亿元)	53000.21	6215.20	4967.51	5277.03	3896.30	5629.59	4959.20	2603.63	2839.55	4278.49	3690.09	2694.36	3623.33	2194.23
进出口贸易总值(亿元)	40022.08	4142.98	5502.46	527.15	2117.61	21394.89	2360.18	555.99	313.36	585.59	731.55	713.86	876.80	199.66
出口总值(亿元)	24607.18	2333.00	3354.62	428.14	1554.81	12670.50	1691.91	264.66	203.58	395.21	533.32	473.47	556.77	147.18
实际到账注册外资(亿美元)	251.35	36.73	36.65	16.60	22.16	44.83	24.23	6.78	11.78	7.89	10.87	13.53	16.18	3.64
社会消费品总额(亿元)	31737.41	5604.66	3458.04	2977.20	2444.05	5442.82	2873.41	1038.31	1197.09	1806.20	1494.01	1366.03	1254.22	781.39
本外币储蓄存款余额(亿元)	42975.63	5464.36	4681.78	3116.09	3222.76	7834.23	5469.06	1218.58	1427.23	2743.98	2428.94	1786.75	2425.15	1156.71
城镇居民人均可支配收入(元)	43622	54538	52659	30987	49955	58806	42756	30294	32976	33115	38828	45386	40059	26118
农村居民人均可支配收入(元)	19158	23133	28358	16697	25835	29977	20472	15273	15601	18711	19694	22724	19494	15268

（市统计局）

名词解释

综合类

1. “一带一路”

“一带”指2013年9月7日，习近平总书记在访问哈萨克斯坦时，提出的构建“丝绸之路经济带”。“一路”指2013年10月3日，习近平总书记在印度尼西亚国会发表重要演讲时，提出的建设“21世纪海上丝绸之路”。

2. “四个全面”

指2014年12月13~14日，习近平总书记在江苏视察时，提出的协调推进全面建成小康社会、全面深化改革、全面推进依法治国、全面从严治党。

3. “五位一体”

指党的十八大报告中提出的经济建设、政治建设、文化建设、社会建设、生态文明建设。

4. “两聚一高”

指江苏省第十三次党代会提出的“聚力创新、聚焦富民，高水平全面建成小康社会”。

5.省“1+3”功能区战略

“1”指扬子江城市群，包括沿江八市，作为江苏经济发展主要发动机。“3”指江淮生态经济区，包括淮安、宿迁2个设区市和里下河地区的5个县（市），重在展现生态价值、生态优势和生态竞争力；由南通、盐城、连云港组成的沿海经济带，作为江苏最大的潜在增长极；把徐州建成淮海经济区的中心城市，拓展江苏发展的纵深。

6. “三港三城三基地”

“三港”指上海国际航运中心北翼江海组合强港、长三角北翼重要航空港、华东地区重要信息港；“三城”指创新创业生态城、通州湾临港产业城、启东生命健康科技城；“三基地”指现代先进产业协同发展基地、文化旅游休闲度假基地、优质农副产品市场服务保障基地。

7.三大转型升级

指产业、城市、交通转型升级。

8.开发园区创新转型“六大工程”

指规模培育、创新驱动、产业招商、绿色集约、规划提升、体制创新工程。

经济发展类

9. “3+3+N”重点产业

第一个“3”指高端纺织、船舶海工、电子信息三大重点支柱产业；第二个“3”指智能装备、新材料、新能源及新能源汽车三大重点新兴产业；“N”指符合产业发展导向、有利于发挥自身优势的特色产业。

10. “5215”工业大企业培育计划

指到“十三五”期末，全市力争形成销售收入超500亿元企业2家，200亿~500亿元企业2家，100亿~200亿元企业10家以上，50亿~100亿元企业30家以上。

11. “一村一品一店”

指每个行政村依托资源禀赋，培育一个特色产业，围绕特色产业建设一家网店，以电子商务带动特色产业发展。

12. “一核十区多园”的先进制造业协同发展布局

“一核”指中央创新区，重点建设人工智能、智慧建筑等新兴产业研发基地。“十区”指10个县（市、区）以国家级、省级开发区（高新区）为依托，按照各自产业基础和功能定位，每个平台优选1个主导产业、1个战略性新兴产业，重点对接以上海为龙头的国内外各类资源。“多园”指依托县城和中心镇、区中园，按照“一区多园、一园一品”要求，坚持特色化发展，实施多节点网状化产业布局，重点培育若干特色产业功能板块。

13.飞机部件航空维修再制造加工贸易

指对退役飞机环保拆分后的部件，依据国际航空飞行器技术规范和标准，由专业人员运用设备进行检测维修，使其性能恢复或达到适航状态，再返销国际航空市场循环使用。

14.国家现代农业示范区“863”工程

指建设8个现代农业示范园、6个农产品加工集中区、3个休闲农业核心区。

15.七大类降成本措施

指降低企业融资成本、用能和用地成本、投资成本、人力成本、经营成本、税费成本、制度成本等措施。

16.市场采购贸易方式

指在经认定的市场集聚区采购商品，由符合条件的经营者在采购地办理出口通关手续。

17.市级“双百工程”

指市级层面100个新开工重大项目、100个新竣工重大项目。

18.十大扩消费行动

指国家发展改革委《关于促进消费带动转型升级的行动方案》提出的城镇商品销售畅通、农村消费升级、居民住房改善、汽车消费促进、旅游休闲升级、康养家政服务扩容提质、教育文化信息消费创新、体育健身消费扩容、绿色消费壮大、消费环境改善和品质提升10项行动。

19.项目建设“五个一”推进机制

指一月一通报、两月一会办、一季一点评、半年一观摩、一年一述职。

科技与金融类

20.“1+3”离岸创新和技术集聚转移平台

“1”指上海零号湾南通高层次人才创新基地；“3”指复旦大学南通技术转移创新集聚区、南通上海零号湾转化基地、上海交通大学智能医疗器械产业化基地。

21.“5+5”重大科技创新平台

指引进5家国内知名科研院所、5家国内外一流高校科研机构与研究生培养基地。

22.PCT

指专利合作条约。

23.“标准化+”

指发挥标准化在促进经济社会发展中的基础性和战略性作用，系统推进标准化与科技创新、先进制造、生态文明、现代农业、现代服务业、社会管理和公共服务等深度融合。

24.科技平台“十百千”工程

指到2020年，全市建成10家以上重大科技创新平台、100家公共技术服务平台、1000家研发能力较强的企业研发平台。

25.新一代信息技术产业“一核两区六基地”

“一核”指中央创新区，作为新一代信息技术产业的研发、孵化基地和科技创新资源的集中承载区；“两区”指南通开发区、苏通科技产业园的模拟芯片、感知元器件、大数据产业集聚区，南通高新区的专业芯片制造和以图像识别、语音识别、智能算法为重点的“智创谷”；“六基地”指崇川、港闸软件研发产业基地，港闸通信产业基地，海安、海门智能机器人产业基地，如皋智能汽车产业基地，启东智慧医疗健康产业基地，如东智慧能源管理产业基地。

26.众创社区

指相对独立于行政区划单元和产业园区，聚焦大众创业、万众创新，在一定范围内高效组合人才、技术、资本等创新创业要素，集成专业化众创空间、科技企业孵化器、科技服务机构等载体平台，实现创业功能、产业功能、文化功能和社区功能有机融合的新型“双创”空间平台。

城乡建设与生态创建类

27.“263”专项行动

“2”指减少煤炭消费总量和落后化工产能；“6”指治理区域水环境、垃圾、黑臭水体、畜禽养殖污染、挥发性有机物污染、环境隐患；“3”指提升生态保护、环境经济政策调控、环境执法监管水平。

28.“城市双修”

指生态修复、城市修补。

29.“多规合一”

指推动经济社会发展规划、城市总体规划、土地利用规划、生态环境保护规划等相互融合，逐步建立统一衔接、功能互补、相互协调的规划体系。

30.“留白增绿”

指针对规划绿地之外的其他类型用地，或是城市规划尚不明确用途、短期内不能确定或实现永久规划的情况下，先行通过绿化的方式改善城市人居环境、为远期建设预留空间。

31.“三河三行业”

指如泰运河、通吕运河、通启运河；“三行业”是指化工、印染、钢丝绳行业。

32.“散乱污”企业

指不符合产业政策或不符合产业布局规划、未办理相关审批手续、无治污设施或治污设施不能满足稳定达标排放要求、存在污染直排或偷排等严重环境违法行为的企业。

33.“乡村记忆影像志”工程

指市委宣传部、市文广新局、市文联、南通开放大学与南京大学中华图像文化研究所、香港大学饶宗颐学术馆共同发起，选取南通各具特色的十镇一街，以文字叙述和摄影摄像的方式记录乡村风貌，唤起广大市民传承江海文化、保护特色村镇的责任和使命，共同打造有历史记忆、地域特色、民族特点的美丽乡村，向世界讲好南通乡村故事。

34.“一主五片两重点”

“一主”指主城区，“五片”指中央创新区、五山及沿江地区、平潮高铁西站片区、星岛水岸片区、先锋生态涵养片区，“两重点”指“三城同创”（同步建设花园城市和创建国家生态园林城市、国家森林城市）和城市轨道交通建设。

35.承包地“三权”分置

指在改革开放之初实行家庭联产承包责任制，所有权归集体、承包经营权归农户的“两权分离”基础上，顺应农民保留土地承包权、流转土地经营权的意愿，将土地承包经营权再分为承包权和经营权，实行农村土地集体所有权、农户承包权、土地经营权分置并行。

36.城市环境“八整治八提升”行动

“八整治”指老旧小区、城郊接合部、城市水环境、违法建设、公共秩序、建设工地、五小行业、城市“蜘蛛网”整治；“八提升”指主干道景观、户外广告品质、绿化品质、环境卫生、基础设施、亮化建设、“城市家具”（包括书报亭、修理亭、早餐亭、公交站台等公共设施）、城市示范管理提升。

37.化工企业“四个一批”

指关停一批、转移一批、升级一批和重组一批。

38.垃圾分类和治理“六个一”

指出一套规范，编制形成城乡垃圾分类和治理、城市建筑垃圾处理、城市餐厨废弃物处理等专项规划，出台《南通市城乡垃圾分类和综合治理实施方案》和机关事业单位、餐饮行业等配套方案，颁布实施《南通市城市建筑垃圾管理条例》；建一套机制，将垃圾分类管理作为生态文明建设、“263”专项行动的重点内容，纳入“四个全面”综合考核，健全生活垃圾分类的宣传发动、正向引导、分类收运等机制；搭一个平台，建立市区垃圾分类管理工作领导小组，各县（市、区）也分别建立相应的组织领导体系；上一批设施，2017年市区建成大件垃圾处理设施3座、可回收物分拣中心1座，生活垃圾分类设施覆盖率40%，生活垃圾焚烧发电厂、餐厨废弃物处置中心、建筑（装潢）垃圾分拣厂等设施建设稳步推进；推一组试点，2017年在市区350个小区开展生活垃圾分类试点，覆盖居民约22.1万户、63万人；搞一年攻坚，通过2017年持续专项整治，全市垃圾产生量增幅回落近10个百分点。

39.农村“两权”

指农村承包土地的经营权和农民住房财产权。

40.污染防治十大专项治理

指“三行业”及“散乱污”企业、区域水环境、黑臭水体、养殖业、煤炭减控、扬尘污染、挥发性有机物污染、垃圾、固废及污染场地、农村人居环境等10个专项治理。

民生保障与社会治理类

41.“救急难”制度

指对遭受各种急难情形致使基本生活暂时出现严重困难的居民救助和帮扶的工作机制。

42.“一图、两单、三卡、八必须”

“一图”指安全风险分布图；“两单”是指危险有害因素排查辨识清单、安全风险分级管控清单；“三卡”指安全生产职责承诺卡、作业场所危险因素应知卡、应急处置方法应急卡；“八必须”指重大风险源必须掌握、应急措施必须具备、处置预案必须明确、防护措施必须完备、岗位人员危险应对必须熟练、企业负责人对风险点必须清楚、监管人员对应急举措必须掌握、监管部门对属地安全方案必须心中有数。

43.“政社互动”“三社联动”

“政社互动”指政府行政管理与基层群众自治有效衔接、良性互动；“三社联动”指社区、社会组织、社会工作专业人才3个社会治理主体有机融合、相互促进。

44.富民增收“五大机制”

指市委十二届四次全会提出的增收致富、减负惠民、生态家园共建、和谐社会治理、协同推进5项机制。

45.富民增收“五大行动”

指创业富民、产业富民、农民增收、人才集聚、脱贫攻坚五大行动。

46.提升“市民通”、拓展“政务通”、探索建设“全视通”

“提升‘市民通’”指实现公共服务事项移动端发布、办理以及行政审批事项在线提醒、查询、反馈等功能，让市民足不出户即可享受优质服务和生活便利。“拓展‘政务通’”指在移动端实现政府的日常办公、业务办理、监管服务，让各部门随时随地管理事务，进一步提高行政效率。“探索建设‘全视通’”指综合运用云计算、大数据、物联网和人工智能等信息化手段，构筑“城市大脑”，实时展示城市运行状态，加强各类数据动态监测研判，及时发现问题、评估风险、辅助决策。

党的建设与行政体制改革类

47.“两学一做”

指学党章党规、学系列讲话，做合格党员。

48.“四讲四有”

指讲政治、有信念，讲规矩、有纪律，讲道德、有品行，讲奉献、有作为。

49.“3550”

指开办企业3个工作日内完成、不动产登记5个工作日内完成、工业建设项目施工许可50个工作日内完成。

50.“双随机一公开”

指在监管过程中随机抽取检查对象、随机选派执法检查人员的抽查机制，抽查情况及查处结果及时向社会公布。

51.行政执法三项制度

指行政执法公示制度、执法全过程记录制度、重大执法决定法制审核制度。

（通　鉴）

组织机构及单位基本信息

组织机构及单位基本信息一览表

表26-4

单位名称	简 称	地 址
市委工作机构		
中共南通市委办公室(中共南通市委研究室)	市委办公室(市委研究室)	世纪大道6号行政中心
中共南通市纪律检查委员会(南通市监察局)	市纪委(市监察局)	世纪大道6号行政中心
中共南通市委组织部	市委组织部	世纪大道6号行政中心
中共南通市委宣传部	市委宣传部	世纪大道6号行政中心
中共南通市委统一战线工作部	市委统战部	工农南路88号海联大厦
中共南通市委政法委员会(南通市社会管理综合治理委员会办公室)	市委政法委(市综治办)	世纪大道6号行政中心
中共南通市委农村工作办公室	市委农办	世纪大道6号行政中心
中共南通市委台湾工作办公室	市委台办	世纪大道6号行政中心
南通市机构编制委员会办公室	市编办	世纪大道6号行政中心
中共南通市委市级机关工作委员会	市委市级机关工委	世纪大道6号行政中心
中共南通市委老干部局	市委老干部局	世纪大道6号行政中心
中共南通市委保密委员会办公室(南通市国家保密工作局)	市保密办(市保密局)	世纪大道6号行政中心
南通市精神文明建设指导委员会办公室	市文明办	世纪大道6号行政中心
中共南通市委党史工作办公室(南通市地方志编纂委员会办公室)	市委党史办(市地方志办)	世纪大道6号行政中心
中共南通市委党校	市委党校	教育路30号
市政府组成部门、直属机构		
南通市政府办公室(南通市政府研究室)	市政府办公室(市政府研究室)	世纪大道6号行政中心
南通市应急管理办公室	市应急办	世纪大道6号行政中心
南通市发展和改革委员会	市发展改革委	世纪大道6号行政中心
南通市沿海地区发展办公室	市沿海办	世纪大道6号行政中心
南通市经济和信息化委员会	市经济和信息化委	世纪大道6号行政中心
南通市教育局	市教育局	世纪大道6号行政中心
南通市科学技术局(南通市知识产权局)	市科技局(市知识产权局)	崇川路58号
南通市公安局	市公安局	青年东路199号
南通市民政局(南通市老龄工作委员会办公室)	市民政局(市老龄办)	崇文路2号
南通市司法局	市司法局	崇文路2号
南通市财政局	市财政局	跃龙路38号
南通市人力资源和社会保障局	市人力资源社会保障局	工农南路150号政务中心
南通市国土资源局	市国土资源局	跃龙路32号
南通市城乡建设局	市建设局	工农南路150号政务中心
南通市规划局	市规划局	崇文路2号

（续表26-4）

单位名称	简 称	地 址
南通市城市管理局（南通市城市管理行政执法局）	市城管局	工农南路150号政务中心
南通市住房保障和房产管理局	市房管局	工农南路150号政务中心
南通市交通运输局	市交通运输局	崇文路2号
南通市水利局	市水利局	崇文路2号
南通市农业委员会	市农委	崇文路2号
南通市商务局（南通市口岸管理委员会）	市商务局（市口岸委）	跃龙路38号
南通市文化广电新闻出版局	市文化广电新闻出版局	世纪大道6号行政中心
南通市卫生和计划生育委员会	市卫生计生委	青年中路56号
南通市审计局	市审计局	崇文路2号
南通市环境保护局	市环保局	崇文路2号
南通市体育局	市体育局	崇文路2号
南通市统计局	市统计局	世纪大道6号行政中心
南通市食品药品监督管理局	市食药监局	崇川路106号
南通市安全生产监督管理局	市安监局	工农南路150号政务中心
南通市工商行政管理局	市工商局	崇川路106号
南通市质量技术监督局	市质监局	崇川路106号
南通市旅游局	市旅游局	世纪大道6号行政中心
南通市物价局	市物价局	世纪大道6号行政中心
南通市粮食局	市粮食局	世纪大道6号行政中心
南通市海洋与渔业局	市海洋渔业局	世纪大道6号行政中心
南通市民族宗教事务局	市民族宗教局	工农南路88号海联大厦
南通市信访局	市信访局	世纪大道6号行政中心
南通市民防局（南通市人民防空办公室）	市民防局（市人防办）	濠西路1号
南通市人民政府外事侨务办公室（南通市政府港澳事务办公室）	市外侨办（市港澳办）	世纪大道6号行政中心
南通市人民政府法制办公室	市政府法制办	世纪大道6号行政中心
南通市人民政府国有资产监督管理委员会	市国资委	崇文路2号
南通市行政审批局（南通市政务服务中心）	市行政审批局（市政务中心）	工农南路150号
南通市机关事务管理局	市机关事务局	世纪大道6号行政中心
南通市港口管理局	市港口局	青年西路38号
南通市农业资源开发局	市农发局	崇文路2号
南通市人民政府接待办公室	市接待办	世纪大道6号行政中心
南通市铁路办公室	市铁路办	崇文路2号
南通市档案局（南通市档案馆）	市档案局（市档案馆）	世纪大道6号行政中心
南通市供销合作总社	市供销总社	崇文路2号
南通市民营经济发展领导小组办公室	市民发办	世纪大道6号行政中心

人大机关 政协机关

（续表26-4）

单位名称	简称	地址
南通市人民代表大会常务委员会办公室	市人大办公室	世纪大道6号行政中心
中国人民政治协商会议南通市委员会办公室	市政协办公室	世纪大道6号行政中心
法院　检察院		
南通市中级人民法院	市中院	工农路246号
南通市人民检察院	市检察院	濠南路251号
民主党派　工商联		
中国民主同盟南通市委员会	民盟南通市委	工农南路88号海联大厦
中国民主建国会南通市委员会	民建南通市委	工农南路88号海联大厦
中国民主促进会南通市委员会	民进南通市委	工农南路88号海联大厦
中国农工民主党南通市委员会	农工党南通市委	工农南路88号海联大厦
中国致公党南通市委员会	致公党南通市委	工农南路88号海联大厦
九三学社南通市委员会	九三学社南通市委	工农南路88号海联大厦
南通市工商业联合会(南通市总商会)	市工商联(市总商会)	工农南路88号海联大厦
群众团体　社会团体		
南通市总工会	市总工会	崇文路1号
共青团南通市委员会	团市委	世纪大道6号行政中心
南通市妇女联合会	市妇联	世纪大道6号行政中心
南通市科学技术协会	市科协	崇文路2号
南通市文学艺术界联合会	市文联	文峰路5号
南通市哲学社会科学界联合会	市社科联	世纪大道6号行政中心
南通市归国华侨联合会	市侨联	工农南路88号海联大厦
南通市残疾人联合会	市残联	青年西路109号东方大厦
南通市台湾同胞联谊会	市台联	工农南路88号海联大厦
南通市人民对外友好协会	市对外友协	世纪大道6号行政中心
南通市红十字会	市红十字会	观阳路119号
南通市关心下一代委员会	市关工委	世纪大道6号行政中心
中国国际贸易促进委员会南通市委员会	南通贸促会	跃龙路38号
条管部门　驻南通单位		
江苏省南通市国家税务局	市国税局	工农路197号
南通市地方税务局	市地税局	工农路158号
中国银行业监督管理委员会南通监管分局	南通银监分局	人民中路27号
南通保险行业协会	南通保协	跃龙南路28号
中华人民共和国南通海关	南通海关	青年西路208号
中华人民共和国南通出入境检验检疫局	南通检验检疫局	崇川路102号
江苏省南通市烟草专卖局(江苏省烟草公司南通市公司)	市烟草局(市烟草公司)	工农路99号
南通市盐务管理局(江苏省盐业集团南通有限公司)	盐务局(盐业公司)	通富北路8号

（续表26-4）

单位名称	简称	地址
中华人民共和国南通海事局	南通海事局	山水路90号
江苏渔港监督局(江苏渔船检验局)	江苏港监局(江苏船检局)	青年西路160号
长江航运公安局南通分局	长航南通公安分局	人民西路530号
江苏省海洋渔业指挥部	省渔指	跃龙路76号
农业部东海区渔政渔港监督管理局南通站	东海区渔政南通站	外环西路69号
南通市气象局	市气象局	园林路323号
江苏省南通农垦事业管理办公室	南通农垦办	青年西路85号
江苏省电力公司南通供电公司	南通供电公司	青年中路111号
南通市邮政管理局	市邮管局	青年西路38号港口大厦
中国电信股份有限公司江苏省南通分公司	中国电信南通分公司	环城南路88号
中国移动通信集团江苏有限公司南通分公司	中国移动通信南通分公司	洪江路69号
中国联合网络通信有限公司南通市分公司	中国联通南通分公司	人民东路55号
江苏省水文水资源勘测局南通分局	水文勘测分局	姚港路附31号
江苏省海洋水产研究所	省水产所	教育路31号
江苏沿江地区农业科学研究所	沿江农科所	如皋市薛窑镇
江苏省南通监狱(江苏省南通女子监狱)	南通监狱(南通女子监狱)	濠东路258号
银行　保险		
中国人民银行南通市中心支行	人行南通市中心支行	崇川路8号
中国农业发展银行南通市分行	农发行南通市分行	青年中路8号
中国工商银行有限公司南通分行	工行南通分行	姚港路8号
中国农业银行南通分行	农行南通分行	姚港路18号
中国银行股份有限公司南通分行	中行南通分行	青年西路19号
中国建设银行股份有限公司南通分行	建行南通分行	姚港路1号
交通银行股份有限公司南通分行	交行南通分行	人民中路27号
上海浦东发展银行南通支行	浦发行南通分行	桃坞路1号
江苏银行股份有限公司南通分行	江苏银行南通分行	南大街300号
招商银行南通分行		工农路111号
南通农村商业银行	南通农商行	通州区建设路1号
中国人民财产保险股份有限公司南通市分公司	中保财险南通市分公司	青年中路90号
中国人寿保险股份有限公司南通市分公司	人寿保险南通市分公司	环城西路华威园7号
中国太平洋财产保险股份有限公司南通中心支公司	太保财险南通支公司	人民中路203号
中国太平洋人寿股份有限公司南通中心支公司	太保寿险南通支公司	工农路129号
学校　医院		
南通大学		啬园路9号
南通理工学院		港闸区永兴路14号
江苏工程职业技术学院	江苏工院	青年东路105号

（续表26-4）

单位名称	简　称	地　址
南通航运职业技术学院	南通航院	南通开发区通盛大道185号
江苏商贸职业学院	江苏商院	港闸区江通路48号
南通职业大学	南通职大	青年东路139号
南通科技职业学院	南通科院	青年东路148号
南通师范高等专科学校	南通师专	城山路24号
江苏省南通卫生高等职业技术学校	南通卫生高职校	南通开发区振兴东路288号
南通开放大学		外环西路10号
南通市工人业余大学	业余工大	段家坝路129号
江苏省南通中学	南通中学	中学堂街9号
江苏省南通第一中学	南通一中	人民西路38号
南通西藏民族中学	民族中学	外环北路598号
南通市中等专业学校	南通中专	通宁大道8号
南通市体育运动学校	市体校	外环西路209号
南通工贸技师学院	工贸技师学院	南通开发区振兴路296号
南通大学附属医院	通大附院	西寺路20号
南通市第一人民医院	市一院	孩儿巷北路6号
南通市第二人民医院	市二院	港闸区兴隆街43号
南通市第三人民医院	市三院	青年中路99号
南通市第四人民医院	市四院	城港路37号
南通市第六人民医院	市六院	港闸区永和路500号
南通市中医院	市中医院	建设路41号
南通市肿瘤医院	肿瘤医院	通州区平潮镇通扬北路30号
南通市妇幼保健院	妇幼保健院	世纪大道399号
直属事业单位		
南通报业传媒集团		世纪大道8号
南通广电传媒集团		濠西路2号
南通市信息中心	市信息中心	世纪大道6号行政中心
南通市住房公积金管理中心	市公积金中心	工农南路150号政务中心
南通市高等学校招生办公室	市招生办	青年西路22号
南通市仲裁委员会	市仲裁委	崇文路2号
南通市人才服务中心	市人才服务中心	青年西路71号
南通市劳动就业管理中心	市劳动就业管理中心	工农南路150号政务中心
南通市社会保险基金管理中心	市社保中心	工农南路150号政务中心
南通市退休人员管理服务中心	市退管中心	工农南路150号政务中心
南通市医疗保险基金管理中心	市医保中心	工农南路150号政务中心
南通市疾病预防控制中心	市疾控中心	工农南路189号

（续表26-4）

单位名称	简称	地址
南通市卫生监督所	市卫生监督所	跃龙南路128号
南通市土地市场服务中心	土地市场服务中心	青年西路39号
南通市土地储备投资中心	土地储备投资中心	姚港路28号
南通市濠河风景名胜区管理处	濠河管理处	濠西路19号
江苏省南通狼山旅游度假区管理办公室	狼山度假办	临港路5号
江苏省南通市公路管理处	公路处	跃龙路4号
南通市航道管理处	航道处	外环西路99号
南通市运输管理处	运管处	人民西路138号
南通市地方海事局	地方海事局	人民西路69号
南通博物苑	博物苑	濠南路19号
南通新华书店有限责任公司	新华书店	人民中路80号
市控股公司　重点企业		
南通产业控股集团公司	产控集团	人民西路73号
南通国有资产投资控股有限公司	国投公司	姚港路1号建行大厦
南通国有置业集团有限公司	置业集团	人民中路10号金信大厦
南通沿海开发集团有限公司	沿海集团	工农南路150号政务中心
南通城市建设集团有限公司	城建集团	工农路235号成功大厦
江苏大生集团有限公司	大生集团	唐闸南市街14号
南通港口集团有限公司	港口集团	青年西路38号
南通兴东机场有限公司	南通机场	通州区兴东街道
江苏文峰集团有限公司	文峰集团	青年东路1号
华能国际电力股份有限公司南通分公司	华能南通电厂	天生港华能路
南通天生港发电有限公司	天电公司	天生港大达街87号
南通醋酸纤维有限公司	南纤公司	钟秀中路27号
南通中远船务工程有限公司	中远船务	中远路1号
南通中远海运川崎船舶工程有限公司	中远川崎	临江路117号
南通淄柴船舶机械公司	南通淄柴	城港路89号
中国石油化工股份有限公司江苏南通石油分公司	石油公司	青年中路309号
江苏宝灵化工有限公司	宝灵公司	南通开发区通旺路9号
江苏三友集团股份有限公司	三友集团	人民中路218号
南通科技投资集团股份有限公司	南通科技	港闸区永和路1号
南通柴油机股份有限公司	柴油机公司	任港路46号
南通江山农药化工股份有限公司	江山股份	南通开发区江山路998号
南通醋酸化工股份有限公司	醋酸化工	南通开发区江山路968号
南通扬子碳素股份有限公司	扬子碳素	唐闸西市街208号
南通星辰合成材料有限公司	星辰公司	南通开发区江港路118号

（续表26-4）

单位名称	简 称	地 址
南通烟滤嘴有限责任公司	烟滤嘴公司	孩儿巷北路73号
南通农资集团有限公司	农资集团	姚港路29号
南通建工集团股份有限公司	建工集团	段家坝路136号
南通汽运实业集团有限公司	汽运集团	长江中路99号
江苏省通沙汽车轮渡管理处	通沙汽渡	越江路97号
中国南通外轮代理有限公司	外代公司	外环西路59号
辖区、开发区(园区)		
中共海安县委员会、海安县人民政府	海安县委、海安县政府	海安县长江中路106号
中共如皋市委员会、如皋市人民政府	如皋市委、如皋市政府	如皋市福寿路398号
中共如东县委员会、如东县人民政府	如东县委、如东县政府	如东县掘港镇富春江路1号
中共南通市通州区委员会、南通市通州区人民政府	通州区委、通州区政府	通州区碧华路197号
中共海门市委员会、海门市人民政府	海门市委、海门市政府	海门市北京中路600号
中共启东市委员会、启东市人民政府	启东市委、启东市政府	启东市世纪大道1288号
中共南通市崇川区委员会、南通市崇川区人民政府	崇川区委、崇川区政府	桃坞路44号
中共南通市港闸区委员会、南通市港闸区人民政府	港闸区委、港闸区政府	城港路58号
南通经济技术开发区党工委、管委会	南通开发区	南通开发区通盛大道188号
通州湾江海联动开发示范区党工委、管委会	通州湾示范区	通州湾江海联动开发示范区海盐路1号
苏通科技产业园党工委、管委会	苏通园区、苏通科技产业园	南通开发区江成路1088号
锡通科技产业园党工委、管委会	锡通园区	南通开发区张江路8号
海安经济技术开发区	海安开发区	海安县迎宾路199号
如皋经济技术开发区	如皋开发区	如皋市海阳北路799号
海门经济技术开发区	海门开发区	海门市广州路999号

（通 鉴）

索 引

说 明

1. 本索引采取主题分析法编制，索引名称按汉语音序排列。

2. 标引词后面的数字为所在页码，数字后的英文子目a、b、c表示该页版面从左至右的栏别。

3. 标引词相同的按书中出现先后次序排列。

D

E

F

G

K

L

M

N

S

T

W

X

Y

Z